文成天縱

中國當字研究及典當文書釋讀叢刊

當字

上

李錦彰 著

广西师范大学出版社
GUANGXI NORMAL UNIVERSITY PRESS
·桂林·

當字
DANGZI

出版統籌：湯文輝
出 品 人：喬祥飛
責任編輯：郭婷婷
責任校對：曹世超
劉一江
責任技編：王增元
書籍設計：田　潔

圖書在版編目（CIP）數據

當字 ： 上、下 / 李錦彰著. -- 桂林 ： 廣西師範大學出版社，2024.8
(中國當字研究及典當文書釋讀叢刊). -- ISBN 978-7-5598-7108-4

Ⅰ. F832.38

中國國家版本館 CIP 數據核字第 2024G5B908 號

廣西師範大學出版社出版發行
（廣西桂林市五里店路 9 號　郵政編碼：541004
網址：http://www.bbtpress.com）
出版人：黄軒莊
全國新華書店經銷
三河弘翰印務有限公司印刷
（河北省三河市黄土莊鎮二百户村北　郵政編碼：065200）
開本：787 mm × 1 092 mm　1/16
印張：47　　　字數：300 千
2024 年 8 月第 1 版　　2024 年 8 月第 1 次印刷
定價：1980.00 元（上、下）

序

我與李錦彰先生結緣於2012年由中華書局出版的其大作《晉商老賬》，該書向我們展示了明清及民國時期引領全國商幫的晉商艱辛而輝煌的歷史，使我們對當年晉商的經營理念、奮鬥歷程、堅守誠信、傳承創新等通過賬本有了具體而深刻的認識，儘管有些内容過於專業因筆者才疏學淺難以理解消化，還是被這部圖文並茂的著作深深吸引住。2021年6月在太原的學術會議上，第一次見到了李先生，我便不失時機向其請教《晉商老賬》中的當票、當賬等内容，李先生言簡意賅地對此進行了闡釋。因爲這是一種非常專業的知識，非進行必要的學習與摸索，是很難得其要領的，我衹是似懂非懂地如同小學生在聽老師的講課，李先生還是不厭其煩地進行解釋，我真正體味到『賬世界確確實實是個别樣的世界，賬是用特有符號系統撰寫的史書』的涵義。見我對當票、當賬比較感興趣，李先生説他正在撰寫大作『中國當字研究及典當文書釋讀叢刊』，暫分爲《當字》《當票》和《當賬》三部分，已經到殺青階段，並謙虚地徵求我的具體看法。2023年9月26日，李先生便將千餘頁大作電子版發了過來，這樣我便有了先睹爲快的機緣。

記得熊彼特在《經濟分析史》中曾説，如果一個人不掌握歷史事實，不具備適當的歷史感或所謂歷史經驗，他就不可能理解任何時代的經濟現象。這個觀點用於我國傳統商幫的一些特殊知識方面是非常適合的。明清乃至民國時期，晉商縱横捭闔五百餘載，曾執中國金融業之牛耳，足迹遍及大江南北及海外，北至西伯利亞、伊爾庫茨克，南抵香港、加爾各答，東到神户、大阪、横濱、仁川，西涉喀什、塔爾巴哈臺（今塔城地區）。業務涉及食鹽、糧食、茶、烟、酒、金屬、布匹、畜牧産品、典當、票號、錢莊等諸多行業，以獨具特色的經商理念與經營藝術，創造了一個個令世人矚目的商業奇迹。儘管晉商等商幫因新式商業和金融業興起，没有適時轉變經營模式，且伴隨着晚清、民國戰亂和變幻的時局逐步走向衰敗，但其並没有化作歷史的塵埃隨風飄逝，其遺留下來豐富的物質和精神遺産，是中華文明的瑰寶，至今依然需要我們進一步發掘與研究，其學術魅力與日俱增。

近代以來的學者對明清及民國時期的票號、典當、銀號、錢莊及其他私人高利貸者資料的搜集，做出了積極貢獻，其數量用汗牛充棟來形容一點也不過分。作爲晋商文書收藏家的李錦彰先生爲史料搜集、甄别做出了重要貢獻，由其主編的《晋商珍稀文書整理與研究叢刊》（50卷）就是最好的説明。這些史料中包括一定數量的典當業内容，舉凡當商信稿、典當業年終總結或賬期清單、典當賬簿、開設典當合約、典當業手册、典當尺牘、當票等，由此可進一步深化對晋商典當業的認識，尤其是對晋商在山西以外地區經營典當業的情況，以及清代以來山西典商的整套經營機制，有了一個清晰的認識。困惑學界多年的是，辨認典當業中的『當字』。當字歷來有『天書』『鬼畫符』之稱。李先生知難而進，憑借勇氣、堅持、好奇和聰穎以及占有大量的第一手商幫史料，對資料進行比照與研究，綜合運用多種研究方法，認真汲取學術界已有的研究成果，從中總結出當字的規律性以及差异之處。李先生長時間花費諸多心血認真厘清典當業中每一個『當』字符的確切涵義，最後總結出了當字的書寫規律，並且對於一些場合當字的特殊書寫與用意也逐一進行解讀。

實際上，『當賬』歷史悠久，至遲我們從吐魯番出土文書中能够看到當賬的雛形。吐魯番阿斯塔那墓出土的大量唐代質庫賬曆殘片，據李錦彰先生研究後斷定，其内容與清代及民國時期的當賬内容基本相同。典當業在我國明清之際得到了長足發展，尤其在清代中期達到了鼎盛。這樣就使我們對當字的淵源流變有了一個清晰的認識。現在學術界對典當業的研究成果可謂汗牛充棟，但是其真正的面紗還没有揭開，這就是當時典當業所使用的神秘符號——當字，能够讀懂其内容者可謂鳳毛麟角。因此，對典當業的研究，不得不淺嘗輒止，這就需要我們從最基本的識字着手，且要有比較深厚的歷史知識，纔有可能將其研究深入下去，其研究和揭示纔能得其要領。當字是一種特殊的文字，特殊的符號，是一門特殊的知識，特殊的學問。

需要指出的是，破譯『天書』而撰寫皇皇巨著《當字》，當與李錦彰先生的出身與經歷有關。李先生出生在三晋大地，先後從事過銀行、信托、租賃、證券、期貨、資産管理等金融工作，曾任中國長城資産管理公司管理總監兼機構協調部總經理等職，他的工作都是與金融打交道。作爲一個晋商後代，李先生便對先民晋商有一種天然的親近感，對晋商的研究不僅僅是興趣，而且有捨我其誰的歷史使命感！這樣，李先生便在工作之餘刻苦讀書並進行學術研究，同時還不遺餘力地收藏晋商史料，功夫不負有心人，最後集金融企業家、收藏家與學者於一身，其無疑係商幫史料收藏家中的翹楚，其研究成果可謂著作等身。我在想，如果李先生缺少其中的任何一個身份，都不會撰寫出這樣的專著。

我對當字這種民間字體感興趣，也與自己的經歷有一點關繫。出生於西北農村的我，在集體化時代必然對當時的社員工分簿、生産隊賬簿有所接觸。自上初中時，寒暑假都要參加生産隊的勞動以掙工分，高中畢業後作爲回鄉青年參加了5年之久的生産隊勞動，每天的出勤情况都要由記工員在工分簿上作詳細記録，具體内容包括時間、勞動地點、工種和獲得工分等，俗字、述略語和特殊表達内容，往往令我們這樣在當地算文化程度比較高的人也一頭霧水。特别是年末全生産隊要進行分紅結算時，各個記工員所記録的情况差异比較大，更增加了辨認難度。好在家兄先是生産小隊的記工員，後爲生産大隊的會計，給我多有指點與解答，我也就成爲生産小隊年末會計、出納核算時的臨時幫忙者。這些社員工分册和生産隊賬簿，既有當時的通用簡化字，也有不同記工員和會計的特殊寫法。當然，集體化時期的工分簿和賬簿均比較簡單，與明清時代典當業中的當字相比不可同日而語，但簡略、約定俗成的意思是相通的。

應該説，『中國當字研究及典當文書釋讀叢刊』這套書集學術性、資料性和工具書性於一體，其實用性是非常强的，我相信其出版必將推動典當業史、商幫史乃至經濟史的研究，學術界對此翹首以待！

李錦彰先生索序於我，我是沒有資格對這樣厚重的專著作出學理方面的評價，衹得將上面的嘮叨權作學習『中國當字研究及典當文書釋讀叢刊』的膚淺體會。是爲序。

魏明孔

2024年3月28日於三里河無書房齋

序

李錦彰先生是我素所敬仰的前輩學者，他早年整理出版的《晋商老賬》，我一直將之置於案頭，還曾推薦給不少學界同行。2020年春，他電話告訴我，他正在和朋友一道從事晋商典當史方面的史料整理與研究工作，不久會有一套工作成果——即《晋商珍稀文書整理與研究叢刊》出版。先生在電話中十分真誠地邀請我爲這套書寫一個序言。這令我在欣喜之餘，亦深感惶恐和不安。人貴有自知之明，無論是從學術水平還是資歷輩分上講，我都實在難以承擔先生這份重托，所以我當時很果斷地謝絕了李先生的邀請。

2023年秋，我收到李先生寄來的一份沉甸甸的包裹，裏面包着他已初步整理完成的《中國當字研究及典當文書釋讀叢刊》書稿。李先生在電話中熱情地向我介紹了他出版典當研究成果和史料的新計劃，即在此前已出版的晋商文書史料基礎之上，進一步補充和完善相關内容，最後出版一套系統性的典當業史料和研究成果。這套書的内容，除了已寄給我的『當字』，還包括『當票』與『當賬』。李先生再次囑托我爲這套書作序。

這套書搜羅宏富，篇幅巨大，我目前尚未來得及一一細讀，僅讀過其中的『當字』部分，但李先生用力之勤，用功之深，足令我由衷感佩。當字、當票、當賬的識讀與辨别工作，許多專業的經濟史學者尚且以爲畏途。先生不畏艱難，積數十年之功，日積月纍，終有所成！先生在廣泛搜集、整理前人各式當字譜的基礎之上，綜合運用古文字學、語言學等多學科知識，對當字的由來、使用、識讀及辨認方法進行了全面深入的論述。作者精心編製了大量圖片與表格，這些圖表均來自真實的文書史料。讀者仔細對照圖片和作者的録文，就可以較爲方便地學習識讀與辨别當字。『當票』與『當賬』也非尋常，每一編都是宏編巨製，三部分聯合起來，就是一套迄今最爲完整的典當業工具書與史料彙編。毫無疑問，這套書的出版，將是一件嘉惠學林，功德無量的盛舉！

余生也晚，學也淺，屢蒙先生之重托，焉敢固辭，故不揣淺陋，僅就典當業研究之意義及當字的成因等問題，略陳淺見，爲先生序。不當之處，還祈李先生和諸位讀者不吝賜正。

典當史的研究，對進一步深化中國經濟史，尤其是金融史的研究具有十分重要的意義。金融史一直是中國經濟史研究的重點和熱點，但相對於票號史、錢莊史和新式銀行史的研究而言，典當史的研究似乎不太受重視，這與典當業在中國歷史上的地位是不相稱的。典當業是中國本土歷史最爲悠久，分布最爲廣泛，服務最爲普及的金融機構。典當業至遲在魏晋南北朝時期就已產生，而錢莊的產生時間，通常認爲不早於明代。至於票號，則產生更晚，目前流行的説法是產生於道光初年。票號與錢莊，多分布在通都大邑，其服務對象也多爲達官貴人或殷實商號，並不與一般升斗小民打交道。傳統中國社會中，典當鋪數量多，分布廣，普通小集鎮上可能都會有數家當鋪存在，甚至在一些鄉村，也有一兩家小型的代當或押當。是以典當業在中國民間借貸中占據重要的地位，是民衆接觸和使用最爲普遍、廣泛的金融機構。

因此，典當史的研究不僅可以深化學界對中國傳統金融史和經濟史的認識，還可以修正學界關於中國傳統金融與民間借貸的許多似是而非的看法。譬如，過去不少人將包括典當業放貸在内的中國傳統社會的民間借貸一概視爲高利貸。其實，除了一些不太正規的『代當』或『小押』，明清時期，典當業正常經營的放款年利率在百分之二三十左右，考慮到其本金相對較小，借貸期限較短，以及比較高昂的交易成本，這樣的利率水平並不算過高。再如，許多研究近代經濟史或金融史的學者一般認爲中國傳統社會多注重對人的信用，而不注重對物的信用，傳統金融機構習慣以個人信用作擔保借貸，並不像近代銀行業那樣重視財物的抵押借貸。其實，以上觀點可能衹是對票號或錢莊等比較適用，衹要看一看典當業的經營史，就不會得出這樣的結論來，因爲典當業是專門注重對物的信用的金融機構。再比如，不少學者在總結中國傳統商業模式時，特别强調中國商人喜歡搞人際關繫，不太注重按制度和規則辦事。不錯，傳統的錢莊和票號經營者特别注重人際關繫（這二者也同樣十分注重規則和制度），但典當業者則不然。典當鋪一般高墻深院，經營者儘量回避當地的人際交往，以免人情影響典當業務。可見，中國傳統商業文化與經營模式是極爲豐富多樣的，中國傳統商人也是靈活多變的，他們知道在什麼情況下應該重視人際關繫，通過建立人脉來拓展商務，也知道在什麼情況下應該儘量回避人情往來，按規章辦事，對事不對人。

醫生處方與當字之難認，素爲民間所公認。我以爲當字之難認，有其合理性，甚至可能是一種精心設計並逐步形成的制度安排。

我國是一個比較講究書法的國家，許多民間賬房先生雖未能取得科舉功名，却寫得一筆好字，即便有的書法不一定美觀，但一般也不防礙辨認。當字與醫生處方之難認，不能不説是一個异常的現象。傳統醫儒不分家，醫生文化水平要高於一般民衆，不至於寫不好一筆字，也不至於因爲工作太忙而寫得潦草。醫生之所以把字寫得特別難認，大概是爲保護自己的知識産權，不願意自己的醫方被人輾轉傳抄。此外，過去醫、藥分家，醫生故意把字寫得比較難認，或有助於同某些藥房建立特別關繫，從中分些好處。

但我國傳統醫療組織遠不如典當業複雜，醫生們並没有也不必如典當業那樣，刻意開發出一套獨特的文字系統。按照李先生在本書中的洞察，我國典當業獨特當字系統的形成及廣泛應用，大約是在清代中期，産生的背景當然是傳統典當業的大繁榮，李先生此書第一章對當字的形成及其使用作了十分深入細緻的説明。不過，爲什麼這一時期典當業者會刻意開發出這樣一套獨特的當字系統呢？我以爲還需結合當時典當業業務的需要作進一步的解釋。

愚以爲當字之所以難認，並不是典當業者因過於繁忙而不得已開發出一種類似速寫字體的文字體系，也不是希圖自抬身價或故弄玄虚，很可能是從業者在適應清代以來典當業『認票不認人』的票據化過程中，爲減少經營風險，不得已而爲之。正如李先生書中所言，專門的當字出現較晚，唐代吐魯番文書所見的當賬殘本中並未有當字的出現。如果細讀唐代殘賬，會發現其中比較詳細地記録了客户的姓名（稱謂）及住址，亦即這一時期典當還不曾票據化，典當業者在辦理業務時需既認票又認人。但清代是我國商業票據大發展的時期，典當業者也必須適應這種票據化的潮流，是以當賬與當票中祇記有客户的編號及當物、當額，不再記録客户的個人信息。理論上講，不論何人，祇要憑着當票還錢，就可以要求典當鋪取贖當物。這種票據化的發展固然有利於典當業務的擴張，但也給其增添了不小的風險。

典當業經營的一大風險就是要準確合理地辨識當物價值並據以發放當款。但真正要做到這一點並不容易，尤其是典當商處理的物品種類繁多。現在存世的不少典當秘籍中，有相當部分的内容就是告訴從業者如何識别不同物品的品質高低及如何定價。由於信息不對稱，通常情况下，出當者比典當商更加清楚自己物品的價值，比如當者對自家的金銀首飾或物件，往往知道其購入價格，而當商却未必知情，通常情况下，儘管當商會儘量壓低當物的價值以減輕風險，比如一般按五折甚至更低出價。但由於當商獲利主要來自借貸的利息收入，當商其實也有高估當物價值，多放貸款以增加贏利的衝動，衹是這一點往往不被人所提及。恰如其分地估計當物價值並合理放款是對當商能力的一大考驗，没有人能保證不出差錯。設想一下，一旦當商高估了當物的價值並過多地發放了當款，客户從自身利益出發，就會選擇不還款不取贖，當商被迫對死當進行虧本處理。但假如當商低估了當物的價值而放款較少，客户就會儘量選擇還款取贖。爲降低風險，當商要努力克服擴大業務量的衝動而儘量壓低當價，這樣在處理死當時，當商多少可以收回成本甚至有利可圖，而客户此時則要承擔當物價值被低估的損失。

但是，在『認票不認人』的商業習慣之下，如果當票是高度流通的，就會出現這樣的情形：如前所述，一旦當值過高，客户選擇不取贖；而一旦當值過低，客户即便臨期無力還款，也會盡最大可能將當票轉賣給有能力取贖之人，從而減少自己的損失。從單一的交易來看，客户轉賣無力取贖的當票對當商似乎並無損失，畢竟這筆交易還是按合同進行了。但如果所有當值低估時，客户都能順利將當票進行流通以減少自身損失，最後當商在處理死當物品時，就會發現幾乎所有的死當物品，都是被高估了的。這種逆嚮選擇的結果是對當商極爲不利的。因此，當商必須設法適當限制當票的流動性。在當票中使用具有内在一致性，但外人却非常不容易辨識的字體則大大降低了當票的流動性。除非親朋好友等值得依賴之人，否則人們不太願意接手一張自己看不明白的當票。這就極大降低了當商在確定當價和處理死當物品時因客户逆嚮選擇而可能遭受的系統性風險。

當然，一套複雜難認的當字，除了可以降低當票的流動性從而減輕當商經營風險，可能還會有保守當商商業秘密、減少同業間的競爭、提高行業准入門檻等多種作用，也有可能幫助當商對不同的客户進行歧視性定價。甚至在處理涉及典當業的糾紛中，官府也會因爲讀不懂當字而不得不徵詢典當同業人員及其組織的意見，這對典當業及其組織的發展也是有利的。是以傳統中國的當商們纔會不辭辛勞，創造出這樣一套獨特的文字系統。當字是中國傳統商人的商業文化和經營智慧的體現與結晶！感謝李先生不辭辛勞，爲我們整理、編輯此書，這爲後人閱讀當商文獻，深入研究和體會傳統中國的商業提供了一把難得的鑰匙。我對典當史研究甚淺，僅借此機會對當字的成因略作推測，權且當作一個『大膽的假設』吧。是否得當，還盼李先生和廣大讀者憑借更加豐富的史料進行『小心求證』，得出更加有理有據的解釋。

最後，請允許我再次重申李先生這套『典當三部曲』出版的重要意義。本書的緒論部分，已經對主要內容作了詳細説明，兹不多述。如前所述，典當業在我國金融史上占有十分重要的地位，而我國學術界目前對之研究尚遠遠不够充分，相關史料不足和史料解讀困難是兩個主要的制約瓶頸。李錦彰先生年輕時曾長期從事金融業經營管理工作，對金融業有深刻領悟和豐富的實踐經驗。退休之後，他專心致力山西等地的工商業與金融文獻的搜集、收藏和整理、出版工作，筆耕不輟，不僅在《中國經濟史研究》《財務與會計》等學術刊物上發表了多篇有影響力的學術成果，還主編了《晉商老賬》《晉商珍稀文書整理與研究叢刊》等史料書籍，這些書均因較高的學術價值受到業内的重視和好評。本套書是作者近20年努力工作的集大成之作，堪稱是一部典當史的總結性的工具書和史料彙編，可望爲相關領域的研究工作掃清障礙，並打下良好的基礎。可以斷言，本書作爲金融史領域的一項基礎性工作，不僅對推進我國金融史、商業史、會計史等相關領域的研究具有重大意義，乃至對語言文字學、文書學、民俗學等領域的基礎性研究工作也有一定的參考價值。

衷心祝賀李錦彰先生主編的『中國當字研究及典當文書釋讀叢刊』中的《當字》順利出版！

袁爲鵬

2024年3月27日於上海交通大學人文樓

凡例

一、本書側重於收録並研究典當文書書寫中常用的當字，全書采用繁體字。本書收録的部分當字的字形或與草書字體相同，或與傳統俗字相同，爲方便研究當字的生成原理，本書第一章『當字研究』中對作爲『當字』的俗字或草書字予以保留。

二、本書當字庫所收當字，出自不同的典當文書，往往一字多體、多形，筆者在每個當字後的括號内簡略標注出處。

三、本書當字庫所收録的單字及合體字，按照音序排列。本書收録當字詞彙，按照典當行常見當字譜中的順序，先當物材料，次當物名稱，再當物數量等。本書收録句式，主要選取當字譜常見句式，目的在於讓讀者瞭解當字的習慣用法。

四、本書所收賬簿，或因年代久遠封面缺失，或賬簿封面不書寫典當鋪名稱，筆者據賬簿中出現的印章來判别當鋪名稱，按照『時間+典當鋪名稱+典當文書類型』的形式命名所收録當賬、當票等典當文書。當票中的當鋪名稱常省略『當』字，如『日升當』，當票中爲『日升』，『永順當』，當票中爲『永順』，均省略了『當』字，筆者按照常規稱謂，將其命名爲『某年某月某日日升當當票』『某年某月某日永順當當票』。

五、本書第七章爲典當文書釋讀，筆者對收録的當賬、當票等作了全文釋讀轉録，爲方便讀者識讀，每行録文行首文字内容基本與原文書行首文字内容對應。

六、本書收録的不同典當文書中，大寫漢字數字與小寫漢字數字寫法並存，本次釋讀時，統一采用小寫漢字數字形式。

七、本書收録的部分典當文書中，在表示金銀等重量時，采用蘇碼形式，寫爲×兩×錢×分×厘等，爲便於閱讀，筆者在釋讀時以『兩』爲計量單位進行换算。爲表區别，統一用阿拉伯數字表示换算結果，如『二兩三錢四分五厘』，釋讀爲：2.345兩。

八、文書中有缺文、模糊不清、字迹難以辨識者，以『□』代之。本書收録的部分當票，因存續時間久，部分文字模糊不清，考慮本書重在釋讀研究當字，因此對當票中模糊不清的印文皆以『（格式化印文，字迹不清）』來表示，同一典當鋪所出當票，板式一樣，其格式化印文的字迹有的清楚，有的不清楚，爲便於讀者識讀，依具體情形，在不改變原票内容的前提下，對於空缺或不清處，作相應填補。

目録

釋讀典當文書目錄

第一章　當字研究

一　緒言

典當業在中國具有悠久的歷史，明清之際獲得了空前的發展，清代中期達到了頂峰。典當鋪數量多、分布廣、客户衆，是中國傳統社會最主要的金融組織，是幫助普通民衆，特别是中低層民衆解決生産生活資金急需的主要的金融機構。典當業對於票號等金融組織的産生、民間貨幣的發行等多方面，曾發揮過關鍵性、基礎性的作用，在東西方大分流的歷史過程中，曾扮演了非常重要的角色。然而，在較長歷史時期，我們對傳統典當業的認知仍停留在一個較爲『原始』的狀態，典當業所蘊藏的不少珍貴歷史遺産仍被神秘面紗所籠罩，迄今尚未揭開。其中最爲神奇，也最難理解的是它曾創造並使用長達二百多年的一種文字，一種被稱爲『當字』的文字。

『當字』，是傳統典當鋪記録賬務、書寫票據的一種特殊的書體。這種書體不同於一般漢字的篆、隸、草、行、楷書寫形式，不屬於歷代書法家各具風格的分型，也异於普通商業文書的書體。從字形、結構到書寫方式，别具一格。許多不曾在書法字典出現的怪异字，穿插在一行行當進、贖回業務記録中間，猛看似曾相識，細看全然不識。當時人們就稱其爲『天書』『鬼畫符』，現代人們就更是知之甚少。爲了記載賬目和書寫票據，竟然要單獨創造出一種文字形式，這種現象不僅在中國商業史中絶無僅有，在世界商業史上也是獨樹一幟。大量散落在民間的典當文書，真實、準確、詳細地記載了中國傳統典當業發展的歷史。這些文書對於研究中國金融史、經濟史、會計史乃至社會文化史都有重要的意義。這些文書就是依托『當字』及其賬法而功成。

然而，『當字』的識讀猶如一道堅固的文化鐵幕，迄今未獲突破。凡討論研究中國典當史者，對當字均有所涉及，但皆不詳。迄今尚未發現一部專門論述『當字』的著作刻印發行，甚至查不到一篇有關此問題的專題文章。與此相聯繫，苦於『當字』識讀的『羈絆』，困於當商史料整理的滯後，寶貴的史料被束之高閣，其重要的價值不能被充分挖掘利用。

古老的中國除了漢字，還出現過很多種類型的文字，如東巴文、彝文、西夏文、契丹文、女真文、古壯字、布依文、水文、藏文、八思巴文、傣文、回鶻文、蒙古文、滿文、察合台文、于闐文、佉盧文、突厥文等，伴隨歷史的演進，這些文字絶大多數消失了。但是出於考古、宗教或是學術的需要，儘管能够識讀者極少，總還有人在研究，不斷有研究成果産生，這些語言文字又被賦予了另一種形式的生命。可是『當字』這樣一種重要的文字，一種珍貴的歷史文化遺産，似乎被人忘却。

本書依托筆者多年收藏整理晋商史料的積纍，綜合運用多種方法，試圖破解這一難題。現在把釋讀當字這一簿記『天書』的結果公布出來，供大家批判，以推進此項研究的深入。

二　研究材料及方法

關於當字的歷史綫索，一直帶有某種神秘的色彩，民間流傳有多種版本。大致可分爲三種觀點：

一種以楊肇遇爲代表，他於二十世紀三十年代提出當字源流問題，也是最早在著述中提出此問題的近代學者。他認爲，『典當書體，另成一格，業外之人，多難辨識，創之何人？始於何時？即業中耆老，亦無有能言之者。嘗考其字之形態，似脱胎於草書之《十七帖》，而兼參白字土語。所以求其便捷，其變化太甚者，幾與速記之符號相仿』。[一]民國二十三年（1934）

［一］楊肇遇：《中國典當業》，商務印書館，民國十八年（1929），第38頁。

湖北江陵沙市裕農典成立，在其組織編寫的《（當字）初階》〔一〕的序言中也取此說。山西介休人張中龠，作爲典當從業者，在介紹天津典當業時，也對當字有一説法：『（當字除老於此道者外之多數人難辨識……現行之典當商應用文字之寫法，實脱胎於草文正規《十七帖》（亦有一部分象形諧聲者），去煩就簡，逐漸沿流成今日的這般模樣。』〔二〕1936年宓公幹出版了當時較有影響的《典當論》，講到當字時，完全采納楊肇遇的觀點。〔三〕1940年，中國聯合準備銀行曾就北京典當業之概況作過一次調查，也談到當字的源頭問題：當字『創之於何人，始之於何時，雖問遍全北京市典當家，終未得其究竟。嘗考其字之形態，有一部分字參用別字土語，或字之偏旁。其變化離奇，頗與速記之符號相仿。』〔四〕

當字形成的另一種説法，是民國時期曾在天津典當業公會擔任過會長的王子壽，他在回憶傳統典當業時，對當字作過這樣一種解釋：『據説《當字譜》係明末文人傅山所創。傅字青主，山西太原人，工書畫，長於醫，山西人稱爲「傅山先生」。明亡，曾隱於醫，並用草書偏旁，創爲當商專用的异體字。』〔五〕

高叔平曾在當鋪擔任過『正賬』（賬房先生），他持另一種觀點。他認爲：『當字，是中國字體上一個「怪胎」。它不是某個時期，某個人或某些人一下子想出來的。歷代相傳，約定俗成，究竟在哪個朝代形成的也無從稽考。實際上，這是一種專業字。字體中有的像行草，有的是半邊字，是經過長時間的轉化而逐步形成的。』〔六〕

種種有關當字歷史源頭的認知，爲我們當下研究當字設置了『路標』及方嚮，這無疑是不可或缺的。但是，不同時代有不同時代的需要和關注重點，我們的認知不能僅僅停留在前輩既有的尚構不成完整理論的層次，而需要更爲系統更爲深化。我們

〔一〕安徽省圖書館藏。

〔二〕張中龠：《天津典當業》，天津益世報館，民國二十四年（1935），第67—68頁。

〔三〕宓公幹：《典當論》，商務印書館，民國二十五年（1936），第138頁。

〔四〕中國聯合準備銀行調查室編：《北京典當業之概況》，民國二十九年（1940），第34頁。

〔五〕王子壽：《天津典當業四十年的回憶》，選自中國人民政治協商會議全國委員會文史資料研究委員會編《文史資料選輯》第53輯，文史資料出版社，1964年，第38頁。

〔六〕高叔平：《舊北京典當業》，選自中國民主建國會北京市委員會、北京市工商業聯合會文史工作委員會編《北京工商史話》第一輯，中國商業出版社，1987年，第155頁。

的任務是要在前人學識的基礎上，通過新材料的發現，新研究方法的運用，求得突破。

首先要占有大量的『當字』原始實物史料。當字的史料主要有四個方面：一是歷代傳世的『當字譜』，這是一種過去供從事典當業的夥計學習識讀書寫當字的入門教材，常由行内有書法功力的賬房先生書寫，其功能相當於普通的習書者臨摹的字帖；二是典當行遺存的賬簿。典當行設置的賬簿，可以説是中國傳統商業文書中最爲複雜的，種類非常多。但是並不是所有賬簿都要用當字記載，一般往來賬及支使賬等用行書，而用於報告月度業務情况的月總賬（亦稱大賬）及賬期決算清單則用楷書。使用『當字』記録的賬簿主要包括：門賬（當賬）、上利賬、留取賬、贖回賬、清架簿、估衣首飾賬、清架本賬、川换賬、流水賬等；三是歷代當票及典當行用的各種票據；四是散見於各類典當專著及調查報告的少量相關信息。

典當行史料，相對於其他商業史料，由於該行當存續時間悠久，機構數量龐大，業務量繁重，因此歷史遺存的此類文書較多。但是目前發現的品相完整、歸户性强、學術價值高的也較有限，且多分散藏於民間，以影印形式公開出版的很少。正如王裕明所言，收集不易，當商文書散藏於海内外一些圖書館、博物館、高校、科研機構及私家手中。且囿於各種原因，大多公私藏家並不對外公布，有的因没有整理而無法開放，有的因破損嚴重而無法借閲，有的視爲珍品秘不示人。〔一〕

筆者研究的材料，部分來自已公開出版的各類書刊，個别藉助圖書館藏品，有些是友人提供的私人藏品，更多的是筆者自己的收藏。具體内容如下：

當字譜：

《當字本》，清光緒十三年（1887），慎修田記；

《當字》，清光緒二十一年（1895），貳合堂；

《京當字》，民國十七年（1928），楊慎齋記；

《當字譜》，清佚名撰（封面未署名）；

〔一〕王裕明：《明清徽州典商研究》，人民出版社，2012年，第15頁。

《當字譜》，清佚名撰，胡全盛；
《當字譜》，清左逸堂。
以上前5册爲筆者收藏，第6册爲趙振洲收藏。
《當字册天書》，清宣統三年（1911）；
《當字譜》，清佚名撰。
以上2册爲劉建民收藏，見《晋商史料集成》第70册，商務印書館，2018年。
《當字譜》，清佚名撰，見吴曉鈴《雙楷書屋考藏珍本叢書》初集。
《當字初階》，曾楫舟等書，民國二十三年（1934），安徽省圖書館藏。

論著節選當字内容：

楊肇遇著：《中國典當業》，商務印書館，民國十八年（1929）；
張中龠著：《天津典當業》，天津益世報館，民國二十四年（1935）；
宓公幹著：《典當論》，商務印書館，民國二十五年（1936）；
中國聯合準備銀行調查室編：《北京典當業之概况》，民國二十九年（1940）；
高叔平、高季安《北京典當業内幕》，見《近代中國典當業》編委會編《近代中國典當業》，中國文史出版社，1995年；
區季鸞編：《廣東典當業》，國立中山大學經濟調查處，民國二十三年（1934）。

賬簿：

道光二十六年（1846）新慶當當賬1册；
光緒六年（1880）裕隆當當賬1册；
光緒十八年（1892）源源當上利賬1册；

民國十六年（1927）晉新源當當賬1册；
民國十九年（1930）萬盛質店當賬1册；
民國二十四年（1935）德生當當賬6册；
民國二十四年（1935）樹人當當賬1册；
民國二十四年（1935）慶記當當賬1册；
光緒十八年（1892）天興當回贖賬1册；
光緒二十三年（1897）文盛星當估衣賬1册；
光緒二十三年（1897）文盛星當首飾後遂銅錫賬；
光緒二十四年（1898）文盛星當估衣賬；
光緒二十四年（1898）文盛星當首飾賬。
以上賬册爲筆者收藏。
以下4册爲劉建民收藏〔一〕：
光緒二十九年（1903）永盛當櫃檯老賬1册；
清代興隆昌當賬1册；
民國十三年（1924）廣義昌當當賬1册；
民國二十三年（1934）道生久記櫃檯老賬1册。

當票：

作爲研究對象的當票實物，主要來自筆者與趙振洲先生個人收藏，共計80餘張。時間從乾隆十五年（1750）至民國時期

〔一〕劉建民主编：《晉商史料集成》第38—39册，商務印書館，2018年。

（有少量澳門地區當票，時間可至20世紀80年代），跨越200餘年。這些當票源自全國各地，其中山西當商出具的當票最多。筆者從中選擇最具代表性的600餘張當票，將其分别收録在本書第七章『典當文書釋讀』當票部分，以及筆者主編的《晉商珍稀文書整理與研究叢刊》[一]和正在整理的《中國當字研究及典當文書釋讀叢刊》的『當票』卷中。

研究路徑和方法。第一步，熟悉典當經營方式和管理模式，掌握其簿記體系和記賬規則，掌握相關賬簿及當票等的格式、功能和記賬方法，瞭解賬賬、賬票間相互關係。第二步，以當字譜爲基礎，初步辨識其主要的單字、詞組，瞭解其書寫特徵。第三步，從當賬開始，然後逐漸向其他賬簿、當票等延伸。在此基礎上將前述個人收藏的用當字記載的賬簿和當票全部進行了釋讀和轉録。包括裕隆當、德興當、樹人當、源源當、萬盛質店等5家當質鋪的當賬10册，天興當回贖賬1册，盛星當估衣首飾賬3册，纍計總數爲2000頁。當票305件。釋讀轉録的過程，是不斷學習的過程，也是探索研究的過程。難點和重點是個别字、詞的辨識，要通過分析比較的方法，一個字一個詞地攻克。第四步，將個别當鋪文書的釋讀結果歸納總結，發現當字生成的共同特徵、規律和演化的内在邏輯，進而用此理論在更多的典當文書中演繹，循環往復，使其對當字的認識不斷深化。

通過分析歸納，我們不僅看到了每個當字的處理方法，而且觀察到了當字生成的原理以及規則框架。同時，也瞭解到當時賬房先生在現實中有着不斷創新的機會和空間，不同區域或不同當鋪的個性化和自由成爲可能，從而産生一個自組織形式的創新過程，持續演化並得以完善和進步。

三　當字創造

所謂當字，是典當行用於記録當票和賬簿的一種專用漢文文字。相對於正字，它屬於俗字範疇。唐人顔元孫相對於正、通

[一] 李錦彰，曹樹基主編：《晉商珍稀文書整理與研究叢刊》，廣東人民出版社，2023年。

字，給俗字下過一個定義：『所謂俗者，例皆淺近，唯籍賬、文案、券契、藥方。』〔一〕『當字』是典當行『籍賬』用字，自然具有俗字的屬性。當字與正、通字一樣，表達對應於同一個詞。不過，當字與普通的俗字對照，它又是俗字中的另類。臺灣學者曾榮汾講到俗字，説它很像『社會方言』，即社會内部因年齡、性別、身份、職業、階級等因素所形成的『方言』，每個階層各有它的『階層社會文化』，所以就有了『階層社會語言』。每一個階層各有該階層的約定俗成標準。〔二〕從這個意義上説，當字是行業『方言』。『當字』不同於普通的俗字，差別主要有三點：一是適用範圍不同，俗字廣泛適用於社會多領域，而當字主要用於傳統社會典當行（個別染坊也有使用）；二是存續的時間不同，普通俗字幾乎伴隨中國漢語文字的整個歷史階段，而當字的產生不會早於清代早期，消亡於20世紀40年代末；三是俗字在正字基礎上用減省及其他方法生成，但不可使新生成的俗字與正字同形，而當字則不受此約束，即使減省後的當字與正字同形，也無妨。

當字遵循什麼規則，如何創造出來的？在所有的當字譜及各類漢文字學文獻中，没有這方面的内容。因此，研究當字就要繼承借鑒先人古文字研究的方法。許慎《説文解字》，將漢字的結構和引申義作了系統的分析和歸納，並從中總結了六個規律，即漢字六書。不過，這並不意味着我們先民通過六書而發明漢字，而是六書總結了漢字規律，不應本末倒置。

當字是在一定歷史條件下應客觀需要而產生，是根據賬簿、票據記録的快、准及不易作僞的特殊需要，繼承漢字由繁向簡的演化傳統，借鑒俗字的生成方法，結合草書章法，創造形成。使用頻率最高的是有關衣物類和首飾類當物的字，衣物類包括布、絹、綢、緞、襖、褲、袍、褂、衫、裙等，首飾類包括金、銀等的鐲、鏈、鎖等；再就是票頭字，行業内稱爲『殘點』的字，即主要描述當物破損壞爛情況的字；還有就是有關當物件數、重量、貨幣數量及日期等的數詞和量詞的字。『當字』具有的獨特性主要表現在上述的字群中。

當字是典當簿記專業使用，只能用在當票和賬簿的特定部位，這些特殊性就給當字的創造提供了寬鬆的條件。當字創造的辨法，也就是當字的類型，筆者將其歸納爲以下五種：

〔一〕〔唐〕顔元孫：《干禄字書》序，中國商務出版社，1988年，第245頁。

〔二〕曾榮汾：《漢語俗字的演化》，《華語文教學研究》2006年第3卷第2期。

1. 減省字。將正字的偏旁或其他構件直接減省，衹留某個構件或偏旁，通過對正字的符號化，以代替正字。這種方法不同於普通俗字的減省，正字減省後形成的普通俗字，不可以與其他正字同形，否則這樣的情形大量發生，就會導致文字系統出現混亂。可是當字減省後，都是在正字中已有的字，但是由於其使用的專一性，並不會使信息的表達傳遞産生歧義。正字減省後形成的當字，其形已不再是原正字，但其表義和表音仍與原正字相同。如下列字：

銀（艮）、銅（同）、鐵（失）、錫（易）、鉗（甘）、鑼（罗）、鐲（蜀、蚀或虫）、墜（阝）、鍋（呙）、鈎（勾）、鈕（丑）、紐（丑）、錠（定）、緞（段）、絹（糸）、縐（刍）、絨（戎）、綾（夌）、紗（少）、織（戠）、桶（甬）、頂（丁）、盒（合）、繩（黾）、驢（户）、駝（它）、襖（夭）、褂（卜）、裙（君）、腰（要或夭）、衲（内）、缺（央）、汗（干）、鞋（圭）、靴（化）、醬（將）、緑（录）、孩（亥）、汴（卞）、粗（且）、裂（列）、伴（半）、件（牛）、袋（代）、槍（仑）、舊（旧）、筷（快）、帽（冒）、號（号）、珠（朱）、補（甫）、鏡（竟）、脚（却）、璃（离）、頃（匕）、鈴（令）、領（令）、翻（番）、鐘（童）、硝（肖）、鈪（厄）、襯（寸）、蚊（文）、帳（長）、釵（乂）、鋤（助）、背（北）、指（匕）、杆（干）、枝（支）、紙（氏）、泥（尼）、呢（尼）、扒（八）、提（扌）、壹（豆）、貳（貝）、三（厶）、肆（長）、陸（阝）、柒（木）、捌（另或别）、玖（王）、拾（合）等。

有些字減省後，既不是原來的漢字，也不是其他的漢字，成爲漢字中未出現的字，如『鉛』字減省後寫爲，『鎖』字減省後寫爲，『缺』字減省去『缶』，只取其右上部，寫爲。

2. 變減字。正字在減省構件後，再運用草書方法對其進一步簡化，改變其形，以代替本字。例如『藍』減省爲『艸』字的俗體，兩點加一横的『草字符』，書寫爲；『青』減省下部『月』，寫爲，等等。再如『單』，早期當字中取其俗字即『单』，後期演變爲只取俗字『单』字首部的兩點，替代『單』字。『夾』，清中期『夾』字仍保持正字寫法，到了清末則只取『夾』字的下部，並加以書體變造形成，替代『夾』字。『破』，清中期『破』字的寫法是省『破』字的『石』字旁，取『皮』字，即代之，再後，『破』字進一步簡化爲『又』字，將其書寫爲。

3. 通假字。因正字筆畫較繁，故假借其他筆畫相對較少或方便書寫的同音字，代替本字。假借可以按照所表示的詞是否有本字，區分爲無本字、本字後起和本有本字三類。使用本有本字的假借字，是爲了簡化字形，在歷史上，這種情況主要見於所謂的俗字。[一]當字中的通假字，就是本有其字，是爲了書寫的簡捷，而借用讀音相同或相近，筆畫相對簡單的字，以代替本字。如以下字：

夏（下）、紫（子）、脖（卜）、襟（巾）、陜（闪）、瓶（平）、犁（力）、鍬（千或先）、褥（入或扒）、耳（尔）、圈（全或〇）、環（还）、圍（为）、戒（介）、帳（丈）、接（节）、襪（伐）、鼓（古）、罐（观）、壺（乎）、糧（良）、膻（旦）、毯（旦）、钁（足）、飾（市或什）、簽（千或迁）、指（止或子）、遮（这）、鑲（箱或相）、廢（弗）、氆氌（普魯或普六）、轆轤（六六）、嗶嘰（毕几）、磨（末）、畝（么）、支（子）等。

4. 象形字。與古文字生成的六書方法中的『象形』相類似，『畫成其物，隨體詰詘』。畫成那事物的樣子，筆畫隨着所表事物的外形特徵彎彎曲曲。棉，取棉桃之形，棉桃指的是棉花的果實，它在長成時的形狀像桃，呈圓形。因此，以『〇』表示棉花。而在當物中呈圓形的還有多種，如耳環、手環、針桶等，漢字中數字『零』也寫作『〇』。故棉、環、圈、桶、零等，均以『〇』代之。

同一個字，當字中有時使用減省構件或筆畫的方法，有時則使用通假方法處理，有時又用象形符號處理。這種情形常出現在同時期的不同店鋪，或者同一店鋪的不同時期。如『飾』字，在《當字初階》用『市』代之，而在《德興當當賬》中用『什』代之。再如『圈』字，在一些當譜中用『〇』象形符號代之，而在《德興當當賬》中用『全』替代。

5. 會意字。借鑒漢字『會意』中合體造字法，將兩個或兩個以上的表意符號組成一個合體雙音字元。如『男女』『蟲吃』『單褲』『元絲』『紋銀』『九九』（錢）、『汗衫』『牙籤』等。從其構字方法説，是會意字，由兩個單獨字組成一個字元，屬於合體造字法。但是，與許慎説的『會意』不同的是這些符號並没有產生新的意義，表達的仍是兩個本字的意思，『男』『女』合寫在一起，其意仍是男女，其構字方法，形似『好』字草書的變體，書爲。在讀音上不是改爲單音節，而是雙音節。字元讀爲『蟲吃』，字元讀爲『欠領』，只是減省或改變了部分書寫筆畫。其他還有不少類似的字元，如：讀爲馬套，讀爲缺襟，讀爲大領對衫，讀爲戒指，讀爲花包，讀爲合錢，讀爲票取等，更多見

〔一〕裘錫圭：《文字學概要》（修訂本），商務印書館，2013年，第176—180頁。

本書第二章『當字庫』部分。

以上的部分字元還有另外一個特徵：一個詞，其後字寫法不變，衹改變前字，仍可書成一體，形成多種組合字。如紅包、白包、緑包、巾包、土包等。『包』字書寫仍使用當字書體，衹是與其他字組合即可，如：紅包、白包、緑包、巾包、土包。

漢字內部蘊藏着自身特有的張力，它在不同的『文化語境』中能够在特定的條件下演化，與不同時代、不同場域語境的特別需求相協調並展現出不同的價值意義。當字的創造和演化就是漢字强大張力特性的光大。當字中的減省字、變減字、通假字及由會意構造的合文字，都是由漢字或漢字的某一部分演化而來的，與日語的生成演化過程較爲相似。日本自中國引進漢字，開始系統地利用漢字記載自己的語言，最初是把漢字作爲表音的符號使用的。日本人在利用漢字進行書寫的過程中，也慢慢寫出了他們的風格，對漢字做出了簡化，在簡化書寫的過程中，據説是日本和尚將漢字簡化成了漢字楷書的偏旁部首，後來慢慢地演變成了我們現在看到的日語片假名。後來日本皇宮負責抄寫工作的宮女也在記録時對漢字進行了簡化，利用漢字草書進行演變，創造出了有日系草書風格的平假名。『假』即『借』，『名』即『字』。只借用漢字的音和形，而不用它的意義，所以叫『假名』。最早的假名就是萬葉假名，在萬葉假名的基礎上發明了具有劃時代意義的平假名和片假名。由此可以看出，當字與日語兩者都是沿着一條由繁向簡不斷發展演化的路徑行進的。日本對漢字的簡化，以方便書寫，最終實現表音爲目的。而當字對漢字正字的簡化，也是方便書寫，但最終的目的仍是表義，儘管簡化後的當字，已不再具有原來正字的義和聲。如『鐵』字，減省後變爲『失』，既不發『失』的聲，更没有『失』的義，是用『失』的形，表『鐵』的聲和義。如同日本人借助漢字以通假方式進行表音，創造了萬葉假名，典當商人運用同樣的思路，大量地引用了書寫快捷的通假字；如同日本人對漢字的減省，創造了片假名，典當商人對正字的簡化，創造了『減省』當字；如同日本人對漢字的草書演進，創造了平假名，典當商人對正字在減省基礎上的書體變化，創造了『變減』當字；如同日本人利用漢字的形聲和會意造字法，創造出了具有日本風格的文字，比如『辻』字，表示『十字路口』，『畑』字，表示『旱田』。典當商人運用類似的方法，創造了如上的合文字。

當字爲什麼不擔心一形多音義字的大量涌現？由於漢字構造特點，一般使用的文字的數量不能太多，不然用起來就會不方便。一個字形的常用義太多，或者所表示的不同意義容易混淆，重則使人誤解文意，輕則減慢閲讀速度。〔一〕漢字相對於其他文字，一形多音多義問題本來就很嚴重。由於當字大幅度地省減構件，部分字采用假借法，因此産生了比普通漢字更多的异字同形、一形多音多義字。不僅相對於漢字原有體系的字是如此，在典當賬簿記録内部，也出現了類似的情形。從邏輯上説，這樣做會給表達文義和閲讀帶來更爲嚴重的困難。然而，通常可能産生的問題，在典當行的幾百年間並没有出現。恰恰相反，典當業的賬簿記録的内容真實、準確、可靠，經營過程中難免發生糾紛，但我們在整理典當文書中尚未發現有因記賬符號理解上的分歧而産生糾紛。

當字的這種特殊性，其根源在於典當簿籍用字場合、用途、範圍的有限性和專門化。這一特點給當字的創造提供了空間。典當行用字雖較普通商號要多，但也僅幾百字（後文有分析），更重要的是穩定，其指事也簡單，當頭字形容詞爲多，但多有習慣性、固定性的文字搭配。當字多是屬於記述當物名稱的字，描述當物顔色、材料、品名等，這些均爲名詞。因此，對這部分字進行變造，不會影響其他的文字系統，但如果在所有的文字中都用這種方法，就會打破文字書法的規律，給人們的書寫和識讀帶來不便。在典當經營中對正字或俗字作極度的減省，在實現了書寫快捷的目的同時，並不會産生字形與語意混淆。由於當字衹用於典當行的賬簿和票據記録，所以，不存在外部字同義不同的困擾。衹要解決好内部的問題，障礙就掃除了。根據不同的具體情形，有三種處理方法：

1. 對於易辨的，保留減省後的原字。如『紫』『指』『支』『隻』等幾個字，均以『子』字表達其意，它通常出現在三個部位，即票頭字之後首位、票幹中與票尾，這樣就容易區分了。出現在票頭（殘點）字後首位，就是描述衣服類的質材的顔色的『紫』。當出現在票幹中與『單』字組合時就是本字，衣物類的床單，稱其爲『單子』，與『扳』字相合，代表『指』字。當出現在票尾時，通常被用作量詞『支』或『隻』。

〔一〕裘錫圭：《文字學概要》（修訂本），商務印書館，2013年，第243—244頁。

紫藍絹棉褲一件

破印洋布單子一塊

銅綫二十支

2. 根據不同的詞語組合判斷。如『棉』『圈』『環』『筒』及數字『零』，這幾個字都可用『〇』替代，根據不同詞組可獲準確的信息：在衣物類中，『〇』是代表棉，在首飾類中與耳組合就是『環』，而與『項』字組合就是『圈』，與『針』字組合，則是『筒』，出現在數詞中，代表『零』。

3. 對於不易辨義時，則通過書寫方法的不同，使其有所區別。

此外，還有另外一種情形需要説明：出於行業票據防僞需要，對某些字不僅没有減省構件或筆畫，反而采取一種相反的策略，由簡變繁。如，在當票中用到的一種數字表示方法，將漢字『一、二、三、四、五……』，書寫爲『乾、元、春、羅、語……』（詳見下節）。

關於當字與書體的開放性和延展性，我們對典當瞭解的越多，越會感知它的複雜。祇有把典當的複雜性研究置於更廣闊的背景下，它才會更加生機勃勃。當字體系，與典當的發展有緊密的聯繫，在保持其整體的一致性的同時，保持其邊界的開放性，表現爲多樣性、個體性和進化性。作爲一種特有的專業技術和文化現象，前面我們已談到當字在全國範圍的典當行業具有使用的普遍性，但是，我們也注意到在南方與北方之間，在典當内外部之間，在不同時期、不同規模的典當鋪之間，在不同的賬房先生之間，雖然都在使用當字書體記録賬目，可是又表現出一定的差异性。關於這一點，我們在後面再作專門的討論。

四　當草書體

相對於普通的字體，當字不僅體現於字形創造，而且體現於書寫。研究當字必須兼顧字與書體。當字和書寫之間，相輔相成，互爲表裏。當字的創造得益於漢字草書由繁轉簡的規律的應用，書寫要依托於當字之形，對當字的點畫進行再加工和空間調配，以確保典當賬務目標的實現。我們可以將當字的草書稱爲『當草』。

當字構造和書寫皆側重於它的使用功能，注重實用性。當鋪賬務記載中當字的書寫，儘管不同於普通商號賬務中規範漢字書寫，但也仍屬於實用書寫。不過，大多《當字譜》及一些書法功底强的賬房先生記録的賬簿，在一定程度上是當字書寫與書法的統一，彰顯出强烈的藝術美感，是別具風格的書法作品。當字書寫的紀律性、約束性很强，特別强調約定俗成，具有規範性，不可逾越。當字書寫不宜導靈活性，没有如普通草書給書寫者保留很大的自由發揮空間，不會出現今草一個字有幾十種寫法的情形。字體書寫順序，從哪畫起筆，從哪畫收筆，不可改動。每個字在賬目中與其他字體比較，有的大有的小，其大小都要按約定俗成的規矩書寫，不可自由變動，如『皮』字和『褂』字（除表示單件外）寫的很小，如不細心留意，易被漏掉。而『原』字和『襖』字相對要大，筆者所見的當字譜或當賬、當票中皆如此。

從書體上講，當字屬於草書。『所謂草者，有草創之義。草書之名，出於草稿之意，已有定論。……「章草出於急就章」，前人亦有言之者。古代記録章程文書，急卒之際，所用之文字，未必悉工，不難想像。』〔一〕當字的創立，正是漢字草書歷史和理論邏輯的産物。如前所叙，一種比較普遍接受的觀點，認爲當字『似胎於草書十七帖』。草書『由篆、隸、八分、章草，因襲許多古文字變化而成。但其大部分乃章草或行書之趨於簡捷者。其有連綿之勢者，謂之「連綿草」』〔二〕。

〔一〕陳彬龢：《中國文字與書法》，1931年初版，武漢市古籍書店複印，1982年，第19—20頁。
〔二〕陳彬龢：《中國文字與書法》，1931年初版，武漢市古籍書店複印，1982年，第22頁。

《十七帖》共134行，1166個字，其中不重複的字約有400個。筆者將其與目前所見到的當字譜所用字比較，發現其中約有70個字相重合。其中，使用頻率高的有言、語、有、無、火、布、絲、土、夏、女、大、小、單、耳、山、馬、粗、財、衣、保、當、出、回、還、一、二、三、五、六、七、十、廿等，僅有30餘字。不過，從當賬等文書的書體分析中可以看得出，當字的確承襲了王羲之等歷代草書大家的『連綿草』筆法。《十七帖》中字與字之間前筆有結，後筆有起，形斷神續，行氣貫串，字裏行間揖讓離合和相互呼應，博取各種書體省略的方式和方法，按一定規律將字的點畫連接。全帖上下字相連者約92處，其中兩個字相連的約83處，3個字相連的約8處，還有4個字相連的。這種上下字相連的筆法，爲以後的一筆草形的先河，自然更是當字書法的始祖。草書是文字簡化之最，而當字的書體又是草書中的最簡化書體，可以説它是簡化中的簡化。

出於書寫快捷又不失真的目的，在今草法度的基礎上，當字書寫對未減省的俗字、正字或減省後的字改動書寫方式。我們知道，草書簡省的方法中，就有省略字的某個構件或某個部分的方法，或采用借筆的方法，借用連帶的牽絲當筆畫，借用點來代替相同的字和相叠的詞，也有采用取半的方法。當字使用的草書書體，就是用草書方法書寫已省簡構件或某個部分之後的字，有的書寫過程也並不完全按省簡後字的草書方法書寫，而是做了改變。

在記録賬簿、書寫當票時，應利用草體書寫方法靈活變動的特點，對同一個字運用不同的書寫方式，指代不同的『當字』。如『破』字與『被』字，如果運用減省方法，分別減省了『石』『衣』字旁後，則剩『皮』字。『皮』字作爲正字在典當行中是常用的字，這樣處理就會形成字形同義不同的情形，故再減省去『皮』字的部分構件，只剩『又』，可是『破』與『被』兩個字都是常用字，都用『又』字不易區分，故借助書法筆畫的處理，將『破』與『被』分別書寫爲和。再如『脖』字，運用通假方法，以『卜』字替代。但褂字運用減省方法，也以『卜』字替代，兩字都是常用字，也難以區分，故借助書法筆畫的處理，分別書寫爲和。『舊』與『白』：『舊』字不論是正字『舊』減省後的『臼』，還是俗字的『舊』，兩者都與白字容易混淆。故通過書法筆畫的處理，將『臼』字寫成，將『白』字寫成。這些書寫方法不同於一般草書章法。『袍』和『包』的處理也很特別，『袍』字減省『衣』字旁構件後，即成『包』，而『包』字作爲

當物的包裝常用，故將『袍』字寫成，而將『包』字與『白』字等連寫成。我們看到這樣既防止減省後與他字相混又很順暢，可見當字書體生成是很縝密的。當字中有些字是傳承今草的書寫方法，有些字則出於連筆書寫的需要，自創一體。如『馬』字寫成，《草書大字典》[一]收録歷代書法字書中的『馬』字31個，沒有一個是如此書寫的。『子』字也有類似情形，寫成。[二]

當字書寫也繼承了傳統草書『使轉』筆法。唐朝孫過庭在《書譜》中提出『使轉』一詞，說『「使」謂縱橫牽掣之類是也；「轉」謂鈎環盤紆之類是也』。鈎環盤紆是快速書寫縱橫牽掣的結果，由於今草的連帶增多，纔把寫得和盤山路似的橫向綫條定名爲『盤』。『鈎』是在快速書寫時連帶出來的，在轉換行筆方向處，兩個筆畫相連常會帶出細的牽絲。當字書寫中的這一點表現得尤爲突出，對横、點、撇、竪彎勾等筆畫，改變爲右上左下的綫長，且用連筆的方法，形成數條平行的斜綫，形成具有鮮明書法風格的書體。如果說章草筆法用『一』形，今草筆法用『S』形，當草筆法則用『/』形。如：

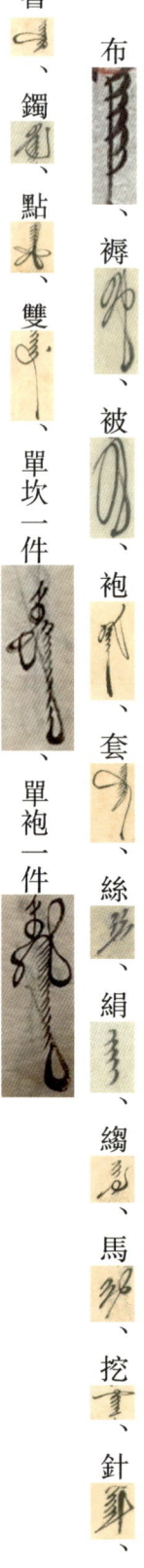

布、褥、被、袍、套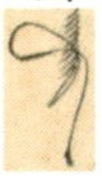、絲、絹、綢、馬、挖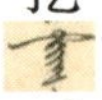、針、簪、鐲、點、雙、單坎一件、單袍一件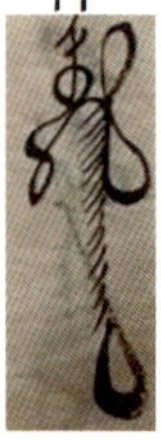

在字與字的布局方面，當字視賬面空間與具體每筆業務所書字的多少及繁簡，作空間分布處理。當字草書，實用是它的最爲根本的使命。因此，結字過程中處理疏密、長短、窄闊、伸縮、奇正、俯仰、嚮背等變化，就與普通草書不同。典當行的當賬或當票中，一宗典當業務，有時有多件甚至幾十件當物，因此，每一欄目的賬面空間，預留較寬。一般當賬一個頁面只設五個號碼，也就是五列欄目（有的設爲十列）。當然每列欄目内還可以書寫數列。首先，要確保欄目中規定記録的内容完整且清晰，絕不允許像一般草書，爲追求不衡和動蕩的美，而置乎正和對稱於不顧。典當賬務記録中，最難以處理的是需要書寫的内

〔一〕《草書大字典》下册，中國書店，1983年，第1639—1640頁。
〔二〕中國聯合準備銀行調查室编：《北京典當業之概況》，民國二十九年（1940），第38—39頁中間插圖。

容多而賬面空間不足，因此，一方面，要求賬房先生具有對所書寫内容的高度的語言歸納和提煉能力；另一方面，在書寫時要對字的空間布局有恰當的安排能力。賬面既要寫得滿，又要同行看得清。如圖1-1，『舊綢緞文洋布男女大小棉夾襖坎褂單套七件』，就是典型的緊凑型。

如果當物數量少，用字不多時，該條目就會出現空白。其他商號簿記管理中，爲了防止作弊，記賬先生必須通過某個或某些字的筆畫拉長或其他處理，使其填滿，上通天，下達地。當鋪的簿記處理也堅持同樣的思路，但由於每頁分爲五欄，行距較一般賬户寬一倍多，所以處理手法不同。用的方法不是把尾字拉長達地，而是允許部分當字的斜筆畫有一定彈性，且將其分布於該筆業務的中間和末尾，平行斜畫其數不定，減省、增益並行。如絹、布等當物材料類的字，可以寫在欄目的中間位置，而套、袍、腰、坎及數量詞等，則可以放在條目尾部進行空間布局調整。這類字的斜勢筆畫數量，雖然有基本的要求，但没有硬性約束，書寫者可視空間適當增加平行斜畫，調整賬簿條目及票據的書寫空間。例如，『糸』是『絹』字的減省，多寫爲三撇，有時也可多寫，寫爲五撇。『布』字有寫三撇一竪，也有的寫六撇一竪。『套』字平行傾斜筆畫最多時達九畫，有時則僅爲五畫。點、袍、坎等也有類似的處理。如『壹點』的書寫，見圖1-2，此爲典型的疏鬆型。這樣做既利於防止作弊，又起到增强美感的作用。

草字理論認爲草字不能都是正的，稱其斜勢求正態，字的大小不能都是一樣的，字距不能是相等的，字的重心不一定都在

圖1-1 《源源當上利賬》

圖1-2

一行的中軸綫上；但當草則有所不同，筆畫可以是斜的，但字要求是正的，當字有大小，有正斜，但與普通的今草還是不同。通常票頭字，也稱殘點字，其第一個字要大於其他字，且要濃墨重寫，而其他字則不能大於此字，大與小，依字的筆畫和字型而定，沒有一定之規。疏密則要求一致。每筆業務的尾部數量詞，也常用濃墨書寫。

當字草書與今草一樣，在簡化書寫過程中，必然會出現同字异寫的問題。僅從目前發現的史料中就可观察到許多此類字。如『碎』字，在北方地區多寫作，在珠江三角洲地區寫作，而在長江三角洲地區則又寫作或。『套』字，同是山西地區的不同當鋪也有多種寫法，如（京當字）、（貳合堂當字）、（當字册天書）。與此相對應的，就是异字同寫，也同今草情形相似。如，『絹』『百』『衫』『耳』，此四字均可用此寫法表示。例如：『土絹』寫作，『四百七十二』寫作，『女汗衫』寫作，『耳圈』寫作。不過，在具體的典當賬簿票據語境下，這些問題並不會産生歧義。

五　數字書寫

數字是當字的重要組成部分，也是當字體系中使用頻率最高的字元。過去，專供典當鋪學生學習用的當字譜，首要的部分就是介紹數目字的寫法。典當行作爲傳統商業組織，其數字記號的應用與其他商號有相一致的方面，同時，又表現出顯明的差异性。典當行數目字的書寫方法如果加阿拉伯數字，約有7種之多。這些數目字使用及其書寫方式，根據不同的記録內容，視具體情形而定，有的只用一套，或用大寫，或用小寫，或用蘇碼，或用當字專用數字，更多的時候，幾種記數方式混用。

（一）編號記録方法

典當行的典當業務，不同於其他金融組織，它不按期限管理，也不按客户分類，而是統一編號，首先按千字文的順序，每月取一字，隨後數字由小到大排列。這個編號就相當於當物的身份號，在當票、門賬、贖回賬、號碼賬、上利賬、估衣賬等多種賬簿及當票中使用。漢字數字大小寫混用，「一、二、三」一般用大寫「壹」「貳」「叁」，或小寫「一」「二」「三」；四至九則用漢字數字小寫；十可大寫爲「拾」或用小寫；二十寫爲「廿」或「二十」或「貳拾」或「念」；三十寫爲「卅」或「三十」或「三拾」。此外，十一至九十九直接寫十位數和個位數，如四十七，寫爲，即「四七」，省略中間的「十」字；三百零九，寫爲，即「三百九」，省略中間的「零」字；二千零二，寫爲，即「貳千貳」，中間不寫「零」字；一千一百五十八，寫爲，即「千百五八」，「千」和「百」之前不加「一」字，「五」後不寫「十」字。

以徽商爲代表的江南地區典當行的編號書寫方式與北方地區有明顯的差异，主要表現於「十」以上的漢字數字小寫（「貳」除外）時的連筆書寫。以安徽省圖書館所藏《當字初階》爲例：

	十一		二十一
	十二		三十二
	十三		四十三
	十四		五十四
	十五		六十五
	十六		七十六
	十七		八十七
	十八		九十八
	十九		九十九
	二十		一百

	一百零一
	一百一十
	一百四十七
	一百六十七
	二百零三
	四百二十五
	七百五十八
	一千零八十一
	三千一百零三
	一萬一千九百七十一
	一萬四千一百零四

這些數字書寫中，『三』字如漢字部首三點水，『六』字省去上邊的一點，七字兩筆連寫，不另起筆，『八』字撇捺中間亦可相連，『千』字以一撇代之，『萬』字也可以寫成『十千』。還有的將蘇碼與漢字小寫數目字豎寫混用，如協記公典民國二十四年（1935）九月的當票編號：，即八千五百七十八，上部用蘇碼書寫千、百位數『八千五百』，下部用漢字書寫『七十八』（『十』字省略）。

當賬與當票數目字編號的書寫，通常堅持以下規則：漢字數字中除了一、二、三外的其他數字一般衹用小寫，不論其處於個位、十位、百位、千位、萬位或以上。對於『一』和『二』兩數字，通常用大寫『壹』和『貳』。對於數字『三』，有兩種處理方法：一種是不論其處在哪個位數，皆用大寫『叁』，與數字『壹』和『貳』一樣；另一種是除了遇有『三十』這樣的數字時用『卅』外，其餘可書寫爲『三』或『叁』。對於數字十一至十九（包括百位、千位、萬位及以上數中有十位的數）按通常寫法，如『十三』，寫作『十叁』。對於二十至二十九這十個數字中的『二十』兩字，皆寫爲『廿』。對於三十至三十九這十個數字中的『三十』兩字，皆寫爲『卅』。對於四十一至九十九的數字可以省略中間的『十』字，如『九十九』，祇寫作『九九』，『三千四百五十六』，寫作『三千四百五六』。對於一百以上數中十位元數爲零的數字，可省略『零』，如『一百零一』，寫作『一百一』，『一千零一』，寫作『一千一』。書寫中之所以會出現大小寫混用的情形，主要原因是防止『一』『二』『三』在豎寫時產生混淆。具體如下：

壹：，貳：，叁：，肆：，伍：，陸：，柒：，捌：，玖：，拾：。

『百』有多種寫法：在當賬、當票中，表示錢數時，多用、、、、等。數字記號的書寫具有由右上向左下傾斜的特徵。數字連寫時，這一特徵更爲突出，如：

四百二十一

三百五十

四百七十二

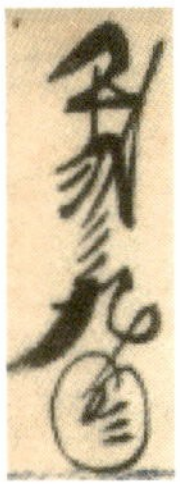
一千二百九十三

（二）日期記録方法

當鋪在記録日期時，常用一種特別的書寫形式。月，不寫『月』字，而是用一個與月份數字相連的一豎的符號代之。日或號（紀年改爲西曆後，山西地區有的當鋪跟隨社會習慣的變化，將『日』改爲『號』）在賬簿中，常用一個點代替。具體如下：

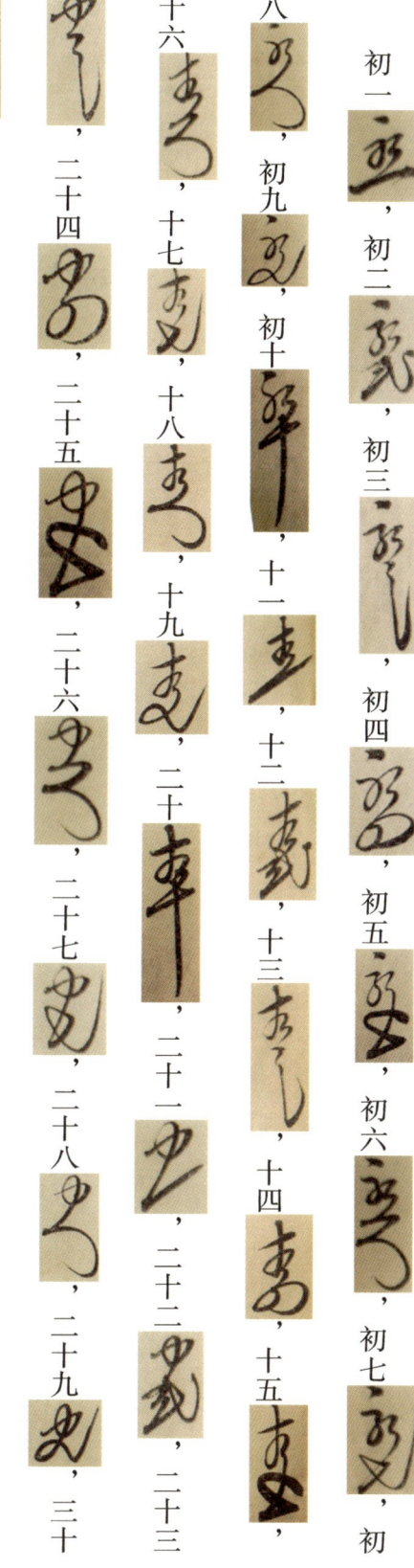

五月七日，二十八年正月十二日，三十年九月出（當物不贖回時轉入估衣類賬），廿五年三月初二日收利。

以徽商爲代表的江南地區典當行，日期的書寫另具特點：

初一，初二，初三，初四，初五，初六，初七，初八，初九，初十，十一，十二，十三，十四，十五，十六，十七，十八，十九，二十，二十一，二十二，二十三，二十四，二十五，二十六，二十七，二十八，二十九，三十。

我們注意到江南地區日期書寫中的『二十』，有四種表示方法，即『二十』『廿』『念』、。此外，『三十』容易與編號中的一千相混淆，寫法相同，但因出現的位置不同，表示的内容就全然不同。

（三）數量詞結尾時采用省字法

記録當物用到的數量詞，分爲兩類，一類記録當物件數，一類記録首飾類金銀重量。在記録當物數量時，各典當行記録方法也不盡一致。最常見的有如下幾種：

1. 衣物類當物的數量爲單件時，用一種最簡單的『單件收尾』方法表示爲：〔一〕。書寫完當品名稱後，隨最後一字的尾筆由右下向左上一挑，便告完成，表示一件或一條。量詞視當物名稱而定，如襖就是一件，褲子就表示是一條，被子就是一張，等等。如下所示：

襖一件	
褲一條	
褂一件	
套一件	
袍一件	
裙一條	
腰一件	
坎一件	
帶一條	
褥一條	
被一張	

2. 若衣物類當物的數量爲兩件及以上，或當物非衣物類而屬於金銀首飾、珠寶等時，則在記録完當物名稱後，在最後祇用大寫數字記其數量（民國時期也有小寫），將數詞與量詞聯筆組合書寫，相互借用代筆。如下所示：

一雙	
一枝	
一個	
一點	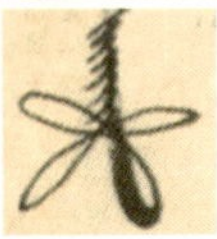
一把	
一挂	
一條	
一張	
花瓶二個	
女褂褲裙三件	
千文	

3. 當物件數非單件時，常常在記録完當物名稱後，在最後祇用大寫記其數，略去量詞，略去的量詞視前面當物名稱而定，如一般衣物略去『件』，被子則略去『張』，褥子則略去『條』。如圖1-3所示：『藍白布女小夾襖褲二件』，略去了量詞

〔一〕中國聯合準備銀行調查室編：《北京典當業之概況》，民國二十九年（1940），第38—39頁中間插圖。

「件」。如當物既有衣物，又有首飾，或者還有銅、錫器皿等，則在條目尾部通常爲記録當物總數的數詞，常省略量詞。

圖1—3

（四）小寫數字記録銀錢重量、土地面積、稅糧斗升容積的減省字畫方法

白銀計重以兩爲基本單位，兩以下分别爲：錢、分、厘、毫等；土地面積以頃、畝、分、厘、毫等爲計量單位；租稅糧則以石、斗、升、合、勺等爲計量單位。賬簿以小寫數字記録這些内容時，使用減省字畫法，上下鈎連，「五」既可寫作「五」，亦可用「半」字代替。如果離開了賬簿語境，單獨字體幾乎無法釋讀，可見其減省幅度之大。如下：

兩：，錢：，分：，厘：、，毫：，頃：，畝：，斗：，升：，合：，勺：

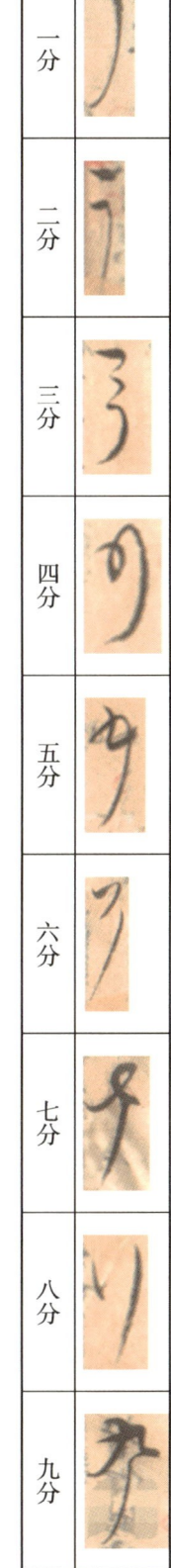

下面以銀兩爲例。

單一計重量「分」：

一分	
二分	
三分	
四分	
五分	
六分	
七分	
八分	
九分	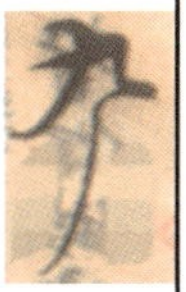

連寫：

一分二厘	
一分七厘	
二分五厘	
二分六厘	
四分四厘	
八分一厘	
一錢二分	
一錢四分二厘	
四錢三分八厘	
六錢八分八厘	
八兩八錢七分五厘	

連寫的一類形式如：十二兩二錢三分二厘五毫。連寫的另類情形是有時將兩與以下單位數分列爲兩行，如：十兩零八錢八分二厘，：七十二兩零二分五厘。

（五）蘇碼在賬簿記録中的應用

典當商人記賬的書寫方式，文字以竪式書寫，但數字的書寫則既有竪式，又有横式。横式書寫用一種被稱爲『中國數碼』的數字書寫，這種數碼，有的稱廣式數碼，有的稱蘇式數碼，也叫草碼、漢碼、花碼、番仔碼、商碼等。漢字數字的一、二、三、四、五、六、七、八、九、十，分别書寫爲〡、〢、〣、〤、〥、〦、〧、〨、〩、〇。這種數字表示方式確切的演化過程，學界目前尚無統一的結論。

大量商業文書表明，在阿拉伯數字引入中國以前，這種數字書寫方式是一種極爲快捷的數字記録符號，無論計銀、計錢、計洋、計重、計時，衹要用到記録數字的，皆可用蘇碼的形式書寫。如果説以徽商爲代表的南方典商連筆書寫小寫數字的方式極爲普遍和熟練，以山西商人爲代表的北方當商，則運用這種草碼方式書寫更爲廣泛和嫻熟。山西典當業賬簿中，蘇碼多用於記録金銀飾物重量，五日、十日、月及年小結發放當本小計，回贖賬本的本利各日小計，銀錢兑换等。商業書信中介紹市場行情時也頻繁使用。規模較大的典當鋪年終清單中更明確要求用蘇碼書寫。《立賬簿頭緒》〔一〕是關於典當業記賬規程的一册書，該書對清單書寫方式有詳細要求，如下：

〔一〕劉建民主編：《晋商史料集成》第40册，商務印書館，2018年，第595—622頁。

一宗票利錢若干（畫橫碼），本年錢價（畫碼）合銀若干 正寫

一宗作衣利錢若干（畫橫碼），本年錢價（畫碼）合銀若干 寫真字

一宗得外利銀若干　寫真字

一宗得外利錢若干（畫橫碼），本年錢價（畫碼）合銀若干 寫真字

一宗未得利銀若干（或得短利銀照此式寫） 至此以上數宗均照接總賬利字登來

一宗日足錢若干（畫橫碼） 本年錢價（畫碼）合銀若干 寫真字

一宗得錢價利銀若干　此照錢換賬净賺利登來 寫真字

以上數宗共得銀若干　寫真字

開除 此内均照接總賬上用字登來

一宗付外利銀若干　寫真字

一宗厨役工錢若干（畫橫碼） 本年錢價（畫碼）合銀若干 寫真字

一宗上年利錢今按錢座虧錢價銀若干 寫真字

以上十九宗共除銀若干 寫真字

一應除訖

蒙天賜獲利銀若干　此係新收内除訖開除净餘之項　寫真字

實存 又寫在也

一宗架本錢若干（畫橫碼） 本年錢價（畫碼）合銀若干　此照架本賬總共登來　寫真字

一宗家倨錢（蘇州碼）本年錢價（畫碼）合銀，此照傢倨賬總共登來 寫真字

一宗開張請示錢（蘇州碼）本年錢價（畫碼）合銀　寫真字

以上括弧所注的『畫橫碼』『畫碼』『蘇州碼』，指的是同一個書寫方式，即蘇碼，也稱草碼。

蘇碼書寫有一套較完整的書寫規則。具體内容包括：横式由左至右書寫，當〡、〢、〣分别爲首位時，就直接按此書寫，當此三個數中有任意兩個相連書寫時，則上一位按此書寫體書寫，下一位則變爲一、二、三書寫體書寫，目的是防止〡、〢、〣混淆，把〡、〢或〢、〡誤爲〣，把〣誤爲〡、〢或〢、〡。如寫1、2、3則爲〡、二、〣，3、1、2則爲〣、一、〢。草碼是一種進位元制記數系統，以位置表示大小。記數符號寫成兩行，上一行記數值，下一行用小字或注明計數量級，例如：萬、千、百、十等，或注明計量單位，例如：兩、錢、分、串、千文、丈、匹、斤、斗、扣、天等，這些下標的計量單位或計數量級横向並列。如：

三錢六分，寫作。一兩九錢，寫作。二兩六錢，寫作。三兩八錢九分，寫作。十兩一錢五分，寫作。一百四十兩，寫作。六千五百兩，寫作。五（吊）千零三十四（文），寫作。二百三十八元四角五分，寫作。（糧）八十二石五斗，寫作。（布）一百三十五匹，寫作。

可以將草碼與數量級，或草碼與量詞並列書寫。如八分，寫作。三厘，寫作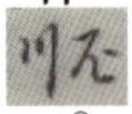。五錢，寫作。五股，寫作。九扣，寫作。

作爲規格名詞，直接書寫數值，不用在數字下作標注，如九九二白銀成色，直接寫爲。九九錢，寫作。八九三六扣（打折爲0.8936），寫作。

如果表示市場行情，數值通常爲一定區間。表示區間的兩個尾數的自然數順序相鄰，就可將兩個尾數錯開書寫。如金融産品價格爲十五兩二錢至十五兩三錢，則寫作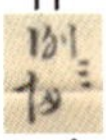；此産品價格爲五分三至五分四，則寫作。這種形式在當商的書信中常會出現。

典當業由自身規模、所服務當户差异以及當時貨幣環境等因素所决定，有的以制錢作爲主要貨幣，有的則以銀兩爲主要貨幣，記賬時對兩種貨幣要按照當時的行情及鋪内規矩進行相互折换，盤存貨物記賬時，常用到『合錢』或『合銀』此類合體字。這種方法在晋商的各商號中普遍通行。例如：收實銀七千兩，（每兩折錢）一千四百五十六文半，合錢一萬零一百九十五千五百文，記作；雜皮布一錢四十七匹，（每匹）五錢五分，合銀八十兩零八錢五分，記作。這裏把『合錢』，記爲，『合銀』記爲。

有些典當鋪還將漢字數字的大小寫與草碼混用。如二十兩，寫作；二七銀〔一〕，寫作；七百三十六千八百文，記作，等等。

（六）貨幣名稱用詞寫法

貨幣名稱是典當中最重要的詞彙，它處於最核心的位置。在記録當本、當利及課税中必然要用到貨幣名稱及其數量詞彙。

典當業以其所在時代的社會流通貨幣，作爲當本記録或當行交換貨幣，賬本記録時有的以格式化的印文出現在當票或錢帖中，有的則在相關賬據中注明。表示貨幣名稱的文字有的用正字，有的用俗字，如銀寫爲，錢寫爲。也有的是由不同的字元組成的合成字，如紋銀，分別取其構件『文』和『艮』，合成爲。元絲銀，則是將絲字取其構件『系』，與『元』字組合成。對於制錢也用類似的方法，如九九錢，書寫爲或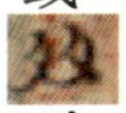，九七六錢，書寫爲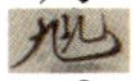。錢帖，是民間貨幣，分爲兑帖、憑帖等，有的則不分類，將商號所發錢帖統稱爲帖子，寫作或。

貨幣單位，在銀兩制下的計重，如前所述。在銀圓制下，則分別以角、分，或毛、分表示。有的把銀圓制下的毛、分，稱爲小毛銀元。制錢以文、千文、串、貫爲單位，記録時，常將『文』『兩』『錢』與數字連寫，有時也將『文』省略，即使如此，也不會産生歧義。

〔一〕即二七寶，一種寶銀名稱，每枚元寶重五十兩，申水爲二兩七錢。

六　典當『密碼』

中國傳統典當行在持續增進精緻技藝過程中，也在采用多種形式不斷强化神秘色彩。除了其書體形式常人難以釋讀，暗語外人無法聽懂，就是編制多套專用的數字記號。我們知道漢字數字字元中，大寫數字的産生是通過借用字而完成。『借用字，此借用字，十個字與本字全不相蒙，蓋恐後人文書册籍私有增減改移，故特用借此字也。壹，專也，合也，借作大一字；貳，副也，重也，借作大二字；三，意與三，同借作大三字；肆，放也，陳也，借作大四字；伍，五人爲伍，又曰行伍，吃糧兵坐了官，曰行伍出身，今借作大五字；陸，旱也，地也，借作大六字；柒，俗呼漆字，借作大七字；捌，無盤耙，借作大八字；玖，黑豆似玉者，借作大九字；拾，收也，借作大十字。』〔一〕典當行也可能同樣出於防止對『文書册籍有增減改移』的考慮，在靈活應用小寫大寫漢字數目字之外，仍采取借用字法，又增加至少四套獨創數目字寫法，作爲典當專用字寫法，以供内部使用，進而增强其防僞的功能，同時也增添了幾分神秘的色彩。

1. 典當專用數字記號之一：

分別借取『由、申、人、工、大、天、主、井、羊、非』10個漢字，以每個字的出頭爲標志，分別代表數字1—10，〔二〕有幾個出頭就代表幾。如果某件當物值千文左右，當鋪先生説『兩由錢』，通常就是一千一百文。若説『布衫子一件當天字錢，綿馬褂一件當大字錢』，就是説，當錢六百文和五百文。若説『舊汗衫一件當申大錢，洋布褲一件當由大錢』，即是説分別當錢二百五十文和一百五十文。圖1-4是道光十三年（1833）雙盛號發行的一張票帖：

〔一〕山西省晋商文化基金會編：《交易須知》卷四第四十二款，中華書局、三晋出版社，2013年，第315頁。

〔二〕〔清〕李塋：《生意精通言詞》，光緒三十一年（1905）刻本。

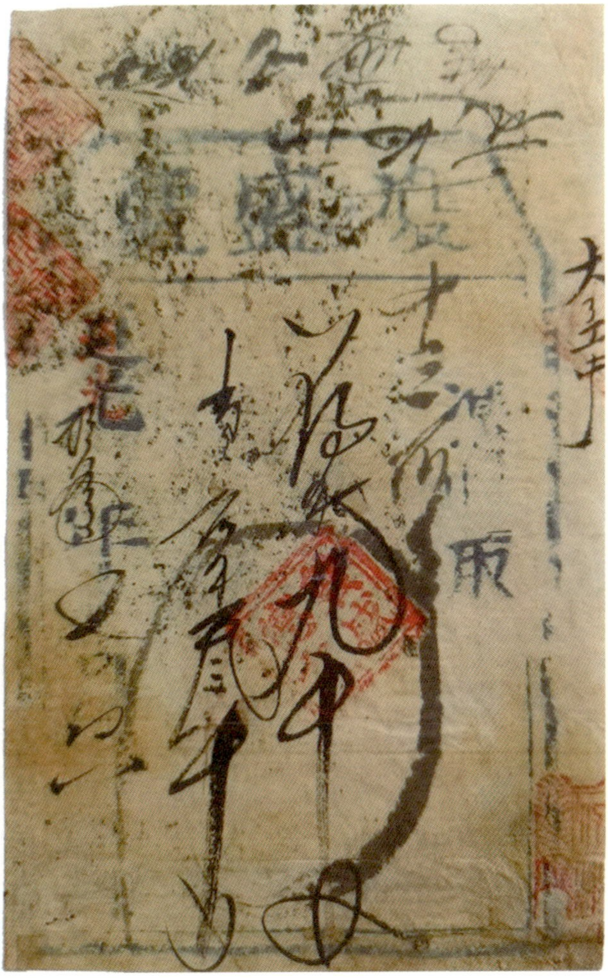

圖1-4 道光十三年（1833）七月初八日雙盛號錢帖

釋文：
雙盛號
大百工中
憑帖取
取錢九千文
當利錢三千文
道光十三年七月初八日

以上錢帖就是用當字專用數字書寫編號『大百工中』，即爲五百四十一號。『大』表示五，『工』表示四，『中』表示一。也有用於表示借貸利率，如圖1-5，是乾隆、嘉慶時期某當鋪的一張借貸賬頁（筆者收藏），右側第二行靠中下方的（月由申），表示的意思是月息一分二厘。

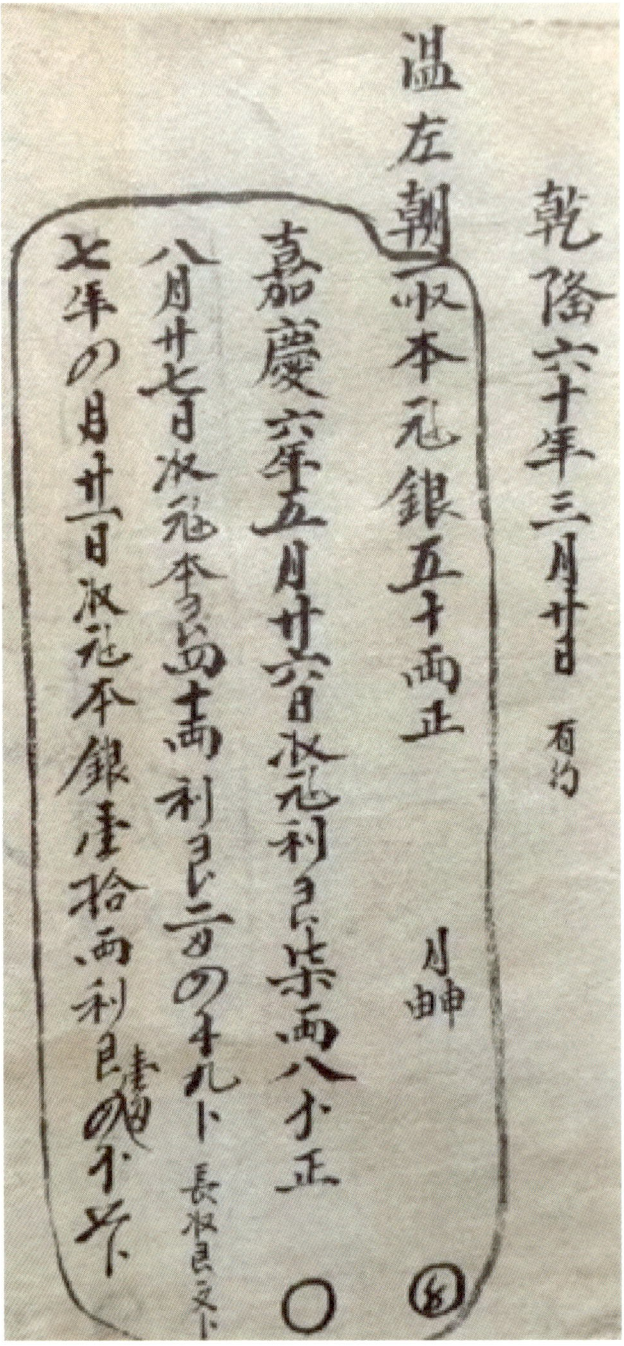

圖1－5

2. 典當專用數字記號之二：

這套專用數字記號是借取『乾、元、春、羅、語、交、化、公、旭』九個漢字，分別以字的某個特徵，或以字的構件，或以字的某些筆畫，分別代表數字一至九〔一〕：

乾，部首是『乙』部，『乙』在商號賬簿記録時，常作一用。故此處亦作一用；

元，頭部爲『二』，故作二用；

春，上部有『三』横，故當三使用；

羅，部首爲『罒』，『罒』與四形似，故其作四用；

語，右上爲『五』，故作五用；

交，上部爲『六』，故作六用；

化，右部爲『七』，故作七用；

公，部首爲『八』，故作八用；

旭，左部爲『九』，故作九用。

如果當鋪先生説『舊夾衣一件賣化春錢』，其意就是賣七百三十文。若説『舊皮襖一件當元羅錢』〔二〕，即是説當錢二百四十文。

圖1-6是民國二十五年（1936）農曆十月二十日慶德當的一張當票：

〔一〕〔清〕李埜：《生意精通言詞》，光緒三十一年（1905）刻本。

〔二〕〔清〕李埜：《生意精通言詞》，光緒三十一年（1905）刻本。

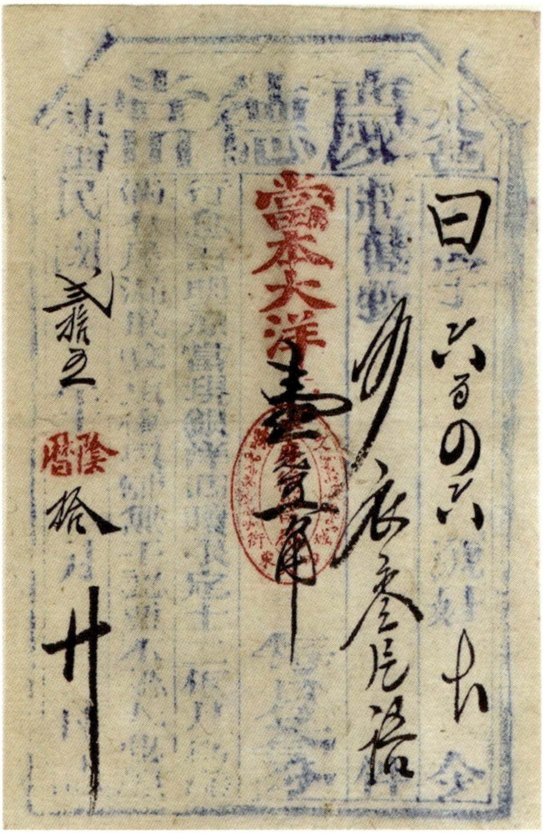

圖1–6　民國二十五年（1936）十月二十日慶德當當票

釋文：

文邑東街　慶德當

曰字六百四六號，姓□今

將舊物　破衣不全片五件

當本大洋一元五行息三分

行息言明原當現銀洋回贖限定二十四個月爲滿

倘有屋漏鼠咬蟲傷與鋪無干認票不認人此照

民國二十五年陰曆十月二十日

此當票的『語』，即表示當物衣片五件。

3. 典當專用數字記號之三：

現列表如下，見表1-1：

表1-1

當票當物總件數寫法										
大寫	壹件	貳件	叁件	肆件	伍件	陸件	柒件	捌件	玖件	拾件
省構件	豆	貝	厶	長	卌	阝	木	另、別或拐	王	合

上表中的典當專用數字記號，係從《當字譜》或當票中剪取的。我們觀察這些字元會發現，這些字除了『別』字作特殊處理，多用漢字大寫數字的某個構件，表示1—10的數字：

壹，減省去上部構件，只取『豆』字；貳，取下部『貝』；叁，取叁字的部首『厶』；肆，取肆字的左邊『長』字；伍，取人字右捺加三撇，共五畫，書寫爲；陸，取陸字的部首『阝』；柒，取『木』字，減省其他構件（亦有在『木』字上保留『八』字）；捌，取中間構件『另』字，或以『別』『拐』代之；玖，取部首『王』，減省右部構件；拾，取『合』字代之。〔一〕

在書寫時常將該套數字與量詞『件』的省構件字『牛』連筆書寫，如貳件：；肆件：；柒件：玖件：等。也有用其他數目字與量詞連寫，組成類似合文字，如四件：，五件：等。

〔一〕該套數字寫法，除了在當票中發現，也見於貳合堂《當字》中，但未見有當字譜單獨列出，也未見有標注。

七 『鬼畫符』魔力

根據筆者前述，對所收藏典當文書釋讀轉録，對其所用文字進行統計分析，其結果如下，見表1-2：

表1-2

當鋪名稱	用字
裕隆當當賬	435個
德興當翊字型大小當賬	446個
德興當師字型大小當賬	433個
德興當吉字型大小當賬	433個
德興當帝字型大小當賬	465個
德興當人字型大小當賬	400個
德興當始字型大小當賬	397個
樹人當闕字型大小當賬	499個
萬盛質店當賬	431個
源源當上利賬	270個
305張當票	903個
慎修田記當字本	704個

綜合以上當賬、上利賬和當票，總用字988個，其中，有一些字祇屬於用作編號的千字文，有些字祇是記録地域名稱或當户姓名，僅出現一次的字有457個。而《當字譜》屬於教材課本類文書，用字略多。

考察上述典當文書，我們將目前所見史料的當字按照造字類型劃分，大致可分爲如下五類：

1. 減省字：

襖（夭）、捌（拐、別）、背（北）、插（臿）、鈹（ ）、初（刀）、鋤（助）、釧（川）、粗（且）、襯（寸）、褡（荅）、袋（氏）、低（氐）、殿（ ）、頂（丁）、錠（定）、短（矢）、緞（段 ）、鈪（ ）、貳（貝）、杆（干）、鈎（勾）、鍋（呙）、挂（卜）、孩（亥）、汗（干）、盒（合）、醬（將）、鏡（竟）、玖（王）、筷（快）、裂（列）、麟（ ）、綾（夌）、陸（阝）、驢（户）、緑（录）、鑼（罗）、帽（冒）、衲（内）、鈕（丑）、紐（丑）、瓶（平）、柒（木）、麒（其）、鉛（ ）、鉗（甘）、槍（仓）、頃（匕）、磬（ ）、缺（ ）、叁（ ）、紗（少）、衫（ ）、繩（黾）、盛（成）、獅（师）、拾（合）、肆（長）、鎖（ ）、提（扌）、鐵（失）、銅（同）、桶（甬）、駝（它）、圍（韋）、蚊（文）、紋（文）、錫（易）、硝（肖）、鞋（圭）、靴（化）、壹（豆）、圓（員）、園（元）、帳（長）、指（匕、旨）、珠（朱）、墜（阝）

2. 變減字：

把（ ）、白（ ）、百（ ）、板（ ）、初（ ）、包（ ）、被（ ）、布（ ）、飭（ ）、翠（ ）、單（ ）、點（ ）、兩（ ）、耳（ ）、分（ ）、箍（ ）、褂（ ）、壞（ ）、黃（ ）、灰（ ）、夾（ ）、尖（ ）、藺（ ）、件（ ）、脚（ ）、鏡（ ）、舊（ ）、絹（ ）、鑊（足）、空（ ）、褲（ ）、藍（ ）、爛（ ）、匣（ ）、領（ ）、留（ ）、羅（ ）、麻（ ）、馬（ ）、門（ ）、畝（ ）、呢（ ）、泥（ ）、女（ ）、盤（ ）、袍（ ）、盆（ ）、皮（ ）、片（ ）、破（ ）、錢（ ）、青（ ）、取（ ）、裙（ ）、

日（）、絨（）、褥（）、三（）、僧（）、色（）、什（）、事（）、四（）、飾（）、收（）、書（）、鼠（）、薯（）、雙（）、素（）、碎（）、套（）、挖（）、襪（）、伍（）、夏（）、小（）、孝（）、心（）、星（）、眼（）、洋（）、腰（）、銀（）、印（）、羽（）、月（）、簪（）、盞（）、針（）、枝（）、子（）、縐（）、鐲（）、漬（）〔一〕

3. 象形字：

釵（）、環（）、角（）、零（）、棉（）、圈（）

4. 通假字：

扳（班）、伴（半）、嗶（必）、脖（卜）、汴（卞）、膻（旦）、蛋（旦）、掉（吊）、廢（末、弗）、箍（古）、壺（乎）、劃（化）、嘰（及、几）、戒（介）、襟（巾）、犁（力）、鈴（令）、轆（六）、轤（六）、磨（末）、氆氌（普魯）、齊（其）、簽（千）、鍁（千、先）、圈（全）、褥（入）、陝（闪）、毯（旦）、筒（甬）、圍（为）、夏（下）、鑲（箱、相）、腰（夭）、指（止）、妝（庄）、紫（子）、穿（川）、褲（吐）

5. 合文字：

不全（）、不齊（）、背心（）、嗶嘰（）、布衫（）、粗呢（）、單褲（）、對衫（）、耳環（）、兩放（）、粉盆（）、凡殼（）、黑銀（）、汗衫（）、繭絹（）、戒指

〔一〕個別當字，既屬於減省字，又是變減字。

（）、巾包（）、九九（）、馬套（）、馬褂（）、男女（）、袍套（）、票取（）、缺襟（）、耳挖（）、如簪（）、牙籤（）、縐絹（）、在内（）、紙匣（）

所謂『一般正字』，是指在當賬或當票中，使用頻率較高，較好辨識，故歸爲一類。其實這些字在使用中或多或少也顯示出當字書體的特徵，衹是没有前面幾類突出。有些字，既可歸爲減省類，同時也具有通假的現象，所以除了少數幾個字，均將其歸入減省類。

一般正字：

安鞍八扒拌保寶豹杯本崩筆邊扁表裱別柄兵不補擦草册茶長鈔朝潮車扯成秤衝蟲綢臭出厨串床磁墶
帶擔淡當鐺刀燈凳底帝典墊扚貂碟丁鼎兜鬥豆肚斷對鵝額廿發方翡粉封風鳳凰佛服斧伏幅付圪葛個各
根公宫共狗骨觀管光海寒夯號荷合貉黑紅猴葫湖狐虎琥護花滑畫回火吉脊幾嘰計假架剪見匠交焦角接
巾金錦近晶驚九酒轎君開坎看堪靠錁殼孔扣窟塊捆蠟麗粒狼老椤厘狸猁利璃連簾練凉輛林羚柳 龍窿爐
鹿漏亂輪羅鑼賣忙蟒貓毛梅徽悶米蜜彌面秒明磨木納南年鳥帕牌胖炮坯披飄七扡欠肷茄雀染人如軟卅
三傘猞煞珊山扇傷燒身深升生匙濕始石十食手壽蘇鼠水絲穗索塔台藤剃屜條帖仝頭土兔團腿屯托脫外
碗灣萬尾未文無五夕系戲細匣下仙綫香項翔象孝攜信杏行袖押牙烟言眼椰硯羊咬藥鑰頁 一衣移椅義油
有魚雨玉原元 雲雜栽崽糟皂氈占彰張丈罩爪枕支織只紙質鐘竹燭苧軸莊錐 桌子字宗總走座

如果從當字的使用角度觀察，可按字在典當簿籍中的成分分爲以下十類，見表1-3：

表1–3

當字分類	常用字
數詞類	壹貳叁肆伍陸柒捌玖拾零一二三四五六七八九十百千萬
量詞類	銀錢兩分厘毫文串吊貫元角分件個條雙對把付根片點張隻枝錠軸張本杆輛粒盤挂塊頃畝石斗升合勺的幅支副
殘點類	原破舊爛壞碎蟲吃孔窟窿欠無少缺廢不全光板淡衝低淺潮黑驚扯崩碰磕漬磨燒裂壓糟打擠扒甩濕汗黴墨剪截劃 錐油煞綻折柳走水泥出補織雜堪豆本再有邊風内色身座紐塊屜穗携頂血假開餝 脱漏絮窩粗仝當 家 姓面看 言明管
顔色類	青藍紅緑白黃紫灰醬月杏米駝皂素藕深
衣物材質類	布綢緞絹縐綾羅絲絨麻紗羽綫苧繭土印巾夏文占石花屯汴閃漏洋嗶嘰氆氌栽毛克錦各焦洛毯氈
皮毛類	皮羊狐鼠豹狸猫猞猻貂貉獺狼狗鹿兔羚肷脊腿脊額爪尾寒擦滑染老山雲崽草海氈
衣物類	襖褲袍褂裙衫坎套腰襯汗衲背心被褥毯氈鞋靴靸襪袋帽圍脖帶披手帕馬蟒孝僧戲交夕義男女孩大小長短棉夾單襯缺接領袖丁尖丕頭荅達簾荷絆包枕罩葉背肚袱林衿兜集
首飾等材質類	金銀錫鉛鐵硝石柴木琥珀珊瑚翡翠瑪瑙密蠟碧璽硨磲菩提晶磁玉松玻璃料精竹
首飾類	鐲鎖簪鉗戒指針墜斗筒繩索鏈練圈環鈎鈕珠扁空紐如扣挖項耳指脚發人仙星佛虎驢獅猴狗魚麒麟事牌朝竹鑲龍手挑掏丈舌凉拐盔意塞斜鳳響龍葉宫梅菊花忙扳米湖蓋藥重
雜項類	鍋瓶鏡磬匣爐扡碗碟杯壺嗉犁鍬鋤刀斧錐炮槍桶桌椅案幾書畫紙筆硯墨台筒扇香粗細合盒放册頁燈酒茶烟執噴回哂玻璃琴鑼鼓鐃托妝鼓料悶凳匠轎車船擔門鑰匙熨鞍屏盂骨梳籠席喇叭眼錘鑽店幌缸劈粉秤尺材箱湯桶牙藥搖順刷鴛鴦鴨棋什罐轆轤蚊遮陽時插牌藤皿瓦
其他	當出取贖回票利用存上年日號架本鋪放櫃賬典内照

（以上所集字爲本研究資料所及的字，不同區域不同時期用字會有所差别；爲便於分析，有些字在不同分類中同時存在，如果删掉重複字，共計500個左右。）

綜上所述，當字用字數量在1000字左右，其中常用字500字左右。這一結果與楊肇遇等人所説的『據業中人云，典當所用字數，僅一千餘，而日常應用者，僅三四百耳』[一]基本相符。

在常用字中，使用頻率也存在較大差异，如表1–4：

表1–4

當鋪及賬簿名稱	頻率高的前30個字占用字總數的比重	頻率高的前40個字占用字總數的比重	頻率高的前50個字占用字總數的比重
裕隆當當賬	70.47%	79.00%	83.05%
德興當翔字型大小賬	64.58%	73.66%	79.88%
德興當師字型大小賬	67.53%	76.07%	81.55%
德興當吉字型大小賬	69.78%	78.52%	84.07%
德興當帝字型大小賬	68.67%	75.79%	81.36%
德興當人字型大小賬	68.72%	77.59%	83.40%
德興當始字型大小賬	70.03%	78.28%	83.27%
樹人當闕字型大小賬	72.12%	80.71%	85.55%
萬盛質店當賬	69.79%	78.54%	83.04%
源源當上利賬	82.86%		92.06%
慎修田記當字本	50.90%	57.38%	62.32%

由上表統計分析可知，當字使用頻率最高的字有50個左右。但是，不同區域、不同時期及不同典當鋪使用頻率較高的字並不相同。《當字譜》所有字的使用頻率在不同當鋪、當賬中又不相同，不過使用頻率較高的前100個字，也占到了總字數的75.94%。當字的簡省創新和當草書法等的變革，正是圍繞漢字在簿記中使用的頻率高低漸次展開，當字的特徵集中體現於那些

[一] 楊肇遇：《中國典當業》，商務印書館，民國十八年（1929），第38頁。

使用頻率較高的文字中。

在使用頻率較高的當字中，有近30%屬於通過減省構件、象形及通假的方法創造的。我們選取了其中具有代表性的142個字：

銀（艮）、銅（同）、鉛（㕣）、鐵（失）、錫（易）、鉗（甘）、鎖（肖八）、鐲（蜀、蚀或虫）、針（丰）、鑼（罗）、釵（叉）、鈎（勾）、鈕（丑）、錢（）、錠（定）、鐘（童）、鏈（連）、鍋（呙）、鈪（厄）、鑲（箱或相）、鏡（竟）、鈴（令）、鍁（千或先）、鑁（足）、綢（紬）、絹（）、緞（段）、縐（刍）、絨（戎）、綾（夌）、紗（少）、繩（黾）、緑（录）、紙（氏）、紐（丑）、織（只）、紫（子）、襖（夭）、褂（卜）、襟（巾）、衫（）、裙（君）、被（）、褥（入或扒）、襪（伐）、襯（寸）、衲（内）、補（甫）、裂（列）、指（匕、止或子）、捌（另或别）、拾（合）、提（扌）、接（节）、呢（尼）、只（子）、嗶嘰（毕几）、陜（闪）、陸（阝）、墜（阝）、桶（甬）、棉（○）、杆（干）、枝（支）、柒（木）、驢（户）、駝（它）、環（还）、珠（朱）、璃（离）、玖（王）、圈（全或○）、圍（为）、毯（旦）、氆氇（普鲁或普六）、腰（要）、脖（卜）、膻（旦）、脚（却）、缺（）、罐（观）、鞋（圭）、靴（化）、醬（將）、孩（亥）、汗（干）、泥（尼）、汴（卞）、粗（且）、伴（半）、件（牛）、伍（）、低（氏）、袋（代）、藍（兰）、舊（旧）、帽（冒）、帳（长、丈）、背（北）、軆軀（六六）、槍（仑）、筷（快）、號（号）、頃（匕）、領（令）、翻（番）、頂（丁）、盒（合）、破（）、硝（肖）、蚊（文）、壹（豆）、貳（贝）、叁（厶）、肆（长）、夏（下）、瓶（平）、犁（力）、耳（尔）、戒（介）、簽（千）、鼓（古）、壺（乎）、糧（良）、飾（市或什）、廢（费）、磨（末）、畝（么）、磬（）、夾（）、單（）、零（○）、兩（）、分（）、厘（）、毫（毛）、個（个）、碎（）、紋（文）

這部分字的正字總筆畫約2000畫，與之對應的減省構件後所用筆畫約700多畫，僅占正字筆畫的35.8%，也就意味着用當字比正字省去了近三分之二的筆畫。照此推算，加之書寫過程草書方法的應用，當鋪先生用當字的記賬速度可能要比使用正字書寫速度提高近2倍。

當字深化了典當業的專業化程度，展現出傳統典當商人冷靜中蘊含的活力、智慧以及鮮明的理性的品質，同時也强化了典當在民衆間的神秘色彩。當字延伸了典當商人的能力，並保證了典當目的的實現。一定程度上可説當字是典當發展的一個決定性因素，當字、當譜和龍門賬構築了傳統典當業的堡壘，使其具有强大的生命力，突破發展的瓶頸，積極應對來自多方面的外部挑戰。

當字的發明創造，使記帳效率得以大幅提高，受益的不僅是典當商，從社會效應看，得益最大的是那些有可能因記賬速度慢而被拒之門外的社會較低階層人群。這部分人對典當融資需求最爲緊迫，最爲必要。從一定意義上説，當字在一定歷史階段，曾承載和關聯着千差萬別的社會經濟發展和成千上萬百姓的生產生活。

當字產生的另一大功效，是當票的防僞性。不同於普通的借貸融資，典當行對社會民衆融資，采用的是一種典質押方式，票據不僅是雙方的契約，事實上已轉化爲有價證券，且是無因有價證券，在一定程度上可轉讓，實行的是『認票不認人』制度，加之典當業務極爲繁忙，客户分布廣，成分複雜，期限較長，因此，當票的防僞功能就顯得尤爲重要。而當字難以識讀、摹仿、篡改、僞造的特性，爲其提供了可靠的保證，有效地減少或避免了無謂的糾紛及訟事。『歷來當户取贖，未嘗因當票字體難認，發生錯誤。足見創此字體者，具有經驗與苦心。外人不察，以爲此種字體，係典當故意欺騙當户，使之不易辨認。』〔一〕

當字從創造到終了，一直有不同的社會聲音。據説清代兩江總督曾令江蘇省的典當行將當票用字改用楷書，於是『典商要求官廳派一熟習悉繕寫之人，擔任寫票職務，未終日，此善書者，已感覺困難而去。老於典業者，傳爲笑談。』〔二〕民國時期這種社會聲音就更高了，1927年廣東曾有人稱擬參照西歐典業辦法，要求『凡當押票當寫楷書，不得任意草書，並須志明原質及重量，以免蒙混，不得總寫「碎金一」的字樣；如絲棉布匹衣物，須志明長短若干，原質何項，不得渾寫「破爛布衣零碎布匹」等字樣。』結果招致典當界的强烈反對，最後被政府否决。『查當押票寫用草書而不用楷書，係以敏捷方法，以免質物人之守候；填用概括而不用列舉，係以單簡方法，銷除兩方無益之争執。蓋質物人既以質物爲諱，必不欲久候，非用敏捷方法，

〔一〕宓公幹：《典當論》，商務印書館，民國二十五年（1936），第139頁。
〔二〕宓公幹：《典當論》，第139頁。

無憑維持營業；……商業以敏捷爲主旨，每押入一物，必要分析爲主物從物，秤量重度長短，又復用楷書繕正，需時過久，姑無論顧客厭惡，拒人千里，即手續煩數，日不暇給，耗費至巨，無憑取償，已非當按押業所能堪……然當按押票面寫用草書而不用楷書，填用概括而不用別舉，相沿最久，無或异議者，蓋敝行各當按押，信用昭著，社會信仰使然。』〔一〕

實用功能是當字的本質特性，同時在有意無意間，産生了兼具文化性與功能性的雙重特性，是一個獨特的歷史現象。當字書寫的賬據透着別樣的美。曲彦斌認爲，當字『以傳統書法藝術爲本，在當業得以發揮、運用及傳承過程中，亦有許多可資鑒賞的珍品。既屬民間行業文化形態之一，亦堪稱漢字書法藝術園林中的一枝別具風格的奇葩，理應受到書家乃至文字學家的青睞。』〔二〕

八　當字溯源再思考

當字是如何從最初的專用字逐步發展爲能够完整記録賬務的文字體系的？這一文字體系的形成過程開始於何時，完成於何時？這一問題，前面我們提到過，可能無法得出確切的答案。不過，我們可以確定的是，至少清雍正時期當字已經成熟，並已被廣泛地應用于全國典當業。

黄山市博物館所藏《雍正九年振旭盤賬》《雍正十年盤賬》（該賬爲徽州有興當早期賬簿）中所用的一些字，就是《當字譜》常用的字。盤賬是東家年終用以核對資産、負債及損益的賬簿，多用楷書或行書謄寫，以供東家審閲，因此，盤賬書寫遠比當賬或當票工整。儘管如此，盤賬中還是出現了不少常用當字，如：銅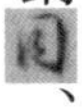、鐵、鍋、鑼、鼓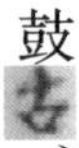、壺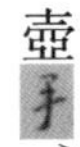、鏡、鞋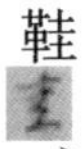、把、捌、斤、錢、兩等。此外，在表重量及銀兩的數字書寫中，也已使用上下連寫代筆的情況，如：半斤

〔一〕區季鸞編：《廣東典當業》，國立中山大學經濟調查處，民國二十三年（1934），第125—130頁。

〔二〕曲彦斌：《中國典當史》，九州出版社，2023年，第203頁。

、一斤、三斤、五斤半。若計重單位『斤』字前是『十』字，則『斤』字采用另一寫法，如二十斤，寫爲，四十斤，寫爲。數字書寫如：九錢一分六厘，寫爲，五錢零六厘寫爲，七兩零七分四厘寫爲，二十兩八錢五分五厘寫爲。

遺憾的是，我們迄今還未看到同期及更前期的當票和當賬，當票與當賬的具體書寫情形期待新的發現。

筆者和趙振洲先生收藏有全盛典的三件當票，簽發時間分別是乾隆十五年（1750）正月十四日、二月八日、二月十六日，這也是迄今爲止我國發現的最早的當票，衹可惜三件當票均有殘缺。第一件，右側書寫當票編號的部分和下部邊緣被剪掉。第二件，右側書寫當票編號的部分和下部邊緣（缺兩字）被剪掉。第三件，全盛典當鋪名稱的契牌狀首部抹角部分殘缺，格式化印文，字迹不清，其編號爲『莫（字）二千百八九號』。三件當票均爲統一格式化文字，存在高度的相似性，因此，可以互補，而使每件當票都可獲得較爲完整的信息。[二]如圖1–7是其中最早的一張：

釋文：

全盛典

原破藍布襖一件

當面估值當去大錢七十文

憲例起息期以二十四個月爲滿如過期不取聽

從典主變賣作本倘有鼠咬蟲傷黴爛等情各安

天命至若來歷不明與本典無干認票不認人此據

乾隆十五年正月十四日 □□

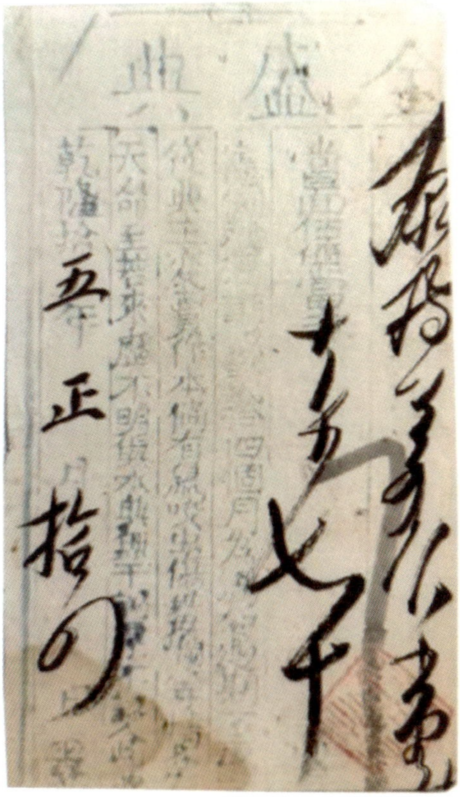

圖1–7 乾隆十五年（1750）正月十四日全盛典當票

[二] 詳見本書典當文書釋讀章節當票部分。

綜合分析3件當票信息，我們可以：一、推知全盛典創立的時間，乾隆十五年二月，該典當票編號用『莫』字，典當行的編號習慣是按照千字文順序，從天字算起，每月采用一字。若從『莫』字由後往前推算，則該典鋪至少創設於雍正十三年七月。二、分析編號與時間的對應關繫，第三件當票簽發於乾隆十五年二月十六日，編號爲莫字二千一百八十九號，我們設定此編號當票簽發於這天的中間時間內，那麽就説明，在此前的15天半中，已放當2189筆，由此推算，該典平均每天放當141.2筆；三、當時，當字已經在當票中被使用，如破、藍、襖等字，字，似『皮』字，實際是當字『破』的早期寫法。到了清中後期『破』字進一步減省爲『又』字，寫爲。

目前發現最早的當賬是吐魯番阿斯塔那墓出土的《唐代質庫賬曆》殘片〔一〕，就其内容和形式而言，基本與近代當賬相同。

在以上這些原始史料中，我們看到最早的唐代當賬，雖然個别字有减省的現象，如『日』字，衹用一個小墨點代之，但這並不表明已經有當字的存在。我們發現清代早期當賬仍然用普通行書記録，亦未見當字出現。〔二〕但清乾隆時期的當票實物，已全部使用當字書寫。由此，我們可以判斷出，當字産生的時間下限，至晚在雍正年間，此時，當字已經成熟，並已被廣泛地應用於全國典當業。

與這些當票同時期創作的文學作品《紅樓夢》中也有關於當字的描述。《紅樓夢》第五十七回，寫邢岫烟當棉衣作盤纏的情節。『忽見湘雲走來，手裏拿着一張當票，口内笑道：「這是個賬篇子？」黛玉瞧了，也不認得。地下婆子們都笑道：「這可是一件奇貨，這個乖可不是白教人的。」寶釵忙一把接了，看時，就是岫烟才説的當票，忙折了起來。……這裏屋内無人時，寶釵方問湘雲何處拾的。湘雲笑道：「我見你令弟媳的丫頭篆兒悄悄的遞與鶯兒。鶯兒便隨手夾在書裏，只當我没看見。我等他們出去了，我偷着看，竟不認得。知道你們都在這裏，所以拿來大家認認。」』〔三〕這些姑娘都受過良好教育，一般書法字體是難不住她們的，然而，看到當票誰都不認識，説明其字體與衆不同，可能上面用的就是當字。而薛姨媽及衆婆子却知

〔一〕唐長孺主編：《吐魯番出土文書》（貳），文物出版社，1994年，第328—340頁。
〔二〕詳見本書典當文書釋讀章節當賬部分。
〔三〕〔清〕曹雪芹，高鶚：《紅樓夢》，人民文學出版社，1996年，第794頁。

道這樣的東西是當票，這表明至少在這個時期典當行使用當字已經成爲一種約定俗成的習慣和規矩。

筆者曾在孔夫子舊書網上見到一個小册子，是明崇禎七年（1634）新安海陽後學夏正輔所抄録的《當鋪總訣》，全書分上下卷，分十七節，論述經營典當行相關的技能。其中在下卷『謹慎』一節中，寫道：

> 凡在店人等注寫當賬，不可出神心亂。先可注寫當賬之上某姓、某名、某物、幾件，當銀若干，或二處、三處，有包、無包，或是轉當，或是仍找。再問當人要銀要錢，勞記寫於賬上，件件一一清白，然後照賬出票，打了脚印。但有仍找者，就要注寫小字若干於本銀之下，票上要銀者，發票與管盆者，兑銀發與當物之人；要錢者，收要與數錢、收與當物之人；轉抵當者，收票與經手之人，收與贖當之人。但寫當賬之人不能寫得快者，其報帳之人務必要報兩遍清白，免得寫者有錯，誤了大事。
>
> ……
>
> 凡結算逐日當賬，或收銀賬，或收錢賬，或逐日轉當，或逐日草收贖典賬，或五日總收贖典賬，勿論日間夜間，務可算清明白，算清明白一遍，又復算一遍，與前相同，方可下筆結寫，不可大意，免致有錯，日後算出改賬費事。

人們常説典當從業者有三大特殊技能，一是會看當，鑒定當物，爲其估值，二是會寫當字，三是懂當鋪暗語。這是一册專論典當技能的抄本，在具體的技能教學中，隻字未提當字寫法，或如何加快書寫速度等相關事項，説明當字當時尚未列入經營技能的範疇，也就是説當字尚未産生。

由此，我們可以初步判斷，中國當字創造時間大約在清雍正到乾隆年間。

那麽接下來就要回答爲什麽當字會大致在這一時期産生？是什麽機緣催生了當字？要回答這個問題，需要我們看看進入清代後，中國典當業面對什麽樣的變局。典當業在中國具有悠久的歷史，當清王朝穩定局面後，全國經濟漸漸復蘇，生産力加快發展，社會分工擴大，租兑貨幣化進一步推進，隨之商品經濟對傳統的自給自足的小生産經濟産生衝擊。對於民衆來説，使用貨幣作爲交换手段和支付手段的需求比以往任何時候都更爲必要和迫切。而中國特殊的貨幣制度和市場，遠不能滿足需求。通過典當方式進行融資，成爲民衆生計得以保障、社會秩序得以維持的最爲重要的路徑。山西、安徽等省的商人們抓住歷史的轉機，積聚式、暴發式地在全國開辦爲數衆多的典當鋪，但是仍然跟不上需求的步伐。

筆者根據收藏的450件當票（涉及當鋪232家），測算出全國每家當鋪日均業務爲82.75宗。王裕明曾根據安徽32家典商的59張當票做過一個測算，最高日均發放798筆，最少26.5筆。筆者根據這些信息，重新測算乾隆四十九年（1784）到嘉慶十六年（1811）間10家典行的28張當票，平均每日每家發放典當業務139.4筆。〔一〕在行外人看來，當户用當物作質押借銀錢，到期或隨時再還回所借銀錢取回當物，當贖借還，極爲簡單。然而，當你真正瞭解這一過程時，會發現面臨的挑戰遠遠超過我們通常的認知（因本文的重心不在此，故不能展開）。賬上每記録一筆，與其對應的還有一張當票要交給當户，那就意味着，每天每筆業務一個賬房先生要做兩倍的記録工作。而每一筆業務並不僅有一件當物，常常一筆有多件當物，有時甚至多達幾十件。不僅如此，對於一個正常經營的當鋪，出當與贖當是均等的，也就意味着，在同一天，還有基本等量的回贖（或倒當、或上利、或出號）業務要辦理。换言之，一家普通的典當鋪一天要爲280人次辦理業務，記載賬目。如果稍大的典當行業務量會更大。

〔一〕王裕明編：《明清徽州典商研究》，人民出版社，2012年，第61—62頁。原表資料測算有誤，且是直接用當票號除以發行日，其假設前提是這張票是發行當日的最後一張。筆者測算時，將當日的當票編號視爲一天的中間數，以當票編號除以發票日數減半日。

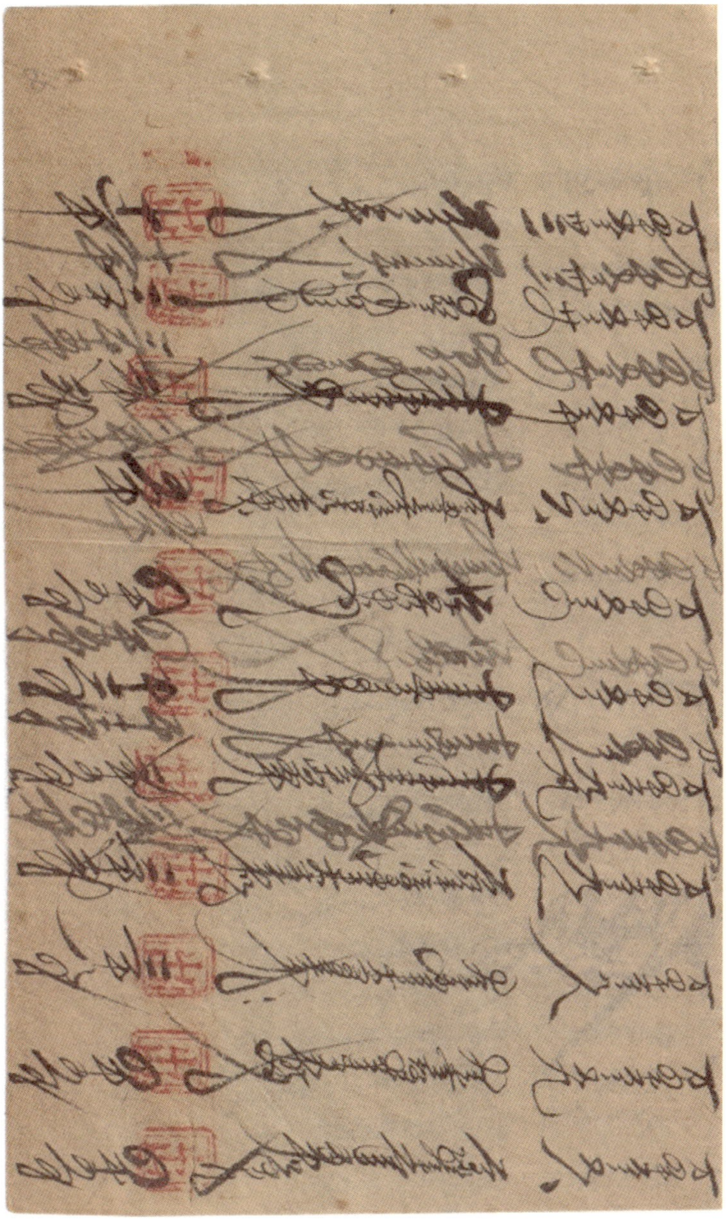

圖1-8 光緒二十三年（1897）天津文盛星當鋪估衣賬中的一頁

圖1-8是筆者收藏的光緒二十三年（1897）天津文盛星當鋪估衣賬的其中一頁。如果一筆典當業務，當期滿未贖回即爲出號，該筆業務就將按當票號碼、當物名稱及數量、當本一併被登記入此賬册。圖片所示是賬册過了保護期後，當鋪夥友用來學習當字的抄本。所以看到同一號下有相同的兩筆。此賬最左側一行，上部記録的是編號14733，中間記録當物『藍絹襖一件』，下部是當本『十一千』。由此看到這家當鋪一個月發放的典當業務至少有14733筆（因該賬後部脱落，後面是否還有賬頁，無法判斷），照此計算，至少平均每天發放491筆業務，賬上每記録一筆，與其對應的還有一張當票要交給當户，那就意味着，每天一個賬房先生要作近千筆這樣的記録。

在如此背景下，没有快速的書寫速度是根本無法滿足業務需要的。有大量的書寫需求，必須達到一定書寫速度。對於使用當字的理由，民國時期江蘇典當公會認爲實因所當物品，巨細兼收，每日所用之票，或超千號，皆出於寫票員之手，他們一面登載大賬底簿，一面繕寫當票，加蓋騎縫印。賬票皆列當物號數，不能參差錯誤。如寫正楷，實在應接不暇。清代曾國藩任兩江總督時期和民國時期政府内政部都曾要試圖取消使用當字，但終以失敗告終。〔一〕

常識告訴我們，寫得越快，字就越潦草。如果潦草而又缺乏規範，就會産生信息傳遞的不通暢、不準確、不及時。因此，迫切需要尋找一種既快又易識讀的書寫方式。歷史常常是觸發靈感的源頭。中國自古以來，書寫籍賬及文案、券契就有創造並使用俗字以代替正字的傳統。唐人顔元孫撰，顔真卿書的《干禄字書》專收俗字，其《叙》將唐朝的字分爲俗、通、正三體。例如，『銀』『錢』二字，在元代時就已有用『艮』和『戈』代用的記載。〔二〕這裏的字就是減省『銀』的金字旁構件後剩之字元，字就是減省了『錢』字的金字旁，並將兩個戈字減省其一。典當行簿記用字，雖然比其他商業文書數量多，用字繁，但是，典當鋪常用字使用頻率高，用詞規範，格式化用詞較多，如果有一種規範的書寫，即使非常簡化，也不易産生歧義。加之，典當業較早有行會組織，相互影響，當一種書體被公認有益，會很快得到傳播。如果此時有個别社會威望高、被行業認可的大書法家與典當行的行業領袖合作，一種新的書體産生是完全可能的。

〔一〕宓公幹：《典當論》，商務印書館，1936年，第138—139頁；曲彦斌：《中國典當史》，九州出版社，2023年，第202—203頁。

〔二〕劉復共、李家瑞編：《宋元以來俗字譜》，國立中央研究院歷史語言研究所單刊之三，民國十九年（1930），第97頁。

當然，還有一種可能，當字是賬房先生這個群體創造的。『無論哪種文字，每一種書寫系統的誕生都是「涌現性」的成果』。當人們爲滿足業務需要，不斷提高書寫速度，就自然會對文字作省筆處理，那些高頻出現的字或名詞，就會被以簡約的書寫形式代之。這種簡約有一個基本的要求：不需要所有人看懂，但是，圈子内相關的人要彼此能够互識。這裏的所謂圈子内的人，包括當商財東、夥友、同行以及官家負責監管人員、司法方面的人等。同時，還要求記録内容不被惡意修改或被他人僞造。記賬對書寫能力的這種要求，不衹是對個别當商，而是對整個典當業的普遍要求。因此，在同一時代，同一行業内有大量書寫任務的人群，他們的字形和慣用的文本縮寫方式，往往就會向同一個方嚮改變，並最終變成一種相對固定的書寫體系。後經某位或某幾位精於賬法和書道的賬房先生擔綱，提煉、總結、歸納，形成統一標準，寫成當字法貼，要求所有行業人員必須照此書寫，最終一種特有的新字體得以誕生。

當字是多種因素共同作用的産物。不過，現實需要、歷史傳統和行業特點，是其中最爲關鍵最爲重要的原因。

九　不同時空下當字風格的差异性

當字因其特定的功用目的及相應的規範格式，使用和演化在全國範圍具有普遍性和相似性。當字不同於普通的書法，個性化的特徵被限定在當字規範的條件下去表現。當鋪的夥計學習當字，臨摹的主要是當字譜，是本當鋪或當地其他從事典當生意的賬房先生書寫的標準當字作品，也會以部分失去效力的老舊典當賬簿和當票爲臨摹物件。如圖1-7，也可以視爲一份當鋪學生的臨摹作品。不僅學習時要臨摹，而且在記賬過程中，也要以本鋪的傳統書寫習慣爲基礎，自由發揮空間有限。

由於歷史時代的變遷，典當業所處的社會、經濟、自然等環境條件不同，當字書體風格在不同時空下又呈現出多樣性、差异性。用書界話説就是『區别率』『差异化』『陌生感』，與普通的書法一樣，在時空維度下的演進，表現出既統一又相异的雙重性。

書法的時代風格，是以許多種個性的書法風格所顯示出的共性傾向爲依據而形成的。一個時代的社會政治、經濟、物質生活條件、生活方式等産生出在該時代占有主導地位的審美風尚，這樣的審美風尚作用於書法藝術，從而産生該時代書法藝術風格傾向。例如清末與民國初期，由於社會對當鋪文字的通俗性要求進一步增强，儘管典當行業以各種藉口集體抵制，但還是不斷地向普適性方向調試，以回應民衆的呼聲。我們把二十世紀三十年代的典當簿記文書與清光緒年間的對比，有個别當字彼時不存在或使用頻率較低，此時却頻繁出現，如『公襖』『洋車』（自行車）及各種形式的鐘錶等，這些當物名稱所用的字就很少有异於普通漢字的情形出現。换言之，當字創新的脚步在放慢或停滯。在書法風格上，在同一區域比較早期也呈現出多樣性，行業的習慣約束力明顯減弱。清代同一區域的書法風格較爲相同或相似，顯性程度漸漸降低。『筆墨當隨時代』是對當字書法歷史經驗的恰當總結。

從空間維度看，自古以來，書法在一定的區域，往往表現出一定的地方風格，『具有地域特徵』。在一定的區域範圍内，由於書家們彼此之間的相互影響，由於人們所共有的審美趣尚，或者因爲某個權威人物的褒揚提倡，以至某種風格被争相仿效，種種主客觀方面的因素，造成了一定區域範圍内的書風。因此，在書家及其作品的個性風格之上，又呈現出這一區域的書法所共有的地方風格特徵。如果我們仔細地品賞釋讀全國各地典當文書中的當字書體，會看到與社會書法界具有同樣的現象。

爲便於分析，我們可以把全國典當業粗略分爲三大區域，即以晋商爲代表的北方地區，以徽商爲代表的長江流域地區，以粤商爲代表的珠江三角洲地區。比較三個地區的當字，會發現它們之間既有統一的一面，更有差别的一面，真可謂『性相近，習相遠』。

傅山是中國書法史上公認的『清初第一書法家』，對山西及其周邊區域書法影響最大。其書法特點是：點畫神清骨秀，氣血豐勻，行筆婉暢妍美，爽健洞達；結字平和峻麗，雍容端莊；筆勢雄奇，連綿飛動，起伏迭宕，縱逸揮灑，游絲纏繞牽連，筆意相連不斷。

『一部書法史，半部在江南。……江南人以其特定的心性氣質締造了别具一格的江南書風。』[一]即『以晋唐一脉爲正統所生發出的同源而不同流的書法風格』。明清時期，江南地區更是當時全國文藝的中心區域，書法藝術生機勃勃。『書風的呈

〔一〕鄭利權：《書法中的江南氣質——簡評〈江南書法史〉》，《中華書畫家》2020年第8期，第142—143頁。

現雖具有不同面目，但多以雋秀、妍美、雅正、流便爲旨歸。』〔一〕

清早期，在廣東地區以梁佩蘭爲代表的文壇領袖，其書法字體豐潤扁橫，大雅渾樸，甚有風骨凌厲，瘦硬通神的傳統風格。到了清晚期，以康有爲爲代表，將傳統推向頂峰，宣導『尊碑』，在創作上運碑入帖，以『圓筆』書碑，書法多有縱橫奇宕之氣，筆畫平長，內緊外鬆，轉折多圓，運鋒自然，體現了結體舒張的藝術風格。

受以上這些區域審美趣尚、文化環境的影響，三地的當字書法也表現出迥然不同的風格：

以山西商人爲代表的北方地區，當字書寫取斜勢，單字優雅，『游絲纏繞牽連，筆意相連不斷』，組合疏密得當，蘇碼運用嫻熟，密碼數字應用頻繁自如；以徽州商人爲代表的長江流域，當字單字省筆多，且縱橫盤連，流暢自然，連筆借勢書寫特點鮮明，特別是月、日等時間的表示方法异於他人，銀錢數字竪式書寫，上下筆畫借用簡省，形態優美；以廣州商人爲代表的珠江三角洲地區，當字書寫時詞彙的字元組合，巧妙而得體，省筆易識，斜勢劃一，尾數叠書，銀錢地畝數字書寫，筆畫講究，神秘、神奇，不失莊重。

我們比較三地《當字譜》及當票，觀察當字筆勢與筆法在氣質特點以及格式等方面的差异，馬上便會辨別出來它們源自何方（圖1-9、1-10爲北方地區；圖1-11、1-12爲長江流域；圖1-13、1-14爲珠江三角洲地區）。對於常用字的減省造字，總體而言，全國各地具有相似性，會出現同字同形。如『棉』字，不論是山西當商、徽州當商，還是廣東、東北當商，皆寫爲，有的也減省爲一個。不過，不同區域寫法又具有較大的差异性。如『衫』字，山西當商寫爲，徽州典商寫爲，廣東押鋪寫爲，而東北當鋪寫爲。再如『褲』字，差异更大，廣東地區將其寫成，而全國多數地區則減省爲。如果再細分析，即使同是北方，東北、山東等地區與山西地區的當字書寫又有所不同，儘管從風格上看，它們皆屬於北方地區。

〔一〕湯傳盛：《書意江南》，見『江南建築文化』公衆號，2021年5月18日。

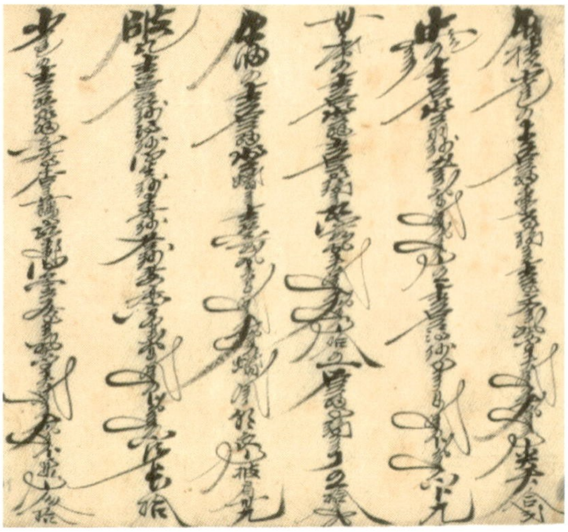

圖1–9　山西當字譜（貳合堂《當字》）

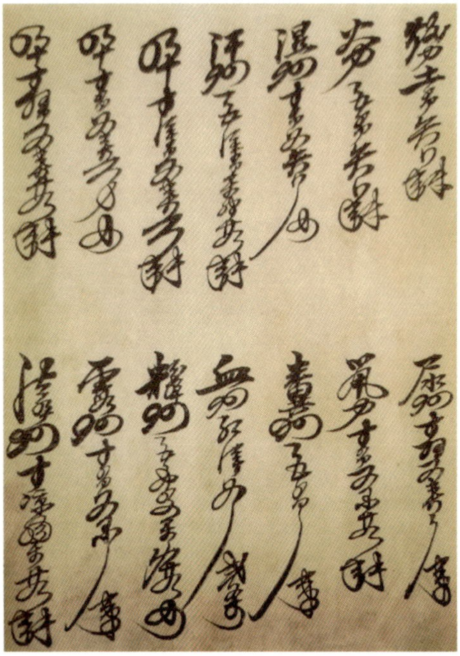

圖1–11　當字譜（《當字初階》）

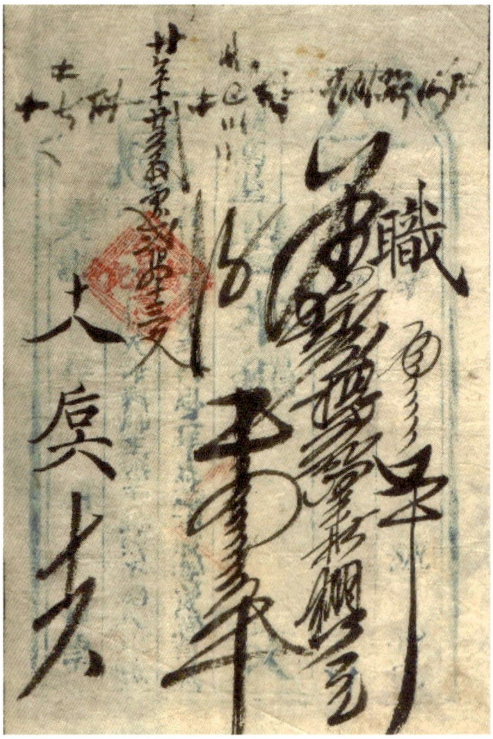

圖1–10　光緒十八年（1892）合意當當票

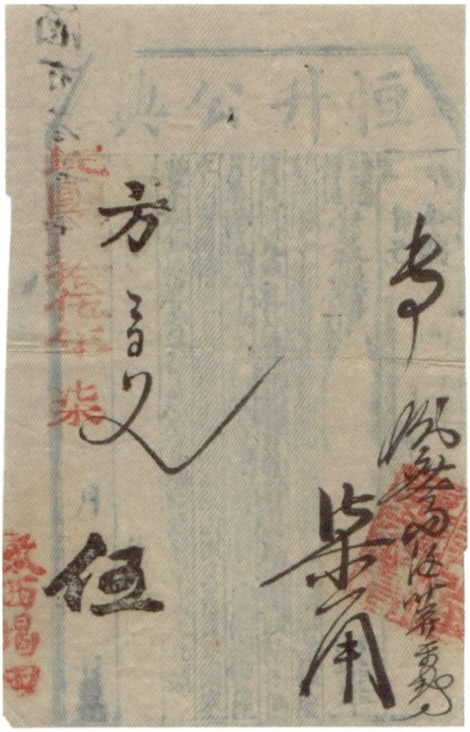

圖1–12　民國十五年（1926）恒升公典當票

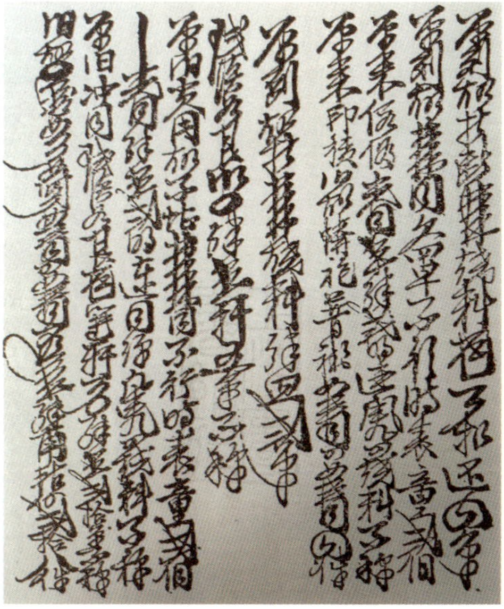

圖1–13 粵商當字譜（《廣東典當概況》插圖）

在某個特定的非常時空下，一般人們的印象中，善草書者，多爲方外人士，豪放野逸，無拘無束，隨性、自在、奔放。而賬房先生，多被描寫刻畫爲『蓄着八字鬍，鼻架老花鏡，手撥算盤，口中念念有詞，埋首伏案，嚴謹刻板，略顯保守』。然而，縱横揮灑在紙上的草書綫條，與撇捺分明的賬中墨迹，在當字的世界，得到了和解。在處理個人的書寫特質與行業規範時，首要的是符合行業要求，這是由其特定功用目的及其相應的賬票格式所決定的。山西商人有一種傳統，對記賬用字，有内部規矩，如果行業有確定的，就要按行業的去寫，不能隨意變造。票號就有一個類似的例子。同治十一年（1872），協同慶票號長沙分號，在月結單中將『三』字寫作岦，被大掌櫃劉慶和發現，當即通過書信提出批評：『檢查字典，並無此法，不識出於何經。况「三」借用，不過是叄。即以俗寫，亦應用叁字，因何私出主意，令人笑話也。緣出立票據，係屬常用之字，故而瑣瀆。此後務必更爲「三」字，是妥。』

在符合行業規範的前提下，當字也爲作爲個體的賬房先生發揮書法藝術留有空間，甚至漸近的創新空間。因此，我們也常會看到，同一當鋪，書寫風格前後貫通，左右銜接，同時也表現出差异性，這種差异是規範下的差异，是賬房先生在繼承與創新間做出的努力和貢獻。

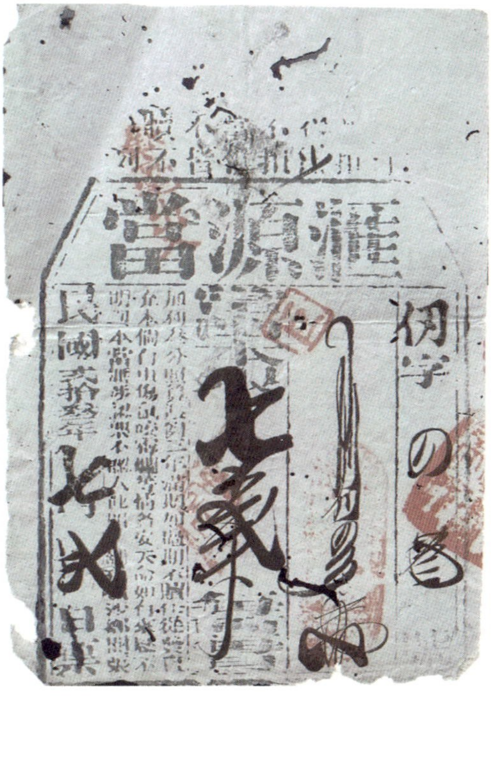

圖1–14 民國二十三年（1934）匯源當當票

第二章 當字庫

『當字』字源，取自下列史料〔一〕：

《當字本》，清光緒十三年（1887），慎修田記，簡標：（田）

《當字》三册，清光緒二十一年（1895），貳合堂本，簡標：（貳）

《京當字》，民國十七年（1928），楊慎齋記，簡標：（京）

《當字譜》，清左逸堂本，趙振洲收藏，簡標：（左）

《當字譜》，清佚名撰，簡標：（佚）

《當字册天書》〔二〕，清宣統三年（1911），佚名撰，簡標：（天）

《當字譜》〔三〕，清佚名撰，簡標：（劉）

《當字譜》〔四〕，清佚名撰，吴曉鈴收藏，簡標：（吴）

《當字初階》，民國二十三年（1934），曾楫舟等書，安徽省圖書館藏，簡標：（初）

《天津典當業》插頁，民國二十四年（1935），張中龠著，簡標：（張）

〔一〕以下凡未特别注明收藏者，均爲作者收藏，不再一一注明。

〔二〕劉建民主編：《晉商史料集成》第70册，商務印書館，2018年。

〔三〕同上。

〔四〕吴曉鈴編：《雙棔書屋考藏珍本叢書》初集。

《典當論》，宓公幹著，民國二十五年（1936），簡標：（宓）

《廣東典當業》，區季鸞編，民國二十三年（1934），簡標：（粵）

《雍正九年（1731）振旭盤賬》，簡標：（振）

《道光二十六年（1846）新慶當當賬》，簡標：（新）

《光緒六年（1880）裕隆當當賬》，簡標：（裕）

《光緒十八年（1892）源源當上利賬》，簡標：（源）

《民國十六年（1927）晋新源當當賬》，簡標：（晋）

《民國十九年（1930）萬盛質店當賬》，簡標：（質）

《民國二十四年（1935）德生當當賬》，簡標：（德）

《民國二十四年（1935）樹人當當賬》，簡標：（樹）

《民國二十四年（1935）慶記當當賬》，簡標：（慶）

《光緒十八年（1892）天興當回贖賬》，簡標：（回）

《光緒二十三年（1897）文盛星當估衣首飾賬》，簡標：（文）

《光緒二十九年（1903）永盛當櫃檯老賬》[一]，簡標：（永）

《清代興隆昌當鋪櫃檯老賬》[二]，簡標：（興）

《民國十三年（1924）廣義昌當鋪櫃檯老賬》[三]，簡標：（廣）

《民國二十三年（1934）道生久記櫃檯老賬》[四]，簡標：（道）

〔一〕劉建民主編：《晋商史料集成》第38册，商務印書館，2018年。

〔二〕同上。

〔三〕同上。

〔四〕劉建民主編：《晋商史料集成》第39册。

《民國五年（1916）四月萬盛厚銀錢流水賬》，簡標：（萬）
《中國典當業》，楊肇遇著，民國二十一年（1932），簡標：（楊）
《光緒十四年（1888）三月□□典上字號當簿》，上海圖書館藏，見王裕明《明清徽州典商研究》，簡標：（上）
另，還有些字取自當票、回贖賬、典契賬等當商文書：
《道光九年（1829）十一月初七日隆泉餉當當票》，簡標：（隆泉餉當）
《光緒九年（1883）五月福建同益當當票》，簡標：（同益當）
《光緒十二年（1886）八月十三日順豐餉當當票》，簡標：（順豐餉當）
《光緒二十七年（1901）吹字三百六十六號當永誠當當票》，簡標：（永誠當）
《光緒三十二年（1906）四月十九日三陽當當票》，簡標：（三陽當）
《宣統三年（1911）六月初七日大聚當當票》，簡標：（大聚當）
《民國八年（1919）閏七月十八日牲泰當當票》，簡標：（牲泰當）
《民國十五年（1926）五月十五日復興基當當票》，簡標：（復興基當）
《民国十六年（1927）二月十四日允成押當票》，簡標：（允成押）
《民國十六年（1927）十二月十九日豐裕當當票》，簡標：（豐裕當）
《民國二十年（1931）五月二十一日和濟當當票》，簡標：（和濟當）
《民國二十一年（1932）四月二十一日同裕典當票》，簡標：（同裕典）
《民國二十一年（1932）四月二十三日天津利恒當當票》，簡標：（利恒當）
《民國二十六年（1937）三月十三日集成當當票》，簡標：（集成當）
《民國三十六年（1947）一月四日鉅大當當票》，簡標：（鉅大當）
《民国二十四年（1935）十二月初八日有利大押當票》，簡標：（有利大押）
《1970年二月十一日德成按當票》，簡標：（德成按）

一 單字

A

安：（田）（貳）

鞍：（劉）

襖：（天）（張）（貳）（京）（源）（宓）（初）（樹）（道）（興）（永）（宓）（初）（慶）

B

八：（貳）

扒：（佚）

捌：（初）（初）（劉）（貳）

把：（貳）（京）（道）（道）（源）（裕）（天）（永）（田）（新）

白：（京）（天）（佚）（劉）（初）

百：（貳）（裕）（源）（左）（源）（文）（京）（劉）

扳：（京）（田）

板：（天）（田）（貳）

伴：（京）

絆：（晋）

包：（貳）（貳）（貳）（田）（京）（晋）

寶：（左）

保：（德）

豹：（田）

杯：（田）

背：（左）

被：（貳）（宓）（京）（天）（京）（左）（田）（道）（道）（新）（慶）（慶）（初）

本：（源）（源）

崩：（天）（左）

筆：（京）

嗶：（田）（慶）

邊：（隆泉餉當）

扁：（京）（佚）（樹）（文）（田）（楊）

表：（貳）（樹）

裱：（田）

别：（佚）（田）

檳：（田）

兵：（貳）

柄：（京）

玻：（田）（左）

鈸：（宓）

脖：（德）（德）（張）

汴：（德）（德）（德）

不：（天）（粵）

布：（貳）（天）（道）（裕）（田）（宓）（初）（左）（慶）（晋）（新）（上）（楊）

補：（田）（左）

C

擦：（田）

草：（劉）

册：（劉）

插：（京）

茶：（佚）（源）

釵：（京）（興）

柴：（佚）（天）（京）

長：（田）

鈔：（慶）

朝：（田）（京）

潮：（貳）（劉）

車：（德）

扯：（貳）

襯：（佚）（天）（道）

成：（佚）

秤：（劉）

飭：（粵）（左）

衝：（田）

蟲：（劉）

綢：（貳）（京）（天）（宓）（德）（左）（劉）（初）

臭：（德）

出：（樹）（德）

初：（初）（晉）

廚：（貳）

鋤：（永誠當）

串：（貳）（田）

釧：（初）（楊）

床：（貳）（慶）（慶）（慶）

磁：（田）（天）

粗：（田）（左）（佚）（源）（文）

翠：（貳）

D

荅：（上）

褡：（宓）（張）（楊）（初）

打：（劉）

大：（德）（貳）

墶：（德）

帶：（貳）（田）（京）（永）（晉）（新）（慶）（慶）

袋：（張）（新）（新）（慶）

擔：（京）

單：（京）（貳）（天）（宓）（德）（初）（新）（新）（慶）（晉）

膻：（張）

淡：（貳）（田）

蛋：（德）

當：（德）（興）（初）（典契賬）

鐺：（貳）

刀：（京）

燈：（田）

凳：（貳）

低：（劉）（左）（劉）（粵）（初）

底：（劉）

帝：（德）

典：（典契賬）

點：（京）（道）（貳）（田）（天）（源）（新）

墊：（貳）

殿：（慶）

貂：（田）

扚：（劉）

吊：（貳）

掉：（劉）

磔：（田）

丁：（貳）

頂：（貳）（質）

鼎：（劉）

錠：（劉）（道）

兜：（貳）

斗：（道）

豆：（貳）

肚：（貳）

端：（天）

短：（初）

斷：（左）

綴：（貳）（京）（天）（宓）（慶）（慶）（晉）（晉）（初）

對：（京）（道）（道）（田）（初）

掇：（田）（貳）

E

鵝：（貳）

額：（田）

鉔：（左）（粵）（鉔，廣東方言，鐲子）

耳：（左）（左）（源）（粵）（初）（上）

貳：（源）（貳）（貳）（德）（左）（京）（京）（樹）（初）（初）（順豐餉當）

F

髮：（田）

方：（貳）

翡：（貳）

廢：（初）（京）（貳）（劉）（密）

費：（左）（左）（粵）

分：（貳）（回）（允成押）

粉：（京）（貳）

風：（田）

封：（劉）

鳳：（田）

佛：（田）

服：（劉）

袱：（京）

幅：（劉）

斧：（劉）

付：（劉）

G

杆：（貳）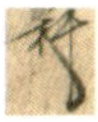（京）（左）

高：（田）

圪：（德）

格：（慶）（慶）

葛：（德）

個：（貳）（道）（源）（京）（慶）

各：（貳）（佚）

根：（佚）（京）

公：（佚）

宮：（京）

共：（德）

鉤：（田）（佚）

狗：（源）

箍：（貳）（慶）（楊）（初）（初）

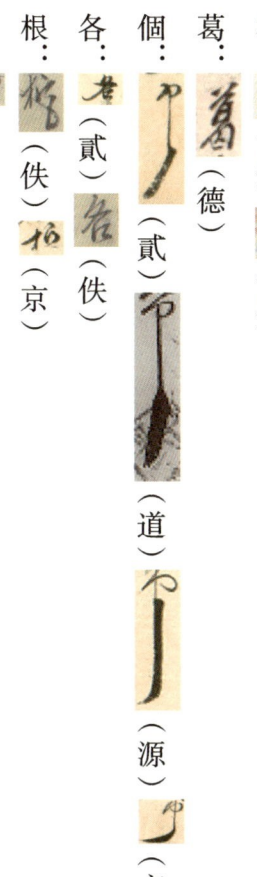

骨：（田）

鼓：（田）（貳）（佚）

挂：（貳）（貳）（慶）

褂：（張）（京）（貳）（天）（源）（源）（田）（宓）（質）（道）（初）（初）（慶）

觀：（京）

冠：（貳）

管：（京）

光：（貳）（左）

鍋：（貳）（田）

H

孩：（佚）（天）（貳）（貳）（田）（源）（京）（興）

海：（田）

寒：（田）

汗：（天）（佚）（樹）

夯：（田）

號：（源）（京）（裕）（德）

合：（田）

荷：（貳）（貳）

盒：（佚）（田）（慶）

貉：（貳）

黑：（貳）

紅：（京）（初）

猴：（貳）

狐：（京）（佚）

壺：（貳）（天）（天）（佚）（源）（貳）（劉）

葫：（京）

湖：（晉）（晉）

虎：（貳）

琥：（田）

護：（田）

花：（源）（宓）（田）（德）（德）（天）（初）

劃：（田）

滑：（田）

畫：（京）（佚）

壞：（京）（初）（佚）（田）（樹）（質）（宓）

環：（佚）（貳）（田）（京）（天）（粵）（左）（慶）

黃：（京）（佚）（初）

灰：（貳）（京）（京）（佚）（佚）（永）（初）

回：（源）

火：（田）（劉）

J

几：（貳）

嘰：（田）（慶）

吉：（田）（德）

擠：（晉）

脊：（田）

計：（貳）

祭：（田）

假：（田）（劉）

夾：（貳）（佚）（天）（德）（初）

架：（貳）（田）

尖：（天）（貳）（慶）

肩：（貳）（慶）（田）

繭：（貳）（貳）（田）（晋）（晋）

剪：（樹）（劉）

見：（貳）

件：（貳）（道）（德）（樹）（初）（慶）（永誠當）（集成當）（順豐餉當）（同裕典）

匠：（田）

醬：（貳）（貳）（佚）（初）（田）（天）

交：（吳）

焦：（貳）

角：（初）（宓）（慶）（和濟當）（牲泰當）（上）

脚：（貳）（宓）（左）

轎：（田）

接：（貳）（京）

戒：（宓）（初）（文）

巾：（貳）（京）（佚）（宓）

斤：（振）（振）

金：（貳）（宓）（田）

襟：（貳）（京）

錦：（田）（佚）

近：（左）

驚：（京）

晶：（田）

净：（源）

鏡：（田）（佚）（京）（左）

九：（貳）

玖：（貳）（劉）

酒：（左）（佚）（京）

舊：（京）（京）（天）（天）（裕）（佚）

絹：（貳）（貳）（天）

角：（樹）（初）（慶）

钁：（德）

君：（初）

K

開：（貳）

堪：（貳）

坎：（張）（貳）

看：（貳）

靠：（貳）

磕：（佚）

殼：（佚）

錁：（天）

空：（佚）

孔：（京）（佚）

扣：（京）（田）

窟：（田）

褲：（張）（宓）（初）（京）（天）（左）（左）（源）（德）（德）（樹）（慶）（晉）

塊：（田）（德）

筷：（左）（劉）

捆：（佚）

L

蠟：（田）

藍：（京）（貳）（貳）（佚）（源）（初）（天）（源）（粵）（新）（慶）

爛：（京）（道）（田）（劉）（樹）（初）（宓）（粵）

狼：（佚）

鄉：（貳）

榔：（田）

老：（田）（樹）

樗：（田）

厘：（典契賬）

狸：（田）

犁：（天）（田）（永）（京）

璃：（田）（左）

裏：（慶）

歷：（恒和當）

麗：（佚）

利：（源）

猁：（田）

粒：（貳）（初）

連：（劉）（田）（慶）（慶）（貳）

簾：（宓）

練：（左）（質）（宓）

涼：（田）（天）

兩：（德）（貳）（劉）（貳）（左）（田）

輛：（德）

裂：（佚）（貳）（左）

林：（德）

麟：（田）（京）（慶）

鈴：（貳）

羚：（田）

綾：（京）（貳）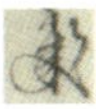（天）（田）

零：（左）

領：（田）（京）

留：（永）

柳：（道）

六：（貳）（慶）

陸：（貳）（天）（德）（初）

龍：（田）

窿：（田）

漏：（京）（佚）（天）

爐：（貳）

轤：（京）

鹿：（貳）

轆：（京）

驢：（裕）（永）

緑：（貳）（京）（佚）（天）

亂：（宓）

輪：（京）

羅：（佚）（天）（宓）（田）

鑼：（貳）（上）

M

麻：（貳）（宓）

馬：（貳）（京）（張）（天）

賣：（永）

忙：（田）

蟒：（田）

猫：（田）（京）

毛：（田）（德）（源）

帽：（張）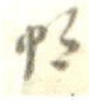（田）（貳）（左）

梅：（田）

黴：（貳）

悶：（田）（貳）

門：（慶）（慶）

彌：（田）

米：（貳）（佚）（京）（天）

蜜：（田）

棉：（貳）（上）

面：（道）（德）（京）

秒：（田）

明：（德）

磨：（田）

墨：（道）（佚）（宓）

畝：（典契賬）

木：（貳）

N

納：（貳）

衲：（左）

南：（劉）

呢：（宓）（初）

泥：（佚）（田）

年：（源）

廿：（源）（初）

念：（田）

鳥：（京）

扭：（貳）

紐：（佚）

鈕：（佚）

女：（京）（佚）（天）（道）

O

藕：（佚）（京）（田）

P

帕：（貳）

牌：（田）（慶）

盤：（宓）（佚）（田）

胖：（田）

炮：（左）

袍：（貳）（京）（源）（宓）（佚）（永）（新）

盆：（佚）（宓）（田）（道）

彭：（田）

碰：（田）

坯：（田）

披：（貳）（劉）

劈：（田）

皮：（貳）（佚）（劉）（宓）（田）（京）

片：（京）（佚）（貳）（田）（初）

飄：（田）

票：（慶）

屏：（田）

瓶：（佚）（貳）

破：（貳）（佚）（京）（天）（劉）（裕）（樹）（初）（永）（楊）

Q

七：（貳）（慶）

柒：（貳）（天）（劉）（初）

齊：（慶）（慶）

旗：（田）

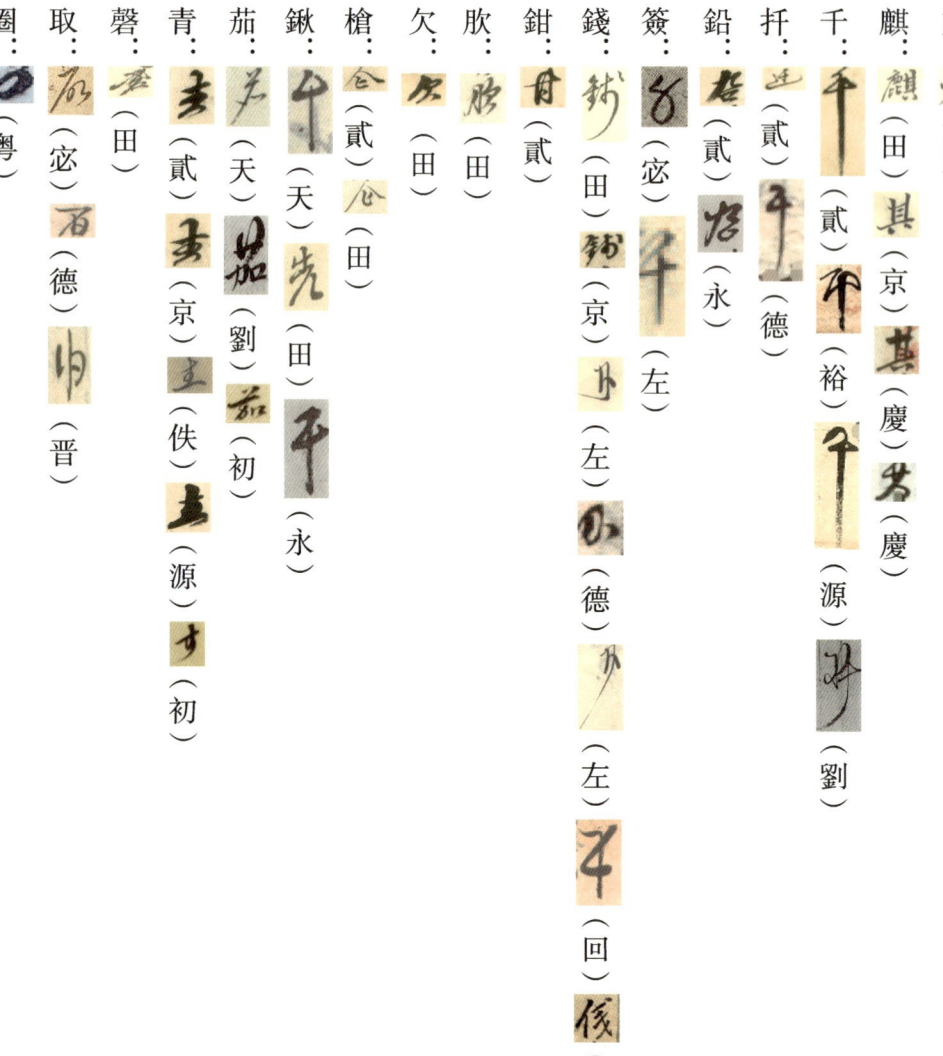

麒：（田）（京）（慶）（慶）

千：（貳）（裕）（源）（劉）

扦：（貳）（德）

鉛：（貳）（永）

簽：（宓）（左）

錢：（田）（京）（左）（德）（左）（回）（同益當）

鉗：（貳）

肷：（田）

欠：（田）

槍：（貳）（田）

鍬：（天）（田）（永）

茄：（天）（劉）（初）

青：（貳）（京）（佚）（源）（初）

磬：（田）

取：（宓）（德）（晉）

圈：（粵）

全：（德）（德）

缺：（京）（田）（天）（天）

雀：（佚）

裙：（張）（貳）（樹）（樹）（京）（田）（宓）（上）（初）（左）

R

染：（田）

人：（貳）（德）（京）

日：（德）（樹）（道）

絨：（田）（德）（天）（劉）（宓）（慶）

如：（田）（源）

褥：（京）（佚）（貳）（佚）（天）（道）（田）（宓）（慶）（新）（初）

軟：（田）

S

靸：（田）

卅：（貳）（左）（初）

三：（文）

叁：（貳）（京）（裕）（初）（初）（劉）（貳）（新）

傘：（貳）（京）

色：（貳）（晉）（慶）

僧：（田）（京）

紗：（貳）（貳）（左）（田）（宓）（初）

煞：（佚）

山：（京）（田）

衫：（左）（德）（新）（慶）（上）

珊：（京）

閃：（貳）

陝：（佚）

扇：（貳）

傷：（京）

燒：（田）（初）（粵）

猞：（京）

身：（貳）

深：（佚）（貳）（天）（天）

升：（貳）

生：（天）

繩：（貳）（源）（田）（新）（晉）

盛：（慶）

獅：（貳）（德）

濕：（貳）

十：（永）（初）

什：（源）（源）（貳）（貳）（裕）（文）（道）

石：（貳）（源）（德）（京）

拾：（貳）（貳）（左）（初）

食：（京）

始：（田）

事：（文）（貳）（京）

飾：（宓）（德）

匙：（天）（田）

收：（源）（德）

手：（佚）（田）（德）（貳）

壽：（京）

書：（佚）（貳）

贖：（典契賬）

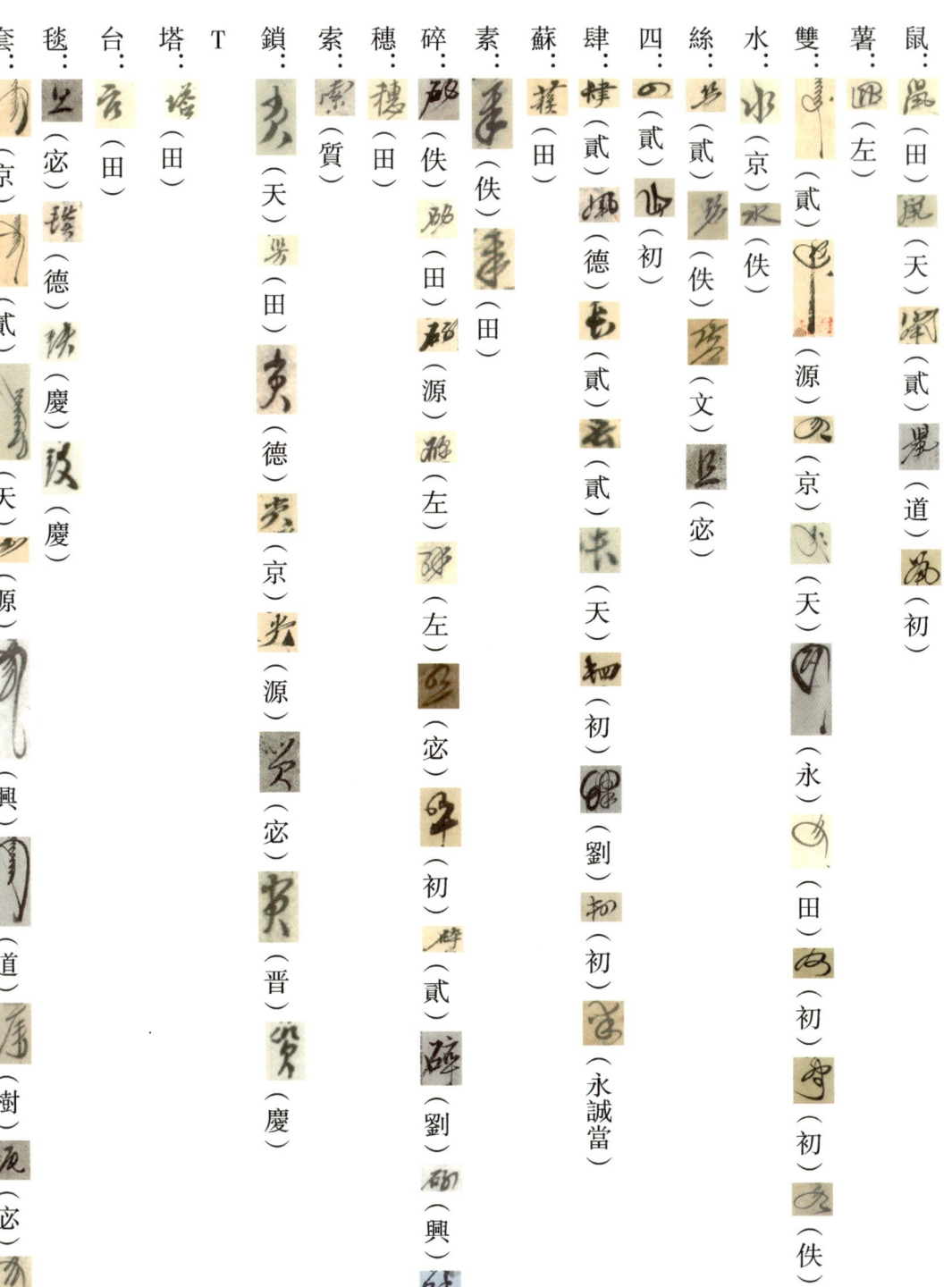

鼠：（田）（天）（貳）（道）（初）

薯：（左）

雙：（貳）（源）（京）（天）（永）（田）（初）（初）（佚）

水：（京）（佚）

絲：（貳）（佚）（文）（宓）

四：（貳）（初）

肆：（貳）（德）（貳）（貳）（天）（初）（劉）（初）（永誠當）

蘇：（田）

素：（佚）（田）

碎：（佚）（田）（源）（左）（左）（宓）（初）（貳）（劉）（興）（粵）

穗：（田）

索：（質）

鎖：（天）（田）（德）（京）（源）（宓）（晉）（慶）

T

塔：（田）

台：（田）

毯：（宓）（德）（慶）（慶）

套：（京）（貳）（天）（源）（興）（道）（樹）（宓）（新）

（晉）（左）

藤：（源）（左）（慶）

提：（宓）

屜：（田）

剃：（京）

條：（貳）（德）（京）（慶）（慶）

黏：（田）

帖：（萬）（萬）

鐵：（宓）（貳）（佚）（左）（京）

仝：（貳）

銅：（貳）（佚）（天）（劉）

桶：（德）

筒：（佚）（佚）

頭：（佚）（田）（德）（京）（天）

土：（貳）（天）（田）

兔：（劉）

團：（田）（佚）

腿：（田）（貳）

屯：（貳）

托：（田）（田）

脫：（貳）（宓）

駝：（佚）（貳）（京）

W

挖：（貳）（田）（劉）（宓）

襪：（佚）（天）

外：（樹）

灣：（田）

碗：（田）（貳）

萬：（初）（左）（田）

網：（田）

圍：（佚）（貳）（京）（慶）

尾：（田）

未：（京）（劉）

文：（源）

紋：（大聚當）

蚊：（田）（左）

無：（貳）（宓）

五：（貳）

X

伍：（貳）（京）（貳）（有利大押）

夕：（天）

息：（源）

錫：（田）（宓）

戲：（田）

細：（德）

係：（田）

匣：（貳）（佚）

下：（德）

夏：（源）（田）（田）（天）（佚）（楊）

仙：（貳）（京）

綫：（佚）（貳）（樹）

香：（佚）（天）（德）（田）

箱：（田）（源）

鑲：（劉）（田）（京）（貳）（晉）

翔：（德）

項：（初）

象：（京）

硝：（田）（貳）（德）

小：（京）（佚）（天）（晋）

孝：（天）（德）

携：（京）

鞋：（佚）（德）（天）（貳）（晋）

心：（左）

信：（佚）（田）

星：（田）（京）

行：（粤）

杏：（佚）（天）

姓：（貳）

袖：（田）

靴：（天）（佚）（田）（貳）

Y

押：（佚）

牙：（京）

烟：（貳）（京）（田）

言：（裕隆當）

眼：（京）（田）

硯：（貳）

羊：（田）

洋：（佚）（京）（劉）

腰：（京）（貳）（天）（左）（樹）（宓）（初）

咬：（佚）（劉）

藥：（京）（劉）

鑰：（田）

椰：（田）

頁：（劉）

一：（初）（德）

衣：（張）（貳）

壹：（貳）（德）（左）（貳）（劉）（田）（三陽當）

移：（永）

椅：（佚）（田）

義：（佚）

陰：（恒和當）

銀：（京）（佚）（源）（裕）（初）（貳）（文）（道）（永）（永）（興）

（新）（上）

印：（京）（佚）（佚）（田）（貳）

由：（永）

油：（佚）（宓）（田）

有：（劉）（貳）

魚：（貳）（田）

羽：（貳）（貳）（宓）（田）（田）

雨：（貳）

玉：（文）

元：（田）（初）（鉅大當）（德成按）

原：（貳）（田）（晉）

圓：（京）

月：（源）（佚）（京）（天）（天）（貳）（初）

雲：（貳）

Z

雜：（佚）

栽：（左）（田）

崽：（田）

簪：（京）（貳）（佚）（左）（源）（劉）（宓）（興）（左）（新）（新）

糟：（貳）（田）

皂：（天）（貳）（初）

氈：（德）

盞：（田）

占：（貳）

綻：（田）

張：（京）（佚）（樹）（永）（天）

彰：（田）

丈：（貳）

帳：（左）（左）（貳）

賬：（京）

爪：（田）（貳）

照：（田）

罩：（貳）

折：（佚）（天）

針：（田）（貳）

枕：（貳）

支：（佚）

隻：（永）（初）

枝：（京）（貳）（佚）（道）（天）（劉）（永）（永）（源）

織：（田）

紙：（佚）（京）（慶）

指：（田）（貳）（佚）（晋）

質：（典契賬）（典契賬）

鐘：（田）（粤）

軸：（貳）

縐：（田）（貳）（德）（晋）（初）

珠：（田）（左）

竹：（田）（天）（佚）

燭：（田）

苧：（佚）

妝：（田）（佚）

莊：（劉）

錐：（京）（天）

墜：（貳）（新）

桌：（田）

鐲：（天）（貳）（道）（德）（德）（樹）（宓）（質）（新）（晉）（慶）

子：（源）（左）（田）（樹）（貳）（慶）

紫：（貳）（佚）（京）（天）（初）

字：（佚）（貳）

漬：（貳）（天）（佚）（田）

宗：（佚）（天）（德）（天）

總：（德）

走：（佚）（左）

座：（田）

二 合體字

B

白包：（田）

背心：（粵）（左）

不齊：（樹）

不全：（貳）（左）（質）（永）（興）（田）（初）

布衫：（慶）

C

嗶嘰：（田）（永）（宓）

長襖：（宓）

蟲吃：（貳）（左）（田）

綢衫：（慶）

穿孔：（左）

粗呢：（宓）

D

單褲：（田）（源）（道）（永）（興）（京）（初）

對衫：（左）

E

耳環：（左）（源）（劉）

耳挖：（宓）

二放：（佚）

F

凡殼：（粵）

凡料：（左）

廢錫：（初）

粉盒：（左）

H

汗衫：（左）（質）

黑銀：（德）

紅包：（德）

花邊：（隆泉餉當）

J

夾衲：（左）

繭絹：（田）

腳褲：（宓）

戒指：（左）（粵）（宓）（初）

巾包：（德）

K

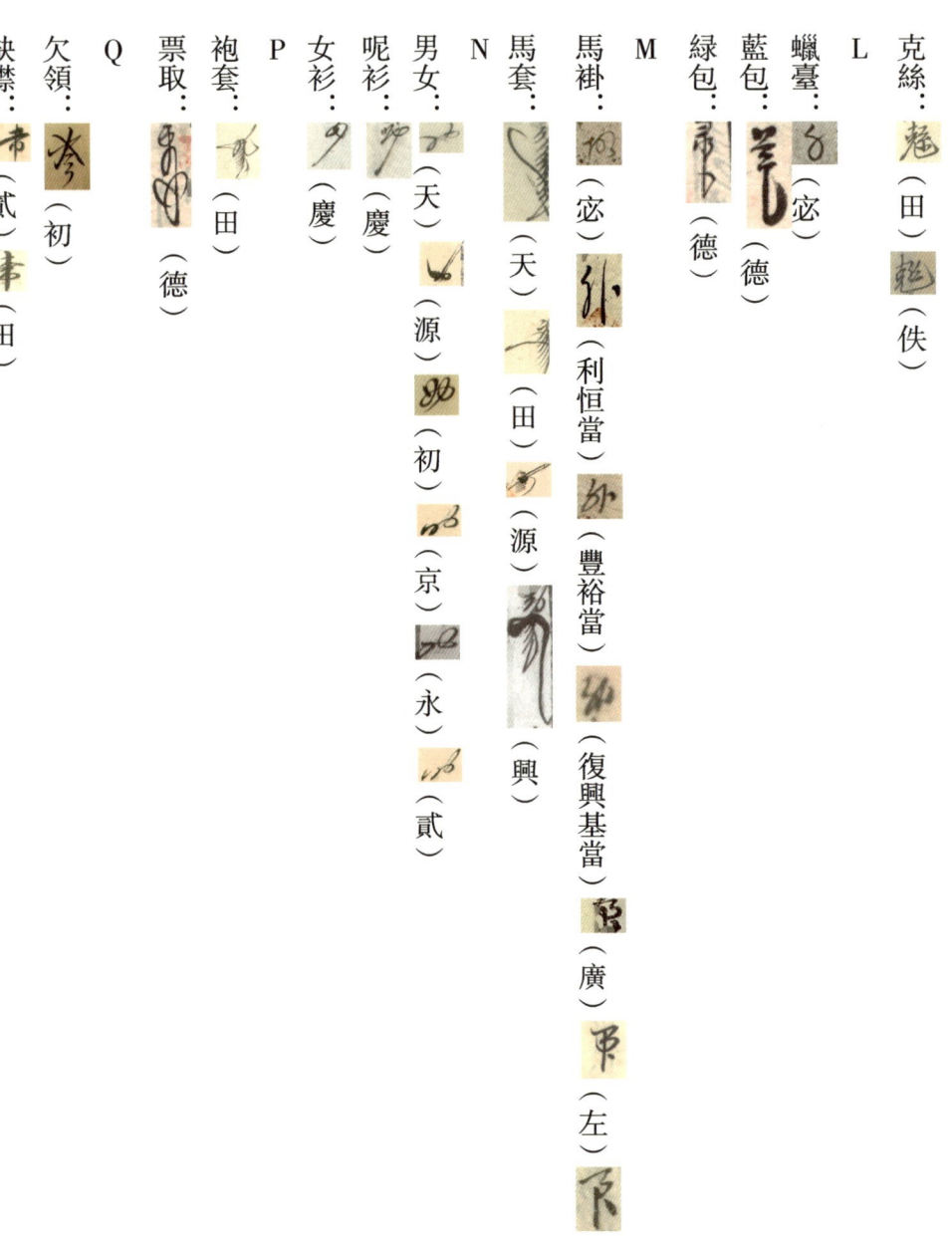

克絲：（田）（佚）

L

蠟臺：（宓）

藍包：（德）

綠包：（德）

M

馬褂：（宓）（利恒當）（豐裕當）（復興基當）（廣）（左）（晉）

馬套：（天）（田）（源）（興）

N

男女：（天）（源）（初）（京）（永）（貳）

呢衫：（慶）

女衫：（慶）

P

袍套：（田）

票取：（德）

Q

欠領：（初）

缺襟：（貳）（田）

R

如簪：（源）

T

套褲：（宓）

銅提：（宓）

土包：（德）

W

紋銀：（大聚當）

X

小衫：（慶）

Y

牙簽：（左）（粵）（左）

一放：（佚）

壹個：（德成按）

印包：（德）

Z

在內：（佚）

紙匣：（佚）

縐絹：（貳）

縐衫：（慶）

第三章 當字詞彙

一 殘點（票頭）詞組

 無湯火袖	 無鈕	 無匙	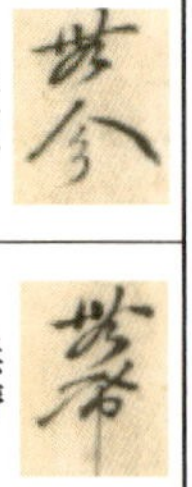 無領
無砝碼	無鍋	無斗	無帶
 無圪角	 無面	 無盒	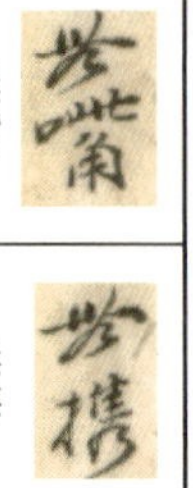 無嘴
無飄帶	無鏈	無綀	無携
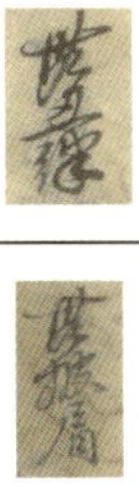 無紐絆	 無殼	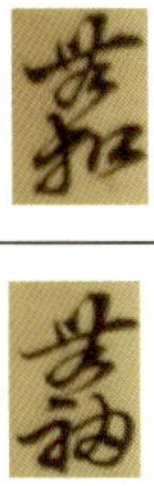 無扣	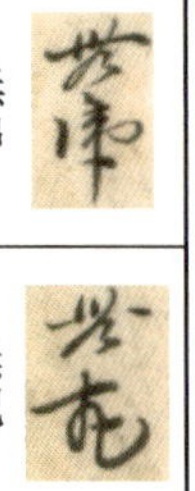 無串
無披肩	無信	無袖	無把
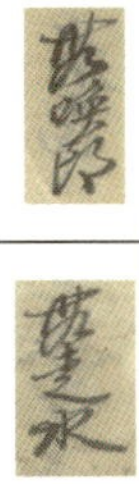 無喚頭	 無墜	 無脚	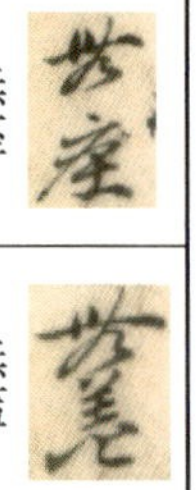 無座
無走水	無石	無文	無蓋
 無爪尾	 無秒針	 無根	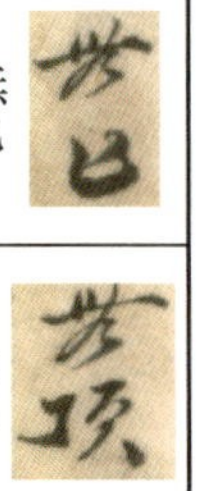 無匕
無刀襟	無接口	無屜	無頂
 無環鈎	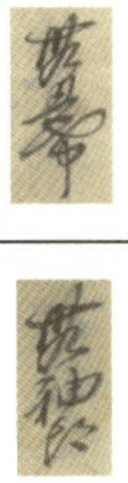 無紐帶	 無穗	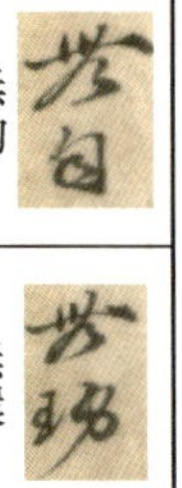 無鈎
	無袖頭	無腰	無環

欠什	欠子	欠盒
欠環	欠把	欠腰
欠信	欠手	欠鈎
欠袖	欠蓋	欠扚
欠皮	欠竹	欠梁
欠掛	欠襟	欠玻璃
欠簽	欠領	欠底襟
欠義	欠穗	欠脊皮
欠帶	欠須	欠紐帶
欠圈	欠絆	欠假珠

破	拉破	脱毛破
破孔	挂破	碎孔破
破補	火破	擦毛破
摺破	剪破	糟板破
油破	汗漬破	漏白板破
緻破	光板破	爛光板破
燒破	開綫破	油漬破孔
織破	水濕破	少色光板破
磨破	綫扒破	出豆鼠咬破
打破	出豆破	
扯破	蟲吃破	

爛	爛壞
稀爛	磨爛
油爛	爛不堪
扯爛補	摺補爛
手扯爛	水濕爛
鼠咬爛	油燒爛孔
扯爛	

壞	吊壞	鼠壞
驚壞	爛壞	泥壞
磨壞	錐壞	濕壞
傷壞	劃壞	尿壞
磕壞	碎壞	翻壞
碰壞	破壞	漬碎壞
崩壞	漬壞	粉碎壞
烈壞	黴壞	
煞壞	油壞	
扁壞	汗壞	
擠壞	蟲壞	

吊毛	光板
水濕	兩樣
不全	兩枝
有柳	兩斷
油破	大洞
鼠咬	補丁
墨沾	復染
磕扁	崩爛
壞門	織補
不堪	欠小不全
折舊	

蟲吃
蟲吃掉皮
蟲吃掉翠
蟲吃摺爛
蟲吃爛不堪
蟲吃爛光板
蟲吃絮窩大片
蟲吃糟爛不堪

蟲吃掉皮光板
蟲吃欠皮光板
蟲吃鼠咬爛孔
蟲吃脱毛光板
蟲吃漏白光板
蟲吃綻綫光板
蟲吃糟爛光板
蟲吃狗咬爛光板

蟲吃爛不堪光板
蟲吃擦毛大片光板
蟲吃糟爛大片光板
蟲吃扯爛大塊光板
蟲吃扯爛脱毛光板
蟲吃扯破吊皮光板
蟲吃掉翠短壞不全

淡金
衝金
粗金
低淡金
壞色淡金
壞漏包金
低銀
潮銀
黑銀
壞黑銀
低淡如銀

爛錢
雜色
光同
近銅
廢銅
廢銅
煤銅
廢錫

廢鐵
帶假
斷爛
假做
廢什
料石
鑲料石
黃油藥

墨印壞
碎黑墨
自封皮箱
爛紙冊頁
蟲食字紙畫
蟲食字紙手捲
蟲食字紙冊頁

原來列甩爛	原劃壞走錫	原壞走錫	原欠鈕破	原來壓壞	原來破
原來壞不全	原磕壞破補	原來水濕破	原漬油破	原汗漬破	原烈壞
原蟲吃油破孔	原傷壞兩截	原少紐胖破	原扁煞壞	原泥漬破	原來壞
原蟲吃大片破	原墨漬破孔	原風漬破孔	原油爛孔	原油漬破	原打壞
原來有窟窿破	原傷壞欠什	原油燒破孔	原油爛補	原鼠咬破	原煞壞
原磕壞有蠟補	原泥漬油破	原漬制爛孔	原來磕壞	原來磕壞	原驚壞
原黴漬破出豆	原爛壞不全	原傷爛吊壞	原來扁壞	原來扁壞	原血漬
原油印漬破孔	原傷壞破盤	原烈壞不全	原驚有柳	原驚有柳	原黴漬

 原油汗漬大片	 原印漬水濕大片	 原驚磕破壞欠口	 原傷磕烈壞欠二件
 原驚壞有斷柳	 原油扯破欠皮襟	 原來欠底巾少義破	 原蟲吃油破擦毛光板
 原擠壞破玻璃	 原漬扯破孔欠帶	 原蟲吃扯爛光板破	 原爛壞不全無刀襟攝
 原來傷壞不走	 原油漬燒破孔板	 原蟲吃脱毛光板破	 原蟲吃扯破皮大片光板
 原傷吊壞無匕	 原傷磕破壞欠竹	 原爛壞不全欠牙筍	 原蟲吃扯糟爛光板無領
 原爛壞不全無座	 原驚破傷壞有柳	 原蟲吃爛縝窩光板	 原蟲吃油磨爛光板棉領
 原磕壞有璺無座	 原脱毛光板黴爛	 原風漬破少色大片	 原蟲吃油破大片漏白光板
 原蟲吃油破光板	 原來蟲吃光板破	 原爛壞不全欠秒針	 原蟲吃扯磨破光板棉小襟

 原蟲吃周身大片吊皮光板
 原仝王姓面看舊有蟲吃光板
 原來蟲吃黴爛不堪舊爛轎衣一件
 原仝本人面看言明舊有蟲吃扯糟磨爛脱毛絮窩漏小板光板

二 衣物顏色

青	米
藍	月
白	駝
灰	藕
紅	杏
綠	香
醬	茄
紫	皂
宗	石
黃	素

三 衣物材料

布	羅布
舊布	洋布
土布	皂布
巾布	綫布
印布	各布
春布	文布
絲布	月布
麻布	深布
屯布	塔布
茶布	羽布
苧布	朝布
夏布	毛布

絹	棉絹
縐絹	紬絹
生絹	扎絹
繭絹	彩絹
蟒絹	巾絹
見絹	印絹
土絹	陝絹
納絹	

綢 

涼綢 

水綢 

縐綢 

寧綢 

川綢 

羅綢 

串綢 

本況綢 

緞 

妝緞 

彭緞 

機緞 

麻緞 

綾 

羽綾 

絲 

羽 

羅 

紗 

羽紗 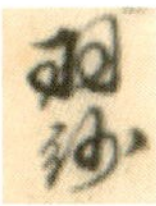

膠紗 

漏紗 

石紗 

掇紗 

水紗 

夏紗 

洋紗 

蟒紗 

芸麻紗 

綫 

麻綫 

毛綫 

吉毛綫 

呢 

服呢 

貢呢 

洋呢 

嗶嘰呢 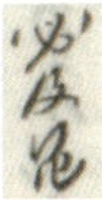

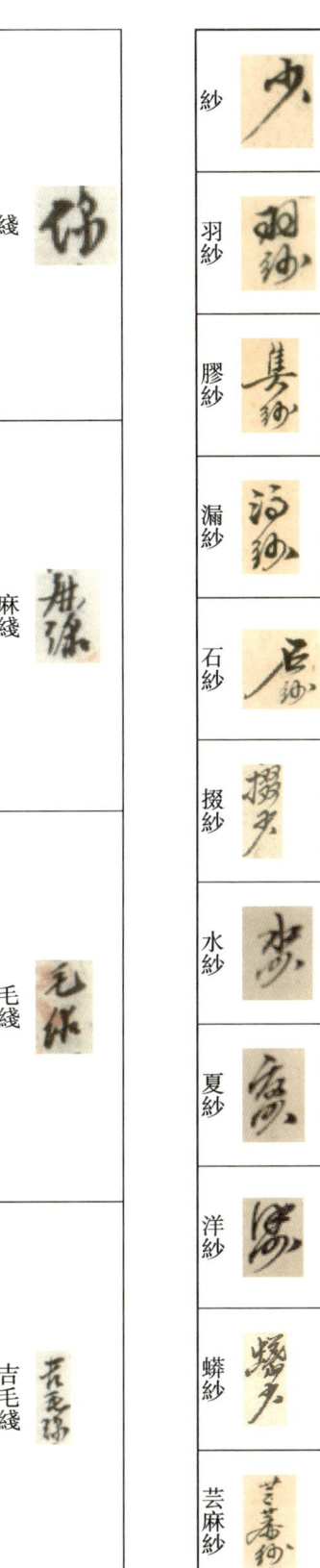

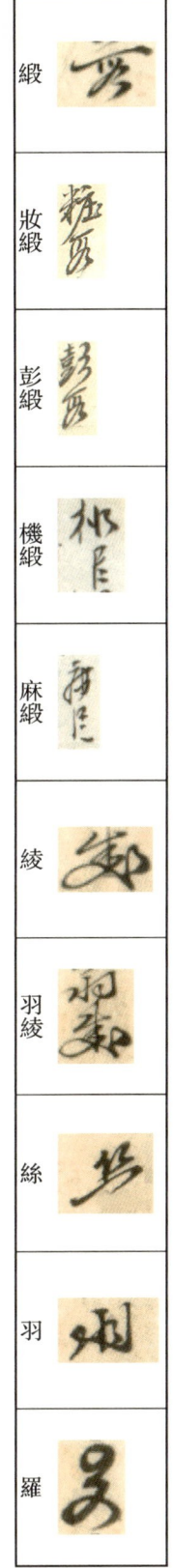

麇皮	川鼠皮	猞猻皮	山羊皮	皮
兔皮	銀鼠皮	狸腿皮	滑羊皮	狐皮
狗皮	灰鼠皮	染狸皮	糟羊皮	狐肷皮
猴皮	豹皮	猫皮	寒羊皮	狐脊皮
狼皮	雲豹皮	猫尾皮	黑羊皮	狐額皮
獺皮	艾葉豹皮	駝皮	擦羊皮	狐腿皮
千尖皮	金錢豹皮	水獺皮	青寒羊皮	狐崽皮
窩刀皮	霧雲豹皮	貉脊皮	青山羊皮	碎狐皮
雜皮	芝麻豹皮	貉肷皮	老寒羊皮	海龍皮
劃皮	倭絨皮	豆鼠皮	羚羊皮	海狐皮
珠皮	草上霜皮	竹鼠皮	染貂皮	洋灰皮
	海留皮	香鼠皮	貂爪皮	羊皮

粗毛	麻
栽毛	麻錦
絨	苧
回絨	葛
綫絨	氆氌
條絨	嗶嘰
彰絨	嗶嘰

四 衣物名稱

- 襖
- 公襖
- 棉襖
- 女棉襖
- 夾襖
- 棉馬襖
- 夾馬襖
- 單馬襖
- 僧夾襖
- 男女棉夾單襖

- 女衲
- 夾衲
- 女夾衲
- 女夾衲
- 大領衲
- 不鑲夾衲
- 褲
- 棉褲

- 棉褲
- 棉褲
- 夾褲
- 夾褲
- 女夾褲
- 單褲
- 套褲
- 單套褲

- 無腰褲
- 欠頭褲
- 大長褲
- 夾長褲
- 夾馬褲
- 單馬褲
- 皮褲
- 義褲

- 褂
- 襯褂
- 馬褂
- 單褂
- 夾袍褂
- 壽褂

- 普褂
- 女褂
- 孩褂
- 缺襟褂
- 僧褂
- 孝褂

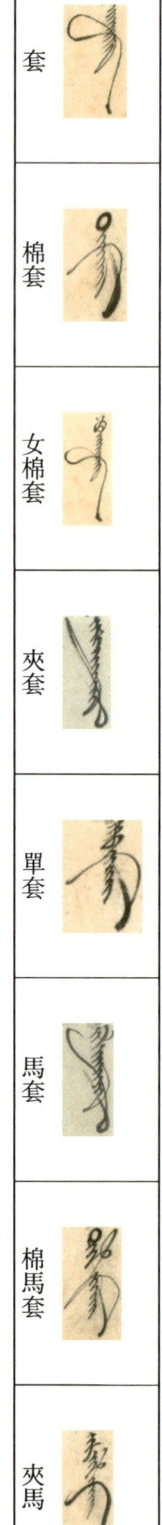

套	
棉套	
女棉套	
夾套	
單套	
馬套	
棉馬套	
夾馬	

袍	
棉袍	
夾袍	
單袍	
莽袍	
孝袍	
僧單袍	
欠襟單袍	
大氅	

衫	小女汗衫	大小女衫
衫仔	衫頭	未成汗衫
女衫	女衫頭	大領衫
女衫仔	孩汗衫	大領對衫
小衫	孩女衫	欠領女衫
孝衫	對衫	背心開衫
男女衫	汗衫片	汗衫料
汗衫	女衫料	不全女衫片
女汗衫	大小汗衫	

林帶〔一〕	
夾林帶	
棉林帶	
皮林帶	

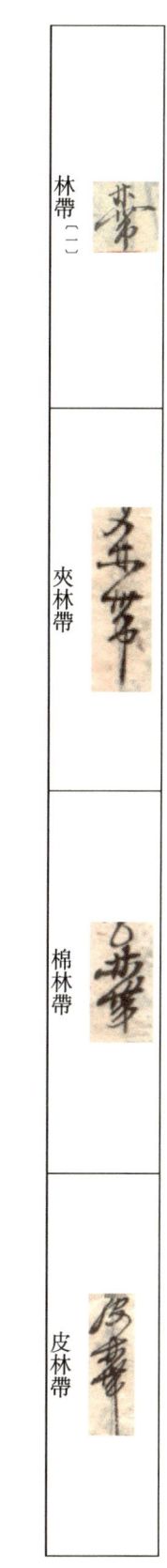

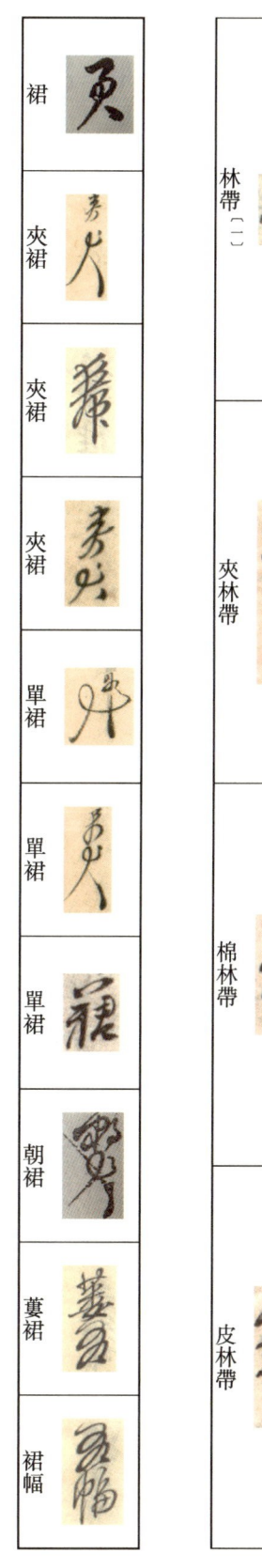

裙	
夾裙	
夾裙	
夾裙	
單裙	
單裙	
單裙	
朝裙	
蔓裙	
裙幅	

坎	
棉坎	
小棉坎	
小對棉坎	
女棉坎	
女對棉坎	
夾坎	
夾坎	
小夾坎	
單坎	
僧坎	

〔一〕林帶，在筆者收藏的民國二十四年（1935）德興當的6册賬簿中，作爲衣物類當品的首碼，共出現625次。服裝的面料顏色、材料屬性及棉夾單等分類，有如下幾種：青布夾、青紗單、青花緞夾、青花緞棉、天青宮綢棉、青花葛夾、羽綾棉、機緞夾、羽毛單、青羽令夾、青洋布皮、羊皮等。賬内所有衣物類當品中，常見的如單褲、夾褲、棉褲、皮褲、套褲、夾襖、棉襖、皮襖、單袍、夾袍、棉袍、單裙、夾裙、單坎、棉坎、皮坎、套、褂、馬褂、大氅等，大量頻繁出現，是最主要的典當物品，而『林帶』與這些物品在賬簿的同一筆業務中並列記載，説明『林帶』並不是以上所列物品的别稱，而是另一類物品。這類衣物是什麼呢？按照當時當地的情形分析，常見的衣物除了上述所列，還有馬甲、馬套、旗袍、連衣裙、中山服等，而這些衣物在該當鋪的賬中從未出現。馬甲其實與坎肩是同類的衣服，既然有坎肩，就説明並不是指馬甲。馬套雖没有出現，但因當時現實生活中較少，所以不會有如此大量的當物出現。連衣裙是否包含在『裙』的範圍内，從字面上説，是可以涵蓋的，但未見有羊皮連衣裙。中山服是當時官吏穿着的服裝，老百姓穿着較少，特别是羊皮並不能作爲中山裝的材料。顯然林帶不是中山裝的别稱。旗袍包含在『袍』的概念範圍之内，但它又與早期的袍不同，在民國二三十年代流行，旗袍可用單、夾、棉、紗，同時亦可用皮毛作爲材料。旗袍在最開始出現的時候，首創群體並不承認旗袍這個稱呼，而是衹叫作長衫、長衣或長袍，官方的稱謂是『女子禮服——衣』。從這些方面看，這裏的『林帶』作爲旗袍的别稱，是有可能的。至於爲何稱爲『林帶』，不得而知，據説當時各種款式的旗袍中，陰丹士林旗袍特别流行。所謂陰丹士林旗袍，就是指面料采用一種叫陰丹士林布製作的旗袍。這裏的『林』是否與『林帶』的林有關呢？有待進一步探討。

字形	釋文	字形	釋文
	腰		女夾腰
	棉腰		夾腰頭
	夾腰		女夾腰頭
	單腰		夾馬腰
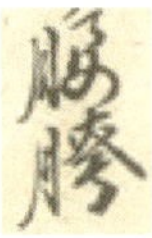	腰胯	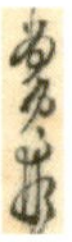	女棉馬腰
	女腰		腰子
	對腰		腰襖
	女對腰		夾腰襖
	舊布腰		

字形	釋文
	拱身
	棉拱身
	皮拱身

字形	釋文
	馬褂
	馬褂
	馬褂
	單馬褂
	夾馬褂
	女夾馬褂
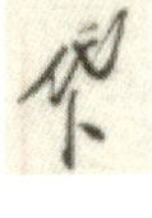	袋褂〔一〕
	單袋褂
	夾袋褂
	棉袋褂
	皮袋褂

〔一〕袋褂，尚未找到確切的解釋，筆者根據相關資料分析可能是馬褂的别稱。馬褂是一種穿於袍服外的短衣，衣長至臍，袖僅遮肘，因着之便於騎馬而得名，亦稱『短褂』或『馬墩子』，流行於清代及民國時期。清代初期，馬褂爲一般士兵穿着，至康熙時期富貴之家也有穿者。雍正後，馬褂已甚爲流行，並出現單、夾、紗、皮、棉等材質，成爲男式便衣，士庶都可穿着。之後逐漸演變爲一種禮儀性的服裝，不論身份都以馬褂套在長袍之外。爲了適應日常穿着，人們對對襟馬褂進行了改製，將袖口收窄，衣服長度延長到腰間，改製後的馬褂，根據滿語的音譯稱其爲『卧龍袋』，也稱爲『額倫袋』『鵝翎袋』等，逐漸成爲一種半禮服性質的外衣。1935年吉林慶字型大小當鋪的當賬中，記録當物袋褂的業務較多，其用料有嗶嘰呢、貢呢、服呢、洋布、毛布、麻綫、絲絨、緞、紗及羊皮等，有單、夾、棉、皮之分，其顏色均爲青色。

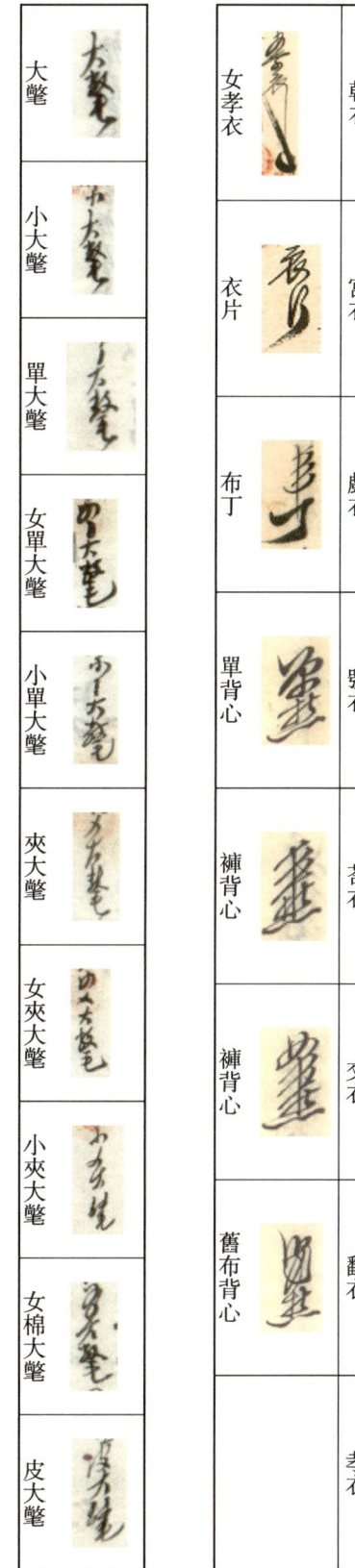

朝衣
宮衣
戲衣
號衣
荅衣
交衣
翻衣
孝衣
女孝衣
衣片
布丁
單背心
褲背心
褲背心
舊布背心

大氅
小大氅
單大氅
女單大氅
小單大氅
夾大氅
女夾大氅
小夾大氅
女棉大氅
皮大氅

被
棉被
棉被
棉被
夾被
夾被裏
單被
繭被
褥
棉褥
夾褥

毯
麻毯
羌毯
綫毯
洋毯
洋綫毯
棉絨毯
棉綫毯
牛毛毯

帽		包頭	
風帽		腰巾	
孩帽		頭巾	
手帕		汗巾	
補子		腰帶	
眉素		襯帶	
裙花	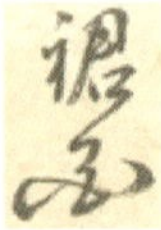	兜肚	
挽袖		枕頭	
雲肩		烟荷包	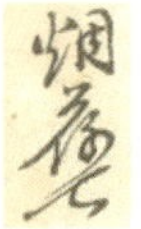
圍脖		小荷包	

鞋	
箱鞋	
鞋邦	
靴	
泥靴	
方靴	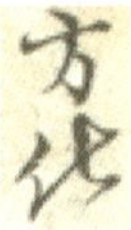
靸	
靺	
單襪	
夾襪	
褡褳	

椅披		扇洛	
桌圍		燈圍	
墊子		蚊帳	
鏡套		扇帳	
桌墊		碎片	
扇套			

五 銅、錫等質料名稱

金	珊瑚	粗石	松香	柴木
銀	蜜蠟	鑽石	菩提	空木
銅	象牙	精金	玻璃	雜木
鐵	硨磲	水晶	燒料	柴木
鉛	假石	髮晶	凡料	梨木
翡翠	硝石	鬃晶	駝骨	
瑪瑙	皮石	茶晶	竹	
琥珀	水石	茶晶	木	
碧璽	軟石	墨晶	柏木	

六 首飾名稱

鐲	龍鐲	鑲藤鐲
元鐲	豆鐲	鑲藤鐲
連鐲	竹鐲	琉璃竹鐲
軟鐲	手鐲	鑲銀竹鐲
涼鐲	脚鐲	鈪〔一〕
扁鐲	響鐲	脚鈪
繩鐲	板鐲	孩鈪
絲鐲	空鐲	
秋鐲	鈕絲鐲	

簪	兵簪
龍簪	吉簪
根簪	忙簪
小簪	小忙簪
根小簪	琴簪
如簪	扁簪
别簪	鈎簪
梅簪	蟈簪
方簪	書簪

〔一〕厄，即『鈪』字的减省。『鈪』廣東方言，即鐲。

盃針	托針	針
球針	蓋針	楞針
別針	斧針	斗針
小花針	環針	油針
頂針	手針	刀針
針筒	拐針	菊針
針筒	玉針	梅針
	書針	焦針
	如針	玉針

脚鎖	鎖
孩鎖	鎖鎖
片鎖	葉鎖
鎖頭	宮鎖
麒麟鎖	毛鎖
獅子鎖	繩鎖

涼簪
盤簪
花簪
南簪
豆簪
玉簪
挑簪
頂簪
素龍簪

挖	扁挖
耳挖	豆挖
獅挖	舌挖
猴挖	小挖
竹挖	軟挖
丈挖	夯挖
龍挖	繩挖
字挖	扒挖

項圈	連圈
耳圈	孩圈
耳圈	麻圈
爾圈	繩圈
龍圈	竹圈
計圈	

戒指	扳指
戒指	指套
玉戒指	指套
鑲石戒指	手箍
六子	金手箍
指六子	洋金手箍
戒圈	鑲料手箍〔一〕
指元	手環
扳指	

〔一〕手箍，即戒指。

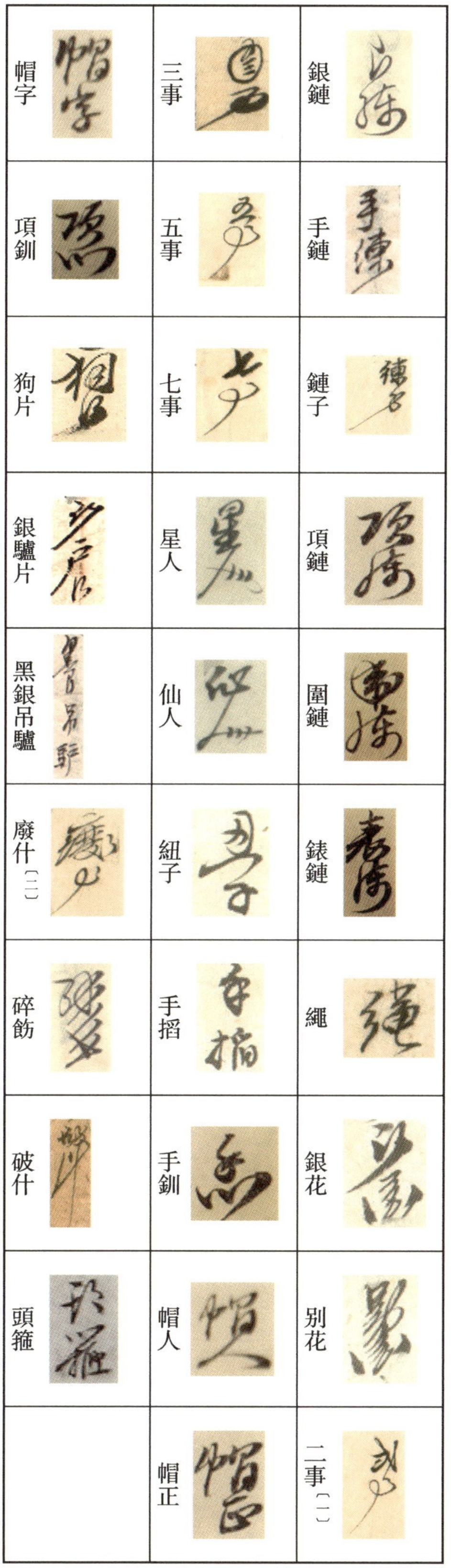

〔一〕銀事，古代用金銀製成的實用性配飾，俗稱『事件』或『事兒』，通常由剔牙杖、鑷子、挖耳勺三件組成，其他的還有刀、劍、錐、銓等，有的多達十幾件，將其用金或銀等材質的綫或繩串在一起。根據飾件數量稱作『二事』『三事』『五事』『七事』等。

〔二〕廢，形容詞，傷殘、無用或失去效用的。什，混雜。『銀廢什』指成色低下、傷殘混雜的各種銀質件。

銀鏈		三事		帽字		鉗	
手鏈		五事		項鉗		鉗子	
鏈子		七事		狗片		龍鉗	
項鏈		星人		銀鑪片		耳環	
圍鏈		仙人		黑銀吊鑪		耳圈	
錶鏈		紐子		廢什〔二〕		耳鈎	
繩		手搯		碎飭		墜	
銀花		手釧		破什		耳墜	
別花		帽人		頭箍		孩墜	
		帽正				耳牌	
二事〔一〕						耳釧	

米珠
朝珠
頂珠
湖珠
素珠
藥珠
半珠
木子朝珠
琥珀仔
丁香
皮錢

七 銅、錫器皿名稱

壺	烟壺	扁尿壺	茶盤
水壺	鹵壺	鼎爐	茶床
噴壺	咂壺	手爐	茶吊
吸壺	火壺	涼爐	茶釧
酒壺	暖壺	脚爐	酒晃
茶壺	禮壺	提爐	酒嗉
執壺	旋壺	火盆	烟袋
回壺	茶湯壺	頭鍋盆	銅磬
川壺	高粱壺	香盤	洋磁杯碟

銅鑼	
銅小鑼	
雲鑼	
馬鑼	
腰鑼	
手鑼	
要鑼	
妝鑼	
戲鑼	

燭臺		粉盒	
藥罐		粉妝	
香爐		粉盒	
供托		奠池	
爐瓶		燈臺	
葫蘆罐		靈臺	
		竹臺	

座簽	
托簽	
福簽	
壽簽	
鶴抱	
小簽	
字簽	
君知	
牙簽	

銅錶	
挂錶	
座鐘	
水法鐘	
掛鐘	
醒鐘	

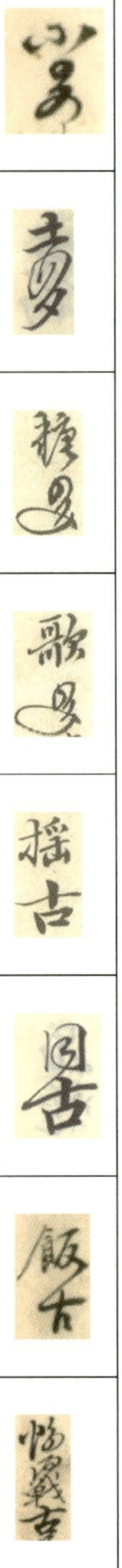

小鑼
土鑼
糖鑼
歌鑼
搖鼓
銅鼓
飯鼓
爛皮戰鼓

八 雜項

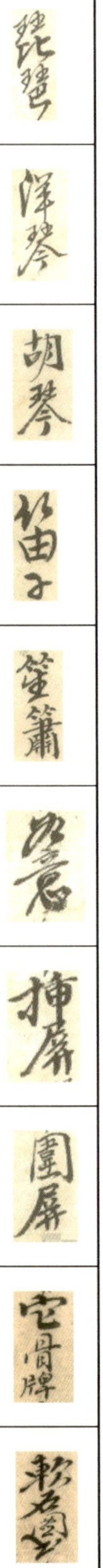

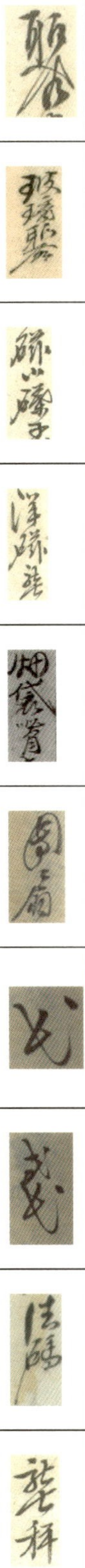
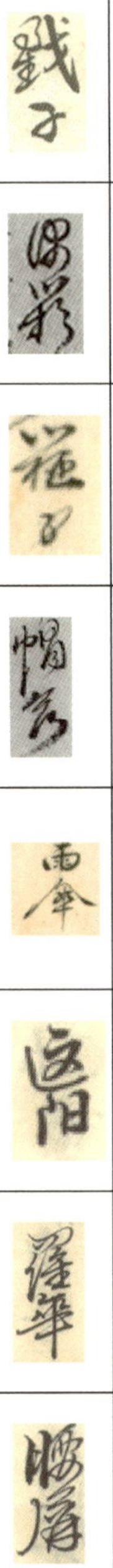

琵琶	粗石筆筒	眼鏡	戥子
洋琴	硯臺	玻璃眼鏡	皮箱
胡琴	紙書	磁小碟子	箍子
笛子	紙畫	洋磁片	帽盒
笙簫	印盒	烟袋嘴	雨傘
如意	銅鏡	團扇	遮陽
插屏	容鏡	紙匣	羅傘
圍屏	帽鏡	兩個紙匣	腰屏
駝骨牌	挂鏡	砝碼	
軟石圖書	摺鏡	盤秤	

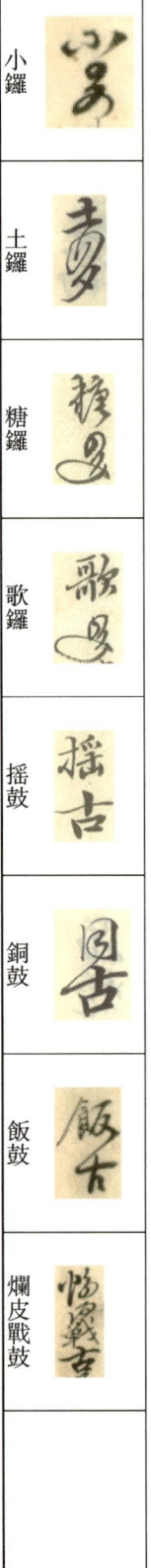

香案	剃頭擔	鐵鋤	鐵犁
月牙桌	餛飩擔	吋子	馬蹄犁
圓桌	梅湯擔	鐵撬	鐵小犁
賬箱	羅漢床	鐵水鞋	斧子
轎車	板凳	糞叉	鐵釵
推車	椅子	轆轤頭	鐵鍋
研船	八仙桌	魚網	鐵鍬
鞍韂	炕桌	小爐匠擔	钁子
壽板	琴桌	剃頭鍋	扒兒

排槍	鐵錐
鬼槍	柴斧
大刀	砍子
草刀	地炮
厨刀	殼子
要刀	雲鵝
腰刀	洋槍
順刀	鳥槍
柴刀	綫槍

第四章 數目字

一 編號（當票、當賬、當物三者一致）

1.《京當字》摘編：

一 	八 	四十四 
二 	九 	五十五 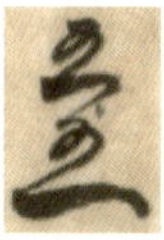
三 	十 	六十六 
四 	十一 	七十七 
五 	十二 	八十八 
六 	二十二 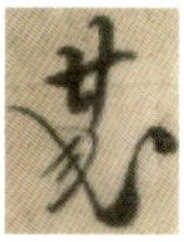	九十九 
七 	三十三 	一百 

一百零一	二百零二	三百零三	四百零四	五百零五	六百零六	七百零七
八百零八	九百零九	一千號	一千零一	一千一百零一	一千二百零二	一千三百零三
一千四百零四	一千五百零五	一千六百零六	一千七百零七	一千八百零八	一千九百零九	二千號

2.《天興當回贖賬》摘編：

一號	二號	四號	五號	六號	七號	八號	九號	十號	十一
十二	十五	十七	二十二	三十一	三十三	三十五	四十三	四十八	四十九
五十	五十一	五十七	五十九	六十二	六十三	六十五	七十七	八十一	八十二
九十二	一百零一	一百零五	一百零六	一百零九	一百一十	一百一十一	一百一十六	一百二十	一百二十一

3.《源源當上利賬》摘編：

一百二十三	一百八十	四百六十六
一百二十五	一百八十一	五百二十三
一百三十一	一百九十七	五百四十
一百三十二	二百號	五百七十四
一百四十一	二百七十	六百五十三
一百五十五	二百三十三	七百七十四
一百五十	三百三十五	八百一十七
一百六十三	三百四十三	八百七十四
一百六十七	四百九十三	一千號
一百七十五	四百一十	一千零一

二十二	四百零一
五十五	四百七十二
一百四十九	五百六十一
一百七十二	八百號
二百零一	一千二百一十三
二百零四	一千二百二十一
二百三十八	一千二百九十三
三百四十	一千三百二十
四百號	一千六百三十

4.《文盛星當估衣賬》摘編：

四號	三千三百一十四
八號	三千五百二十九
八十號	三千九百七十二
一百八十四	三千八百零三
二百八十	四千零三十二
三百零五	四千一百三十三
三千二百九十二	四千二百七十八
三千三百	四千七百五十
三千三百零七	五千四百

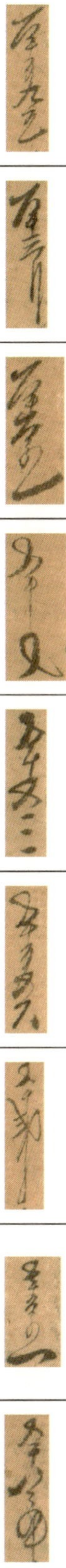

六千一百九十五	六千三百	六千六百四十一	七千零七	七千零七十三	七千一百七十六	七千二百	七千五百四十一	七千八百四十

5.《當字初階》摘編：

一號	十號	十九	二十八	三十七
二號	十一	二十	二十九	三十八
三號	十二	二十一	三十	三十九
四號	十三	二十二	三十一	四十
五號	十四	二十三	三十二	四十一
六號	十五	二十四	三十三	四十二
七號	十六	二十五	三十四	四十三
八號	十七	二十六	三十五	四十四
九號	十八	二十七	三十六	四十五

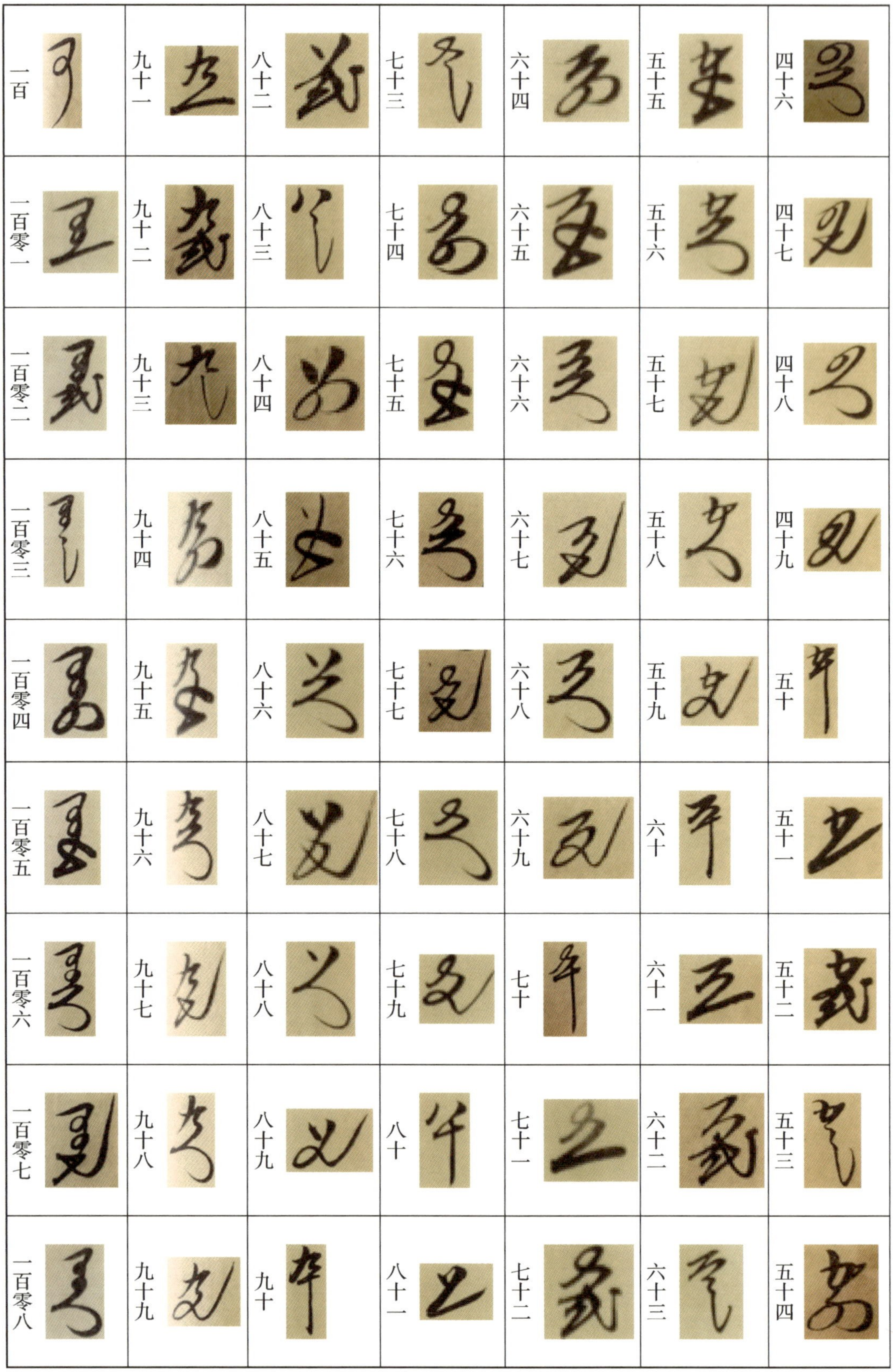
四十六
四十七
四十八
四十九
五十
五十一
五十二
五十三
五十四
五十五
五十六
五十七
五十八
五十九
六十
六十一
六十二
六十三
六十四
六十五
六十六
六十七
六十八
六十九
七十
七十一
七十二
七十三
七十四
七十五
七十六
七十七
七十八
七十九
八十
八十一
八十二
八十三
八十四
八十五
八十六
八十七
八十八
八十九
九十
九十一
九十二
九十三
九十四
九十五
九十六
九十七
九十八
九十九
一百
一百零一
一百零二
一百零三
一百零四
一百零五
一百零六
一百零七
一百零八

一百零九	一百一十八	一百四十七	五百三十六	五千三百一十五	一萬四千一百零四	三萬一千八百七十一
一百一十	一百一十九	一百五十八	六百四十七	六千四百二十六	一萬五千二百一十五	四萬二千九百八十二
一百一十一	一百二十	一百六十九	七百五十八	七千五百三十七	一萬六千三百二十六	五萬三千九百九十三
一百一十二	一百二十一	一百七十	八百六十九	八千六百四十八	一萬七千四百三十七	六萬四千一百零四
一百一十三	一百二十二	一百八十一	九百零七十	九千七百五十九	一萬八千五百四十八	七萬五千二百一十五
一百一十四	一百二十三	一百九十二	一千零八十一	一萬零八百六十	一萬九千六百五十九	
一百一十五	一百二十四	二百零三	二千零九十二	一萬一千九百七十一	二萬零七百六十	八萬六千三百二十六
一百一十六	一百二十五	三百一十四	三千一百零三	一萬二千九百八十二	二萬零七百六十	
一百一十七	一百三十六	四百二十五	四千二百一十四	一萬三千零九十三	二萬零七百六十	

二 當物數量

（一）北方地區書寫方法

1. 單件當物：

褂一件 	裙一件 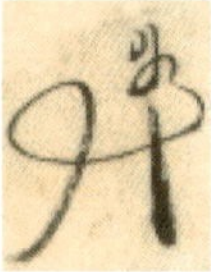	一枝 	襖一件 	腰一件 
褂一件 	被一張 	一挂 	襖一件 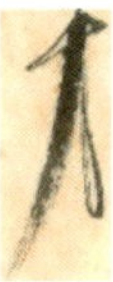	褥一條 
褲一件 	被一張 	一口 	套一件 	褥一條 
褲一件 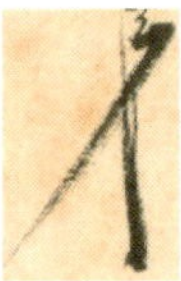	一點 	一架 	套一件 	一片 
袍一件 	一點 	一把 	坎一件 	一條 
袍一件 	一雙 	一把 	坎一件 	一個 
裙一件 	一雙 	一串 	腰一件 	一個 

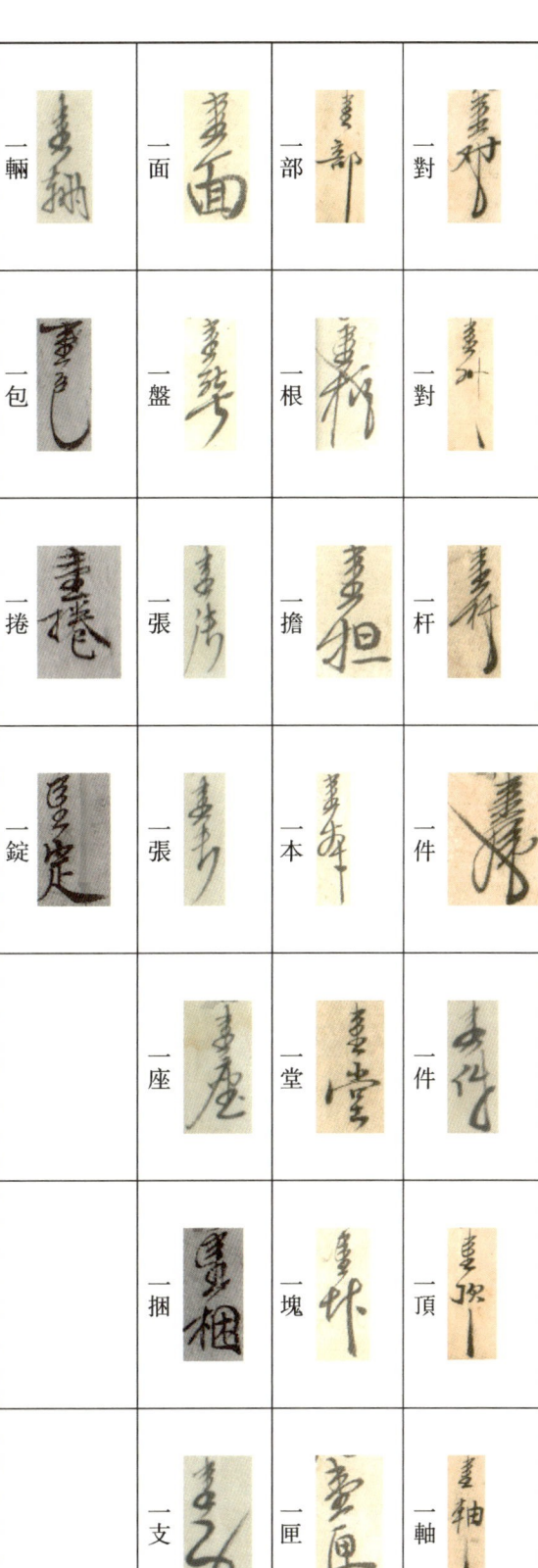

一對	一部	一面	一輛
一對	一根	一盤	一包
一杆	一擔	一張	一捲
一件	一本	一張	一錠
一件	一堂	一座	
一頂	一塊	一捆	
一軸	一匣	一支	

2. 單件收尾：

（田）

（天）

（京）

（二）長江流域（《當字初階》）書寫方法

1. 首飾銅、錫件數：

單一事
單二事
單三事
單四事
單五事
單六事
單七事
單八事
單九事
單十事

2. 條數：

一條	
二條	
三條	
四條	
五條	
六條	
七條	
八條	
九條	
十條	

3. 衣服件數：

一件		七件		五十四件	
二件		八件		六十五件	
二件		九件		七十六件	
二件		十件		八十七件	
三件		十件		九十八件	
四件		十一件		一百件	
四件		二十一件		不計件	
五件		三十二件			
六件		四十三件			

4. 支、隻數：

一支	
二支	
三支	
四支	
五支	
六支	
七支	
八支	
九支	
十支	
一隻	
二隻	
三隻	
四隻	
五隻	
六隻	
十隻	

5. 珠子件數：

一粒	
二粒	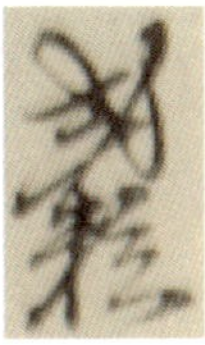
三粒	
四粒	
五粒	

6. 成對成雙數目：

一對	
一雙	
十對	
二十雙	

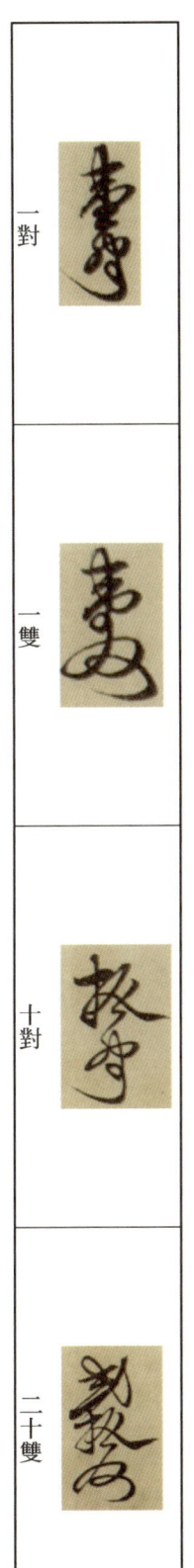

（三）珠江三角洲地區（左逸堂《當字譜》）書寫方法

一	
二	
三	
四	
五	
六	
七	
八	
九	
十	
百	
千	
萬	
一件	
一個	
一張	
一條	
一頂	
一的	
一兩	
一錢	
一隻	
一對	
一串	
一副	
一支	
一把	
一座	
不秤	

（四）地畝及租稅寫法

1. 土地面積：

頃	畝	分	厘	毫				
一畝	二畝	三畝	五畝	六畝	七畝	九畝		
一分	二分	三分	五分	六分	七分	八分	九分	
一厘	二厘	三厘	四厘	五厘	六厘	七厘	八厘	九厘
一毫	二毫	三毫	四毫	五毫	六毫	七毫	八毫	九毫
二十九畝二分五厘七毫	三十畝零七分五厘五毫	五畝一分五厘七毫						
一頃三十七畝七分零七毫	地一頃三十七畝七分零七毫（折另一準標田）一頃三十七畝零二毫							

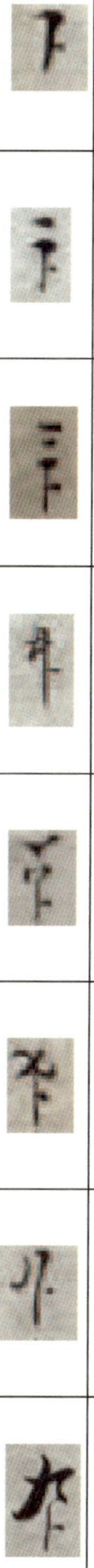

2. 糧食計量：

斗 	一斗 	一升 	一合 	一勺 	一斗二升七合 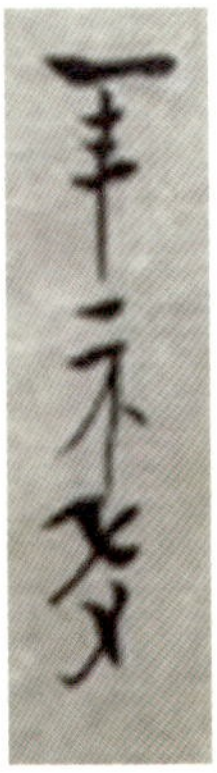
升 	二斗 	二升 	二合 	二勺 	
合 	三斗 	三升 	三合 	三勺 	
勺 	四斗 	四升 	四合 	四勺 	八斗一升七合八勺 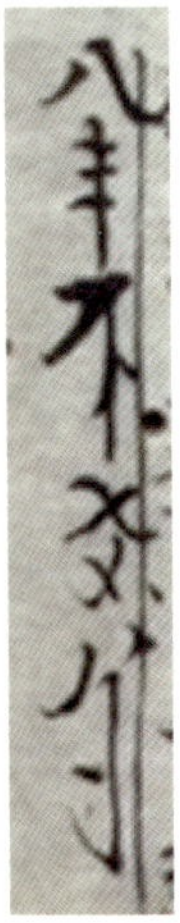
	七斗 	五升 	五合 	五勺 	
	八斗 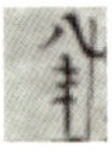	六升 	六合 	六勺 	
		七升 	七合 	七勺 	六斗四升四合二勺 
		八升 	八合 	八勺 	
		九升 	九合 	九勺 	

三 銀錢碼

（一）貨幣名稱

白銀	寶銀	足銀	幹銀	紋銀	紋銀	紋銀	元絲（銀）	元寶（銀）
規元	潮銀	肚銀	高銀	爐銀	寶紋銀	鏡寶銀	點個銀	鶻突銀
二七銀	過爐銀	二七寶銀	足幹紋銀	鶻突足銀	鶻突寶銀	花邊（銀元）		

大洋	現洋	銀洋	銀元	銀幣	國幣	大洋元	銀大洋	現白洋
小毛銀元	周行大洋	十足通用幣	七二銀大洋	七錢二分銀圓	庫平七錢二銀洋	七錢二分現個銀元	實足兌現角票七二點個現銀洋	當贖均以十足通行現洋爲標準

大錢	九八（錢）	法幣
老錢	九八净錢	帖子
京錢	九七六（錢）	九八帖
清錢	六八錢	
滿錢	銅圓	
足錢	九九銅圓	
銅制錢	北洋户部制錢銅圓各半	
九九錢	現款國幣	

（二）銀錢寫法

1.《當字譜》（佚名）摘編：

一錢	三錢五分	五兩
二錢	五錢五分	六兩
三錢	七錢五分	七兩
四錢	八錢五分	八兩
五錢	九錢五分	九兩
六錢	一兩	十兩
七錢	二兩	一百兩
九錢	三兩	
壹錢五分	四兩	

2.《當字初階》摘編：

一錢	二錢	三錢	四錢	五錢	六錢	七錢	八錢	九錢
一兩	一兩零五分	一兩一錢五分	一兩二錢	一兩二錢五分	一兩三錢	一兩四錢	一兩五錢	一兩六錢
一兩七錢	一兩八錢	一兩九錢	二兩	三兩	四兩	五兩	六兩	七兩
八兩	九兩	十兩	十一兩	十二兩	十三兩	十四兩	十五兩	二十兩
三十兩	四十兩	五十兩	六十兩	七十兩	八十兩	九十兩	一百兩	二百兩
三百兩	四百兩	五百兩	六百兩	七百兩	八百兩	九百兩	一千兩	

3. 某典《回贖賬》摘編〔二〕：

一分 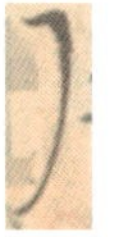	一分二厘 	一分七厘 	二分 	二分五厘 	二分六厘 	三分 	四分 
四分四厘 	四分五厘 	五分 	五分二厘 	六分 	六分七厘 	七分 	七分五厘 
七分七厘 	八分 	八分一厘 	八分七厘 	八分八厘 	九分 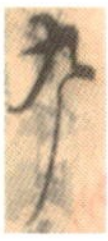	九分六厘 	一錢二分 
一錢三分五厘 	一錢四分二厘 	一錢五分 	一錢八分八厘 	三錢七分五厘 	四錢三分八厘 	六錢六分八厘 	七錢五分 
八兩八錢七分 	一百七十六兩八錢四分七厘 	七十四兩七錢八分一厘 	十兩零八錢八分二厘 	七十二兩零二分五厘 	十兩三錢四分四厘 		

4. 南方某地《地畝簿》摘編：

〔一〕以下是筆者收藏的清代某典當行回贖賬賬頁內容，該賬被拆開粘貼爲一卷軸，在原賬頁背面書寫典當業經營規矩等內容。儘管該典當鋪名及賬簿生成時間尚不能確定，但是原賬頁記録內容還是可以看得清楚。賬頁從上至下，分爲四部分內容，第一部分爲當票編號，按千字文順序編排當字及數碼；第二部分爲收回的具體日期；第三部分爲當本；第四部分爲當利。

1.《源源當上利賬》摘編：

（三）制錢記數（制錢單位是文，在當票中通常以格式化的方式印製在票面中，在賬簿中通常省略不寫。）

兩	錢	分　厘　毫	四錢	五錢				
一錢	二錢	三錢	四錢	五錢	六錢	七錢	八錢	九錢
一分	二分	三分	五分	六分	七分	八分	九分	
一厘	二厘	三厘	四厘	五厘	六厘	七厘	八厘	九厘
一毫	二毫	三毫	四毫	五毫	六毫	七毫	八毫	九毫
一錢六分五厘六毫	五錢八分六厘八毫	六錢二分六厘九毫	一兩三錢六分二厘三毫	一十二兩二錢三分二厘五毫				

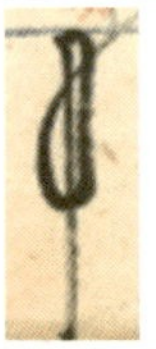 一百	 八百	 六千
 一百五十	 九百	 七千
 二百	 一千	 八千
 三百	 一千一百	 十千
 三百五十	 一千三百	
 四百	 二千	
 五百	 三千	
 六百	 四千	
 七百	 五千	

2.《天興當贖回賬》摘編：

 一百	 四百五十
 一百五十	 五百
 二百	 六百
 二百五十	 七百
 三百	 八百
 三百五十	 一千
 四百	 一千三百五十

3.《文盛星當估衣賬》摘編：

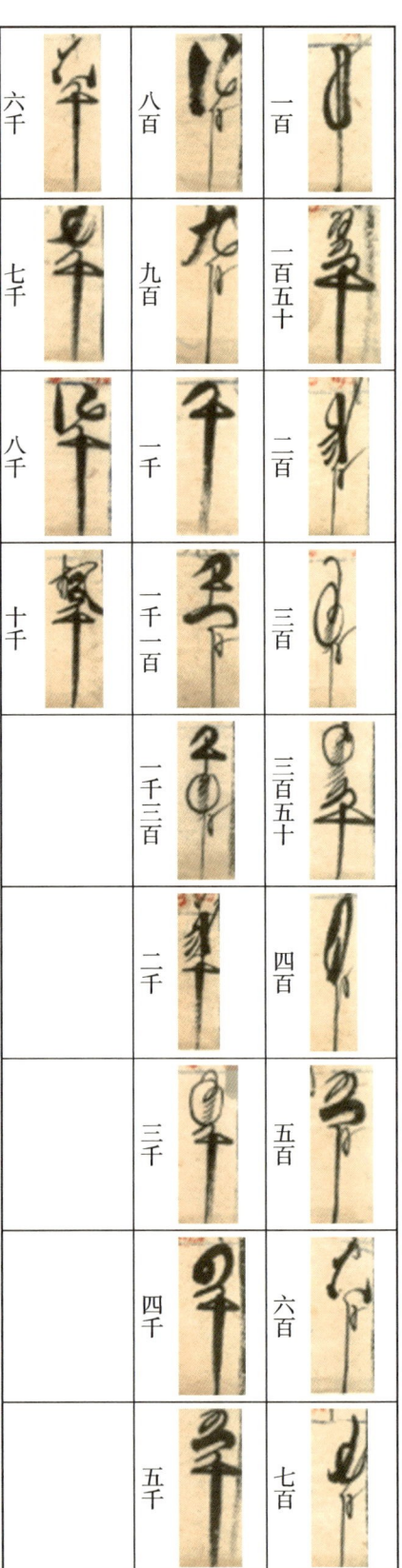

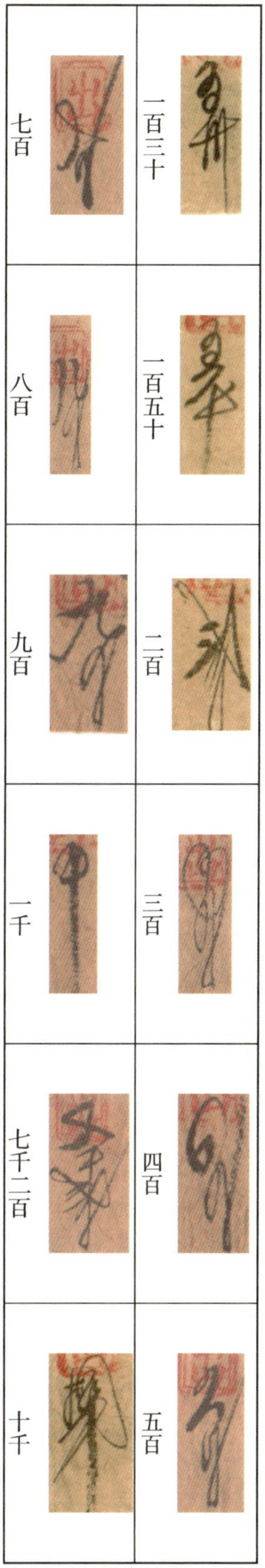

一百三十	一百五十	二百	三百	四百	五百
七百	八百	九百	一千	七千二百	十千

4.《當字譜》〔一〕摘編：

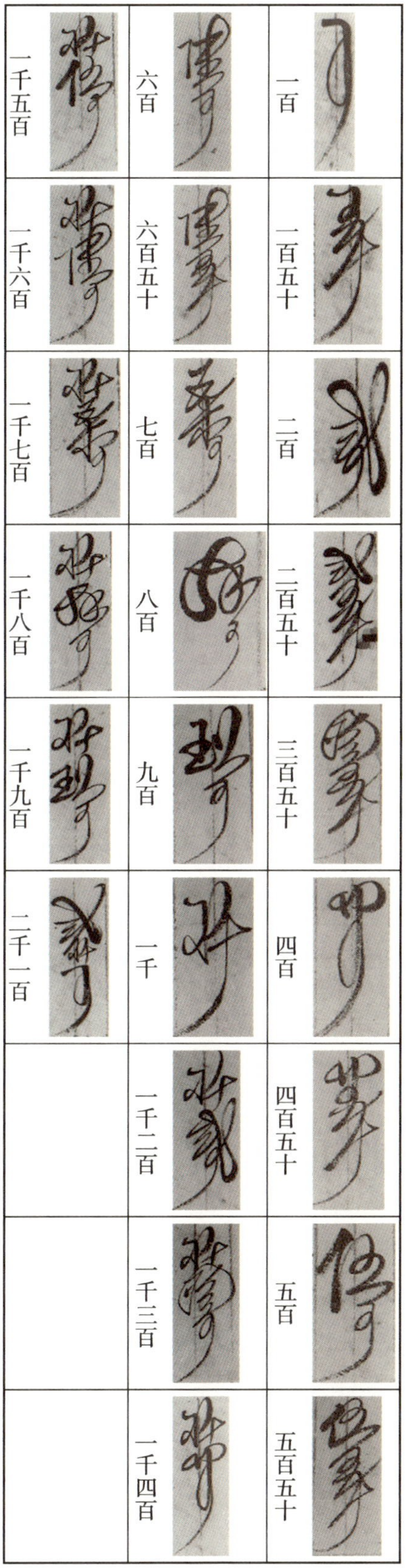

一百	一百五十	二百	二百五十	三百五十	四百	四百五十	五百	五百五十
六百	六百五十	七百	八百	九百	一千	一千二百	一千三百	一千四百
一千五百	一千六百	一千七百	一千八百	一千九百	二千一百			

〔一〕見劉建民主編：《晉商史料集成》第70册，商務印書館，2018年。

四 蘇碼

（一）蘇碼書寫

《光緒十六年恒義當回贖賬》等摘編：

一錢	六錢	一兩四錢	二兩二錢	三兩
一錢五分	七錢	一兩五錢	二兩二錢五分	三兩一錢
二錢	八錢	一兩六錢	二兩三錢	三兩三錢
二錢二分	九錢	一兩七錢	二兩四錢	三兩四錢
二錢五分	一兩	一兩八錢	二兩四錢五分	三兩五錢
三錢	一兩一分	一兩九錢	二兩五錢	三兩六錢
三錢五分	一兩零五分	二兩	二兩六錢	三兩七錢
四錢	一兩二錢	二兩零五分	二兩七錢	三兩八錢
五錢	一兩三錢	二兩一錢	二兩八錢	四兩

 四兩二錢	 八兩三錢	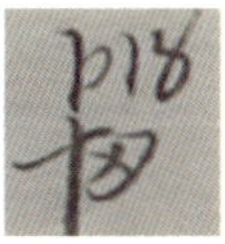 十兩零一錢五分
 四兩四錢九分	 八兩四錢	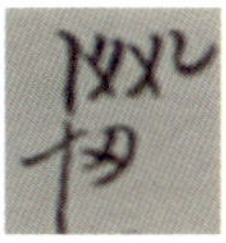 十九兩四錢六分
 四兩五錢	 九兩一錢	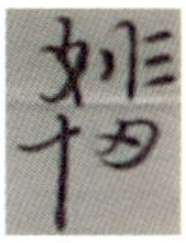 九十二兩三錢
 四兩六錢	 十三兩四錢	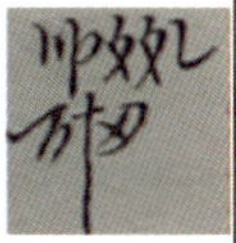 三百零九兩九錢六分
 五兩	 二十七兩六錢	 一千零四十六兩七錢
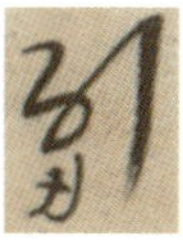 五兩一錢	 五吊（千）二百四十	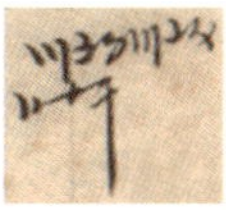 （錢）三百七十五千三百六十九（文）
 六兩三錢	 五吊（千）零三十四	
 六兩七錢	 三錢六分	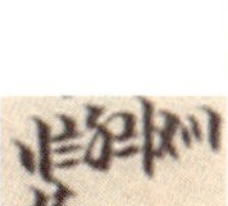 （銀）二萬八千五百七十一兩四錢三分
 七兩四錢一分	 八兩六錢四分	

五　暗碼（典當專用數目字）

典當專用數目字，也稱暗碼，即當票、錢帖及當賬常用一種專用的漢字代替數字，目前筆者搜集發現有下列四種。此外，還有若干種暗語。具體見表4–1：

表4-1

數目字 / 暗碼	一 壹	二 貳	三 叁	四 肆	五 伍	六 陸	七 柒	八 捌	九 玖	十 拾
典當暗碼1〔一〕	由	申	人	工	大	天	主	井	羊	非
典當暗碼2〔二〕	乾	元	春	羅	語	交	化	公	旭	
典當暗碼3〔三〕	喜	道	廷	非	羅	抓	現	盛	玩	摇
典當暗碼4〔四〕	豆或牛	貝	厶	長		ß	木	另或別	王	合
典當暗語1〔五〕	旦根	抽工	末王	不回	缺丑	短大	毛根	入開	末丸	先千
典當暗語2〔六〕	道子	眼鏡	爐腿	叉子	一撾	羊角	鑷子	扒勹	鈎子	拳頭

〔一〕〔清〕李埜：《生意精通言詞》第四葉，道光三十一年（1905）刻本。

〔二〕〔清〕李埜：《生意精通言詞》第五葉，道光三十一年（1905）刻本。

〔三〕曲彦斌：《中國典當史》，九州出版社，2007年，第150頁。

〔四〕見本書貳合堂《當字》及筆者收藏當票。

〔五〕劉建生等：《山西典商研究》，山西經濟出版社，2007年，第102頁。

〔六〕王子壽：《天津典當業四十年回憶》，選自中國人民政治協商會議全國委員會文史資料研究委員會編《文史資料選輯》第53輯，文史資料出版社，1964年，第44頁。

典當暗碼4：

開綫破青絹羊皮套舊克絲夾蟒袍石藍白緞女夾套月緞狐腿皮馬套舊絹夾單門簾十一件

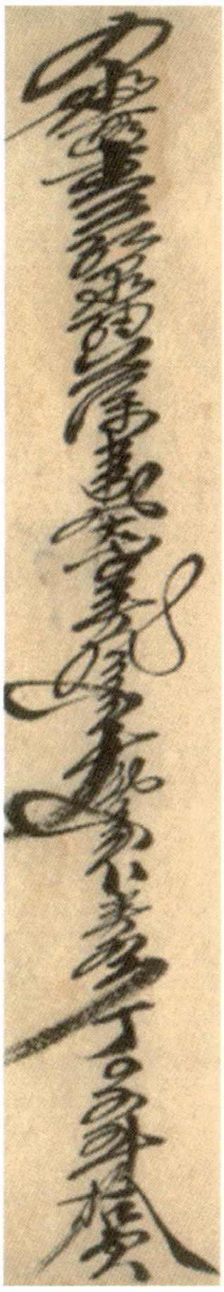

破醬緞青藍紅緑綢藍深布男女大小棉夾袍套襖馬套褂夾義褌丁棉被褥十二件

原水濕破青縐絹單裙石藍羽紗米絹青藍深布男女大小棉夾套襖馬套裙褌十三件

原欠紐破石占女夾坎石藍紅緑綢月縐青藍紅緑醬白灰洋布男女大小棉夾袍套襖馬套褂褌四十件

原來出豆破醬綢蟒袍青藍綢緞藍布抉巾夾袍套馬套丁尖五件

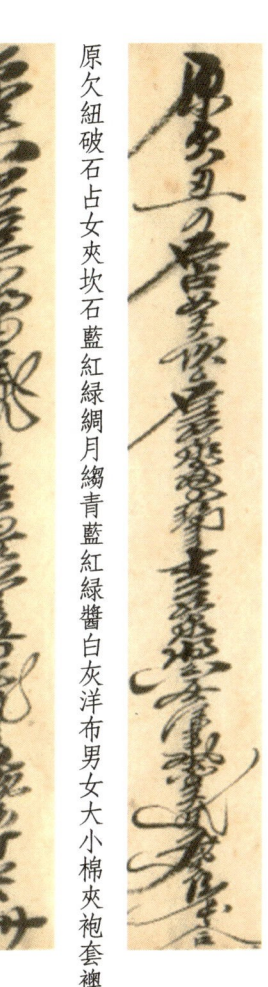

原來有窟窿破青藍緑舊綫綢醬緺絹青藍緑深布女棉夾襖套裙褲腿十七件

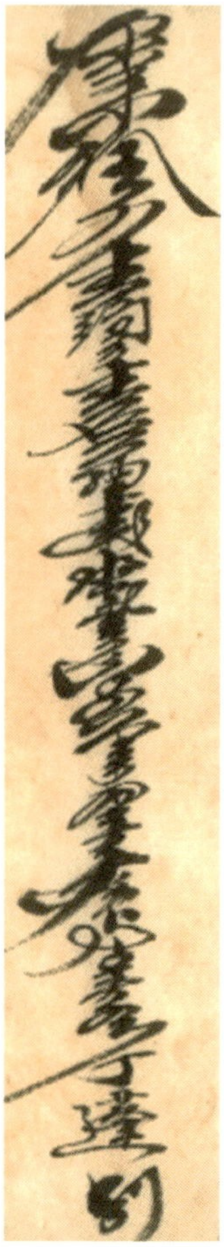

原來不全破青緺絹青石藍綢綾醬藺絹白羅布女棉夾襖套褂裙棉夾義褲丁蓬八件

原少紐胖破占石藍紅月綢青藍紅緑白灰月緺絹男女棉夾襖馬套孩袍套接夾襖坎雲肩單裙十九件

蟲吃破青藍紅占醬藍緞青藍深布男女大小棉夾套襖單袍套襖尖丁點塊十件

六　日期書寫方法

1.《源源當上利賬》摘編：

正月二十七日	
二月初一日	
又（閏）二月二十二日	
三月十三日	
四月十七日	
五月十五日	
六月二十九日	
七月十六日	
八月十三日	
九月初五日	
十月二十五日	
十一月二十四日	
十二月二十日	

2.《德興當當賬》摘編：

二十五年一月十四日票取	
二十五年二月二十四日票取	
二十五年三月十七日票取	
二十五年四月五日票取	
二十五年五月一日票取	
二十五年六月八日票取	
二十五年七月十一日票取	
二十五年八月十日票取	

二十五年九月十五日票取	二十五年九月十五日收利一年	（光緒）二十八年三月出
二十五年十月十八日票取	二十五年十月七日收利半年	庚子年五月二十日
二十五年十一月二日票取	二十六年三月二十五日出	己亥年九月二十三日
二十五年十二月二十九日票取	二十六年三月二十五日出	

3.《當字初階》摘編：

初一	十一	二十一
初二	十二	二十二
初三	十三	二十三
初四	十四	二十四
初五	十五	二十五
初六	十六	二十六
初七	十七	二十七
初八	十八	二十八
初九	十九	二十九
初十	二十	三十

第五章 句式

 藍布單褲一條	 紫布單褲一條	 藍綢絹單褲一條	 藍布棉褲一條
 白布單褲一條	 舊布單褲一條	 月綢絹單褲一條	 青布棉褲一條
 土布單褲一條	 舊土絹單褲一條	 緑棉絹單褲一條	 舊布棉褲一條
 青布單褲一條	 青綢絹單褲一條	 白綢絹單褲一條	 紫繭絹棉褲一條

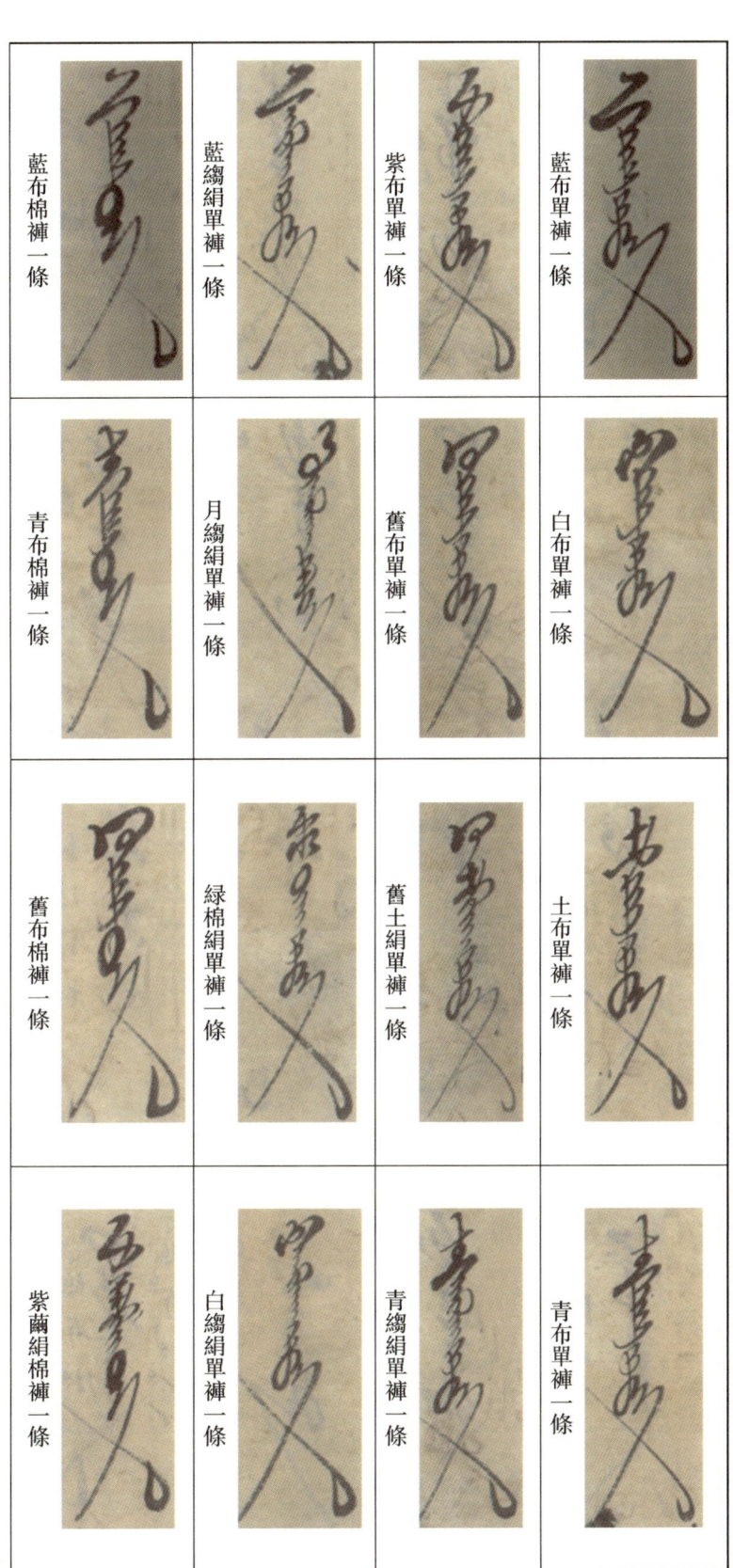

藍棉絹小褂一件 	夏布小褂一件 	藍布小褂一件 	舊絲布棉褲一條 	灰縐絹棉褲一條 
青縐絹小褂一件 	麻布小褂一件 	舊布小褂一件 	綠縐絹夾褲一條 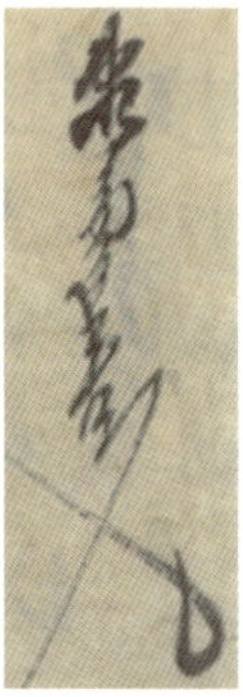	月絹棉褲一條 
白棉絹小褂一件 	舊土絹小褂一件 	月布小褂一件 	青素棉褲一條 	紅縐絹棉褲一條 
藍羅小褂一件 	舊生絹小褂一件 	土布小褂一件 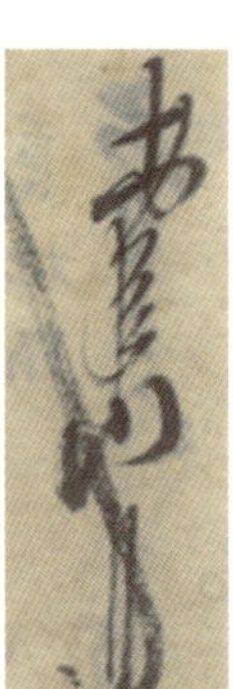	舊緞夾褲一條 	藍棉絹夾褲一條 

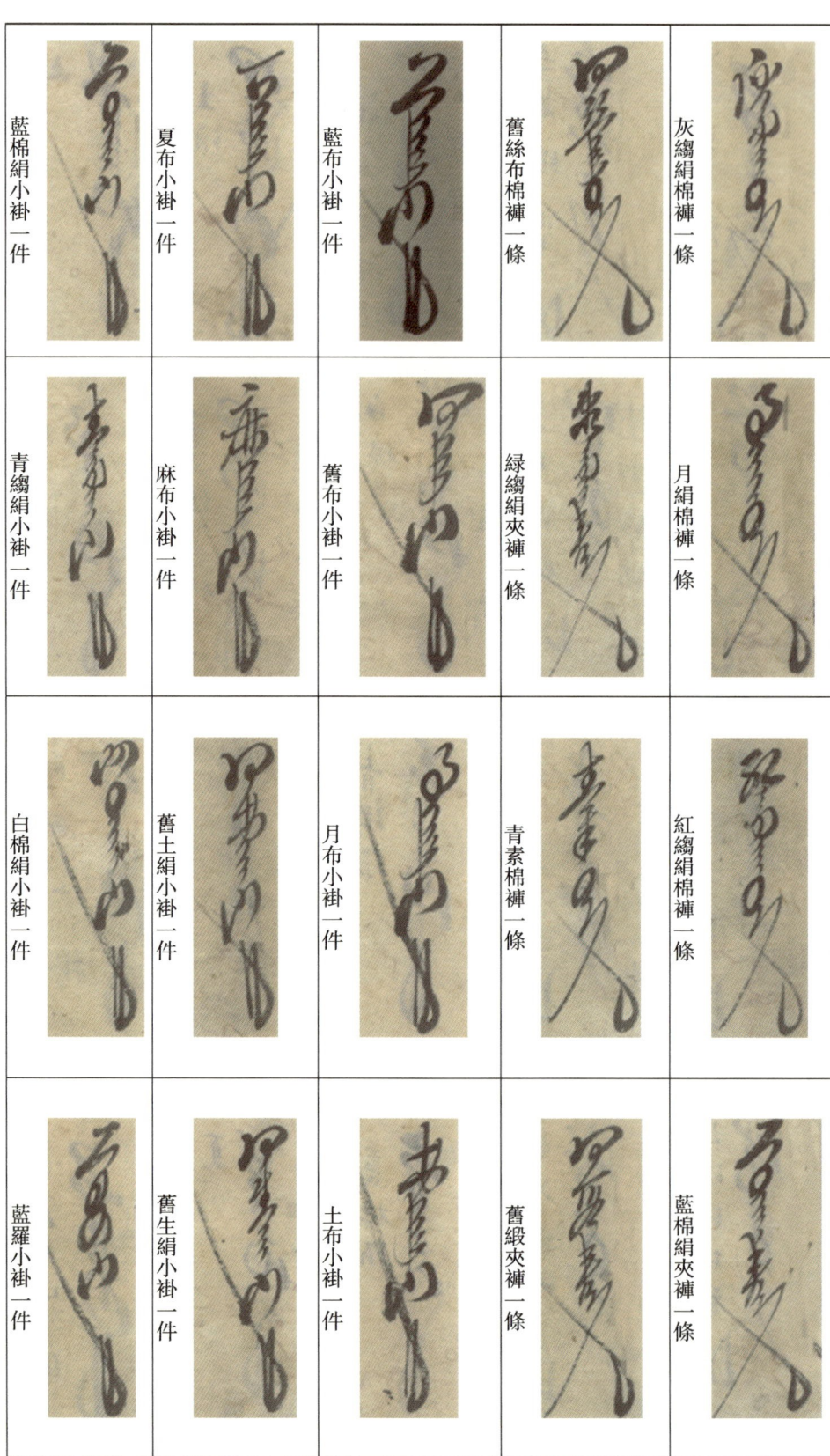

 舊漏紗襯褂一件	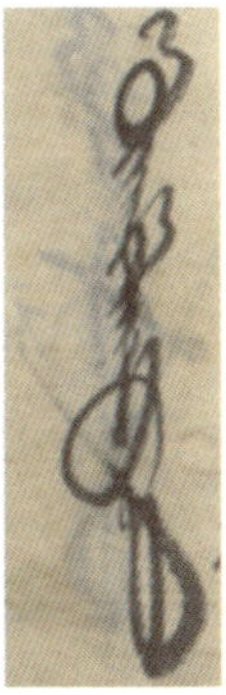 月縐絹女褂一件	 月布女褂一件	 麻布褂一件	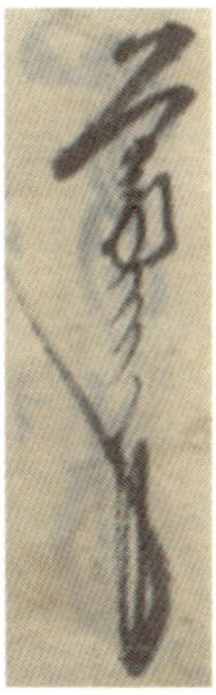 藍縐絹褂一件	 藍布褂一件
 藍絹小襯褂一件	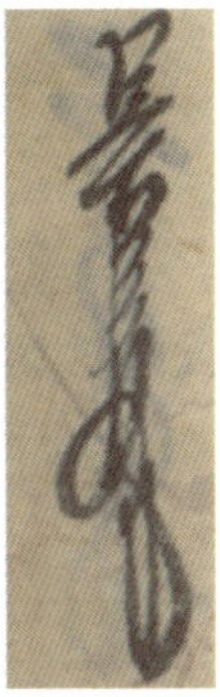 粗夏布女褂一件	 印布女褂一件	 藍夏布褂一件	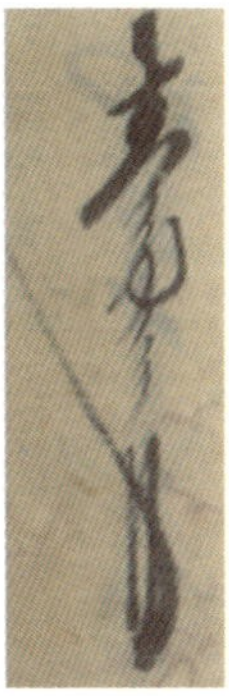 青縐絹褂一件	 月布褂一件
 青縐絹小襯褂一件	 藍布小女褂一件	 白棉絹女褂一件	 藍絹褂一件	 舊生絹褂一件	 灰布褂一件
 月夏布小襯褂一件	 月布襯褂一件	 藍綢女褂一件	 白絹褂一件	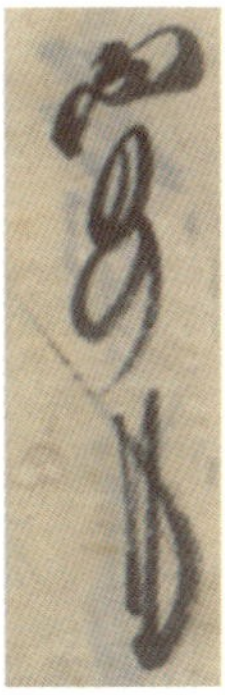 白羅褂一件	 舊布孩褂一件

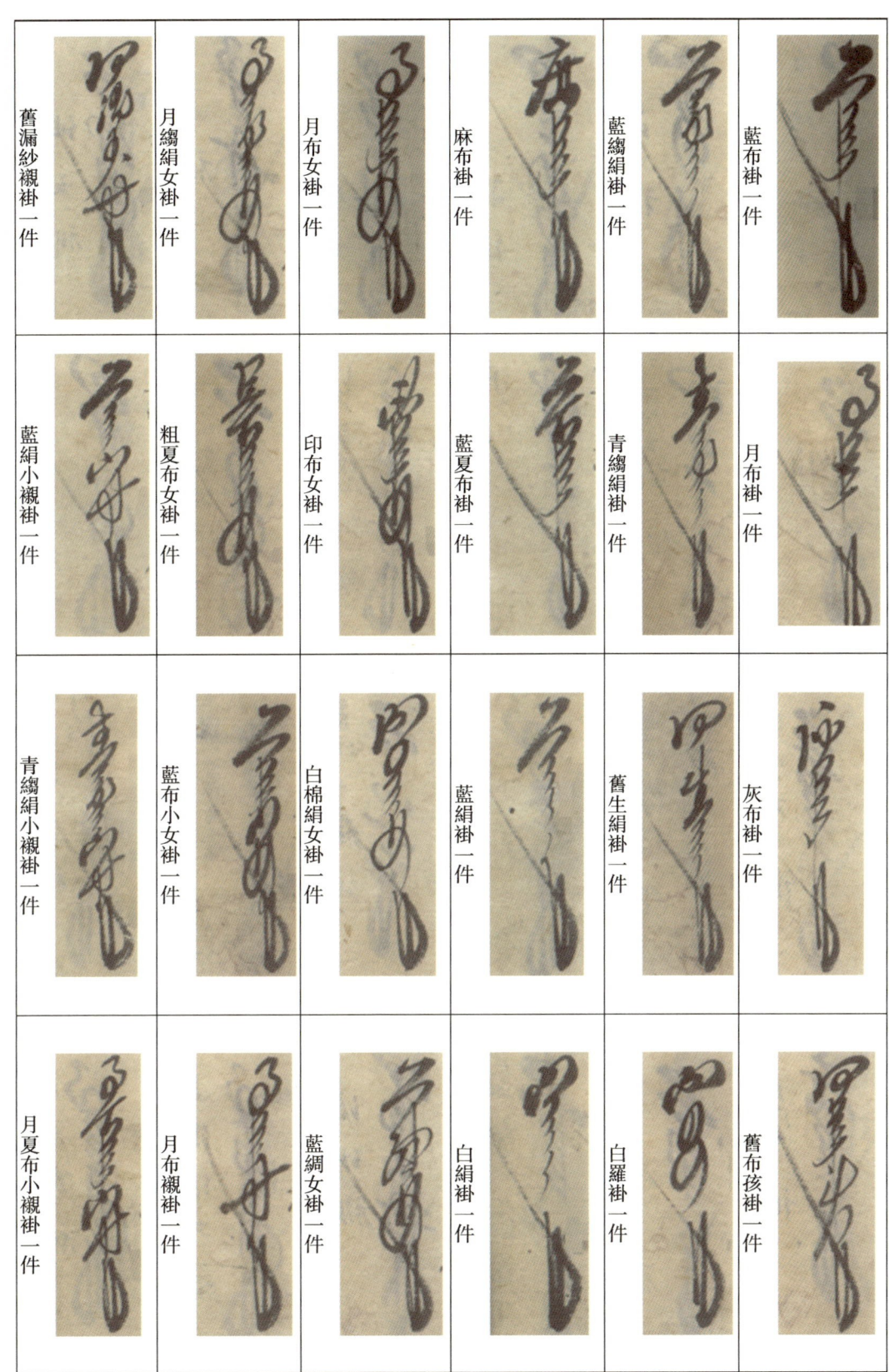

藍夏布女小褂一件

紅布女小褂一件

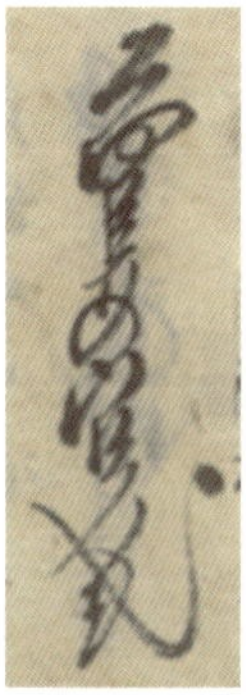
藍舊布女小褂褲二件

青布小夾襖一件

月綢絹小夾襖一件

藍布女小夾襖一件

舊漏紗女小褂一件

印布女小褂一件

土布小褂褲二件

舊布小夾襖一件

青綢絹小夾襖一件

藍絹女小夾襖一件

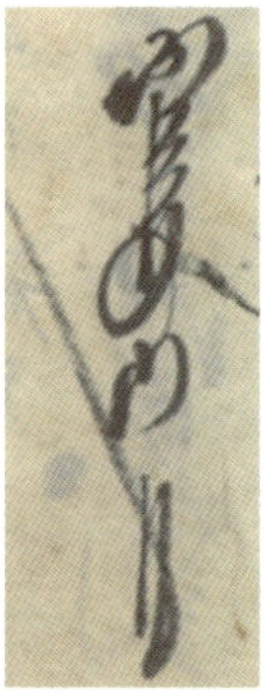
白布女小褂一件

白羅舊生絹女小褂褲二件

灰月布男女小褂褲二件

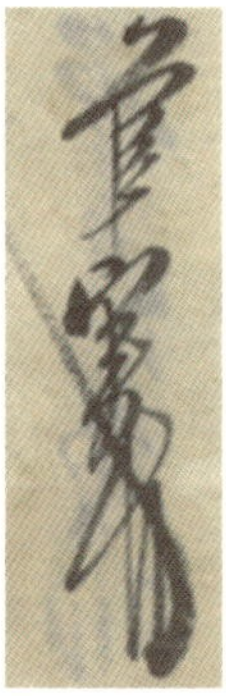
藍布小夾襖一件

紅布女小夾襖一件

舊棉絹女小夾襖一件

月布女小褂一件

藍綢絹白布女小褂褲二件

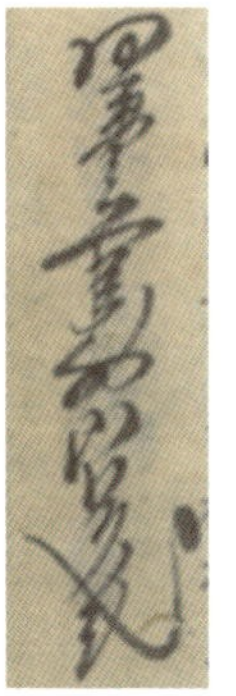
舊繭絹藍布男女小褂褲二件

灰布小夾襖一件

紫繭絹女小夾襖一件

青素女小夾襖一件

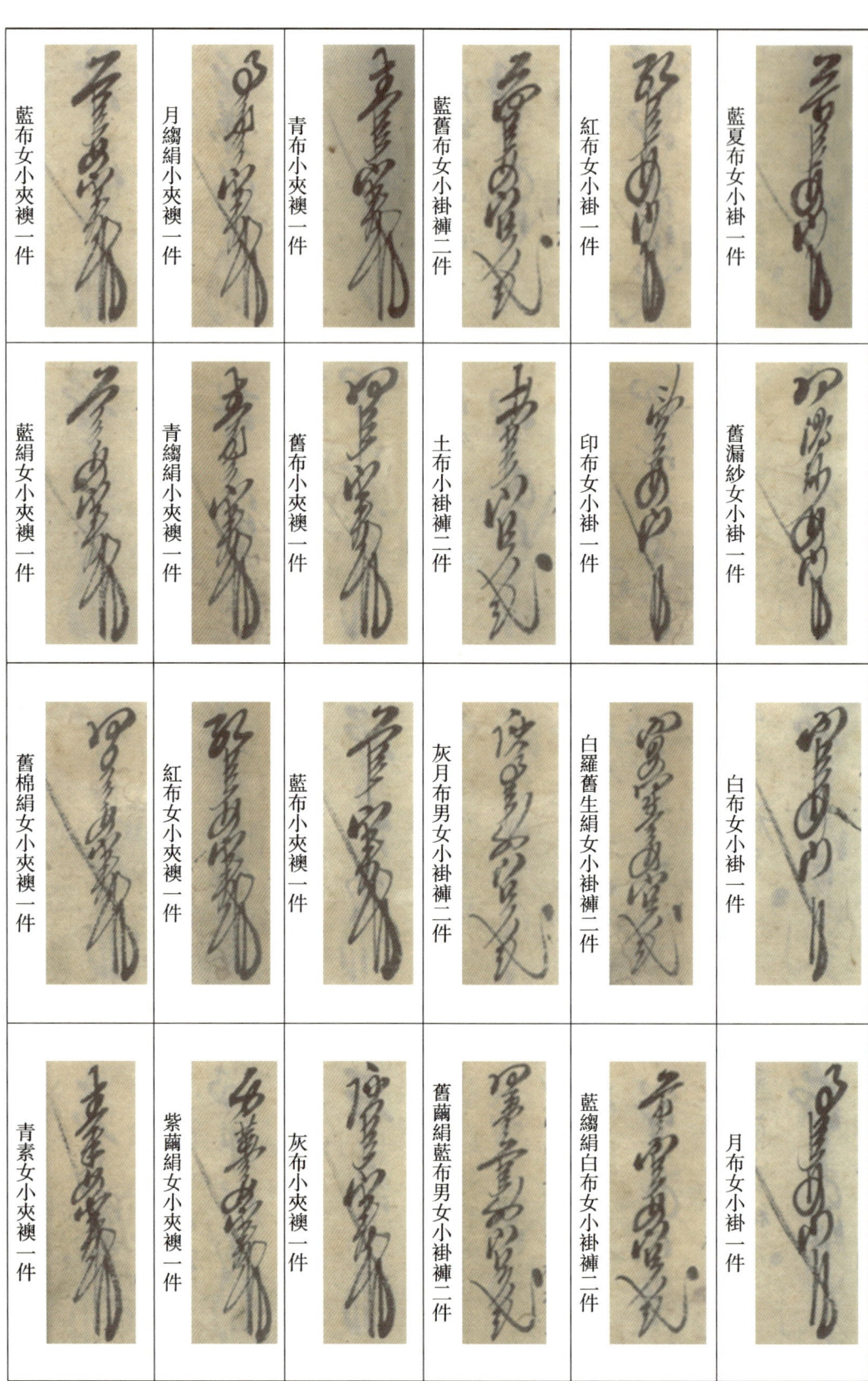

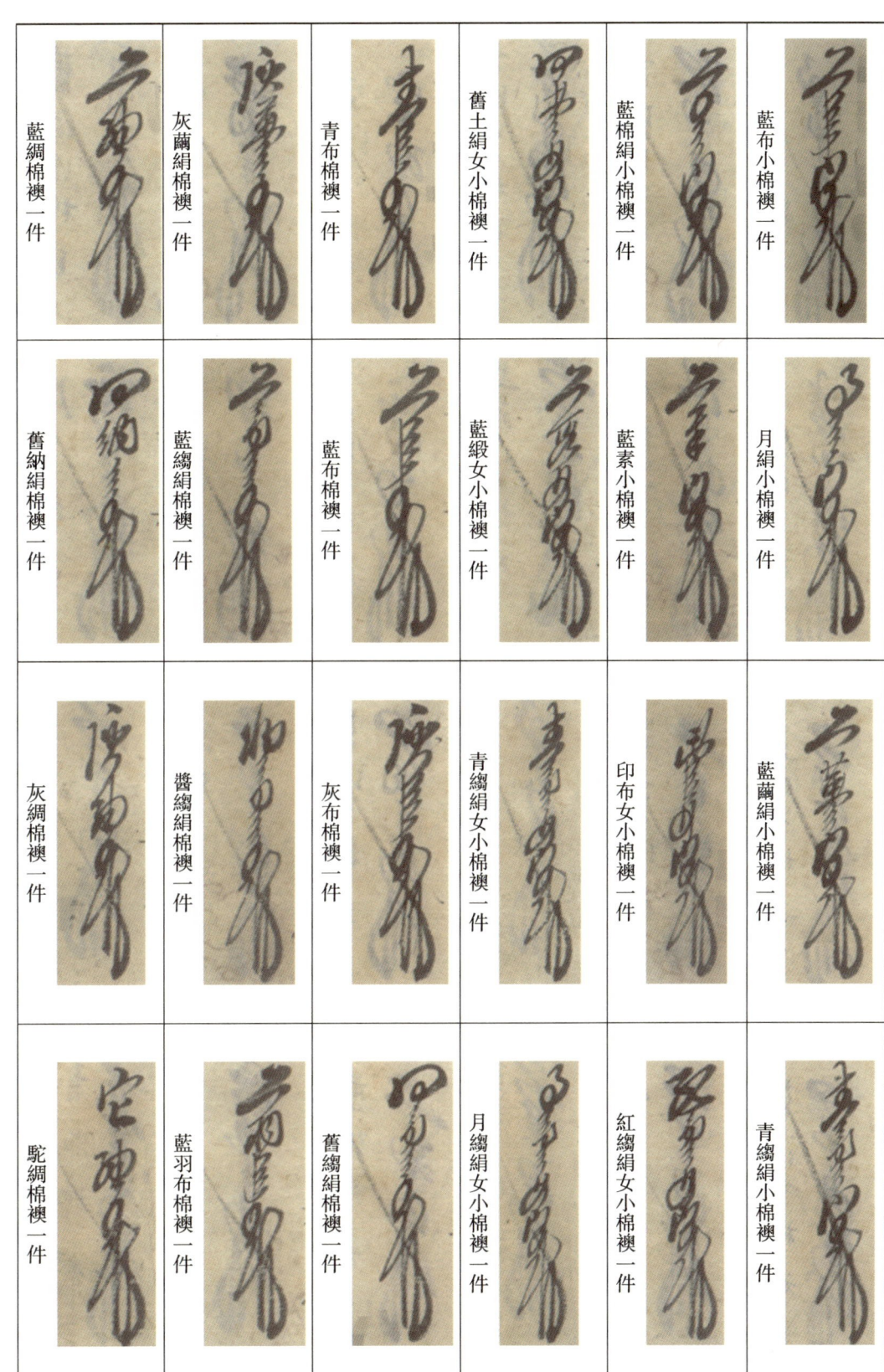

藍布小棉襖一件

藍棉絹小棉襖一件

舊土絹女小棉襖一件

青布棉襖一件

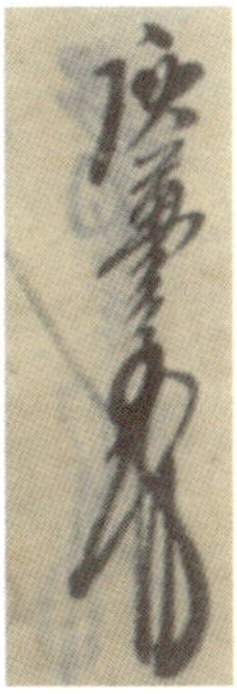
灰繭絹棉襖一件

藍綢棉襖一件

月絹小棉襖一件

藍素小棉襖一件

藍緞女小棉襖一件

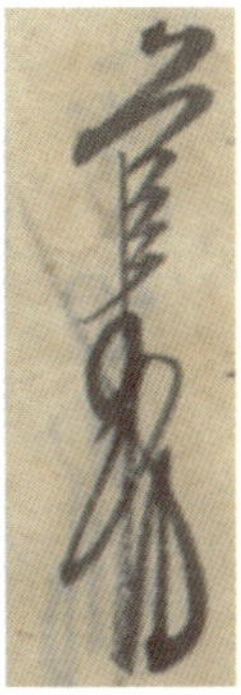
藍布棉襖一件

藍縐絹棉襖一件

舊納絹棉襖一件

藍繭絹小棉襖一件

印布女小棉襖一件

青縐絹女小棉襖一件

灰布棉襖一件

醬縐絹棉襖一件

灰綢棉襖一件

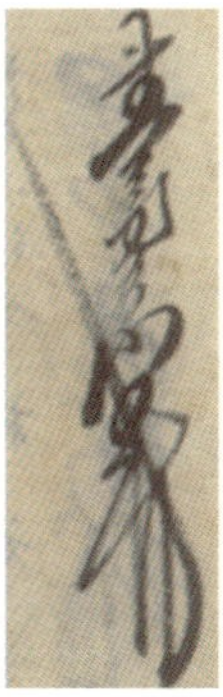
青縐絹小棉襖一件

紅縐絹女小棉襖一件

月縐絹女小棉襖一件

舊縐絹棉襖一件

藍羽布棉襖一件

駝綢棉襖一件

藍布女棉襖一件

杏綢女棉襖一件

舊納絹小女棉襖一件

藍布小夾襖褲二件

藍灰布小夾襖褲二件

舊緞月縐絹女小夾襖褲二件

青布女棉襖一件

紅縐絹女棉襖一件

青素小女棉襖一件

灰舊布小夾襖褲二件

舊藺棉絹小夾襖褲二件

藍絹舊絲布女小夾襖褲二件

灰布女棉襖一件

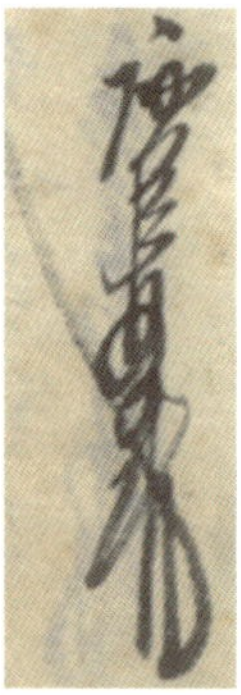

青縐絹汗女棉襖一件

灰藺絹汗女棉襖一件

藍綢舊土絹小夾襖二件

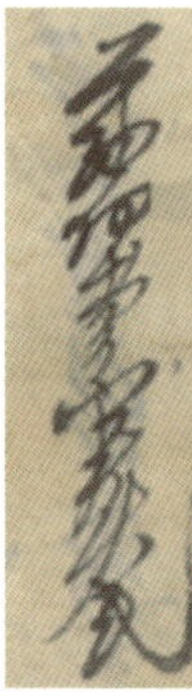

紅緑縐絹女小夾襖褲二件

舊縐絹女小夾襖褲二件

月綢女棉襖一件

藍藺絹汗女棉襖一件

舊縐絹小女棉襖一件

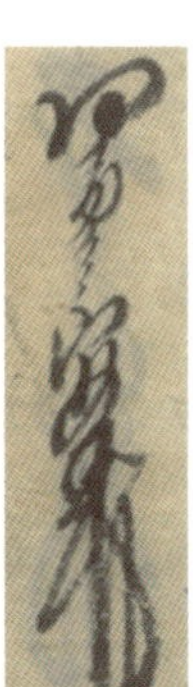

青縐絹小夾襖褲二件

紫土絹女小夾襖褲二件

藍緞青縐絹汗女夾襖褲二件

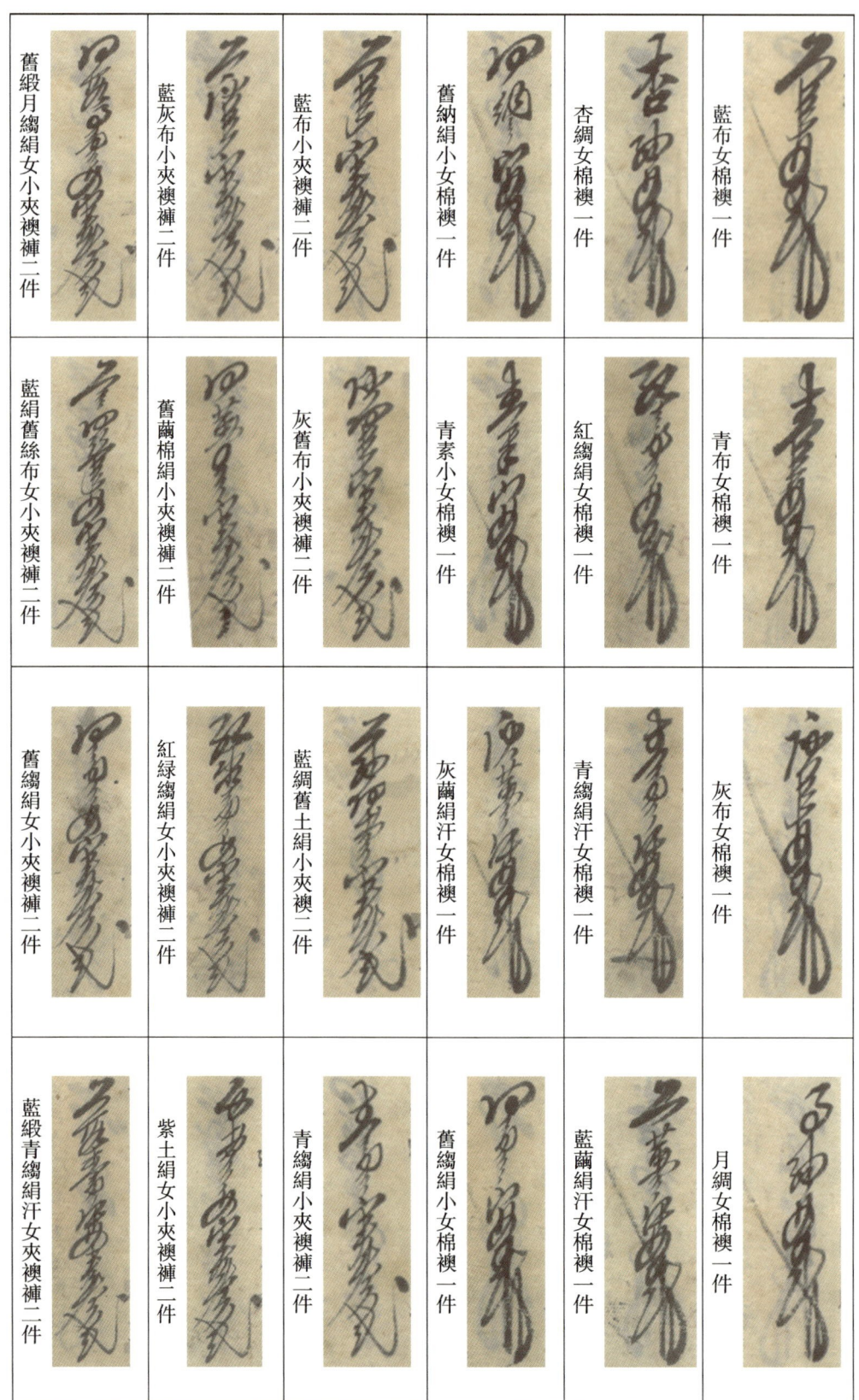

月布單套褲一雙

灰布夾套褲一雙

藍綢棉套褲一雙

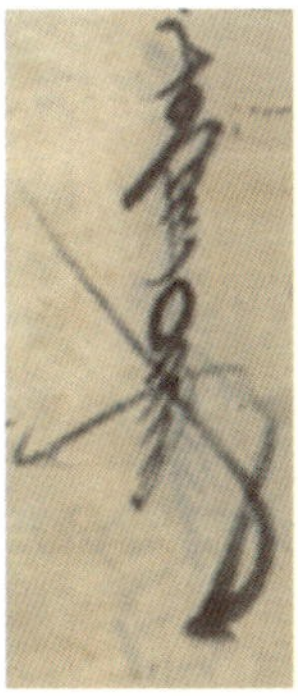
青布棉套一件

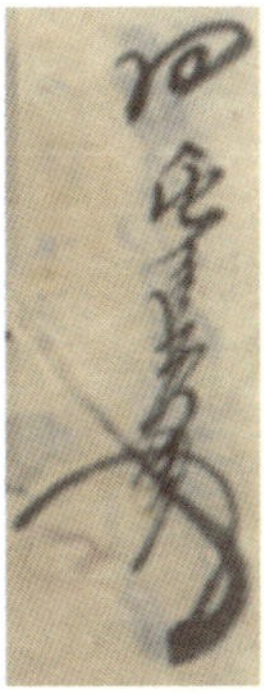
舊屯絹夾套一件

石緞女夾套一件

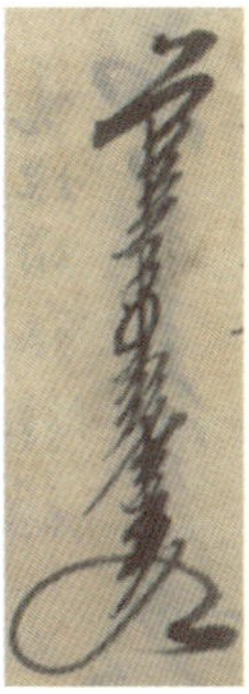
藍布單套褲一雙

土布夾套褲一雙

紅縐絹棉套褲一雙

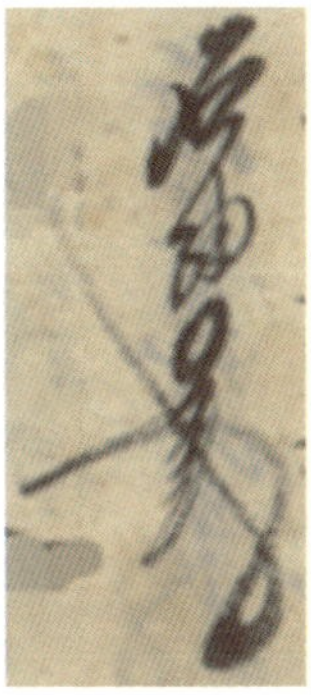
石綢棉套一件

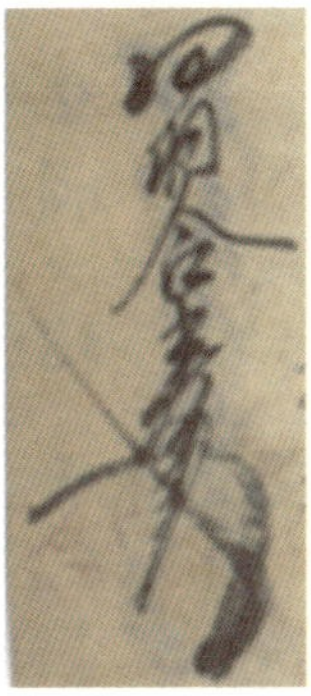
舊羽合夾套一件

青素女夾套一件

灰夏布單套褲一雙

青布棉套褲一雙

舊棉絹夾套褲一雙

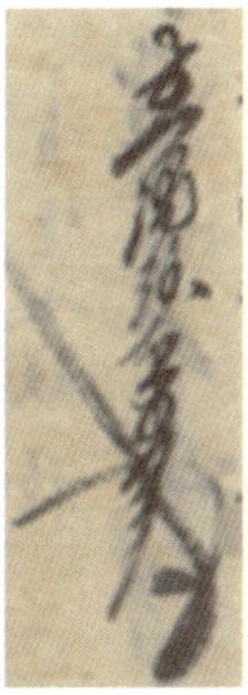
青漏紗單套一件

舊綢女棉套一件

石焦紗女單套一件

青縐絹單套褲一雙

舊布棉套褲一雙

月絹夾套褲一雙

石素棉套一件

石紗女單套一件

石漏紗女單套一件

醬綢單袍一件 	藍紗單袍一件 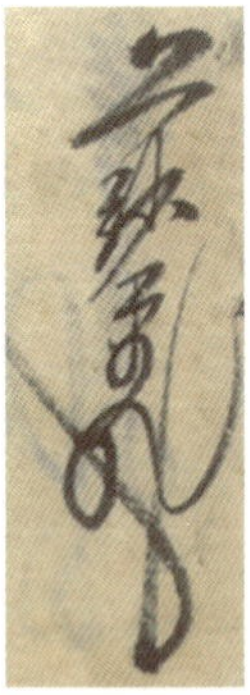	灰綢夾袍一件 	藍緞棉袍一件 	藍綢棉袍一件 
舊綢單袍一件 	舊漏紗單袍一件 	醬綢夾袍一件 	舊綢棉袍一件 	醬綢棉袍一件 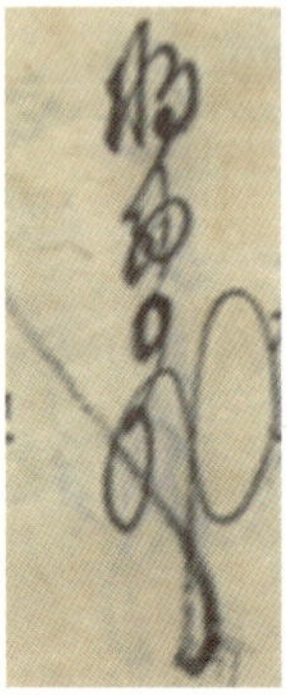
藍克絲夾蟒袍一件 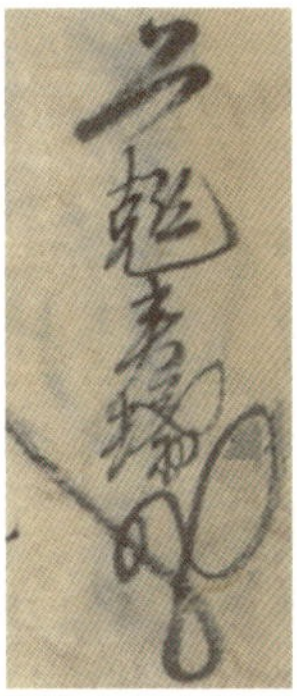	灰綢單袍一件 	駝綢夾袍一件 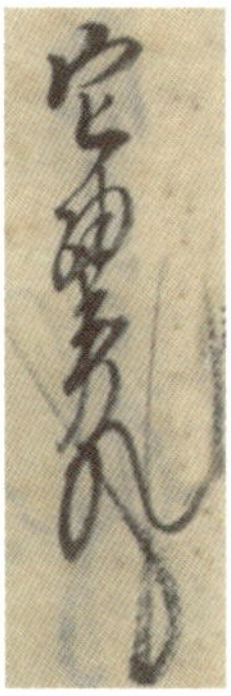	青綢夾袍一件 	駝綢棉袍一件 
藍蟒絹夾袍一件 	藍綢單袍一件 	舊緞夾袍一件 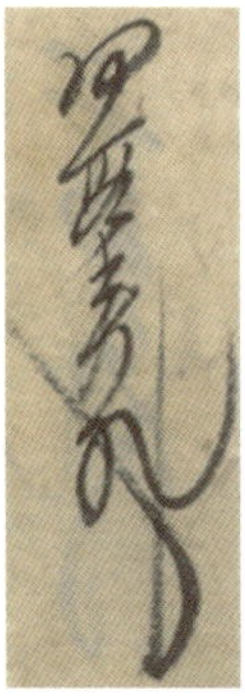	藍綢夾袍一件 	灰緞棉袍一件 

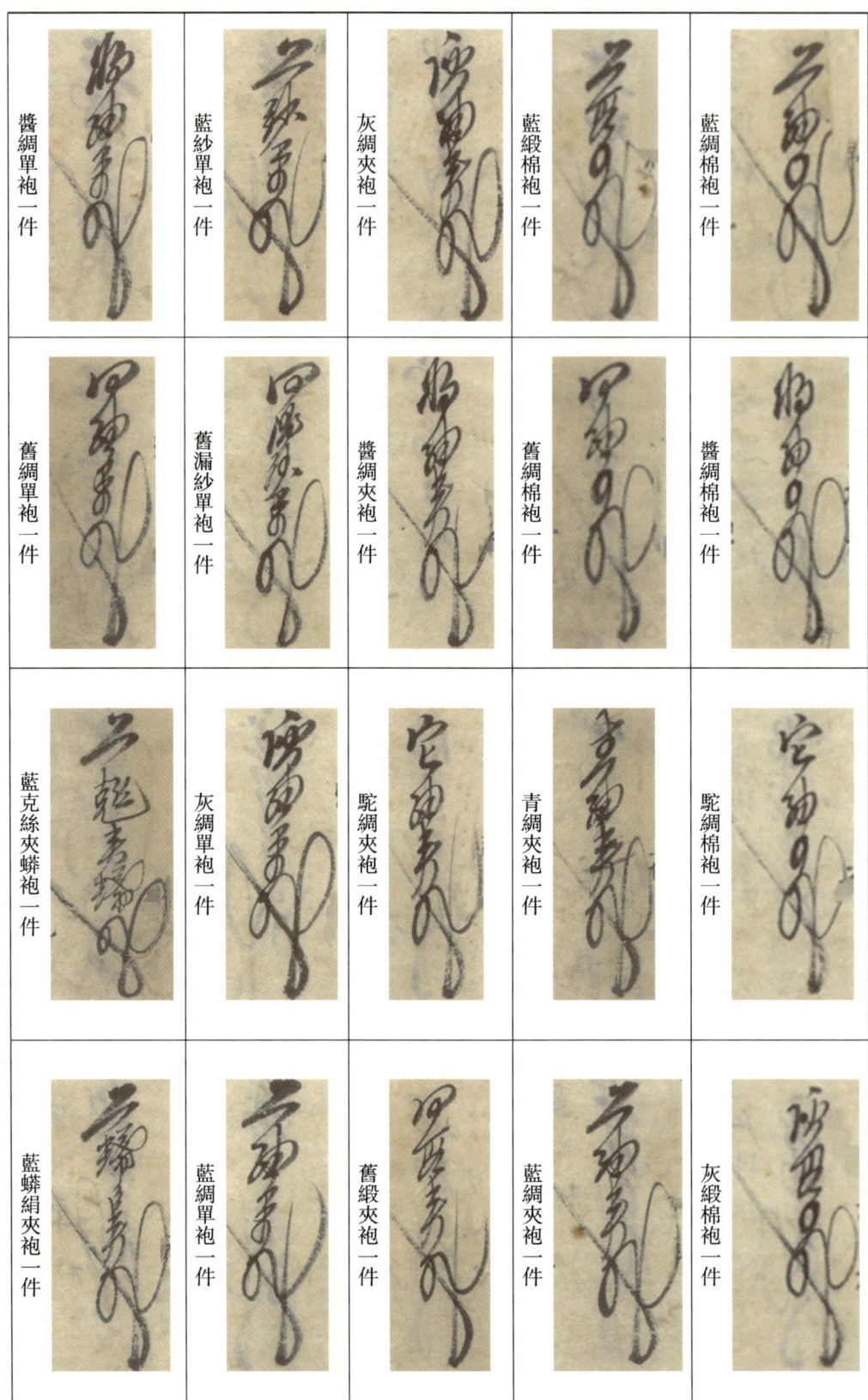

青緲絹夾襖一件 	藍布夾襖一件 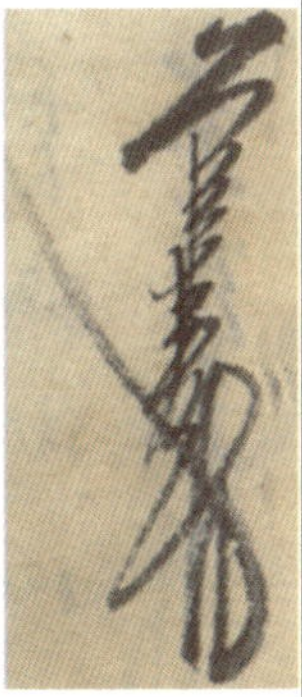	石緞棉馬襖一件 	醬綢夾馬套一件 	青布棉馬腰一件 	麻布單袍一件 
藍綢夾襖一件 	灰文布夾襖一件 	灰綢棉馬襖一件 	青綢棉馬套一件 	藍綢棉馬腰一件 	灰夏布單袍一件 
醬綢夾襖一件 	青羽綾夾襖一件 	月緲絹棉馬襖一件 	舊羽合夾馬套一件 	石占夾馬腰一件 	藍焦紗單袍一件 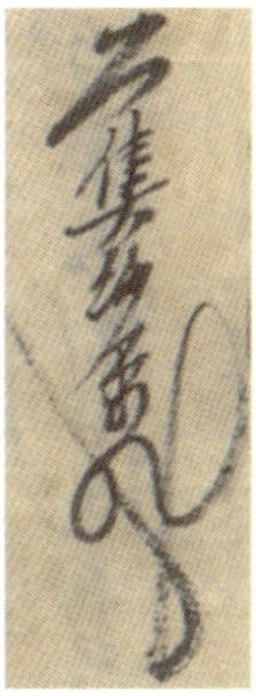
灰綢夾襖一件 	藍緲絹夾襖一件 	舊緞女棉馬腰一件 	舊氊毺夾馬套一件 	青素夾馬套一件 	各布單袍一件 

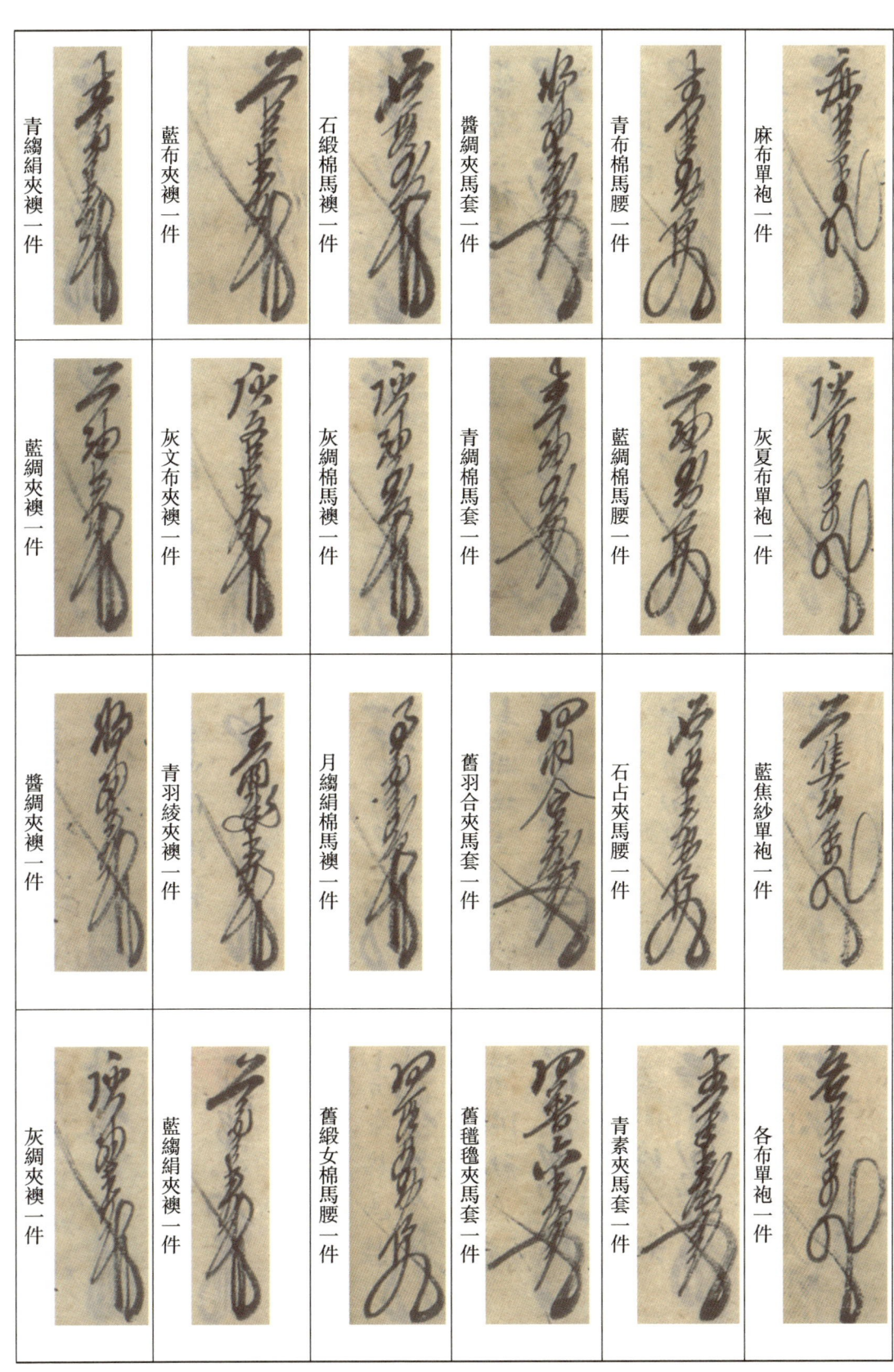

灰藍絹夾襖一件

青布羊皮襖一件

青縐絹糟羊皮襖一件

月縐絹狐腿皮襖一件

石素猞猻皮馬套一件

青縐絹碎狐皮馬套一件

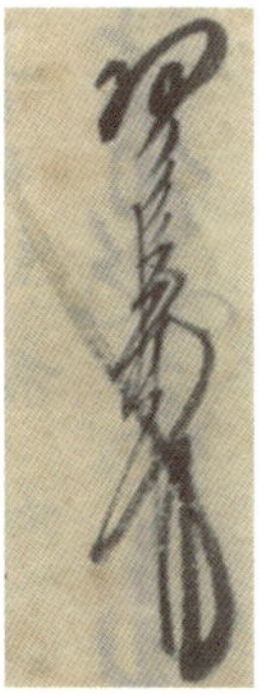
舊絹夾襖一件

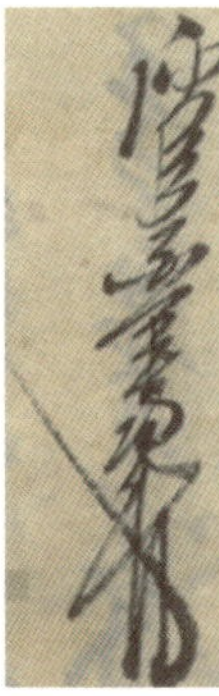
灰布白羊皮襖一件

灰藍絹狐肷皮襖一件

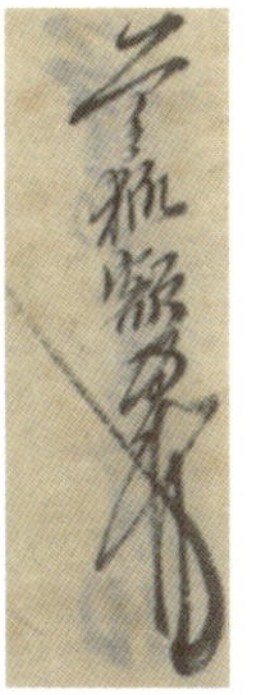
藍絹狐額皮襖一件

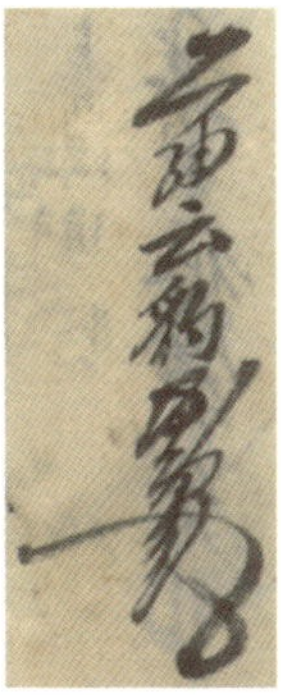
藍綢雲豹皮馬套一件

醬緞貂腿皮馬套一件

藍緞夾襖一件

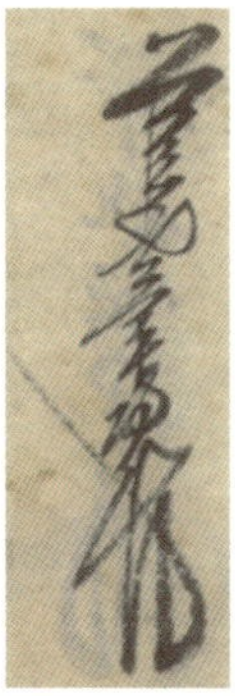
藍布老羊皮襖一件

藍綢麻葉皮襖一件

青縐絹灰秋皮半襖一件

月緞貂皮馬套一件

石綢狐脊皮馬襖一件

青緞夾襖一件

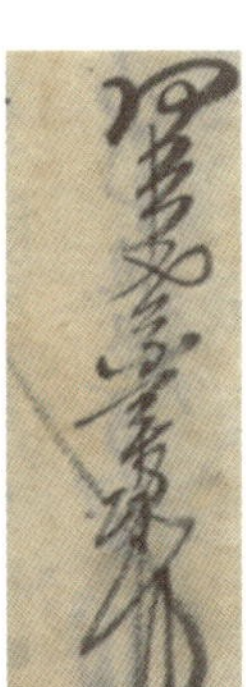
舊布老花羊皮襖一件

醬綢狐崽皮襖一件

舊素灰皮襖一件

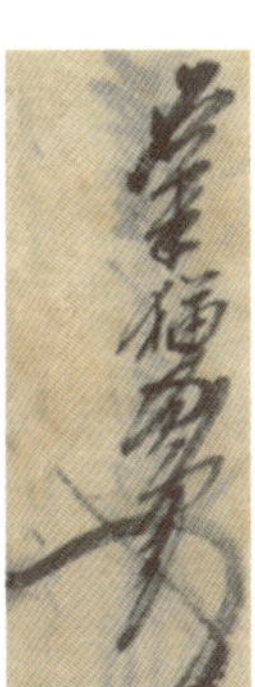
石素貓皮馬套一件

青素貂肷皮馬襖一件

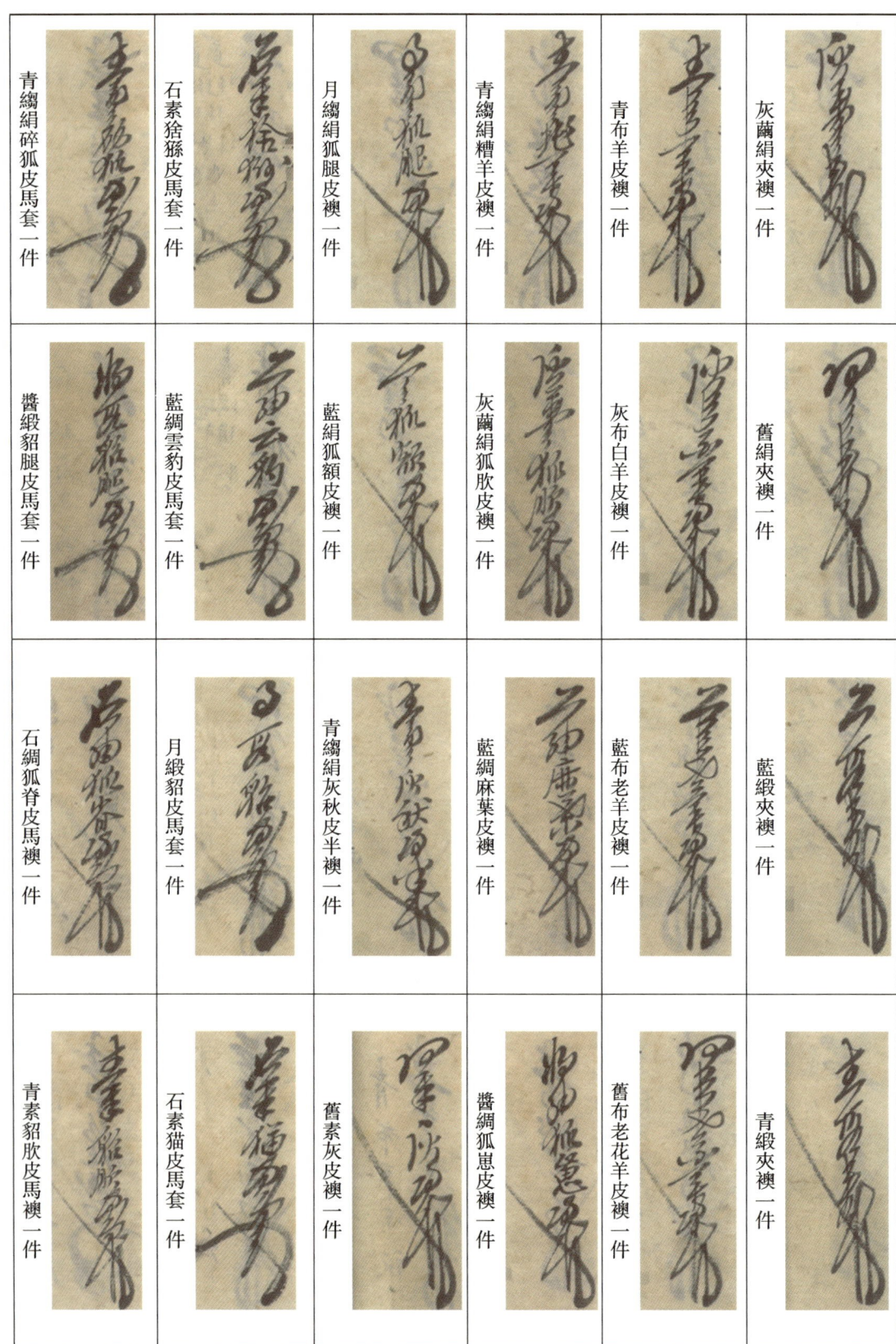

 藍綢貂皮袍一件	 月綢狐脊皮襯襖一件	 石素染狸皮套一件	 石素狐額皮套一件	 石占羊皮馬褂一件
 駝綢羊皮袍一件	 灰繭綢糟羊皮襯襖一件	 月緞水獺皮套一件	 石素雲豹皮套一件	 舊緞碎狐皮馬褂一件
 灰緞狐肷皮袍一件	 舊素白羊皮汗女襖一件	 紅綢羊皮襯襖一件	 月素狐腿皮套一件	 青縐綢狼肷皮馬褂一件
 醬綢玄狼皮袍一件	 印縐綢滑羊皮小女襖一件	 藕綢灰皮襯襖一件	 石綢狐崽皮套一件	 藍縐綢狐皮馬褂一件

 巾舊布棉褥二件	 舊苧布棉褥一條	 巾絹棉被一張	 紅布棉被一張	 碎狐肷皮襖筒一個	 藍克絲狐肷皮蟒袍一件
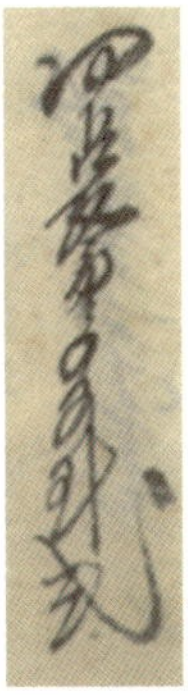 舊占紅縐絹棉被褥二件	 舊緞鑲棉褥一條	 舊羽合棉被一張	 舊占棉被一張	 灰皮女襖筒一個	 舊蟒絹羊皮袍一件
 舊粗毛氈一條	 舊布棉馬褥一條	 舊陝緞棉褥一條	 紅縐絹棉被一張	 老白羊皮襖筒一個	 白羊皮襖筒一個
 藍布單車罩一個	 舊麻錦棉褥一條	 印布棉褥一條	 舊妝緞棉被一張	 狐腿皮小坎筒一個	 狐脊皮襖筒一個

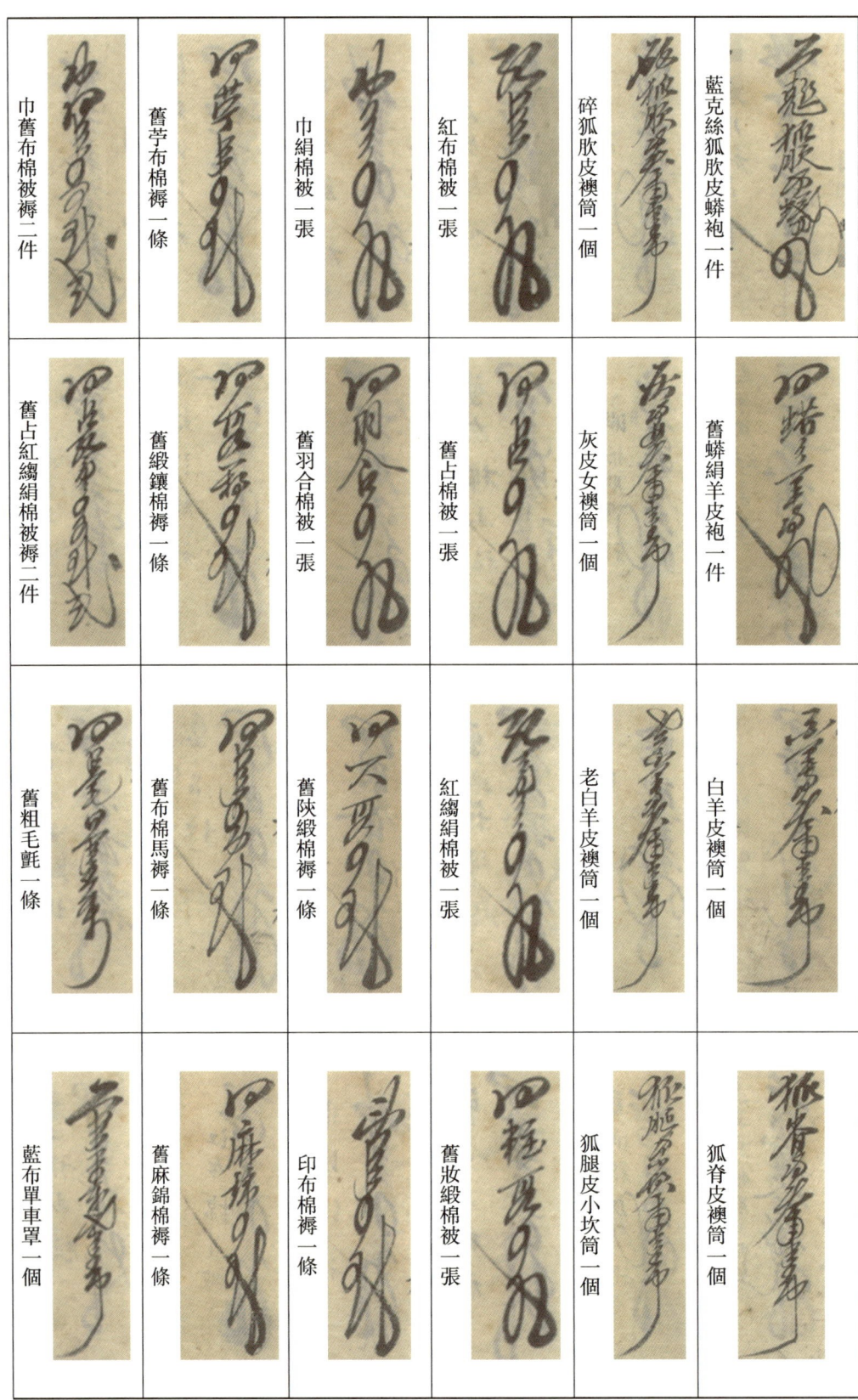

青布棉車圍一個 	舊占夾馬裙一條 	舊絹夾補子一付 	舊絹烟小荷包扇套三個 	舊布皂鞋一雙 	紙畫一軸 
舊布口袋一條 	月布半接夾坎一件 	舊絹腰胯一個 	舊綫腿帶一付 	舊布泥靴一雙 	紙片一點 
藍布片一點 	紅布夾門簾一個 	舊絹褲腿一付 	白布夾襪十雙 	舊布泥靴一雙 	紙冊頁一本 
藍綢絹巾一條 	紅絨布單大（丈）片一點 	舊絹褡褳一個 	青絹靴一雙 	舊絹夾雲肩一個 	高麗紙五捆 

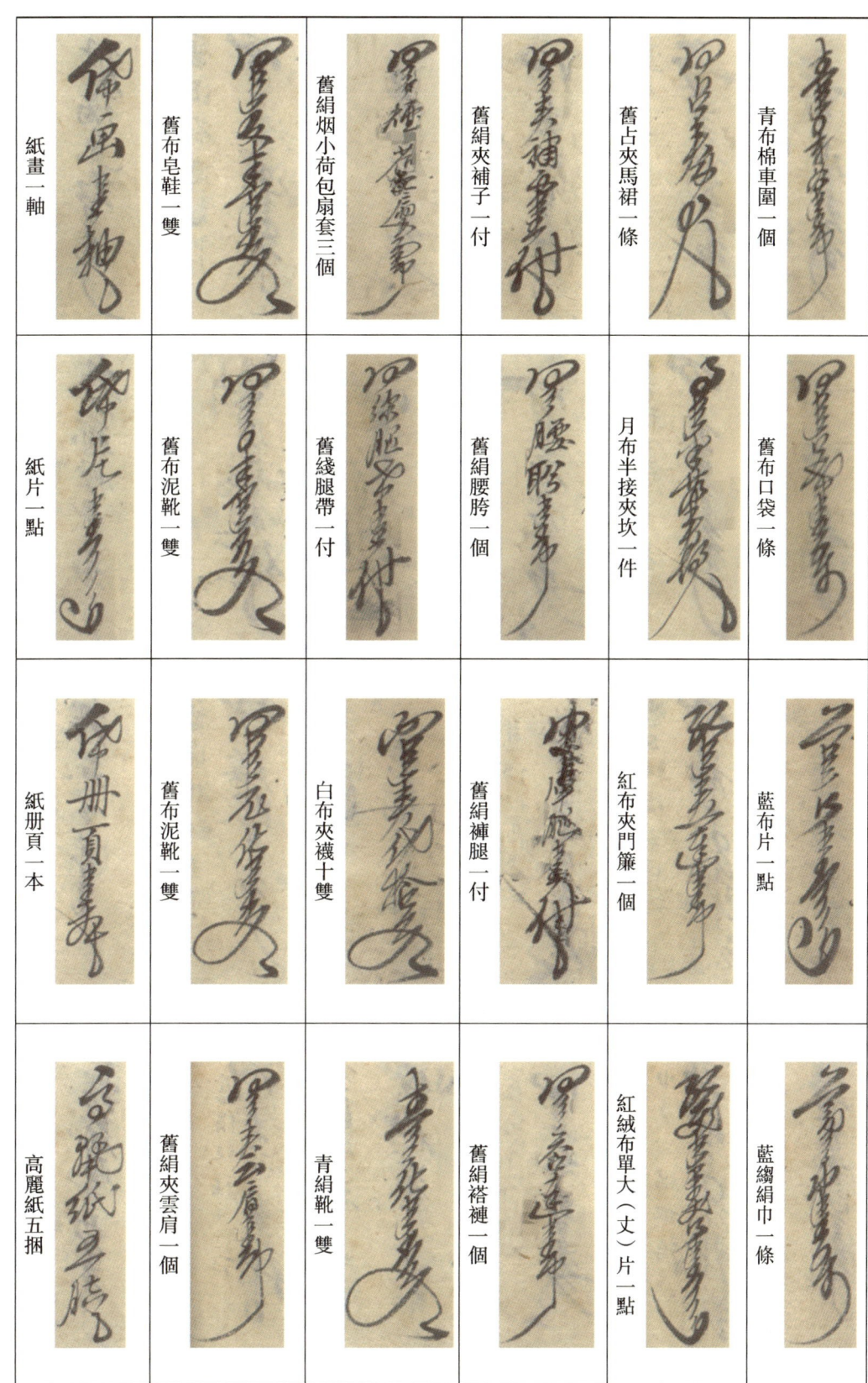

紙書五本

粗磁硯水壺一個

粗磁茶壺一把

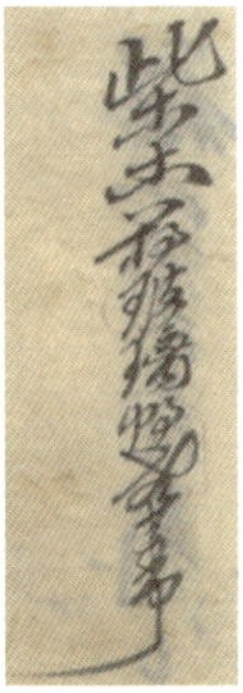
柴木鑲玻璃帽鏡一個

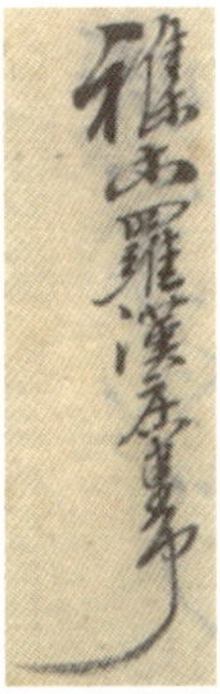
雜木羅漢床一個

竹節汗絡一個

粗石硯臺一塊

粗磁筆架一個

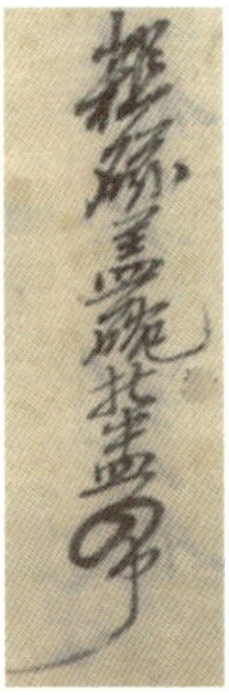
粗磁蓋碗折盅四個

柴木鏡支一個

柴木八仙桌一張

舊綫鳥網一盒

竹節筆筒一個

粗磁帽筒一個

粗磁茶罐二個

雜木衣鏡一個

雜木椅子二張

舊綫魚網一盒

粗磁水罐一個

玻璃魚缸一個

柴木盆景二個

雜木頂竪櫃一付

柴木茶几二個

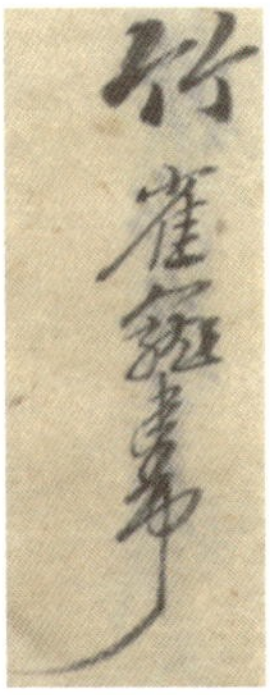
竹雀籠一個

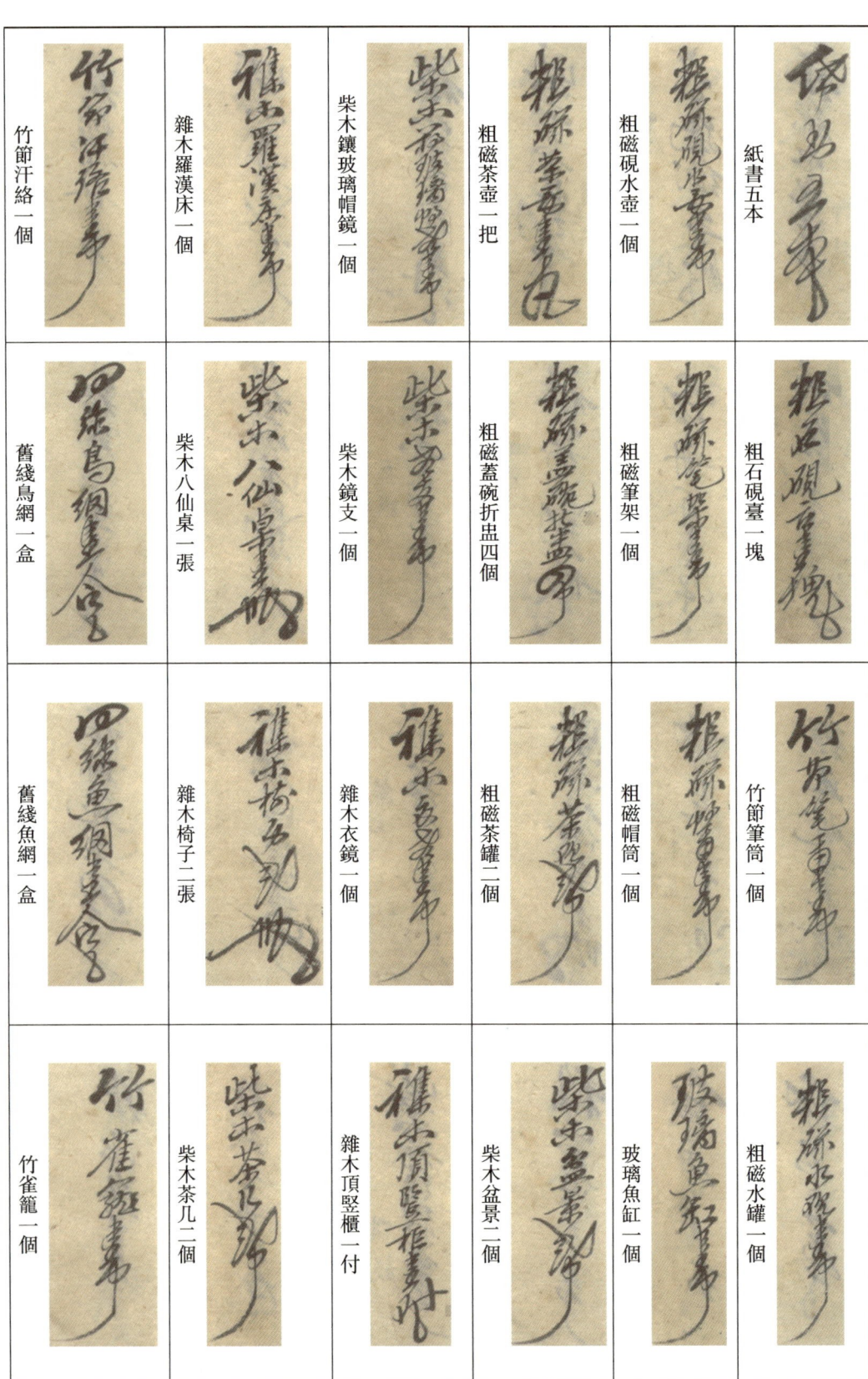

 空木剃頭擔一付	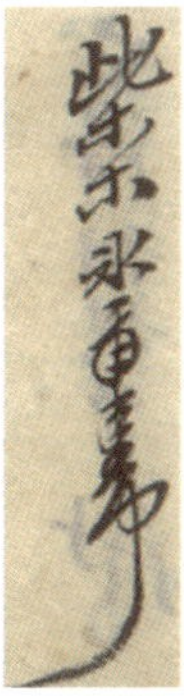 柴木水桶一個	 駝骨牌一付	 粗磁瓶一個	 粗泥盆一個	 紙扇十把
 空木梅湯擔一付	 柴木脚登二個	 假石圖書十二塊	 粗磁繡墩二個	 粗磁花盆四個	 紙團扇二把
 空木餛飩擔一付	 洋瓷盆一個	 銅綫二十支	 駝骨狀元籤十六根	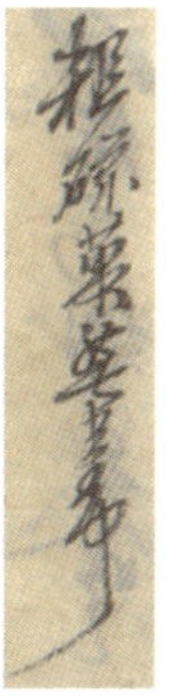 粗磁菓盤一個	 蟈蟈葫蘆十個
 空木箱子四個	 洋漆元盒二個	 雜木算盤一架	 駝骨象棋子一付	 粗磁攢盒一個	 蟋蟀罐六個

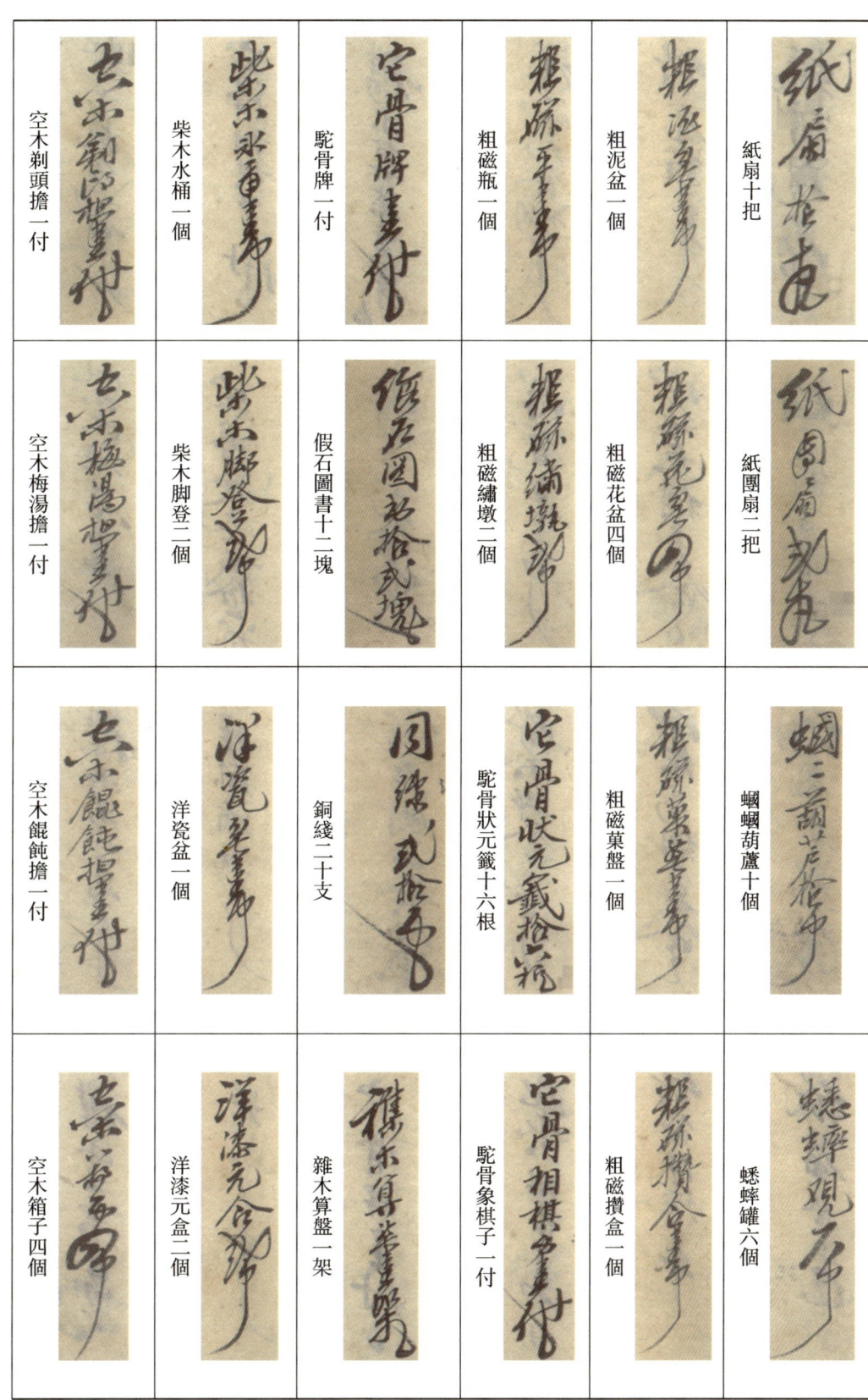

木馬鞍子一個

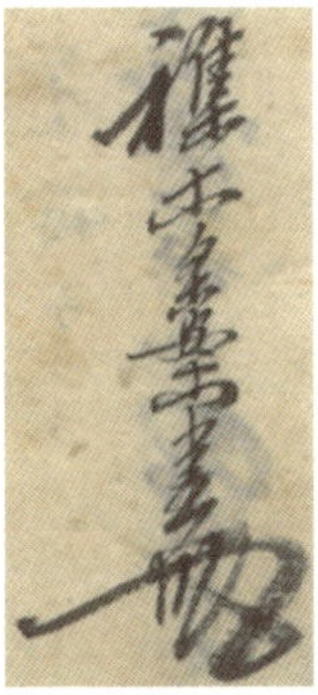
雜木條案一張

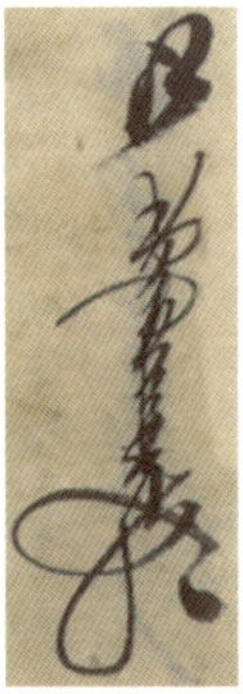
銀書簪一枝

銀別簪一雙

銀蓋針一枝

木轎車一輛

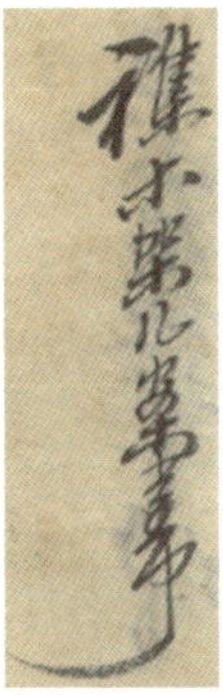
雜木架几案一個

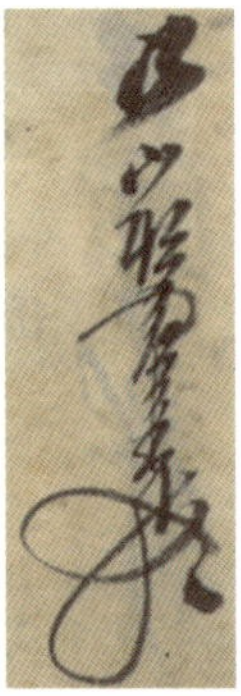
銀小忙簪一枝

銀琴簪一枝

銀刀針一枝

空木轆轤頭一個

柴木插屏一個

銀扁簪一枝

銀玉針一枝

銀斧針一枝

木扁擔一根

柴木杌子二個

銀涼簪一枝

銀托針一枝

銀焦針一枝

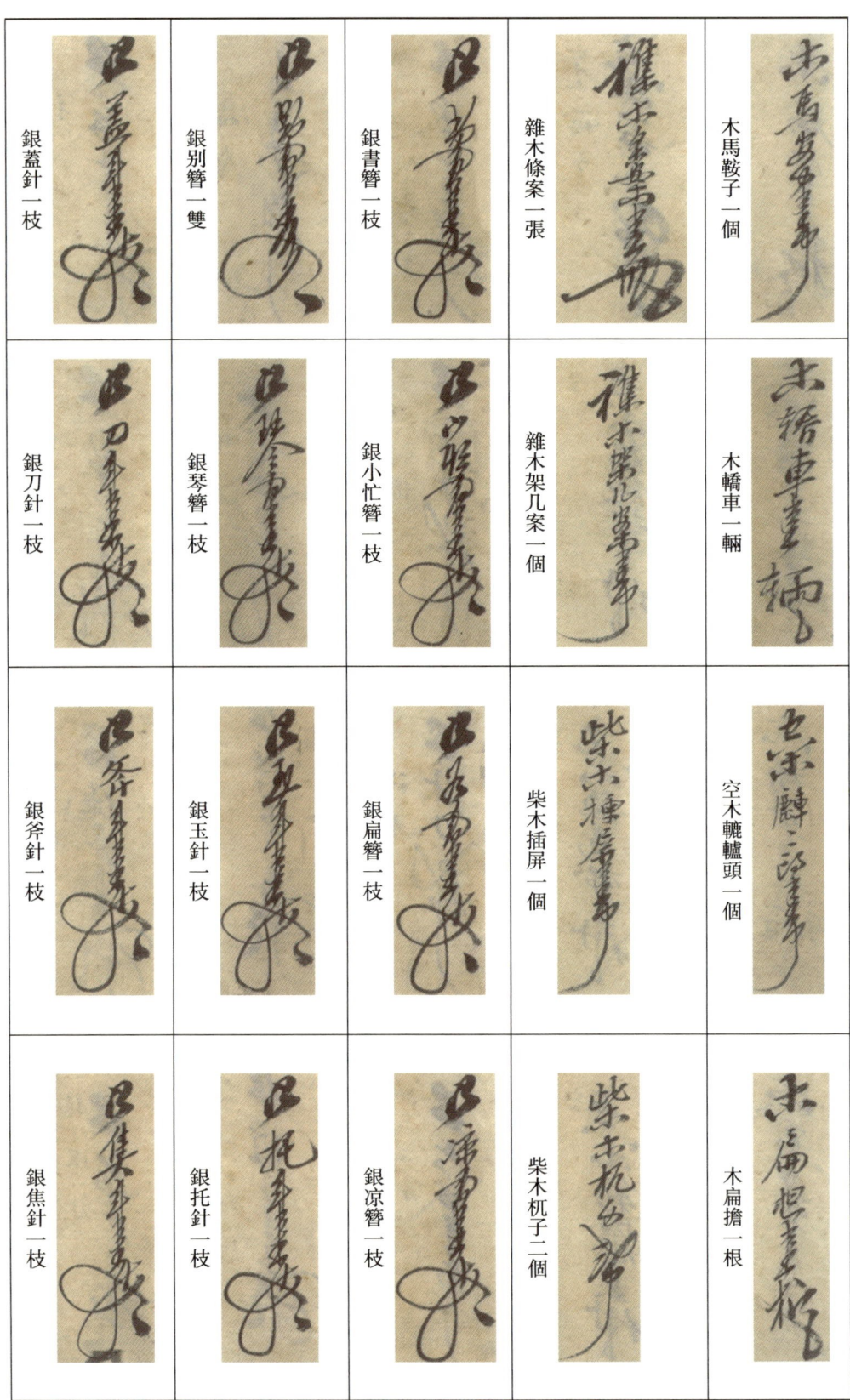

 銀猴挖一枝	 銀挖一枝	 銀六子一個	 銀梅針一枝	 銀環針一枝
 角扁挖一枝	 銀龍挖一枝	 銀計圈二個	 銀棒針一枝	 銀挑針一枝
 銀繩挖一枝	 銀扒挖一枝	 銀麻圈二個	 銀鉗子二個	 銀別針一枝
 銀竹挖一枝	 銀字挖一枝	 銀指一個	 銀指套二個	 銀手針一枝

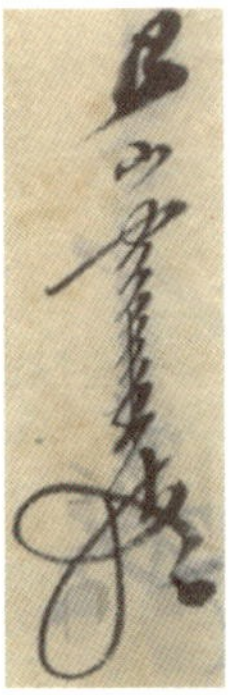
銀小挖一枝

銅錶一個

銅醒鐘一個

木座鐘事一點

銀繩圈二個

銀星鈴仙人八個

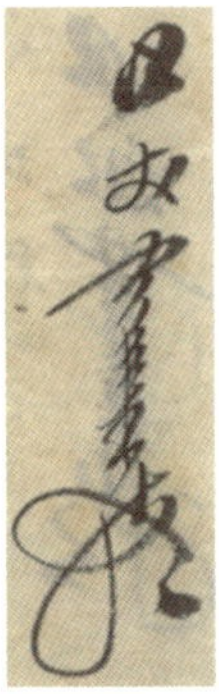
銀丈挖一枝

光銅馬錶一個

銅挂鐘一個

銅八音盒一個

銀孩墜二個

銀鈕事五點

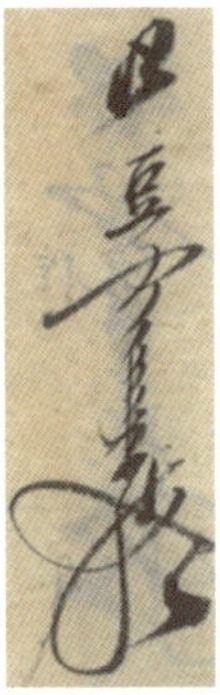
銀豆挖一枝

銅座鐘一架

鐵小馬蹄錶一個

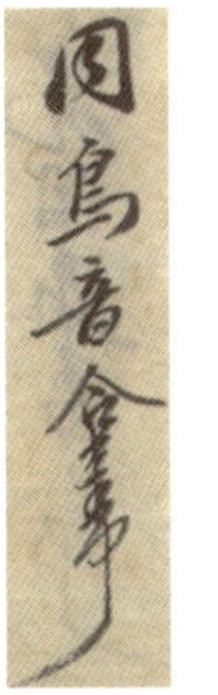
銅鳥音盒一個

銀孩悶鎖頭一個

米珠光銀小花一枝

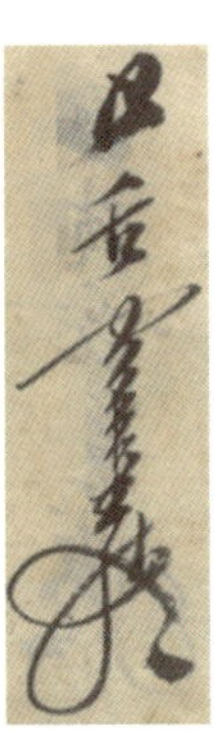
銀舌挖一枝

鐵小提鐘一個

銅鵪鴿鐘一個

銅問錶一個

銀項圈一個

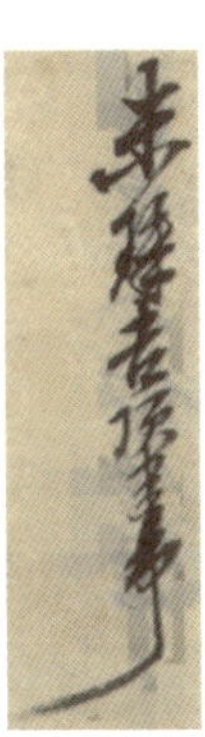
米珠吉頂一個

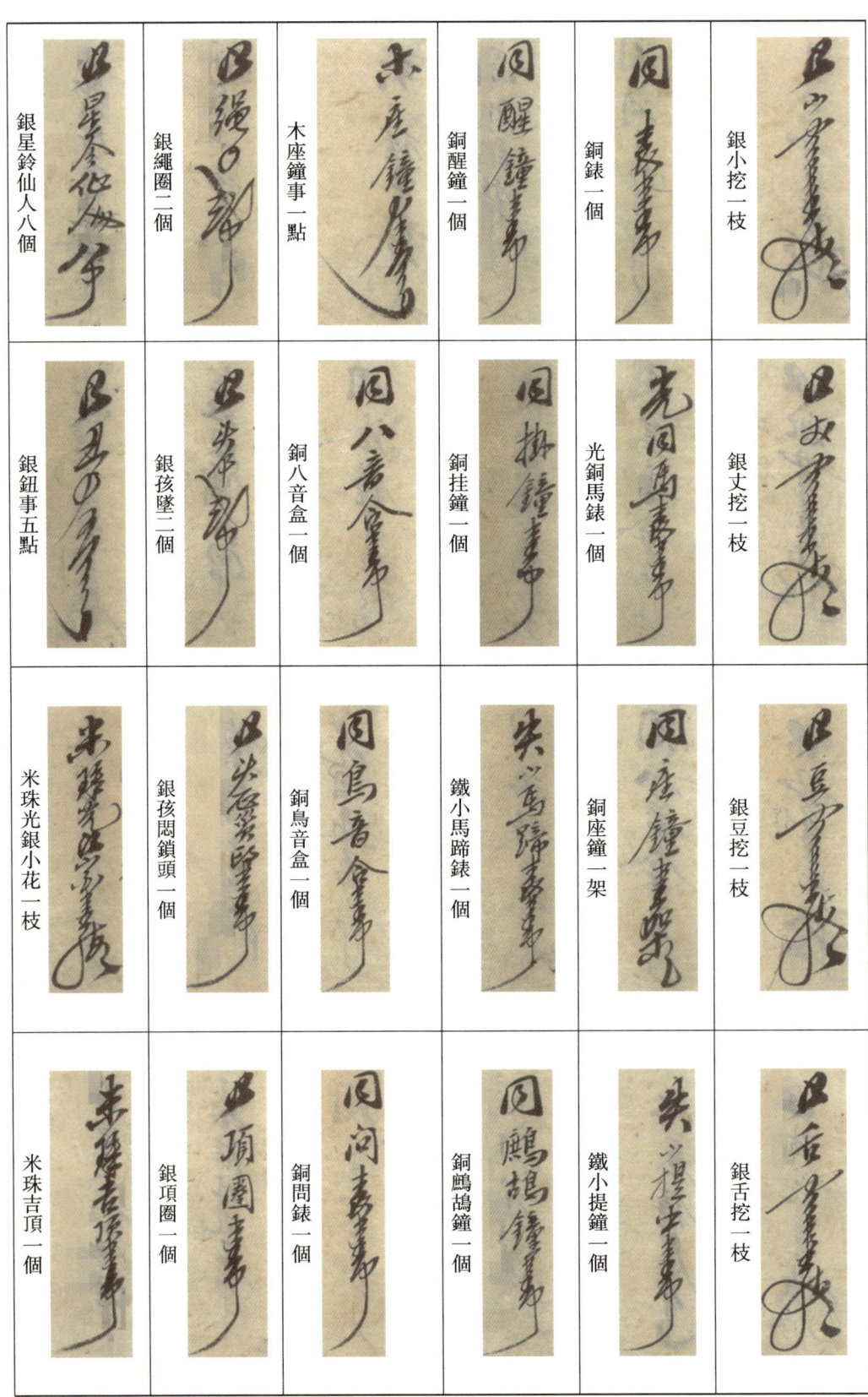

米珠斜鳳一個 	銀虬鐲一雙 	銀龍鐲一雙 	銀空鐲一雙 	銅香靠一個 
藥珠一粒 	銀連鐲一雙 	銀元鐲一雙 	銀軟鐲一雙 	銅扎斗一個 
緑玉石佛頭四個 	銀豆鐲一雙 	銀扁鐲一雙 	銀響鐲一雙 	銅喇叭二個 
珊瑚計捻一付 	銀繩鐲一雙 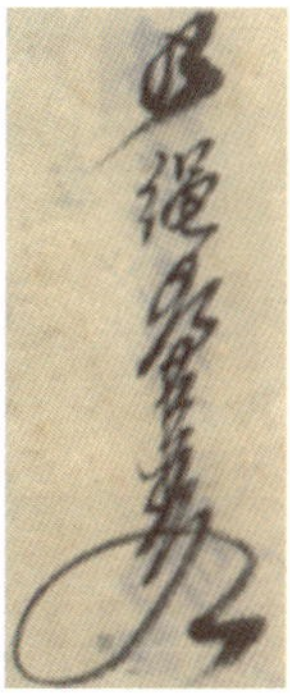	銀凉鐲一雙 	銀脚鐲一雙 	銅鎖吶二個 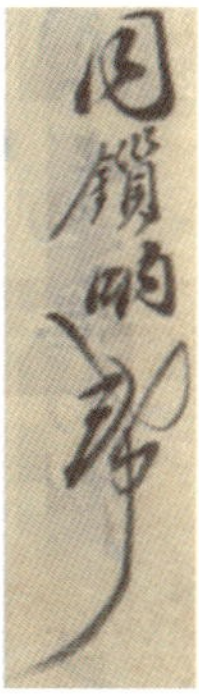

銅燈托一個

銅鴛鴦燈二個

銅酒壺一把

銅花瓶一隻

銅手爐一個

銅茶壺一把

銅茶托四個

銅鼎爐一個

銅酒嗉一把

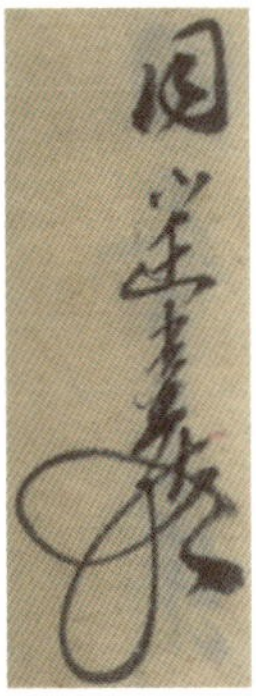
銅小簽一枝

銅脚爐一個

銅把燈一個

銅供托五個

銅噴壺一個

銅酒漏子一個

銅天平一架

銅香爐一個

銅鏇子一個

銅鶴鷺簽二枝

銅仿圈一個

銅方盤一個

銅爐子一個

銅執壺一個

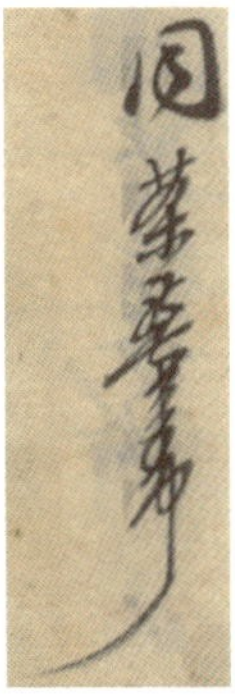
銅茶盤一個

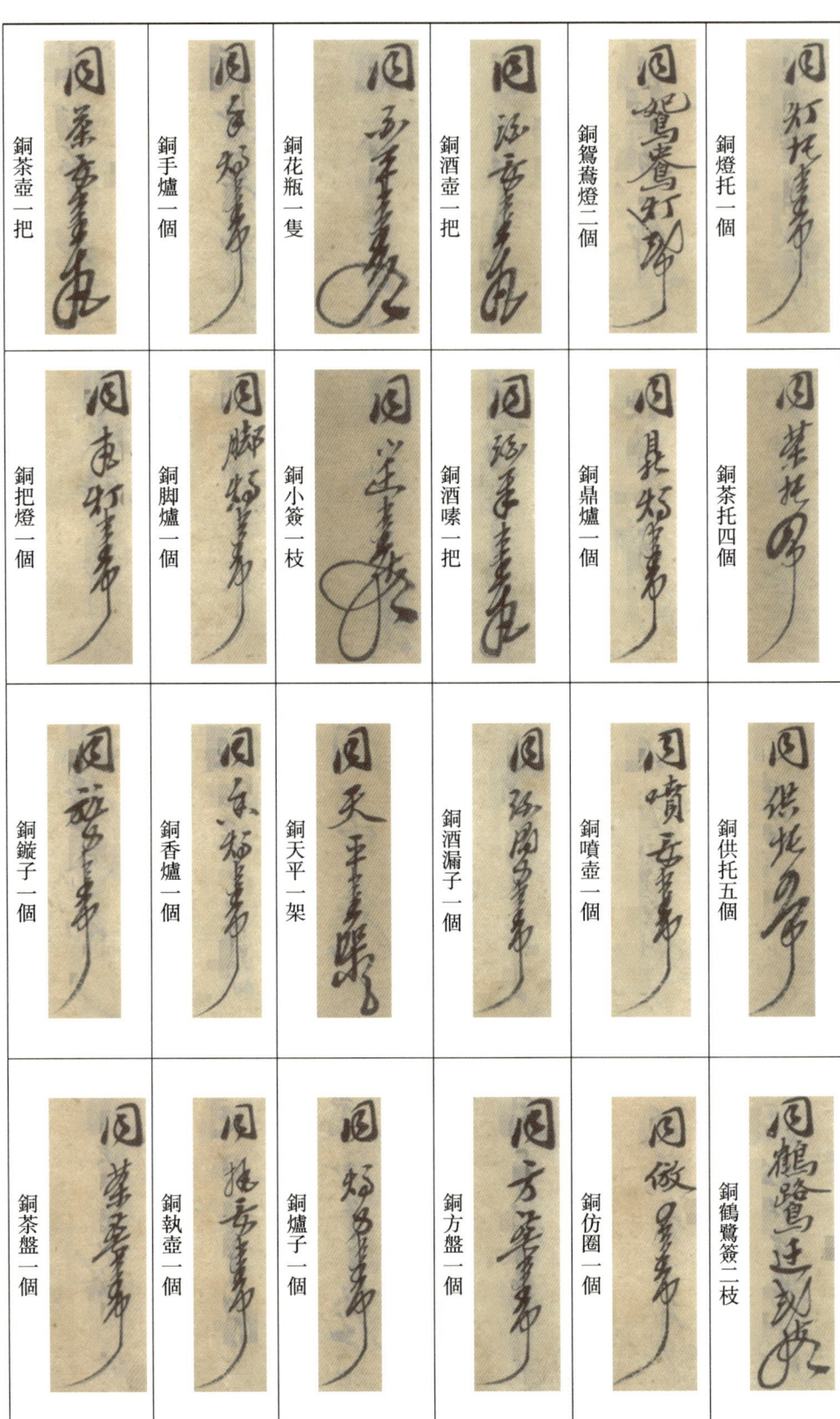

 銅盆一個	 銅火鍋一個	 銅水烟袋一枝	 銅鼓一個	 銅小叉一付	 鉛茶盤一個
 銅鍋一個	 銅鐸卣二個	 銅噹噹一個	 銅百環瓶一個	 銅蒲鈸一付	 鉛茶壺一把
 銅墨盒一個	 銅懺鐘一個	 銅命點一個	 銅水□一付	 銅鑼一個	 鉛茶托四個
 銅幌瓶一個	 銅燈臺一個	 銅交娘一個	 銅鐃鈸一付	 銅雲鑼一個	 鉛粉妝二個

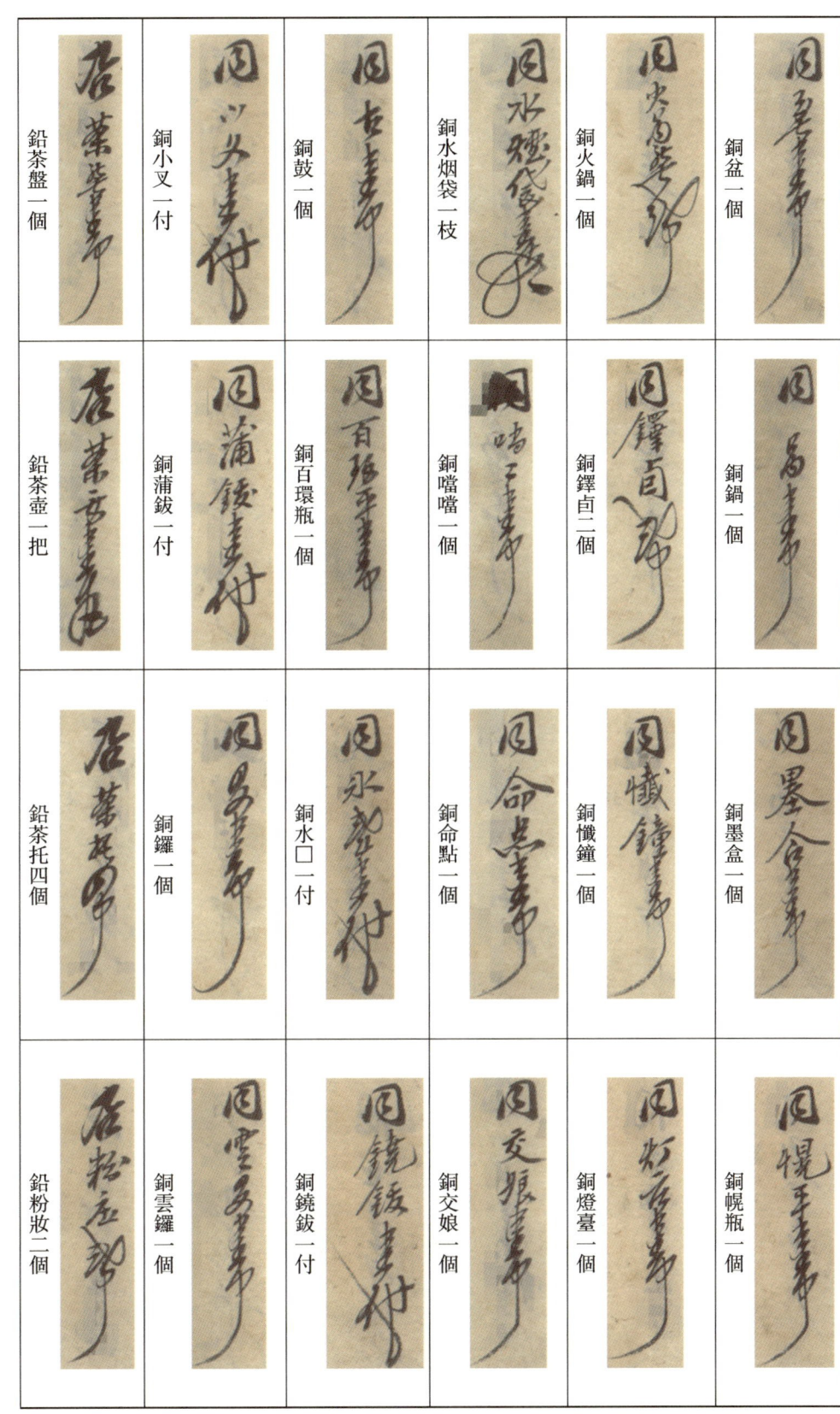

鉛酒嗉一把 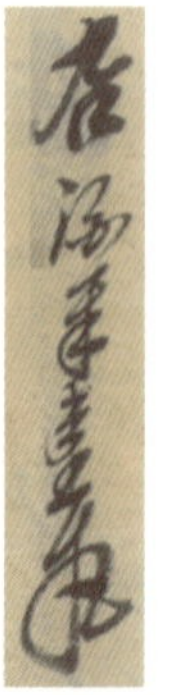	鉛執燈一把 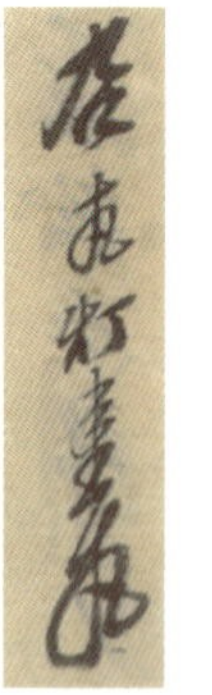	鉛香筒一個 	鉛茶罐二個 	鉛湯壺一個 	硝石扳指一個 
鉛酒壺一把 	鉛簽一枝 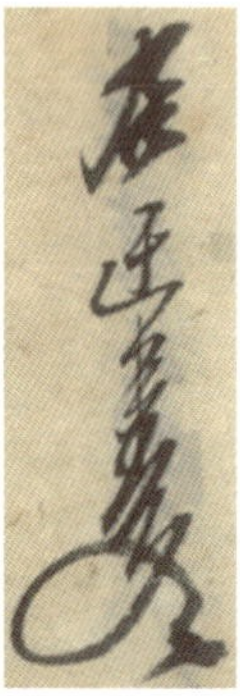	鉛燈臺一個 	鉛碗蓋四個 	鉛暖壺一個 	硝石翎管一個 
鉛痰盒一個 	鉛花瓶一枝 	鉛鹵燈一個 	鉛方花瓶一枝 	鉛火鍋一個 	硝石烟壺一個 
鉛香爐一個 	鉛燭臺一枝 	鉛皂□一個 	鉛靈臺一枝 	鉛事一點 	硝石鉗子二個 

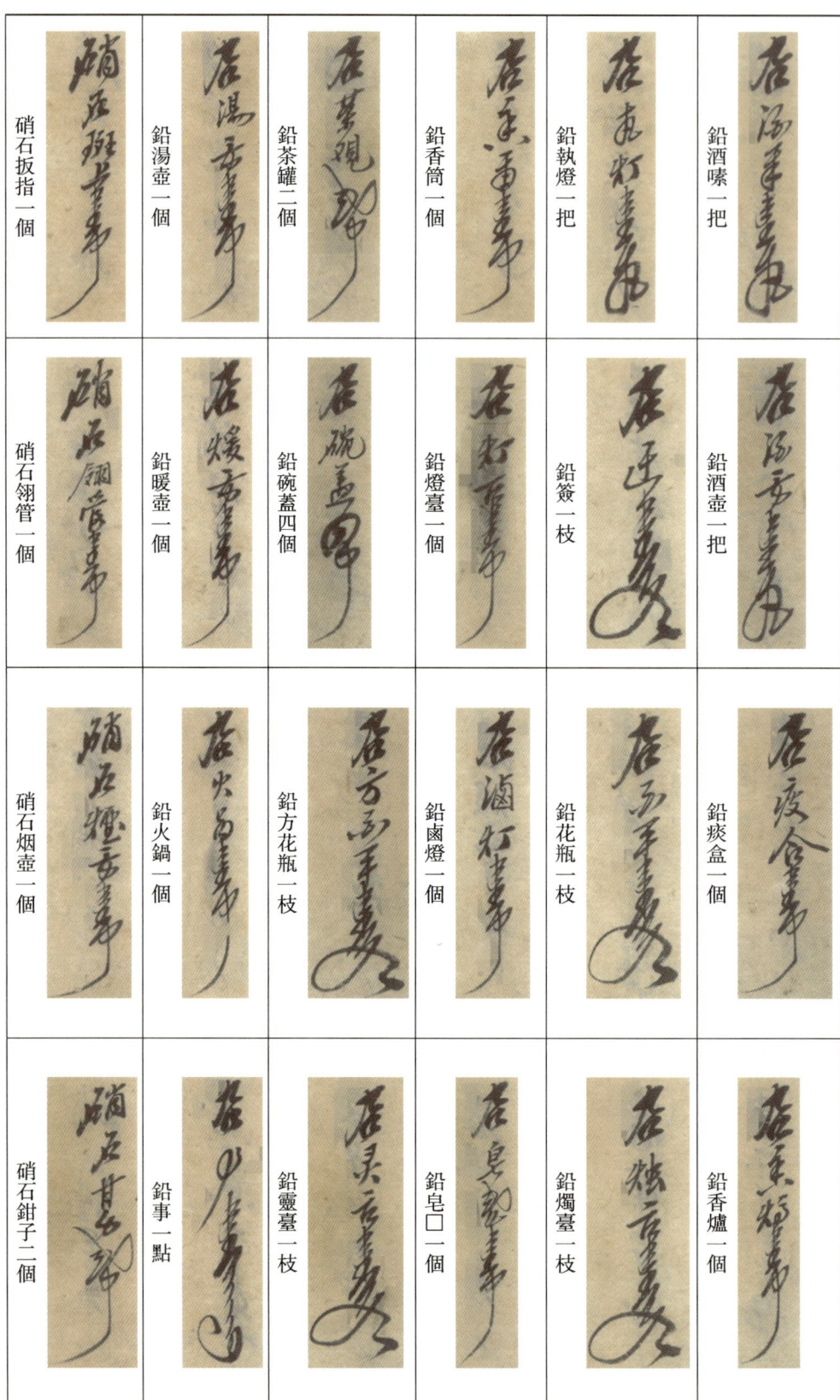

硝石指二個

硝石烟口（嘴）一個

破布女衫一件

破土綢納一件
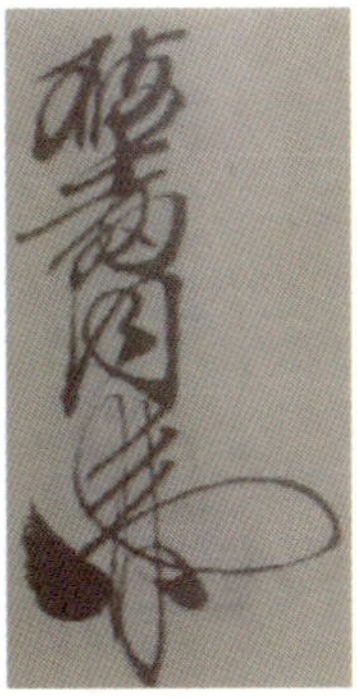
破布女對納頭一件

硝石耳圈二個

緑玉石佛頭四個

白絲紗女衫一件

破布夾納一件

破爛女背心一件

硝石帶鈎一個

硝石耳環二個

破粗氈女衫頭一件

破布納頭一件

破布女夾背心一件

硝石鈎搭一付

硝石別子一塊

破絹布女衫頭一件

破縐綢孩女衫納頭一件

破布女對背心一件

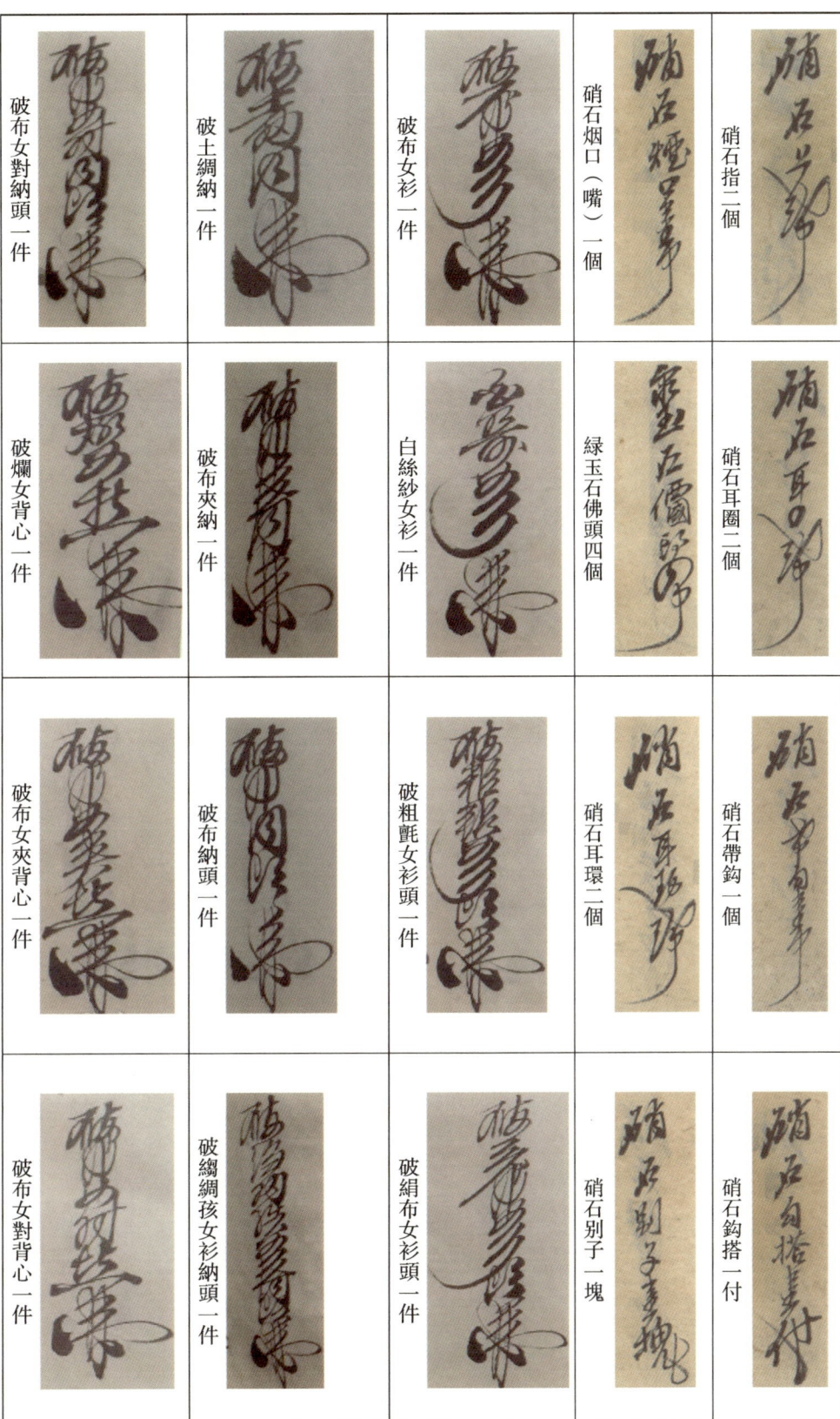

 破布木鞋二隻	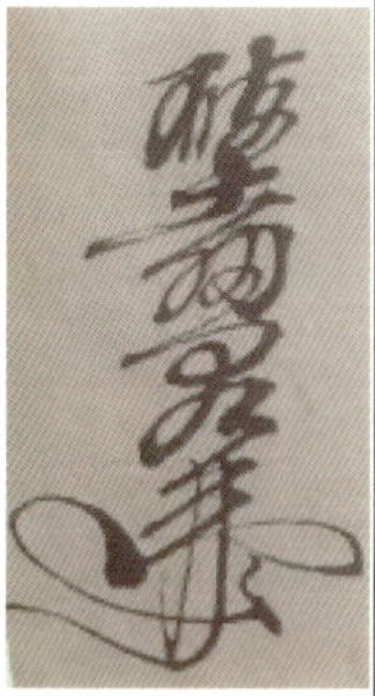 破土綢裙一件	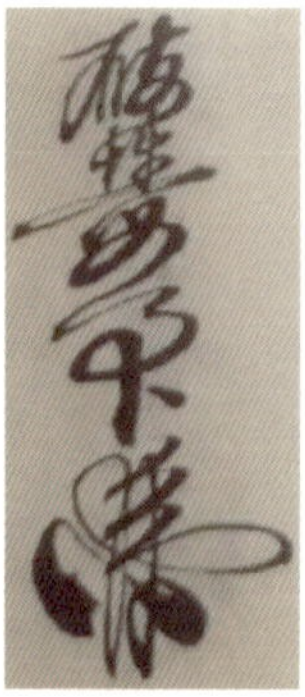 破竹緞馬褂一件	 白絲紗褲一件	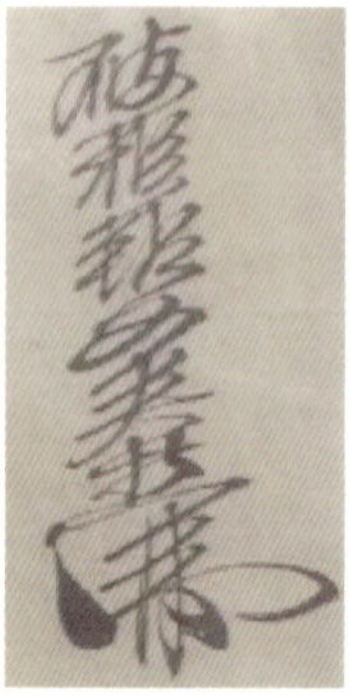 破粗氈女夾背心一件
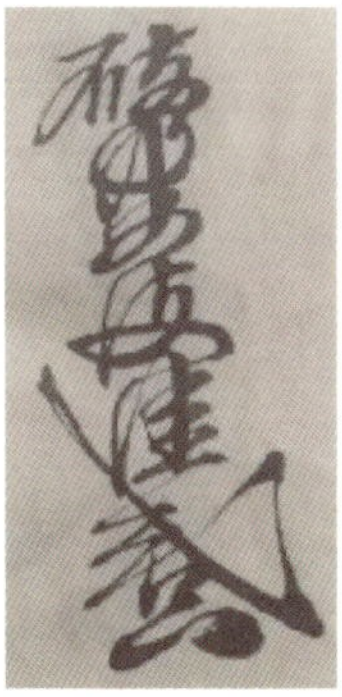 破布女皮鞋二隻	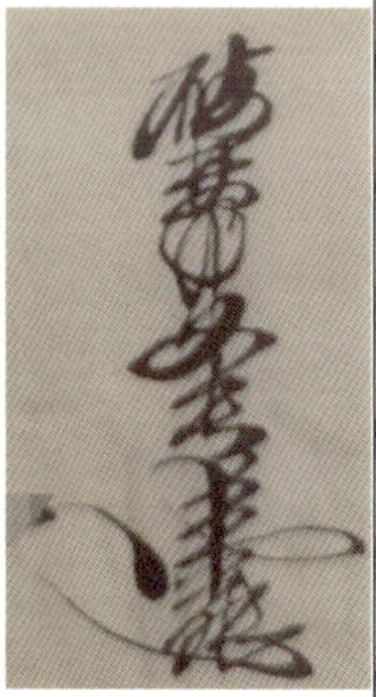 破廢布蚊帳一張	 破土綢單袍褂二件	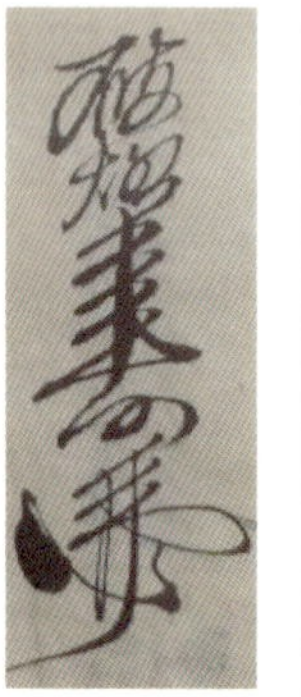 破爛褲仔一件	 破縐綢女夾馬褲二隻
 破爛皮紅靴二隻	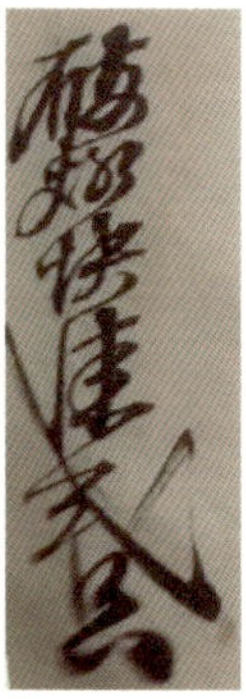 破爛快鞋二隻	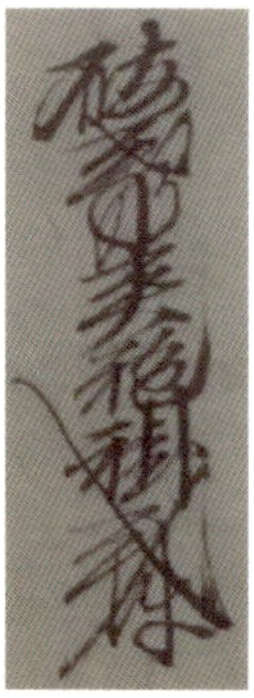 破毛布夾袍褂二件	 破綫綢夾馬褂一件	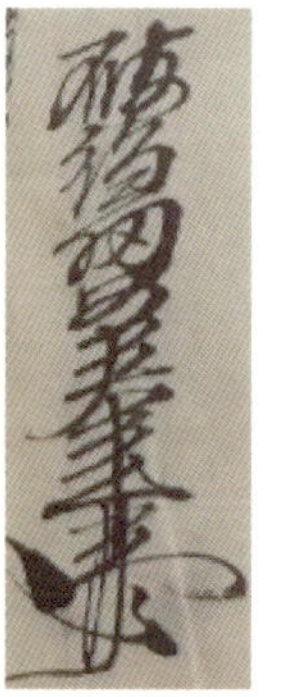 破縐綢女夾褲一件
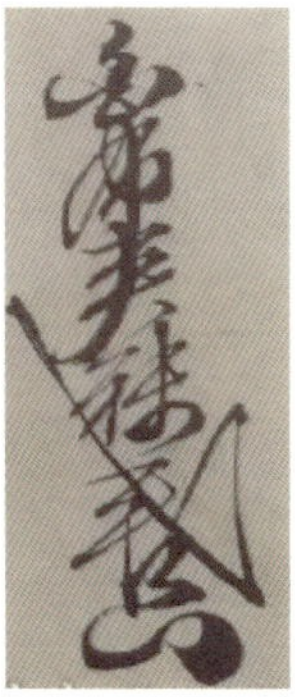 白布夾襪二隻	 破竹緞皮鞋二隻	 破絲紗單袍褂二件	 破毛布馬褂一件	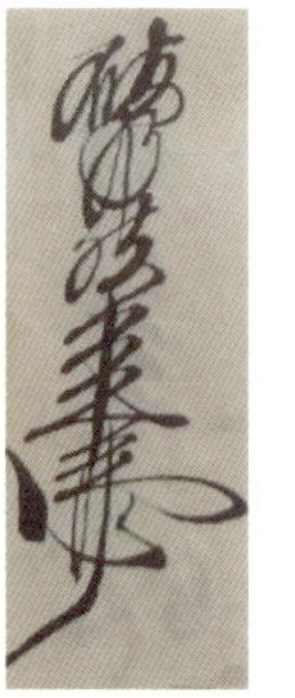 破布孩褲一件

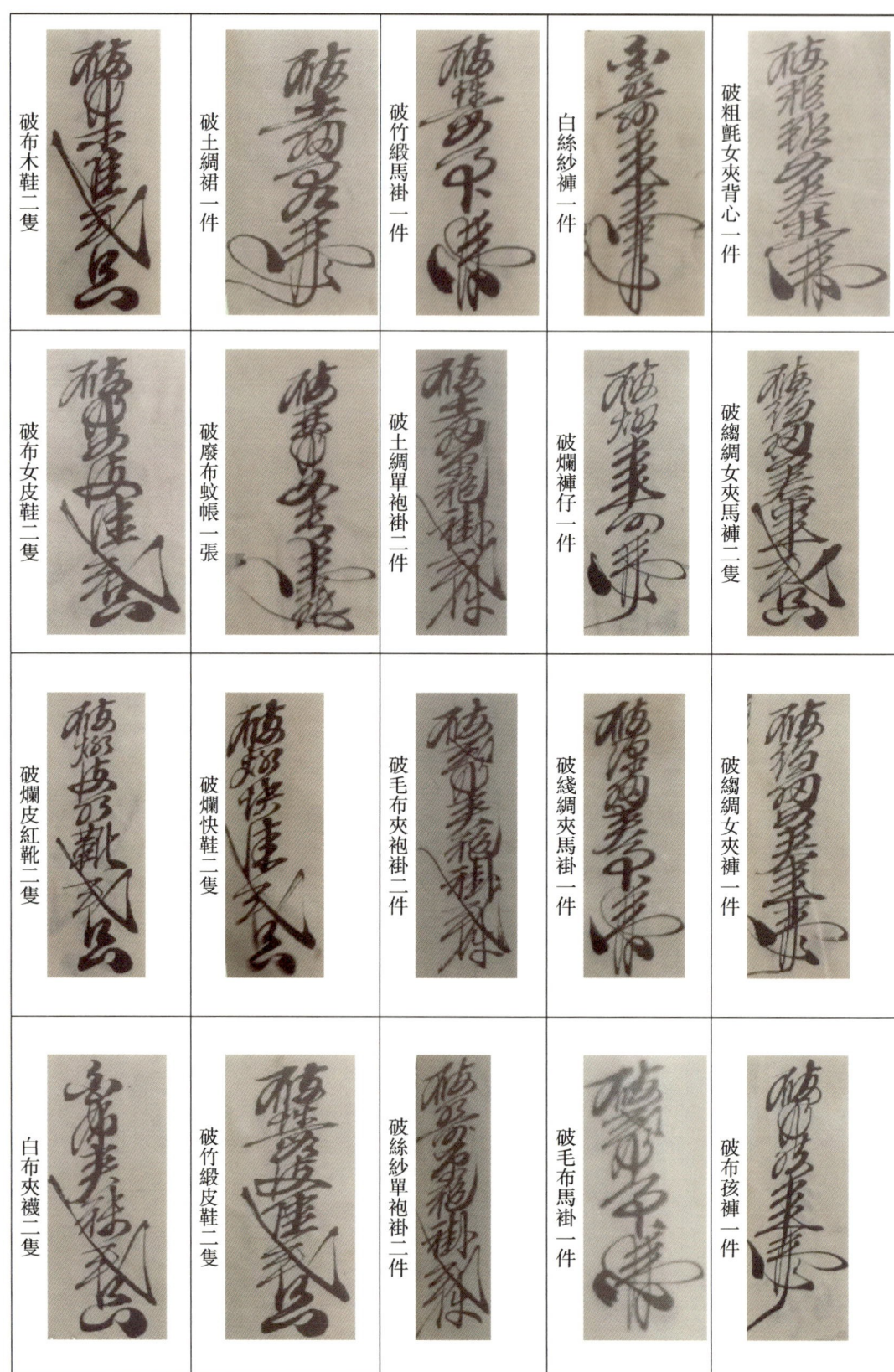

廢銅鍋一隻 	光銅脚鉋一件不秤 	衝銀耳環二隻約三錢六分 	破布手遮一把 	白布襪頭二隻 
廢銅事鑼一隻 	廢銅盆二隻 	衝銀戒指一件約四錢四分 	破爛剪碎料一的 	破爛手袱一件 
廢鐵錘一件 	廢銅鼓二隻 	衝銀耳挖一支約三錢 	破布碎片一的 	破絲紗手巾一件 
廢鐵鍬一支 	廢銅茶盆一個 	衝銀牙簽一件約七錢二分 	破縐綢碎片一的 	破絲紗手伏一件 

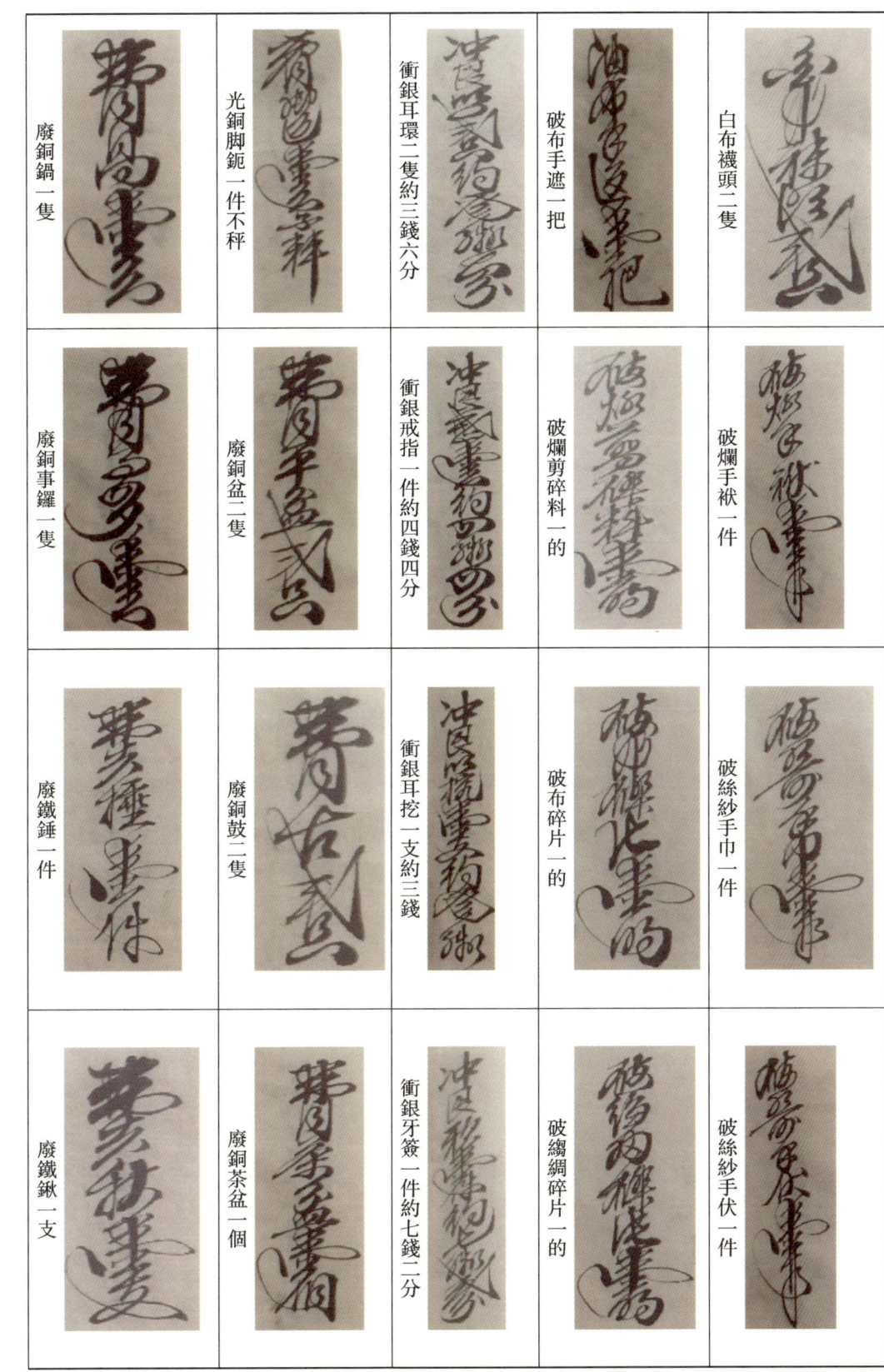

 破爛布男女衫頭夾納頭褲九件　三兩零六分	 原崩裂爛廢牛骨筷二十支	 原崩裂爛廢瓦碟一十個	 原崩裂爛瓦土爐一個	 廢鐵邦頭一張
	 原徽爛廢故紙畫四幅	 原崩爛廢集木畫鏡屏一座	 原徽爛粗土竹帽一頂	 廢鐵柴刀一張
	 破香布女衫頭女衫裙褲蚊帳夾被一十	 破爛棉布女衫褲蚊帳夾被棉被一十七件	 原崩裂爛粗粉鈪一隻	 廢鐵柳針一支
	 破爛棉布男女衫頭褲夾被桌圍口服六件	 原崩裂爛粗粉磚硯一個	 原崩裂爛粗粉石公指一隻	 原廢爛集箱一個

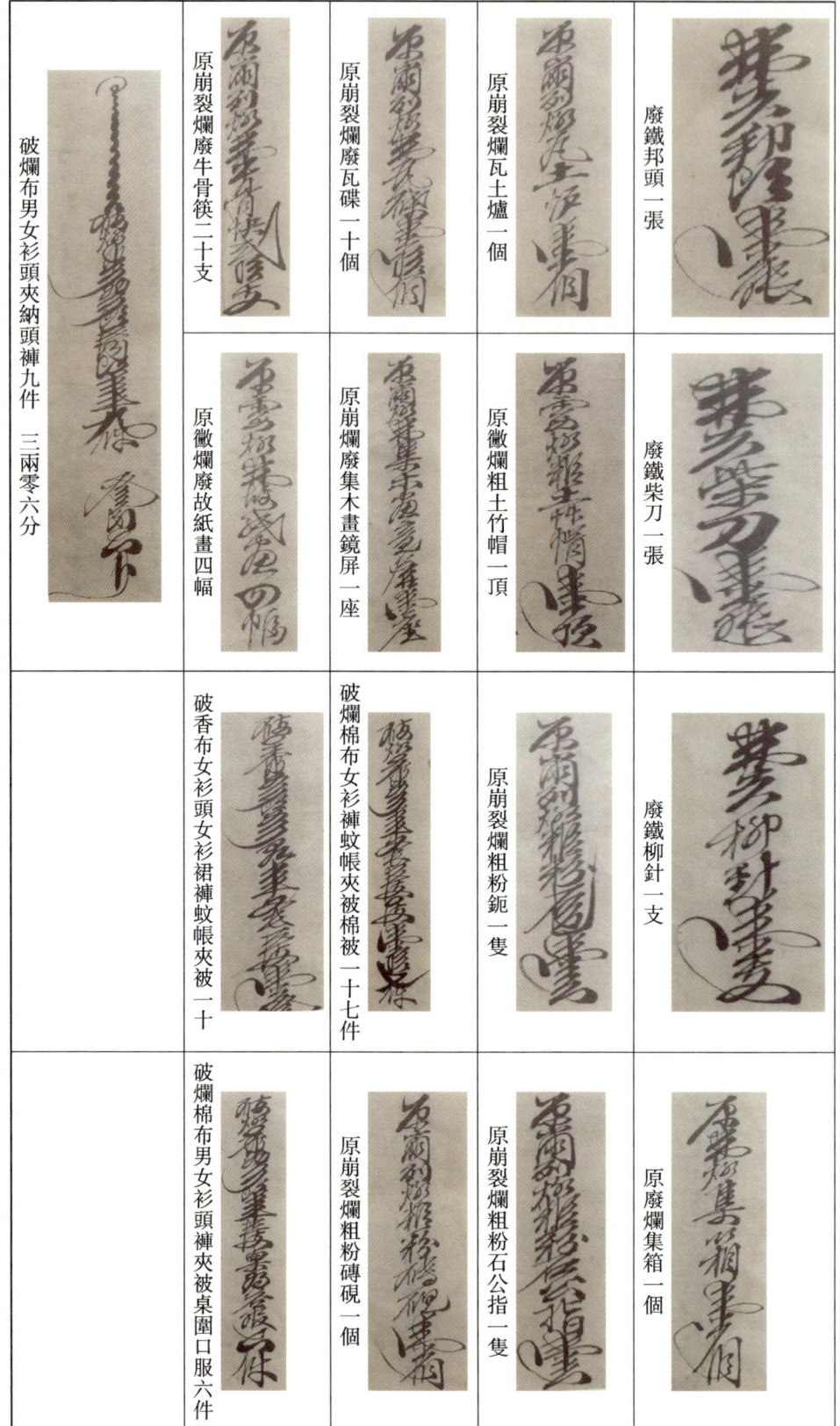

第六章　當字譜

一　慎修田記：當字本

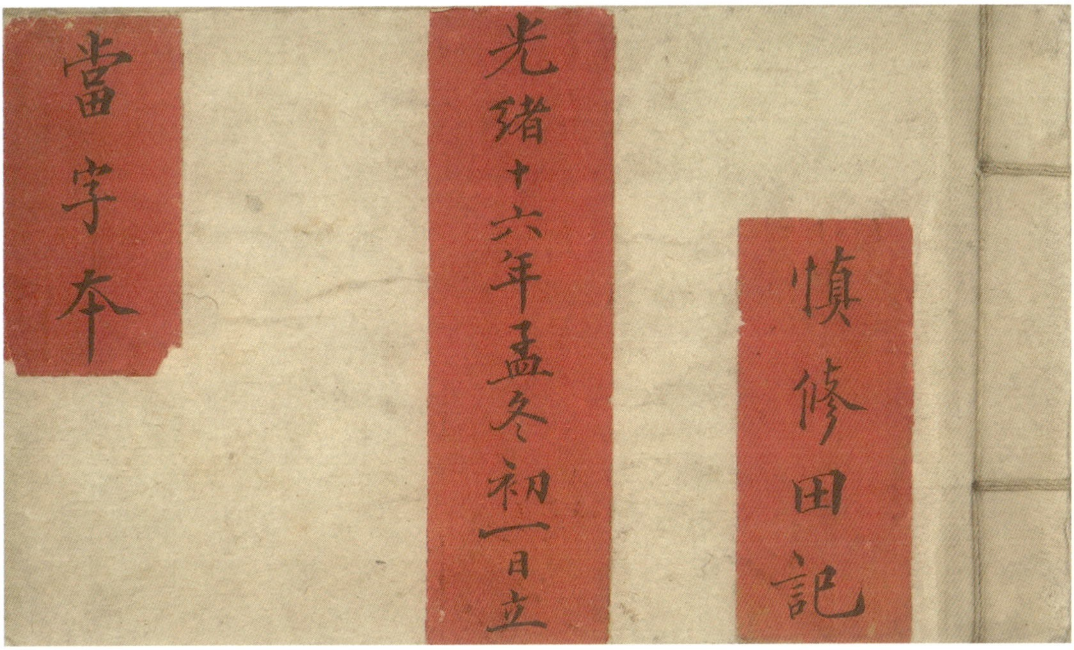

慎修田記
光緒十六年孟冬初一日立
當字本

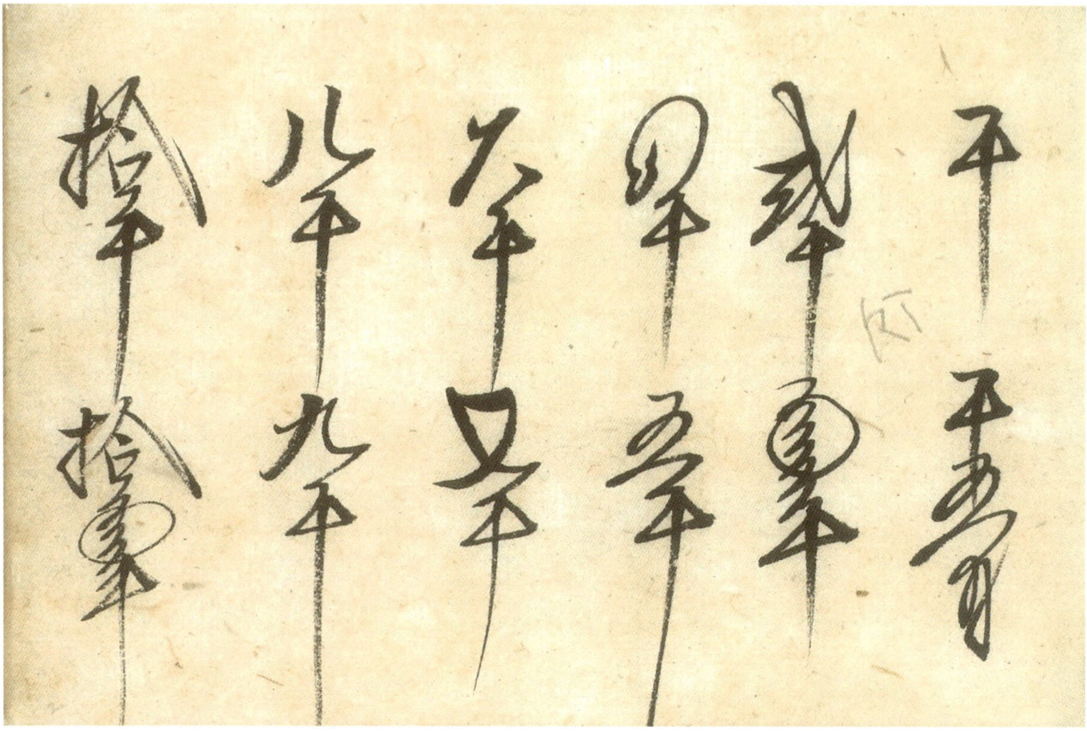

一千　一千五百
二千　三千
四千　五千
六千　七千
八千　九千
十千　十三千

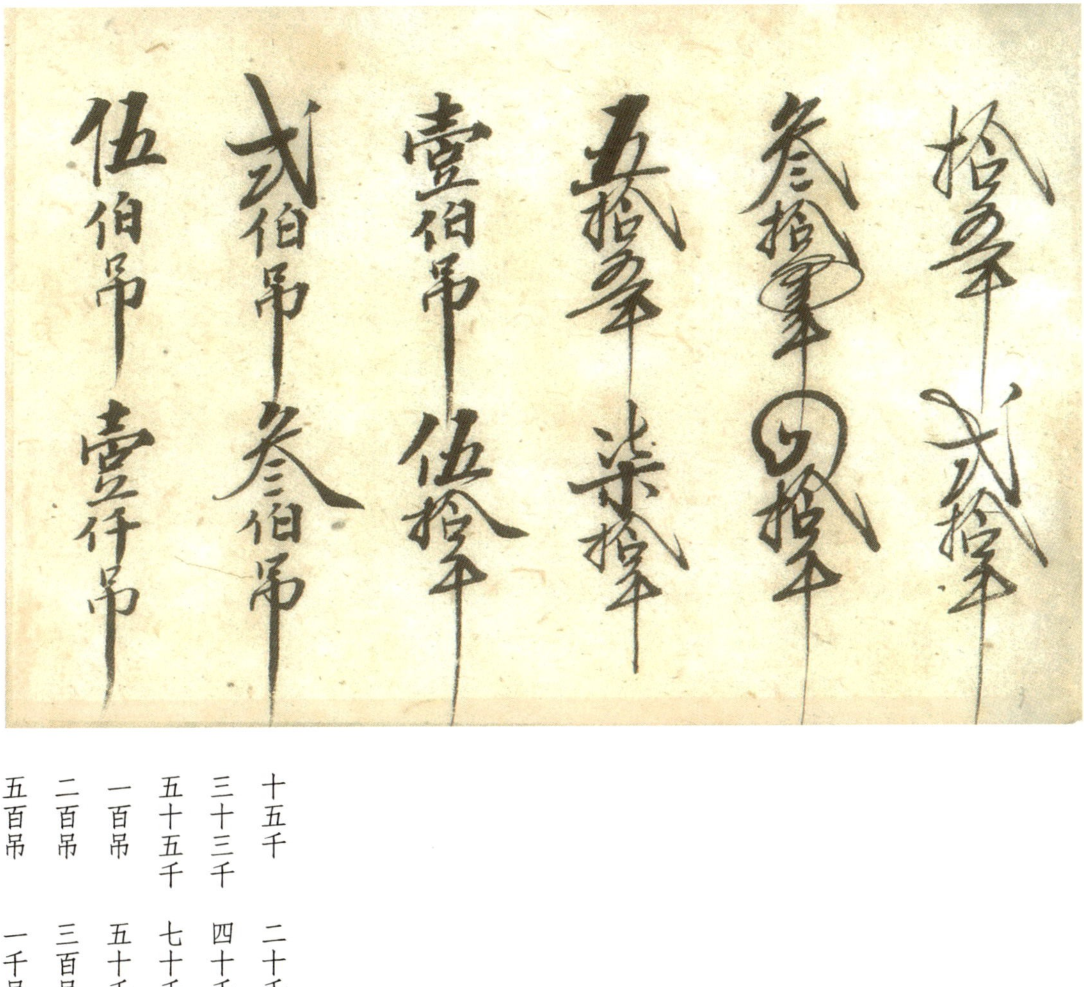

十五千 二十千
三十三千 四十千
五十五千 七十千
一百吊 五十千
二百吊 三百吊
五百吊 一千吊

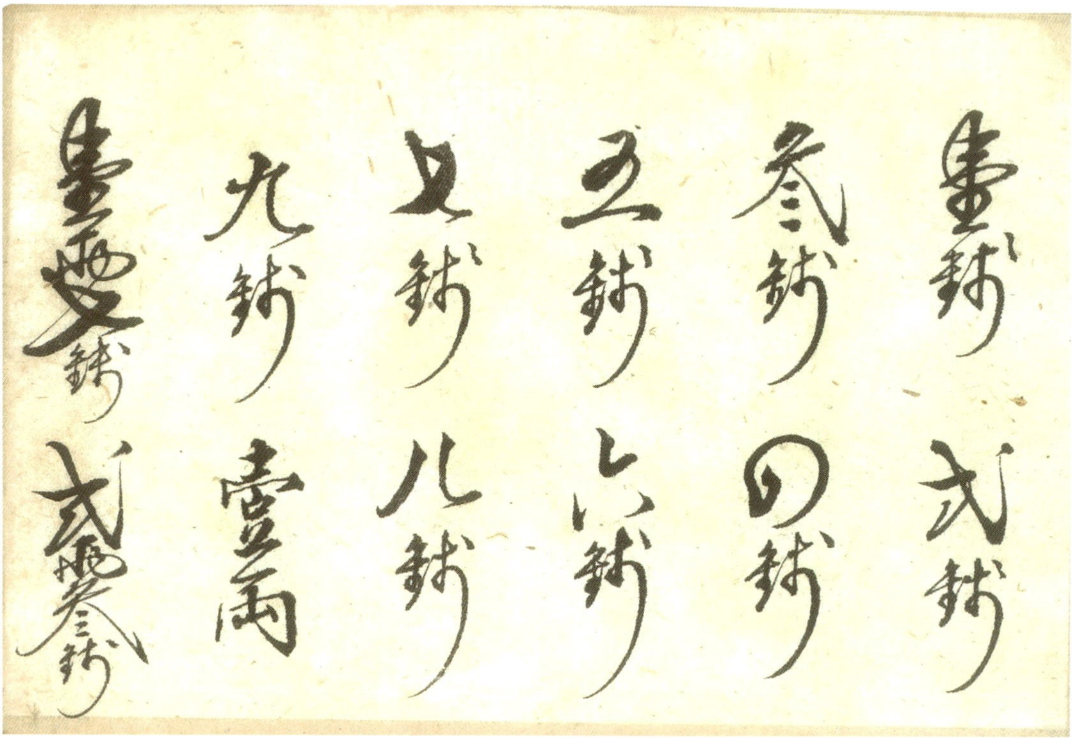

一錢　二錢
三錢　四錢
五錢　六錢
七錢　八錢
九錢　一兩
一兩七錢　二兩三錢

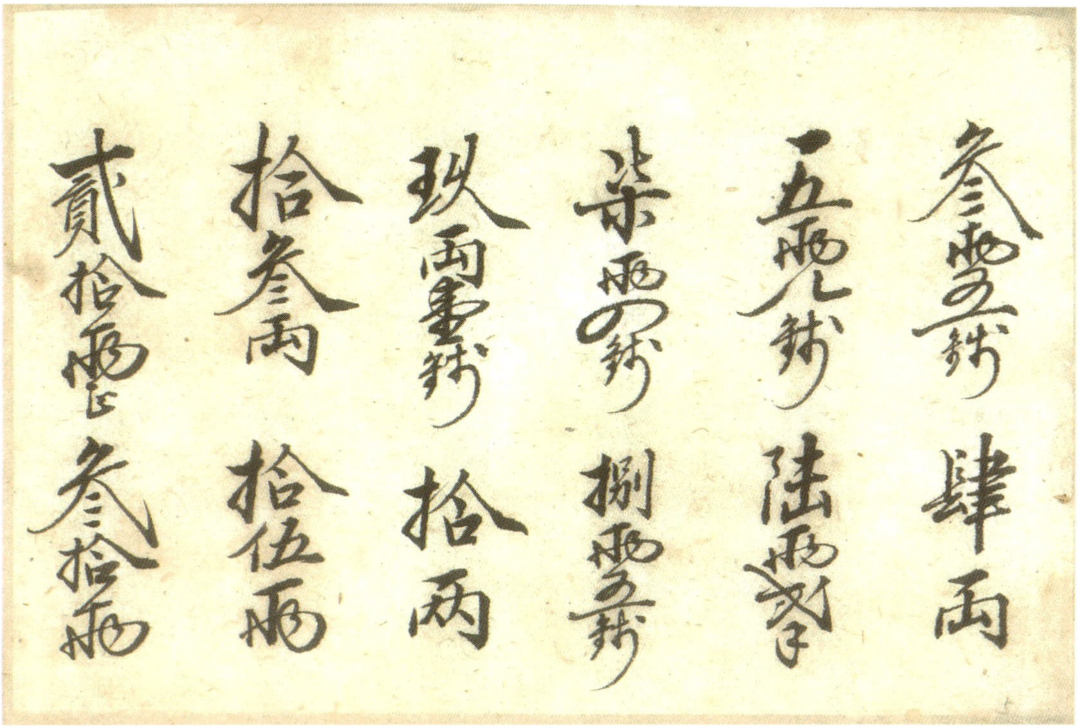

三兩五錢　四兩
五兩八錢　六兩二錢
七兩四錢　八兩五錢
九兩一錢　十兩
十三兩　十五兩
二十兩正　三十兩

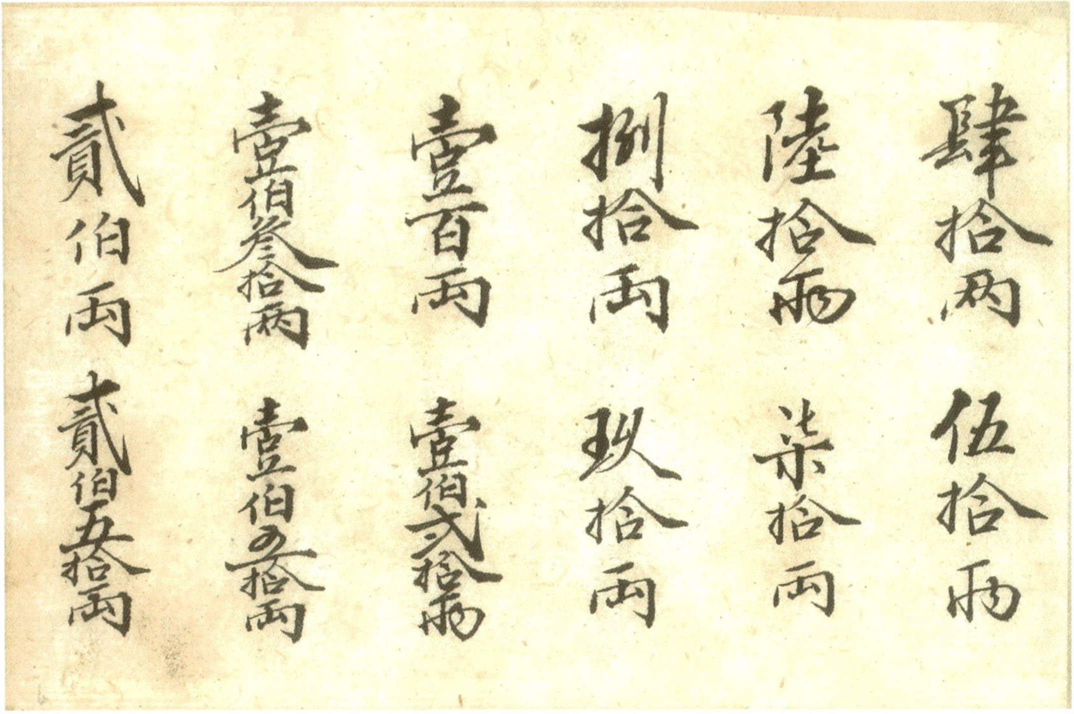
肆拾兩　伍拾兩
陸拾兩　柒拾兩
捌拾兩　玖拾兩
壹百兩　壹伯弍拾兩
壹伯叁拾兩　壹伯五拾兩
貳伯兩　貳伯五拾兩

四十兩　五十兩
六十兩　七十兩
八十兩　九十兩
一百兩　一百二十兩
一百三十兩　一百五十兩
二百兩　二百五十兩

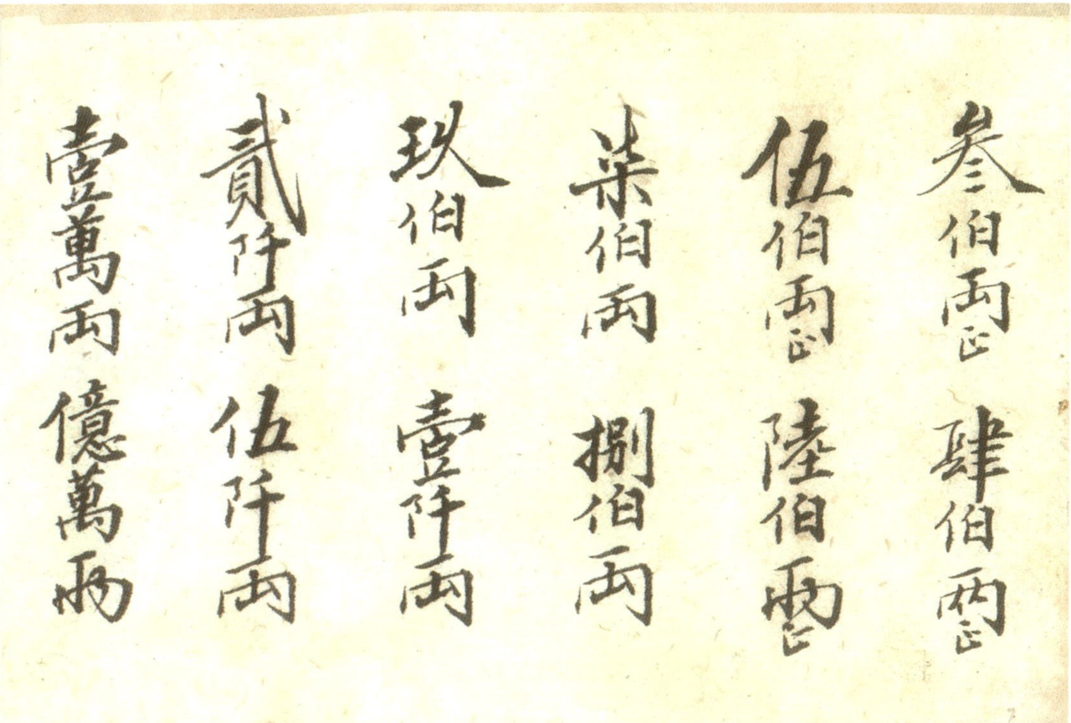

三百兩正 四百兩正
五百兩正 六百兩正
七百兩 八百兩
九百兩 一千兩
二千兩 五千兩
一萬兩 億萬兩

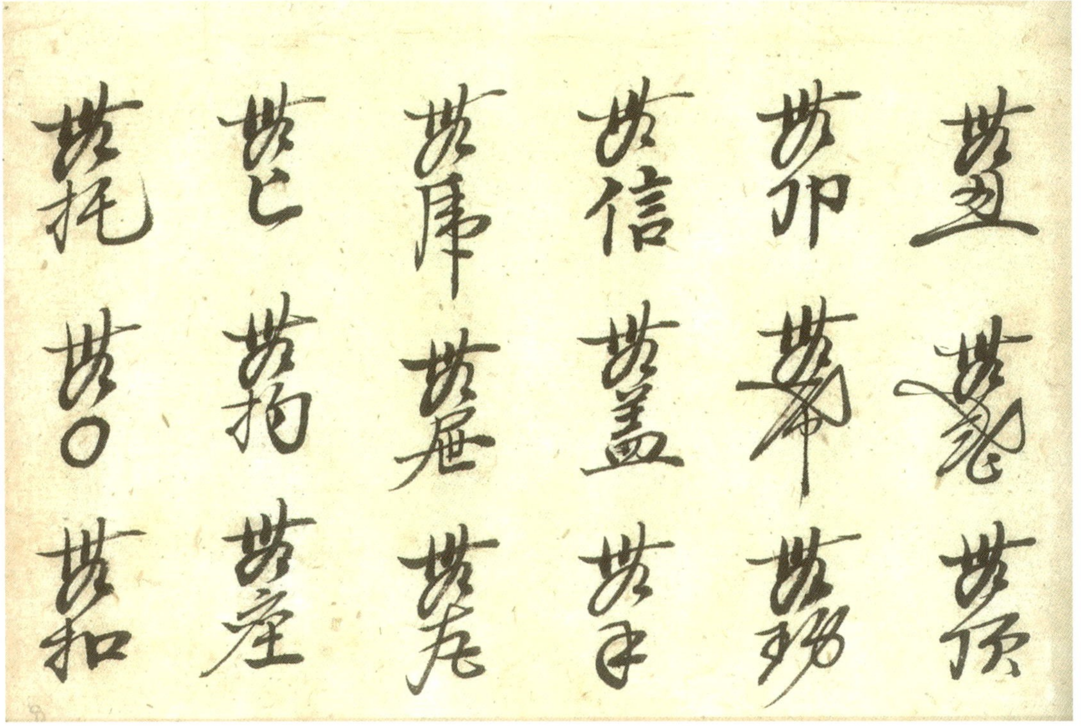

無紐 無盞 無頂

無卯 無帶 無環

無信 無蓋 無手

無串 無屜 無把

無指 無扚 無座

無托 無圈 無扣

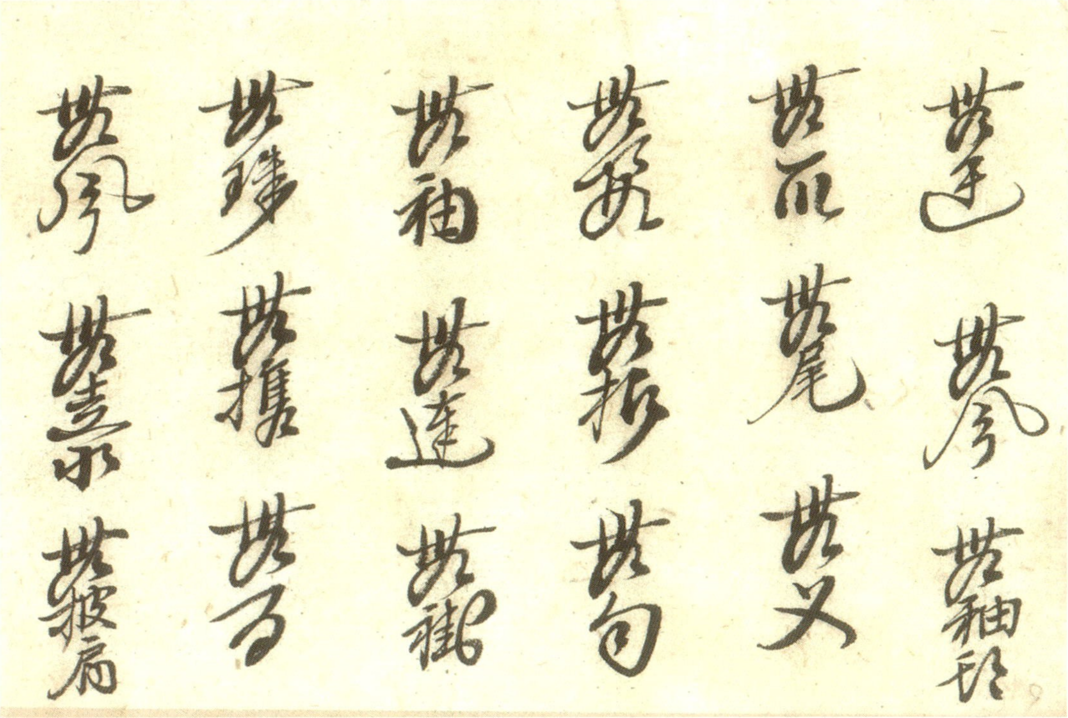

無簽　無領　無袖頭

無爪　無尾　無義

無腰　無根　無鈎

無袖　無達　無褂

無珠　無携　無面

無風　無走水　無披肩

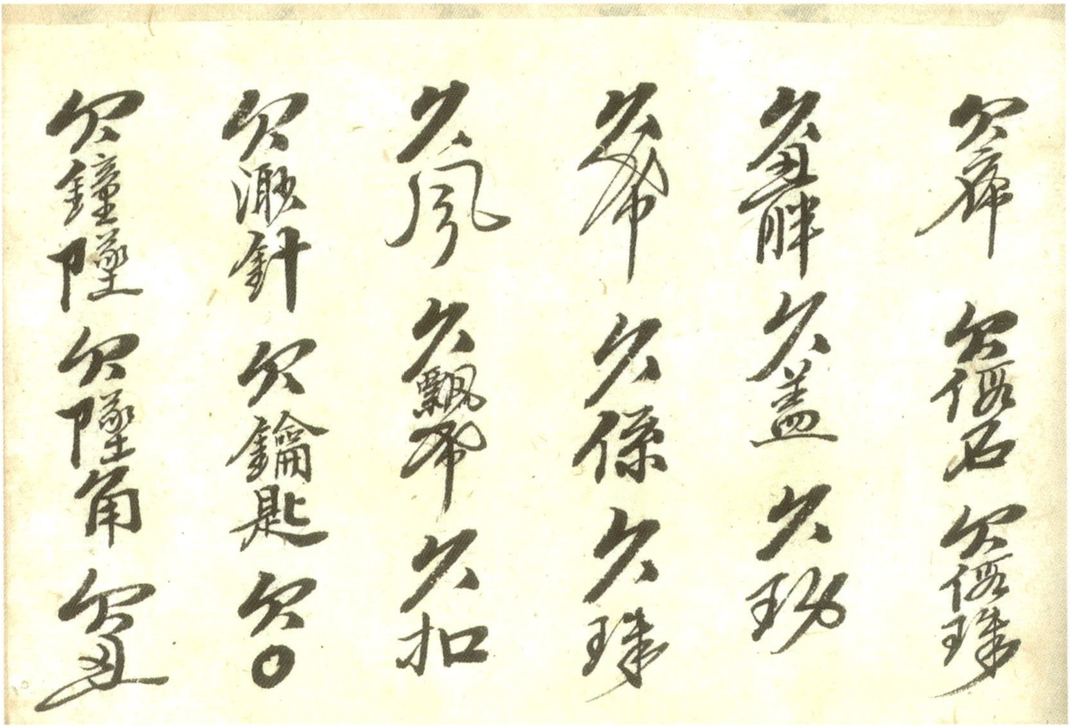

欠衣巾　欠假石　欠假珠
欠紐胖　欠蓋　欠環
欠帶　欠係　欠珠
欠領　欠飄帶　欠扣
欠秒針　欠鑰匙　欠圈
欠鐘墜　欠墜角　欠紐

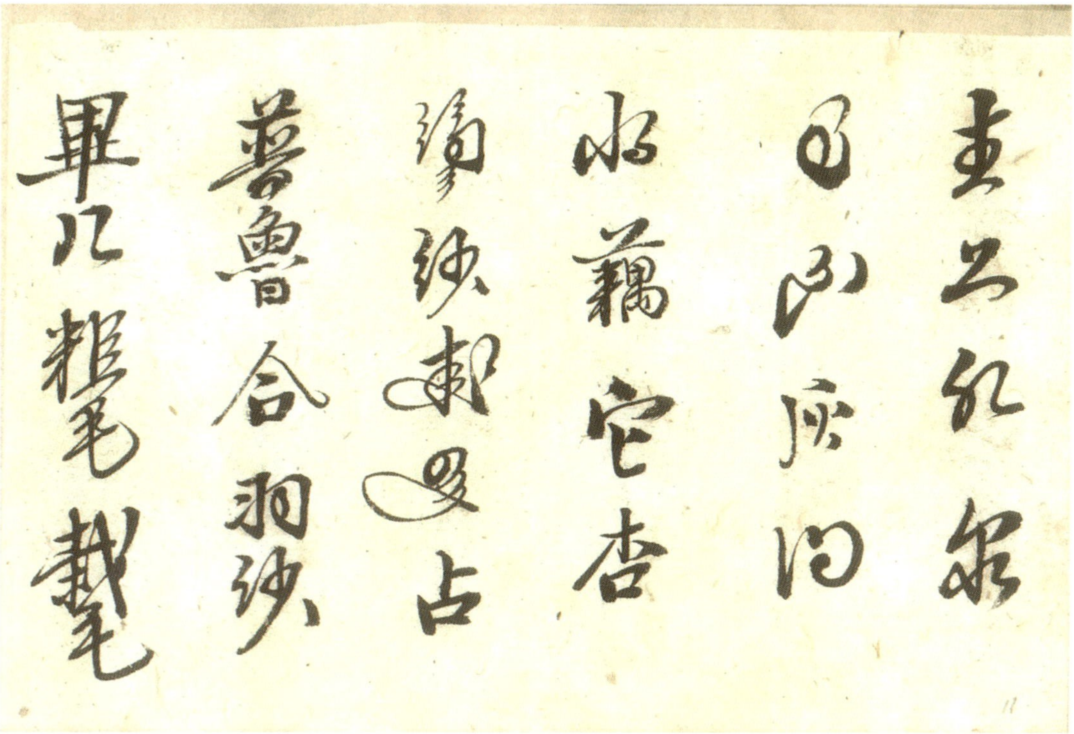

青　藍　紅　綠
月　白　灰　舊
醬　藕　駝　杏
縐　紗　綾　羅　占
氆氌　合　羽紗
嗶嘰　粗毛　栽毛

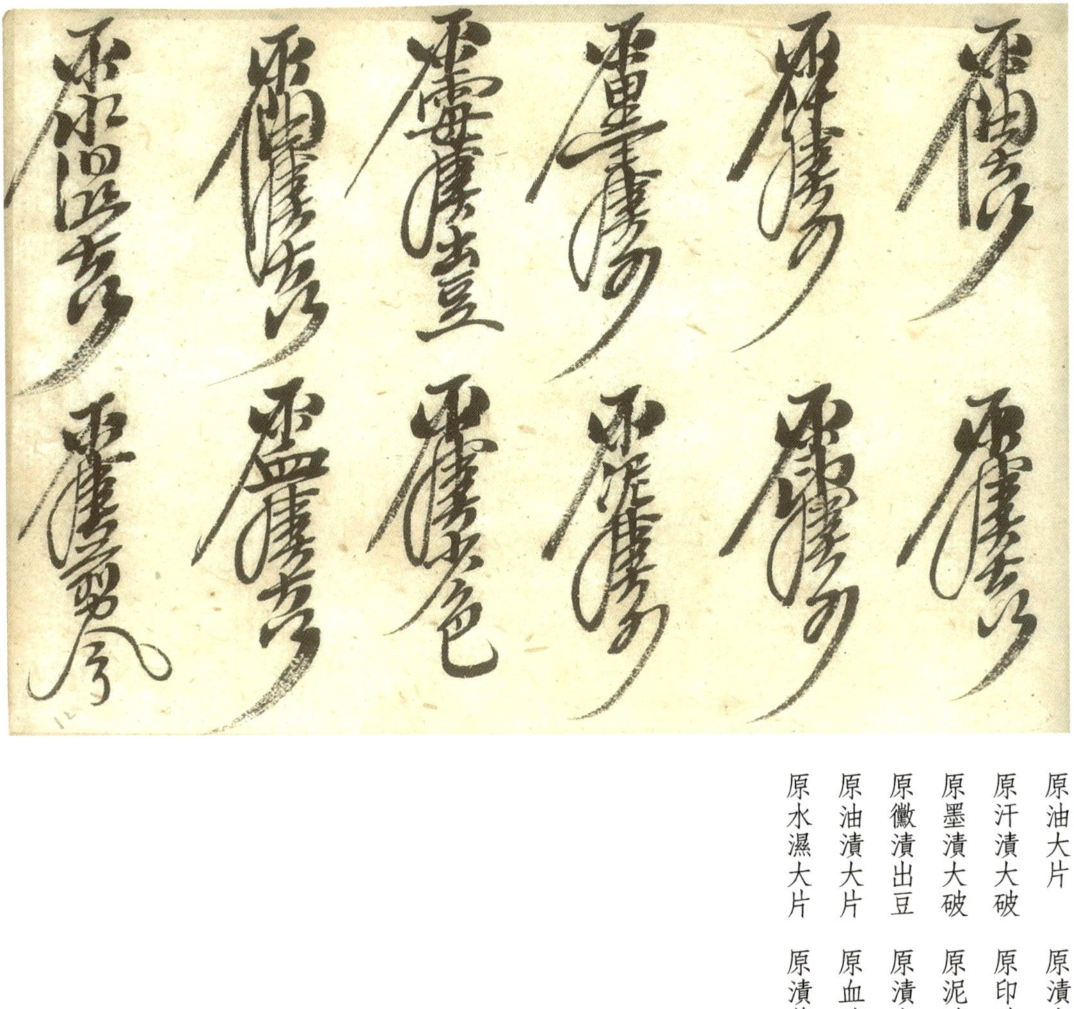

原油大片
原汗漬大破
原墨漬大破
原黴漬出豆
原油漬大片
原水濕大片

原漬大片
原印漬大破
原泥漬大破
原漬大少色
原血漬大片
原漬剪領

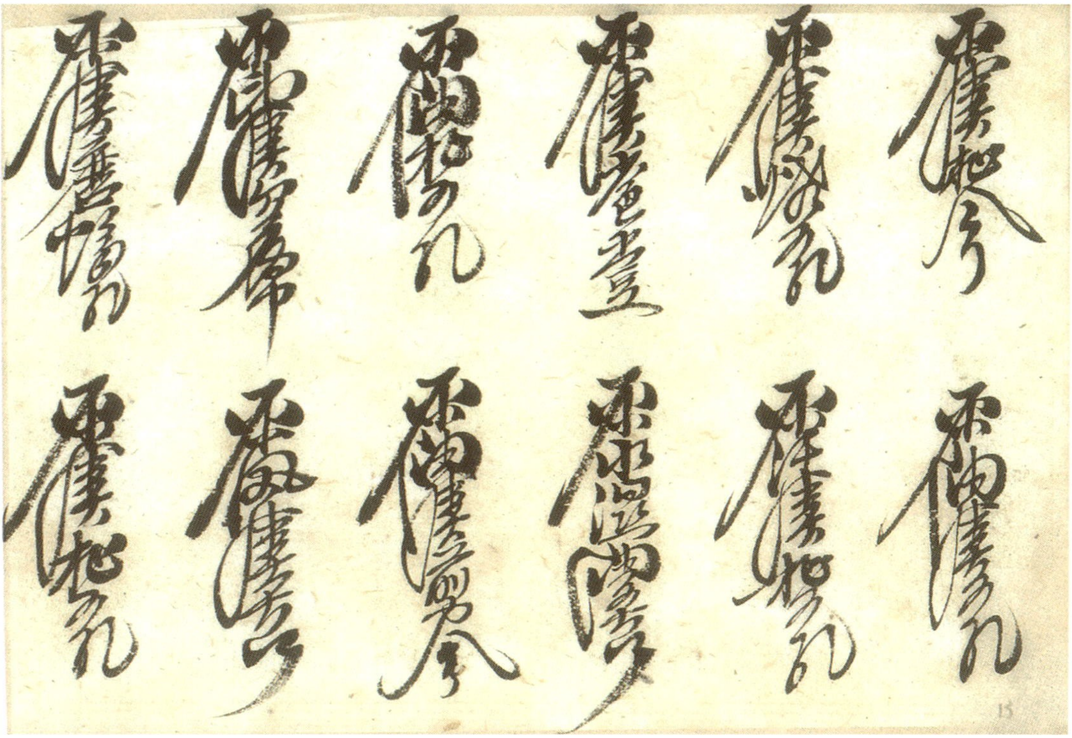

原漬扯領
原漬少帶破孔
原漬少色出豆
原油扯破孔
原印漬欠衣巾
原漬磨爛孔

原油漬破孔
原汗漬破孔
原水濕油破大片
原油漬剪領
原風漬大片
原漬扯破孔

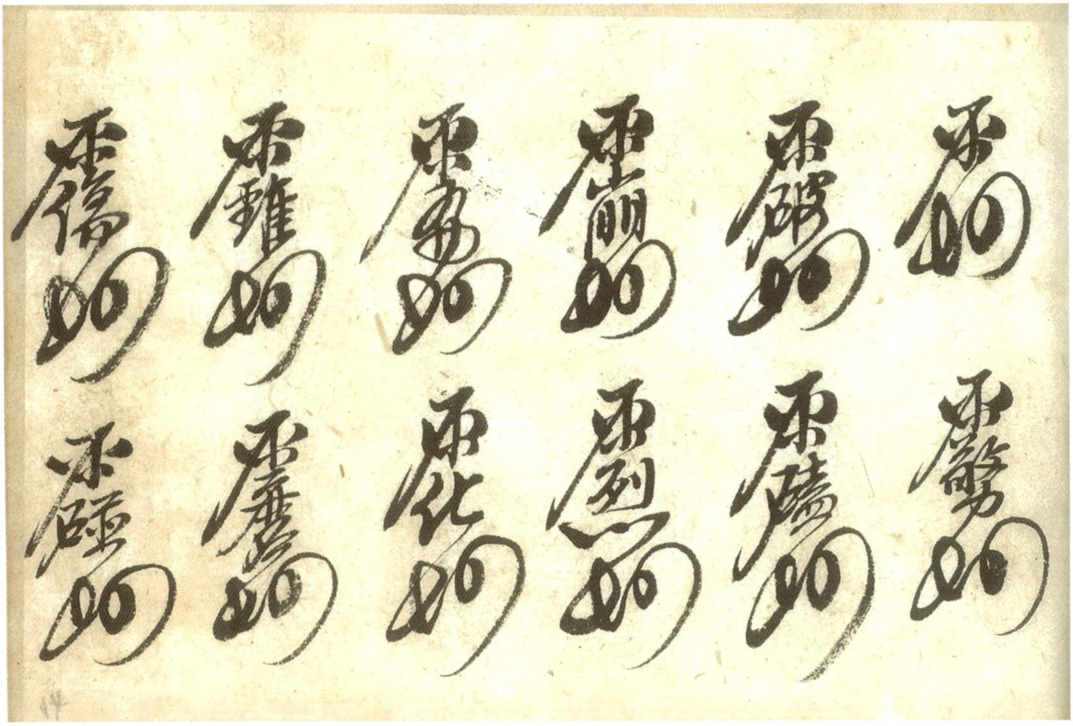

原壞
原破壞
原崩壞
原扁壞
原錐壞
原傷壞

原驚壞
原磕壞
原烈壞
原劃壞
原磨壞
原碰壞

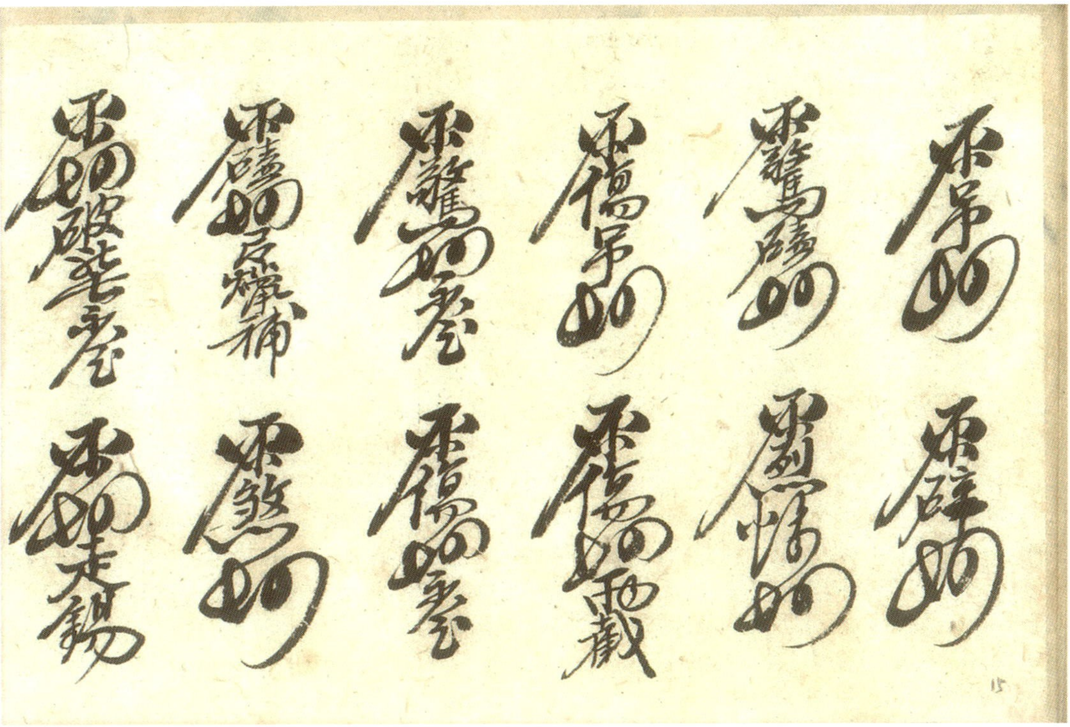

原吊壞
原碎壞
原驚磕壞
原烈爛壞
原傷吊壞
原傷壞兩截
原驚壞不全
原傷壞不全
原磕壞有蠟補
原煞壞
原壞破盤不全
原壞走錫

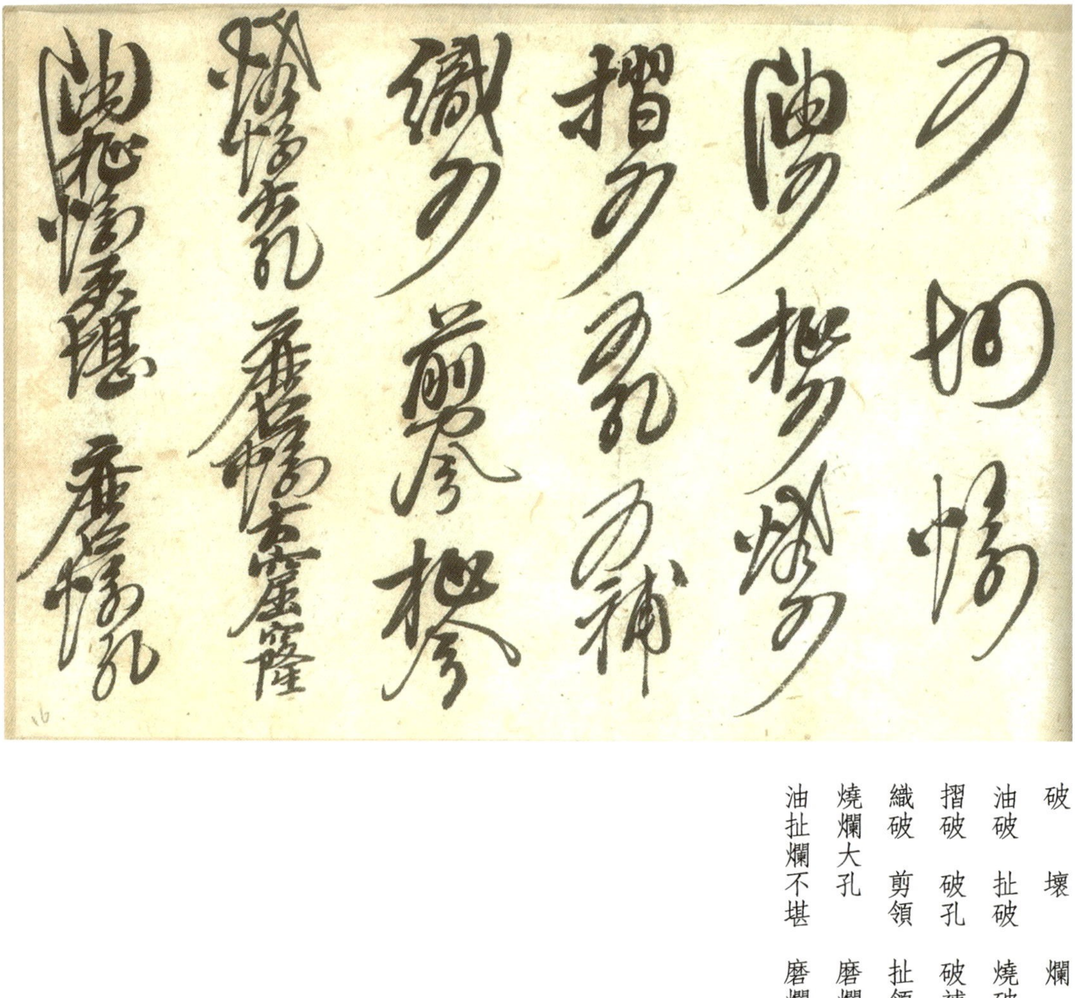

破　壞　爛

油破　扯破　燒破

摺破　破孔　破補

織破　剪領　扯領

燒爛大孔　磨爛大窟窿

油扯爛不堪　磨爛孔

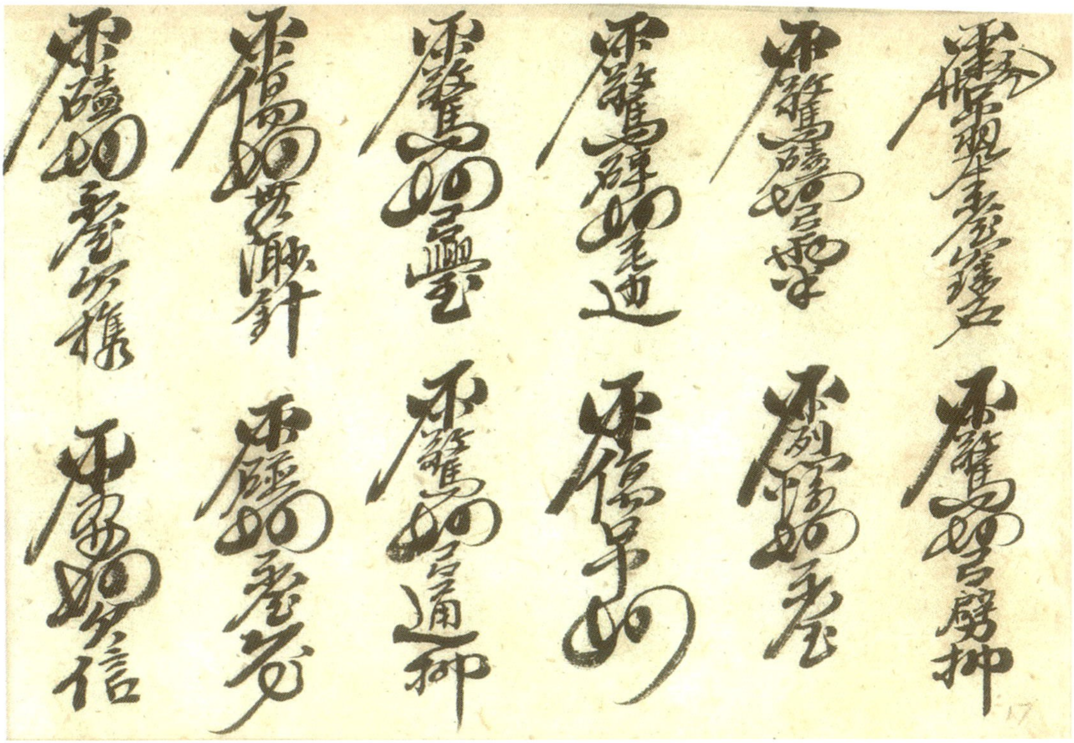

原蟲吃吊翠不全欠珠石　原鷩壞有劈柳
原鷩磕壞有兩半　原烈爛壞不全
原鷩碎壞毛邊　原傷吊壞
原鷩壞有璺　原鷩壞有通柳
原傷壞無秒針　原碰壞不全欠什
原磕壞不全欠携　原扁壞欠信

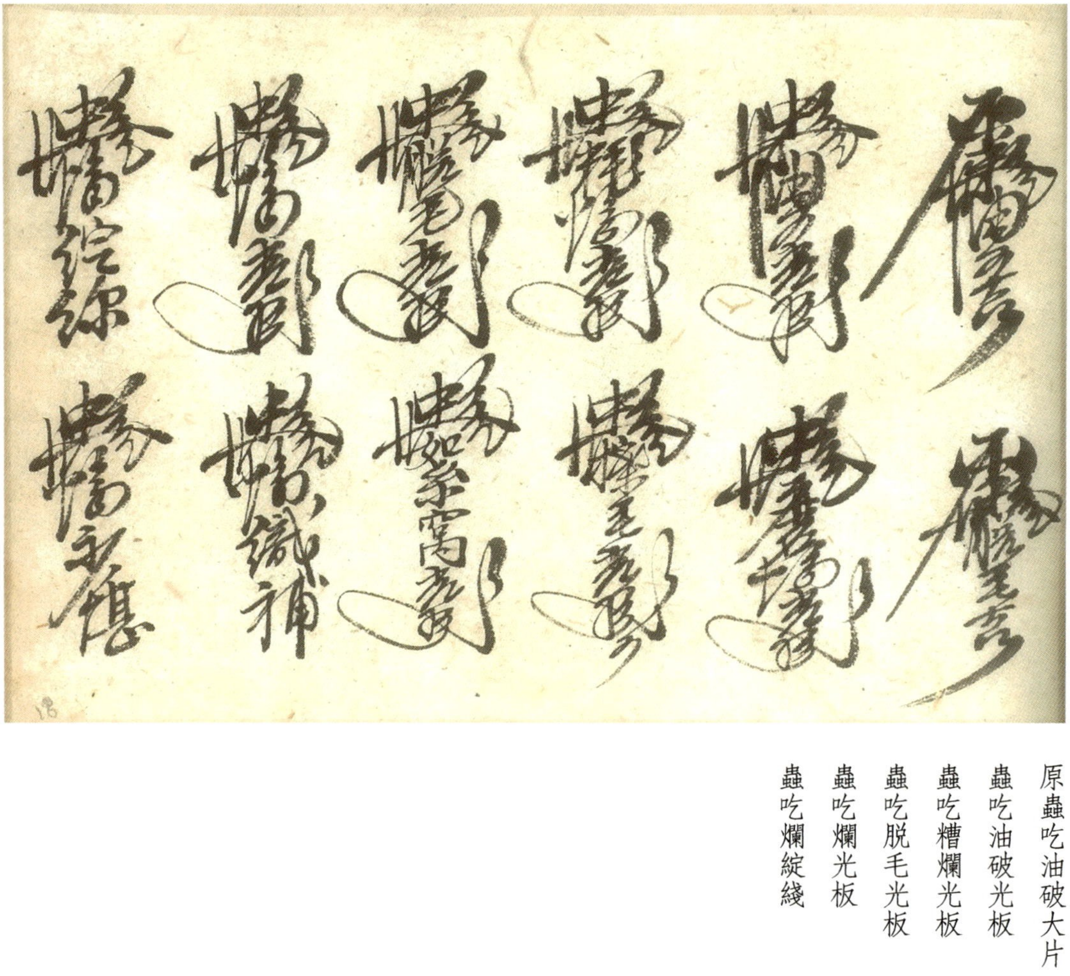

原蟲吃油破大片
蟲吃油破光板
蟲吃糟爛光板
蟲吃脱毛光板
蟲吃爛光板
蟲吃爛綻綫

原蟲吃脱毛大片
蟲吃磨爛光板
蟲吃擦毛光板破
蟲吃絮窩光板
蟲吃爛織補
蟲吃爛不堪

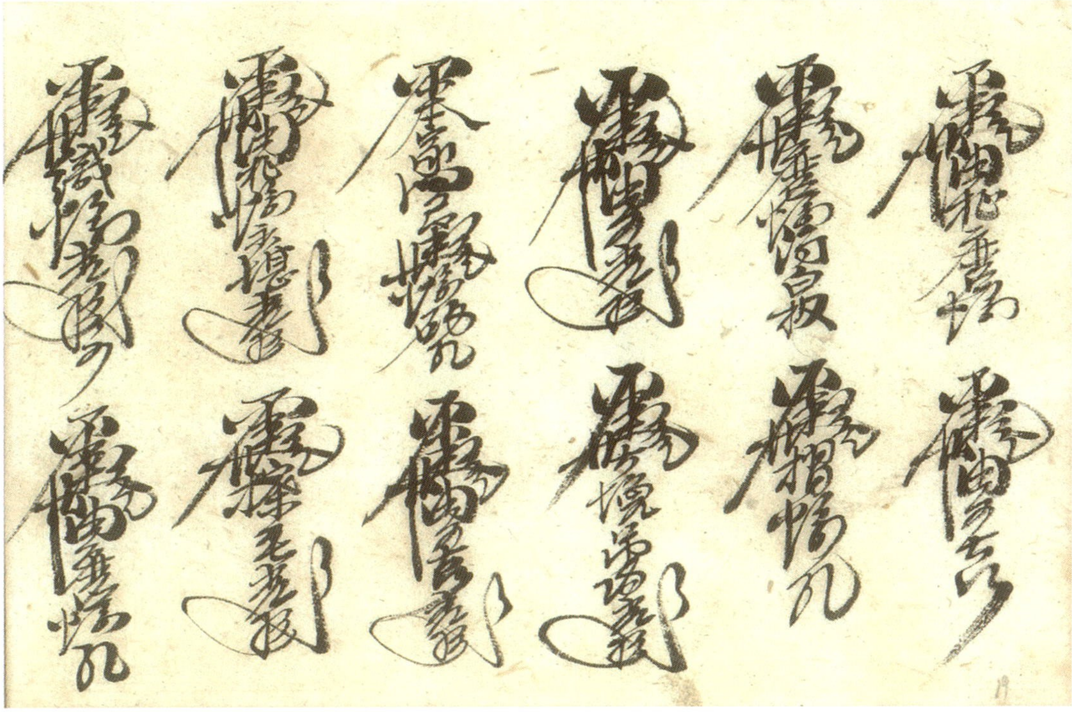

原蟲吃油扯磨爛
原蟲吃磨爛漏白板
原蟲吃油破光板
原本家舊有蟲吃爛碎孔
原蟲吃油扯爛不堪光板
原蟲吃織爛光板破

原蟲吃油破大片
原蟲吃摺爛孔
原蟲吃大塊吊皮光板
原蟲吃油破大片光板
原蟲吃擦毛光板
原蟲吃油磨爛孔

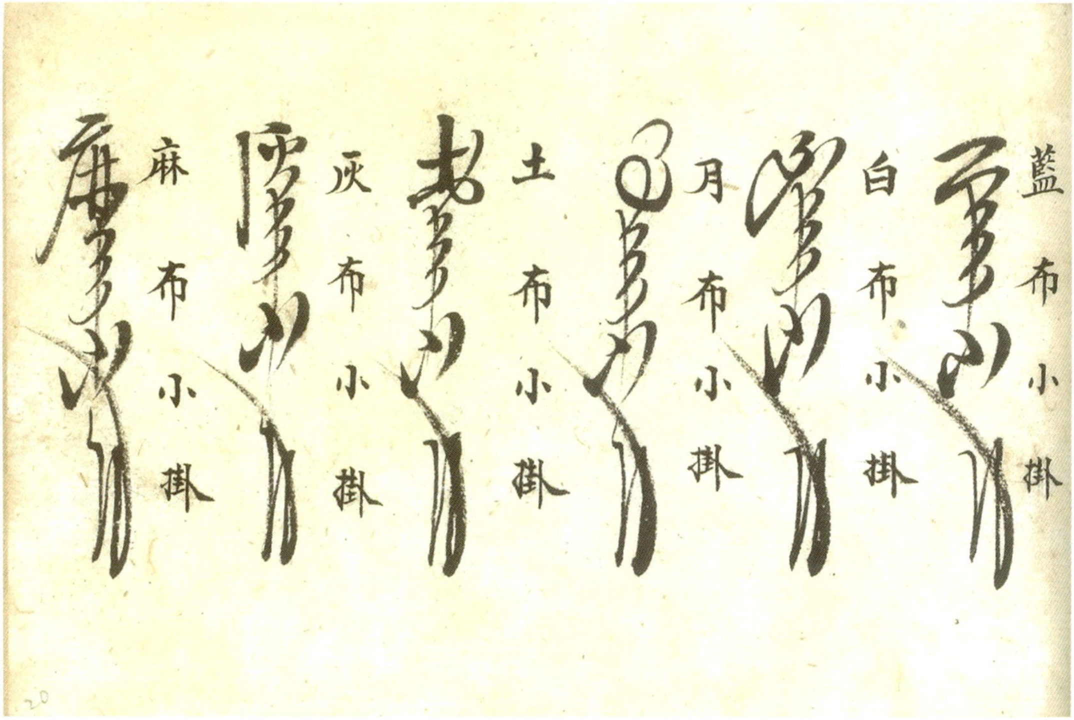
藍布小掛
白布小掛
月布小掛
土布小掛
灰布小掛
麻布小掛

藍布小掛一件
白布小掛一件
月布小掛一件
土布小掛一件
灰布小掛一件
麻布小掛一件

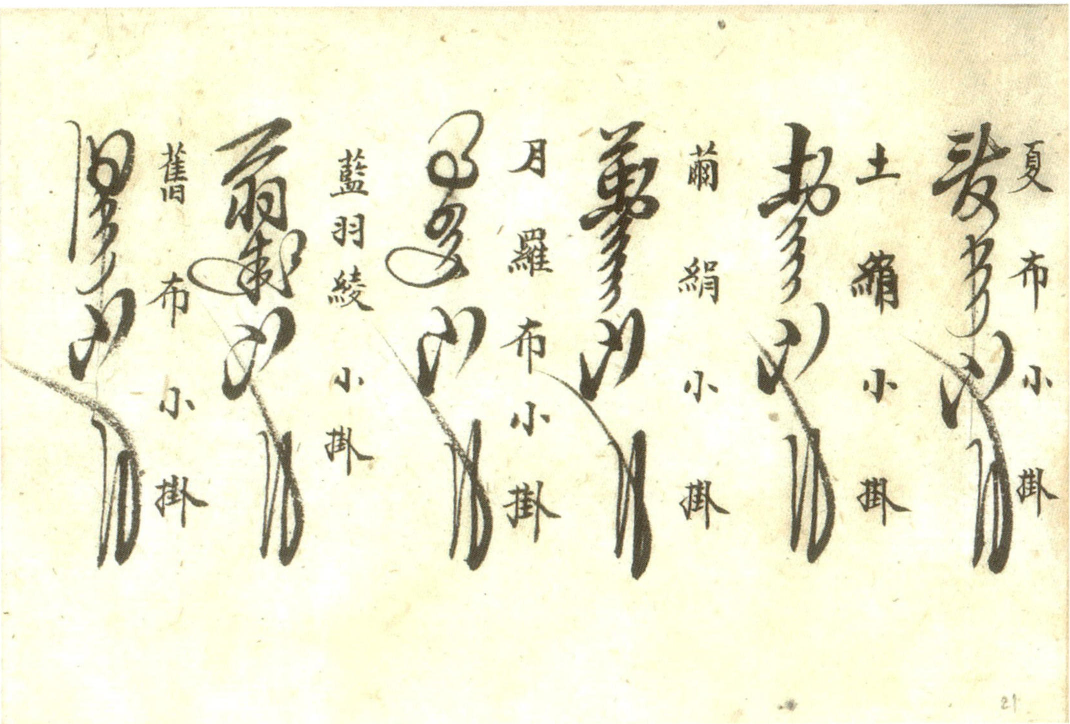

夏布小掛一件
土綢小掛一件
繭綢小掛一件
月羅小掛一件
藍羽綾小掛一件
舊布小掛一件

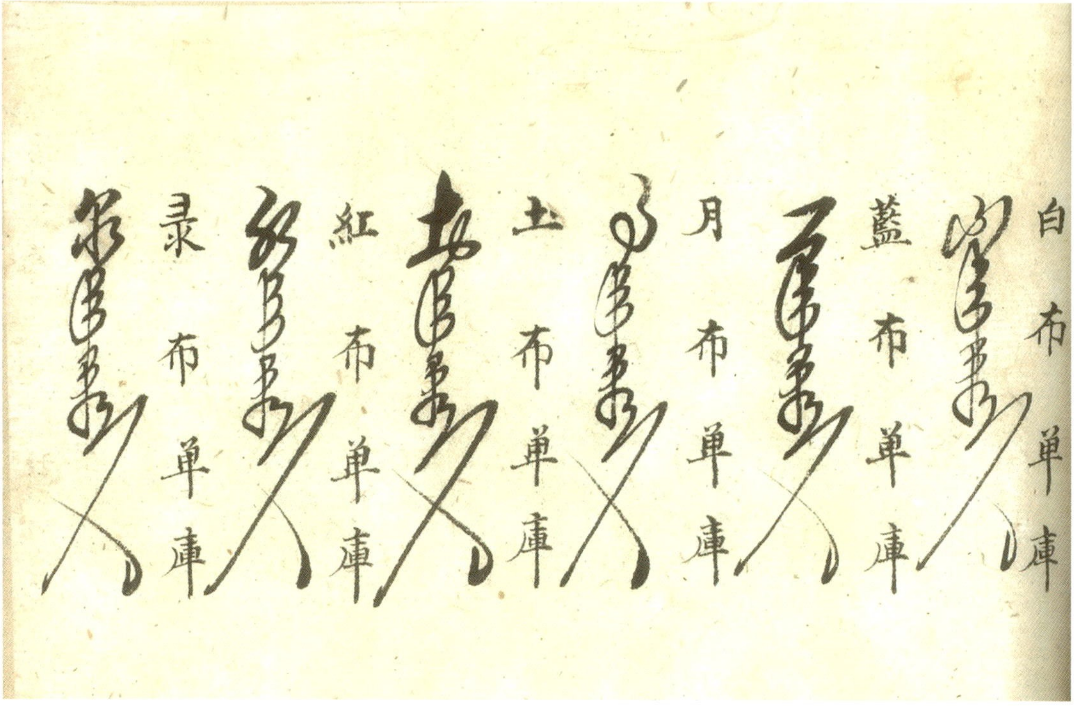

白布單褲一條
藍布單褲一條
月布單褲一條
土布單褲一條
紅布單褲一條
綠布單褲一條

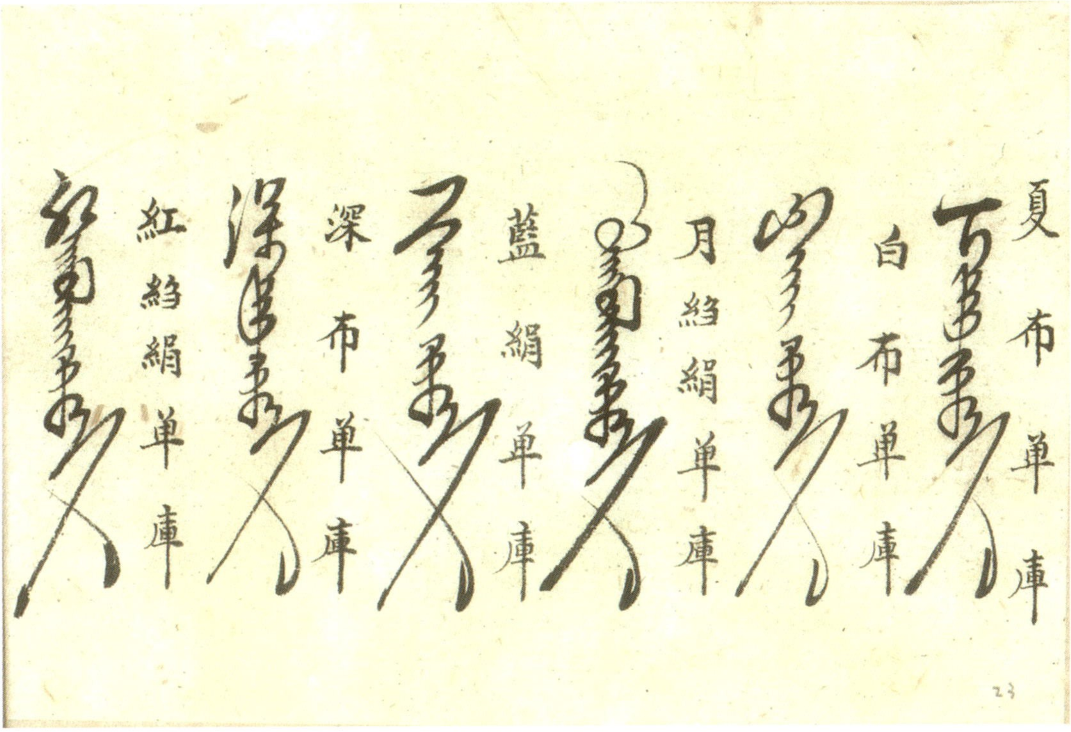

夏布單褲一條
白絹單褲一條
月緲絹單褲一條
藍絹單褲一條
深布單褲一條
紅緲絹單褲一條

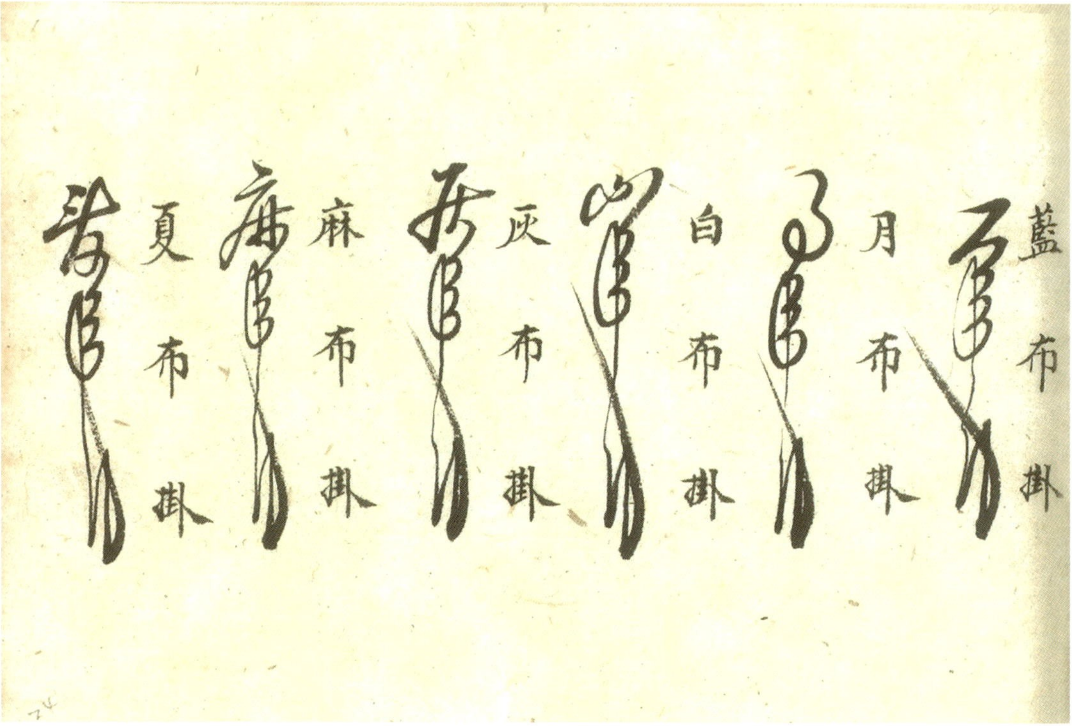

藍布褂一件
月布褂一件
白布褂一件
灰布褂一件
麻布褂一件
夏布褂一件

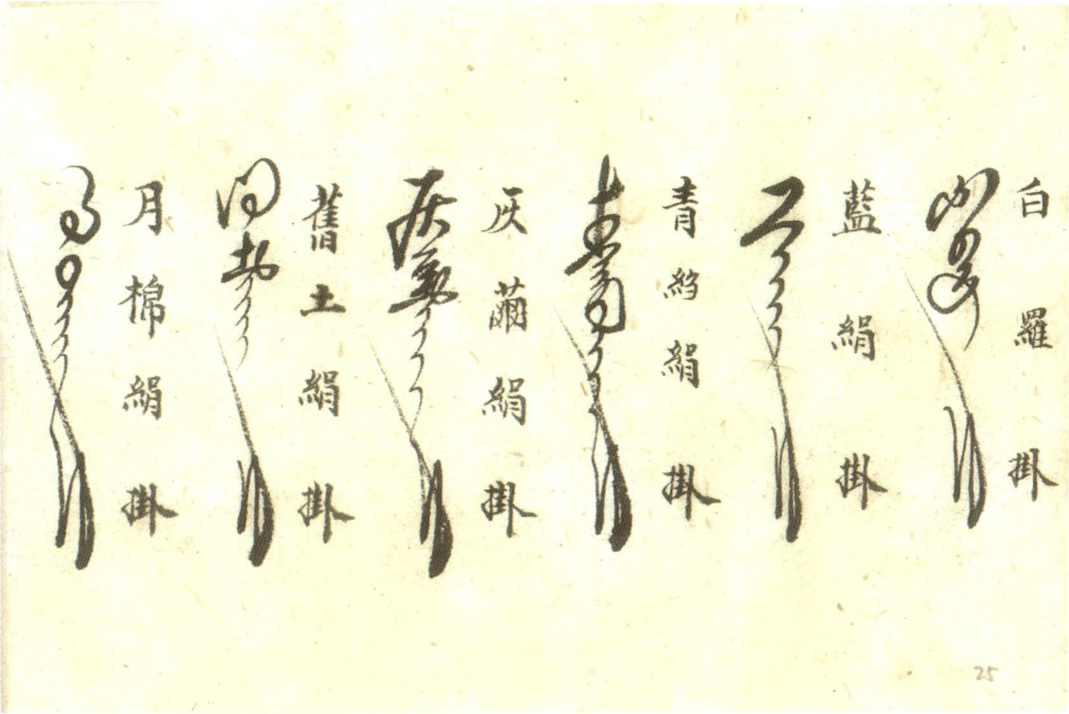

白羅褂一件
藍絹褂一件
青縐絹褂一件
灰繭絹褂一件
舊土絹褂一件
月棉絹褂一件

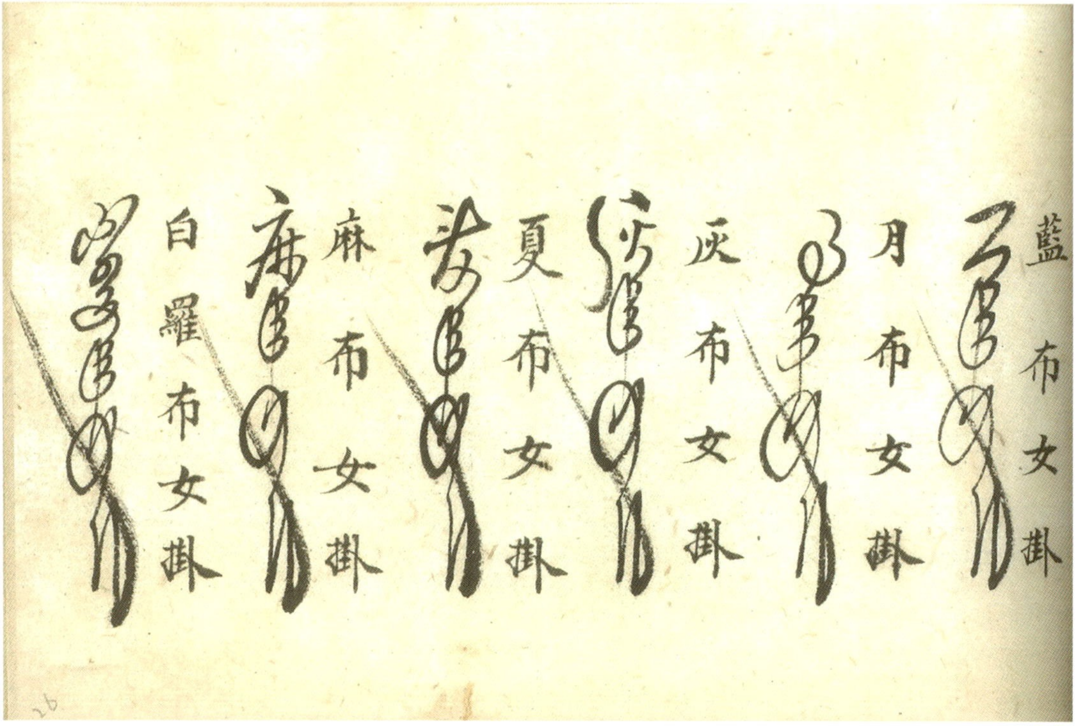

藍布女褂一件
月布女褂一件
灰布女褂一件
夏布女褂一件
麻布女褂一件
白羅布女褂一件

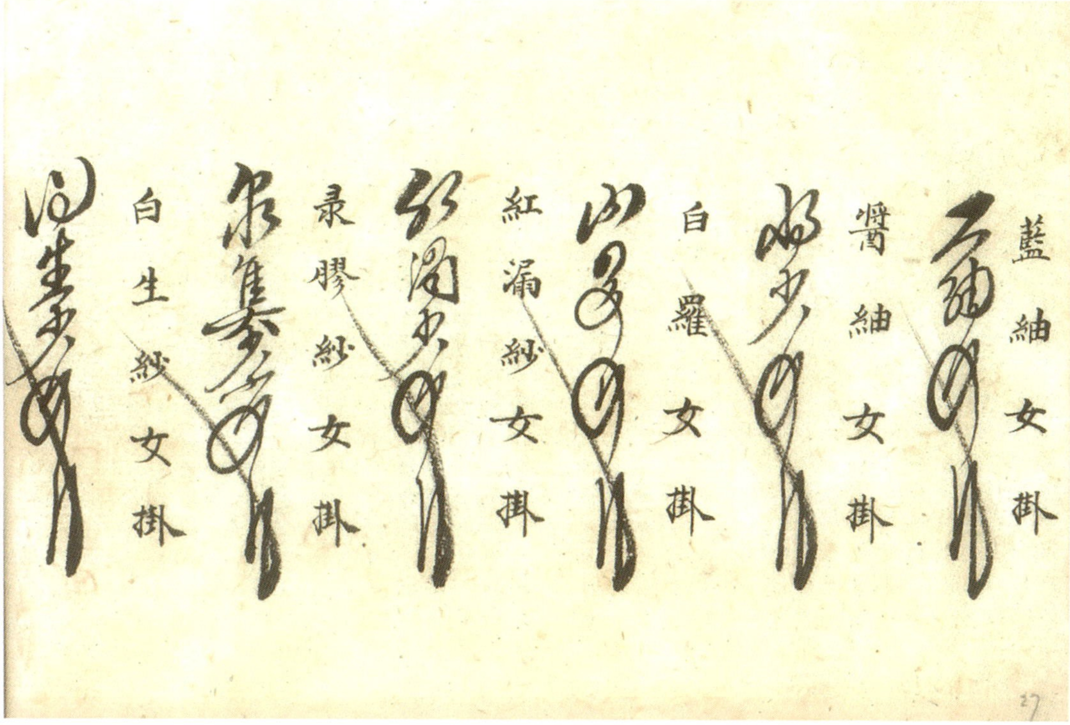
藍紬女掛
醬紬女掛
白羅女掛
紅漏紗女掛
录膠紗女掛
白生紗女掛

藍綢女掛一件
醬綢女掛一件
白羅女掛一件
紅漏紗女掛一件
緑膠紗小女掛一件
舊生紗女掛一件

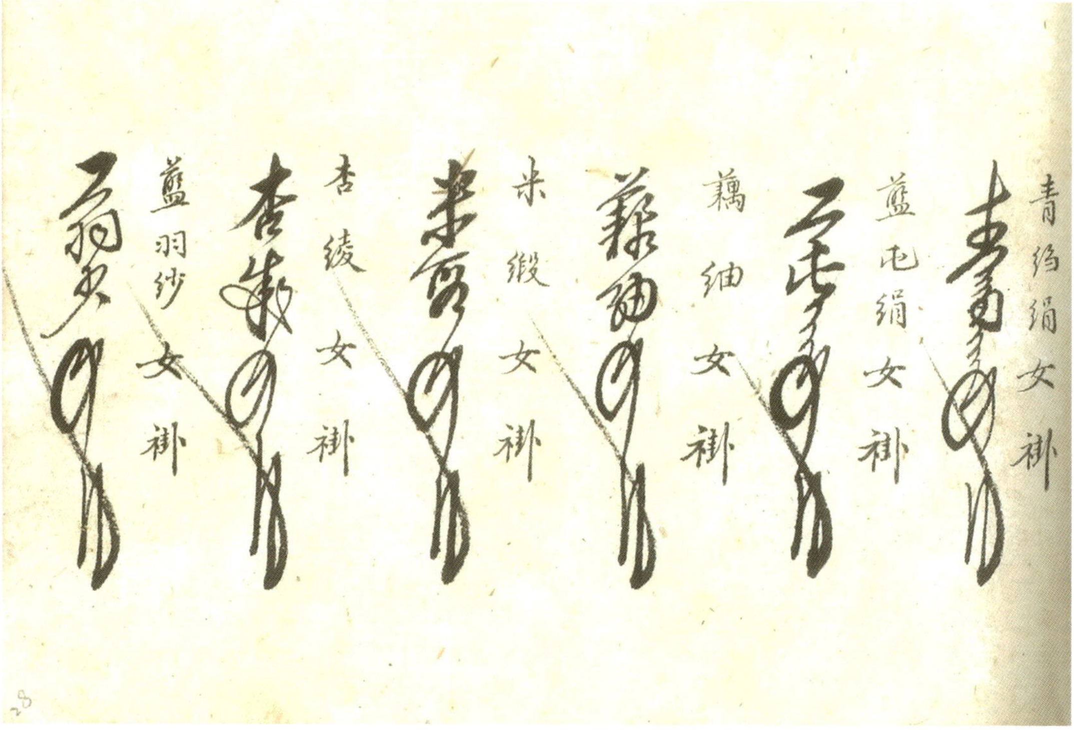

青縐絹女褂一件
藍屯絹女褂一件
藕綢女褂一件
米緞女褂一件
杏綾女褂一件
藍羽紗女褂一件

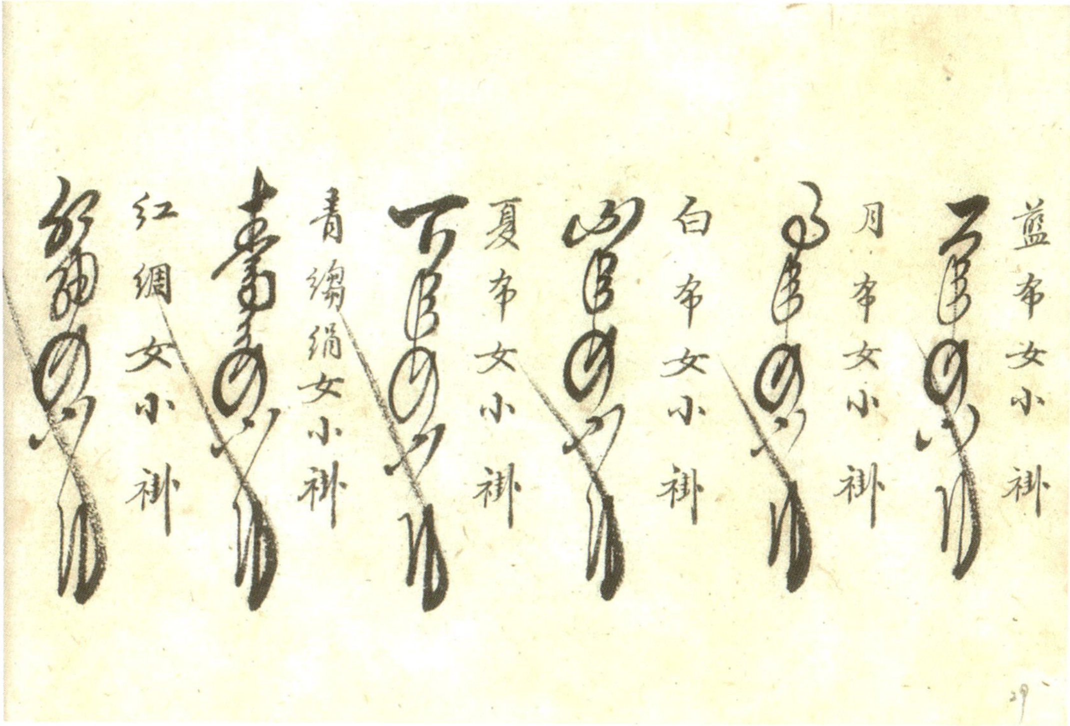

藍布女小褂一件
月布女小褂一件
白布女小褂一件
夏布女小褂一件
青縐絹女小褂一件
紅綢女小褂一件

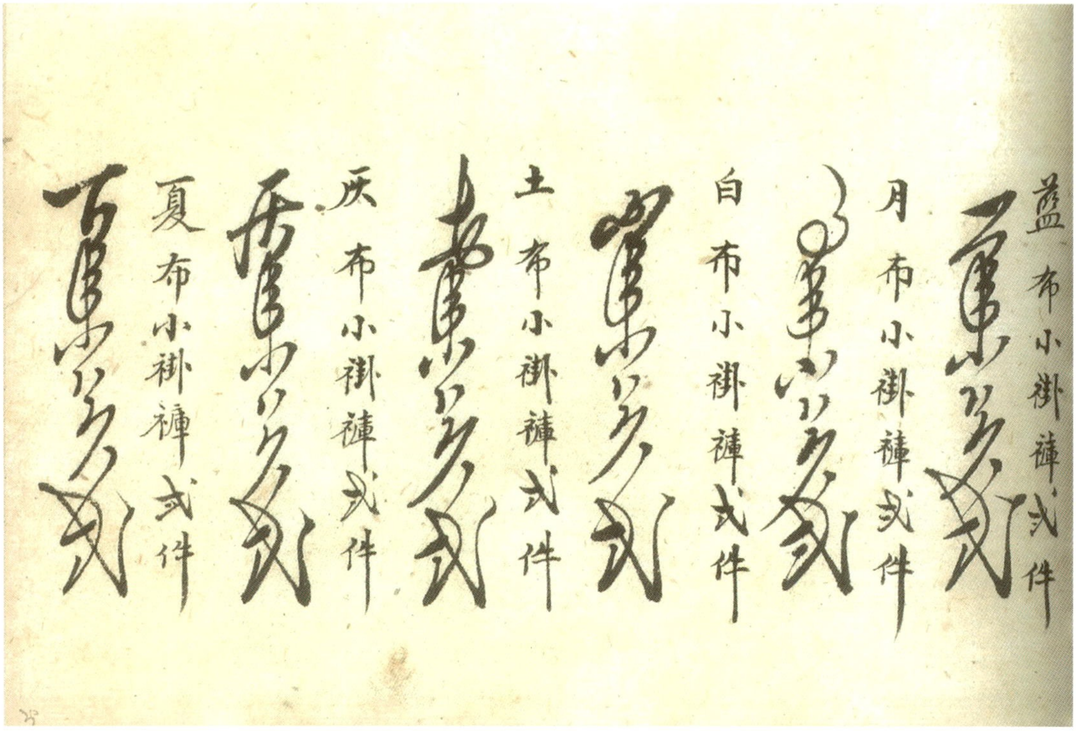
藍布小掛褲弍件
月布小掛褲弍件
白布小掛褲弍件
土布小掛褲弍件
灰布小掛褲弍件
夏布小掛褲弍件

藍布小掛褲二件
月布小掛褲二件
白布小掛褲二件
土布小掛褲二件
灰布小掛褲二件
夏布小掛褲二件

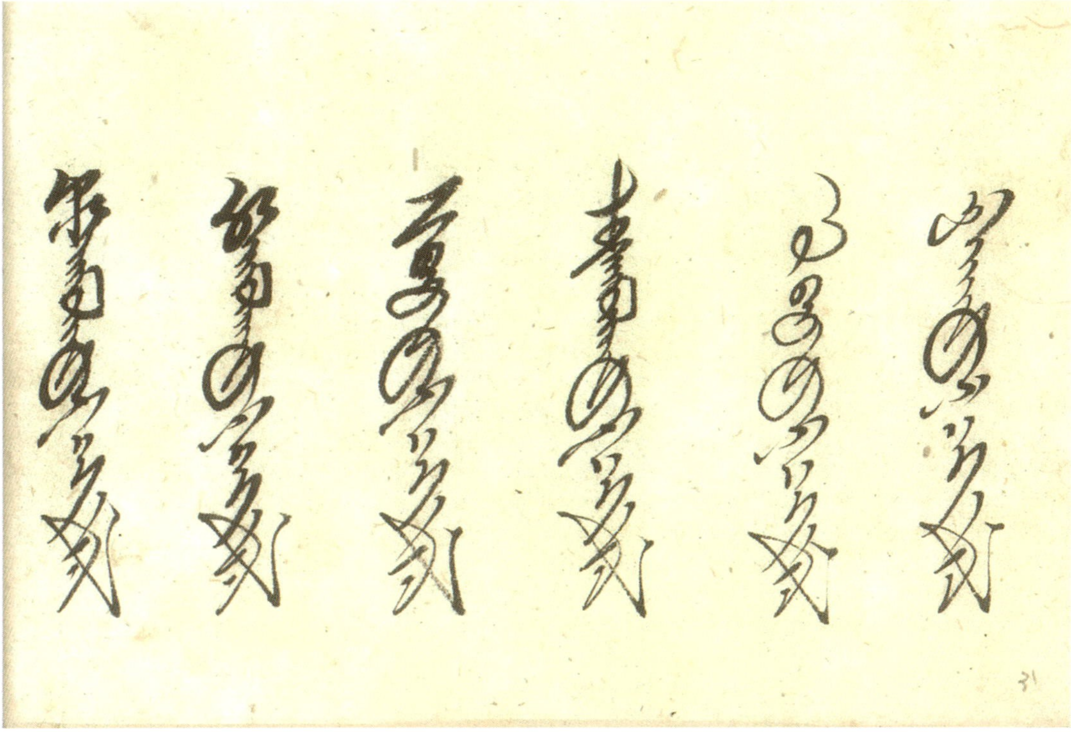

白絹女小褂褲二件
月羅女小褂褲二件
青縐絹女小褂褲二件
藍羅女小褂褲二件
紅縐絹女小褂褲二件
緑縐絹女小褂褲二件

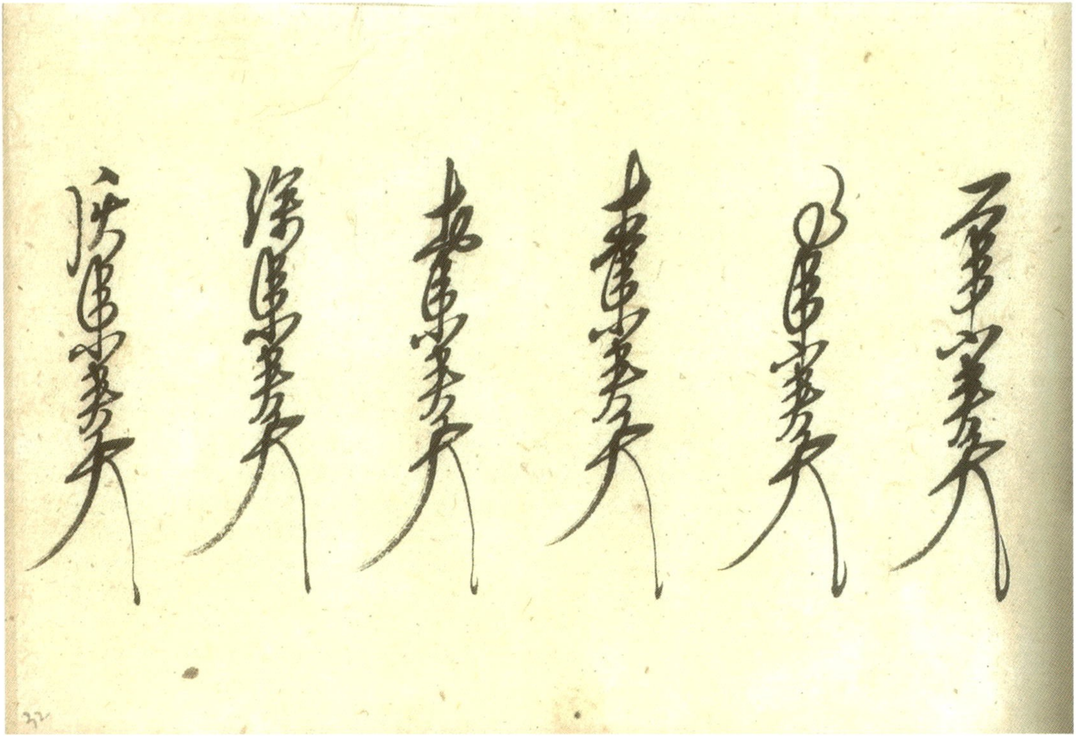

藍布小夾襖一件
月布小夾襖一件
青布小夾襖一件
土布小夾襖一件
深布小夾襖一件
灰布小夾襖一件

月絹小夾襖一件
藍綢小夾襖一件
青縐絹小夾襖一件
緑緞小夾襖一件
灰繭絹小夾襖一件
米縐絹小夾襖一件

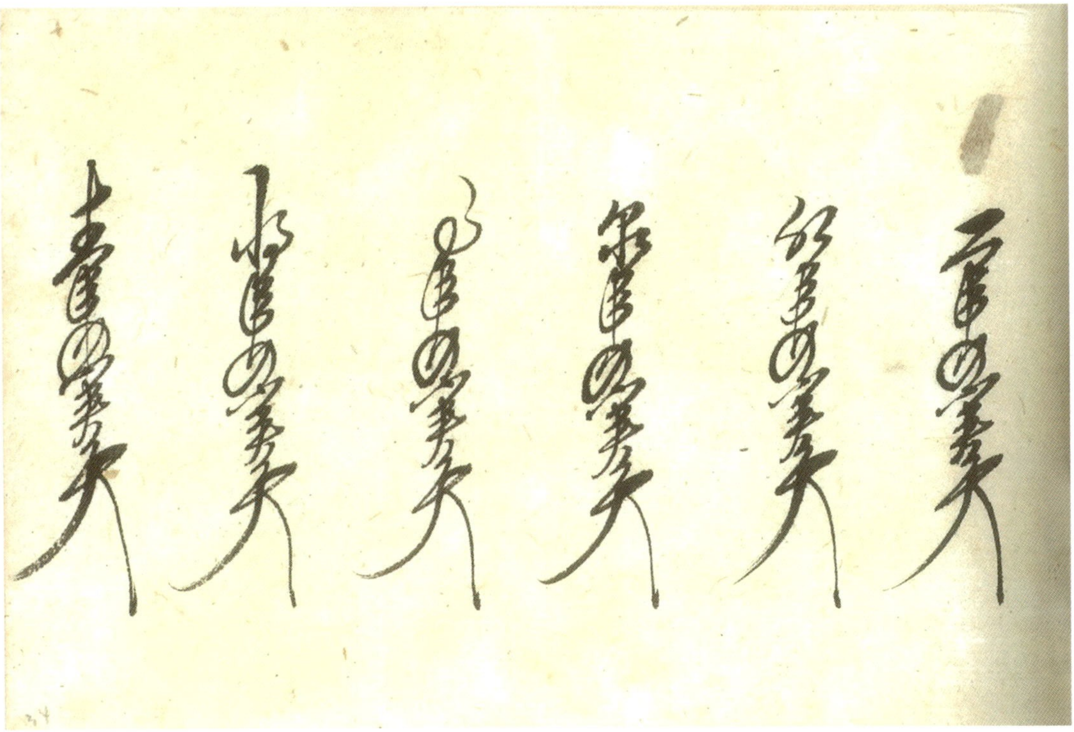

藍布女小夾襖一件
紅布女小夾襖一件
緑布女小夾襖一件
月布女小夾襖一件
醬布女小夾襖一件
青布女小夾襖一件

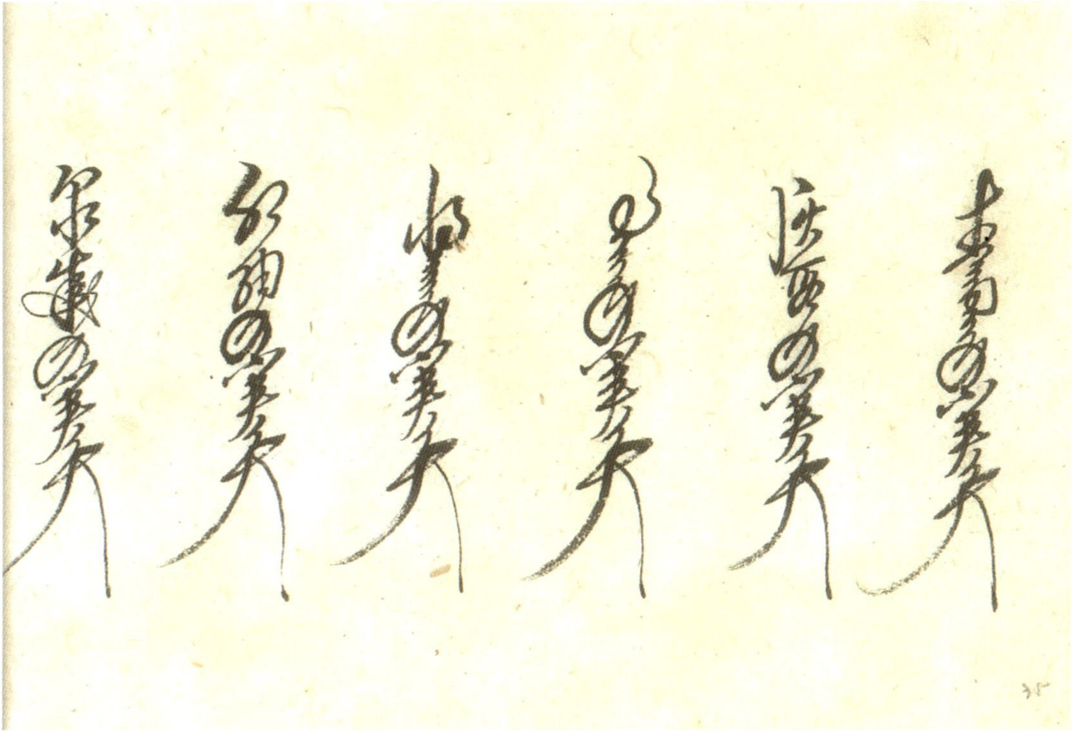

青縐絹女小夾襖一件
灰緞女小夾襖一件
月絹女小夾襖一件
醬絹女小夾襖一件
紅綢女小夾襖一件
緑綾女小夾襖一件

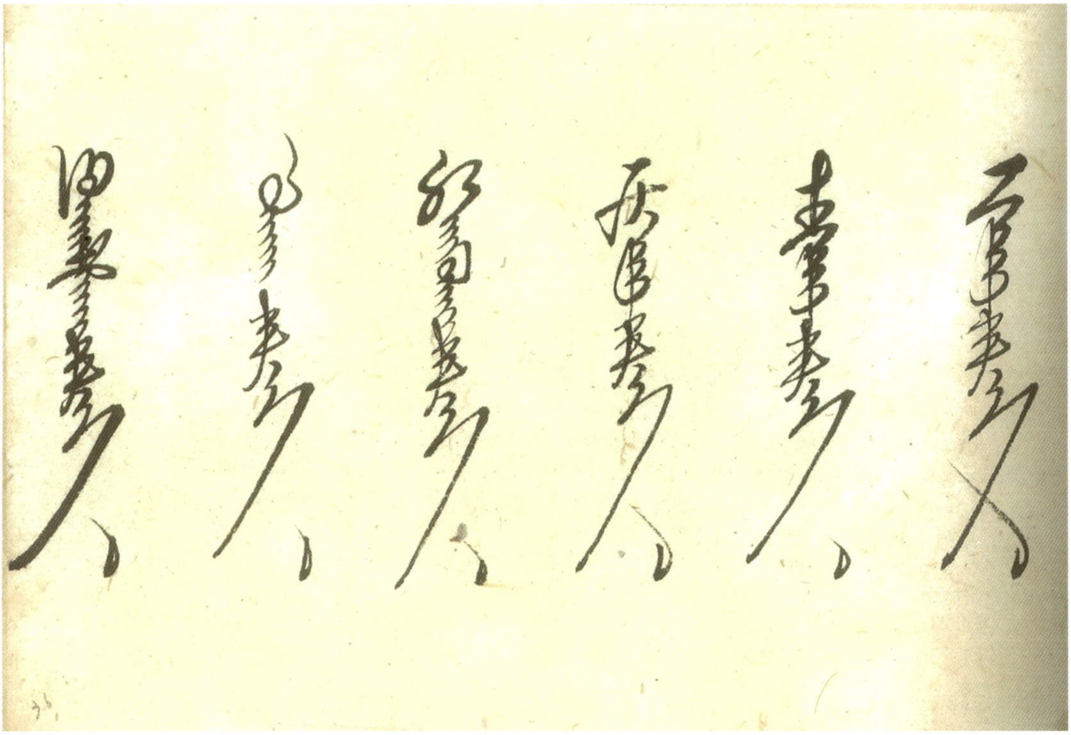

藍布夾褲一條
青布夾褲一條
灰布夾褲一條
紅縐絹夾褲一條
月絹夾褲一條
舊繭絹夾褲一條

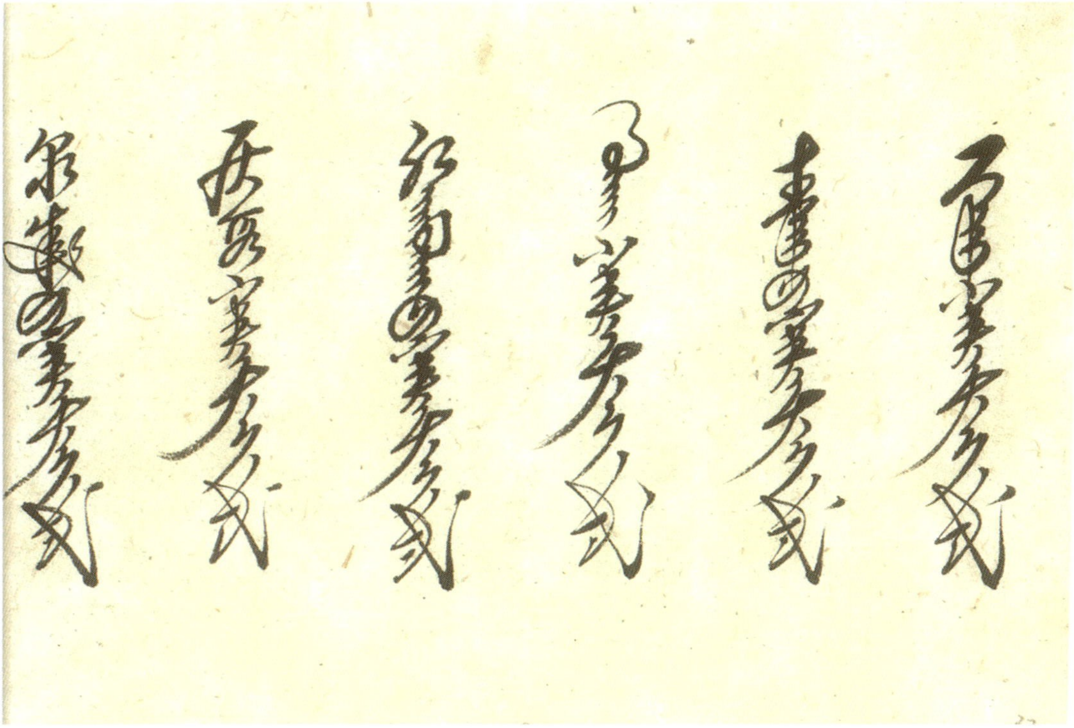

藍布小夾襖褲二件
青布女小夾襖褲二件
月絹小夾襖褲二件
紅縐絹女小夾襖褲二件
灰緞小夾襖褲二件
緑綾女小夾襖褲二件

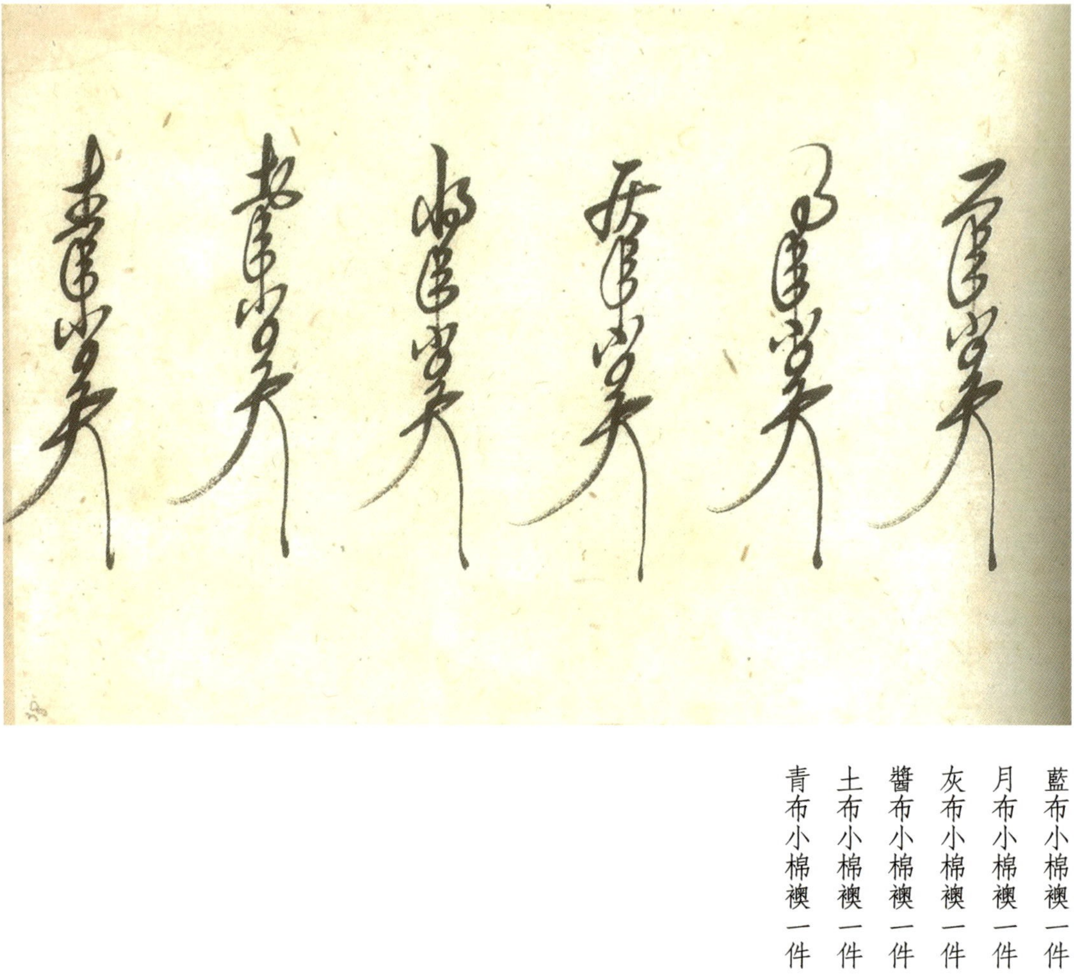

藍布小棉襖一件
月布小棉襖一件
灰布小棉襖一件
醬布小棉襖一件
土布小棉襖一件
青布小棉襖一件

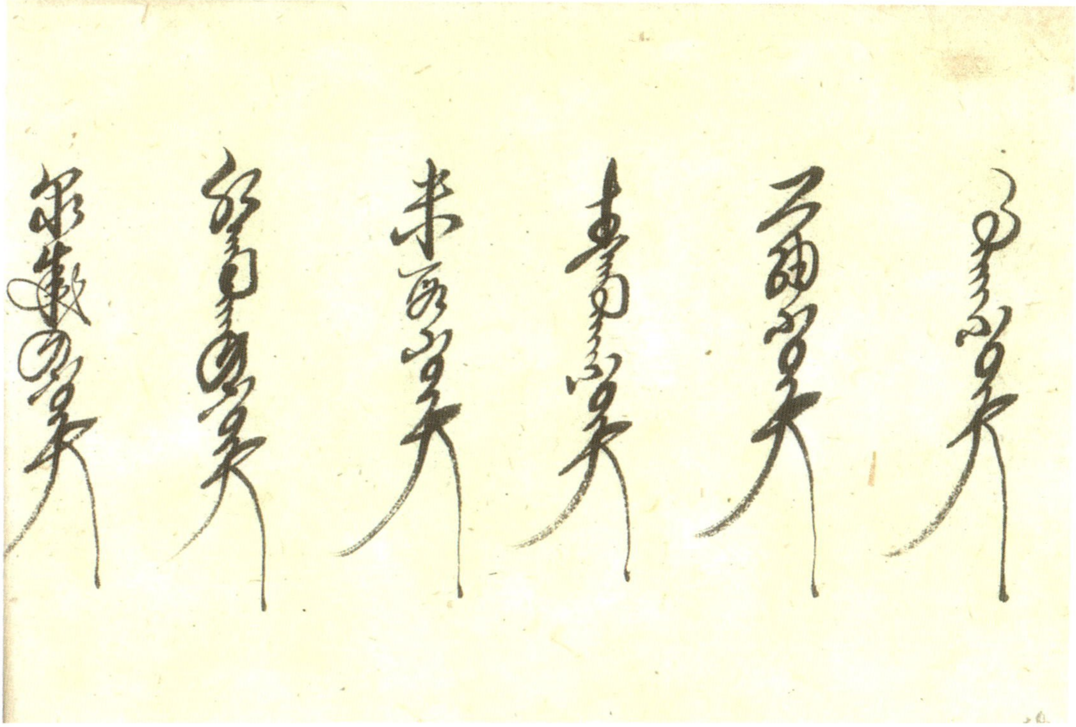

月絹小棉襖一件
藍綢小棉襖一件
青縐絹小棉襖一件
米緞小棉襖一件
紅縐絹女小棉襖一件
緑綾女小棉襖一件

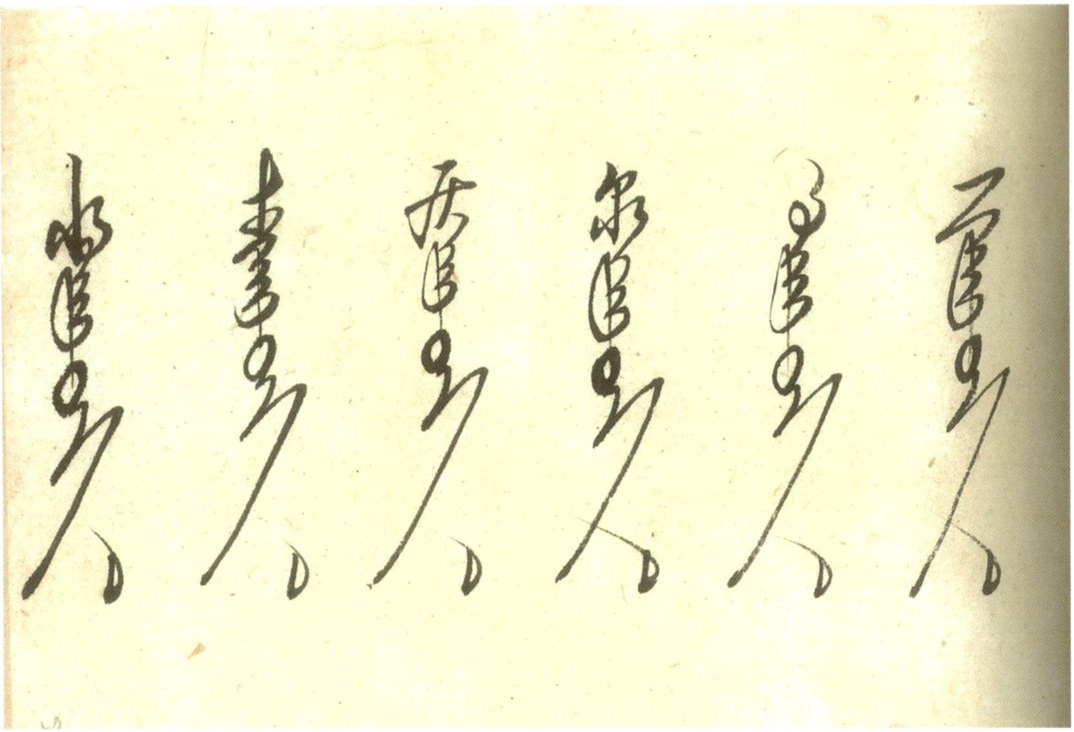

藍布棉褲一條
月布棉褲一條
緑布棉褲一條
灰布棉褲一條
青布棉褲一條
醬布棉褲一條

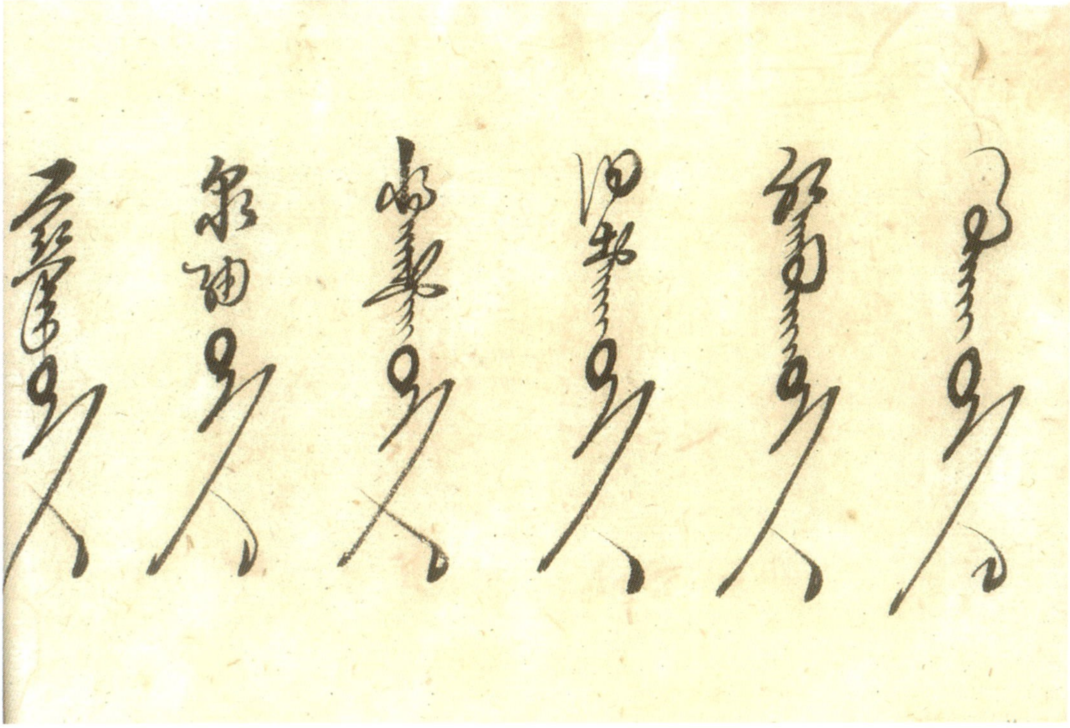

月絹棉褲一條
紅縐絹棉褲一條
舊繭棉褲一條
醬繭絹棉褲一條
緑綢棉褲一條
藍絲布棉褲一條

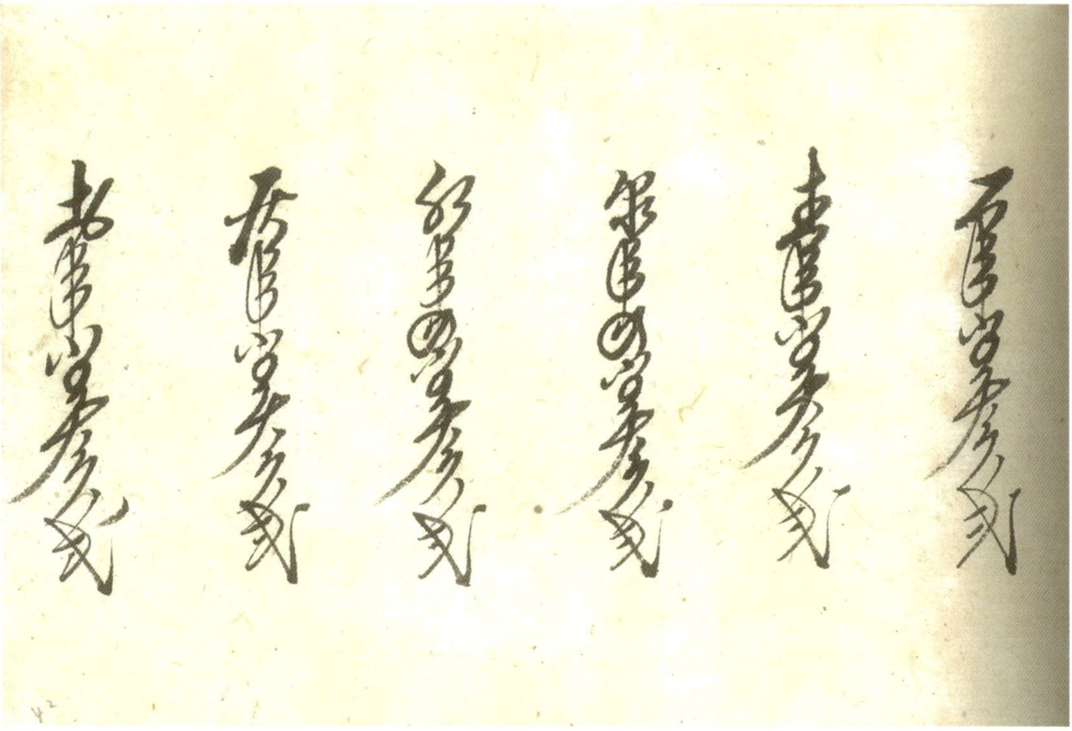

藍布小棉襖褲二件
青布小棉襖褲二件
緑布女小棉襖褲二件
紅布女小棉襖褲二件
灰布小棉襖褲二件
土布小棉襖褲二件

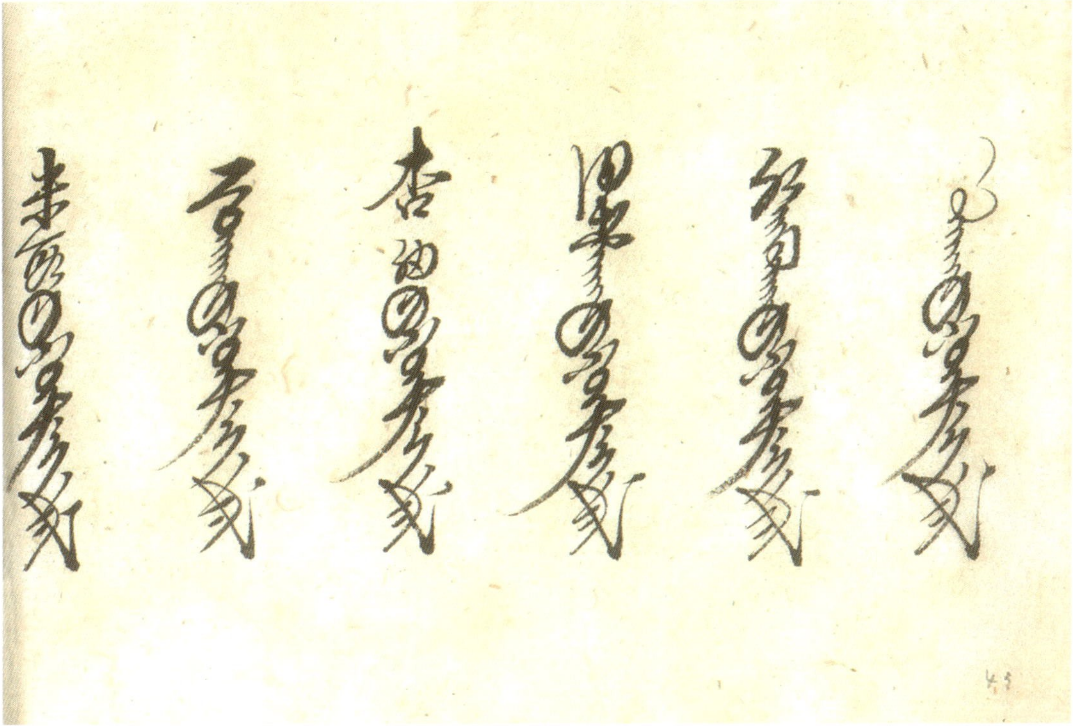

月絹女小棉襖褲二件
紅縐絹女小棉襖褲二件
舊土絹女小棉襖褲二件
杏綢女小棉襖褲二件
藍棉絹女小棉襖褲二件
米緞女小棉襖褲二件

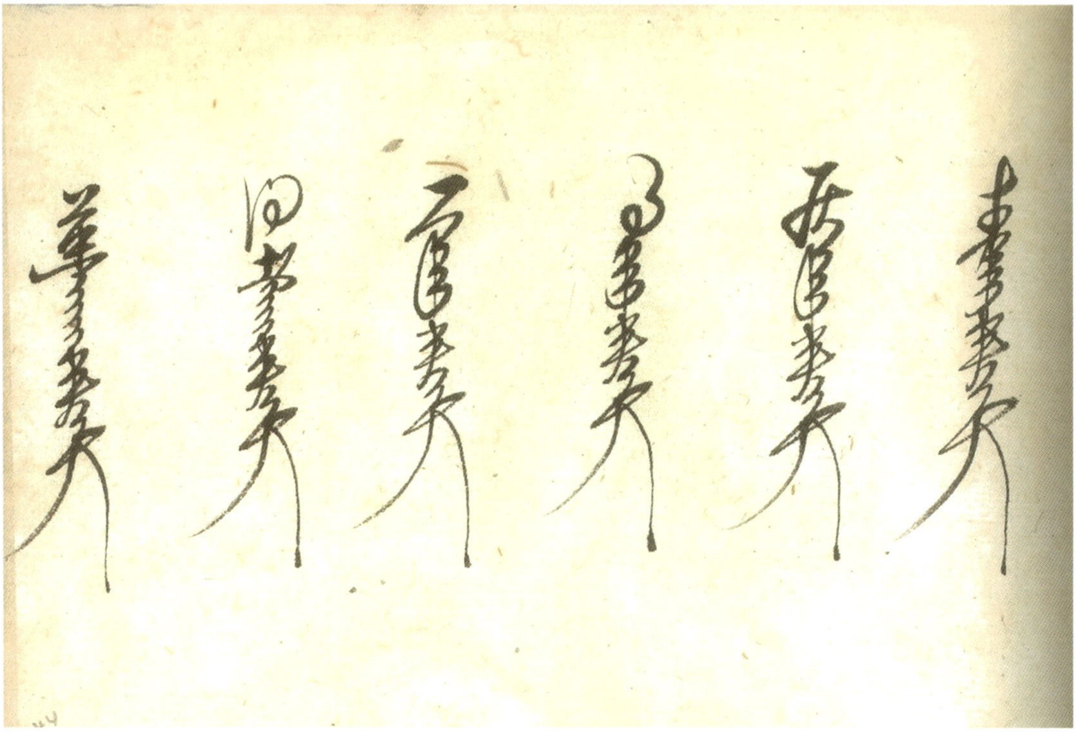

青布夾襖一件
灰布夾襖一件
月布夾襖一件
藍布夾襖一件
舊土絹夾襖一件
繭絹夾襖一件

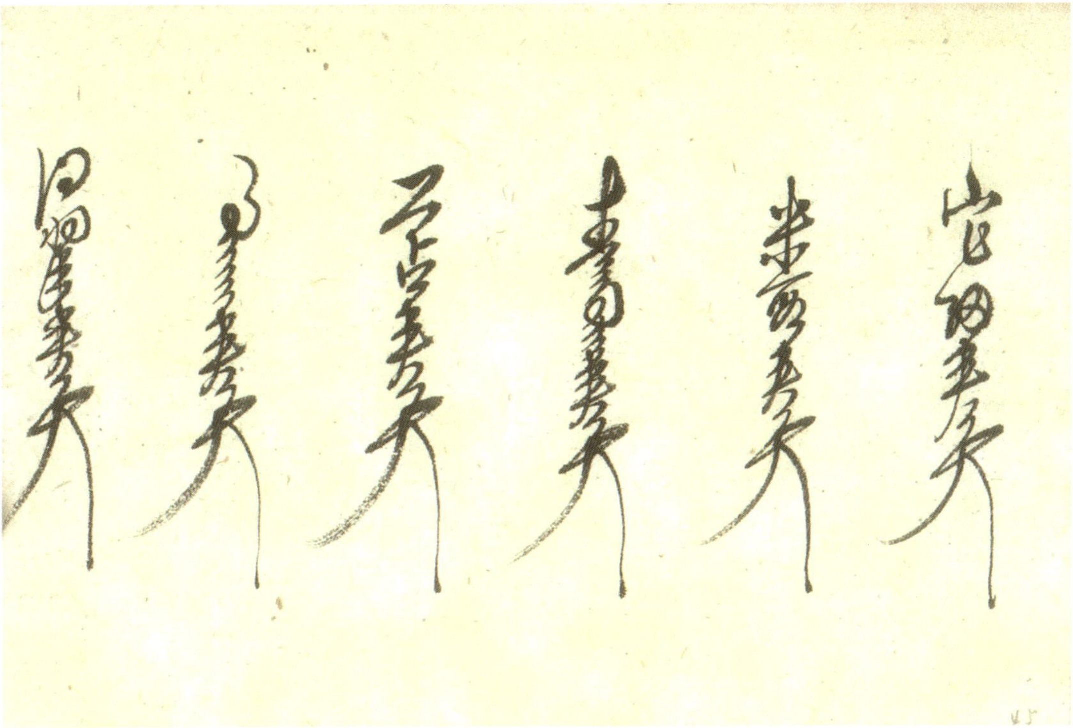

駝綢夾襖一件
米緞夾襖一件
青縐絹夾襖一件
藍占夾襖一件
月絹夾襖一件
舊羽布夾襖一件

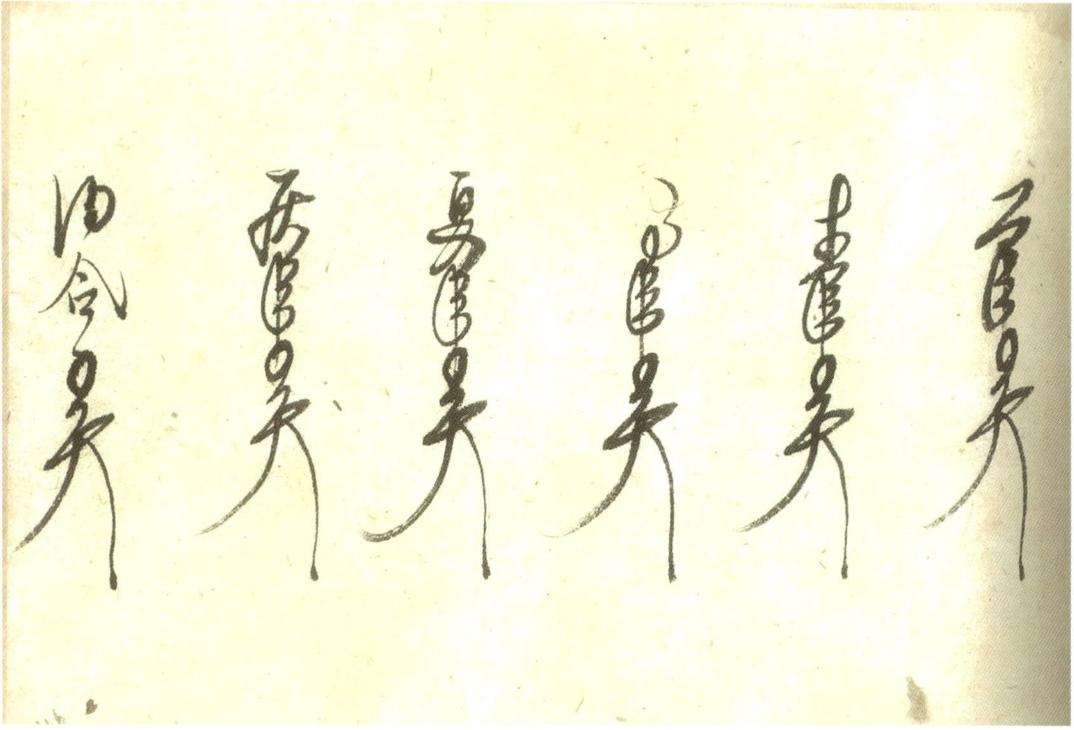

藍布棉襖一件
青布棉襖一件
月布棉襖一件
皂布棉襖一件
灰布棉襖一件
舊合棉襖一件

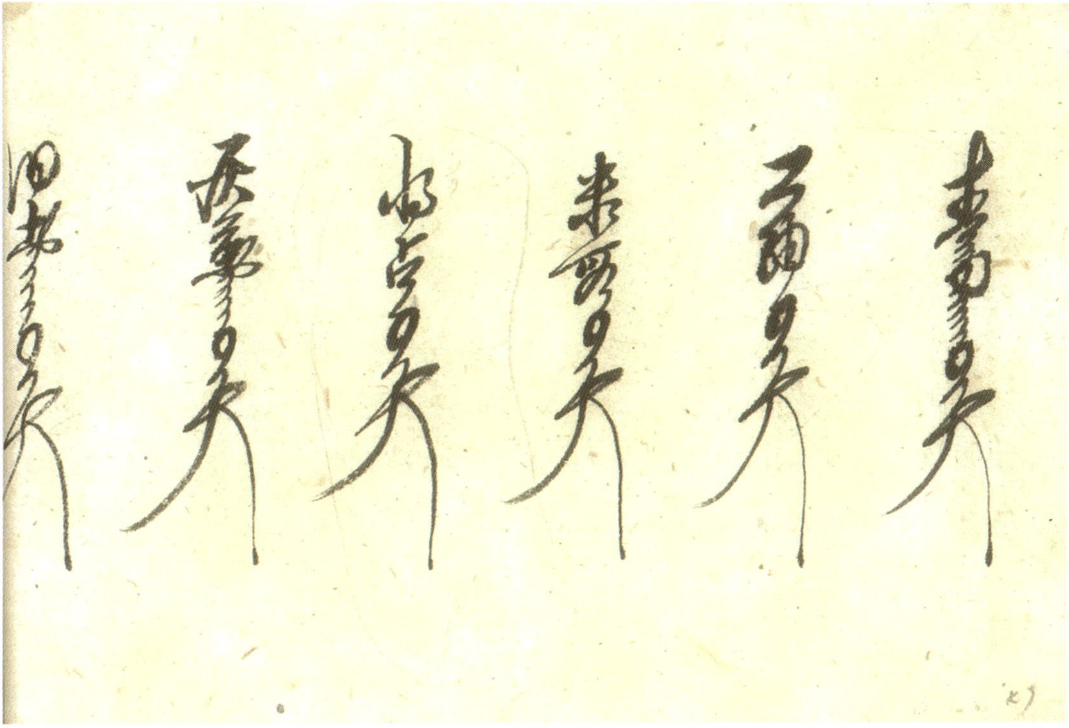

青綹絹棉襖一件
藍綢棉襖一件
米緞棉襖一件
醬占棉襖一件
灰繭絹棉襖一件
舊土絹棉襖一件

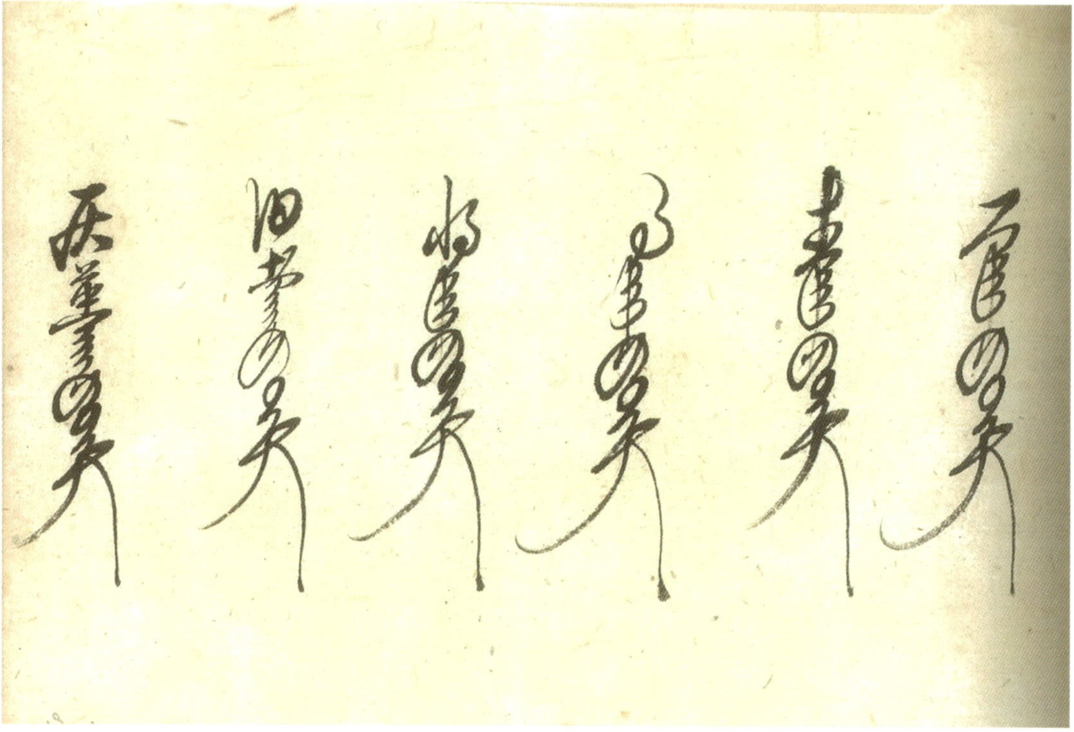

藍布女棉襖一件
青布女棉襖一件
月布女棉襖一件
醬布女棉襖一件
舊土絹女棉襖一件
灰繭絹女棉襖一件

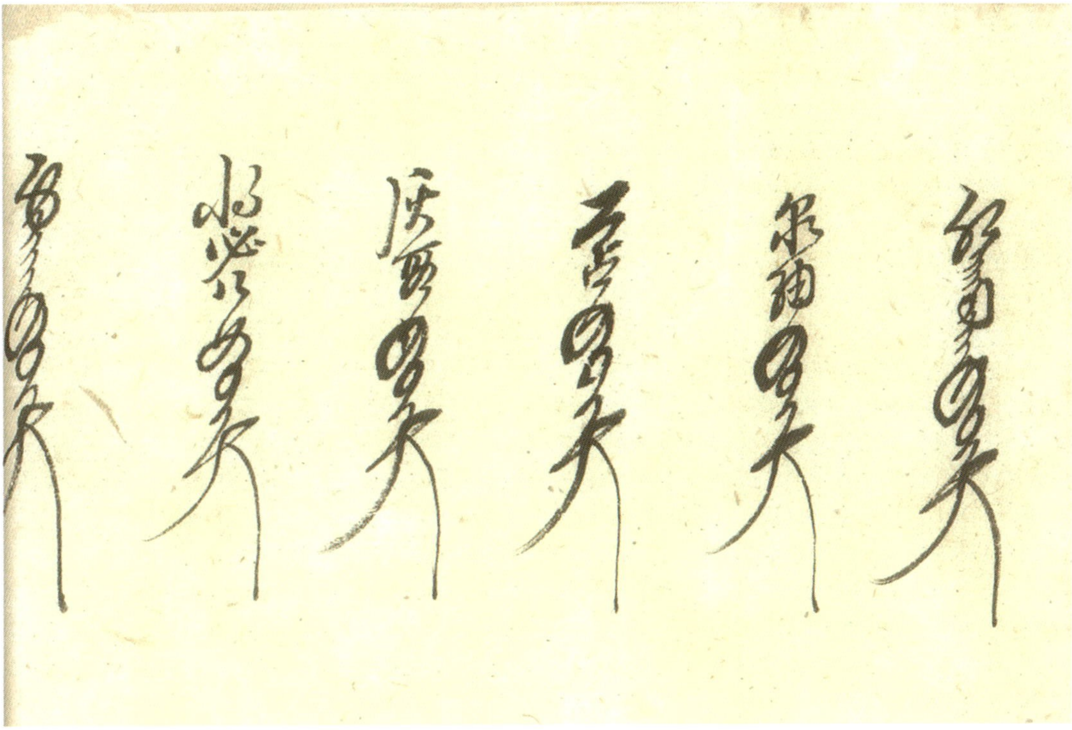

紅綹絹女棉襖一件
綠綢女棉襖一件
藍占女棉襖一件
灰緞女棉襖一件
醬嗶嘰女棉襖一件
紫絹女棉襖一件

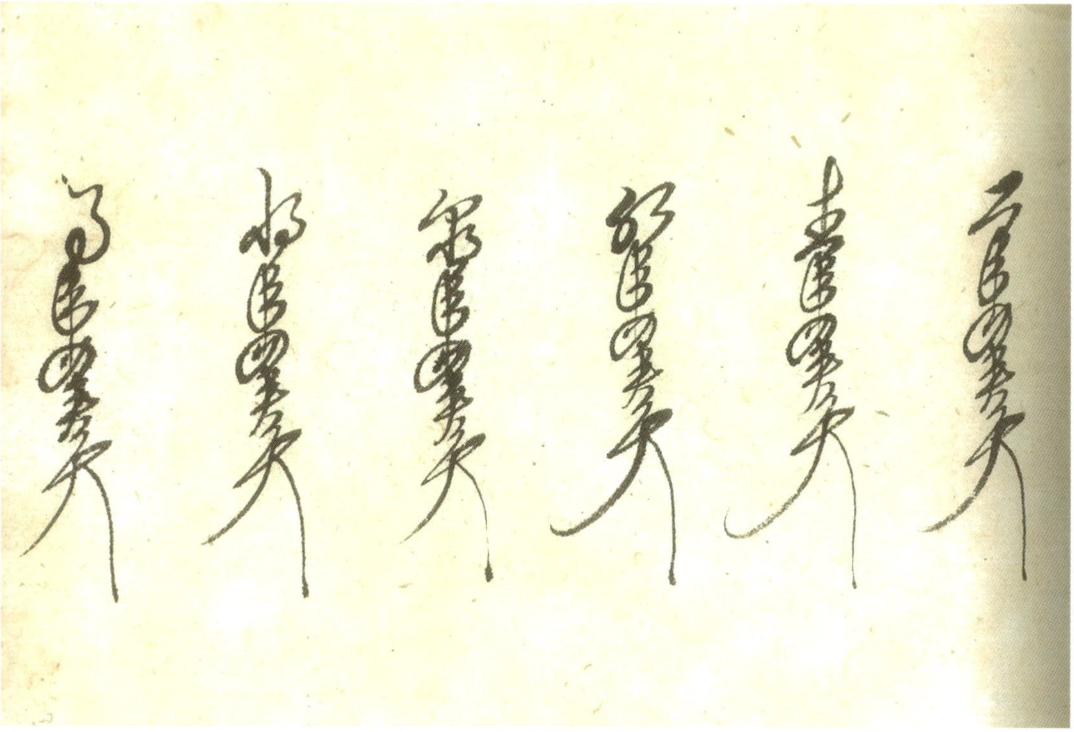

藍布女夾襖一件
青布女夾襖一件
紅布女夾襖一件
緑布女夾襖一件
醬布女夾襖一件
月布女夾襖一件

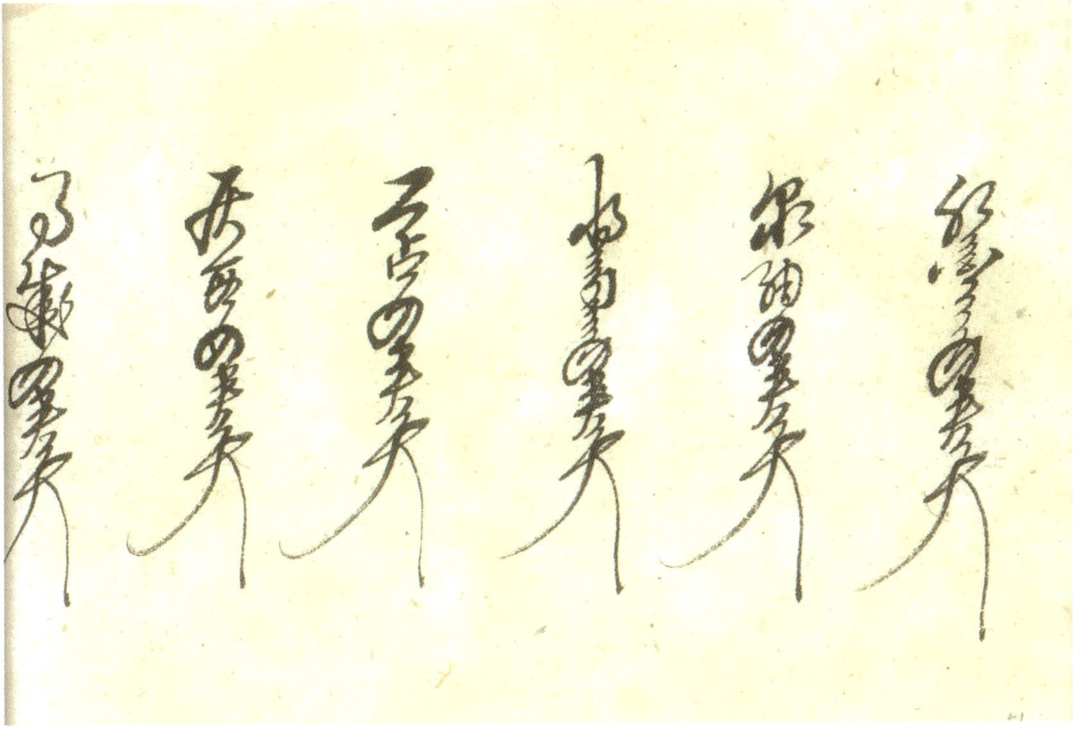

紅花絹女夾襖一件
緑綢女夾襖一件
醬綯絹女夾襖一件
藍占女夾襖一件
灰緞女夾襖一件
月綾女夾襖一件

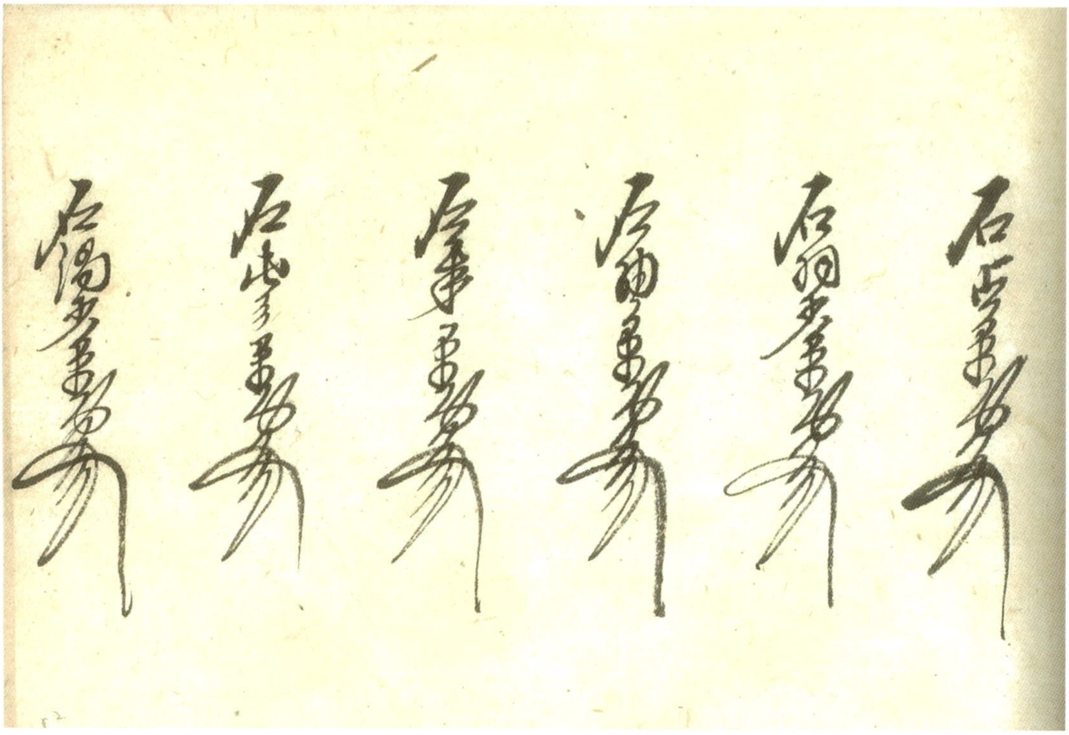

石占單馬套一件
石羽紗單馬套一件
石綢單馬套一件
石素單馬套一件
石屯絹單馬套一件
石漏紗單馬套一件

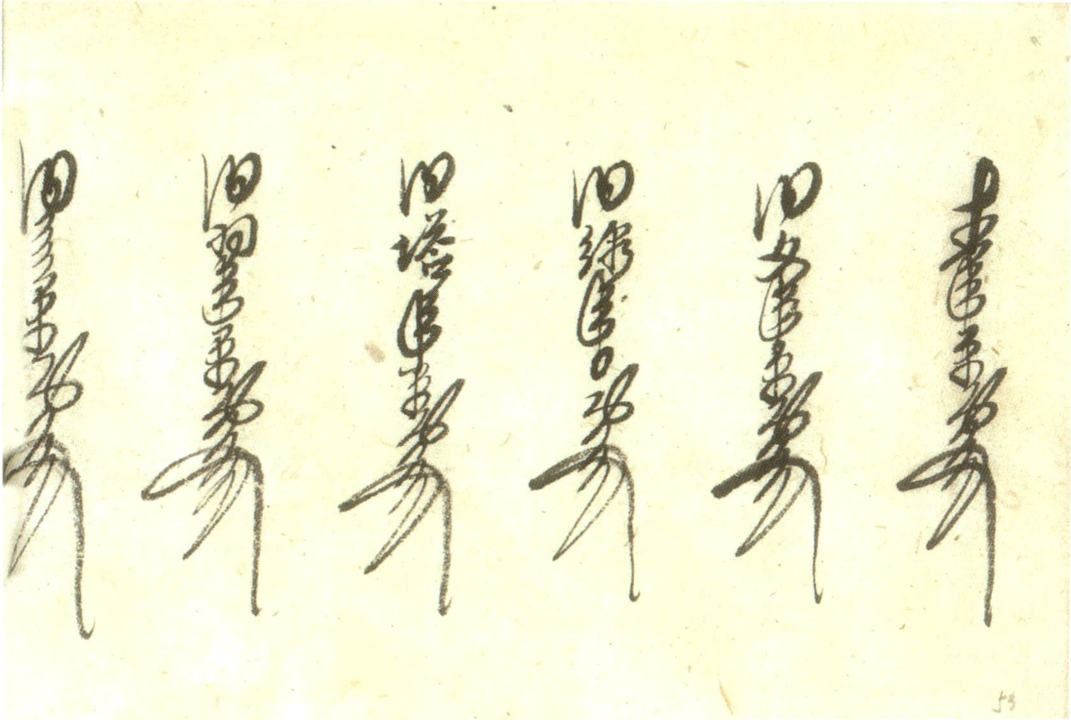

青布單馬套一件
舊文布單馬套一件
舊綫布棉馬套一件
舊塔布單馬套一件
舊羽布單馬套一件
舊絹單馬套一件

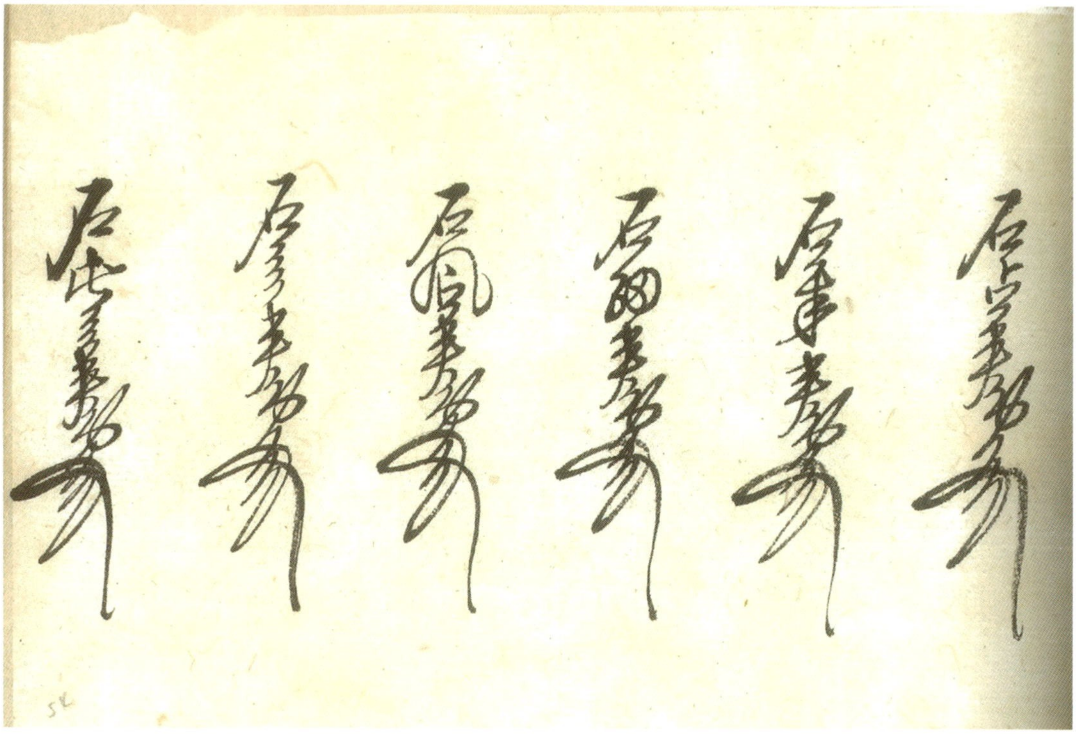

石占夾馬套一件
石素夾馬套一件
石綢夾馬套一件
石合夾馬套一件
石絹夾馬套一件
石屯絹夾馬套一件

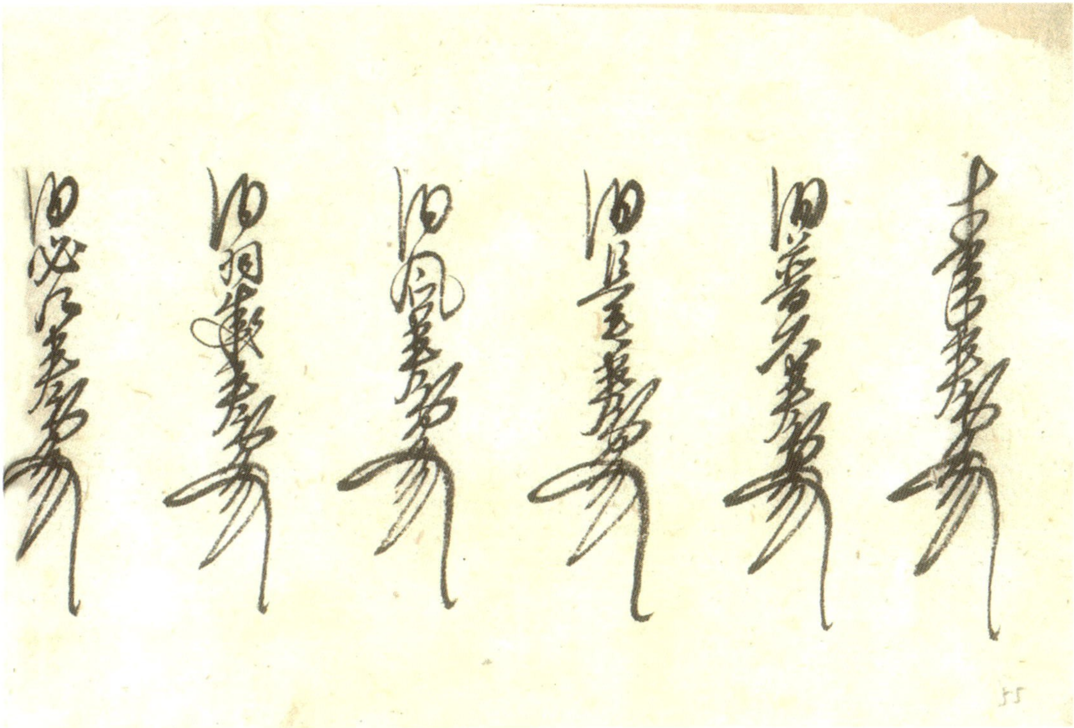

青布夾馬套一件
舊氆氌夾馬套一件
舊絲毛夾馬套一件
舊合夾馬套一件
舊羽綾夾馬套一件
舊嗶嘰夾馬套一件

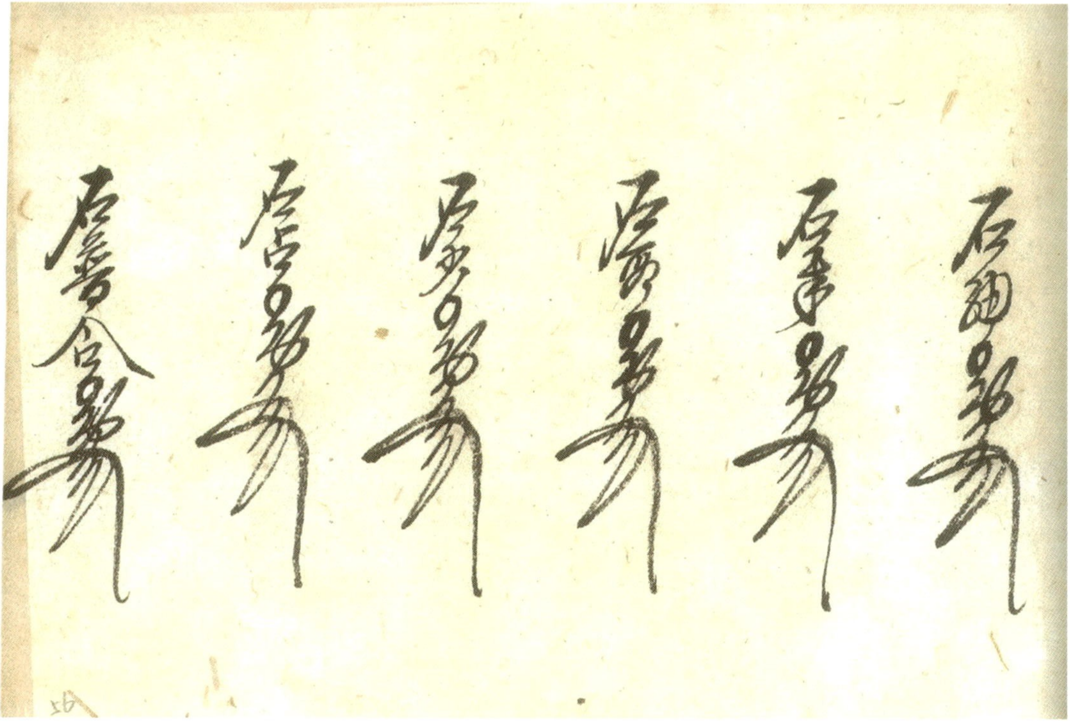

石綢棉馬套一件
石素棉馬套一件
石緞棉馬套一件
石紗棉馬套一件
石占棉馬套一件
石普合棉馬套一件

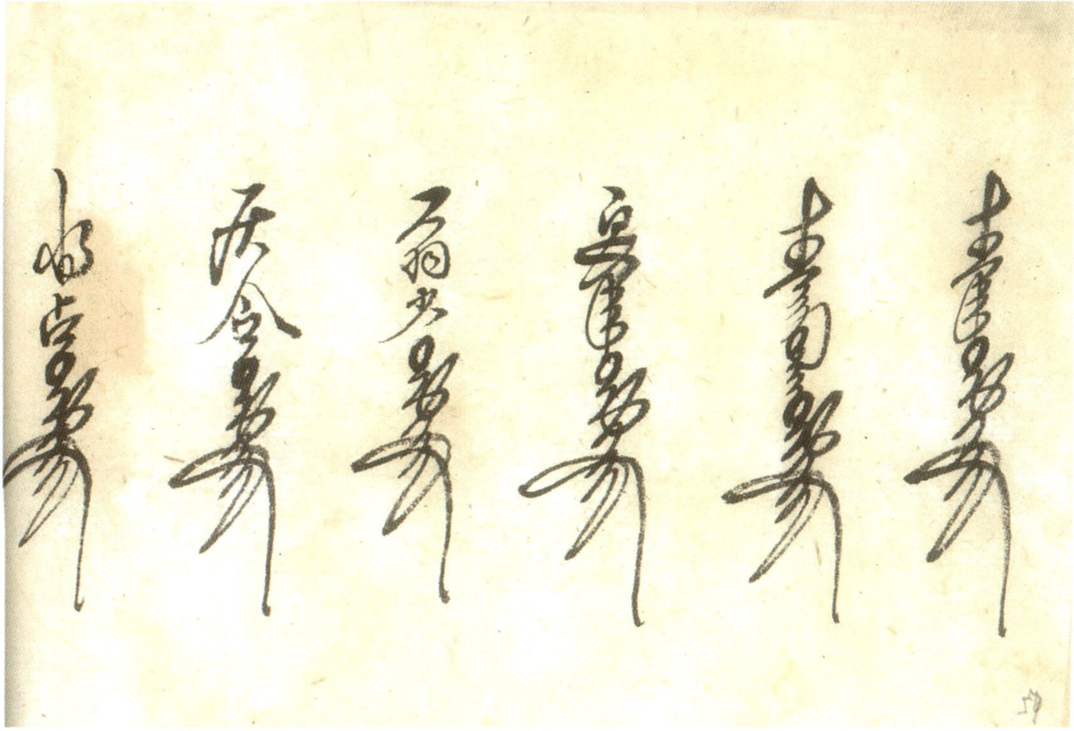

青布棉馬套一件
青縐絹棉馬套一件
皂布棉馬套一件
藍羽紗棉馬套一件
灰合棉馬套一件
醬占棉馬套一件

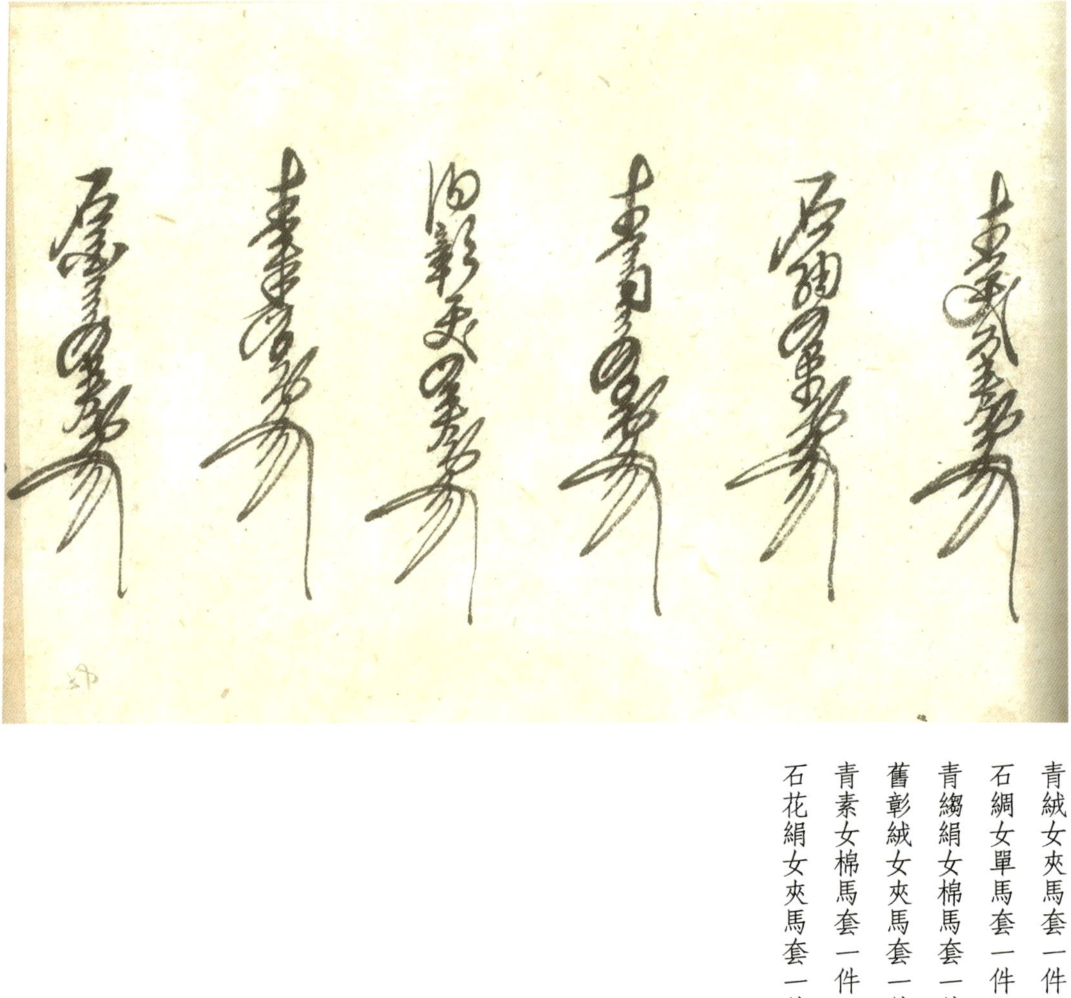

青絨女夾馬套一件
石綢女單馬套一件
青縐絹女棉馬套一件
舊彰絨女夾馬套一件
青素女棉馬套一件
石花絹女夾馬套一件

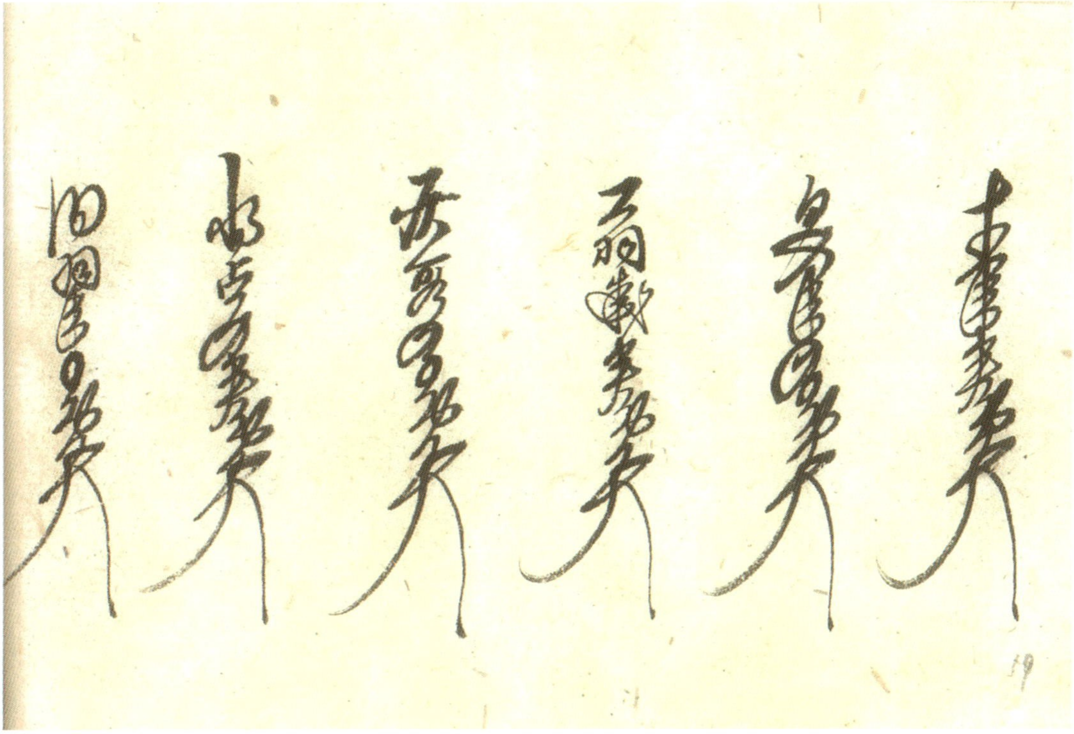

青布夾馬襖一件
皂布女棉馬襖一件
藍羽綾夾馬襖一件
灰緞女棉馬襖一件
醬占女夾馬襖一件
舊羽布棉馬襖一件

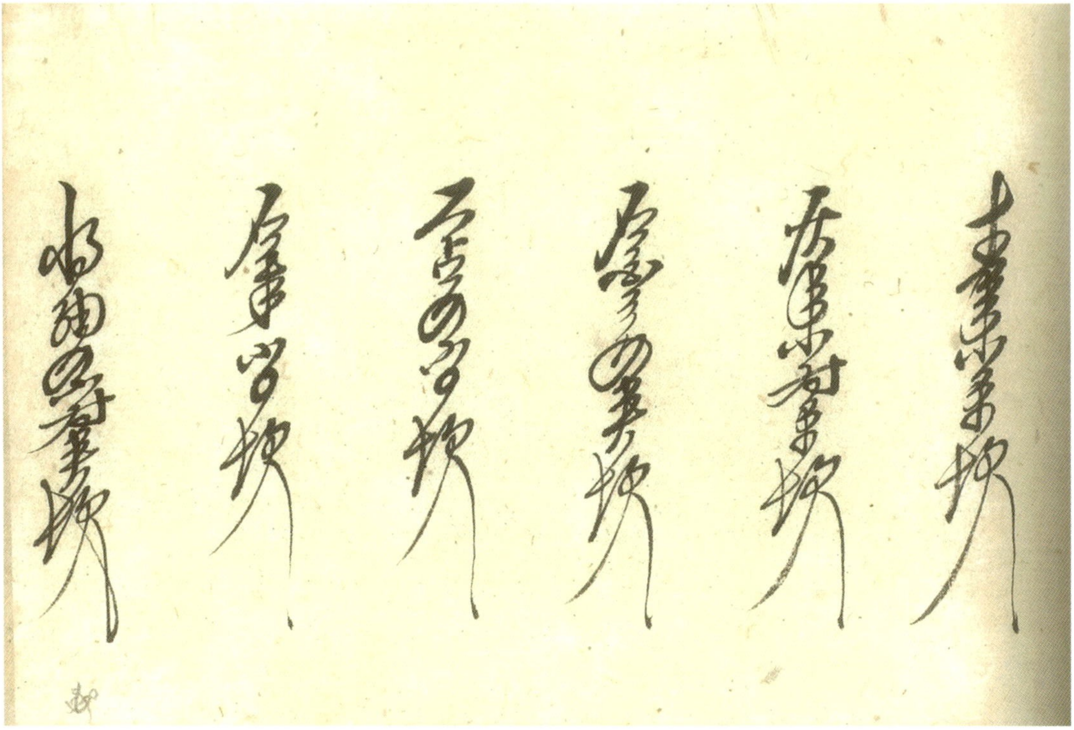

青布小單坎一件
灰布小對單坎一件
石花絹女夾坎一件
藍占女小棉坎一件
石素小棉坎一件
醬綢女小對夾坎一件

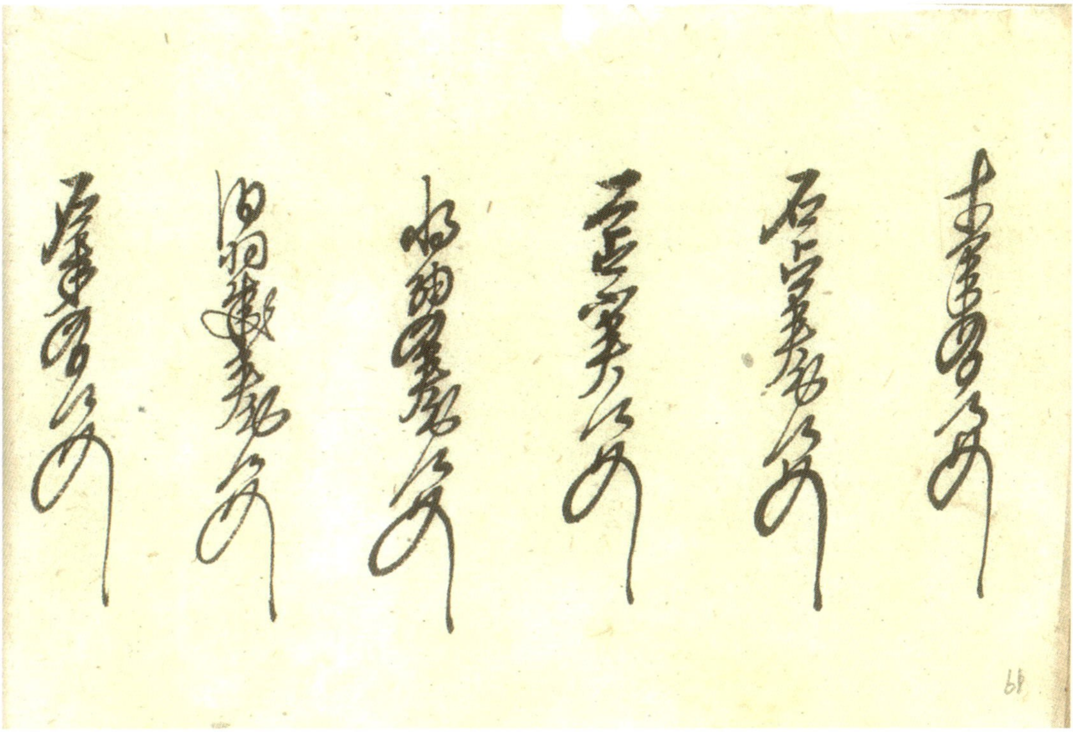

青布女棉腰一件
石占夾馬腰一件
藍占小夾腰一件
醬綢女夾馬腰一件
舊羽綾夾馬腰一件
石素女棉腰一件

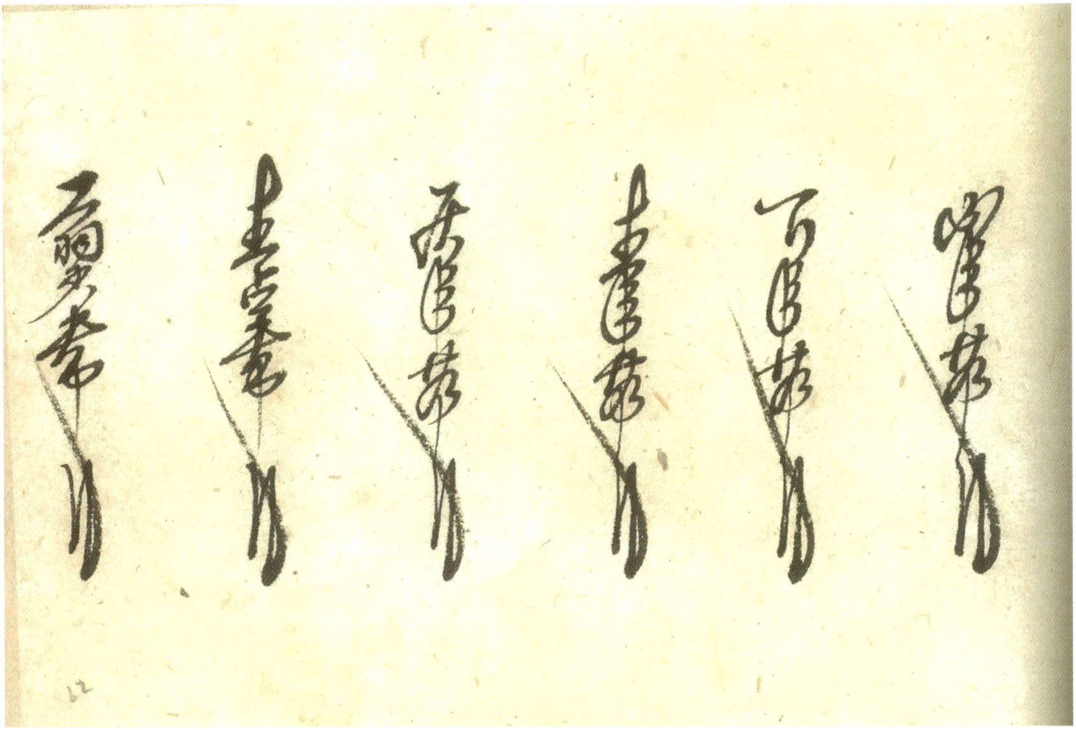

白布接褂一件
夏布接褂一件
青布接褂一件
灰布接褂一件
青占夾缺襟褂一件
藍羽紗缺襟褂一件

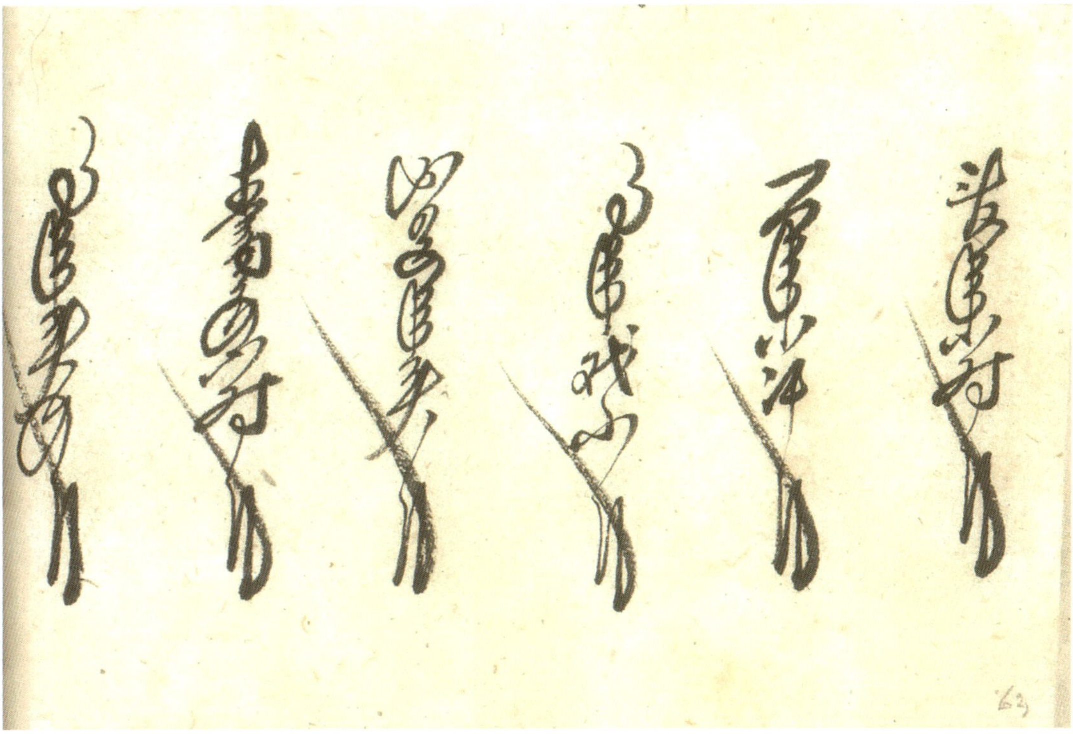

夏布小對褂一件
藍布小汗褂一件
月布戲小褂一件
白羅布孩褂一件
青緙絹女小對褂一件
月布孩女褂一件

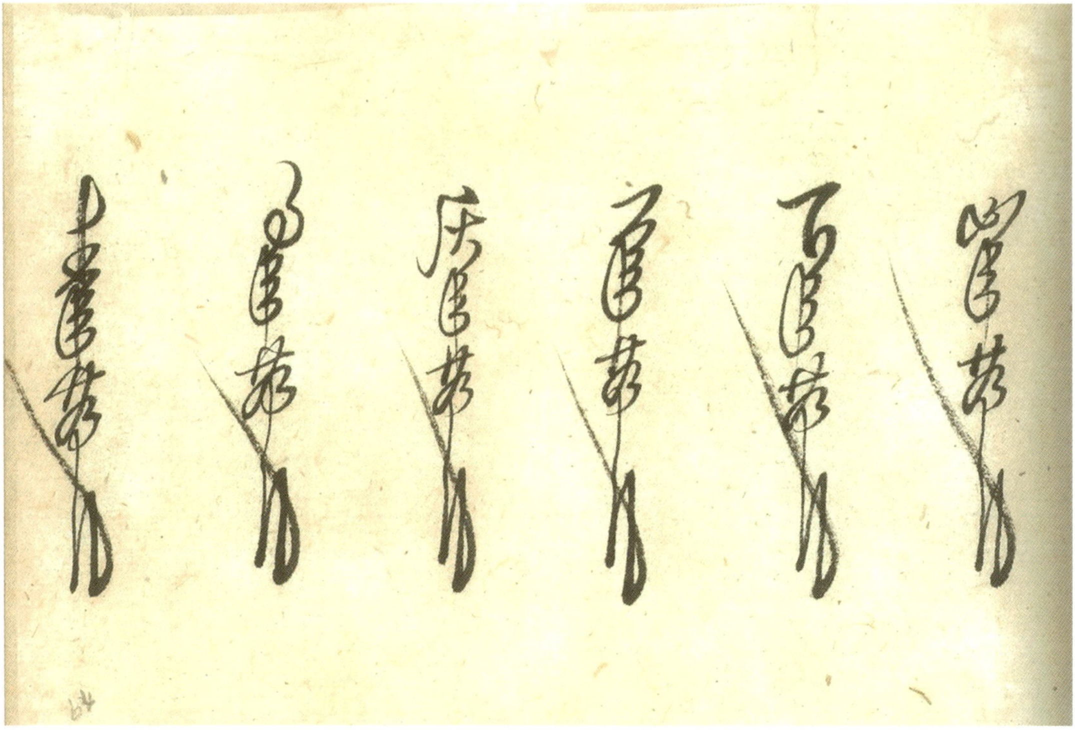

白布接褂一件
夏布接褂一件
藍布接褂一件
灰布接褂一件
月布接褂一件
青布接褂一件

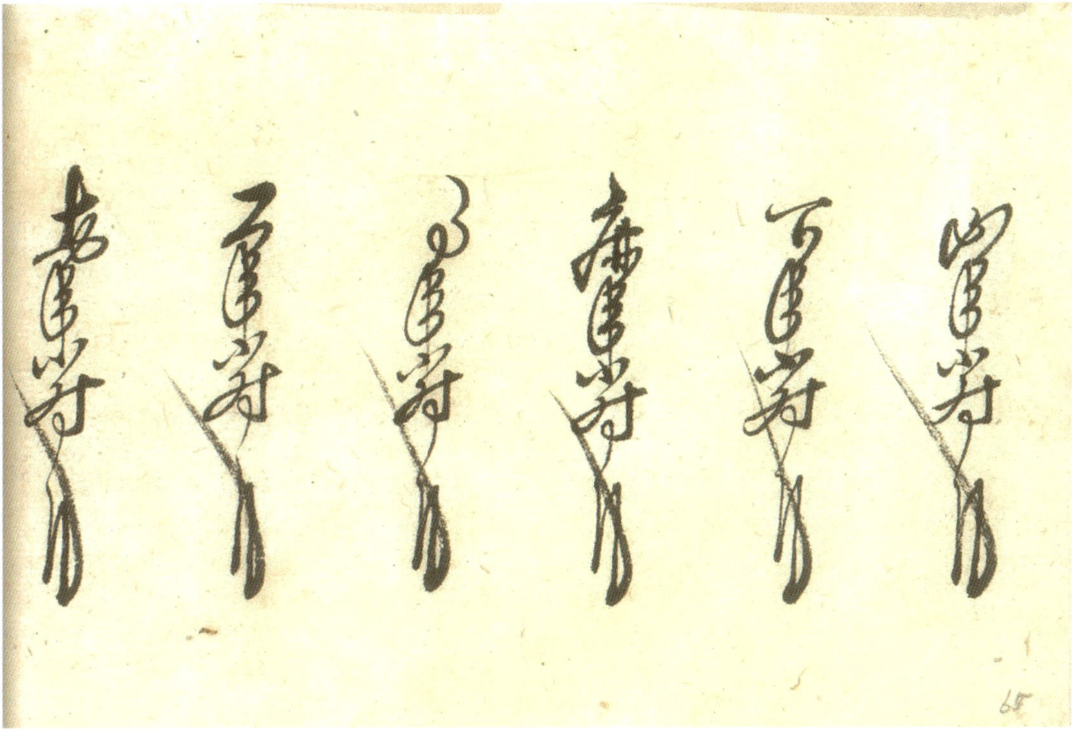

白布小對褂一件
夏布小對褂一件
麻布小對褂一件
月布小對褂一件
藍布小對褂一件
土布小對褂一件

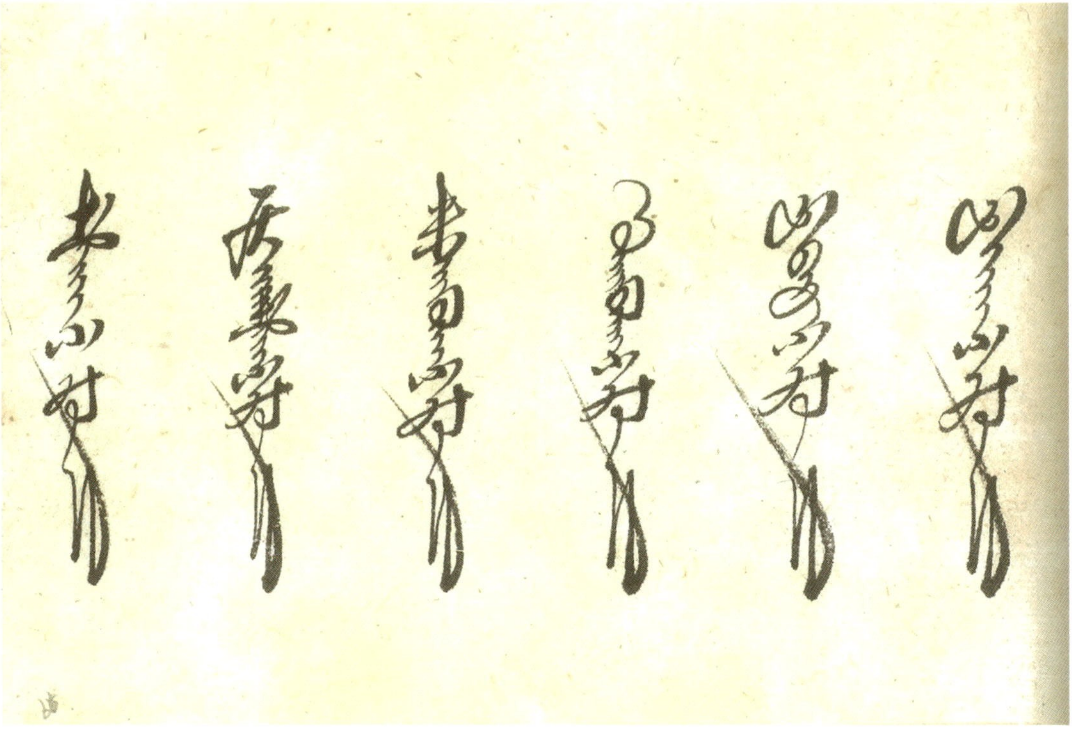

白絹小對褂一件
白羅小對褂一件
月緙絹小對褂一件
米緙絹小對褂一件
灰繭絹小對褂一件
土絹小對褂一件

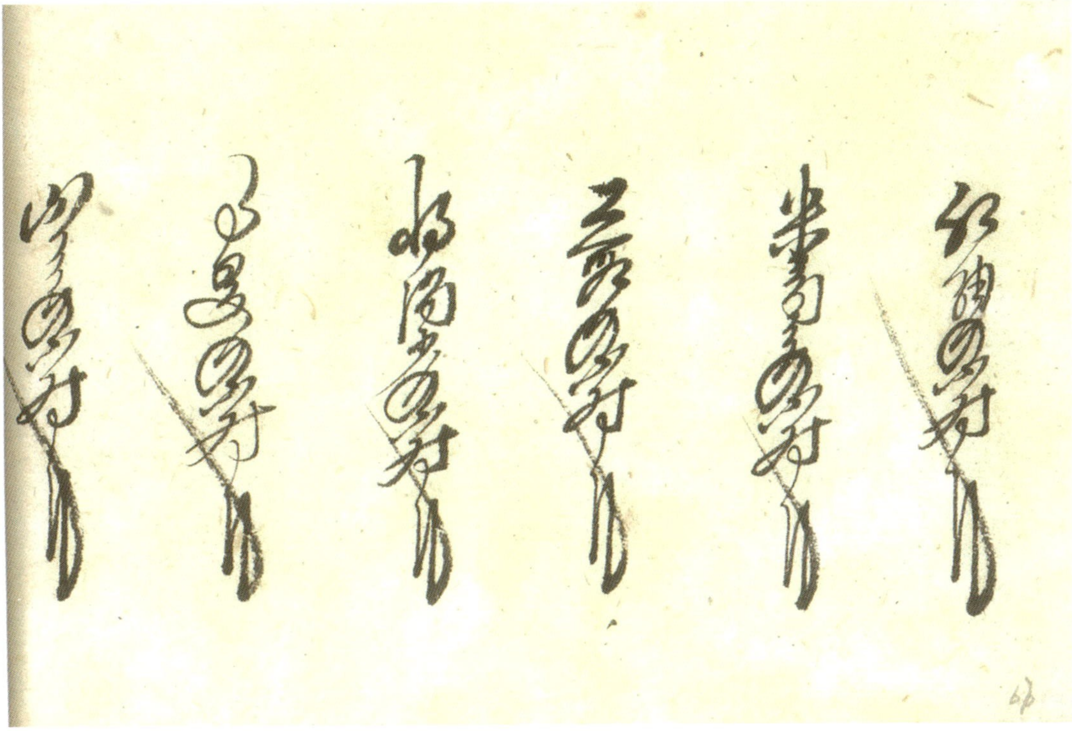

紅綢女小對褂一件
米縐絹女小對褂一件
藍緞女小對褂一件
醬漏紗女小對褂一件
月羅女小對褂一件
白絹女小對褂一件

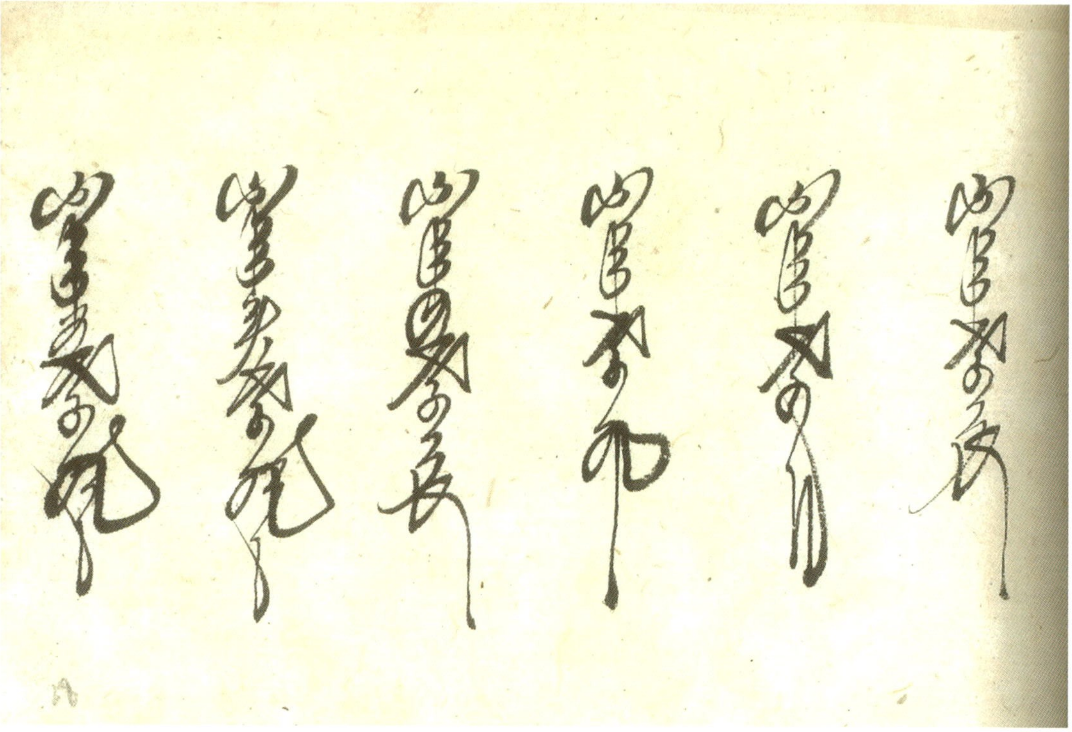

白布孝衣一件
白布孝褂一件
白布孝袍一件
白布女孝衣一件
白布孩孝袍一件
白布女孝袍一件

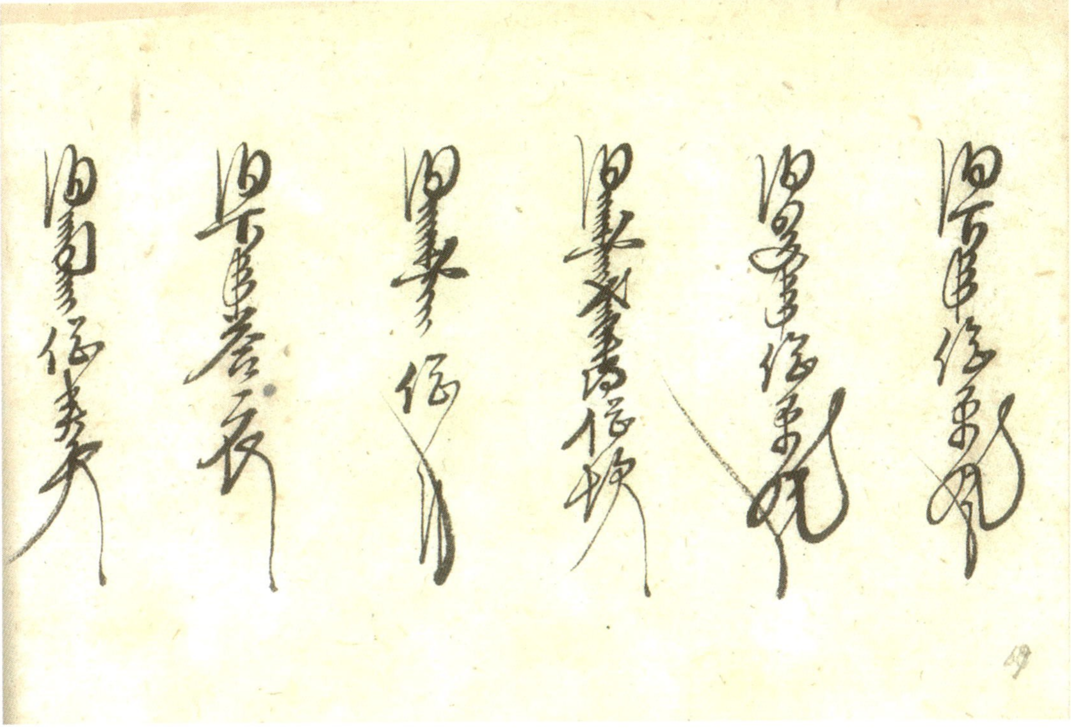

舊夏布僧單袍一件
舊羅布僧單袍一件
舊繭絹老羊皮僧坎一件
舊繭絹僧褂一件
舊夏布荅衣一件
舊縐絹僧夾襖一件

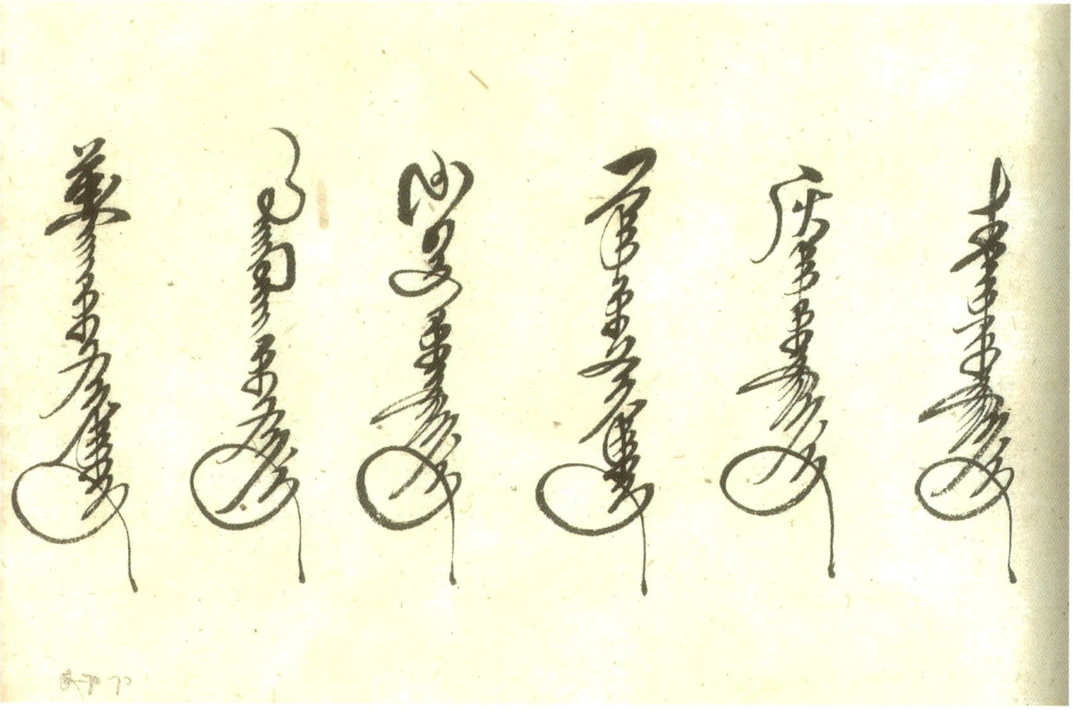

青布單套褲一雙
灰布單套褲一雙
藍布單義褲一雙
白羅單套褲一雙
月縐絹單義褲一雙
藕絹單義褲一雙

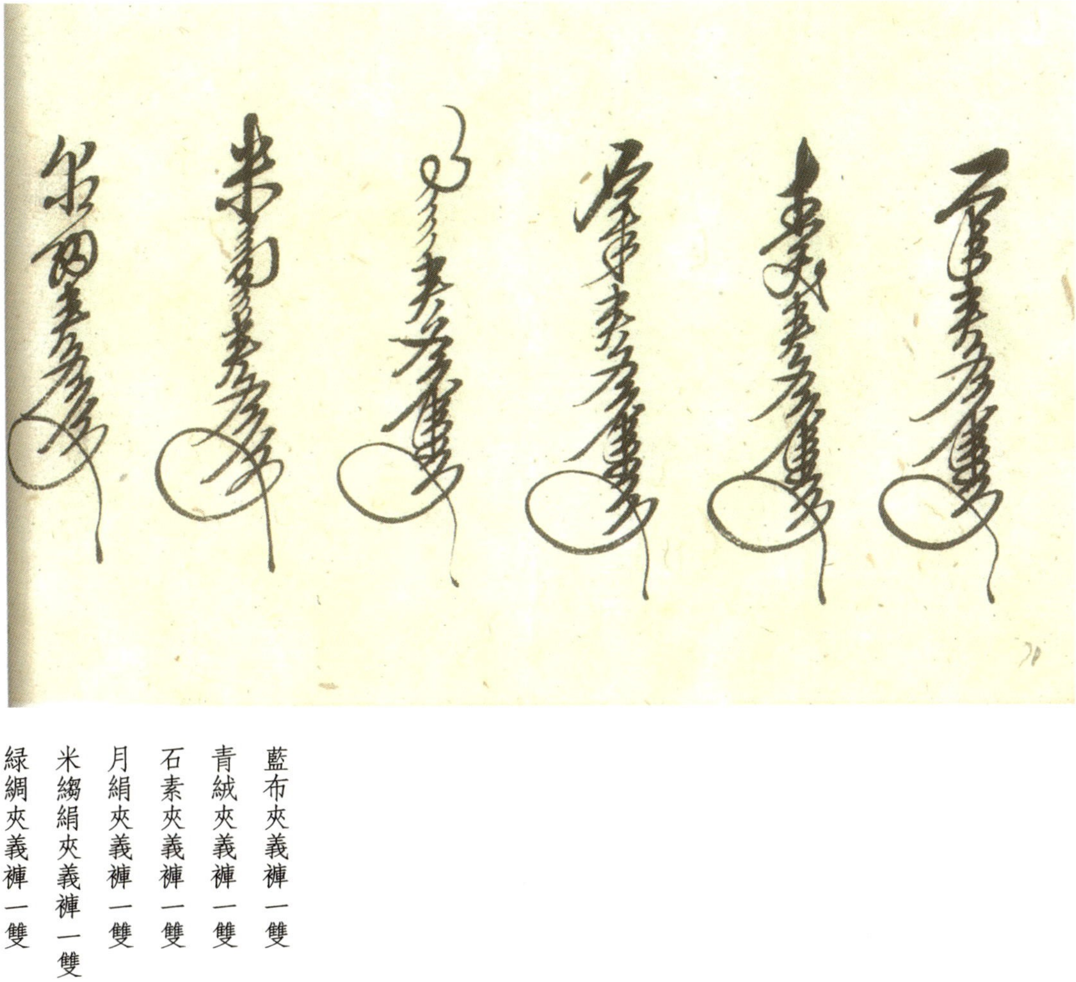

藍布夾義褲一雙
青絨夾義褲一雙
石素夾義褲一雙
月絹夾義褲一雙
米綌絹夾義褲一雙
緑綢夾義褲一雙

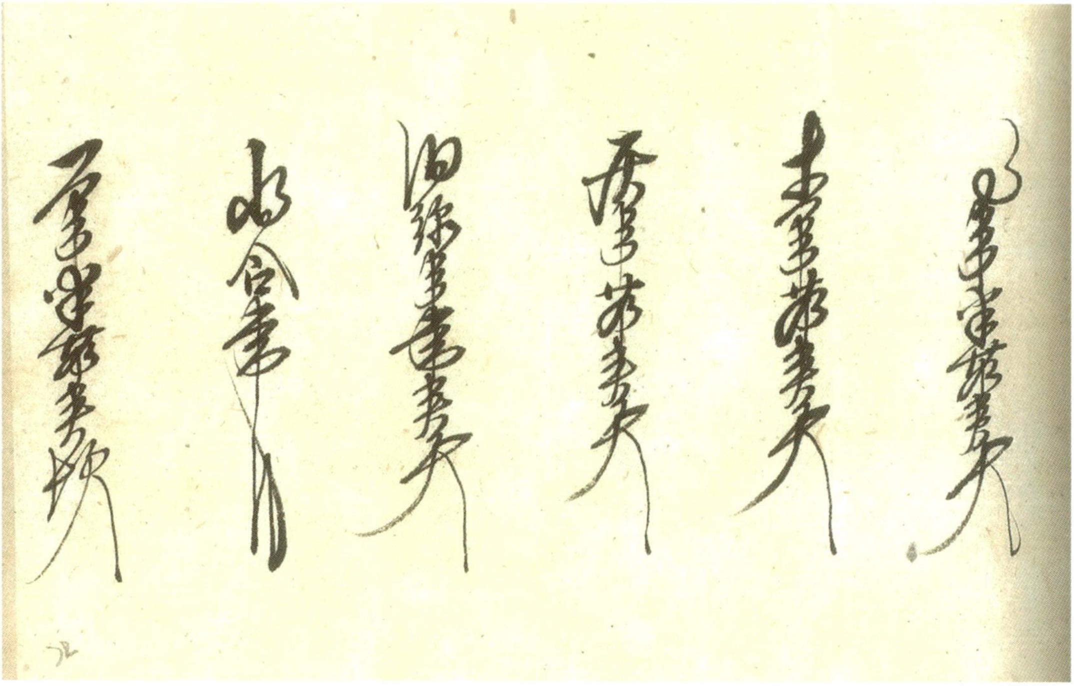

月布半接夾襖一件
青布接夾襖一件
灰布接夾襖一件
舊綫布缺襟夾襖一件
醬合缺襟褂一件
藍布半接夾坎一件

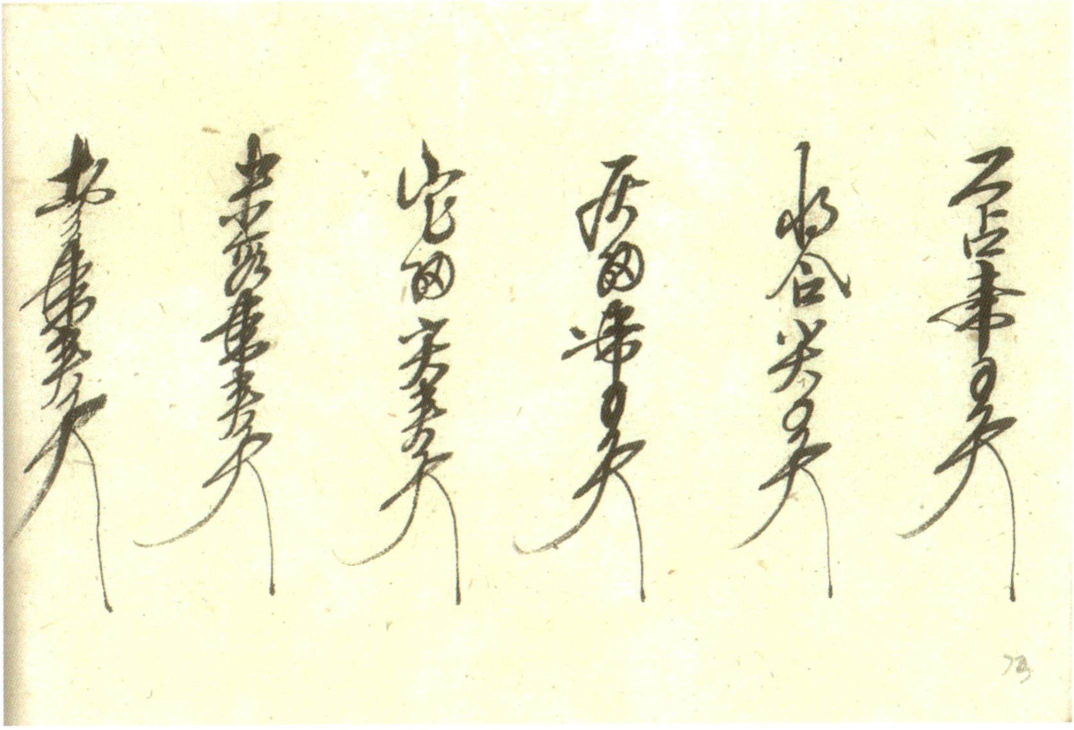

藍占缺襟棉襖一件
醬合尖棉襖一件
灰綢缺襟棉襖一件
駝綢尖夾襖一件
米緞缺襟夾襖一件
土絹缺襟夾襖一件

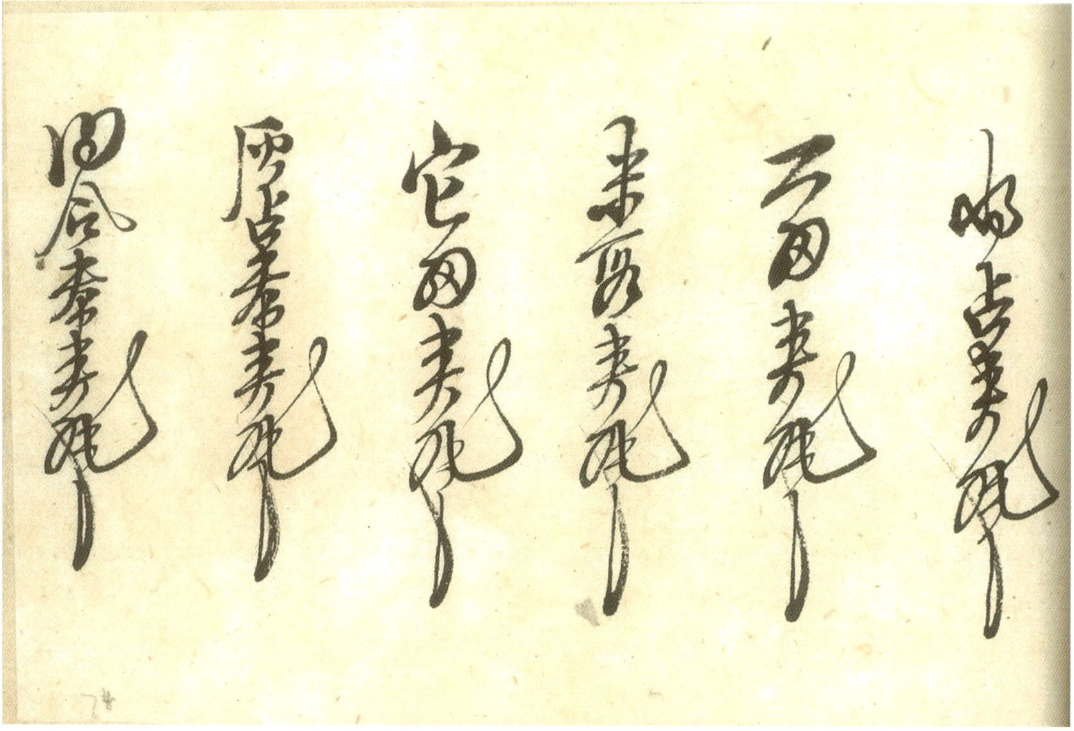

醬占夾袍一件
藍綢夾袍一件
米緞夾袍一件
駝綢夾袍一件
灰占缺襟夾袍一件
舊合缺襟夾袍一件

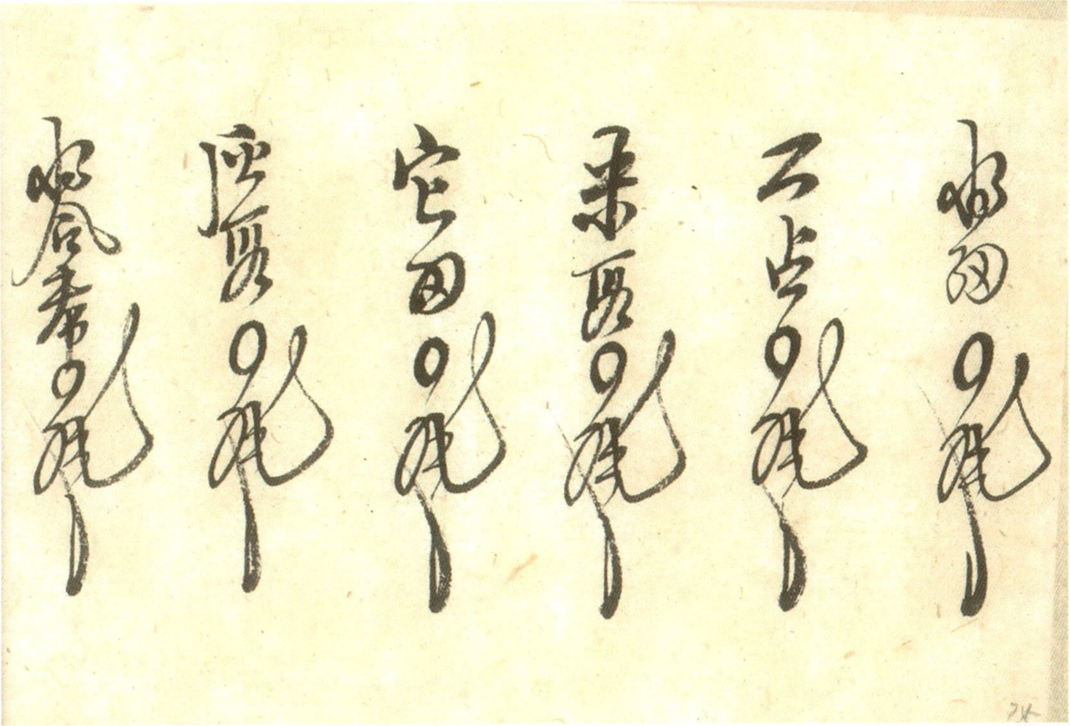

醬綢棉袍一件
藍占棉袍一件
米緞棉袍一件
駝綢棉袍一件
灰緞棉袍一件
醬合缺襟棉袍一件

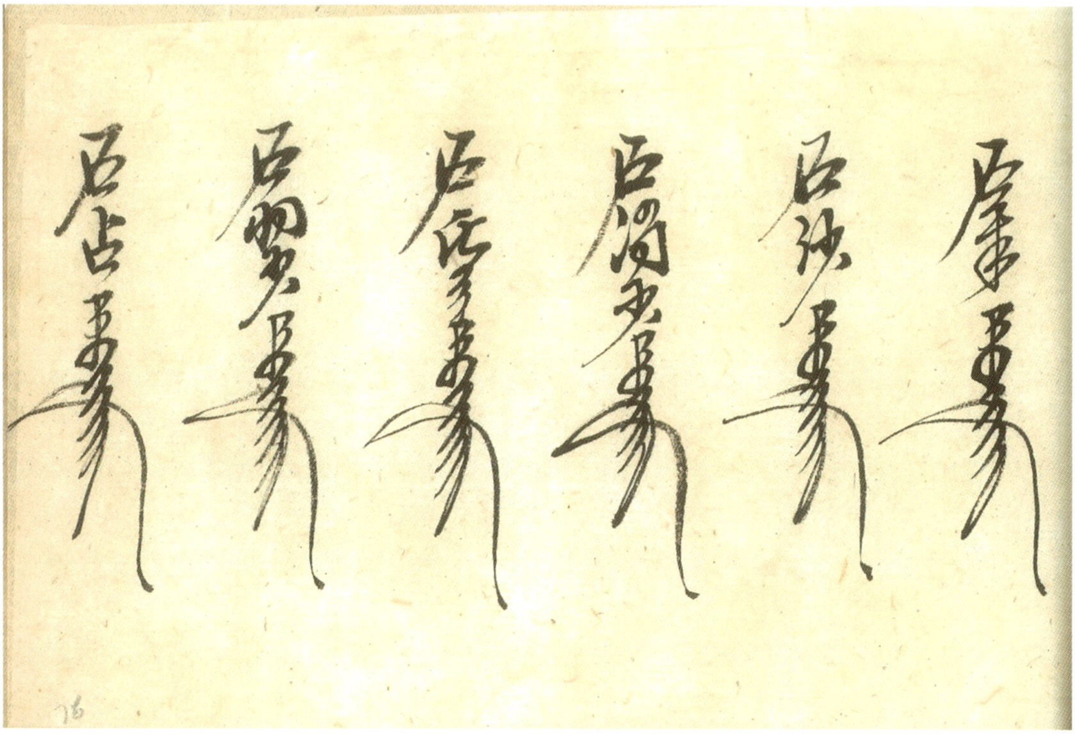

石素單套一件
石紗單套一件
石漏紗單套一件
石屯絹單套一件
石羽紗單套一件
石占單套一件

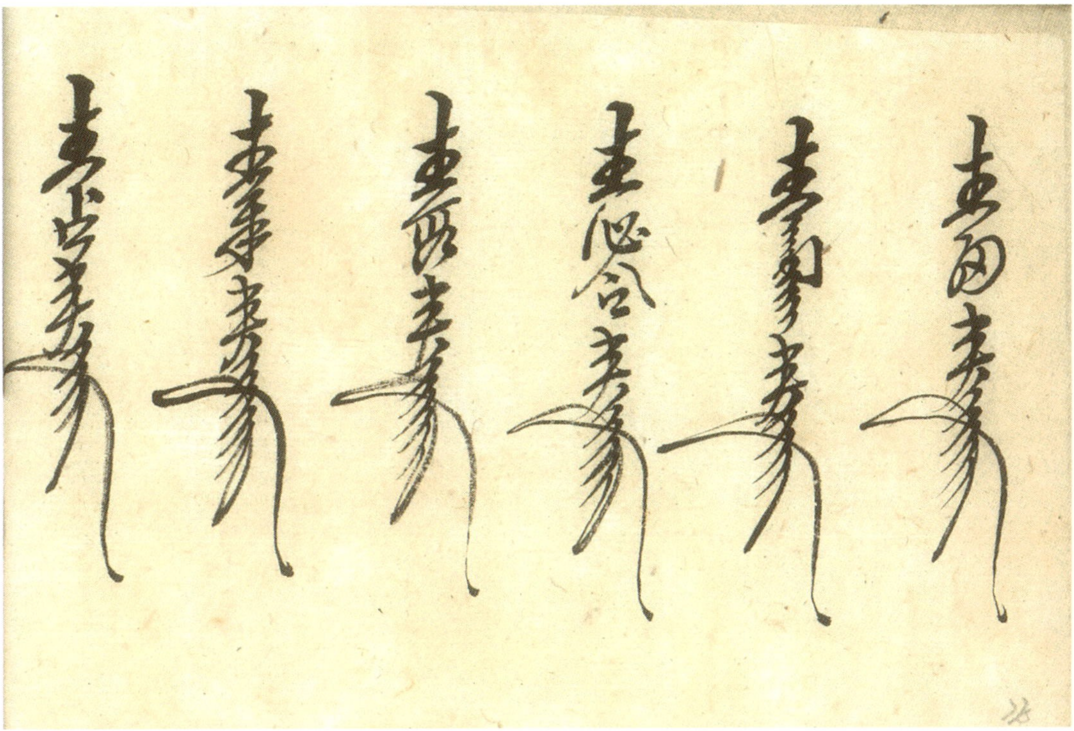

青綢夾套一件
青縐絹夾套一件
青嗶合夾套一件
青緞夾套一件
青素夾套一件
青占夾套一件

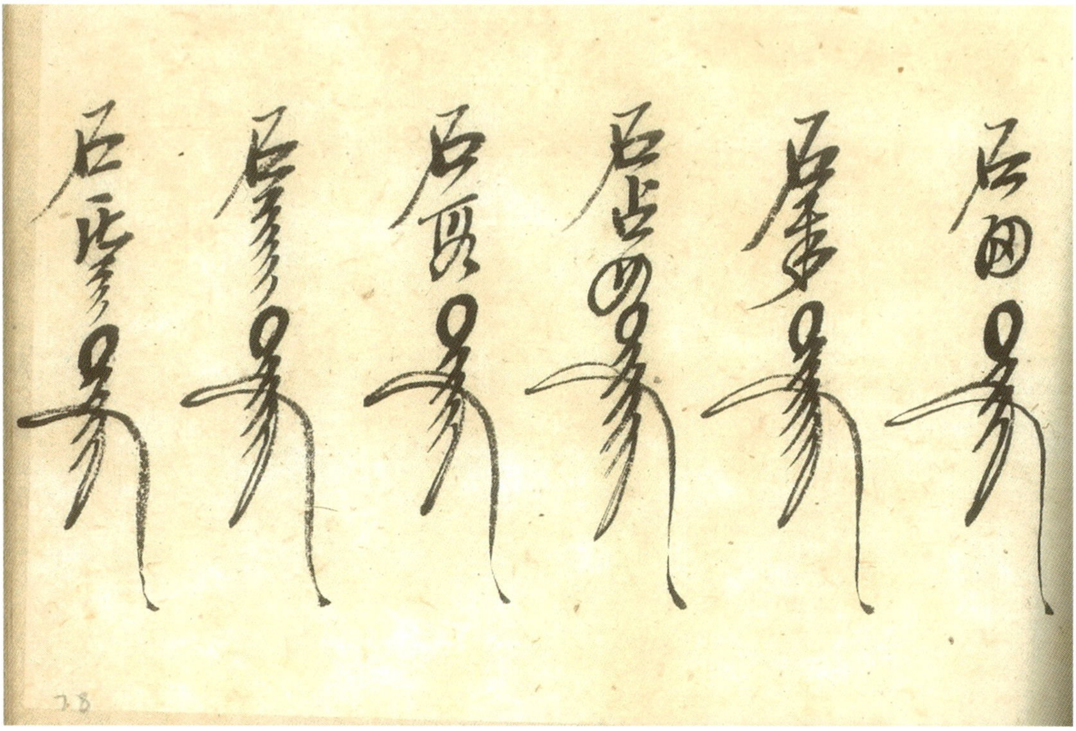

石綢棉套一件

石素棉套一件

石占女棉套一件

石緞棉套一件

石絹棉套一件

石屯絹棉套一件

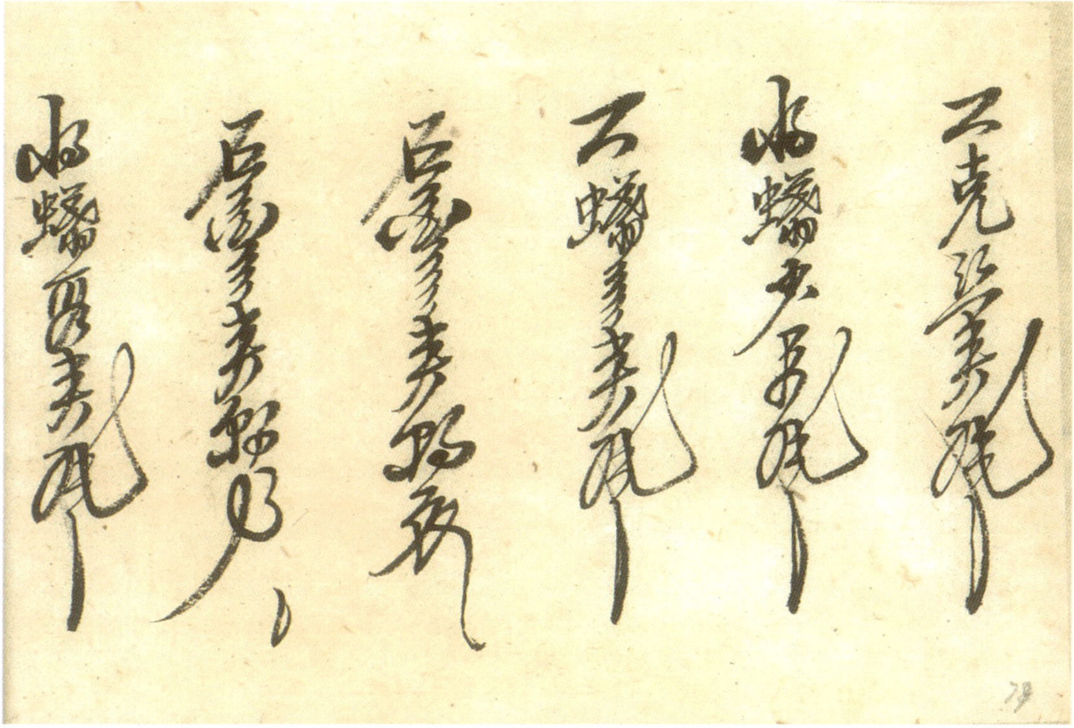

藍克絲夾袍一件
醬蟒紗單袍一件
藍蟒絹夾袍一件
石花絹夾朝衣一件
石花絹夾朝裙一件
醬蟒緞夾袍一件

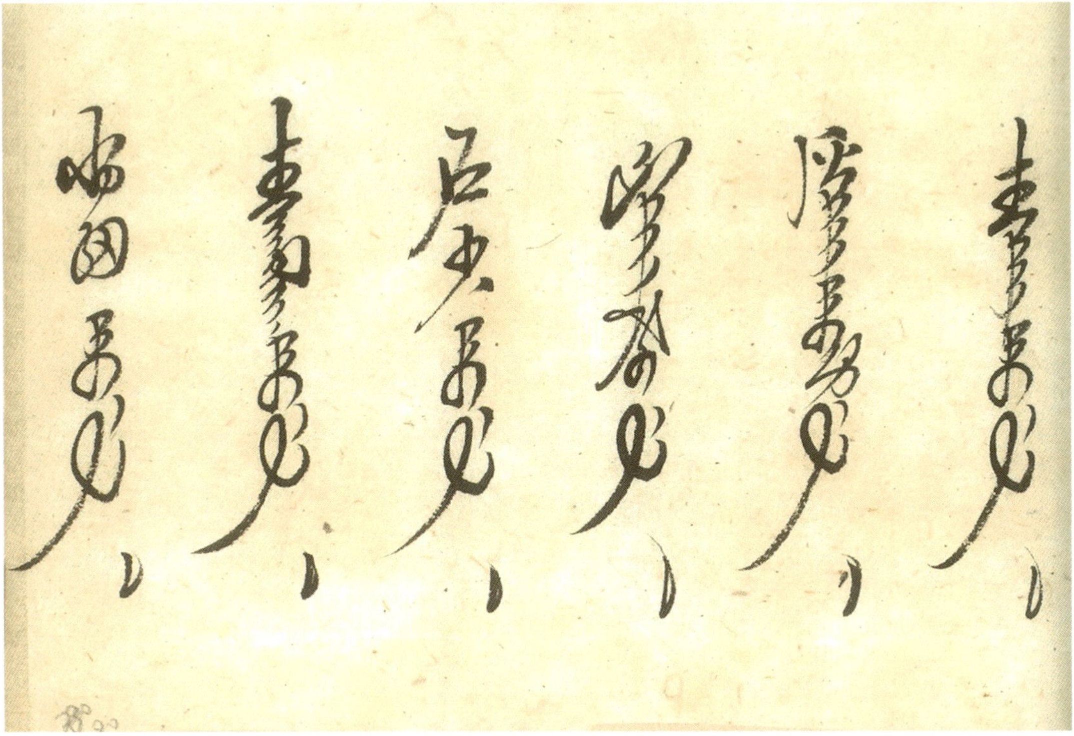

青布單裙一件
灰布單馬裙一件
白布孝裙一件
石紗單裙一件
青縐絹單裙一件
醬綢單裙一件

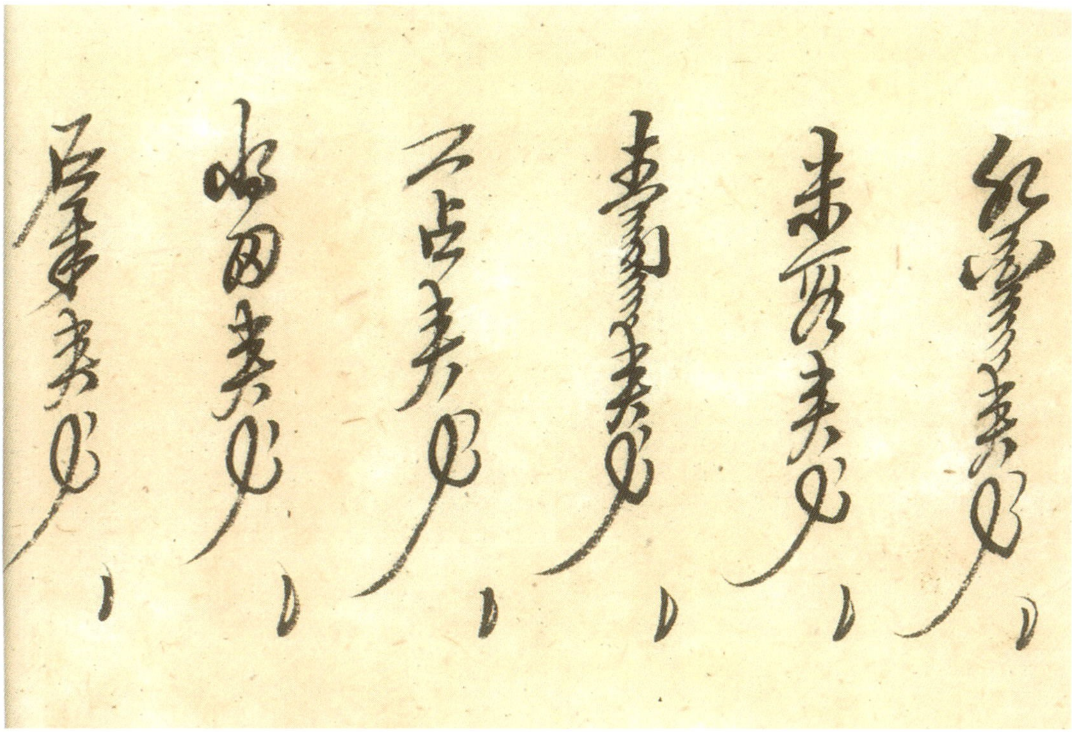

紅花絹夾裙一件
米緞夾裙一件
青縐絹夾裙一件
藍占夾裙一件
醬綢夾裙一件
石素夾裙一件

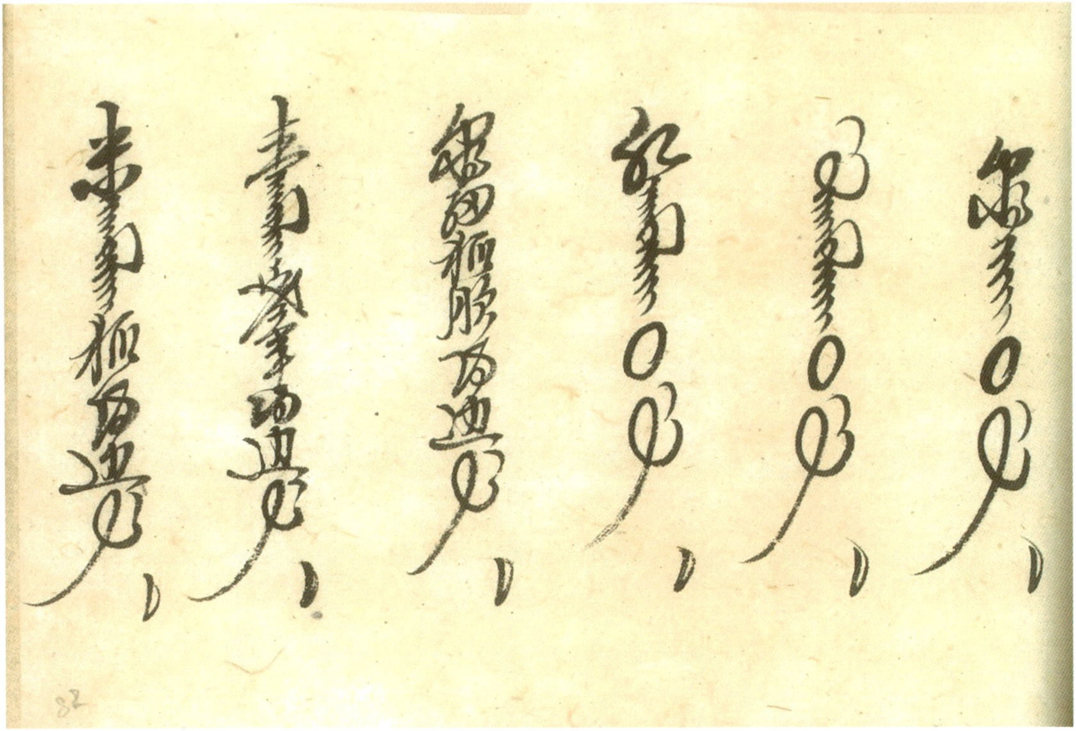

綠絹棉裙一件
月縐絹棉裙一件
紅縐絹棉裙一件
綠綢狐肷皮邊裙一件
青縐絹寒羊皮邊裙一件
米縐絹狐皮邊裙一件

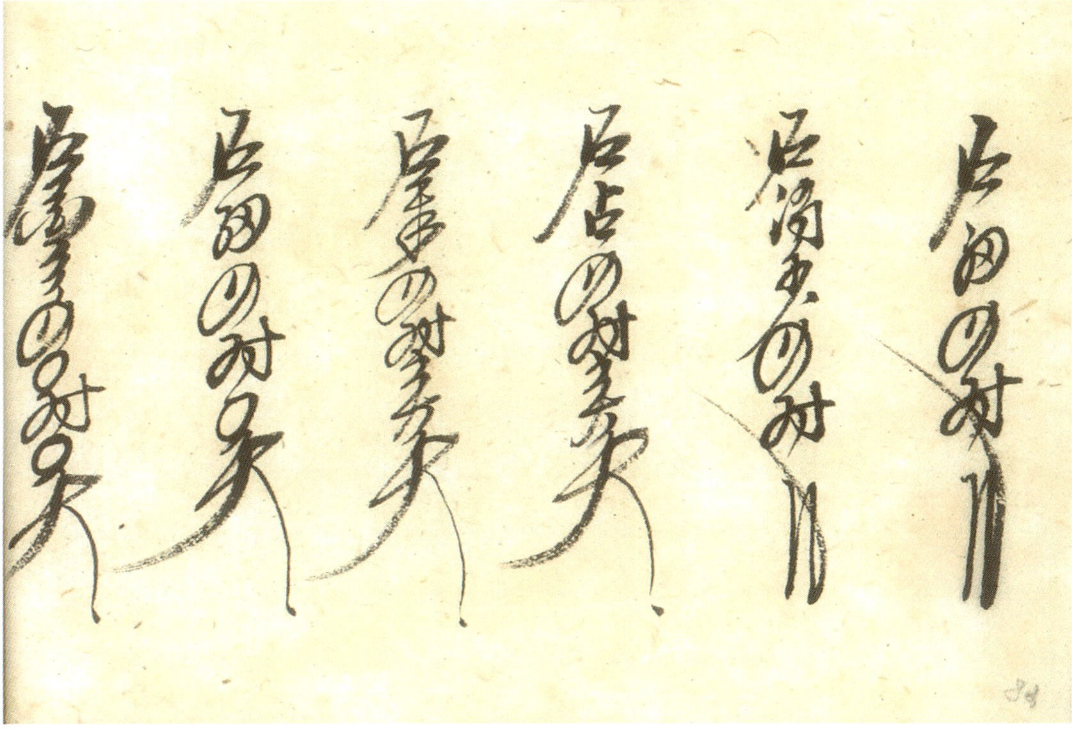

石綢女對褂一件
石漏紗女對褂一件
石占女對夾襖一件
石素女對夾襖一件
石綢女對棉襖一件
石花絹女棉對棉襖一件

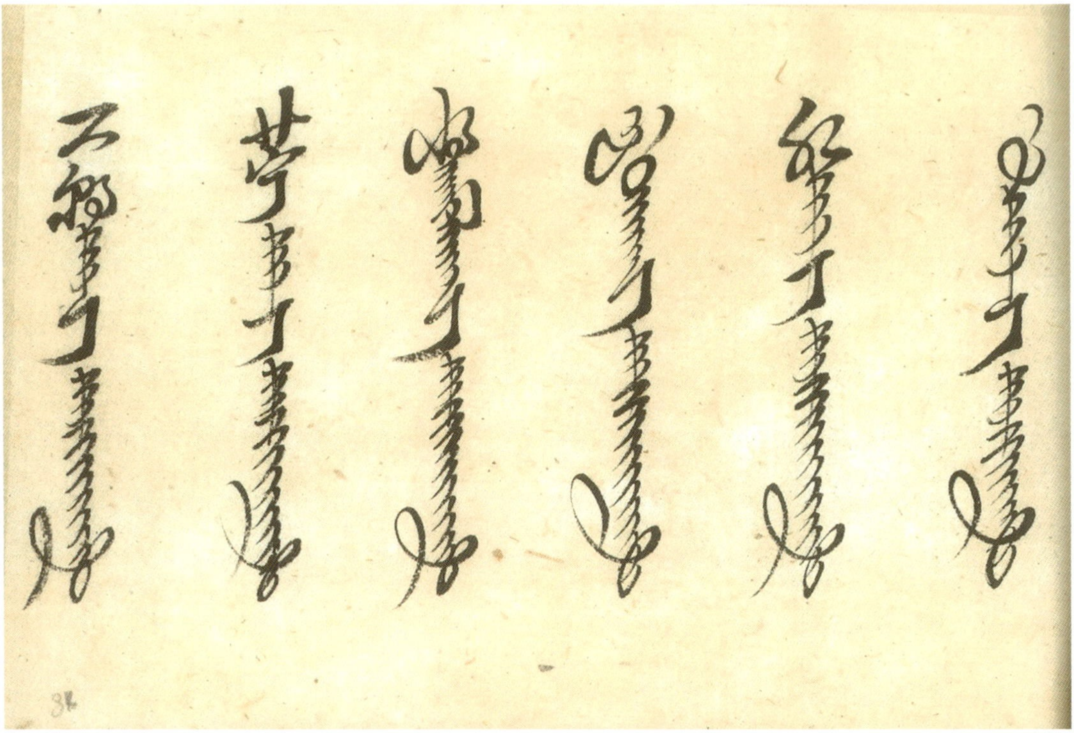

月布丁一點
紅布丁一點
白棉絹丁一點
醬縐絹丁一點
苧布丁一點
藍朝布丁一點

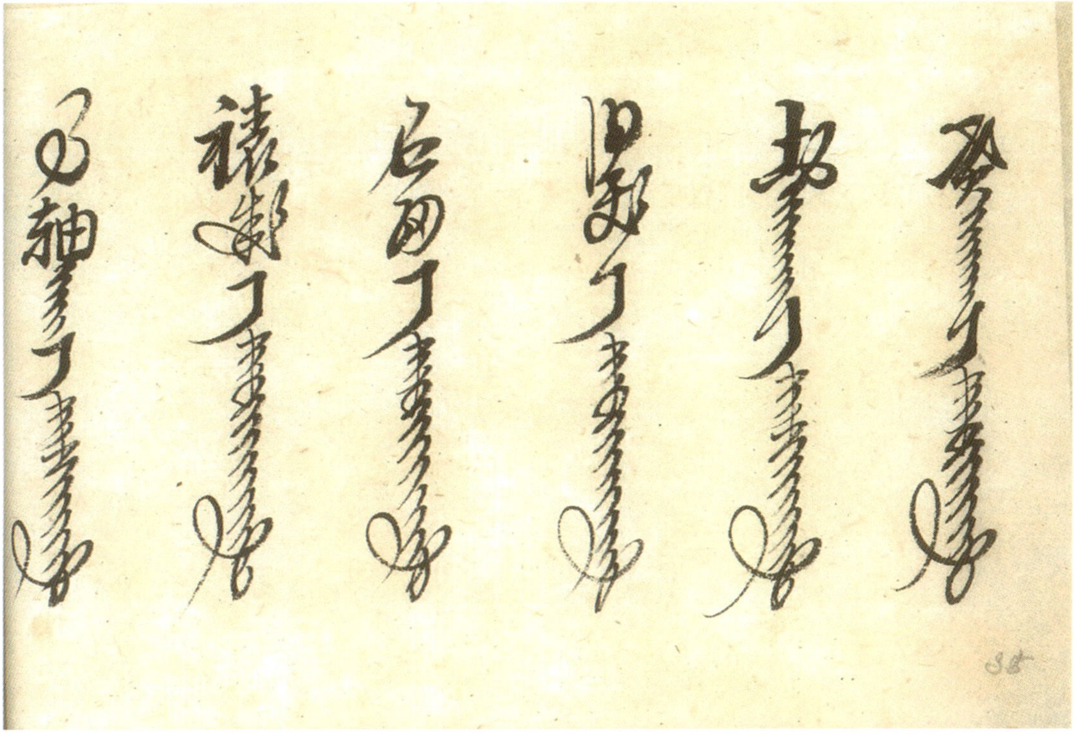

黃絹丁一點
土絹丁一點
舊絨丁一點
石綢丁一點
裱綾丁一點
月軸絹丁一點

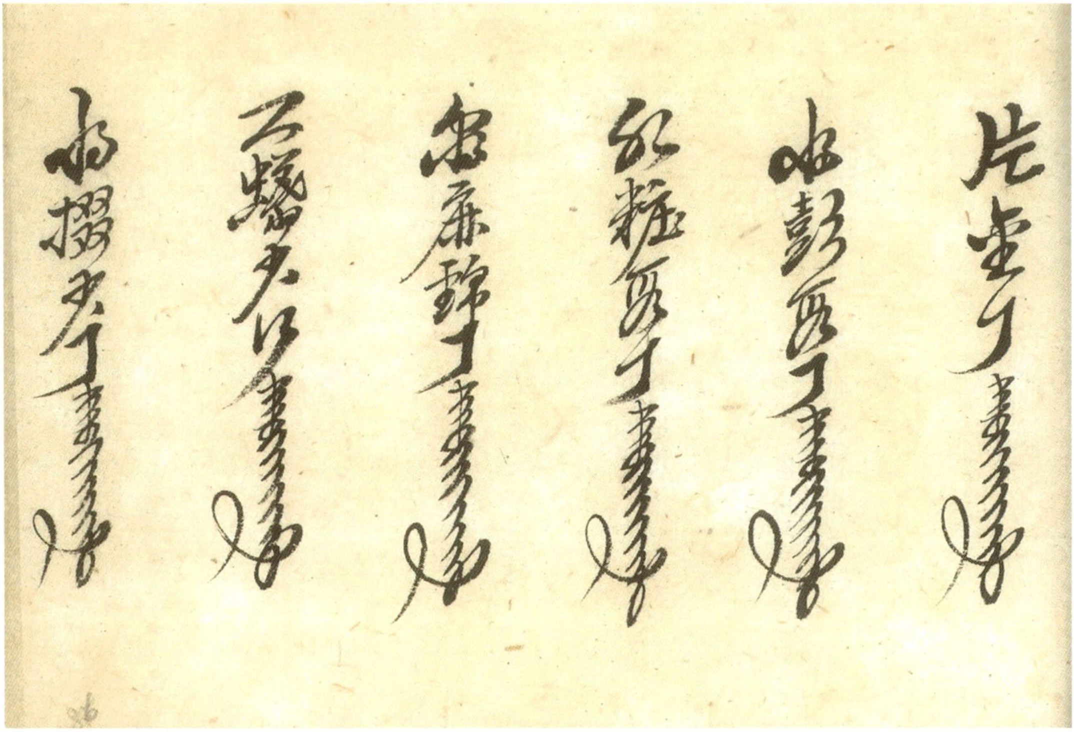

片金丁一點
醬彭緞丁一點
紅妝緞丁一點
緑麻錦丁一點
藍蟒紗片一點
醬掇紗丁一點

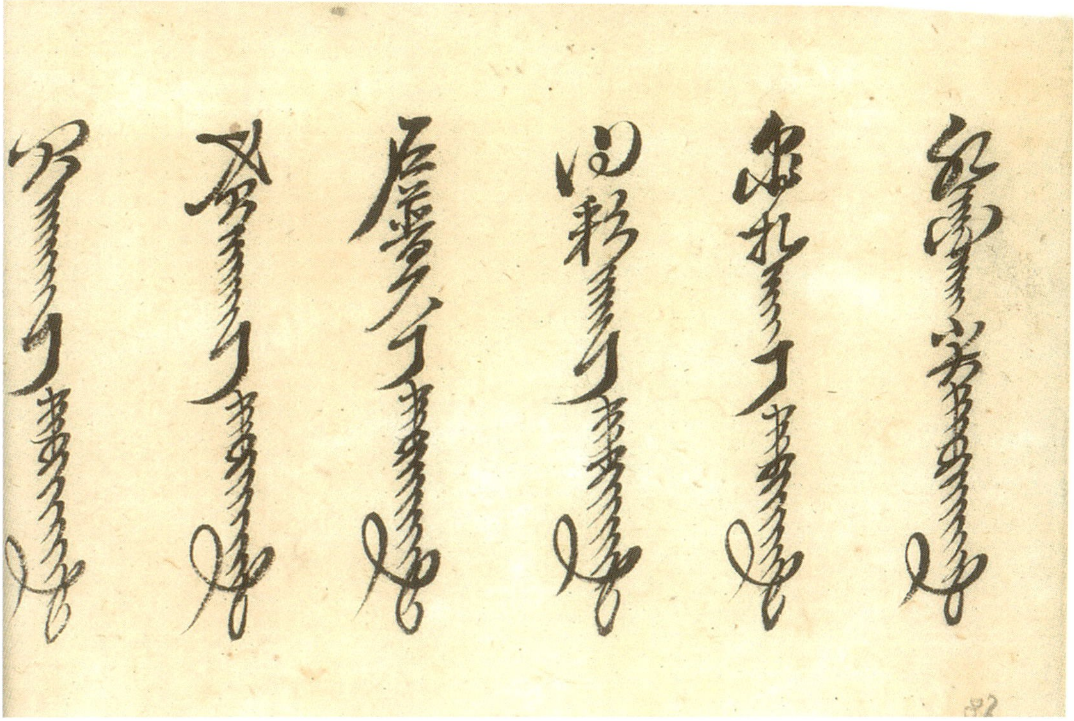

紅花絹尖一點
緑折絹丁一點
白彩絹丁一點
石氊氌丁一點
黄絹丁一點
閃絹丁一點

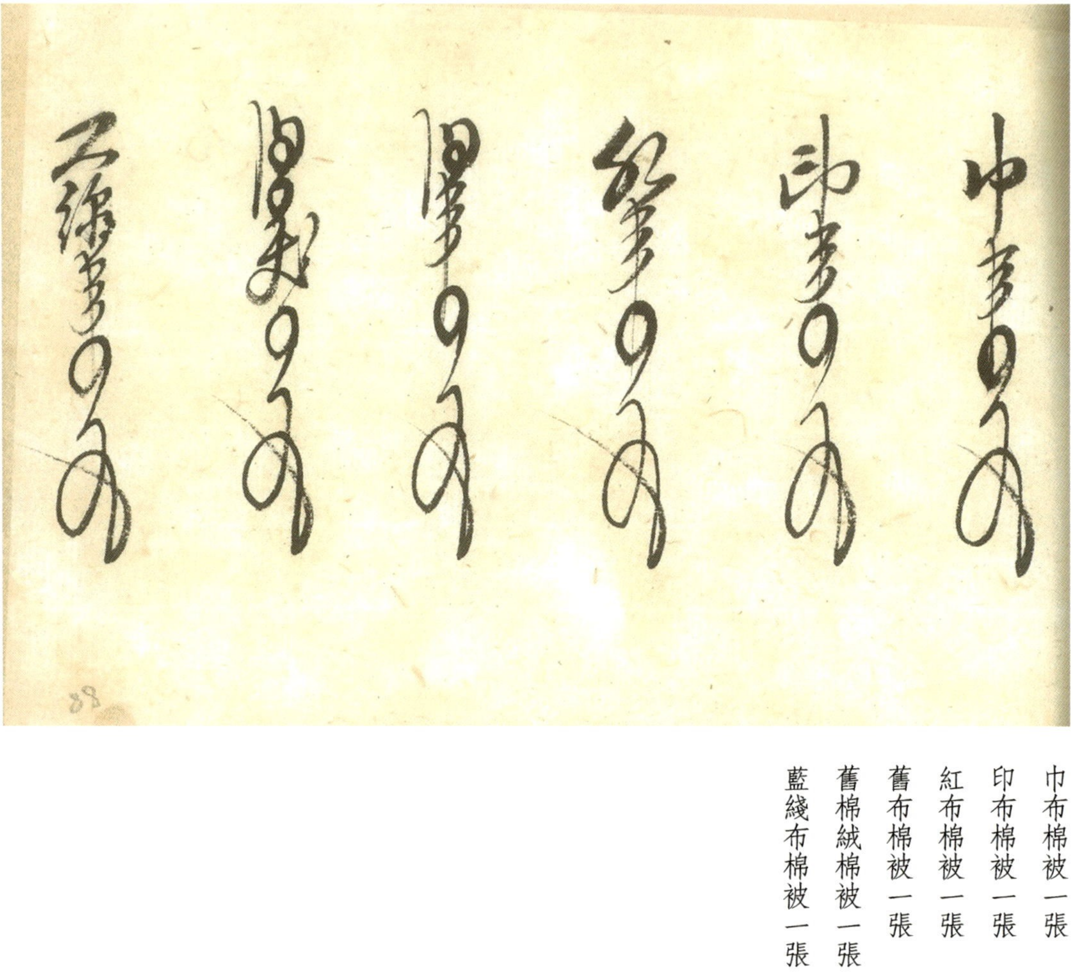

巾布棉被一張
印布棉被一張
紅布棉被一張
舊布棉被一張
舊棉絨棉被一張
藍綫布棉被一張

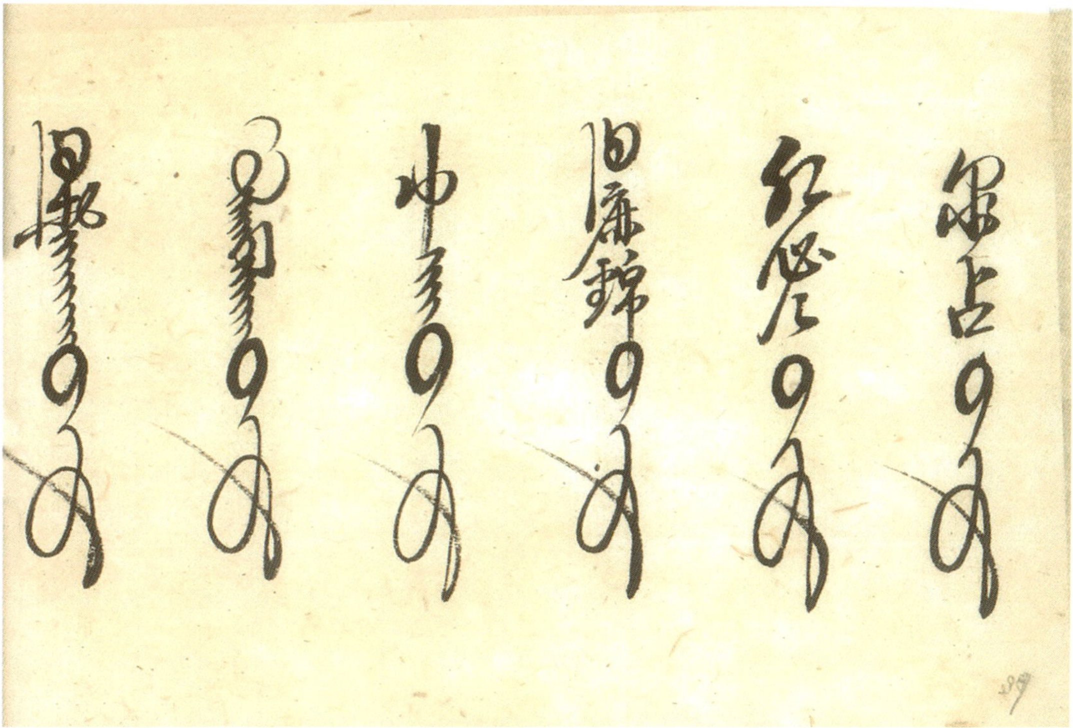

綠占棉被一張
紅嗶嘰棉被一張
舊麻錦棉被一張
巾絹棉被一張
月綯絹棉被一張
舊土絹棉被一張

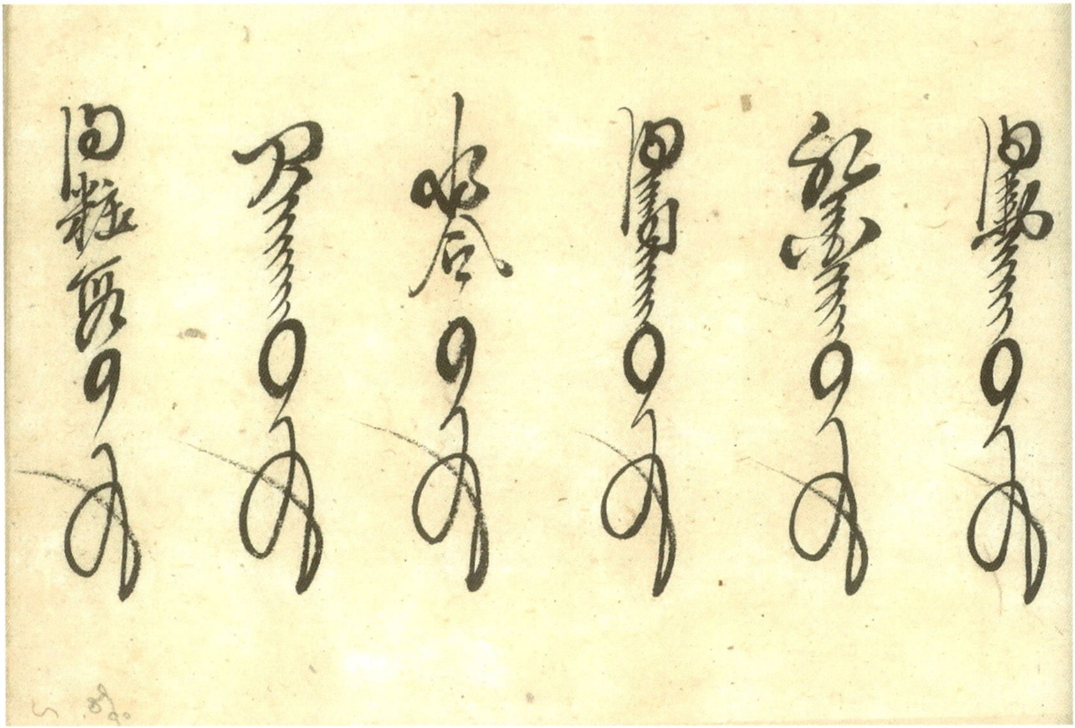

舊布藺絹棉被一張
紅花絹棉被一張
舊綹絹棉被一張
醬合棉被一張
閃絹棉被一張
舊妝緞棉被一張

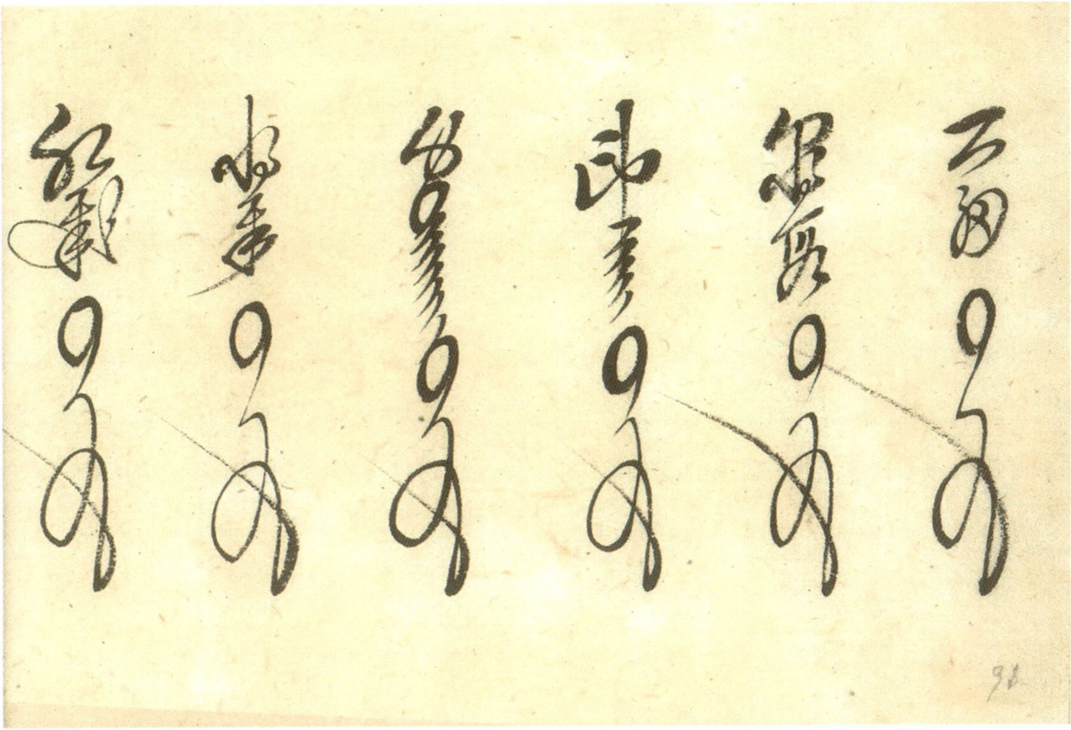

藍綢棉被一張
緑緞棉被一張
印絹棉被一張
紫棉絹棉被一張
醬素棉被一張
紅綾棉被一張

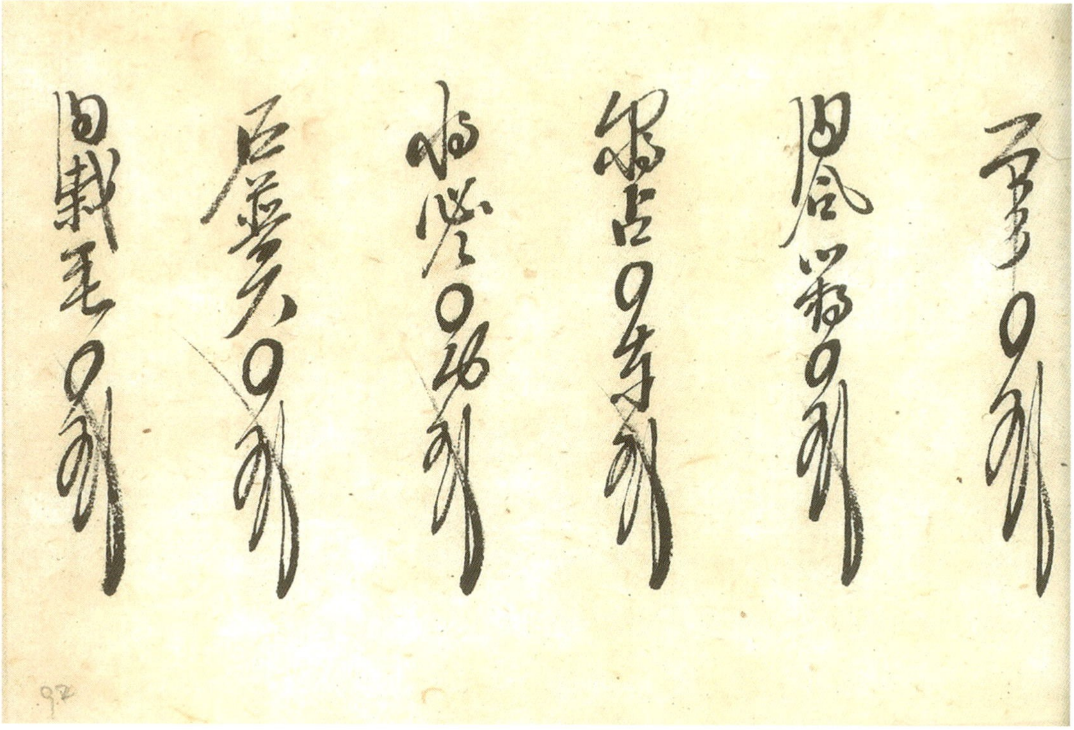

藍布棉褥一條
舊合鑲棉褥一條
緑占棉車褥一條
醬嗶嘰棉馬褥一條
石氊氇棉褥一條
舊栽毛棉褥一條

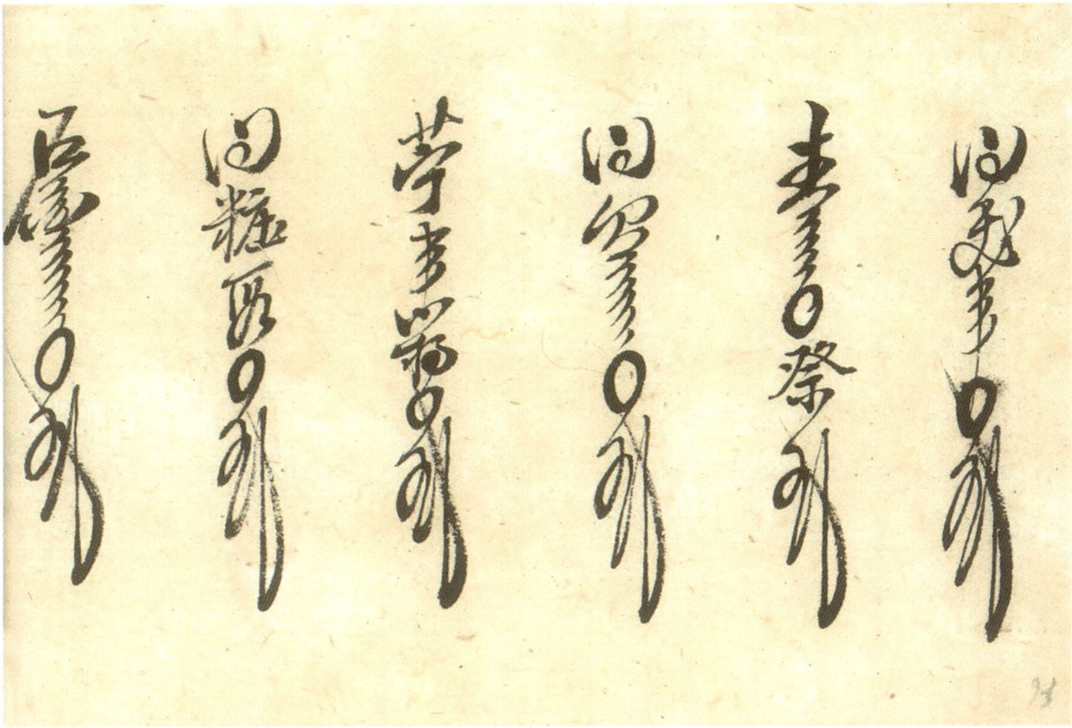

舊絨布棉褥一條
青絹棉祭褥一條
舊閃絹棉褥一條
苧布鑲棉褥一條
舊妝緞棉褥一條
石花緞棉褥一條

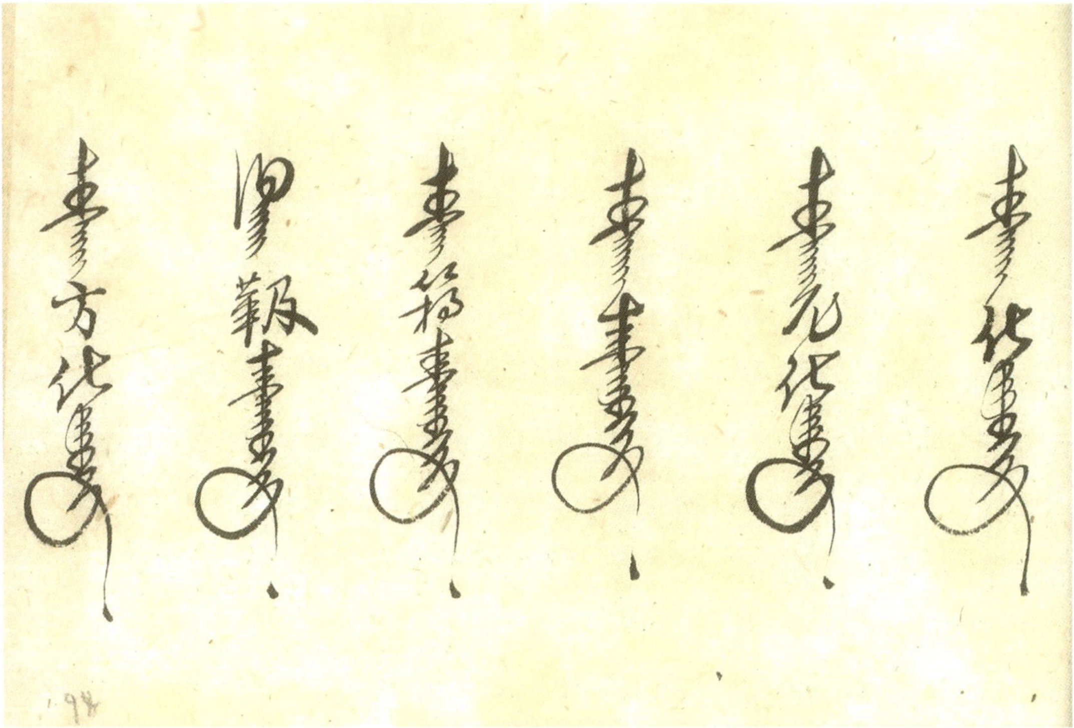

青絹靴一雙
青絹泥靴一雙
青絹鞋一雙
青絹鑲鞋一雙
舊絹靸鞋一雙
青絹方靴一雙

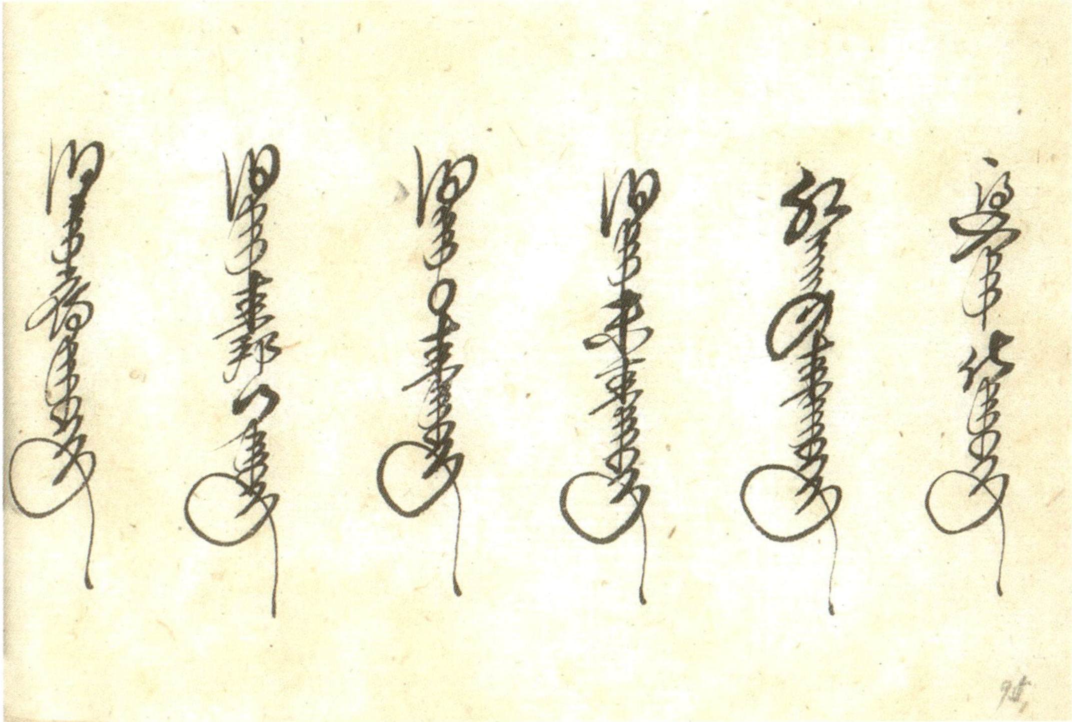

皂布靴一雙
紅絹女鞋一雙
舊布未（成）鞋一雙
舊布棉鞋一雙
舊布鞋邦片一雙
舊布□一雙

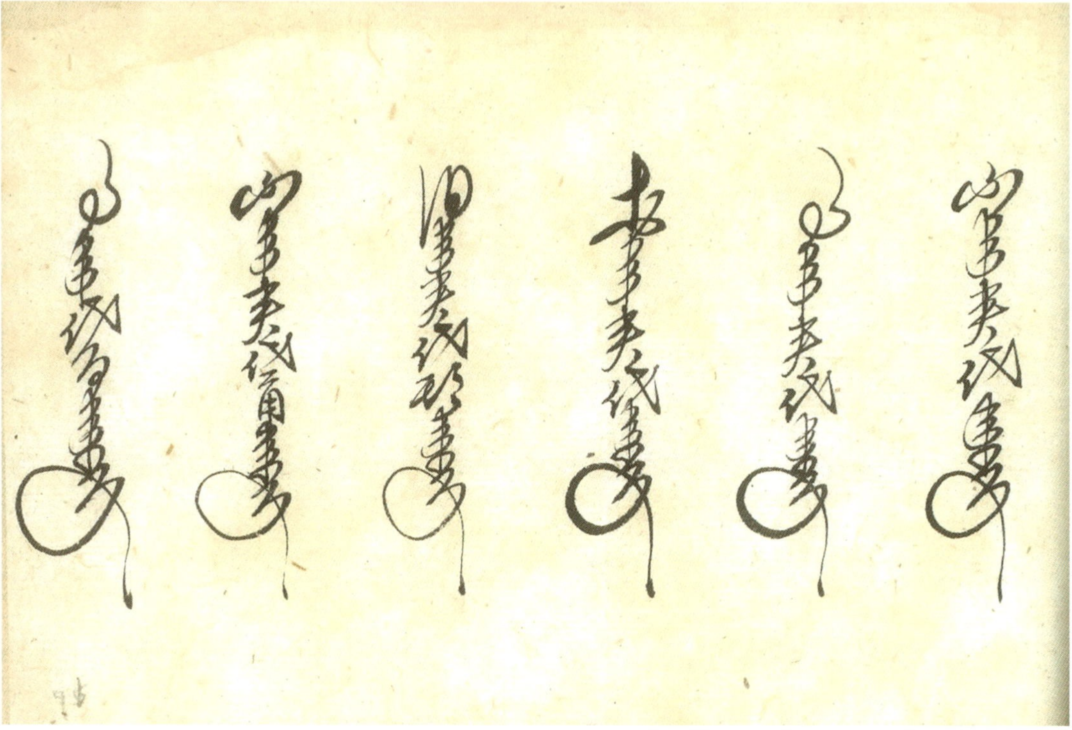

白布夾襪一雙
月布夾襪一雙
土布夾襪一雙
舊布夾襪頭一雙
白布夾襪筒一雙
月布襪子一雙

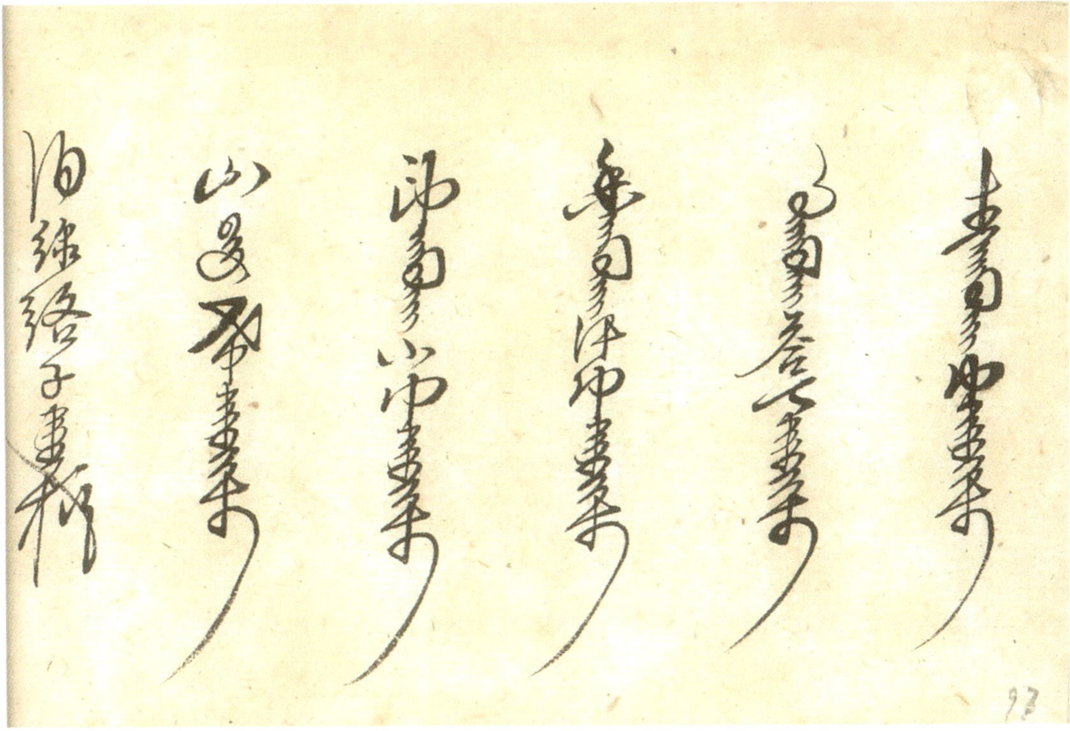

青緺絹巾一條
月緺絹荅包一條
香緺絹汗巾一條
印緺絹小巾一條
白羅帶一條
舊綫絡子一根

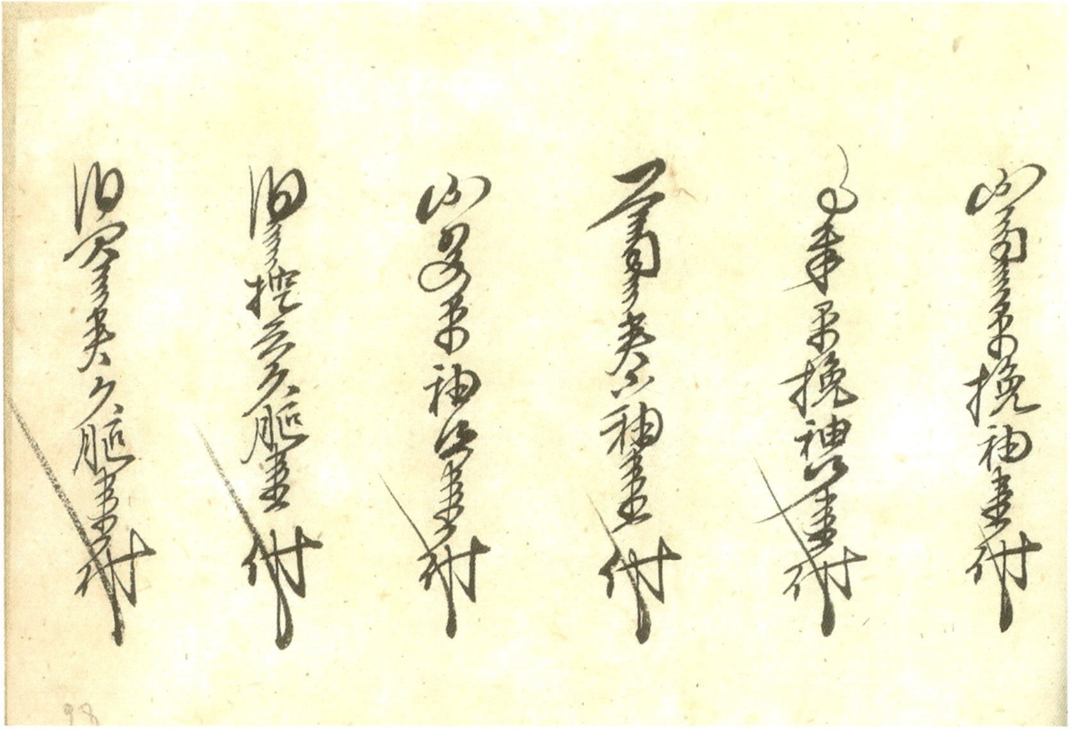

白綢絹單挽袖一付
月素單挽袖片一付
藍綢絹夾小袖一付
白羅單袖片一付
舊絹挖雲褲腿一付
舊閃絹夾褲腿一付

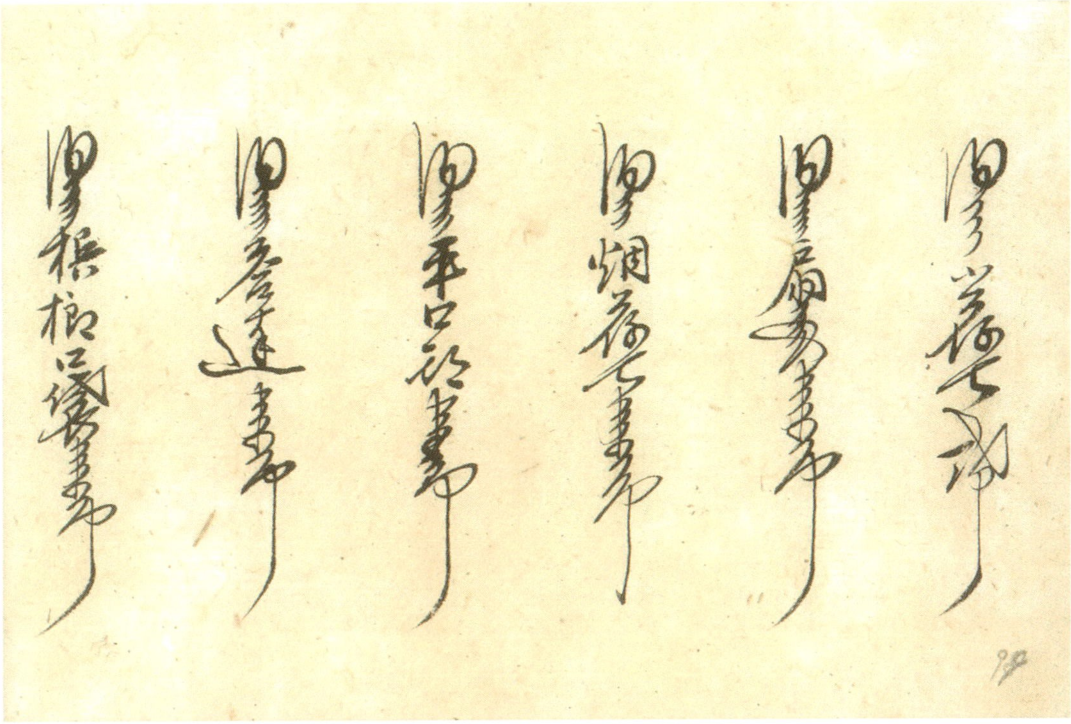

舊絹小荷包二個
舊絹扇套一個
舊絹烟荷包一個
舊絹瓶口頭一個
舊絹褡褳一個
舊檳榔口袋一個

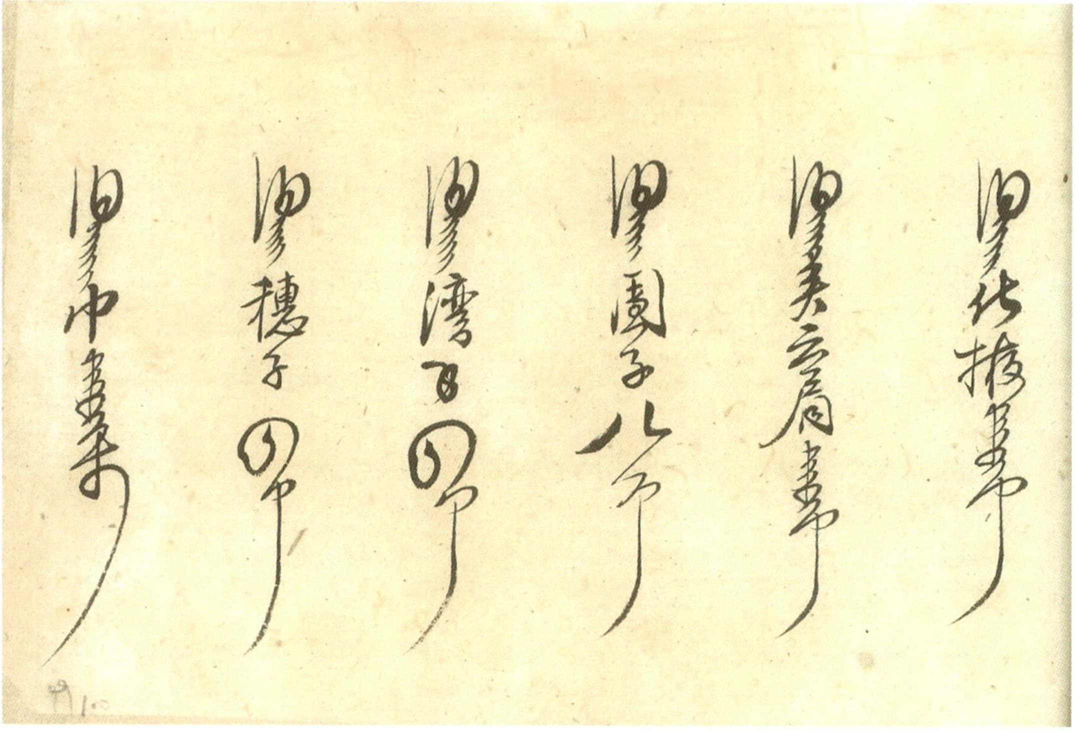

舊絹靴拔一個
舊絹夾雲肩一個
舊絹團子八個
舊絹灣子四個
舊絹穗子四個
舊絹巾一條

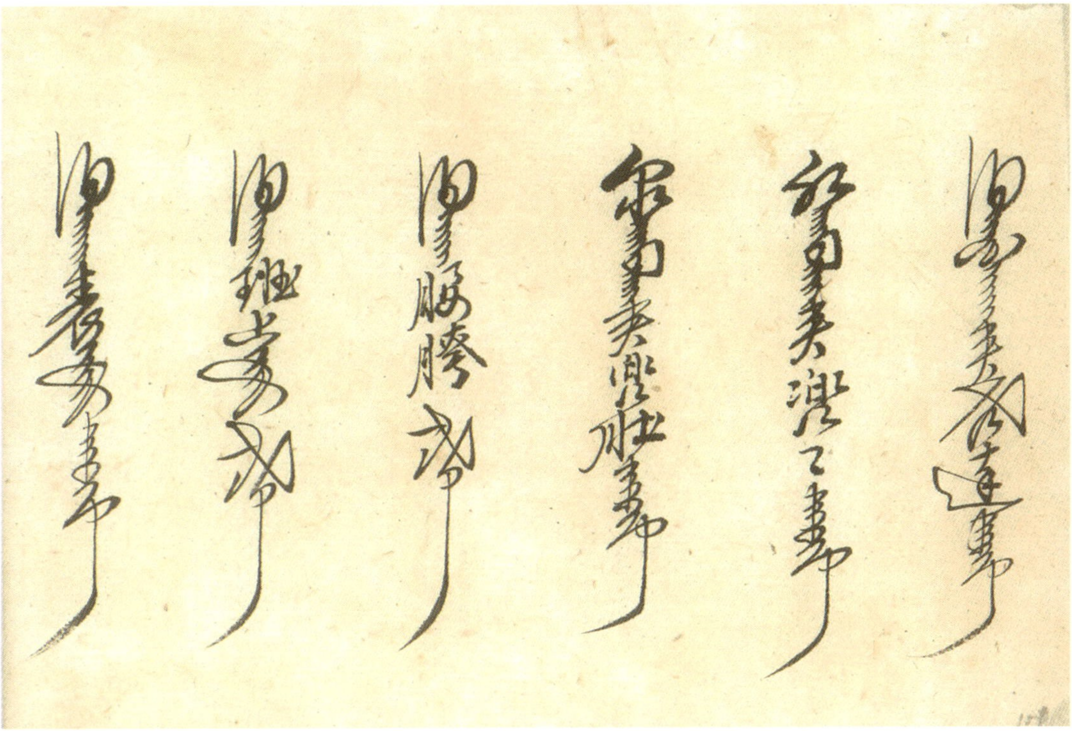

舊花絹夾褡褳一個
紅縐絹夾兜兜一個
綠縐絹夾兜肚一個
舊絹腰胯二個
舊絹扳指套二個
舊絹錶套一個

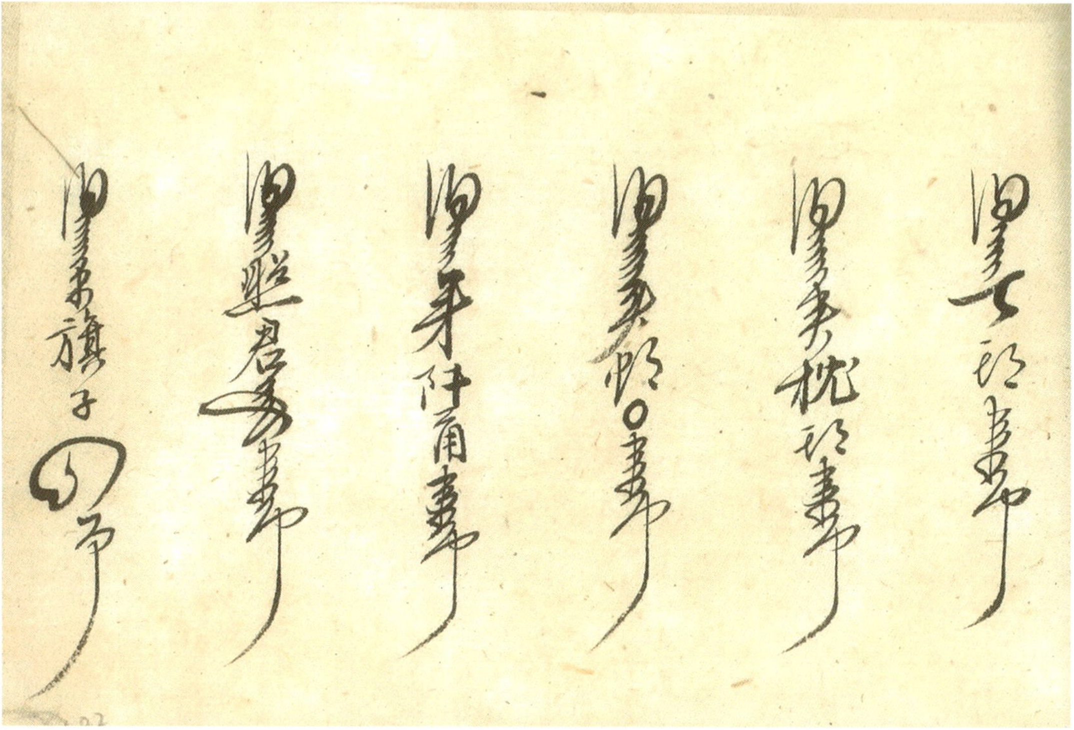

舊絹包頭一個
舊絹夾枕頭一個
舊絹孩帽圈一個
舊絹牙簽筒一個
舊絹照君套一個
舊絹單旗子四個

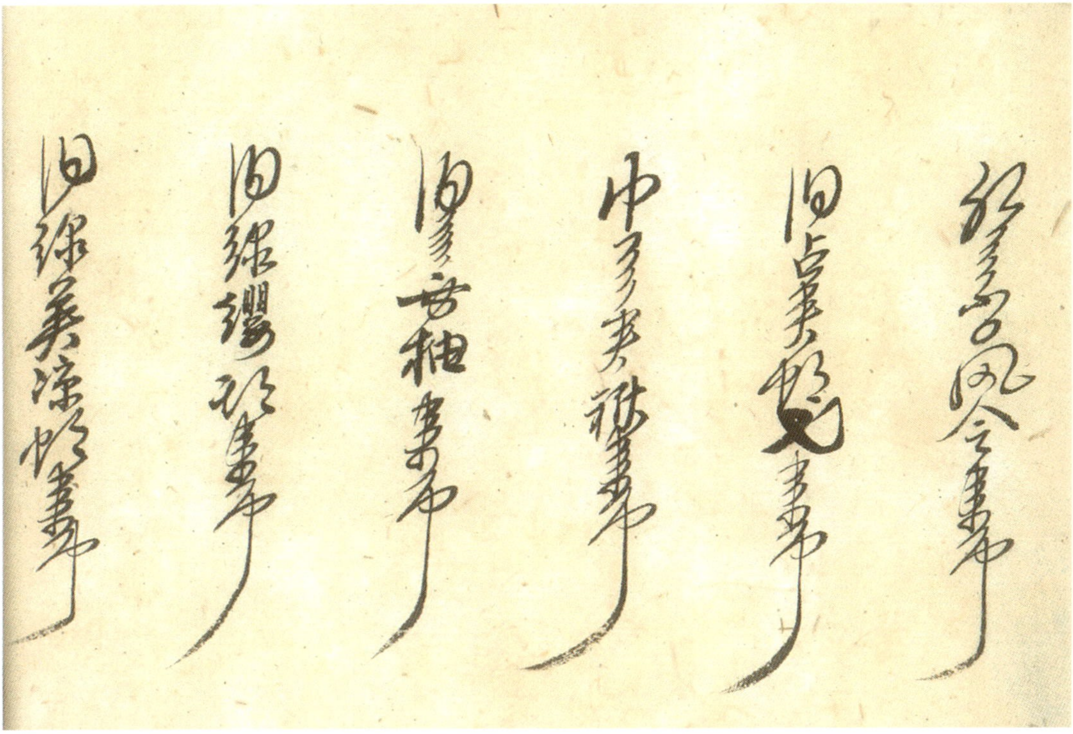

紅絹小棉風領一個
舊占夾帽弋一個
巾絹夾袱一個
舊絹壺柚一個
舊綫纓頭一個
舊綫□涼帽一個

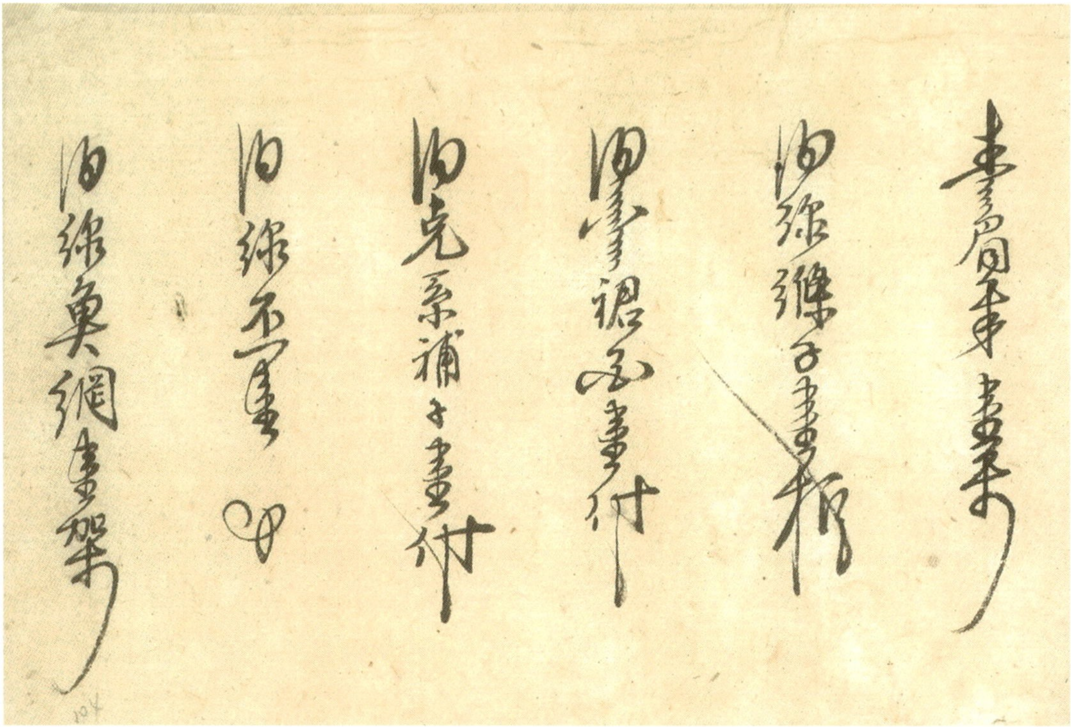

青絹眉素一條
舊綫綵子一根
舊花絹裙花一付
舊克絲補子一付
舊綫丕一點
舊綫魚網一架

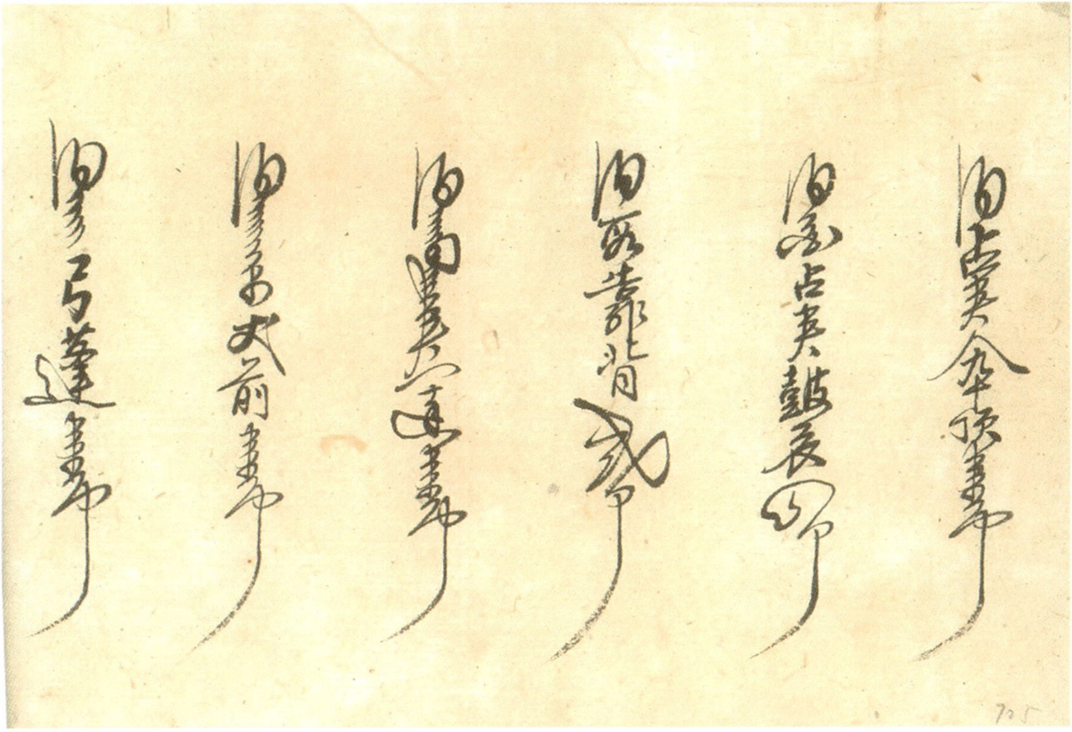

舊占夾傘頂一個
舊花占夾鼓衣四個
舊緞靠背二個
舊縐絹夾門簾一個
舊絹單帳前一個
舊絹弓蓬一個

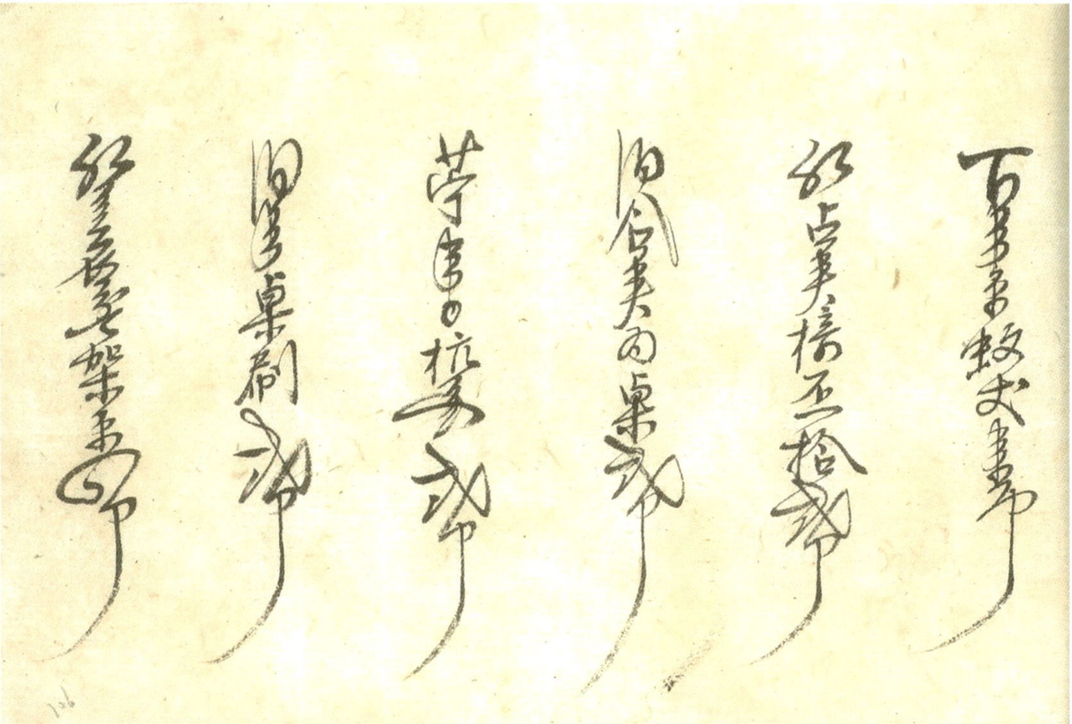

夏布單蚊帳一個
紅占夾椅丕十二個
舊合夾圍桌二個
苧布棉□套二個
舊布桌刷二個
紅絹衣盆架單四個

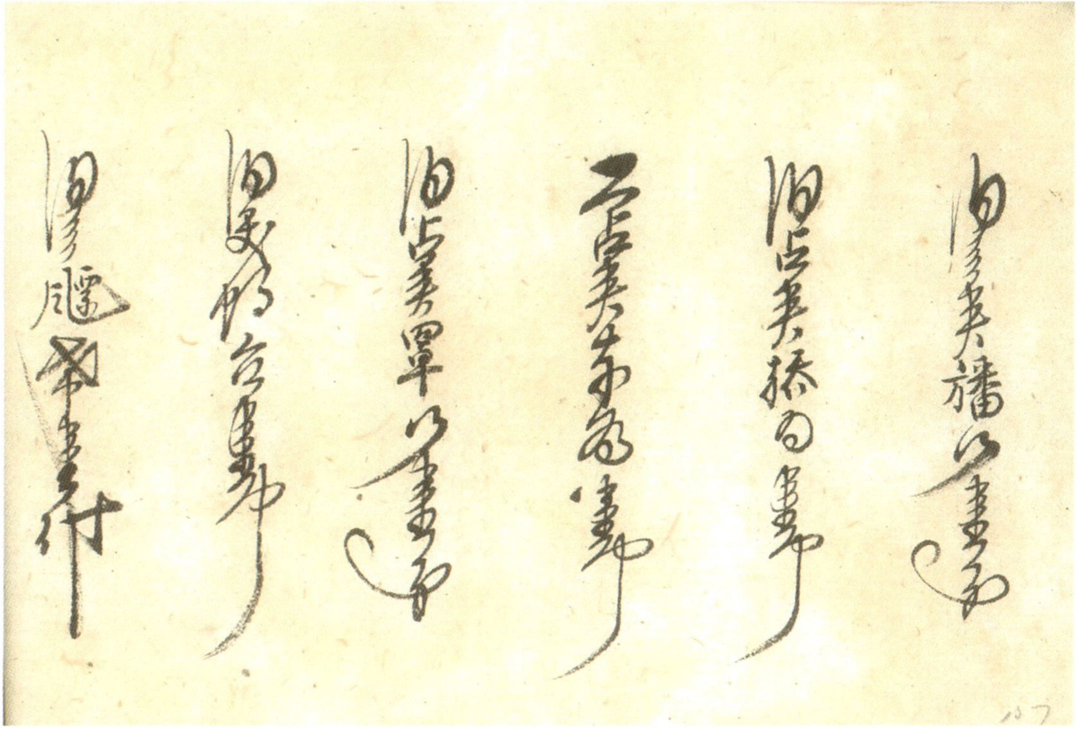

舊絹夾幡片一點
舊占夾轎圍一個
藍占夾車圍一個
舊占夾罩片一點
舊絨帽臺一個
舊絹飄帶一付

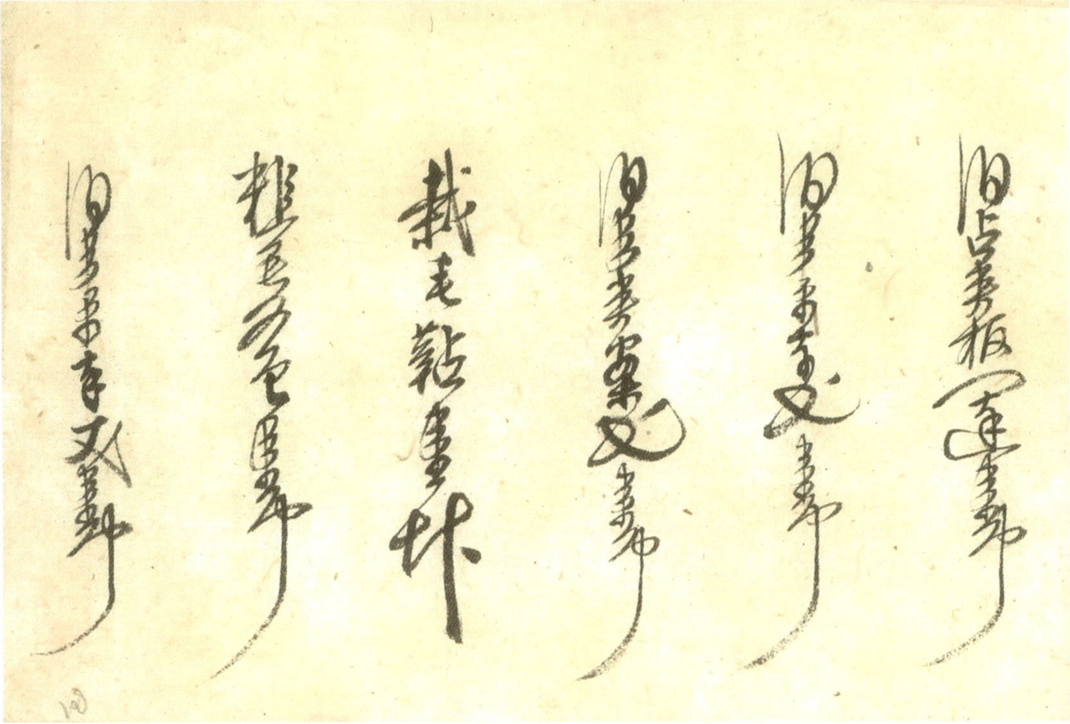

舊占夾板門簾一個
舊布單車弋一個
舊布夾案弋一個
栽毛粘一塊
粗毛□繩一個
舊布單奉丈一個

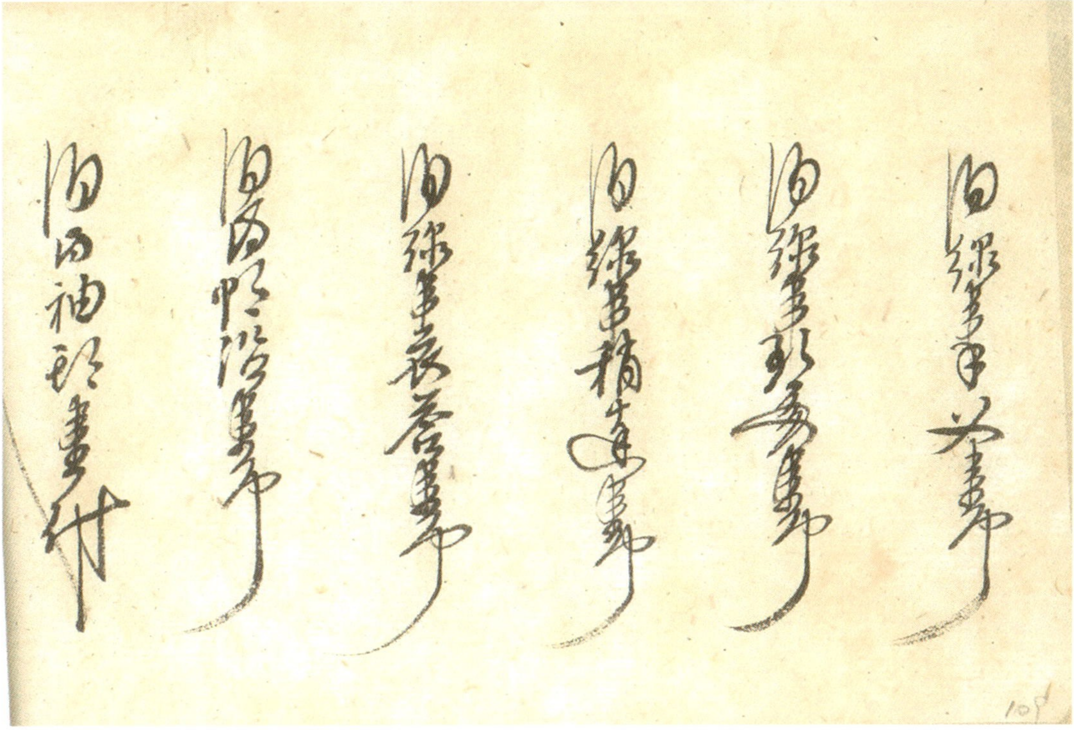

舊綫布手義一個
舊綫布頭套一個
舊綫布稍連一個
舊綫布衣荅一個
舊皮帽沿一個
舊皮袖頭一付

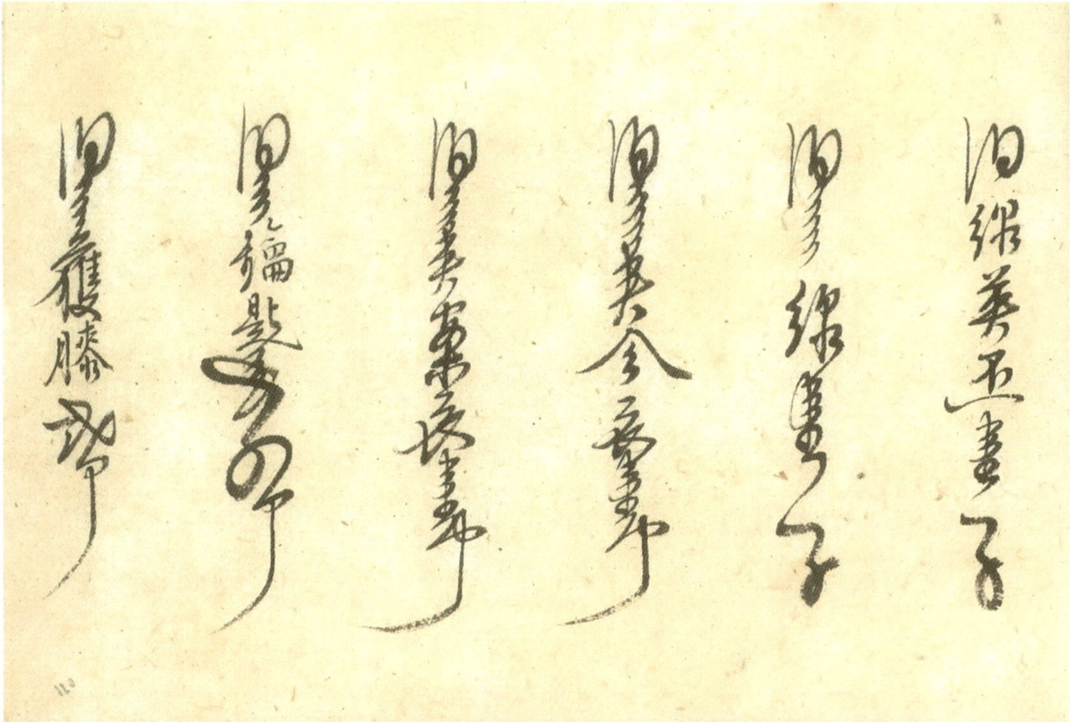

舊綫英丕一隻
舊絹綫一隻
舊絹夾領衣一個
舊絹夾案衣一個
舊絹鑰匙套四個
舊絹護膝二個

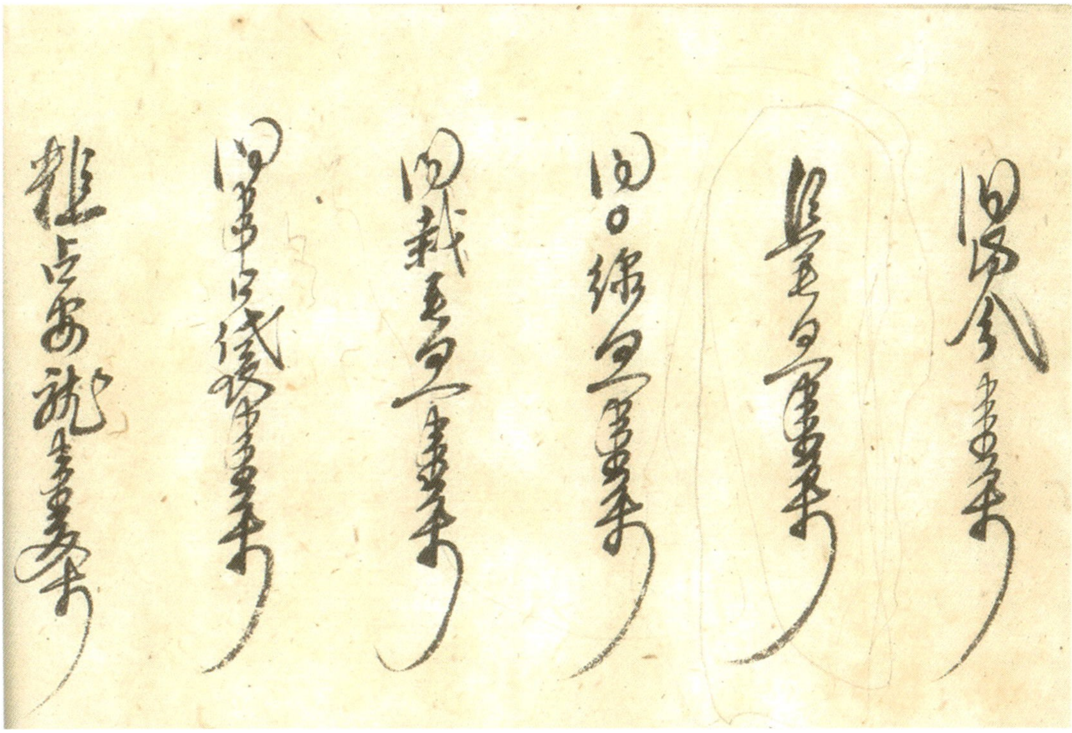

舊皮領一條
粗毛氈一條
舊棉綫氈一條
舊栽毛氈一條
舊布口袋一條
粗占鞍韂一條

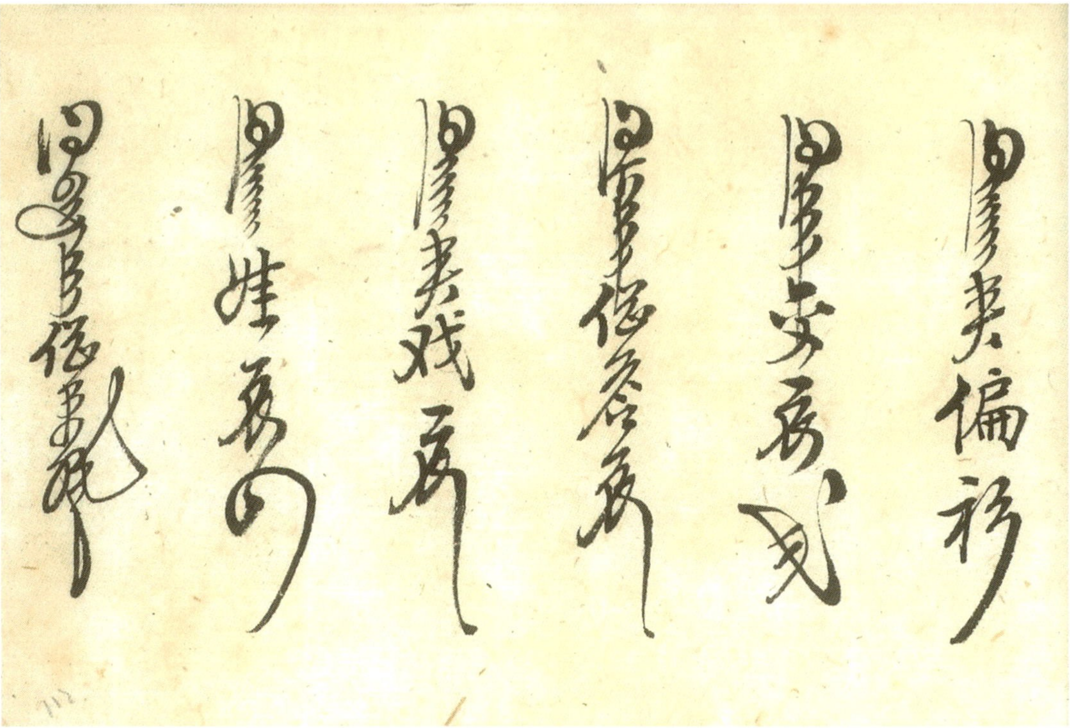

舊綢夾偏衫一件
舊布交衣二件
舊夏布僧荅衣一件
舊綢夾戲衣一件
舊綢娃衣四件
舊羅布僧單袍一件

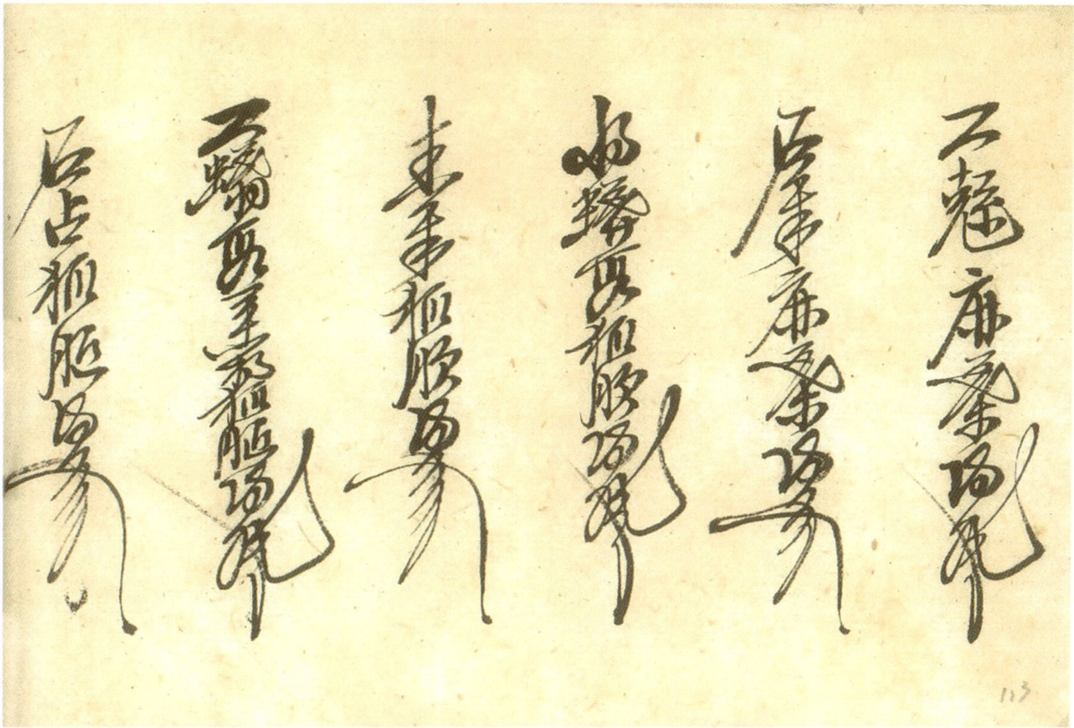

藍克絲麻葉皮袍一件
石素麻葉皮套一件
醬蟒緞狐肷皮袍一件
青素狐肷皮套一件
藍蟒緞羊鑲狐腿皮袍一件
石占狐腿皮套一件

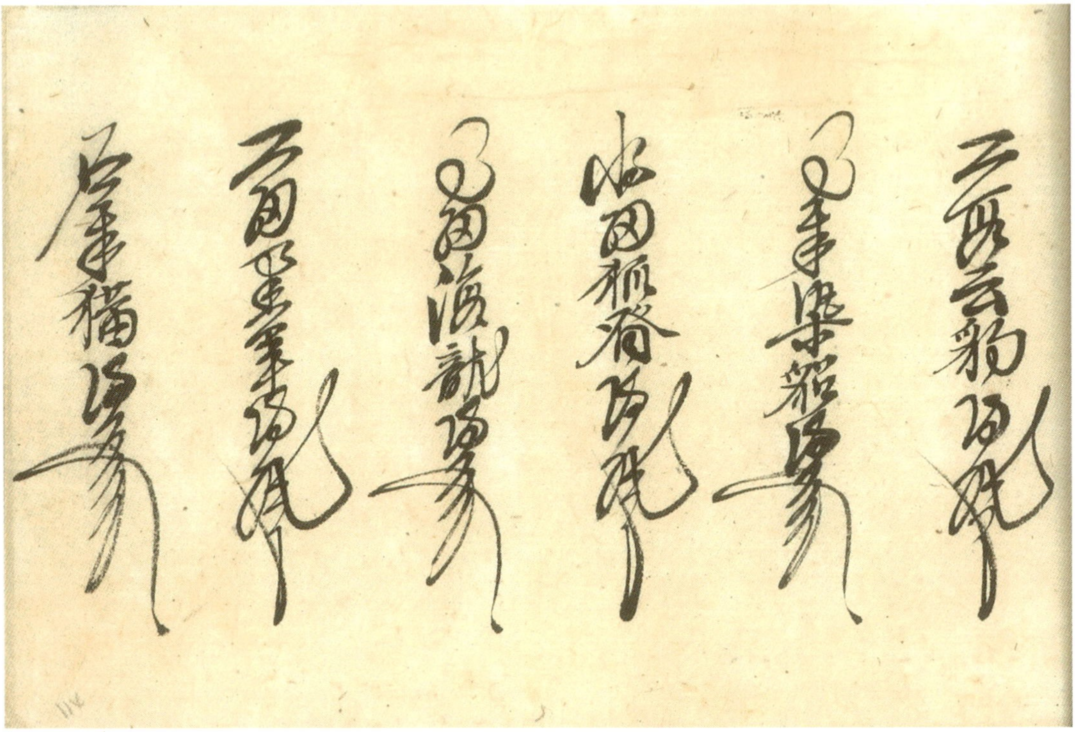

藍緞雲豹皮袍一件
月素染貂皮套一件
醬綢狐脊皮袍一件
月綢海龍皮套一件
藍綢黑羊皮袍一件
石素猫皮套一件

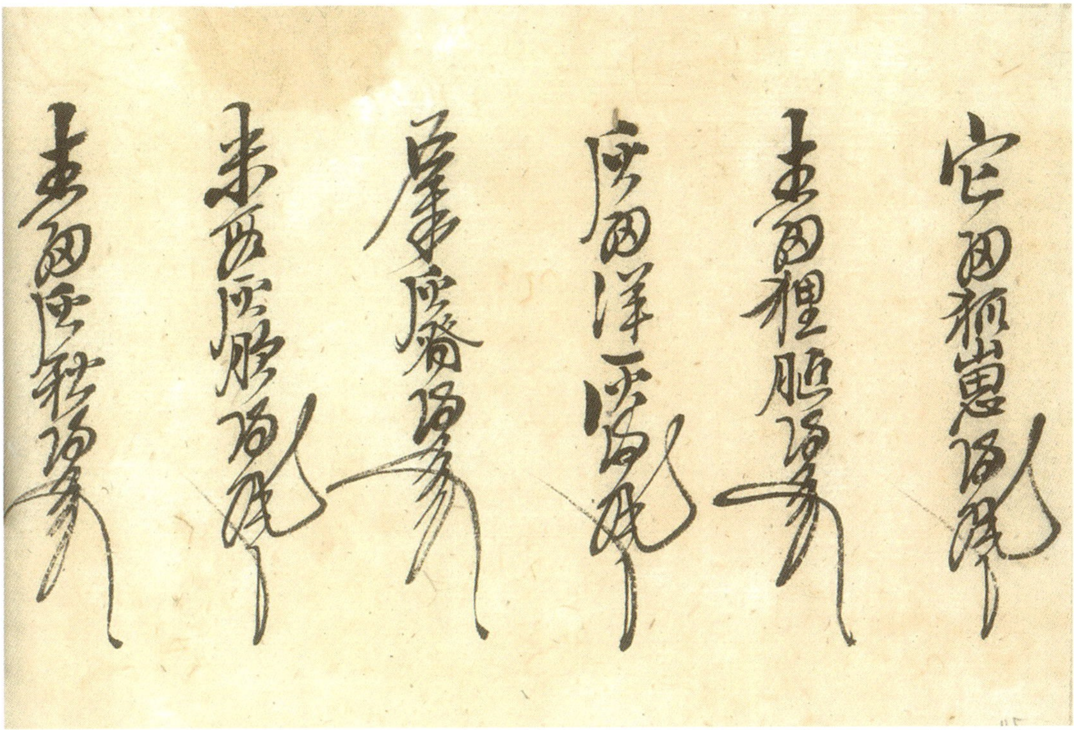

駝綢狐崽皮袍一件
青綢狸腿破套一件
灰綢洋灰皮袍一件
石素灰脊皮套一件
米緞灰肷皮袍一件
青綢灰秋皮套一件

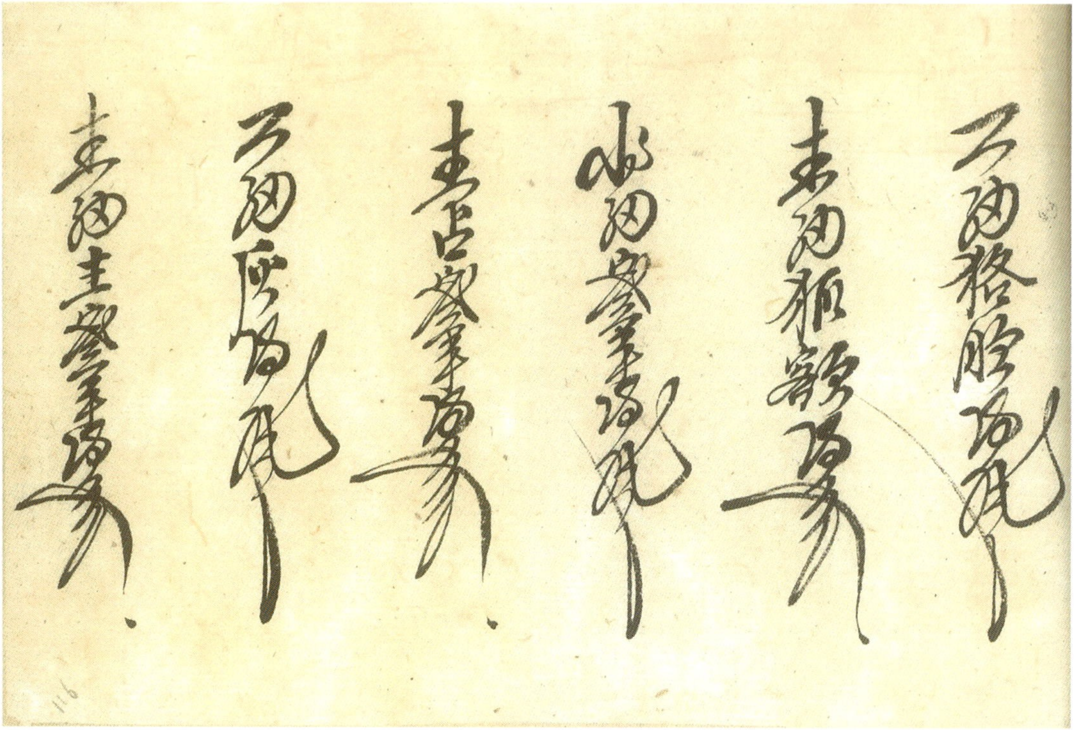

藍綢貉肷皮袍一件
青綢狐額皮套一件
醬綢寒羊皮袍一件
青占寒羊皮套一件
藍綢灰皮袍一件
青綢生寒羊皮套一件

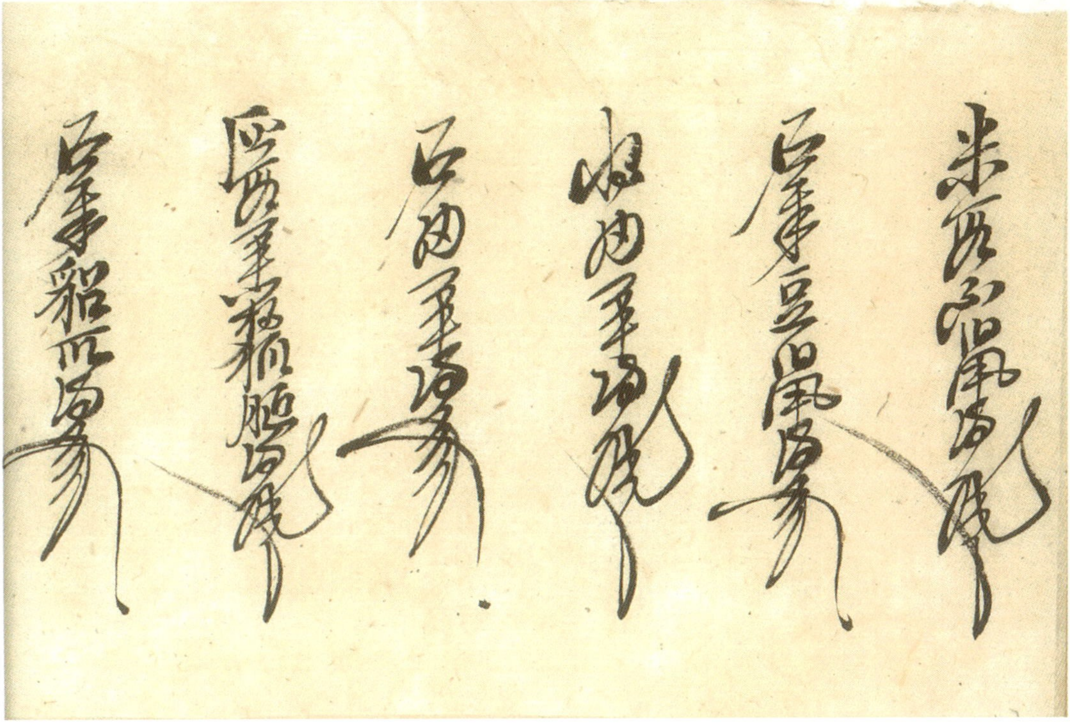

米緞白鼠皮袍一件
石素豆鼠皮套一件
醬綢羊皮袍一件
石綢羊皮套一件
灰緞羊鑲狐腿皮袍一件
石素貂爪皮套一件

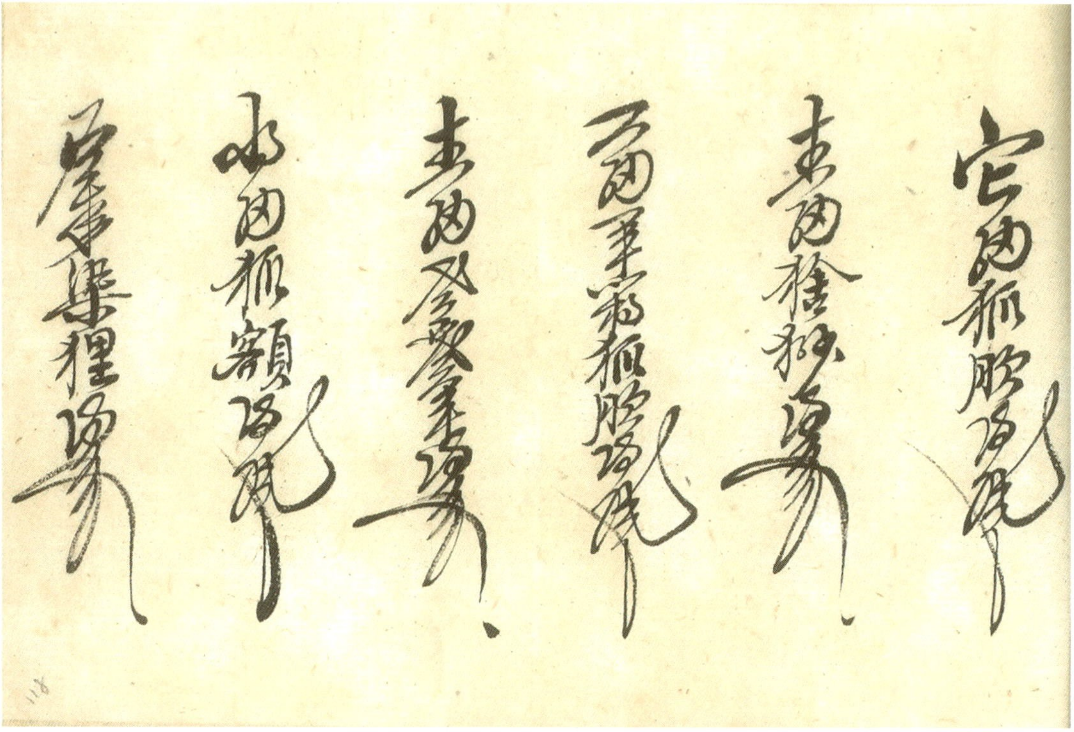

駝綢狐肷皮袍一件
青綢猞猻皮套一件
藍綢羊鑲狐肷皮袍一件
青綢老寒羊皮套一件
醬綢狐額皮袍一件
石素染狸皮套一件

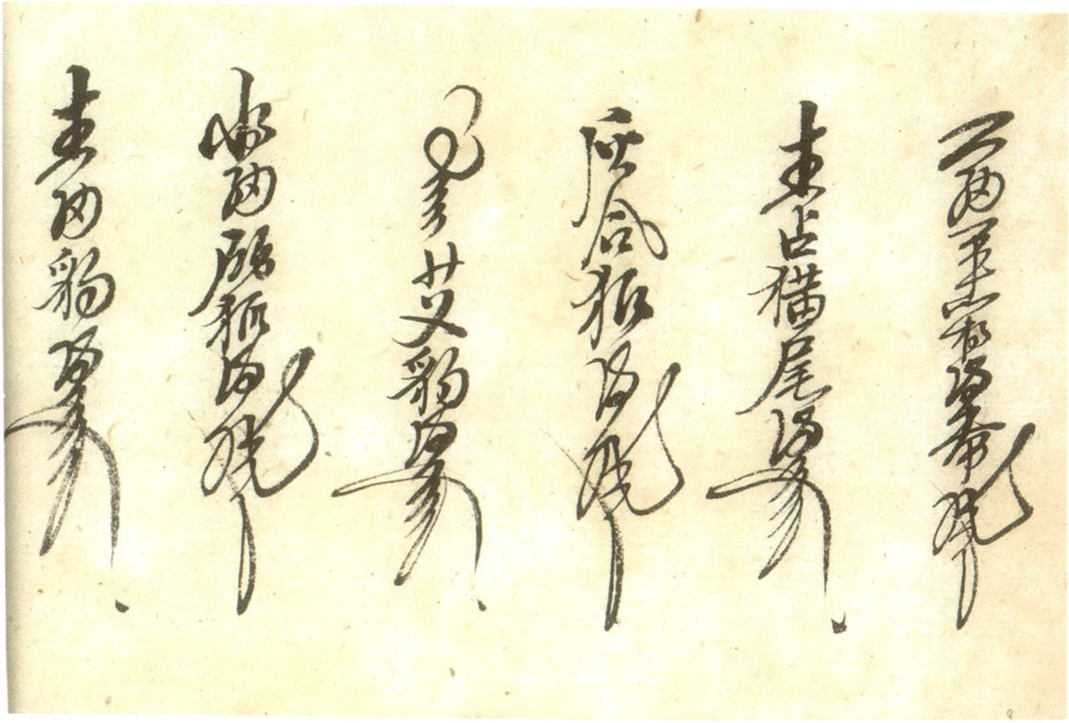

藍綢羊鑲皮缺襟袍一件
青占猫尾皮套一件
灰合狐皮袍一件
月絹艾豹皮套一件
醬綢碎狐皮袍一件
青綢豹皮套一件

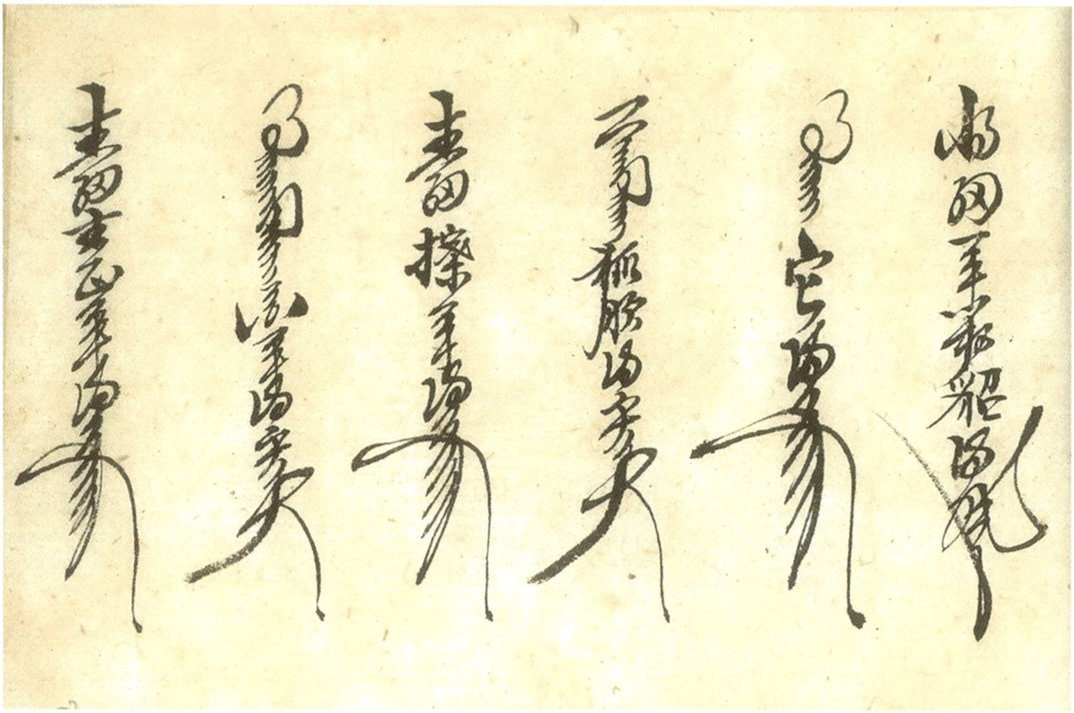

醬綢羊鑲貂皮袍一件
月絹駝皮套一件
藍縐絹狐肷皮二大襖一件
青綢擦羊皮套一件
月縐絹花羊皮二大襖一件
青綢青山羊皮套一件

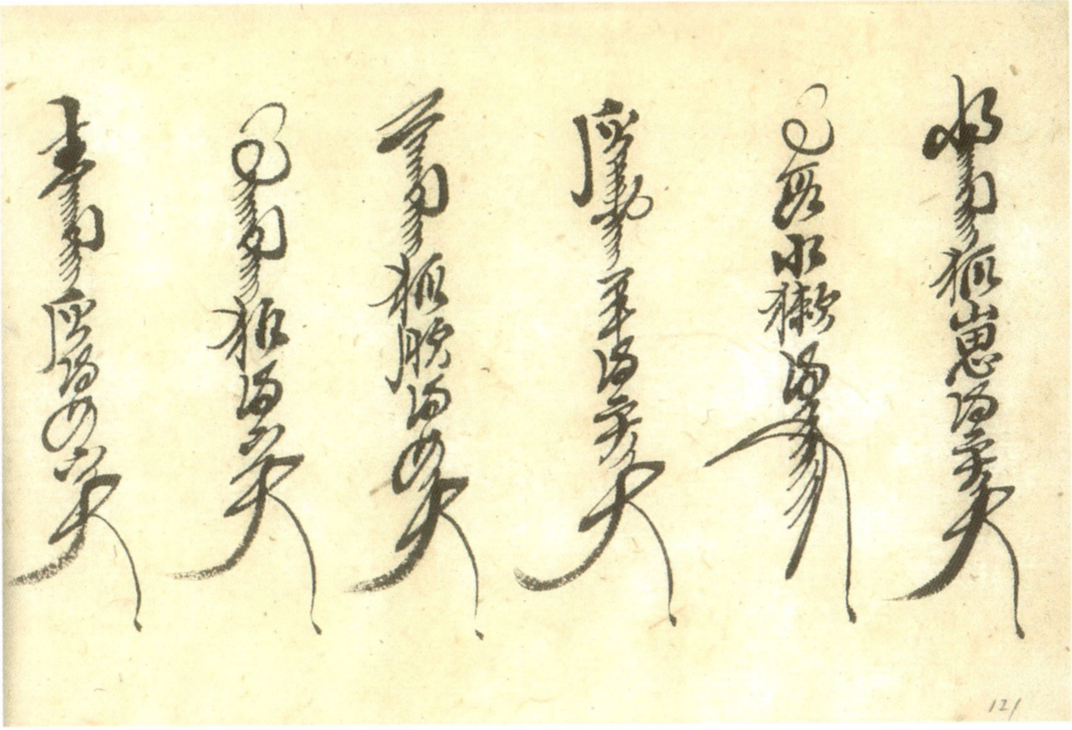

醬緺絹狐崽皮二大襖一件
月緞水獺皮套一件
灰藺絹羊皮二大襖一件
藍緺絹狐肷皮女襖一件
月緺絹狼皮小襖一件
青緺緞灰皮女小襖一件

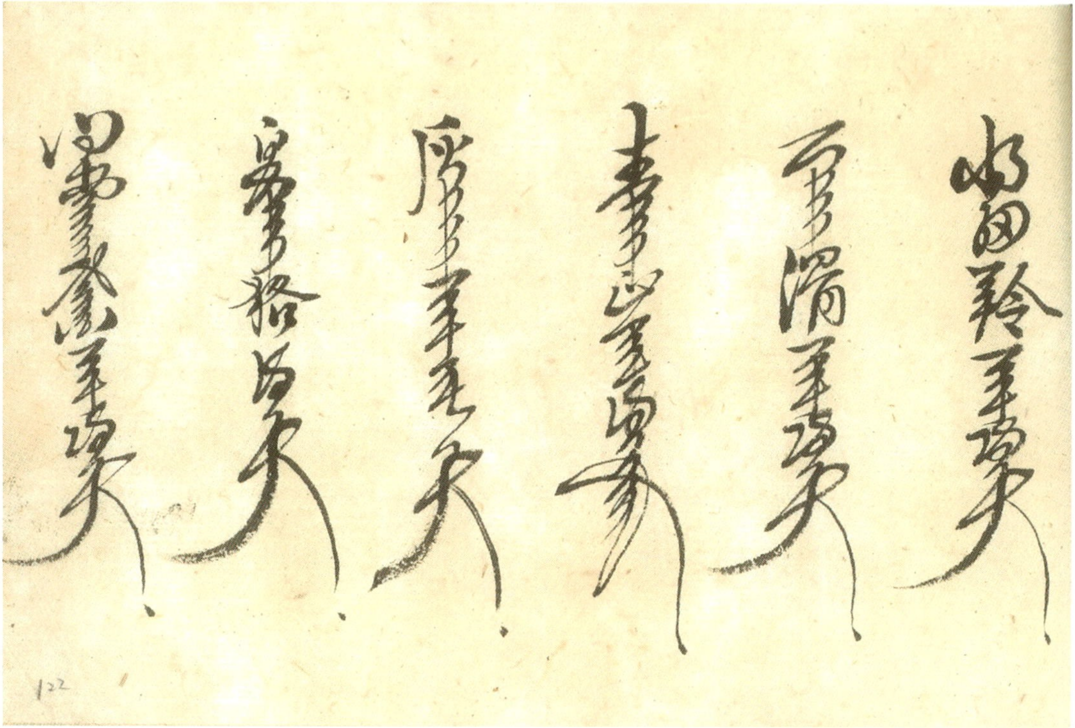

醬綢羚羊皮襖一件
藍布滑羊皮襖一件
青布山羊皮套一件
灰布羊毛襖一件
皂布貉皮襖一件
舊土絹老花羊皮襖一件

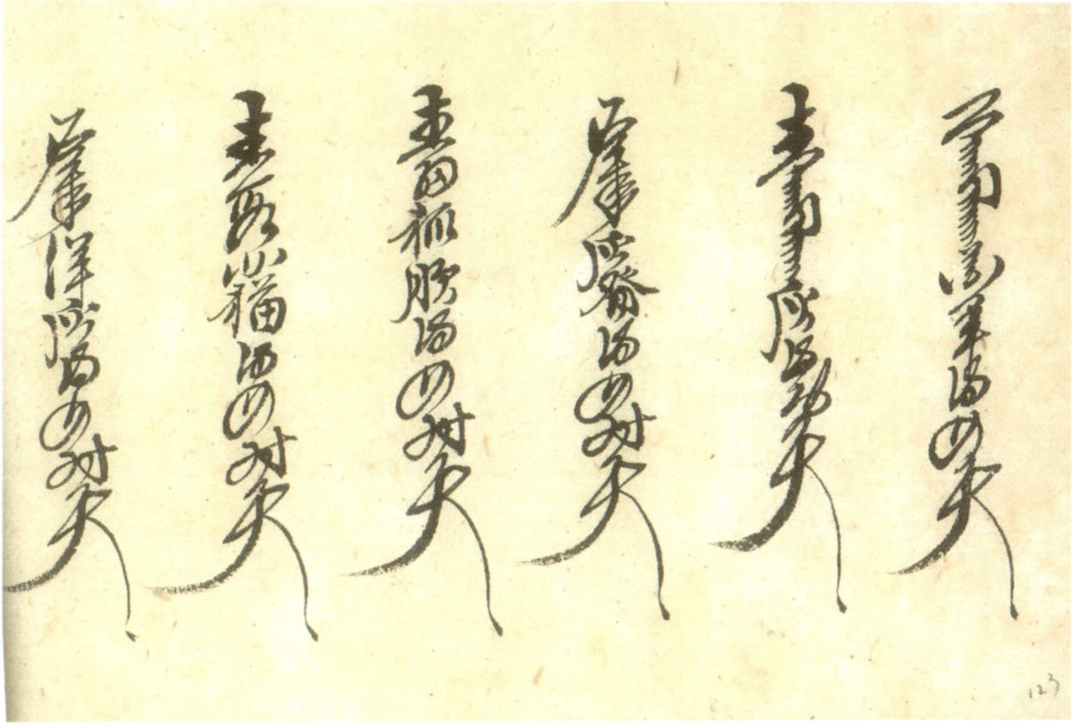

藍綢絹花羊皮女襖一件
青綢絹灰皮馬襖一件
石素灰脊皮女對襖一件
青綢狐肷皮女對襖一件
青緞白猫皮女對襖一件
石素洋灰皮女對襖一件

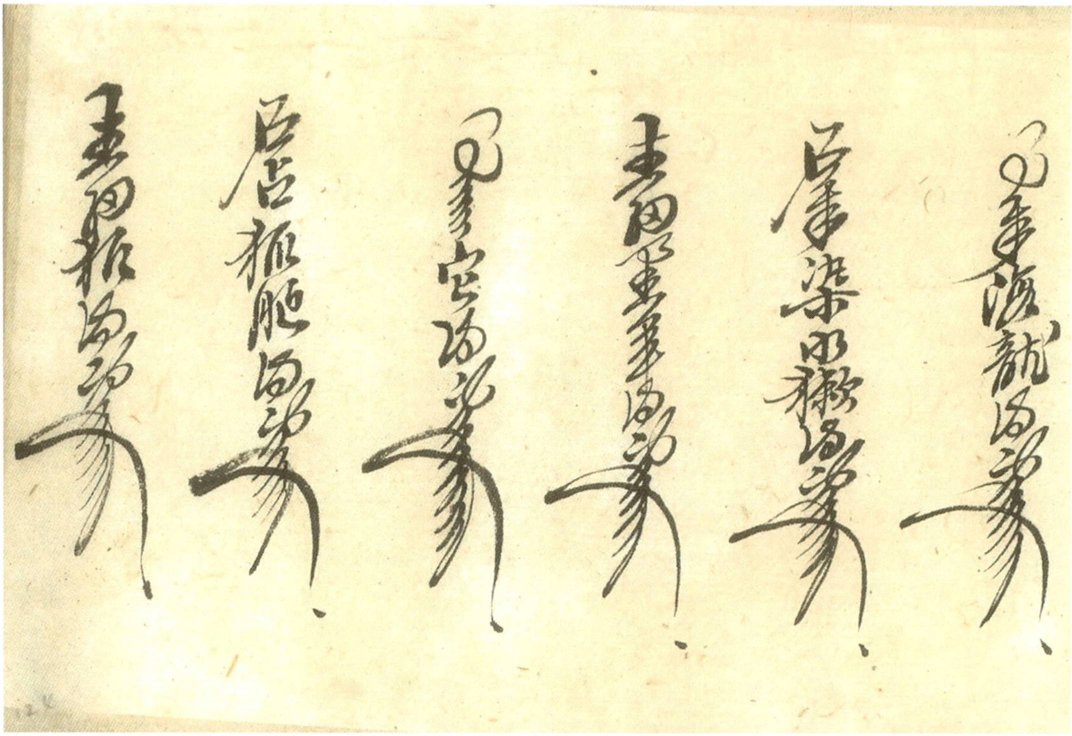

月素海龍皮馬套一件

石素染水獺皮馬套一件

青綢黑羊皮馬套一件

月絹駝皮馬套一件

石占狐腿皮馬套一件

青綢狼皮馬套一件

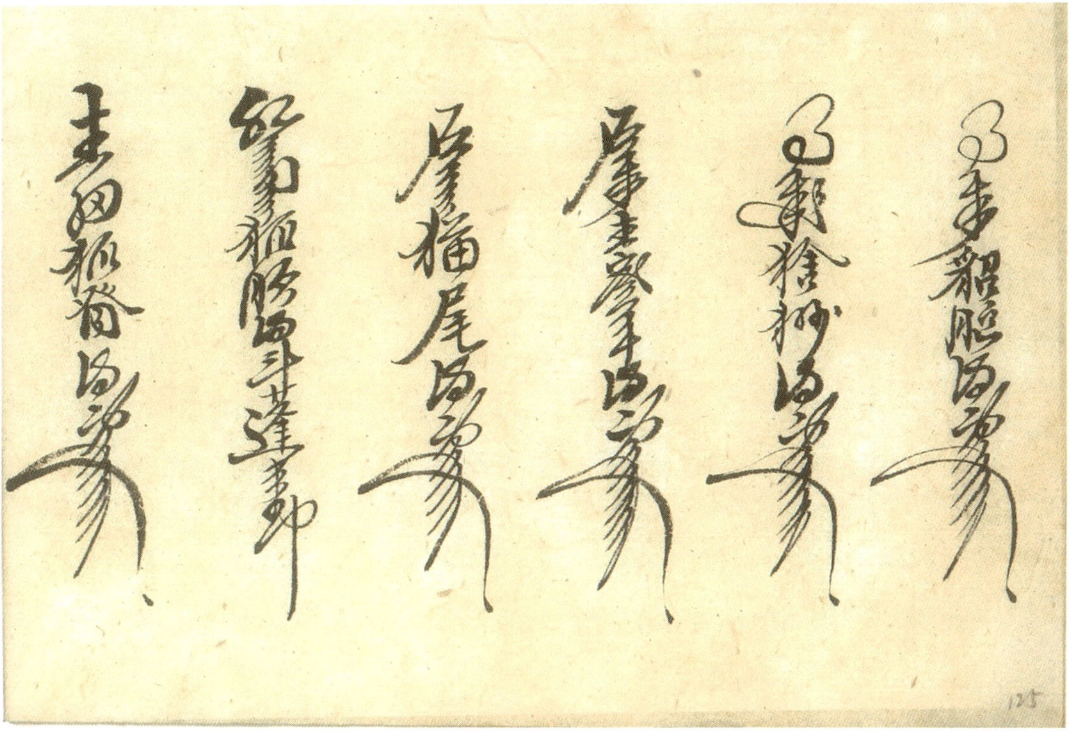

月素貂腿皮馬套一件
月綾猞猻皮馬套一件
石素青寒羊皮馬套一件
石絹猫尾皮馬套一件
紅縐絹狐肷皮斗蓬一個
青綢狐脊皮馬套一件

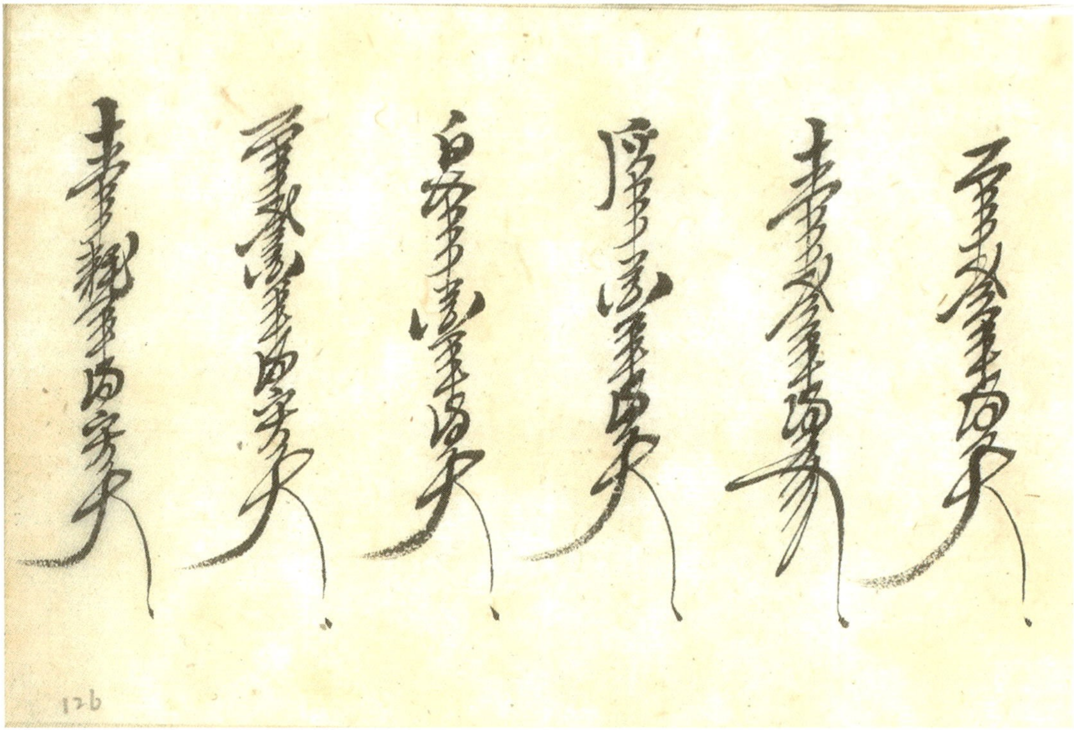

藍布老羊皮襖一件
青布老羊皮套一件
灰布花羊皮襖一件
皂布花羊皮襖一件
藍布老花羊皮二大襖一件
青布糟羊皮二大襖一件

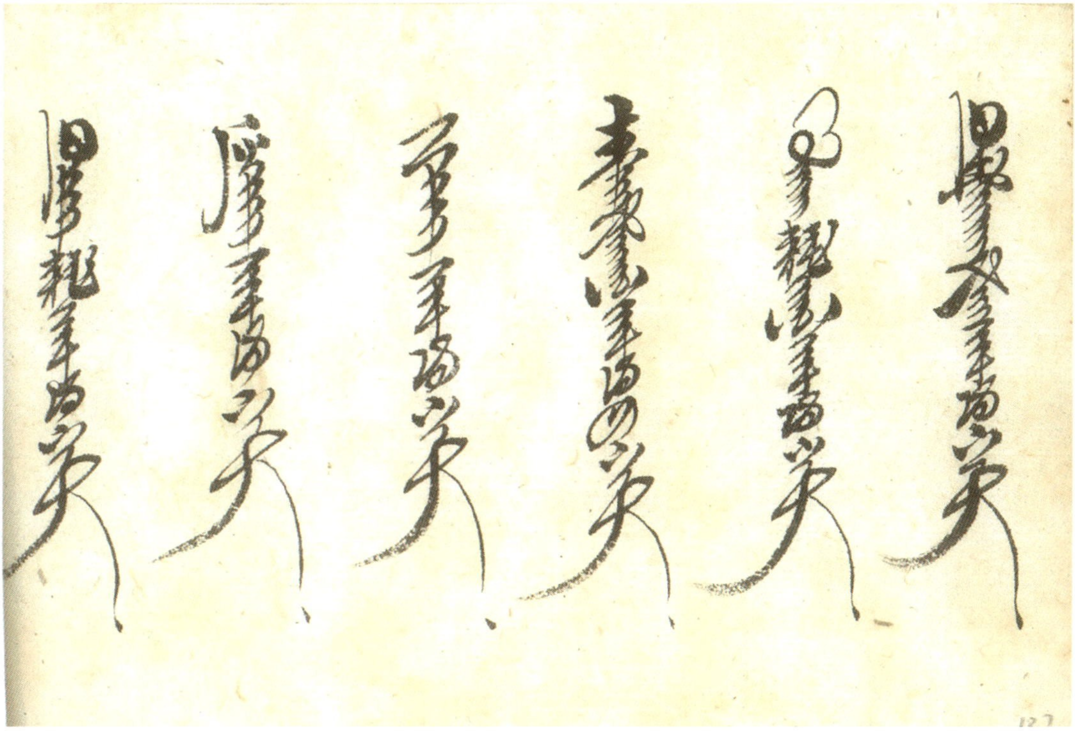

舊土絹老羊皮小襖一件
月絹糟花羊皮小襖一件
青布老花羊皮女小襖一件
藍布羊皮小襖一件
灰布羊皮小襖一件
舊布糟羊皮小襖一件

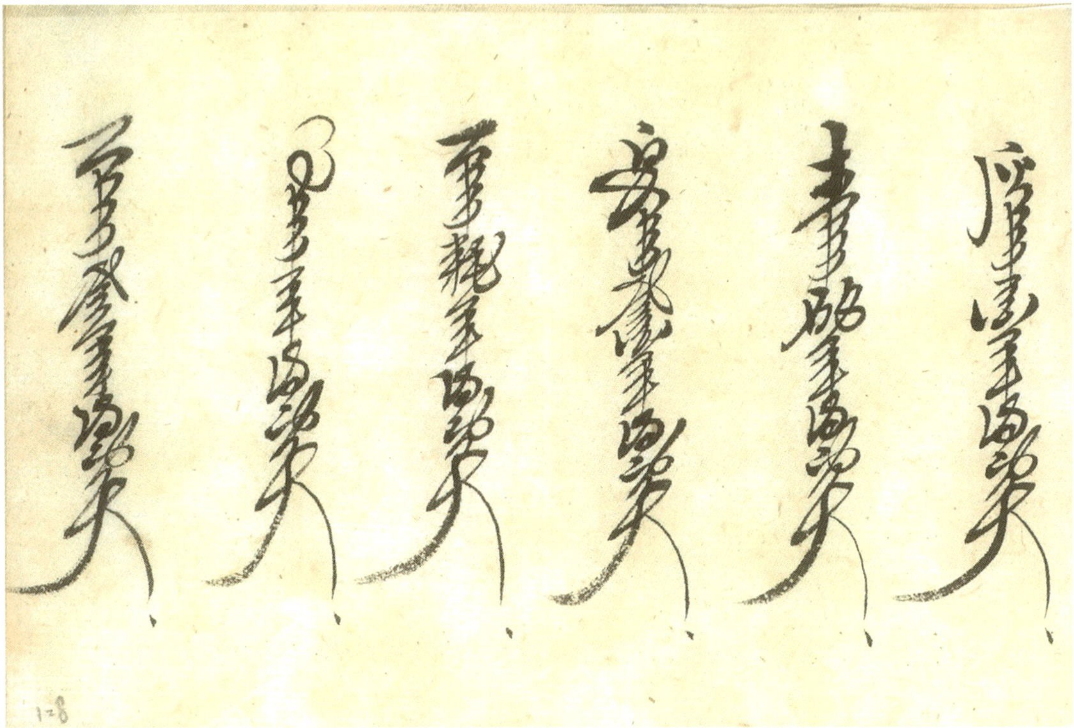

灰布花羊皮馬襖一件
青布碎羊皮馬襖一件
皂布老花羊皮馬襖一件
藍布糟羊皮馬襖一件
月布羊皮馬襖一件
藍布老羊皮馬襖一件

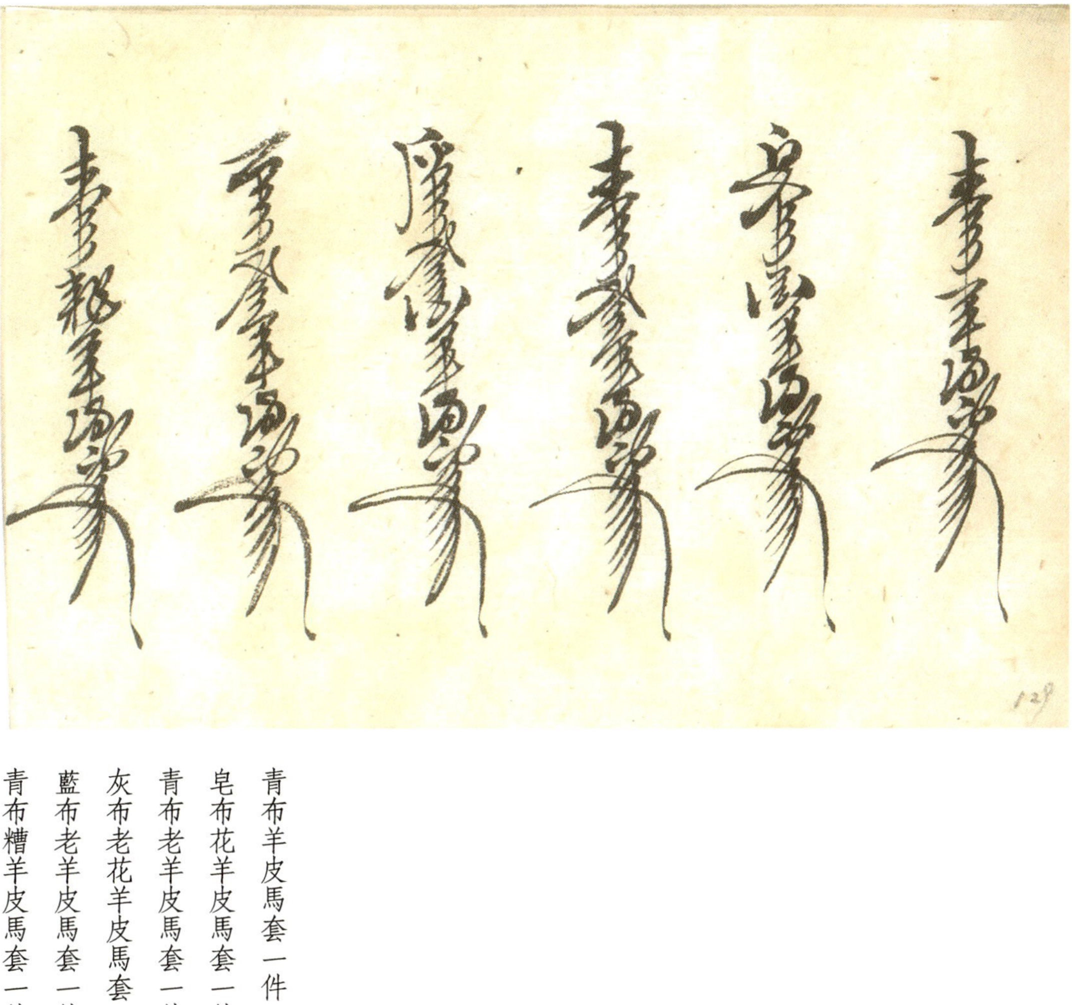

青布羊皮馬套一件
皂布花羊皮馬套一件
青布老羊皮馬套一件
灰布老花羊皮馬套一件
藍布老羊皮馬套一件
青布糟羊皮馬套一件

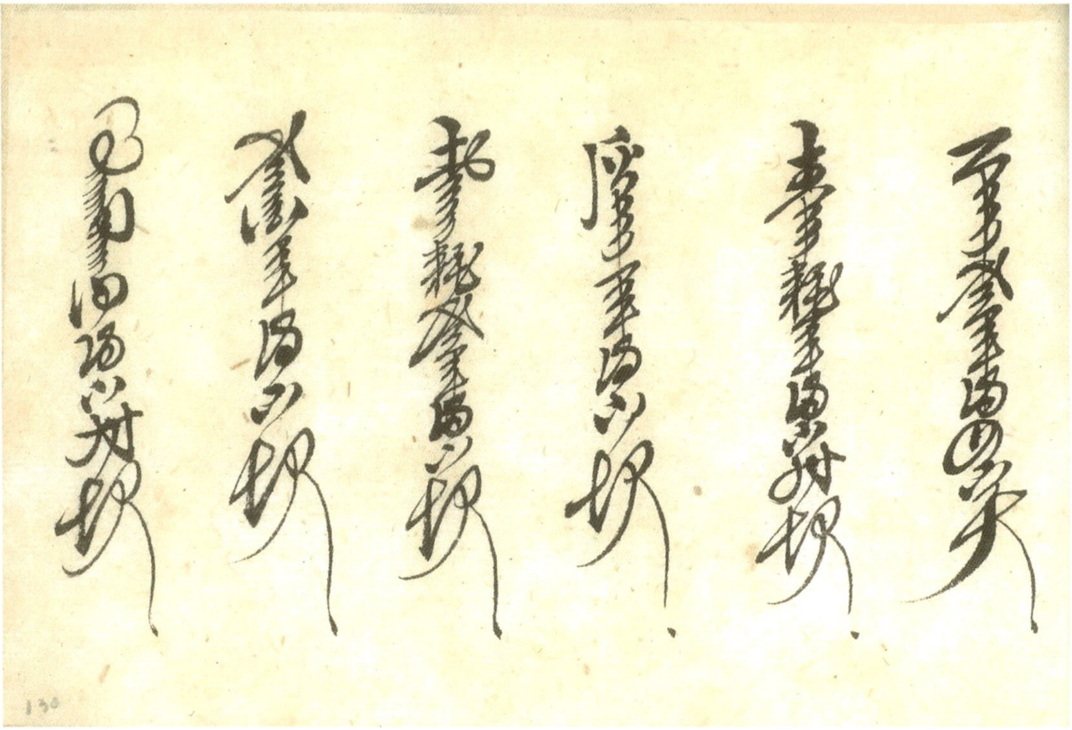

藍布老羊皮女小襖一件
青布糟羊皮小對坎一件
灰布羊皮小坎一件
土絹糟老羊皮小坎一件
老花羊皮小坎一件
月縐絹舊皮小對坎一件

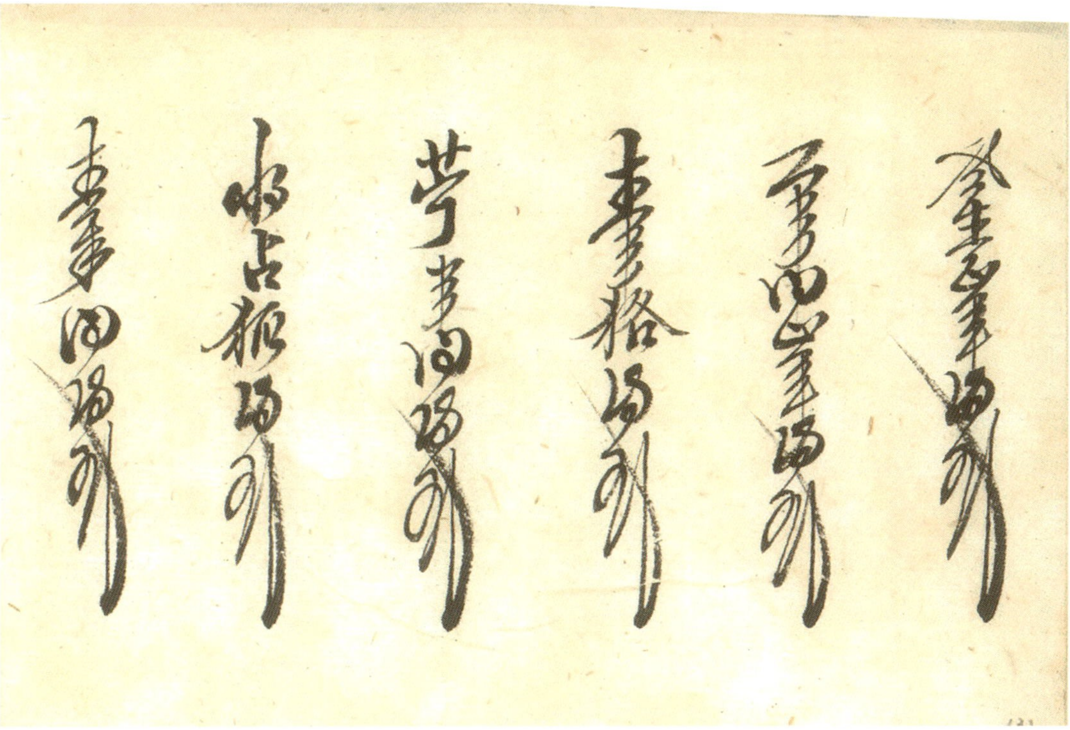

老青山羊皮褥一條
藍布小山羊皮褥一條
青布貉皮褥一條
苧布舊皮褥一條
醬占狐皮褥一條
青素舊皮褥一條

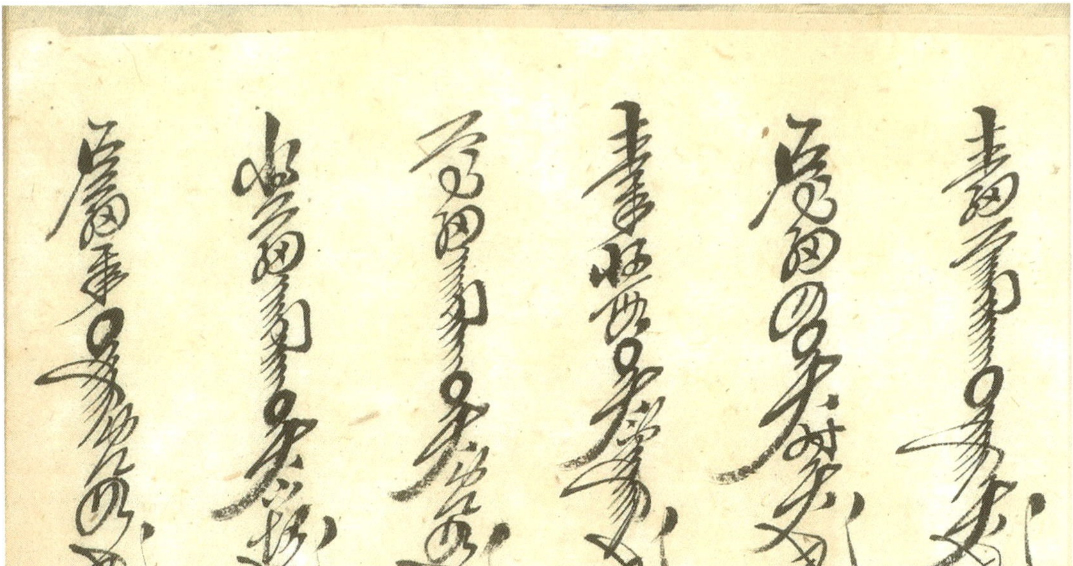

青綢藍縐絹棉套襖二件
石月綢女棉襖對襖二件
青素醬緞棉襖馬套二件
藍月綢縐絹棉襖馬腰二件
醬藍綢縐絹棉襖小坎二件
石藍綢素棉套馬腰二件

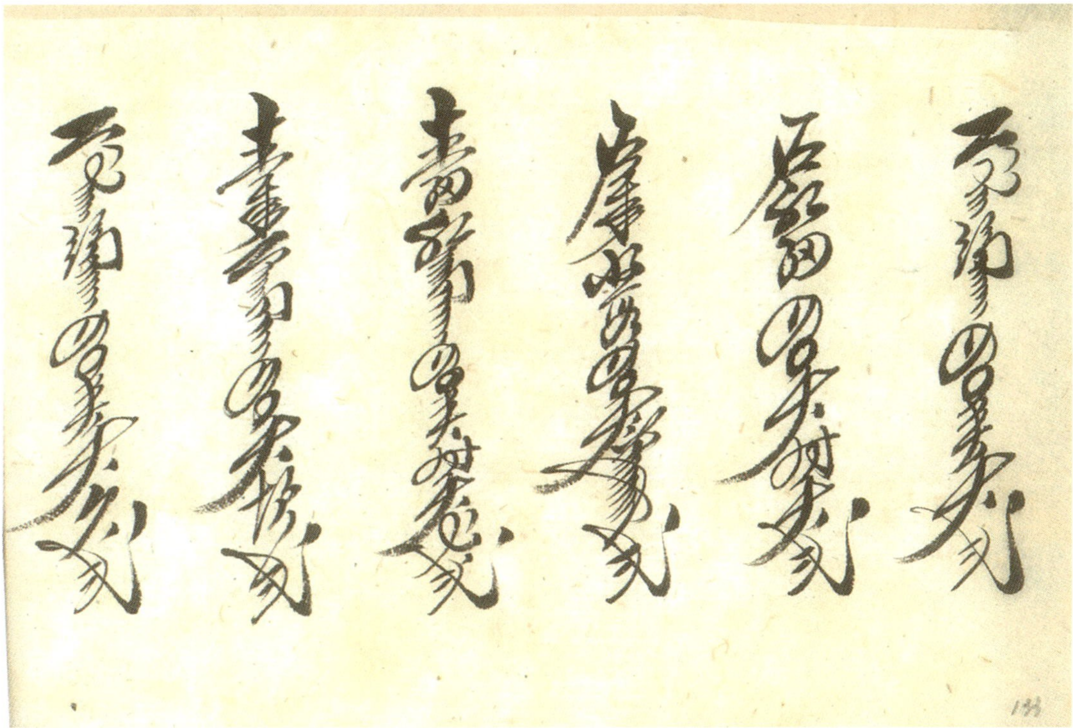

藍縐絹女棉夾襖二件
石紅綢女棉襖對襖二件
石素醬緞女棉襖馬套二件
青綢紅縐絹女棉夾對襖裙二件
青素藍縐絹女棉襖坎二件
藍月縐絹女棉夾襖褲二件

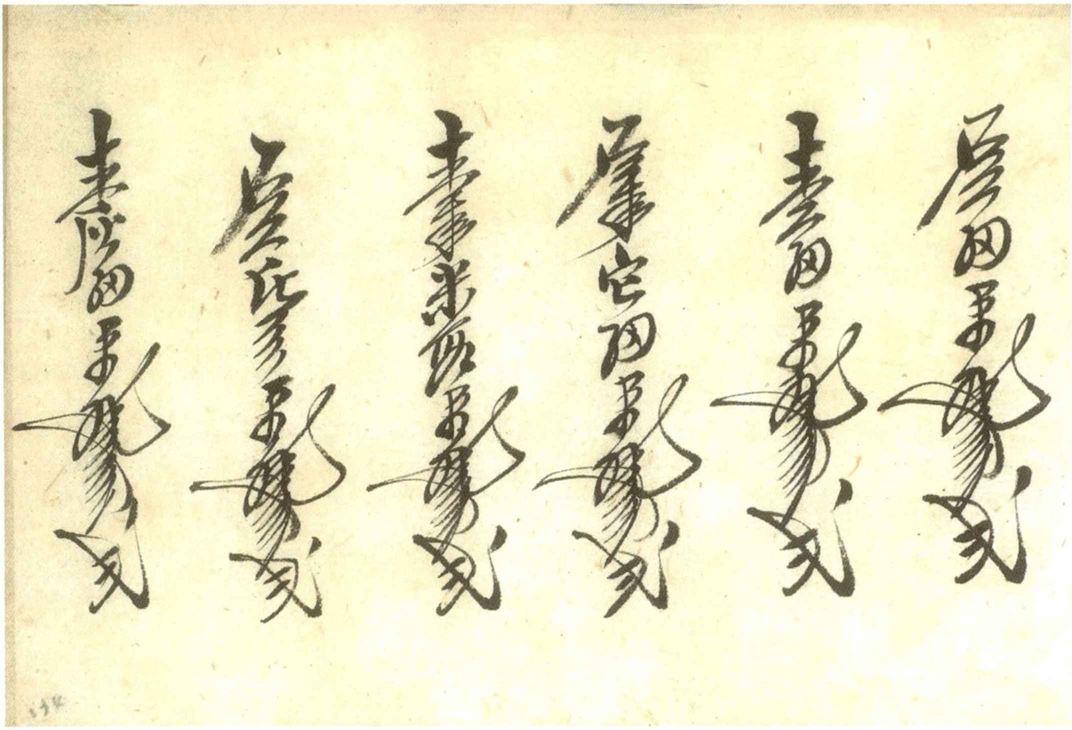

石藍綢單袍套二件
青藍綢單袍套二件
石素駝綢單袍套二件
青素米緞單袍套二件
石藍屯絹單袍套二件
青灰綢單袍套二件

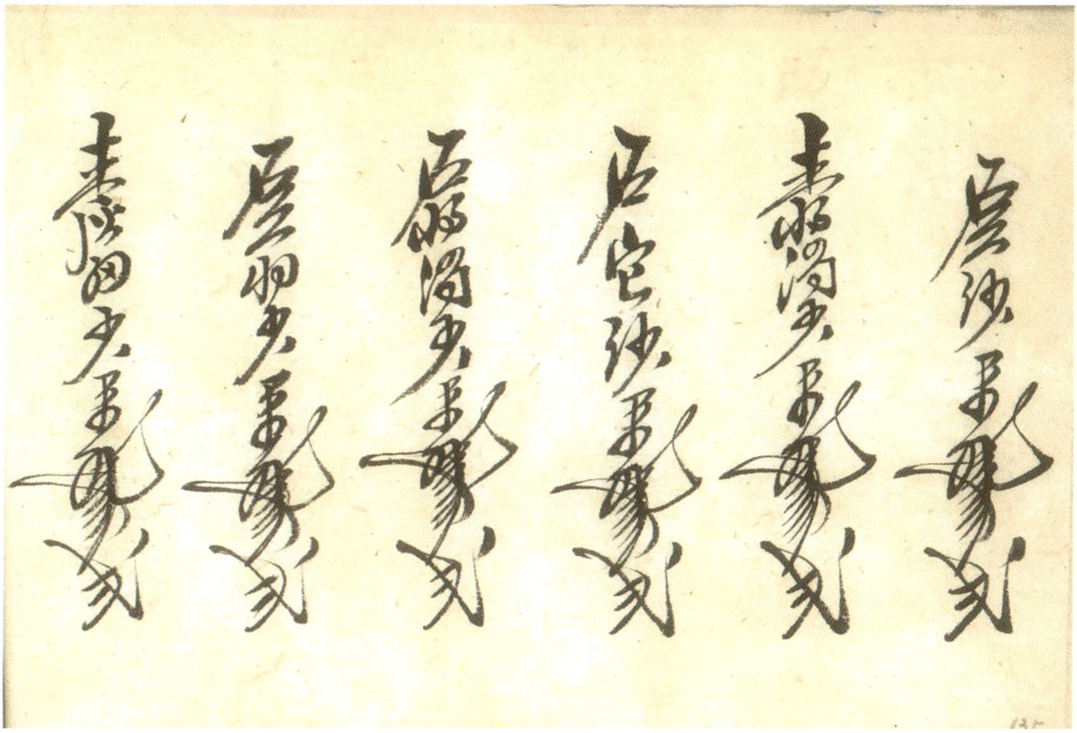

石藍紗單袍套二件
青醬漏紗單袍套二件
石駝紗單袍套二件
石醬漏紗單袍套二件
石藍羽紗單袍套二件
青灰綢紗單袍套二件

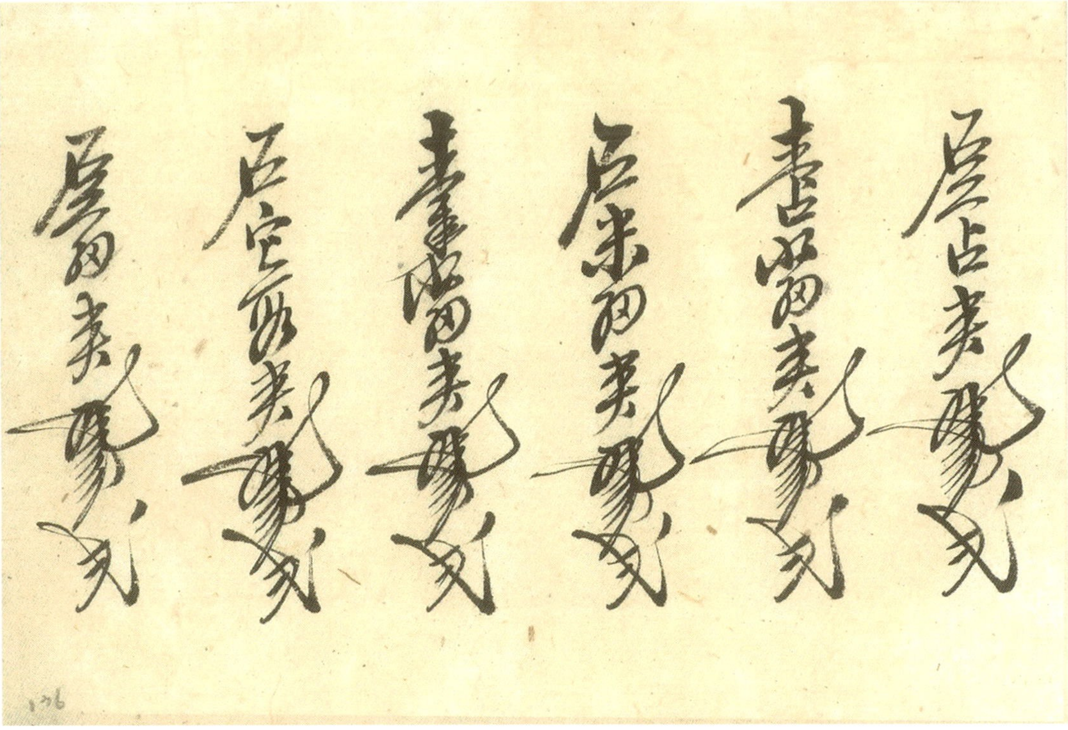

石藍占夾袍套二件
青占醬綢夾袍套二件
石米綢夾袍套二件
青素醬綢夾袍套二件
石駝緞夾袍套二件
石藍綢夾袍套二件

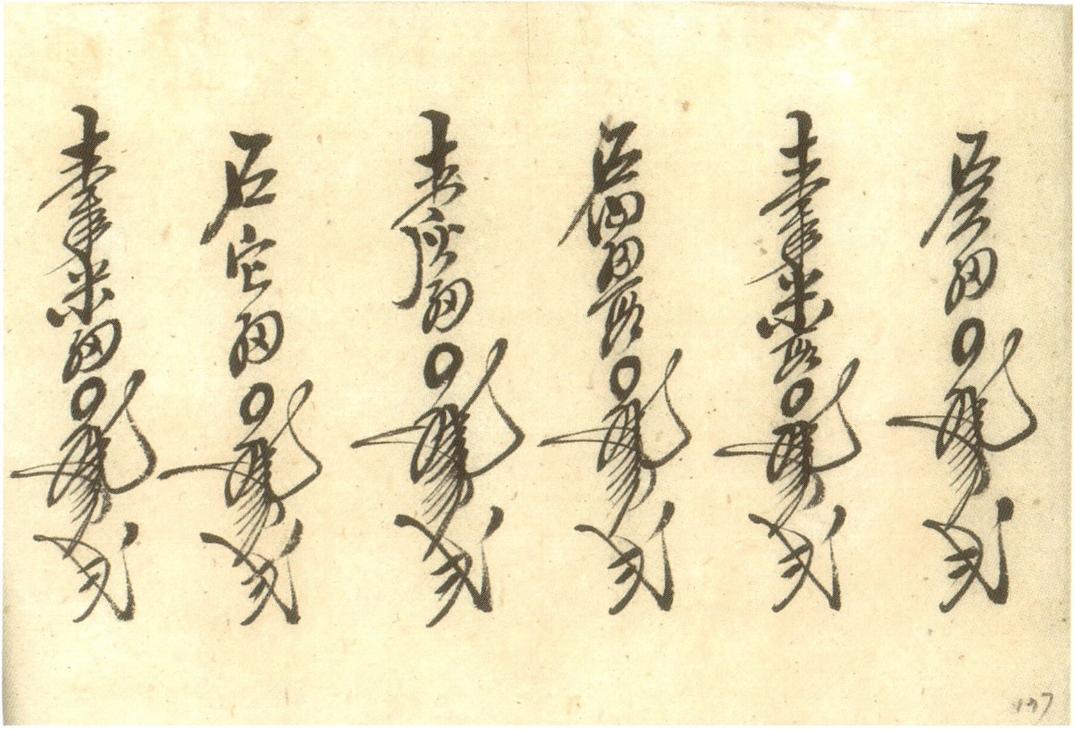

石藍綢棉袍套二件
青素米緞棉袍套二件
石舊綢緞棉袍套二件
青灰綢棉袍套二件
石駝綢棉袍套二件
青素米綢棉袍套二件

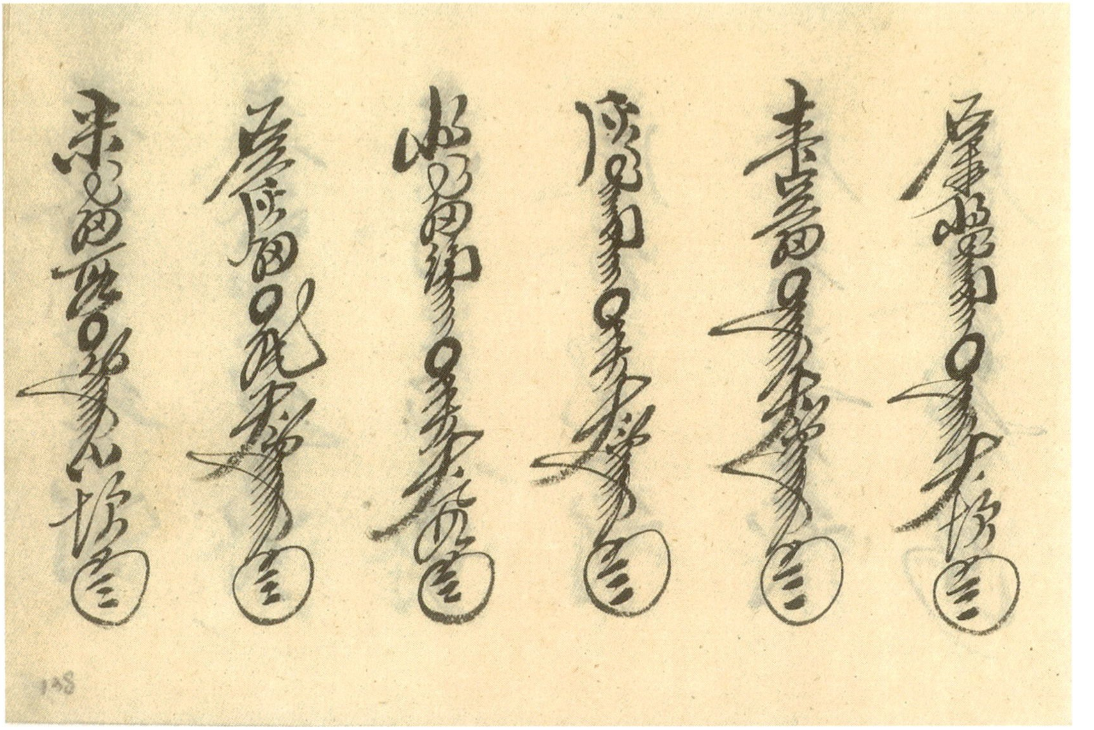

石素醬月縐絹棉套襖坎三件
青占藍綢棉套襖馬套三件
灰月縐絹棉夾襖馬套三件
醬月綢縐絹棉夾襖腰三件
石藍灰綢棉袍襖馬套三件
米月綢緞棉馬套小坎三件

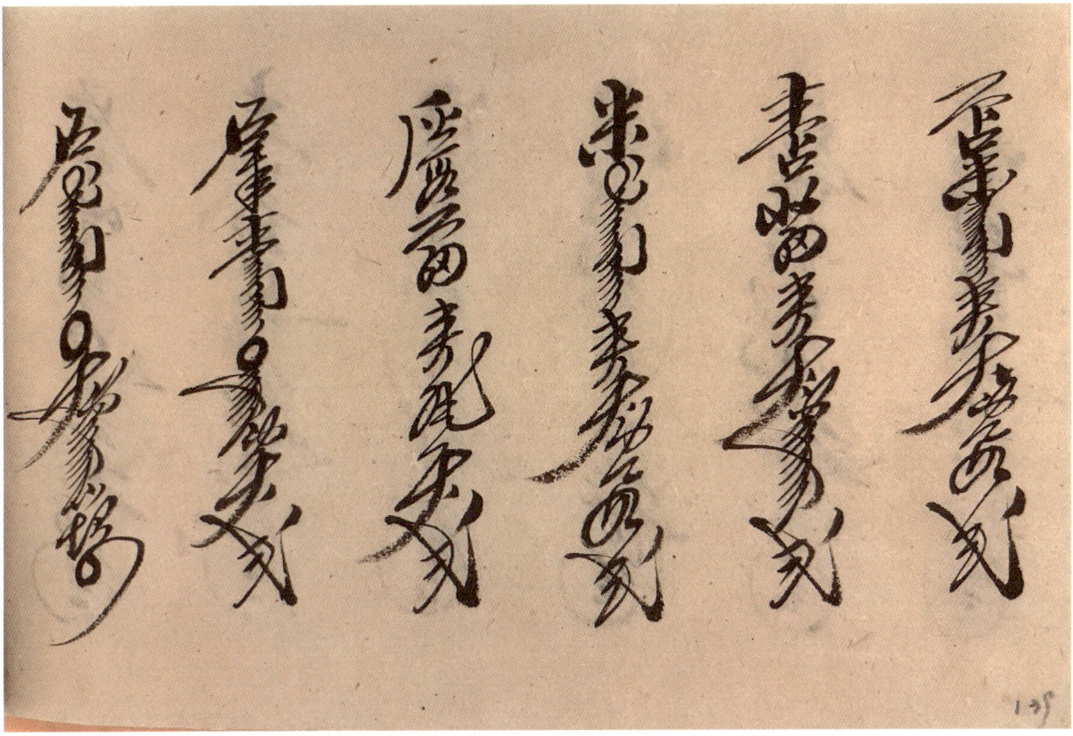

藍占米緙絹夾襖馬腰二件
青占醬綢夾襖馬套二件
米月緙絹夾襖馬腰二件
灰緞藍綢夾袍襖二件
石素青緙絹棉套馬襖二件
石月緙絹棉襖馬套小坎四件

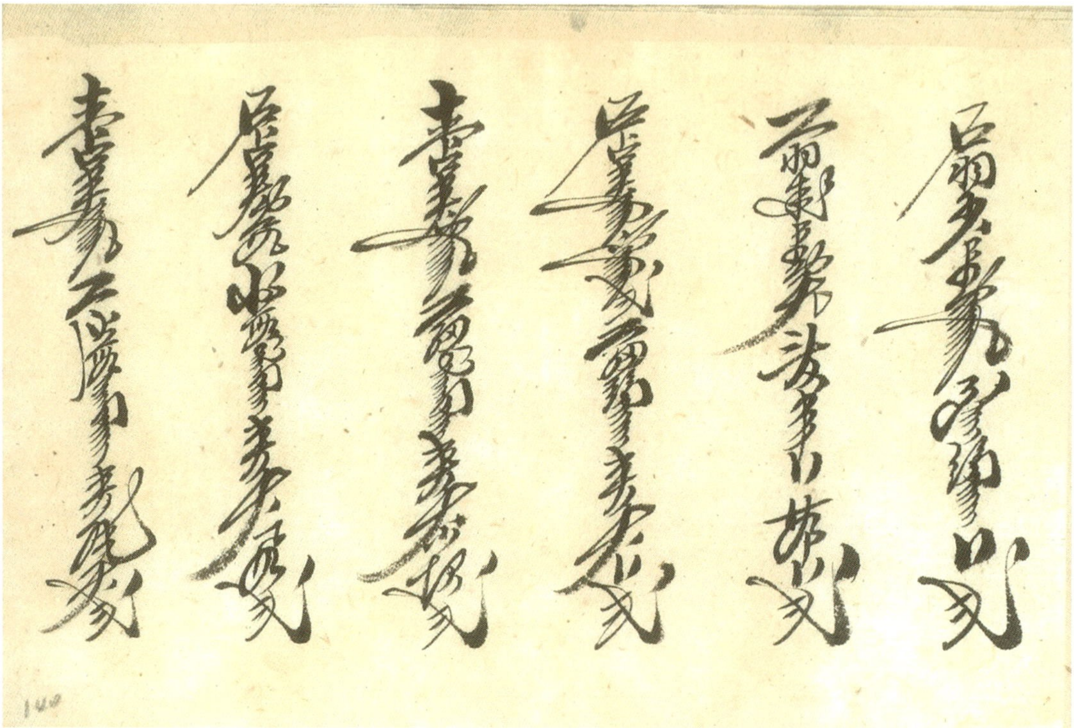

石羽紗單馬套白絹縐絹褂二件
藍羽綾單馬襖夏布褂接褂二件
石占夾套馬套二藍綢縐絹夾襖褂二件
青占夾馬套藍綢月縐絹夾襖小坎二件
石占夾馬腰醬緞月縐絹夾襖腰二件
青占夾套藍灰緞縐絹夾袍襖二件

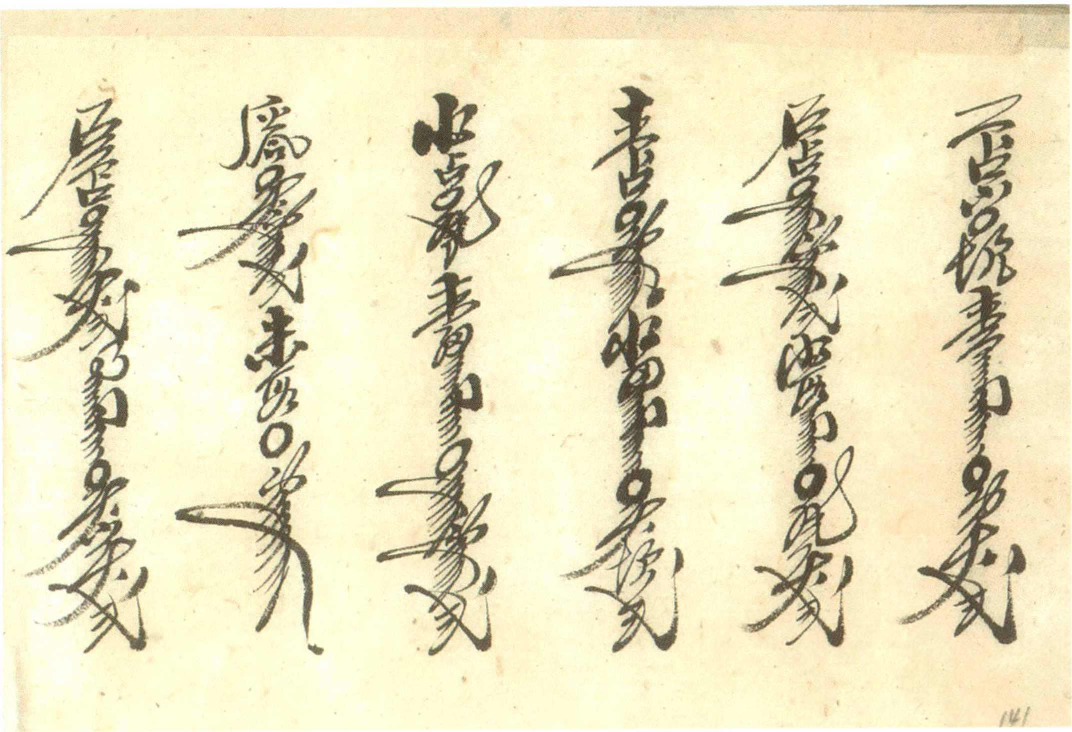

藍占小棉坎青藍縐絹棉馬襖二件
石占棉套馬套二醬緞縐絹棉袍襖二件
青占棉馬套醬綢縐絹棉襖坎二件
醬占棉袍青綢縐絹棉套馬套二件
灰合棉襖馬套二米緞棉馬套
石藍占棉套襖二月縐絹棉襖小襖二件

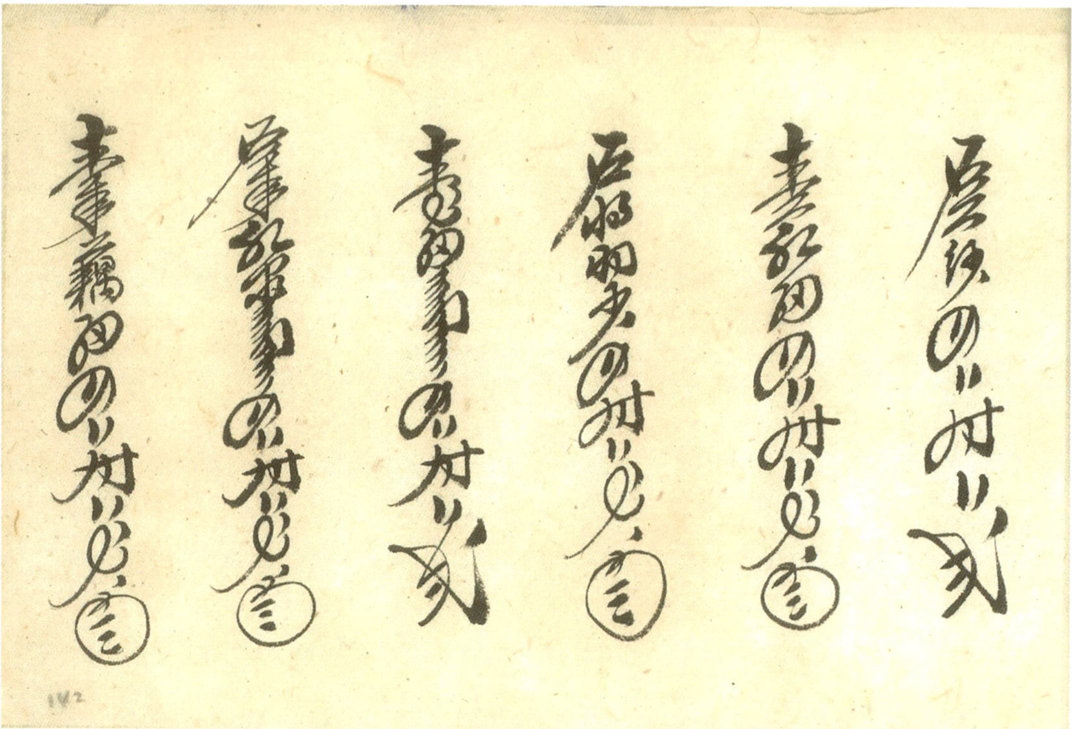

石藍紗女褂對褂二件
青紅綢女褂對褂裙三件
石醬羽紗女對褂裙三件
青月綢縐絹女褂對褂二件
石素紅綠縐絹女褂對褂裙三件
青素藕綢女褂對褂裙三件

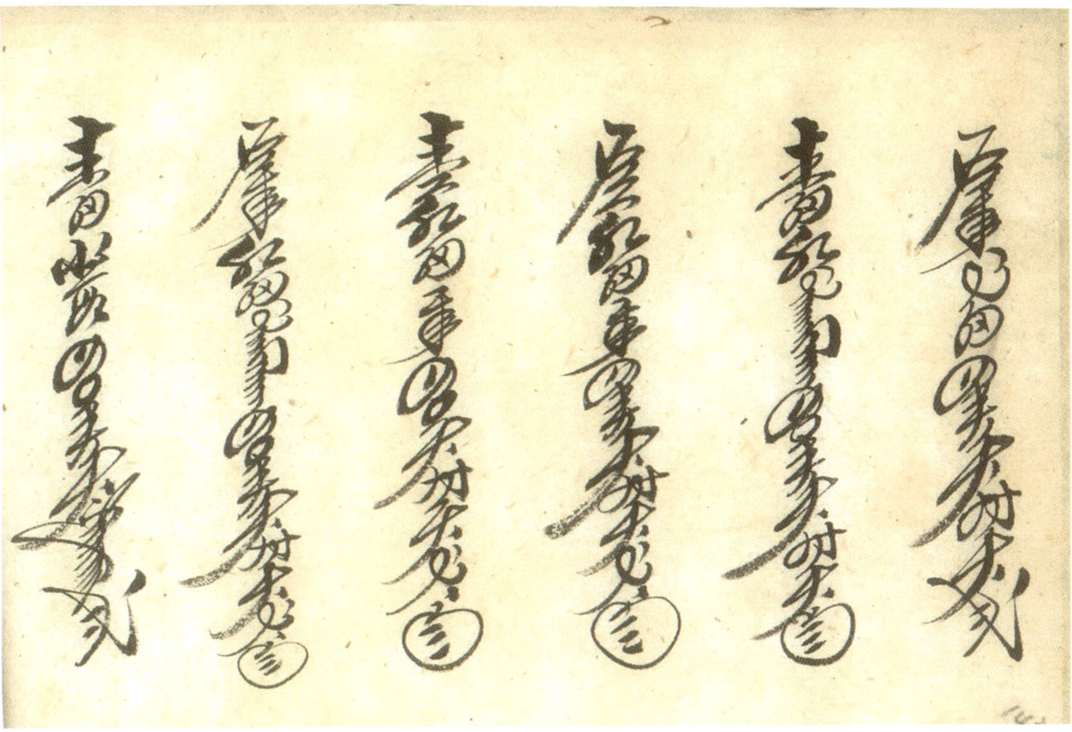

石素月綢女夾襖對襖二件
青綢紅月綉絹女棉夾襖對襖三件
石藍紅綢素女夾襖對襖裙三件
青藍紅綢素女棉襖對襖裙三件
石素紅綢月綉絹女棉夾襖對襖裙三件
青綢醬緞女棉夾襖馬套二件

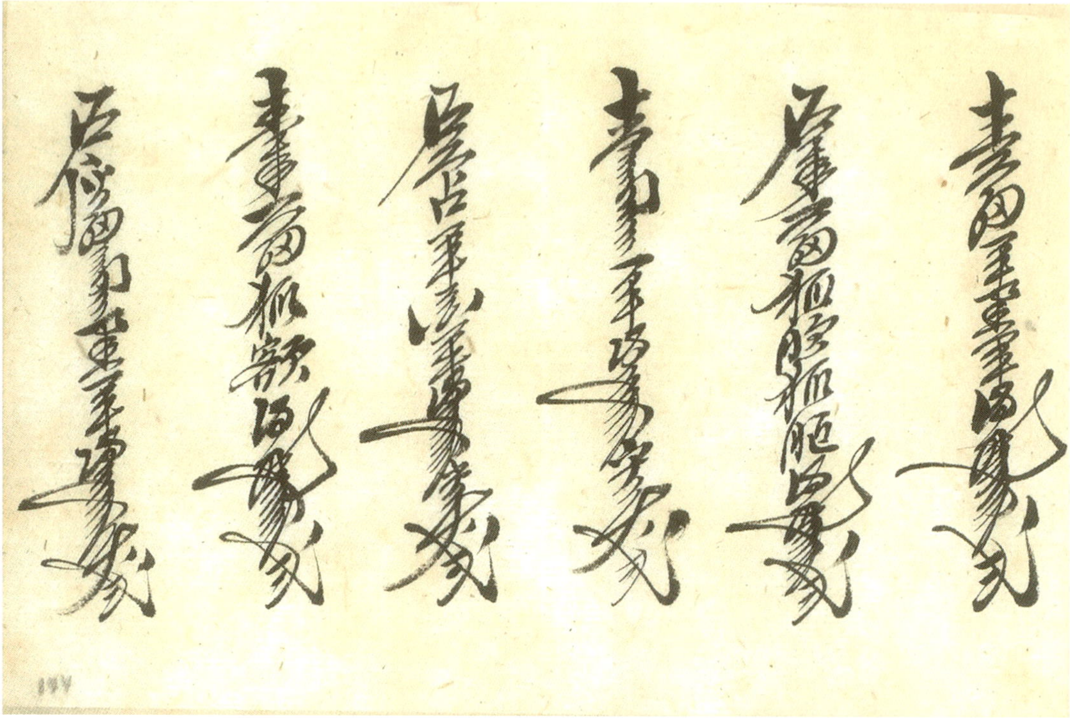

青藍綢羊黑羊皮袍套二件
石素藍綢狐肷狐腿皮袍套二件
青緙絹羊皮套尖襖二件
石藍占羊花羊皮套尖襖二件
青素藍綢狐額皮袍套二件
石灰綢緙絹黑羊皮套襖二件

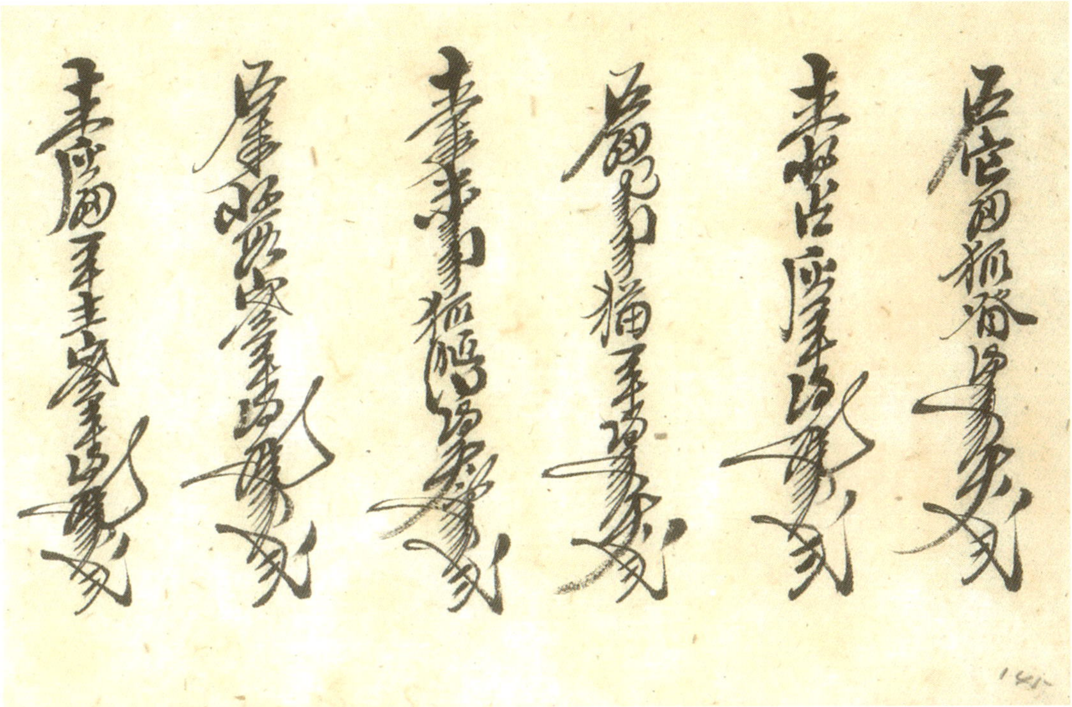

石駝綢狐脊皮套襖二件
青醬占灰羊皮袍套二件
石綢月綯絹猫羊皮套襖二件
青素米綯絹狐腿皮襖馬套二件
石素醬緞寒羊皮袍套二件
青灰綢羊青寒羊皮袍套二件

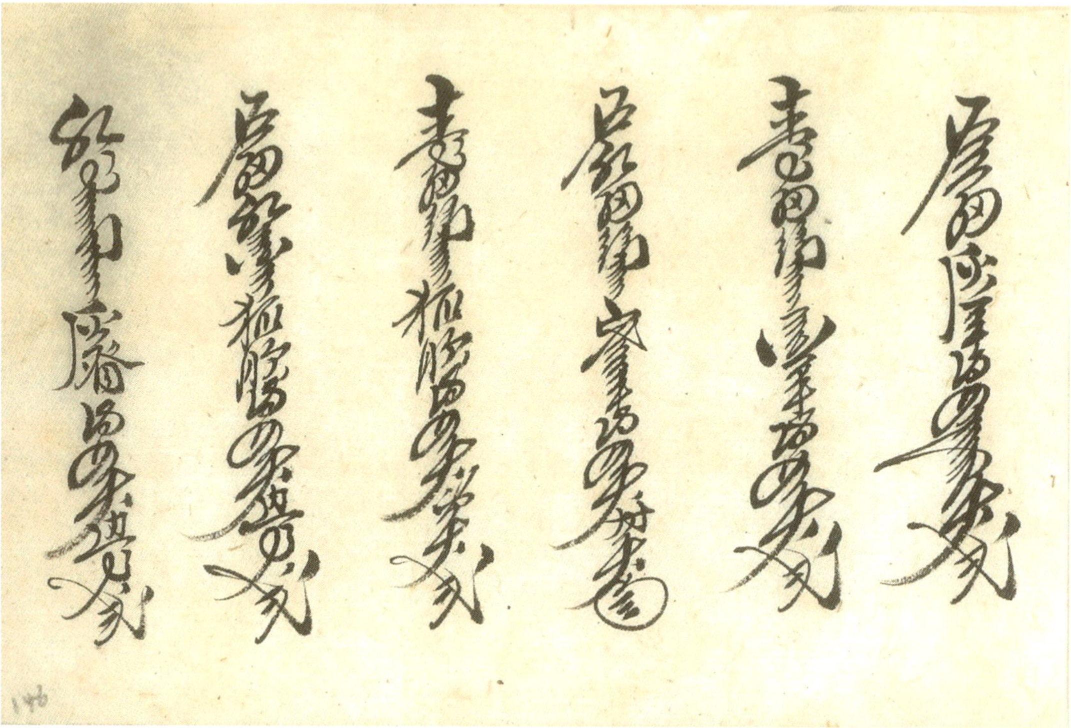

石藍綢灰羊皮女套襖二件
青月綢縐絹花羊皮女襖二件
石紅綢縐絹寒羊皮女襖對襖三件
青月綢縐絹狐肷皮女襖馬襖二件
石綢紅花絹狐肷皮女襖邊裙二件
紅月縐絹灰脊皮女襖邊裙二件

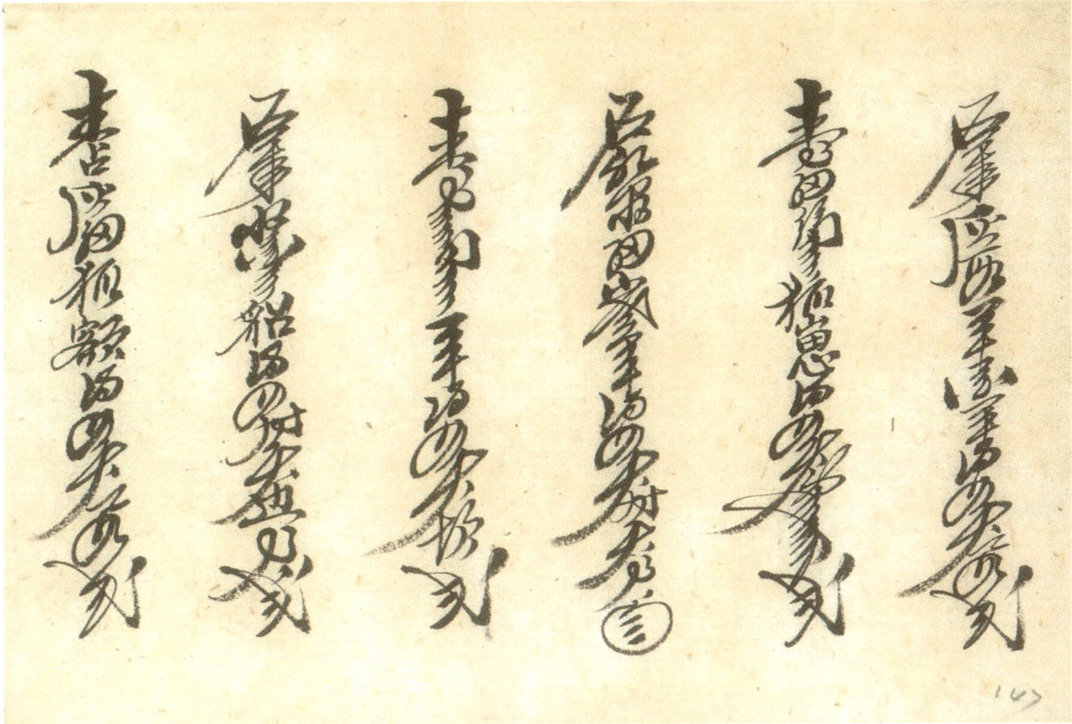

石素灰緞羊花羊皮女襖腰二件
青月綢緺絹狐崽皮女襖馬套二件
石紅緑綢寒羊皮女襖對襖裙三件
青月緺絹羊皮女襖坎二件
石素醬花絹貂皮女對襖邊裙二件
青占灰綢狐額皮女襖腰二件

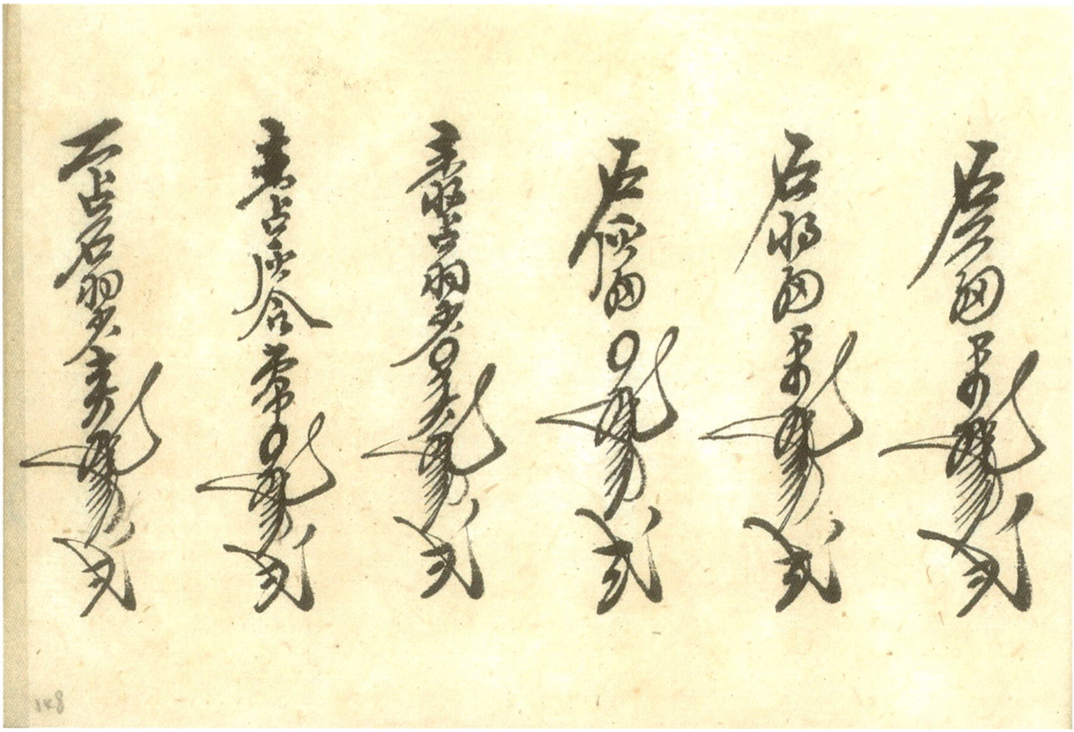

石藍綢單袍套二件
石醬綢單袍套二件
石灰綢棉袍套二件
青醬占羽紗棉夾袍套二件
青占灰合缺襟棉袍套二件
藍占石羽紗夾袍套二件

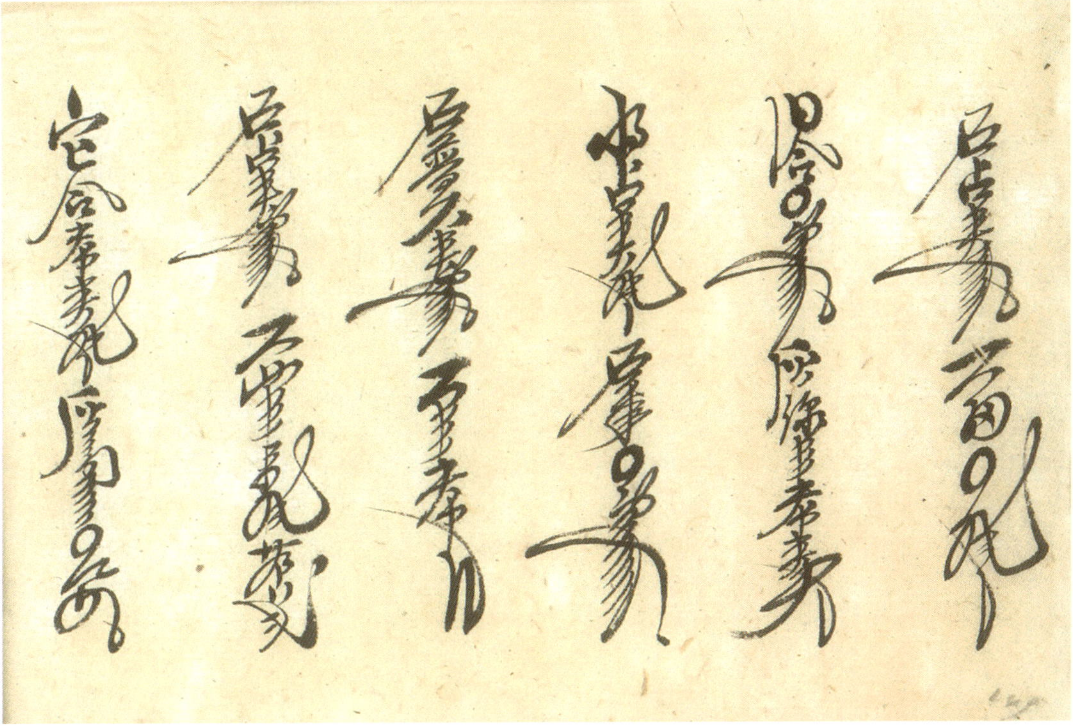

石占夾套藍綢棉袍
舊合棉馬套灰綫布缺襟夾襖
醬占夾袍石素棉馬套
石氊氌夾馬套藍布缺襟褂
石占夾馬套藍白布單袍接褂二件
駝合缺襟夾袍灰縐絹棉腰

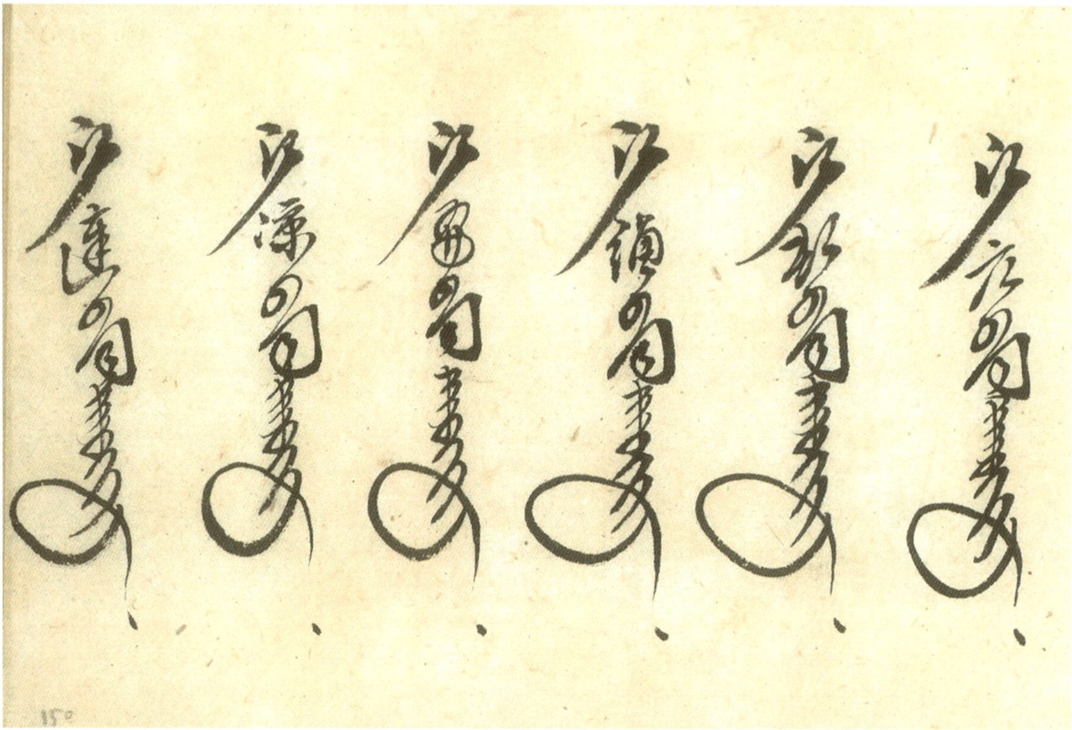

銀元鐲一雙

銀絲鐲一雙

銀繩鐲一雙

銀扁鐲一雙

銀涼鐲一雙

銀鏈鐲一雙

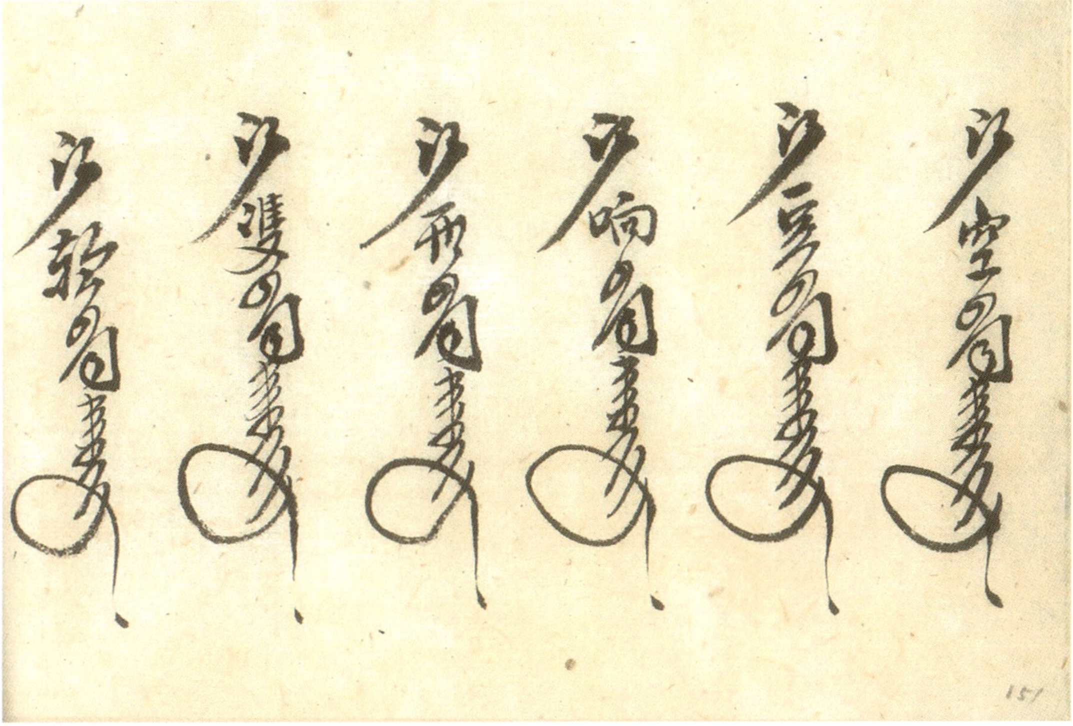

銀空鐲一雙
銀豆鐲一雙
銀響鐲一雙
銀竹鐲一雙
銀雙鐲一雙
銀軟鐲一雙

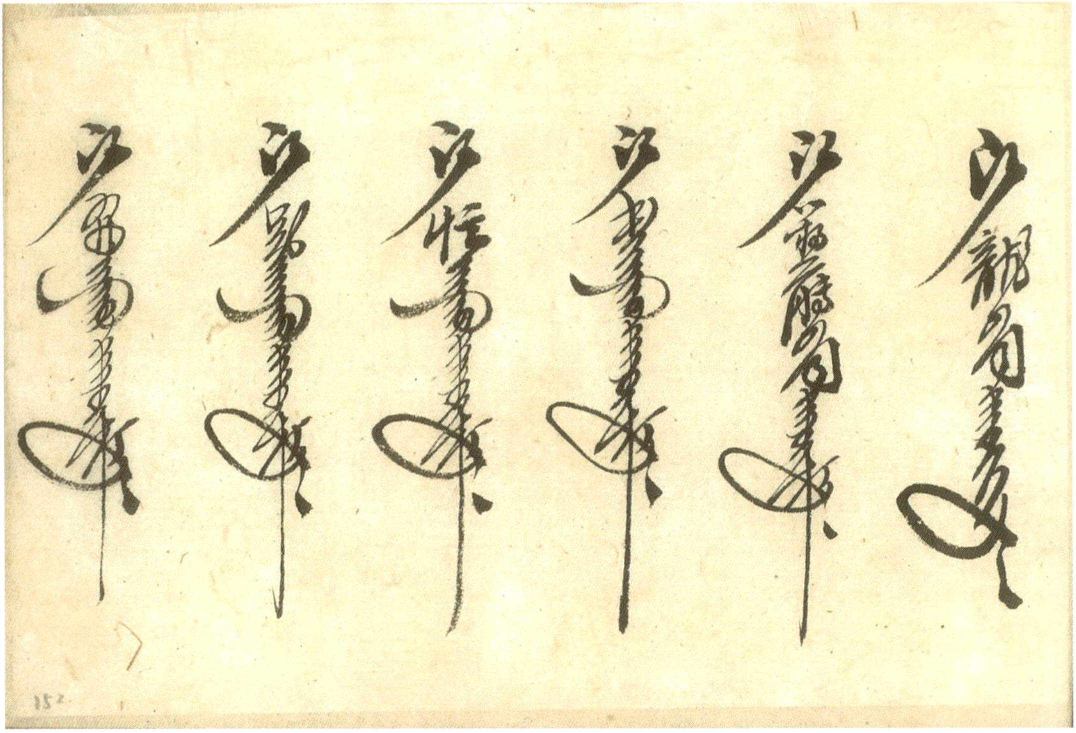

銀龍鐲一雙

銀鑲藤鐲一枝

銀書簪一枝

銀忙簪一枝

銀別簪一枝

銀扁簪一枝

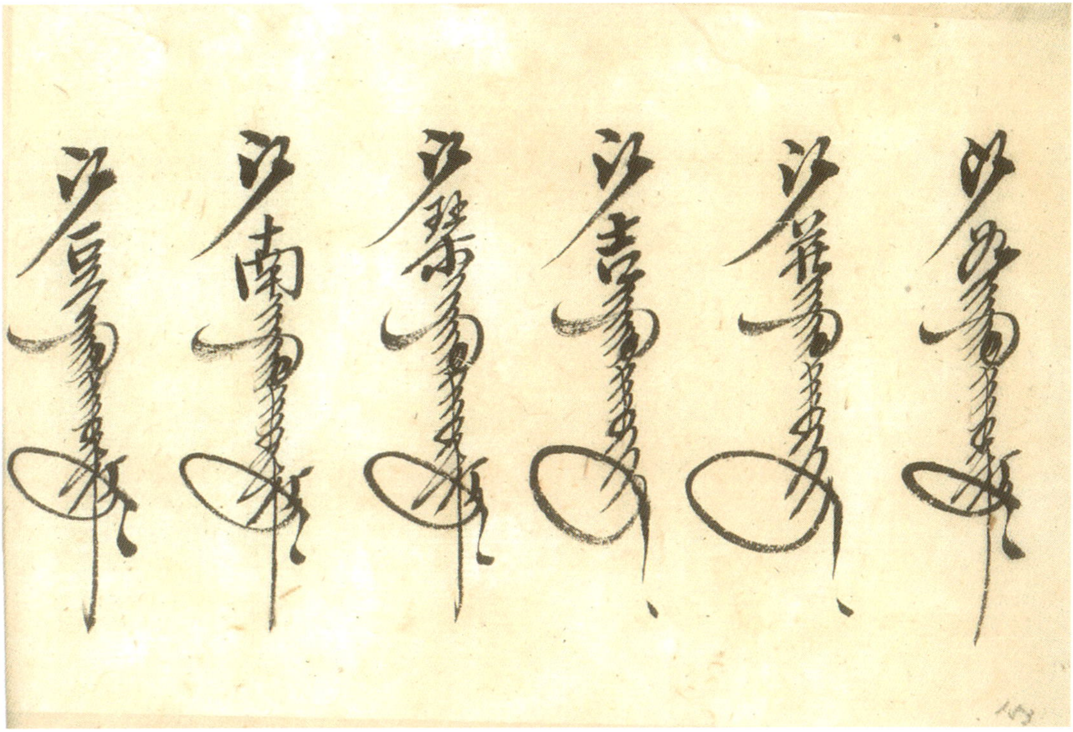

銀如簪一枝
銀花簪一枝
銀吉簪一枝
銀琴簪一枝
銀南簪一枝
銀豆簪一枝

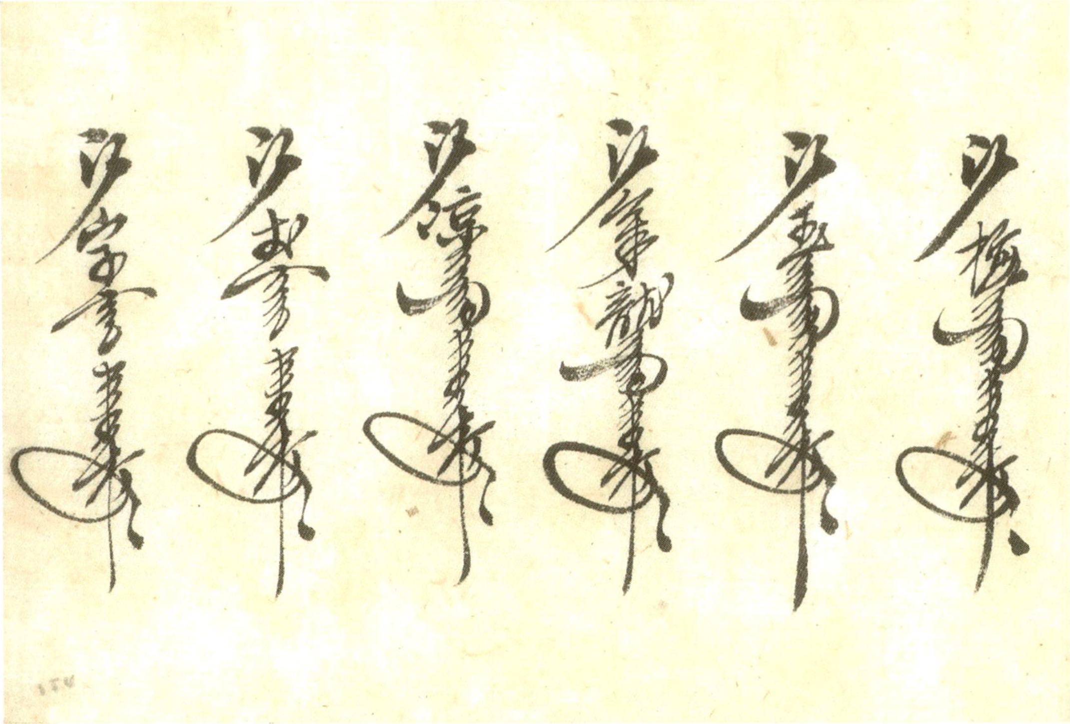

銀梅簪一枝
銀玉簪一枝
銀素龍簪一枝
銀凉簪一枝
銀丈挖一枝
銀字挖一枝

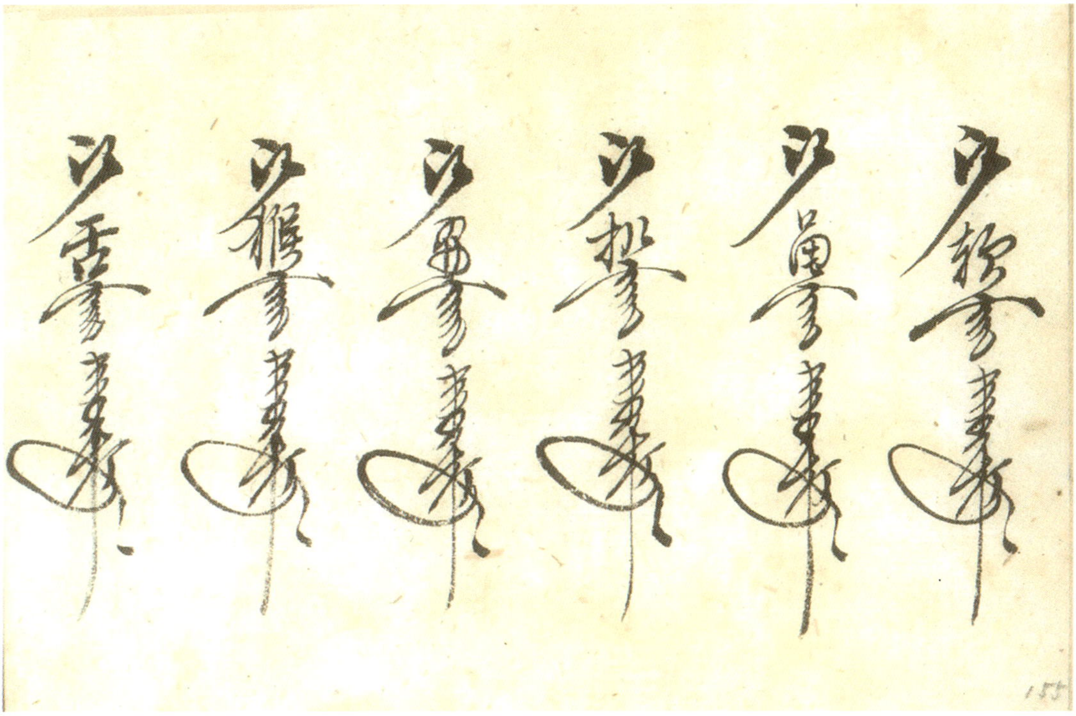

銀軟挖一枝
銀繩挖一枝
銀扒挖一枝
銀扁挖一枝
銀猴挖一枝
銀舌挖一枝

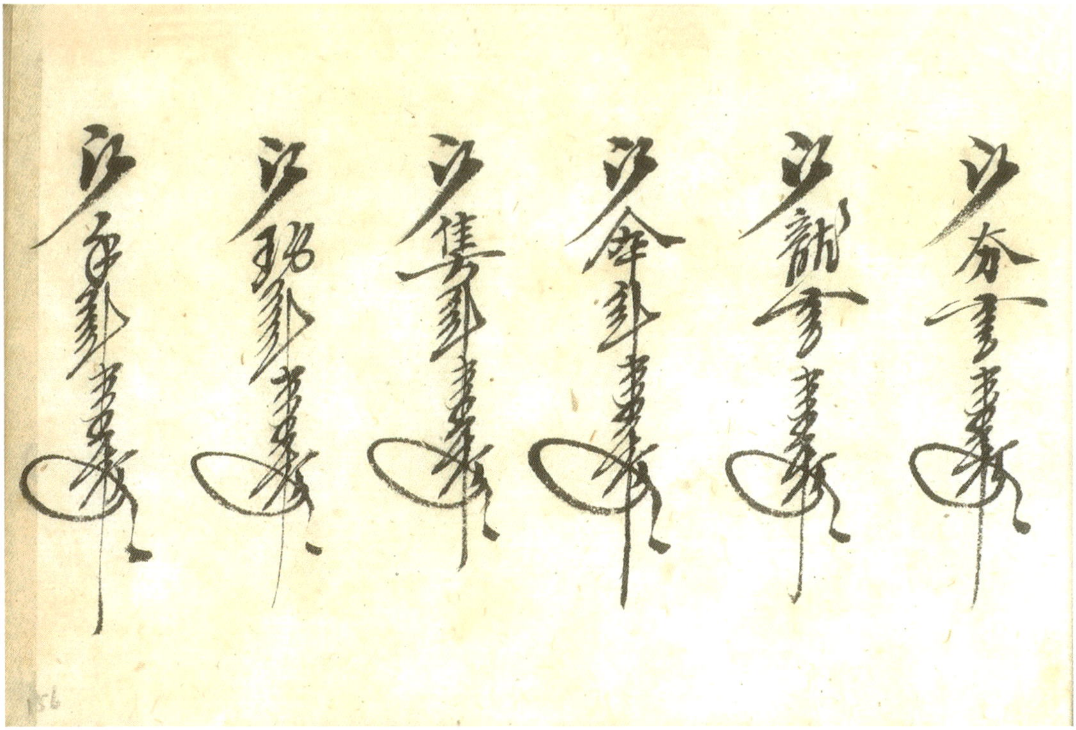

銀夯挖一枝
銀龍挖一枝
銀□針一枝
銀焦針一枝
銀環針一枝
銀手針一枝

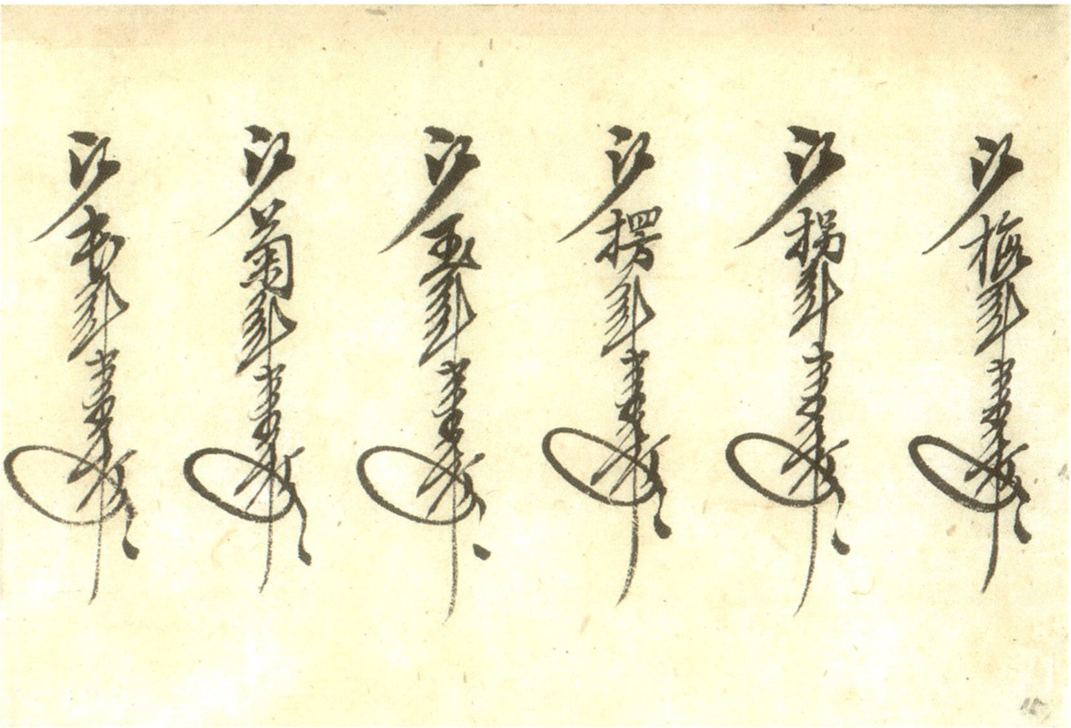

銀梅針一枝
銀拐針一枝
銀楞針一枝
銀玉針一枝
銀菊針一枝
銀長針一枝

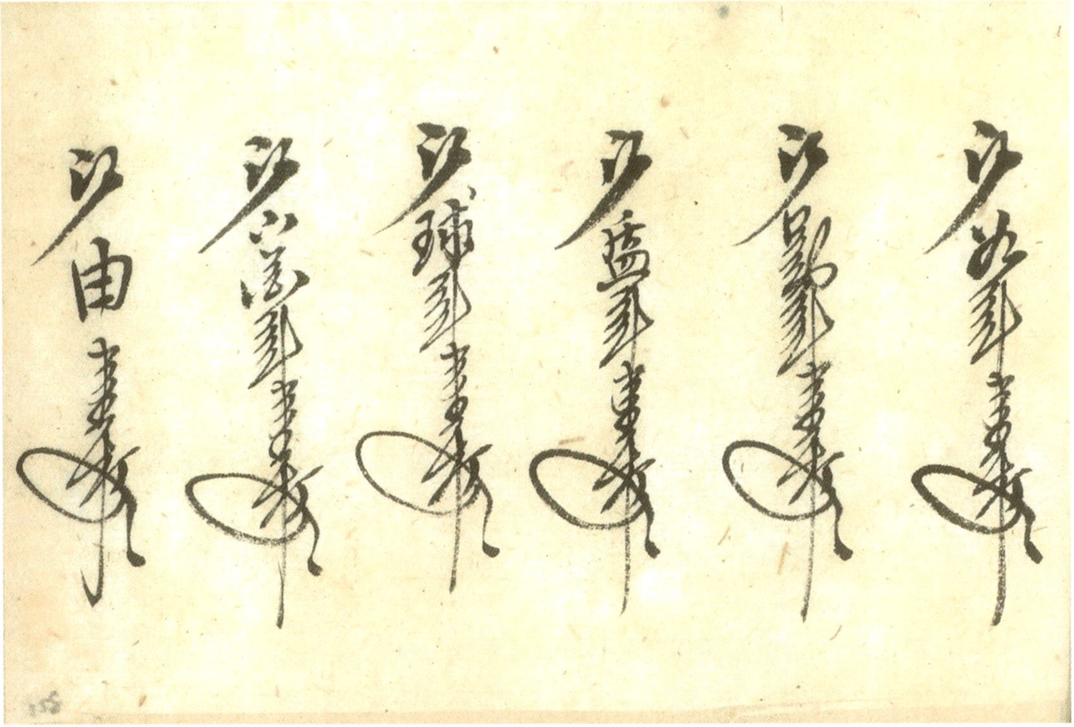

銀如針一枝
銀別針一枝
銀盔針一枝
銀球針一枝
銀小花針一枝
銀由一枝

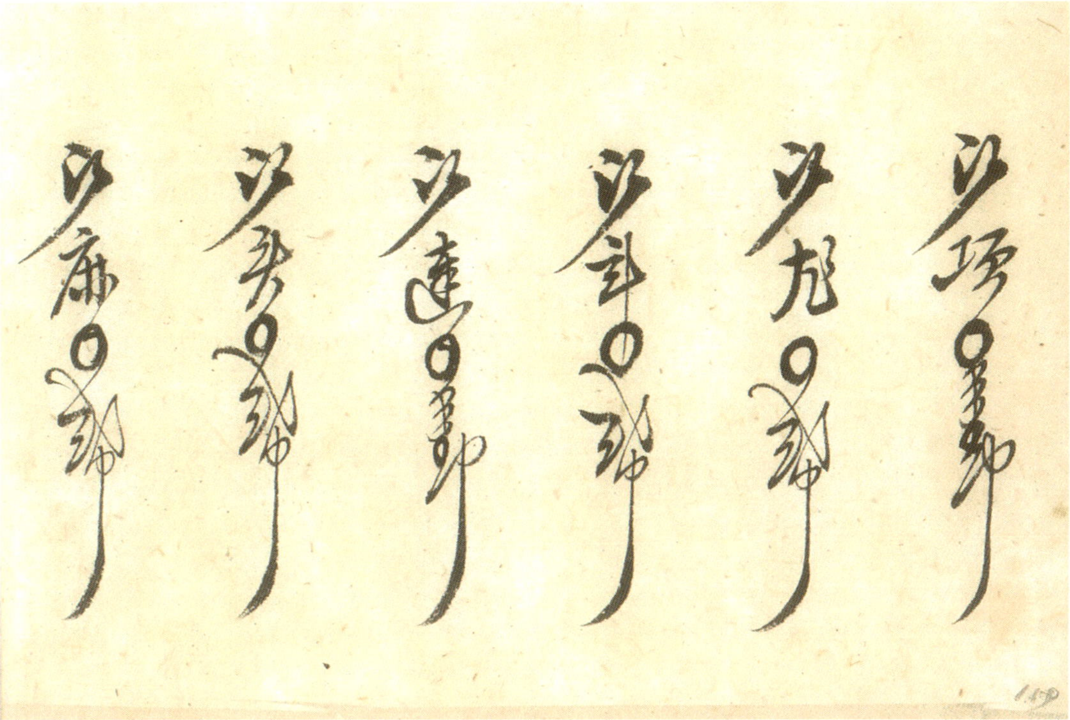

銀項圈一個
銀龍圈二個
銀計圈二個
銀鏈圈一個
銀孩圈二個
銀麻圈二個

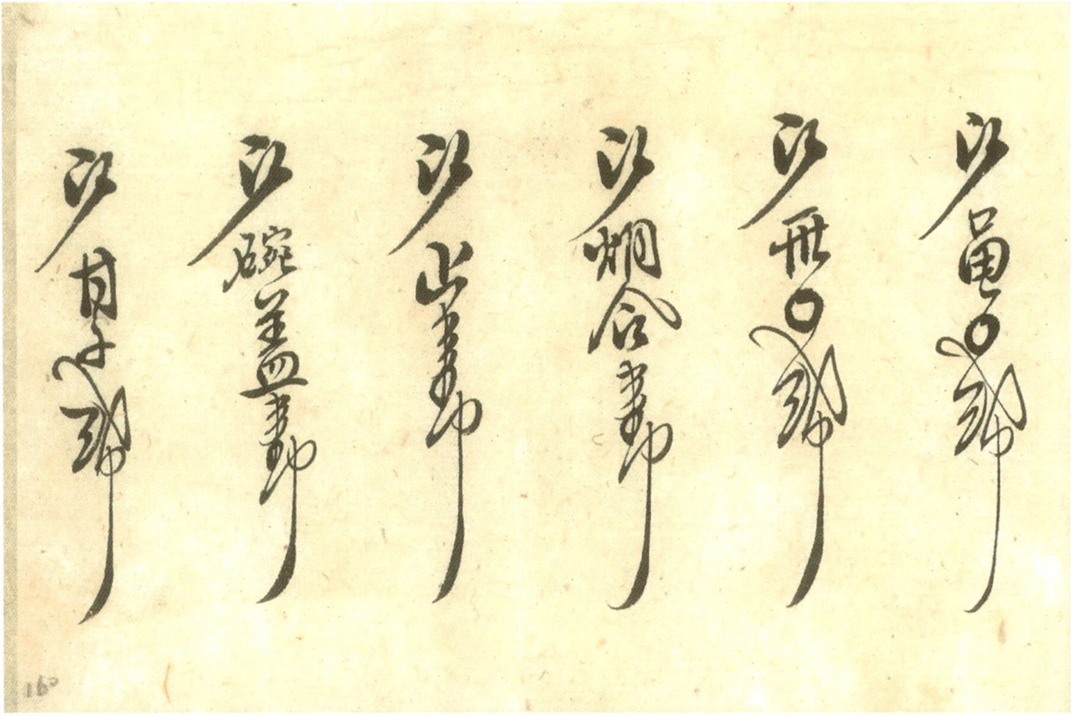

銀繩圈二個
銀竹圈二個
銀烟盒一個
銀指一個
銀碗蓋一個
銀鉗子二個

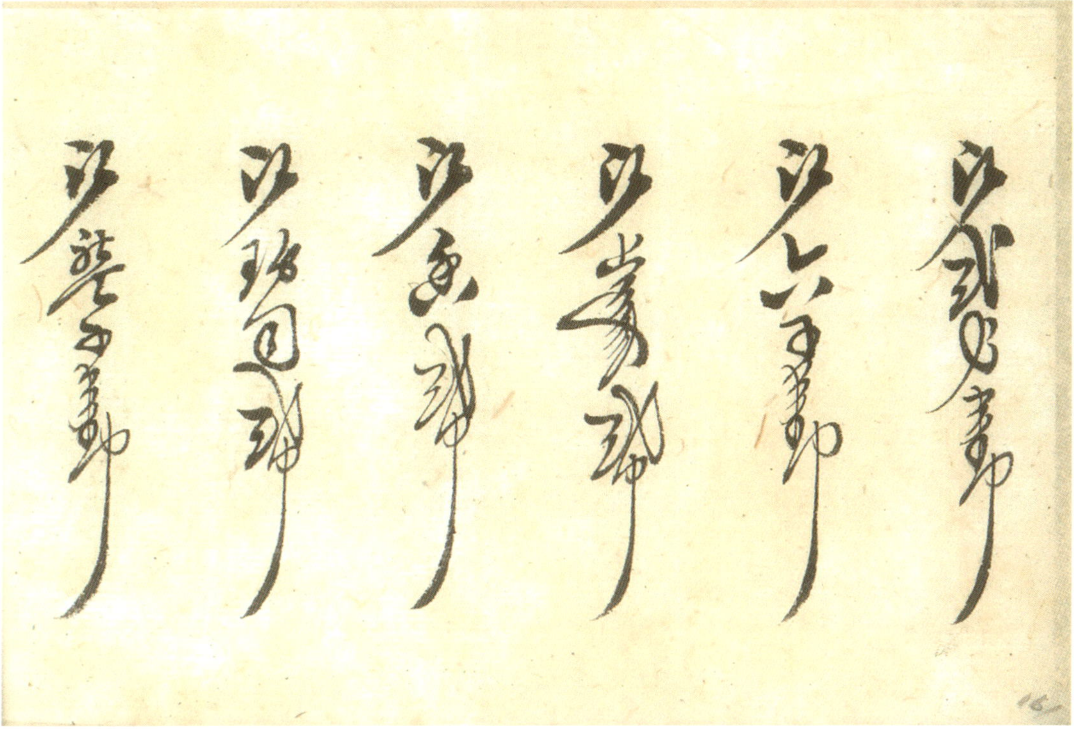

銀二事一個
銀六子一個
銀指套二個
銀香二個
銀環鈎二個
銀盤子一個

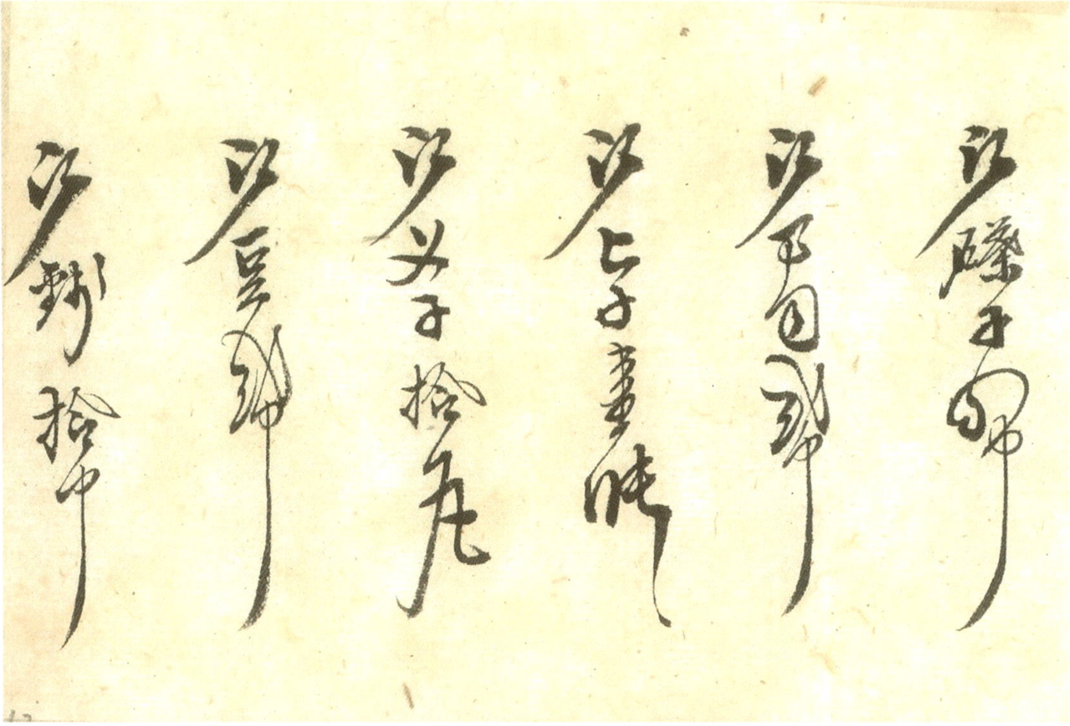

銀碟子四個
銀事鈎二個
銀匕子一張
銀義子十把
銀豆二個
銀錢十個

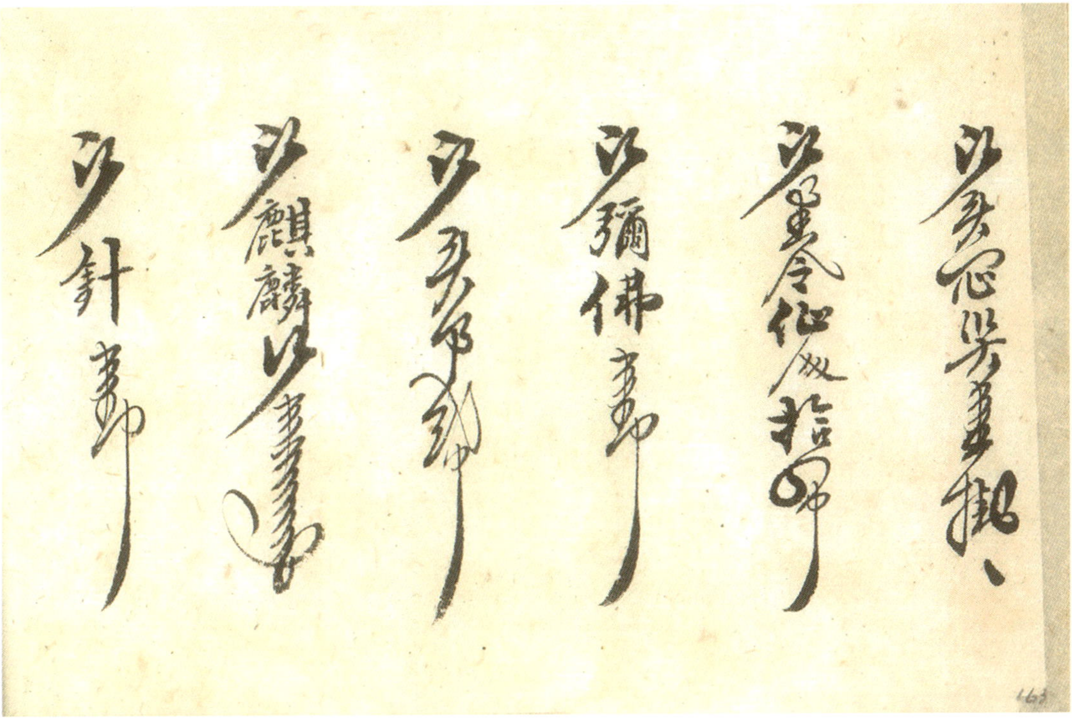

銀孩悶鎖一挂
銀星鈴仙人十四個
銀彌佛一個
銀孩墜二個
銀麒麟片一點
銀針一個

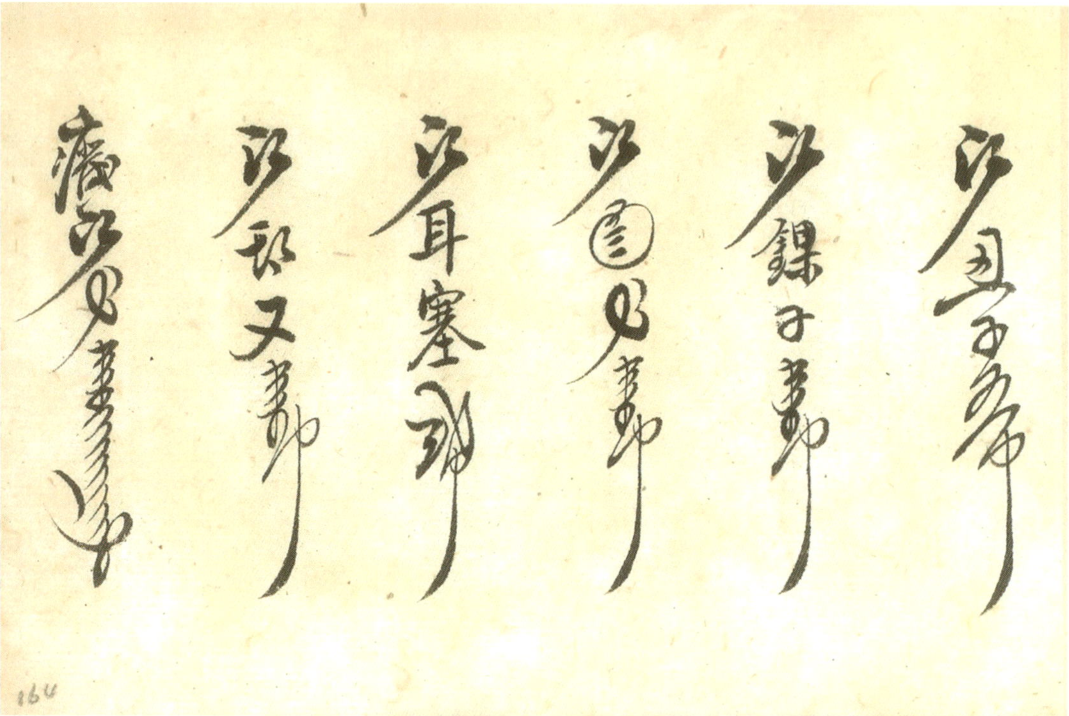

銀鈕子五個
銀鏍子一個
銀三事一個
銀耳塞二個
銀頭義一個
廢銀什一點

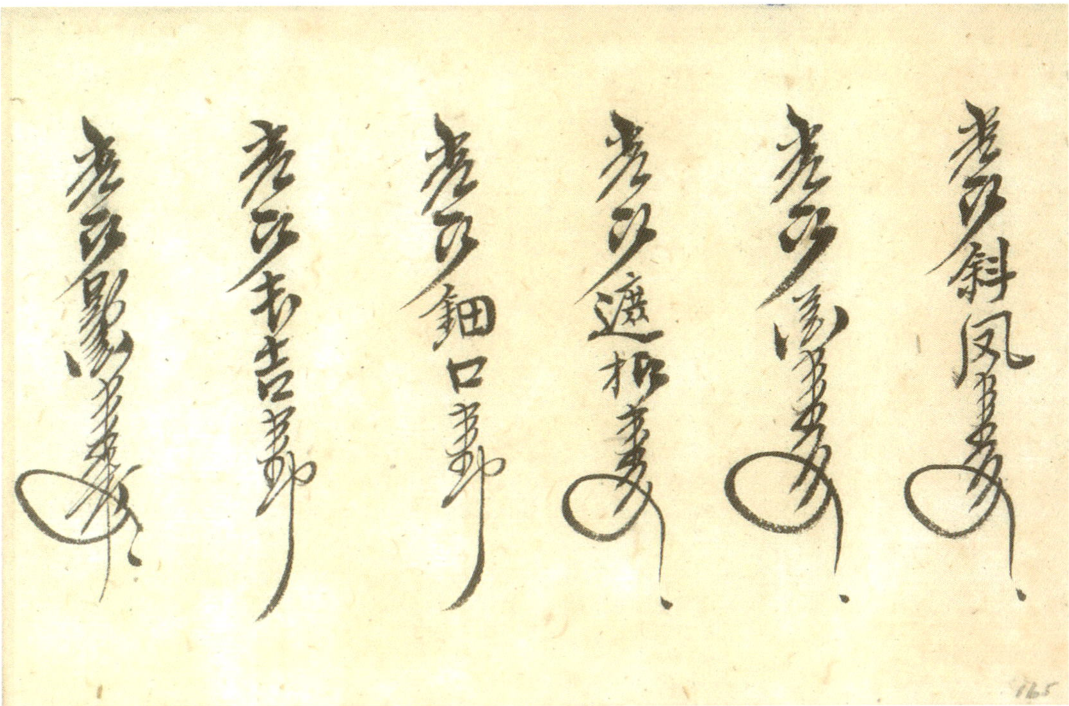

光銀斜鳳一雙
光銀花一雙
光銀遮根一雙
光銀鈿口一個
光銀長吉一個
光銀別花一枝

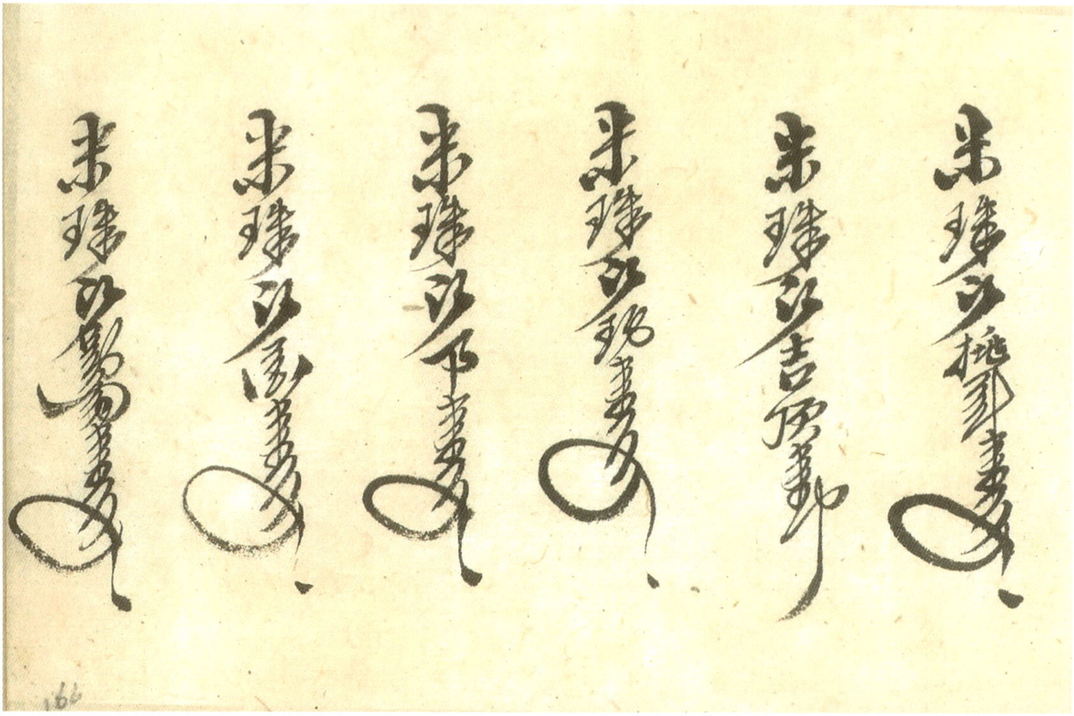

米珠銀挑針一雙
米珠銀吉頂一個
米珠銀環一雙
米珠銀墜一雙
米珠銀花一雙
米珠銀別簪一雙

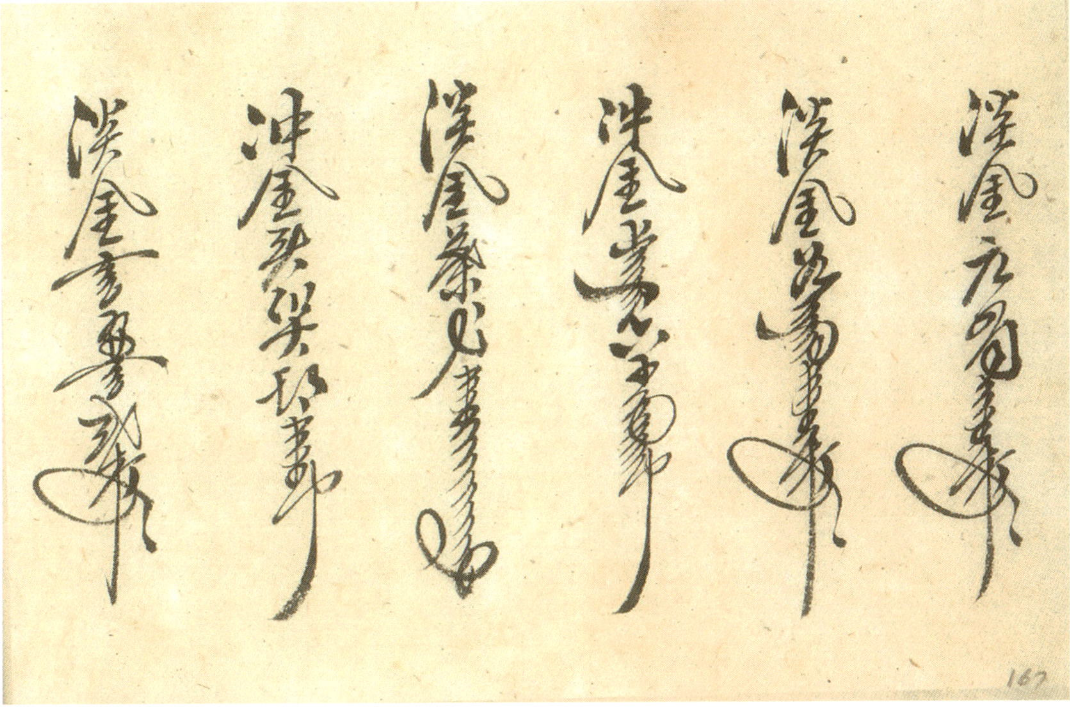

淡金元鐲一枝
淡金如簪一枝
衝金指簪六子三個
淡金葉什一點
衝金孩鎖頭一個
淡金挖扁挖二枝

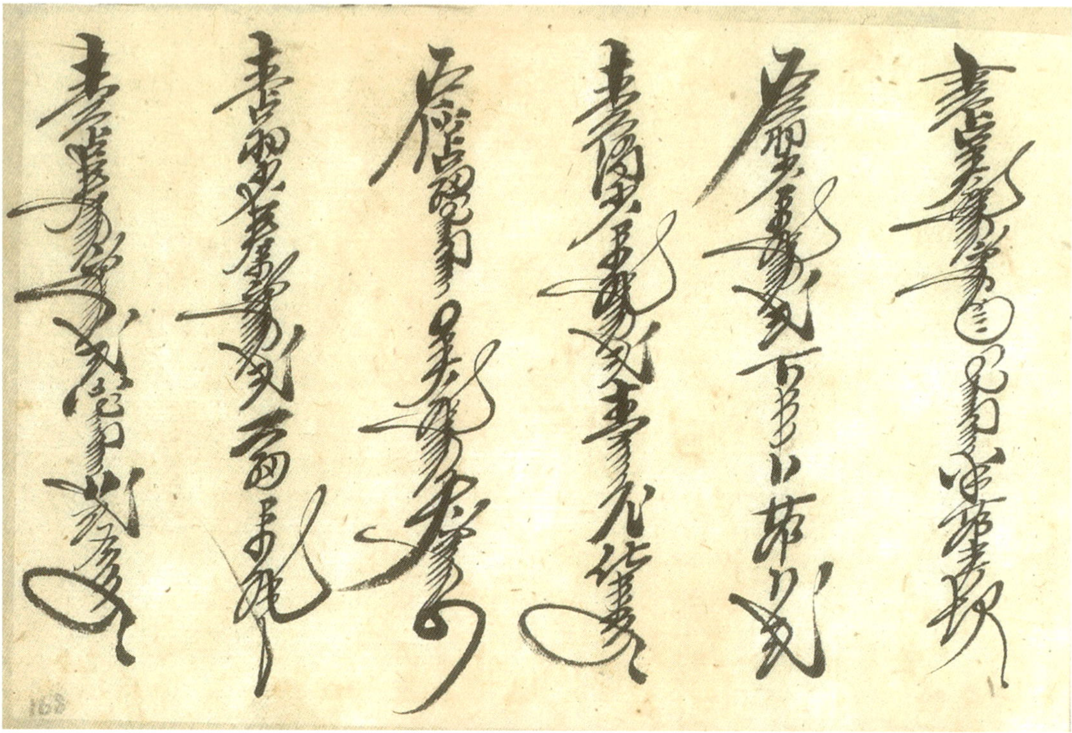

青藍占夾袍套馬套三　月緞絹半接夾坎
石藍羽紗單袍套二　夏布褂接褂二
青藍漏紗單袍套二　青絹泥靴一雙
石灰占綢月緞絹棉夾袍套襖馬套四
青占羽紗夾單馬套二　藍綢單袍
青藍占夾套馬套二　白月緞絹褂二　義褲一雙

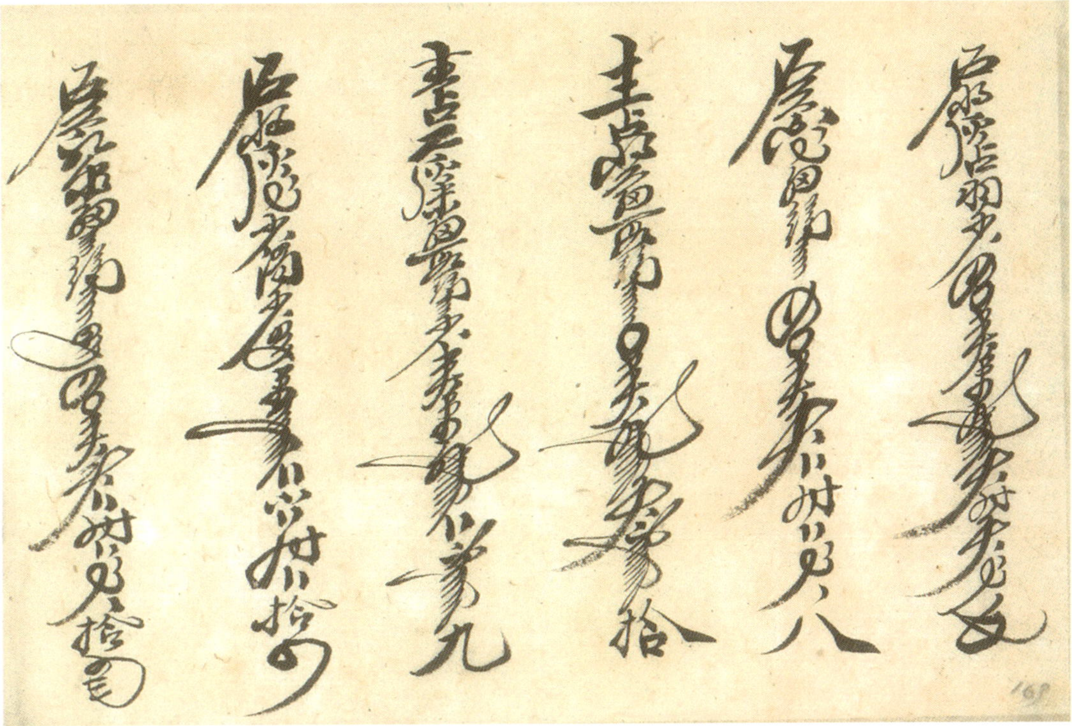

石醬灰占羽紗女棉夾單袍套對襯襖裙七
石藍白月綢縐絹女棉夾襖褂對褂裙八
青占醬藍綢緞縐絹棉夾袍套襖馬套十
青占藍灰米綢緞縐絹紗夾單袍套褂馬套九
石醬灰月紗漏紗羅單套褂小褂對褂十四
石藍紅緑綢絹縐絹羅女棉夾襖褂對褂裙
十三

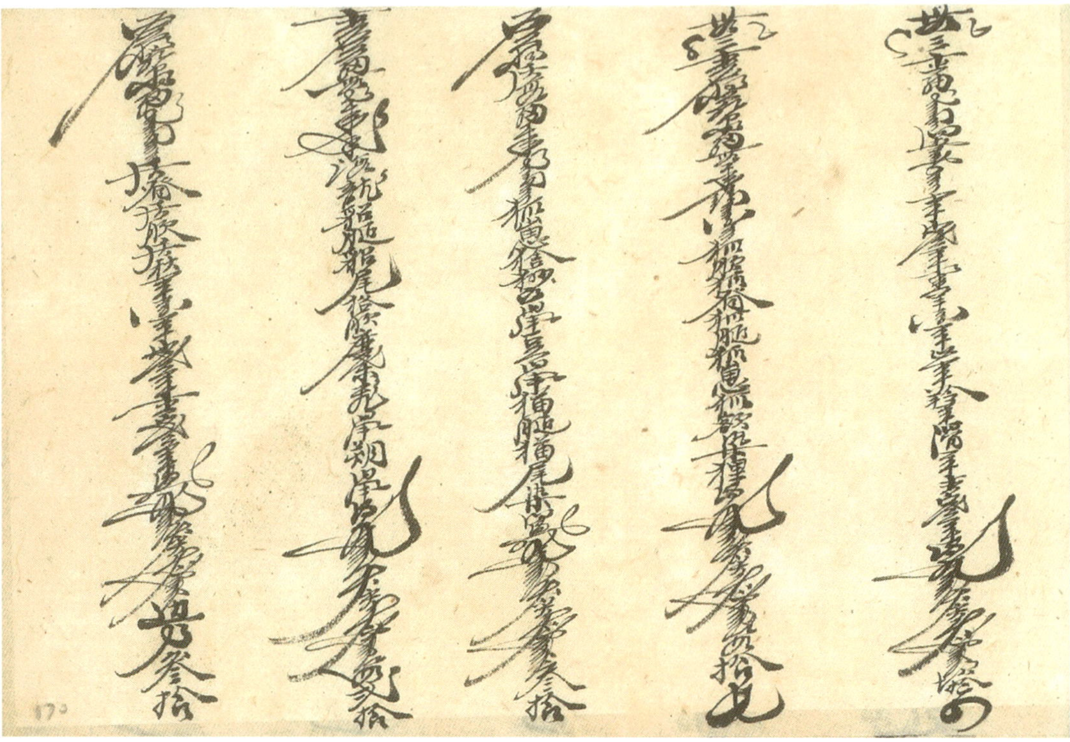

無三綢月綌絹舊土繭棉絹羊寒羊黑羊花羊山
羊羚羊滑羊青寒羊皮袍套襖小大襖馬套坎
十四
無三青藍醬紅緑綢緞素綌絹花絹狐肷狐脊狐
腿狐崽狐額染狸皮袍套襖小大襖馬套腰十七
石藍醬灰緞綢素月綌絹狐崽猞猻銀鼠豆鼠猫
腿猫尾染舊皮男女袍套襖小大襖馬套三十
青石藍綢緞月素綾海龍貂腿貂尾貉肷麻葉□
鼠朔鼠皮袍套襖小大襖馬套腰二十
石藍醬紅緑綢月綌絹灰脊灰肷灰秋羊花羊寒
羊青寒羊皮男女袍套襖小大襖馬套邊裙三十

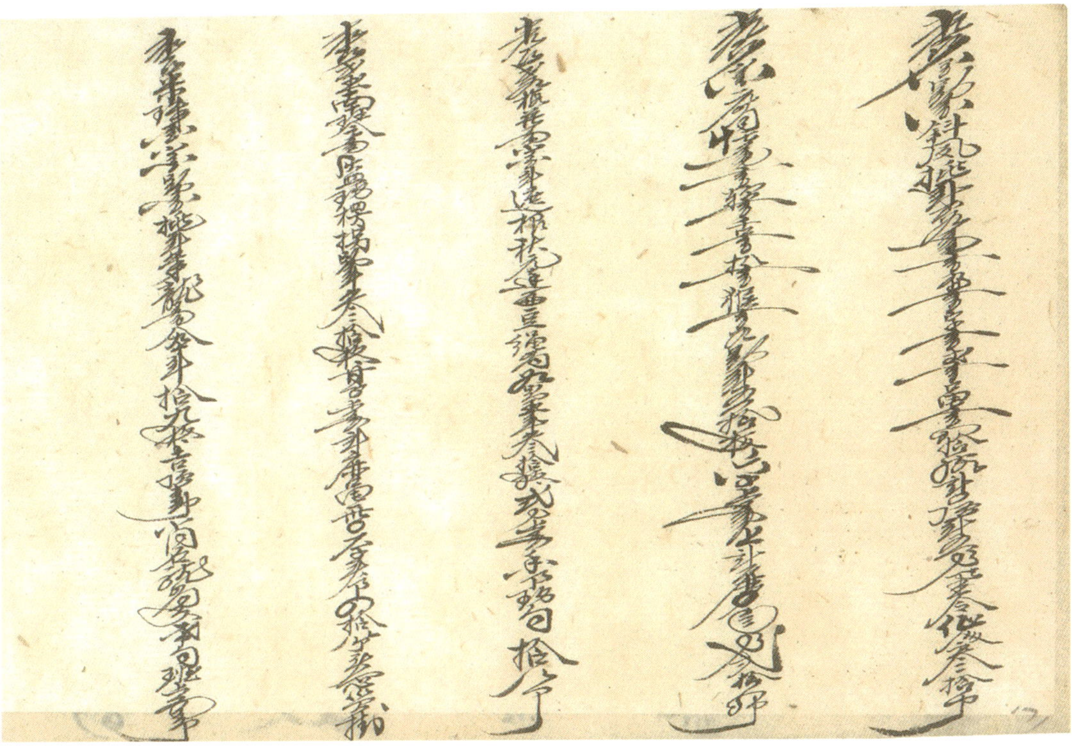

光銀花別花斜鳳挑針□如簪挖扁挖字挖丈挖繩
挖四十龍計圈頂針五事星令仙人三十個
光銀小花元鐲忙簪挖軟挖舌挖扒挖猴挖如別針
五十枝六子指套指計麻圈三事二十四個
光銀書如梅花簪小花針遮根秋元鏈扁豆繩鐲如
別玉針三十枝二事指套香墜環鈎十八個
光銀書玉南琴簪盔環楞拐別針三十枝鉗子指套
針麻繩竹圈六子孩墜四十八個孩悶鎖八
光銀米珠花小花別花挑針素龍簪傘針十九枝吉
頂一個硝石龍鐲雙帶鈎扳指三個

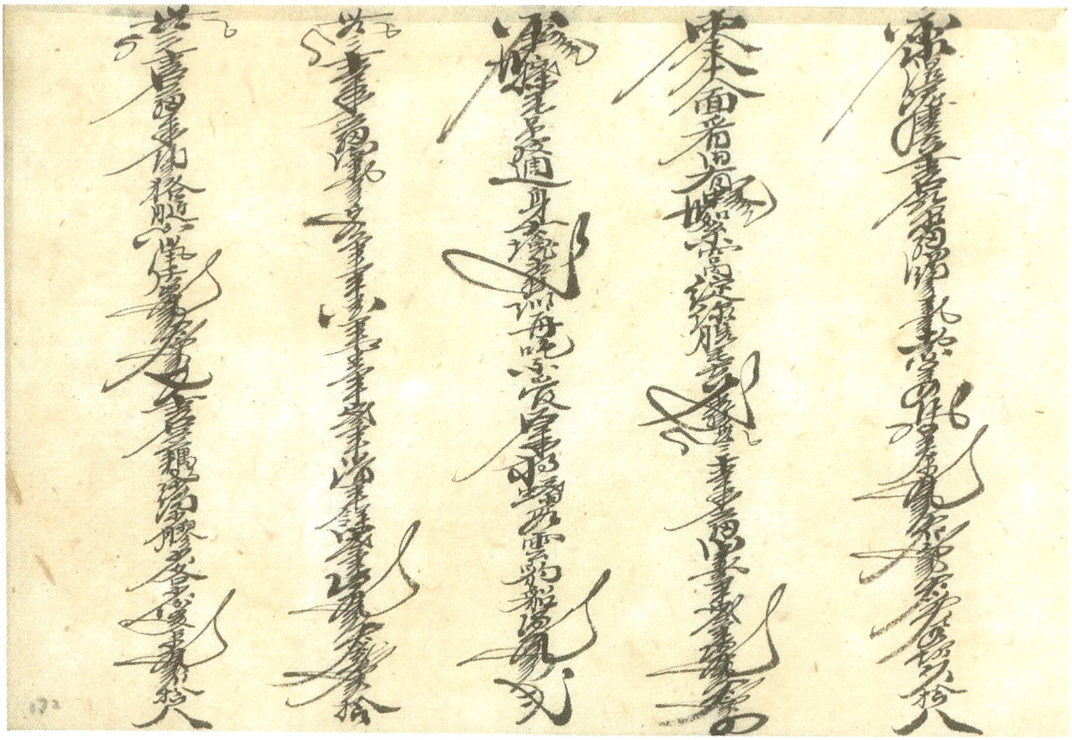

原濕泥漬大片青石紅綢舊縐絹繭絹土絹棉絹女
汗男女夾單袍套襖褂馬套襖小襖腰坎褲十八
原仝本人面看舊有蟲吃絮窩綻綫脫毛大片光板
無三青素藍綢舊繭絹羊寒羊皮袍套襖馬套四
原蟲吃擦毛吊皮周身大塊光板言明再吃不管石
素醬緞雲豹貂皮袍套二
無三青素藍綢舊繭絹皂布羊花羊黑羊寒羊滑羊
羚羊寒羊皮袍套襖小大馬套十
無三青石藍綢素縐絹貉腿白鼠灰皮袍套襖馬套
七青石藍藕月紗漏紗膠紗各紗白羅單袍套褂
十八

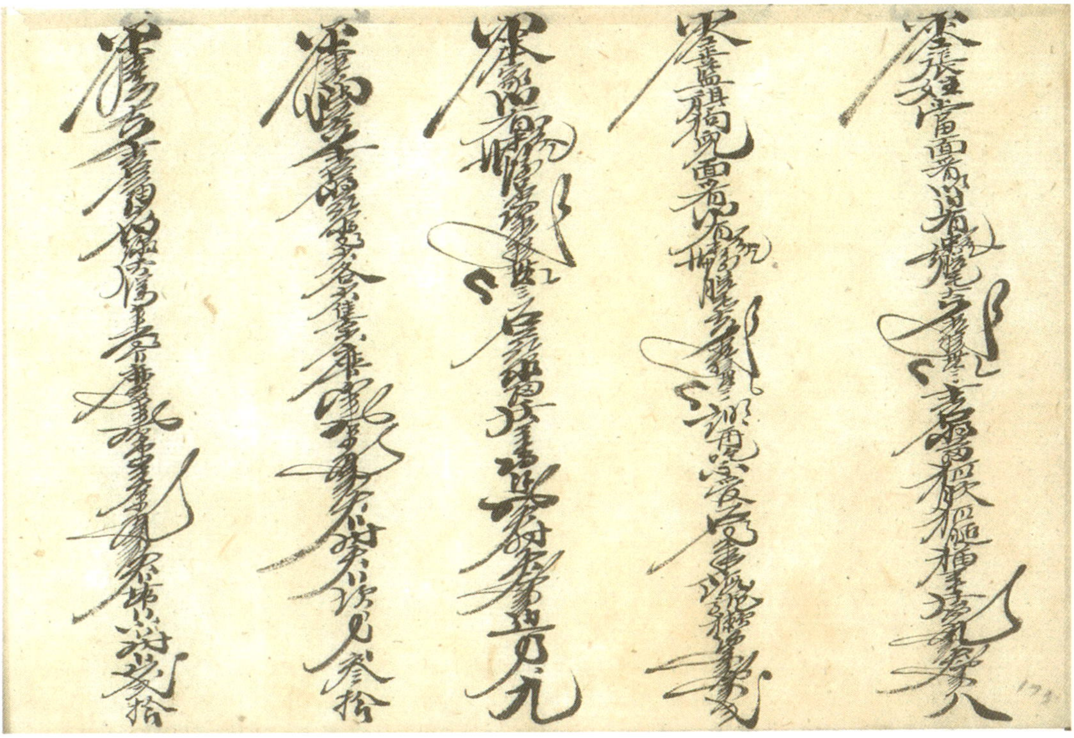

原仝張姓當面看明舊有蟲吃脫毛大片光板無三
青石醬藍綢狐肷狐腿猫羊灰袍套襖馬套八
原仝正藍旗狗兒面看舊有蟲吃爛脫毛大片光板
無三言明再吃不管石月素海龍獺皮套馬套二
原本家舊有蟲吃爛吊皮光板無三石藍紅綠綢灰
羊皮汗男女襖對襖馬套邊裙九
原漬油破大片青石醬紅綠月紗各紗膠紗麻夏白
布男女單袍套襖褂對襖褂坎裙三十
原漬破大片青石藍綢紗舊綫灰深布藍月夏麻羅
布男女口棉夾單袍套襖褂接褂小褂對褂褲
二十

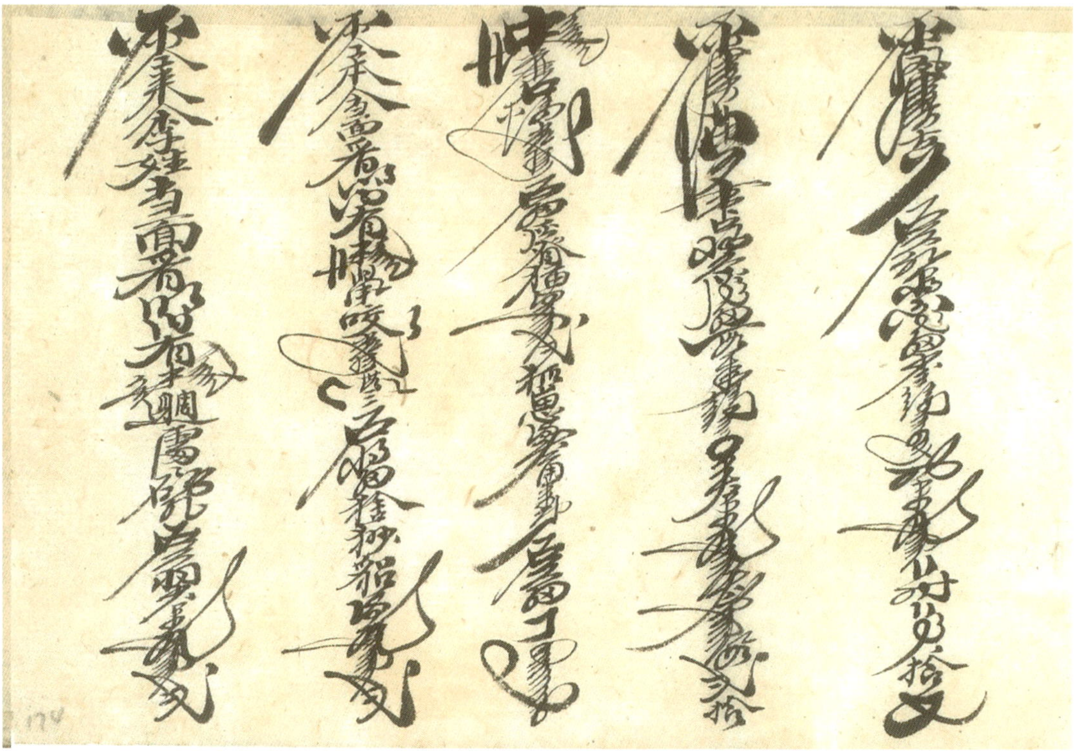

原風漬大片石藍紅緑白月綢紗絹縐絹羅男女
單袍套褂對褂裙十七
原漬油破青占醬藍灰月緞素縐絹棉夾單袍套
襖馬套腰二十
蟲吃磨爛光板石綢灰脊猫皮套二狐崽皮襖筒
一個石藍綢丁三點
原仝本人當面看明舊有蟲吃鼠咬光板無三石
醬綢狢猻貂皮袍套二
原仝來人李姓當面看明舊有蟲吃周身黴碎孔
石藍羽紗單袍套二

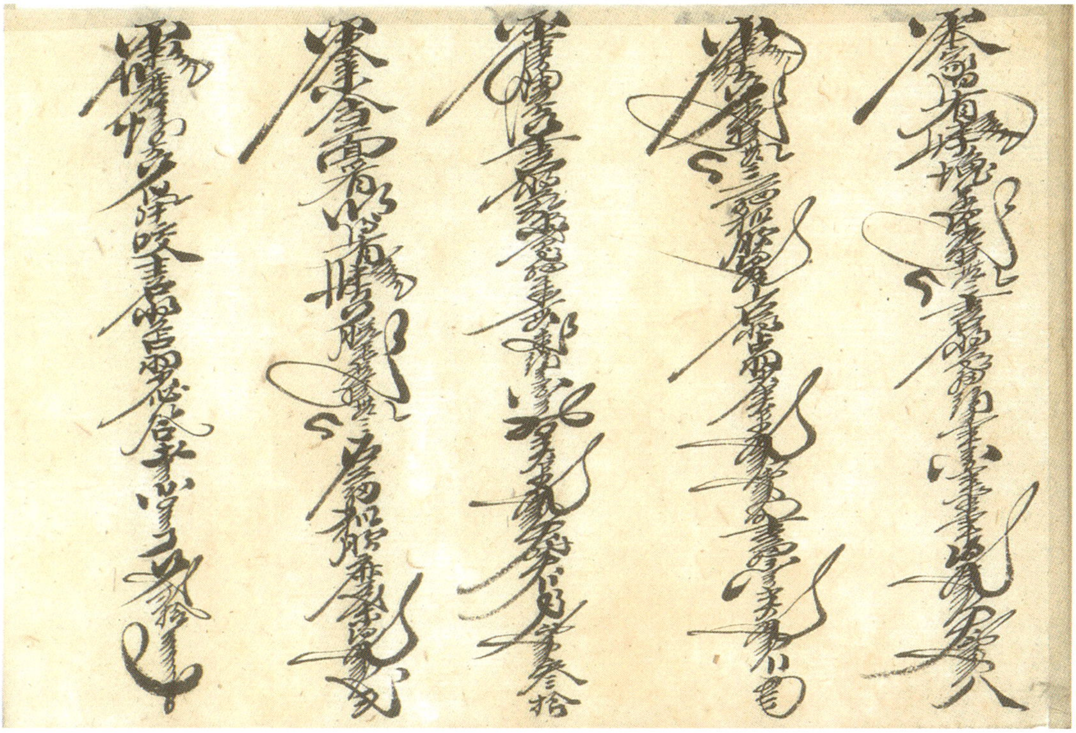

原本家舊有蟲吃大塊吊皮光板無三青石醬藍
月綢綉絹羊花羊黑羊皮袍套襖馬套八
原蟲吃大片光板無三藍綢狐肷皮袍石醬占羽
紗夾單袍套馬套青藍綢白絹夾袍套褂三
原漬油破大片青石醬藍紅緑黃月綢素緞綾綉
絹白絹男女棉夾單袍套襖對襖褂裙馬套三十
原仝來人當面看明舊有蟲吃大片脱毛光板無
三石藍綢狐肷麻葉皮袍套二
原蟲吃磨爛大片鼠咬青石醬藍占羽紗嗶嘰合
土絹白棉絹丁片二十點

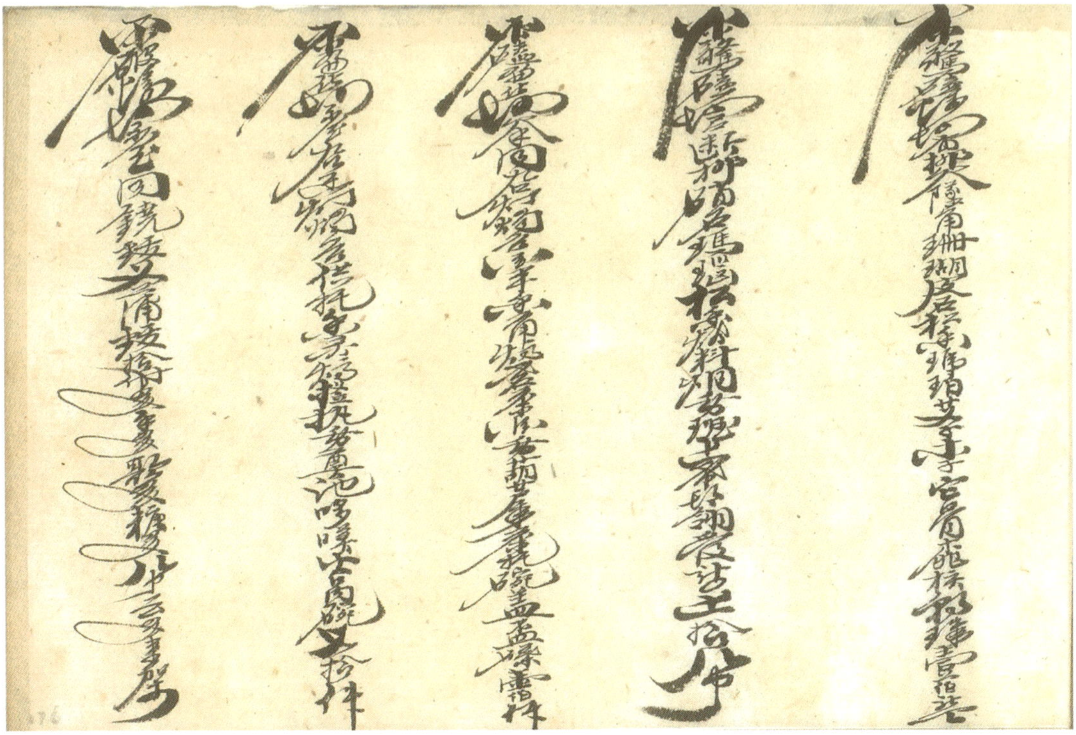

原鶯碰爛壞有柳欠墜角珊瑚皮石松香琥珀艾
子木子駝骨桃核朝珠一百盤
原鶯碰壞有斷柳硝石瑪瑙松香燒料烟壺扳指
帶頭翎管計圈指十八個
原碰扁劃壞欠手銅鉛燈燭臺花瓶花筒爐磬茶
酒壺葫蘆素茶執碗蓋杯碟一百件
原扁劃壞不全鉛簽燈燭臺供托香靈爐口執壺
莫池哆嘆火鍋碗七十件
原破爛不全銅鐃鈸義藍浦鈸十付鑼手鑼歌鑼
糖鑼八個雲鑼一架

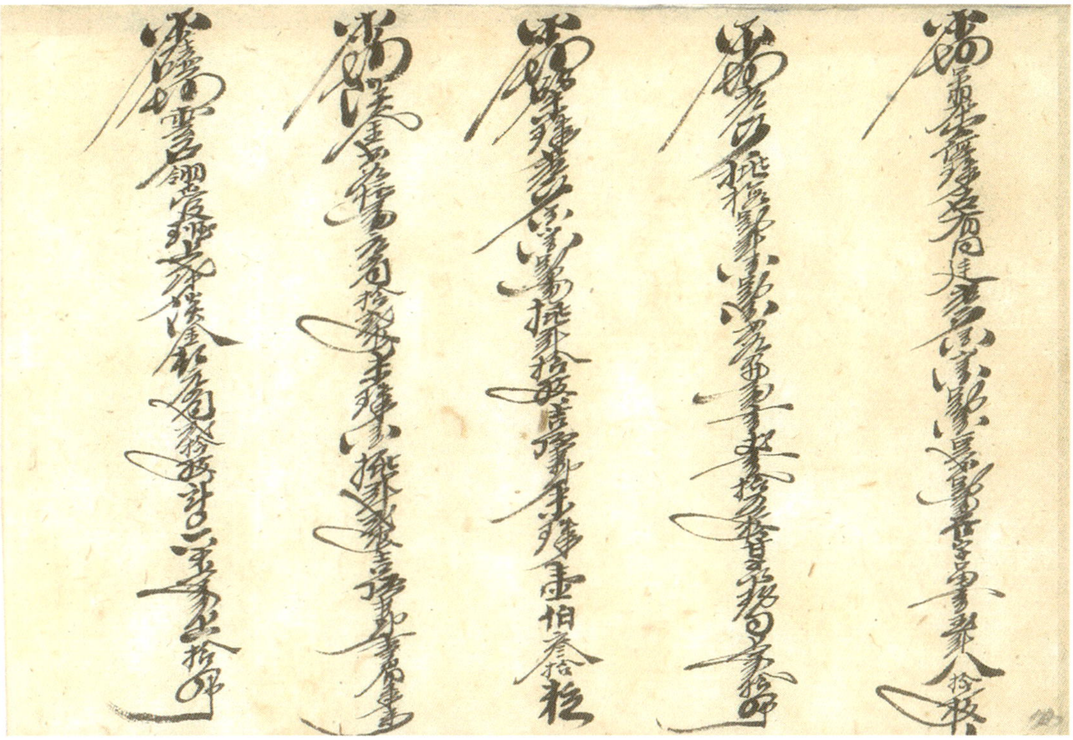

原壞吊翠欠假珠石有銅廷光銀花小花別花豆
書別簪竹字繩挖玉針八十枝
原壞光銀挑梅別針花別花書如扁簪挖丈挖十
五枝鉗子墜環鈎指套十四個
原壞碎米珠光銀花小花別簪挑針十枝吉頂一
個彩珠一百三十粒
原壞淡金書如忙簪元鐲十二枝米珠花挑針二枝
吉頂一個□眉一條
原磕壞雲石翎管扳指二個淡金□元鐲二十枝
計圈六子指套指十四個

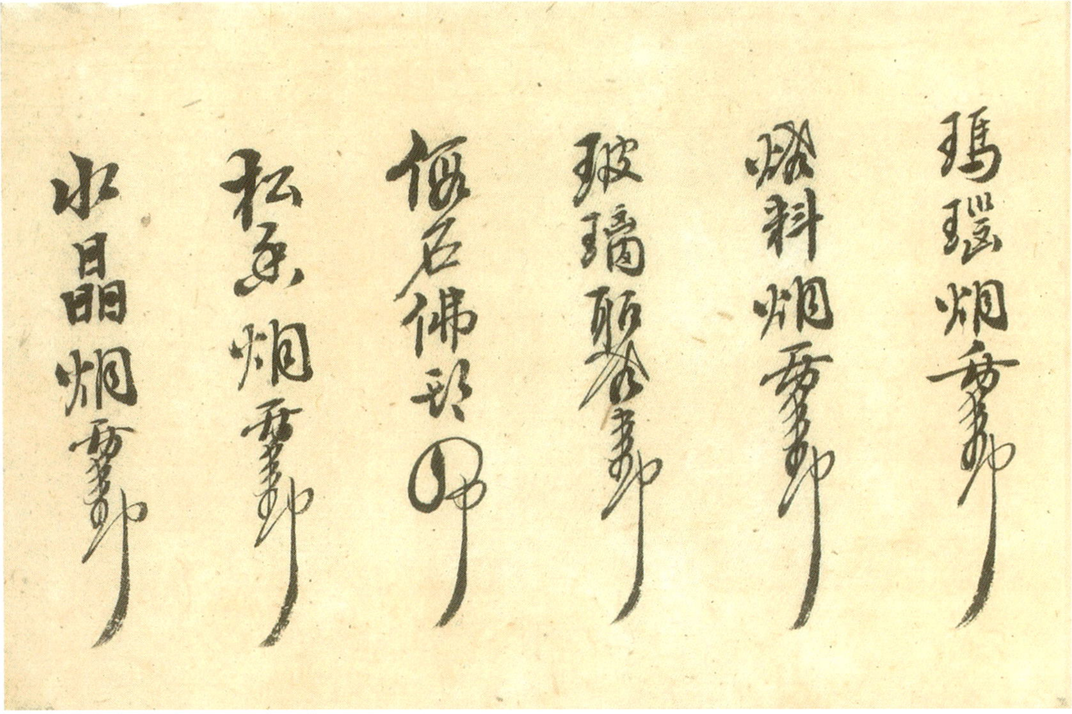

瑪瑙烟壺一個
燒料烟壺一個
玻璃眼鏡一個
假石佛頭一個
松香烟壺一個
水晶烟壺一個

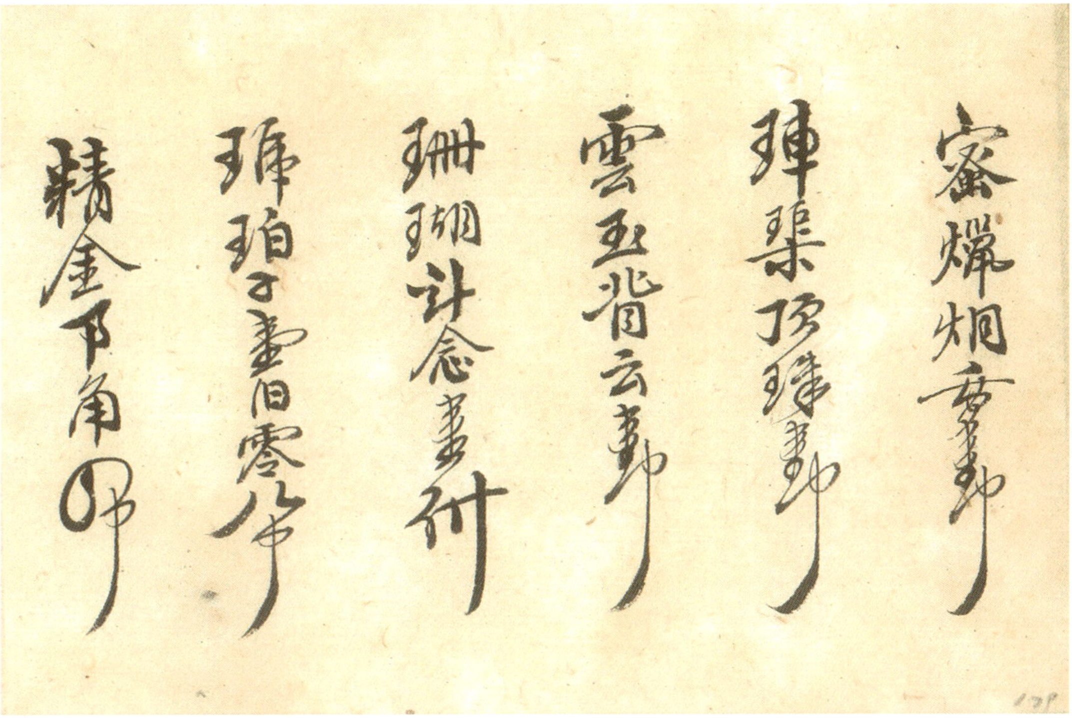

蜜臘烟壺一個
硨磲頂珠一個
雲玉背雲一個
珊瑚計念一付
琥珀子一百零八個
精金墜角四個

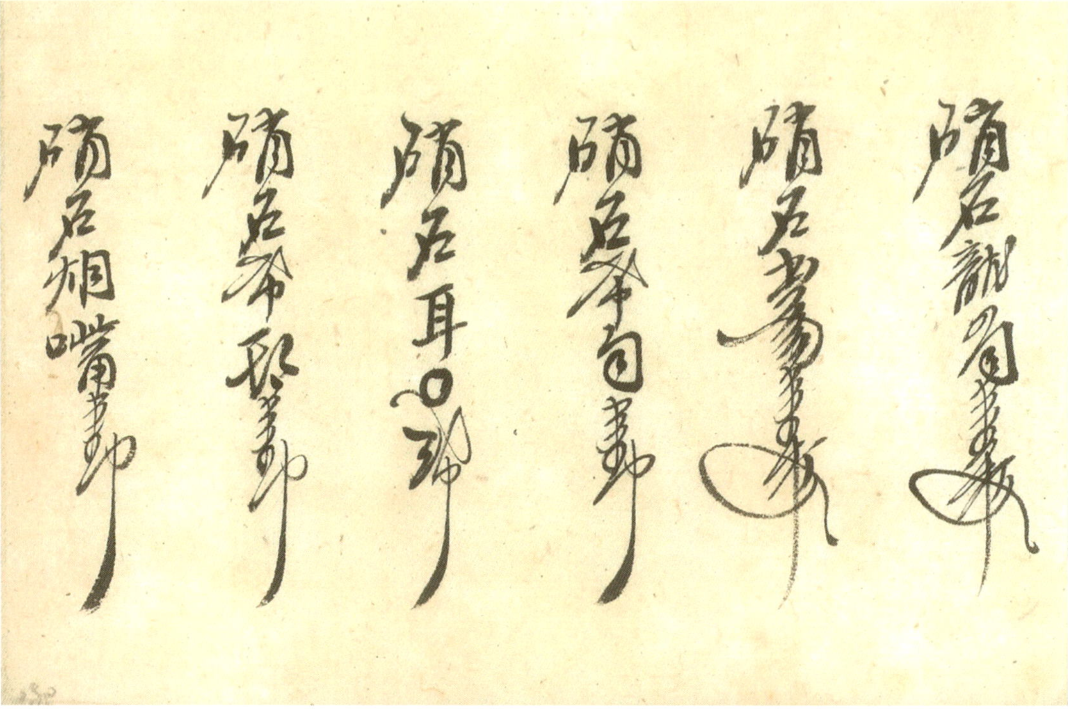

硝石龍鐲一枝
硝石書簪一枝
硝石帶鈎一個
硝石耳環二個
硝石帶頭一個
硝石烟嘴一個

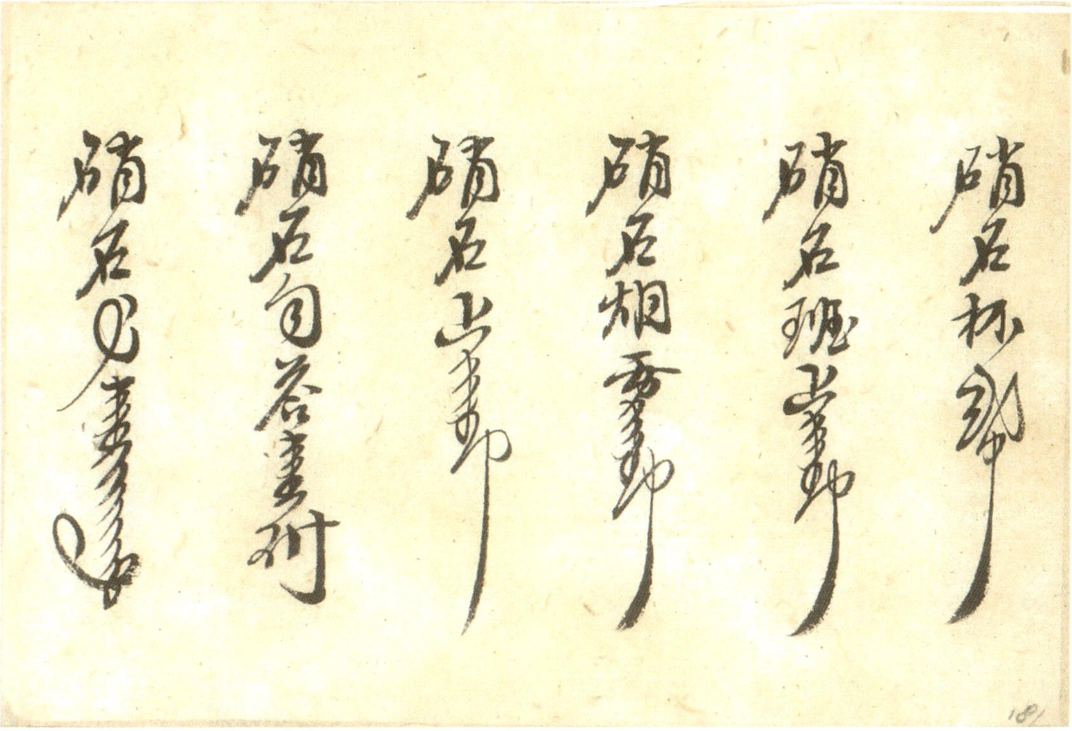

硝石杯二個
硝石扳指一個
硝石烟壺一個
硝石指一個
硝石鈎苔一付
硝石什一點

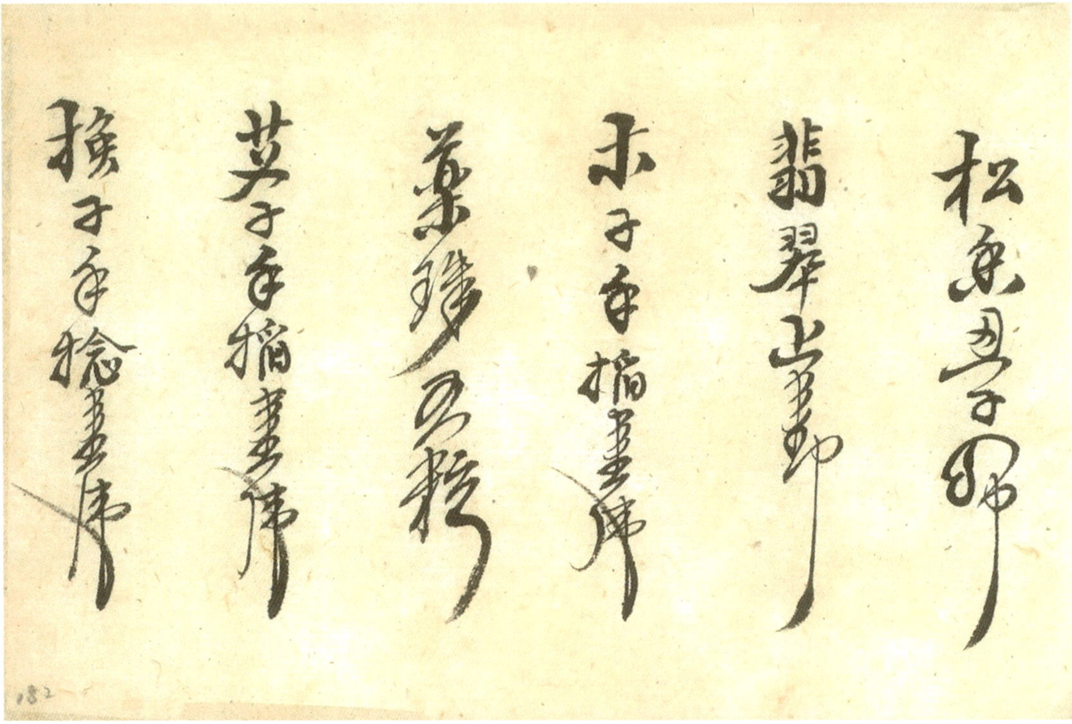

松香紐子四個
翡翠指一個
木子手掏一串
藥珠五粒
艾子手掏一串
換子手捻一串

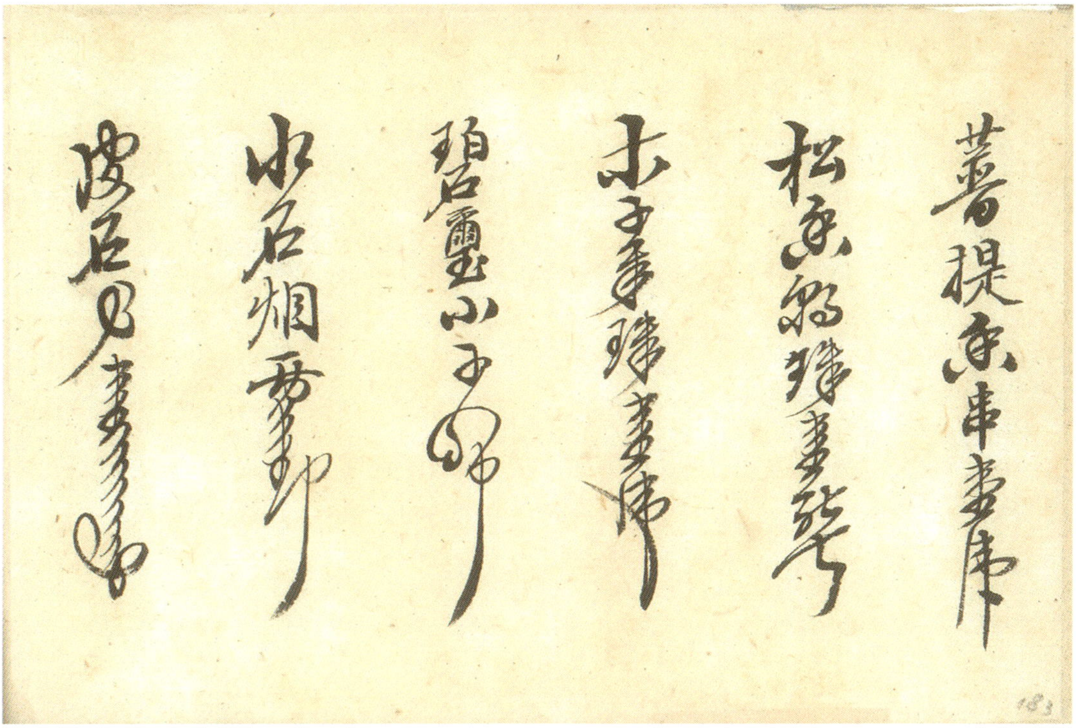

菩提香串一串
松香朝珠一盤
木子素珠一串
碧璽小子四個
水石烟壺一個
皮石什一點

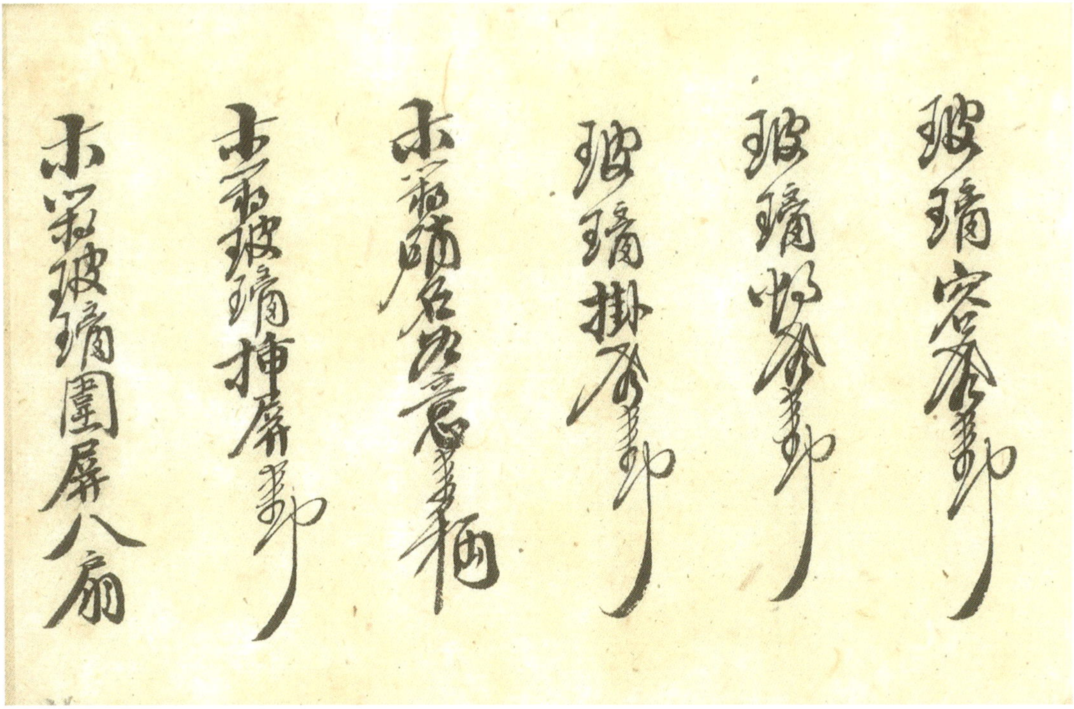

玻璃容鏡一個
玻璃帽鏡一個
玻璃挂鏡一個
木鑲硝石如意一柄
木鑲玻璃插屏一個
木鑲玻璃圍屏八扇

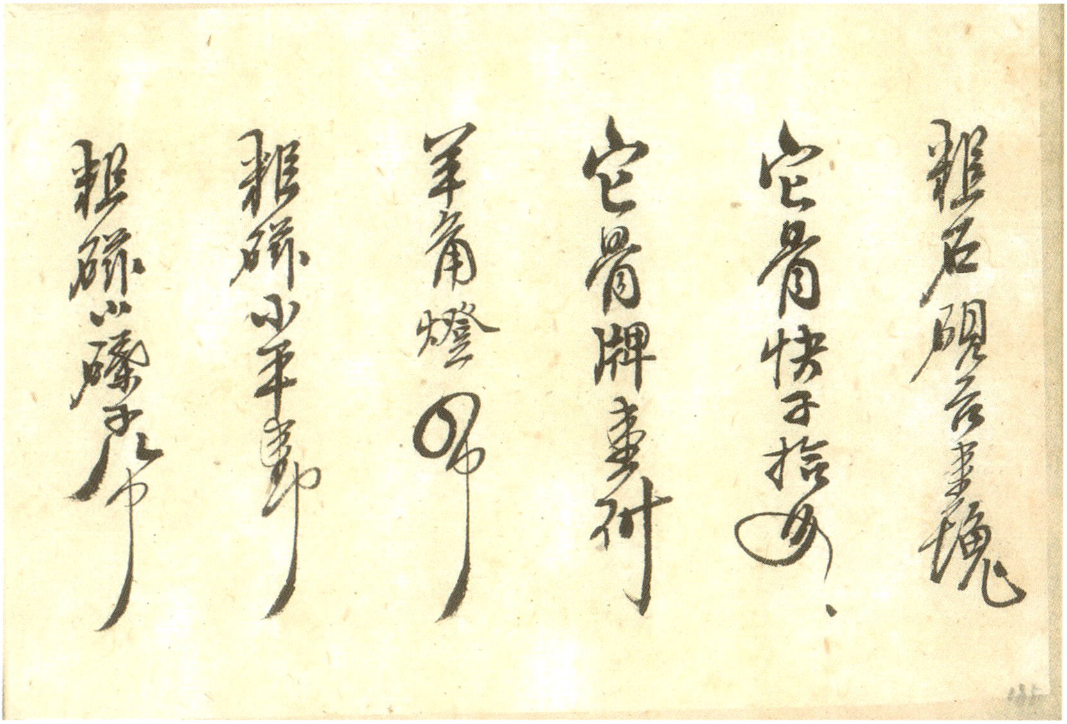

粗石硯臺一塊
駝骨筷子十雙
駝骨牌一付
羊角燈四個
粗磁小瓶一個
粗磁小碟子八個

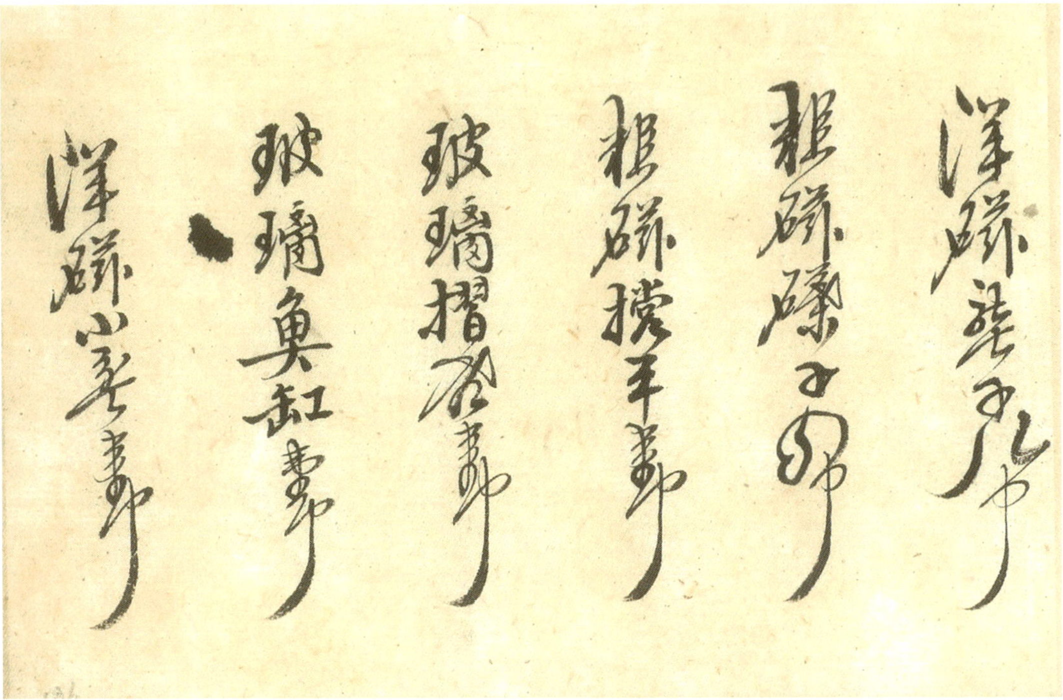

洋磁盤子八個
粗磁碟子四個
粗磁攬瓶一個
玻璃摺鏡一個
玻璃魚缸一個
洋磁小盆一個

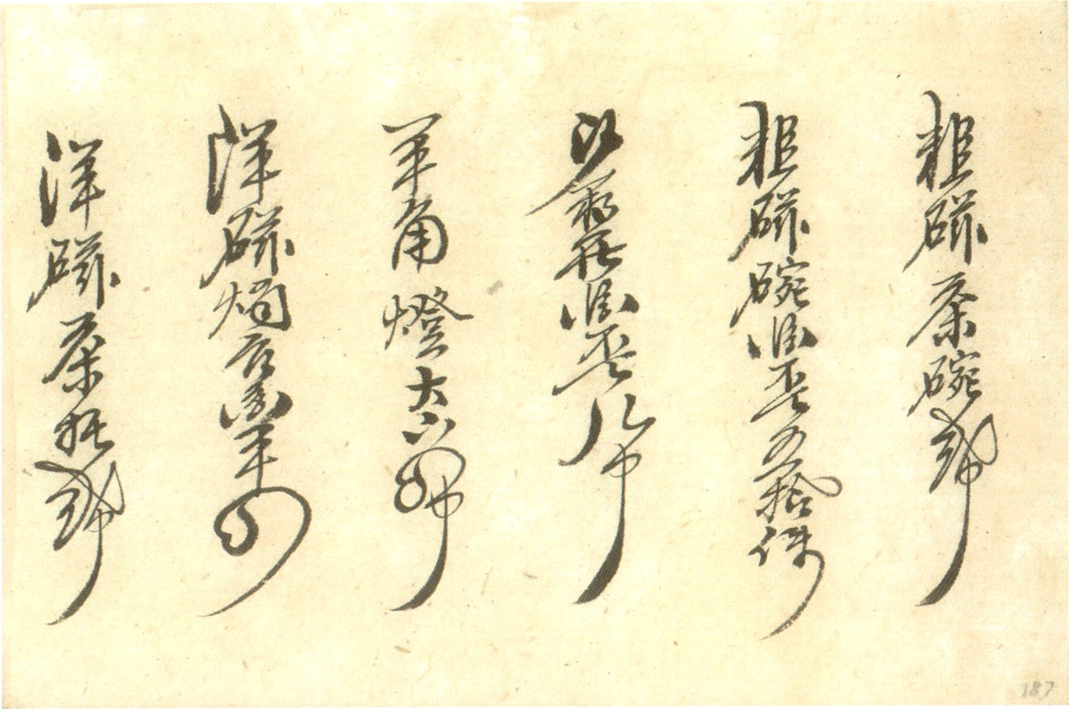

粗磁茶碗二個
粗磁碗酒杯五十件
銀鑲竹酒杯八個
羊角燈大小四個
洋磁燭臺花瓶四
洋磁茶托二個

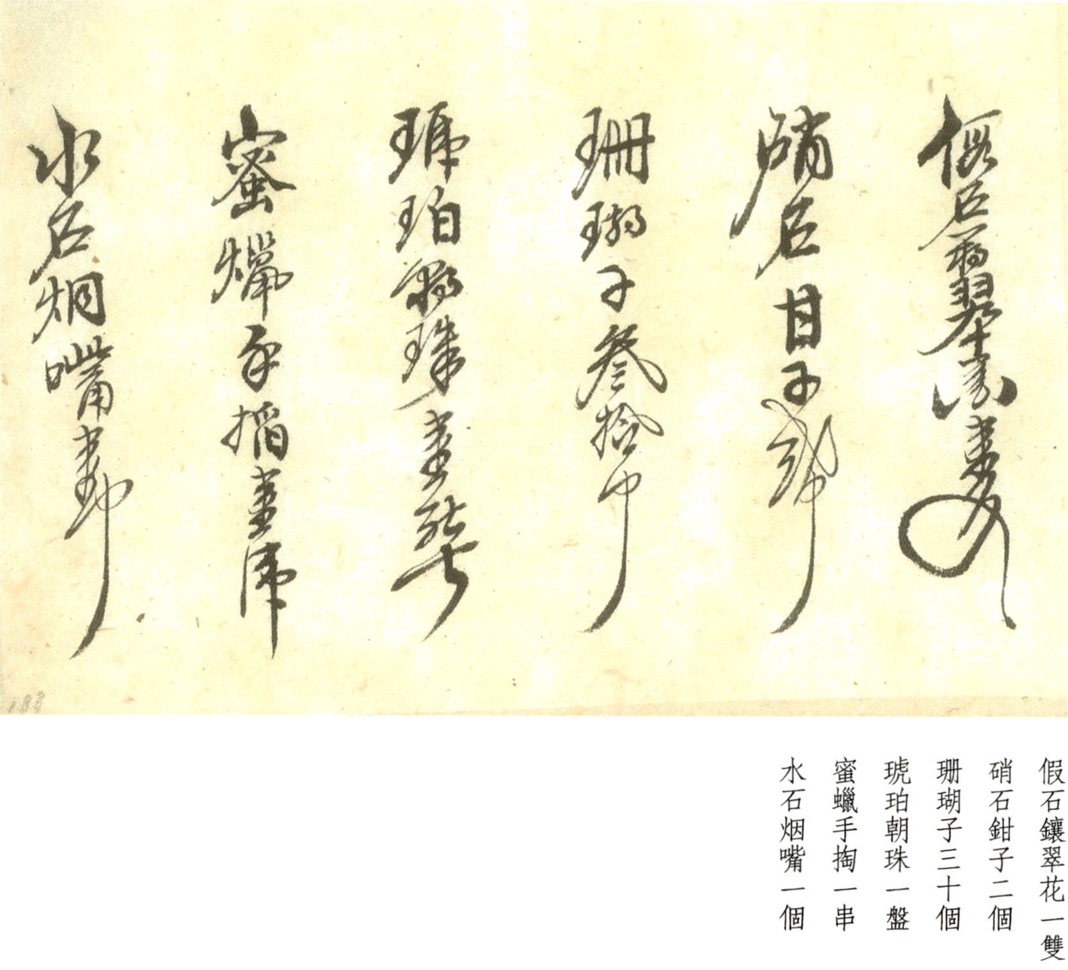

假石鑲翠花一雙
硝石鉗子二個
珊瑚子三十個
琥珀朝珠一盤
蜜蠟手掏一串
水石烟嘴一個

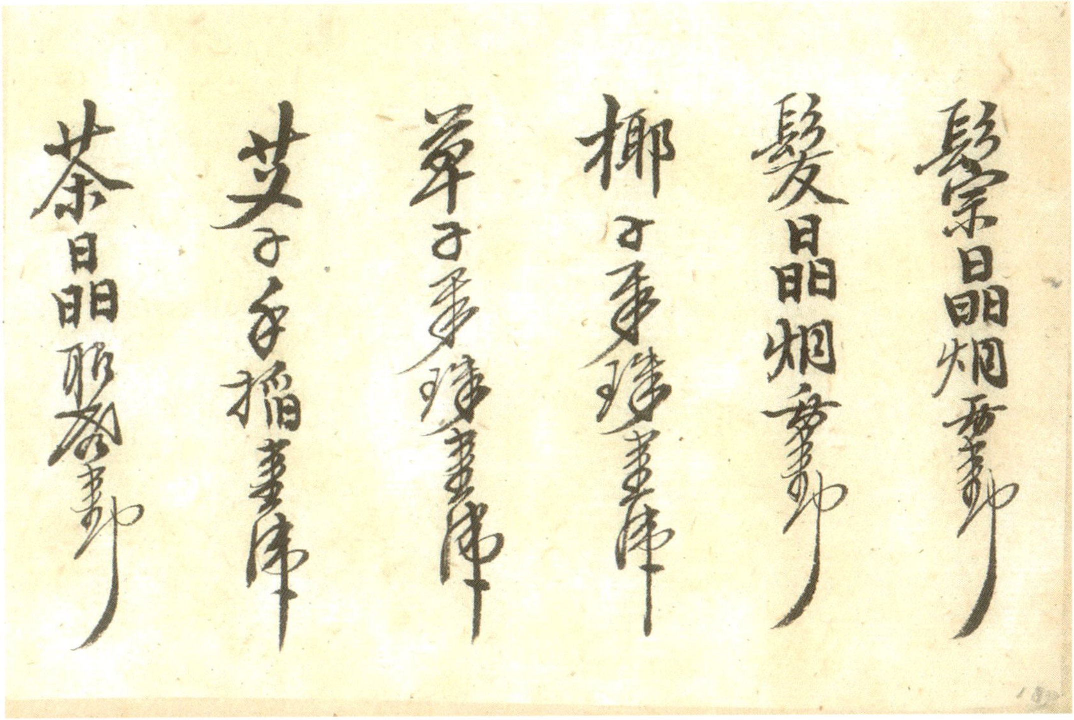

鬃晶烟壺一個
髮晶烟壺一個
椰子素珠一串
草子素珠一串
艾子手掏一串
茶晶眼鏡一個

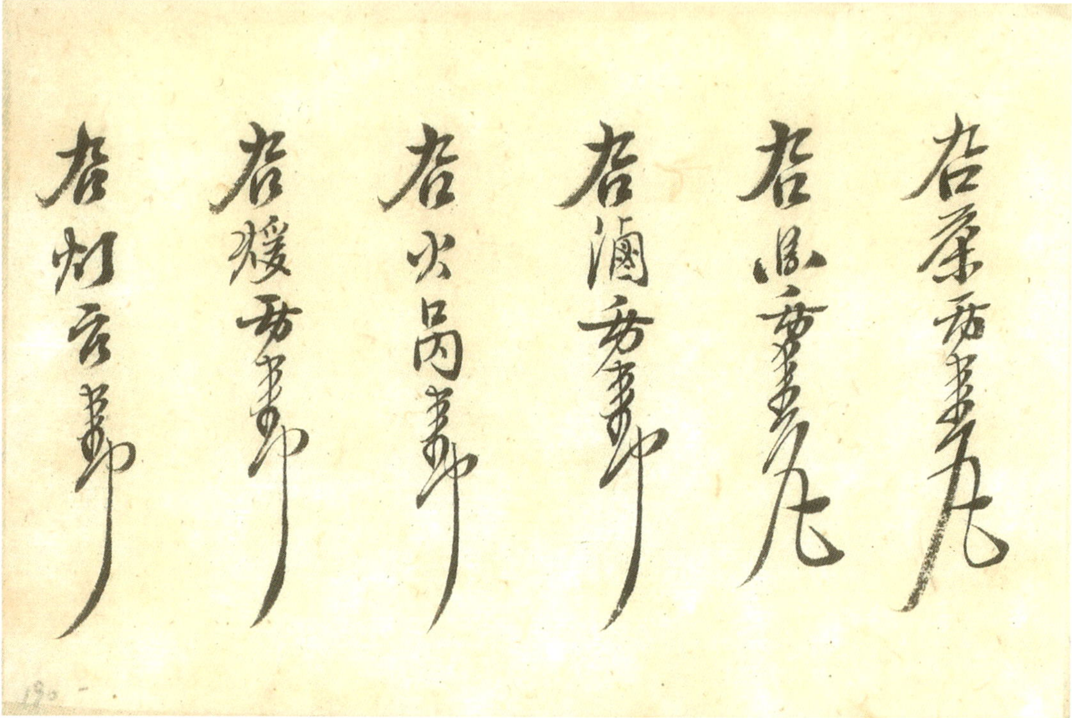

鉛茶壺一把
鉛酒壺一把
鉛滷壺一個
鉛火鍋一個
鉛暖壺一個
鉛燈臺一個

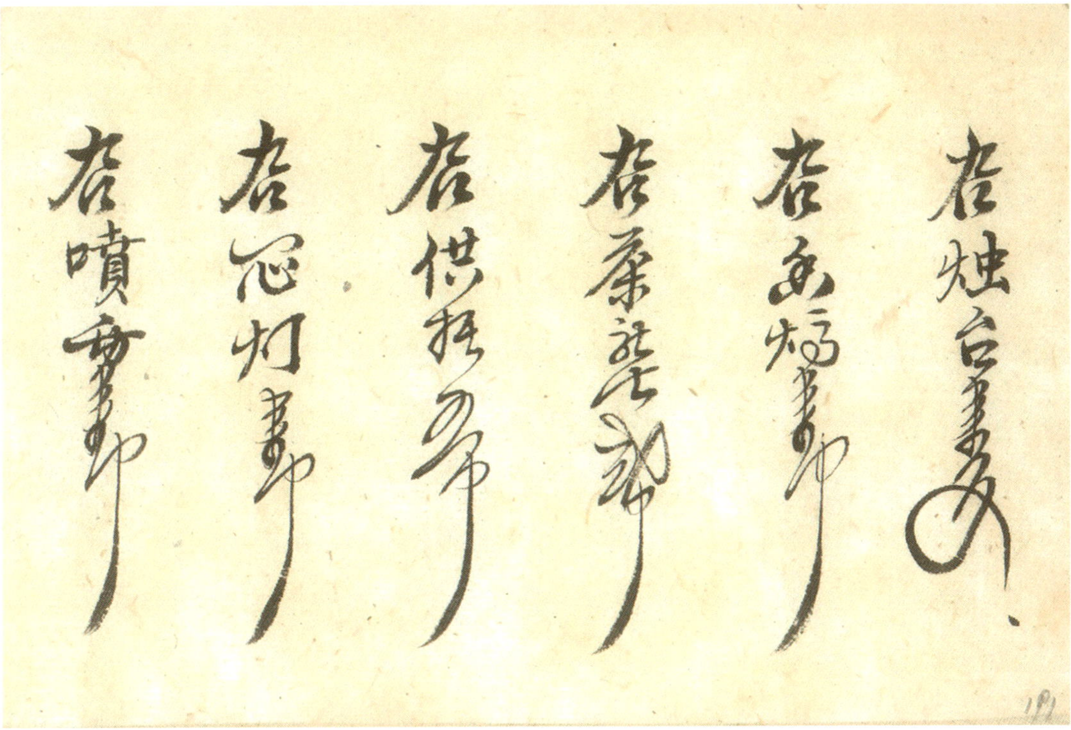

鉛燭臺一雙
鉛香爐一個
鉛茶盤二個
鉛供托五個
鉛悶燈一個
鉛噴壺一個

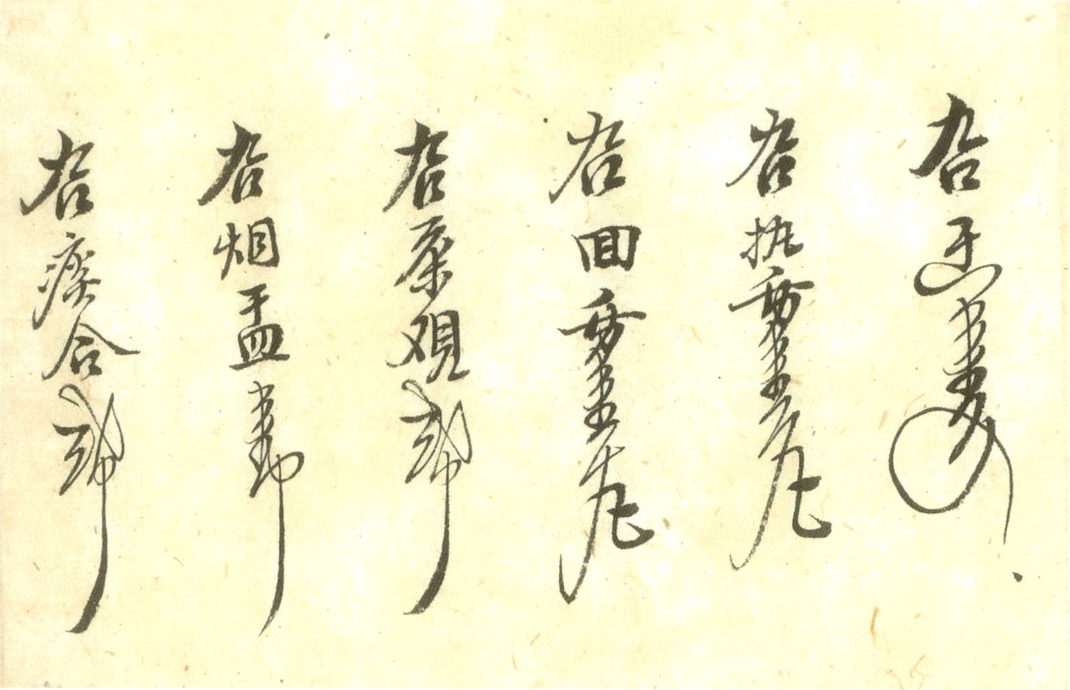

鉛簽一雙
鉛執壺一把
鉛回壺一把
鉛茶罐二個
鉛烟盂一個
鉛痰盒二個

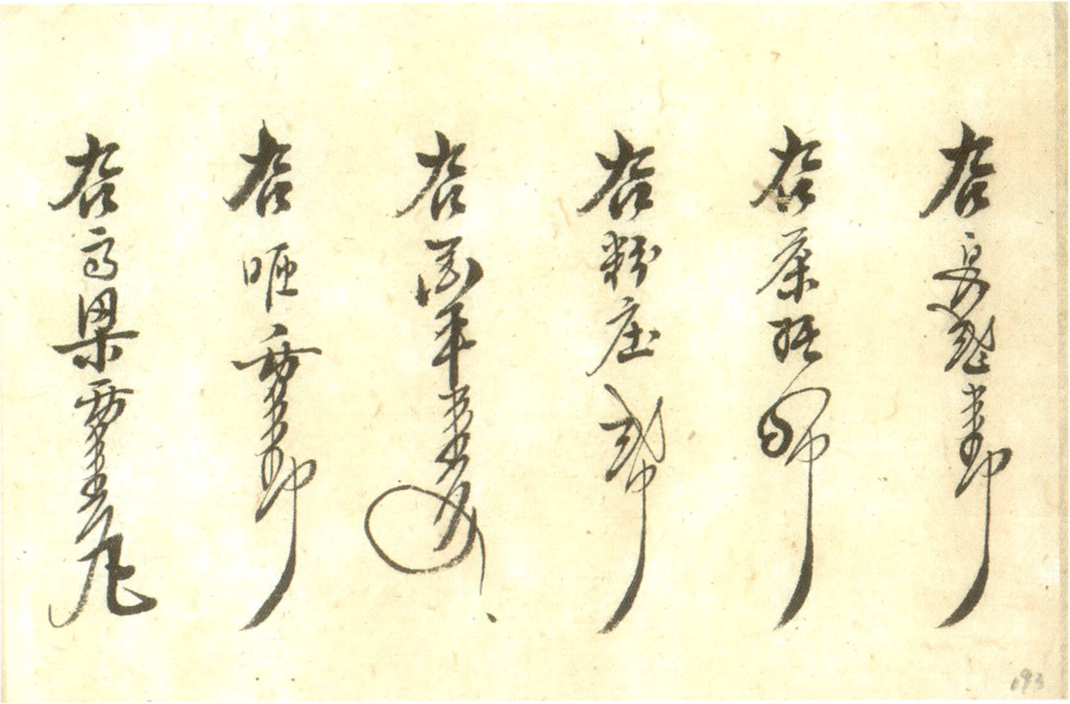

鉛皂盞一個
鉛茶托四個
鉛粉妝二個
鉛花瓶一雙
鉛㕆壺一個
鉛高粱壺一把

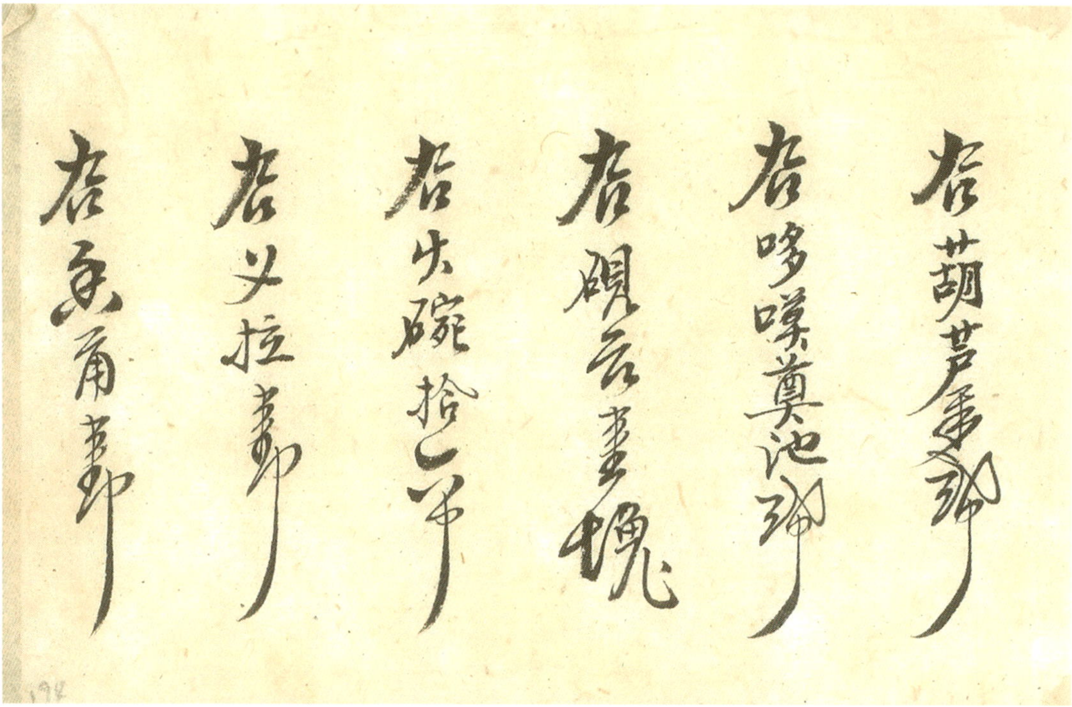

鉛葫蘆素二個
鉛哆嘆莫池二個
鉛硯臺一塊
鉛火碗十六個
鉛義拉一個
鉛香筒一個

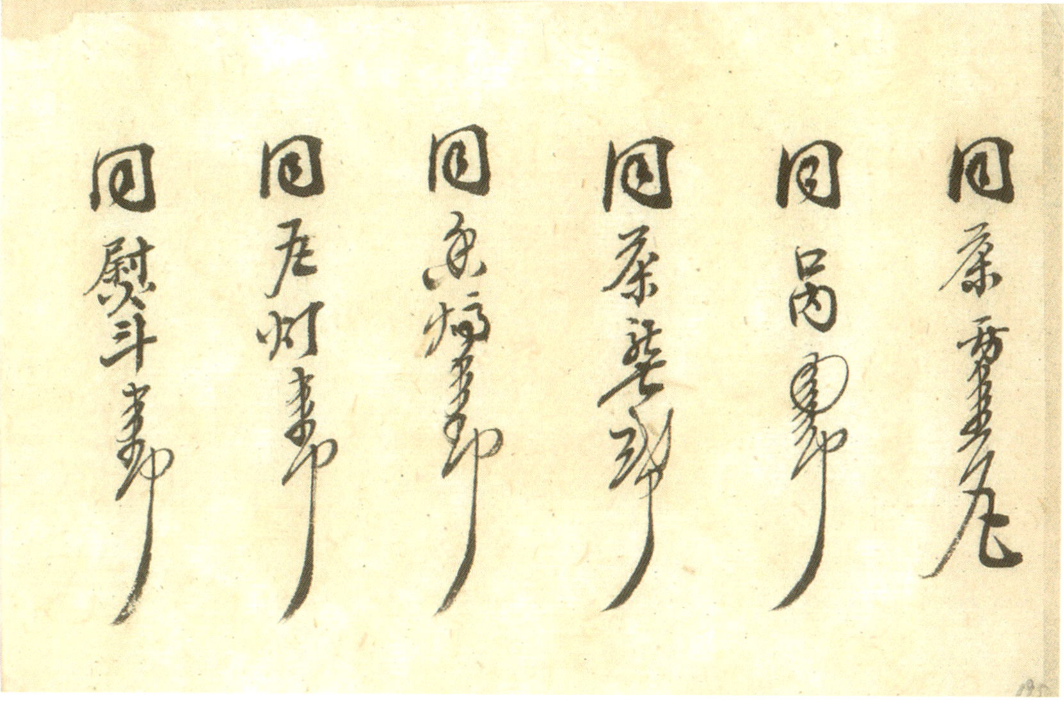

銅茶壺一把
銅鍋一個
銅茶盤二個
銅香爐一個
銅把燈一個
銅熨斗一個

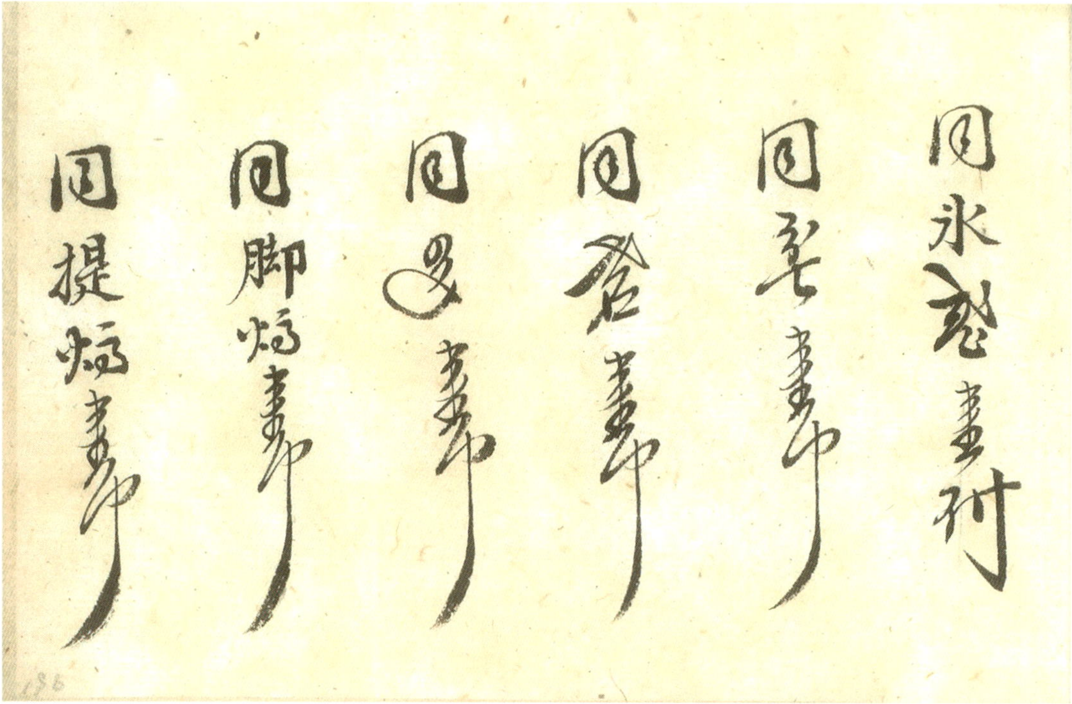

銅冰盞一付
銅盆一個
銅磬一個
銅鑼一個
銅脚爐一個
銅提爐一個

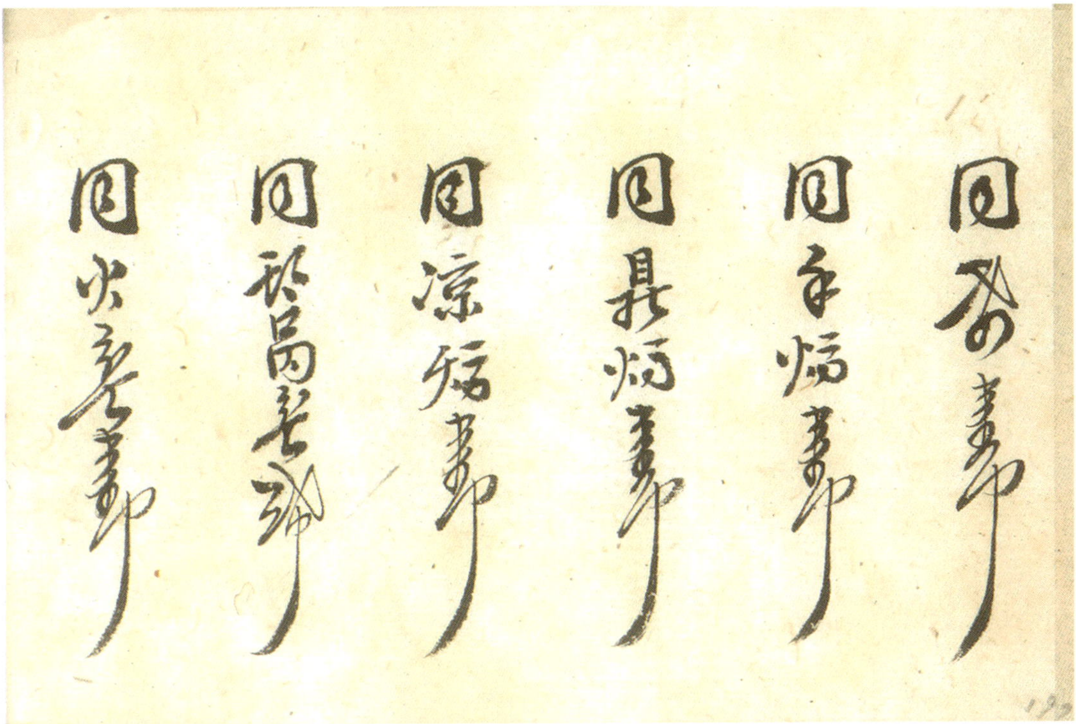

銅鏡一個
銅手爐一個
銅鼎爐一個
銅凉爐一個
銅頭鍋盆二個
銅火盆一個

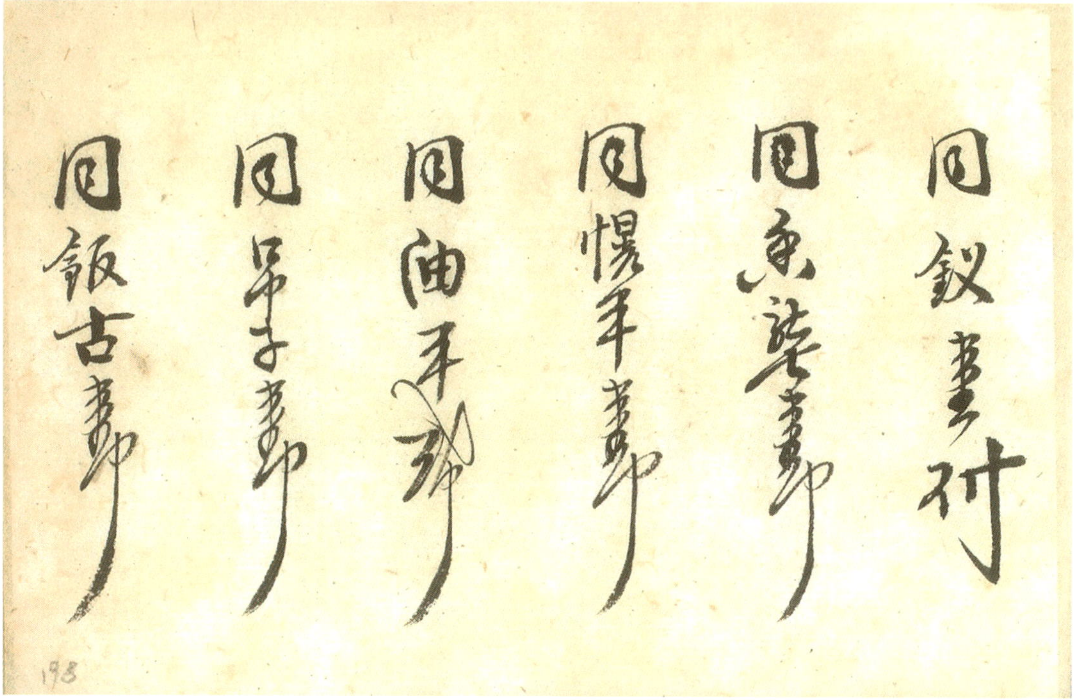

銅釵一付
銅香盤一個
銅幌瓶一個
銅油瓶二個
銅吊子一個
銅飯鼓一個

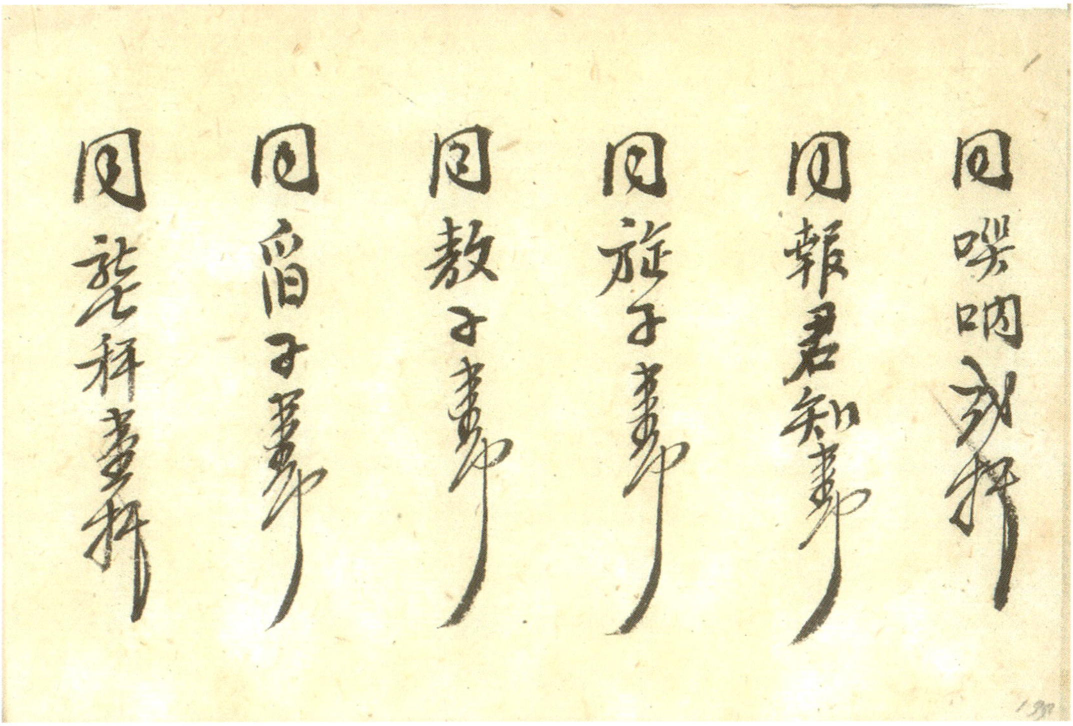

銅哨吶二杆
銅報君知一個
銅鏇子一個
銅鏊子一個
銅舀子一個
銅盤秤一杆

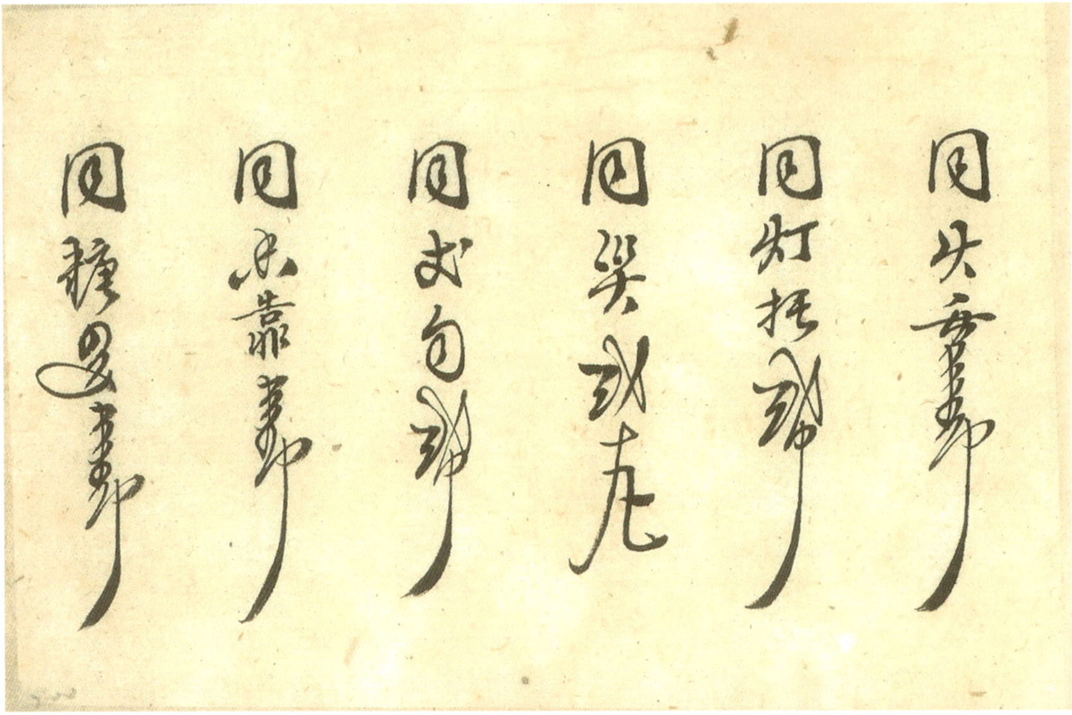

銅火壺一個
銅燈托二個
銅鎖二把
銅帳鈎二個
銅香靠一個
銅糖鑼一個

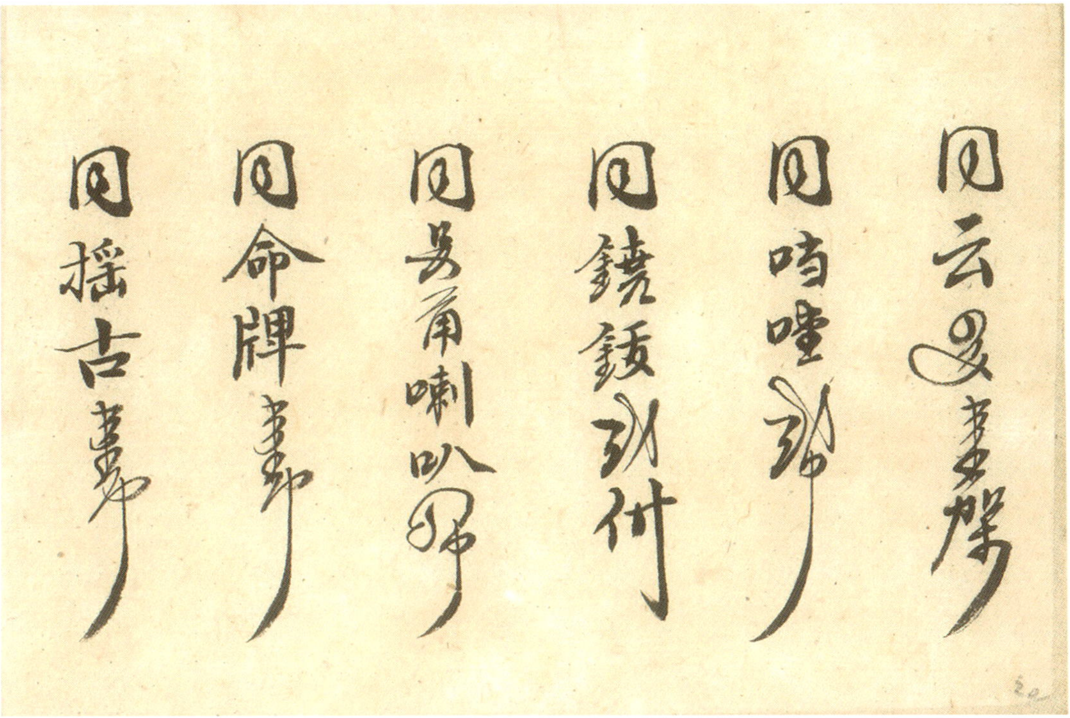

銅雲鑼一架
銅噹嘡二個
銅鐃鈸二付
銅□筒喇叭四個
銅命牌一個
銅摇鼓一個

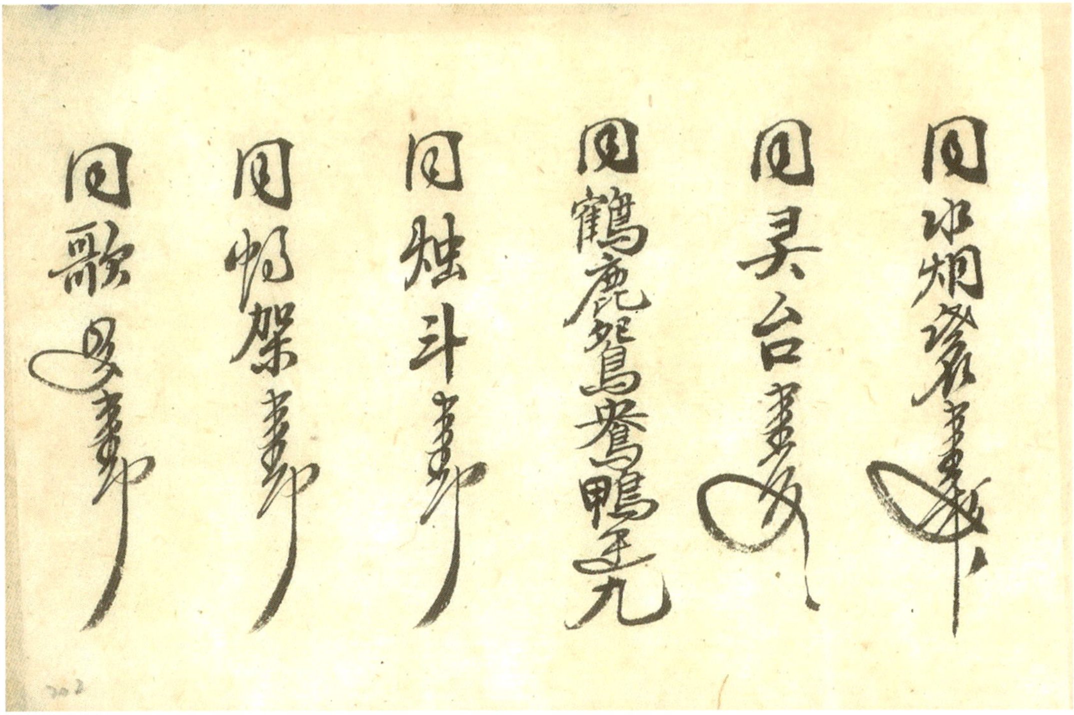

銅水烟袋一枝
銅靈臺一雙
銅鶴鹿鴛鴦鴨簽九
銅燭斗一個
銅帽架一個
銅歌鑼一個

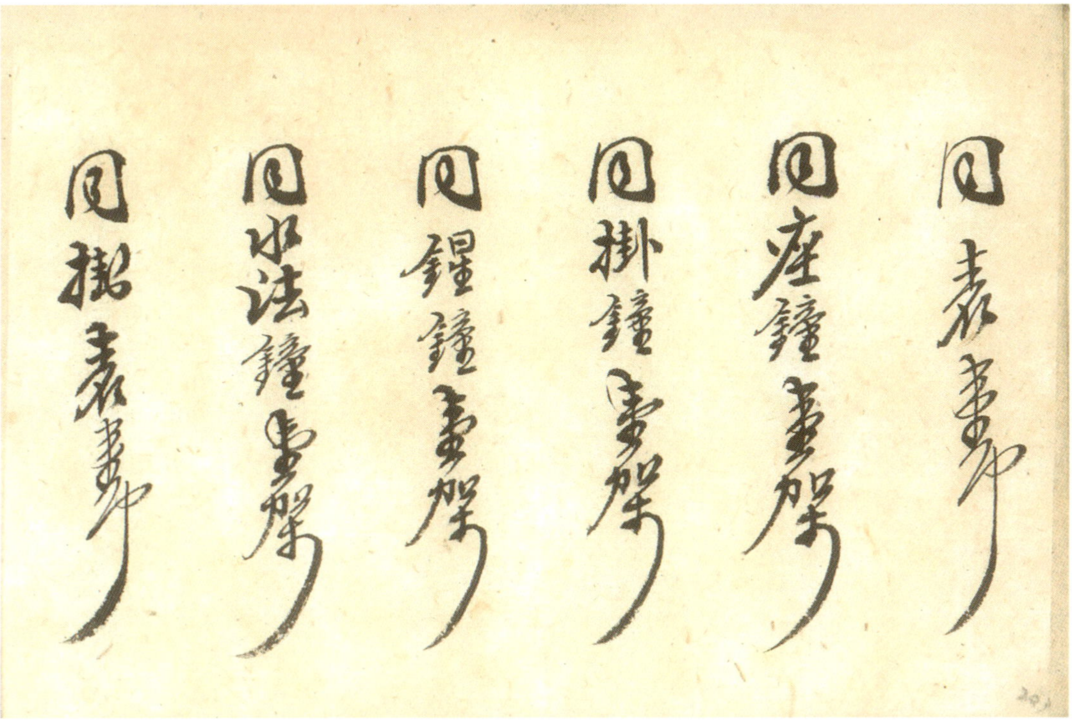

銅錶一個
銅座鐘一架
銅挂鐘一架
銅醒鐘一架
銅水法鐘一架
銅挂錶一個

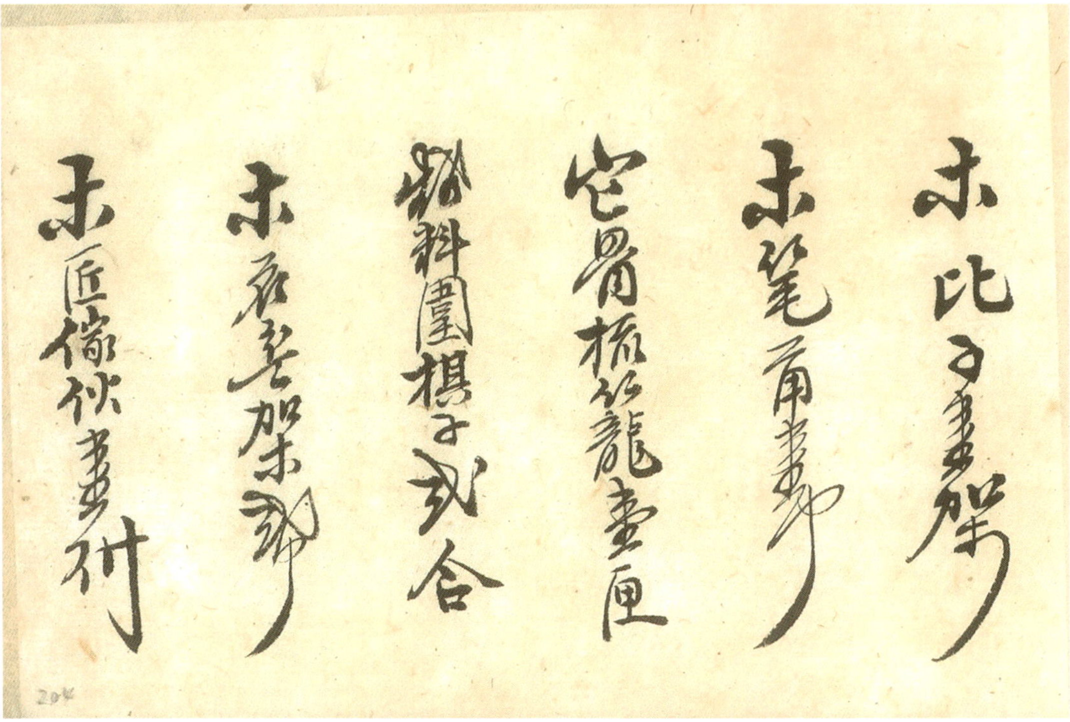

木篦子一架
木筆筒一個
駝骨梳籠一匣
燒料圍棋子二盒
木花盆架二個
木匠傢伙一付

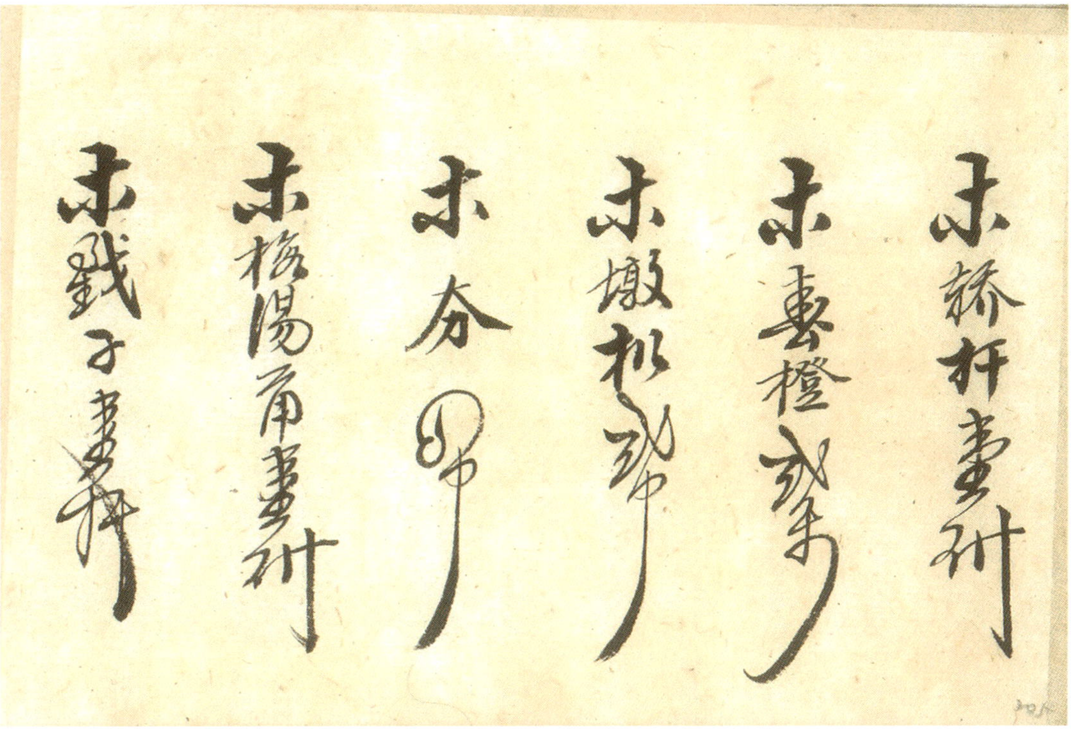

木轎杆一付
木春凳二條
木墩几二個
木夯四個
木梅湯桶一付
木戥子一杆

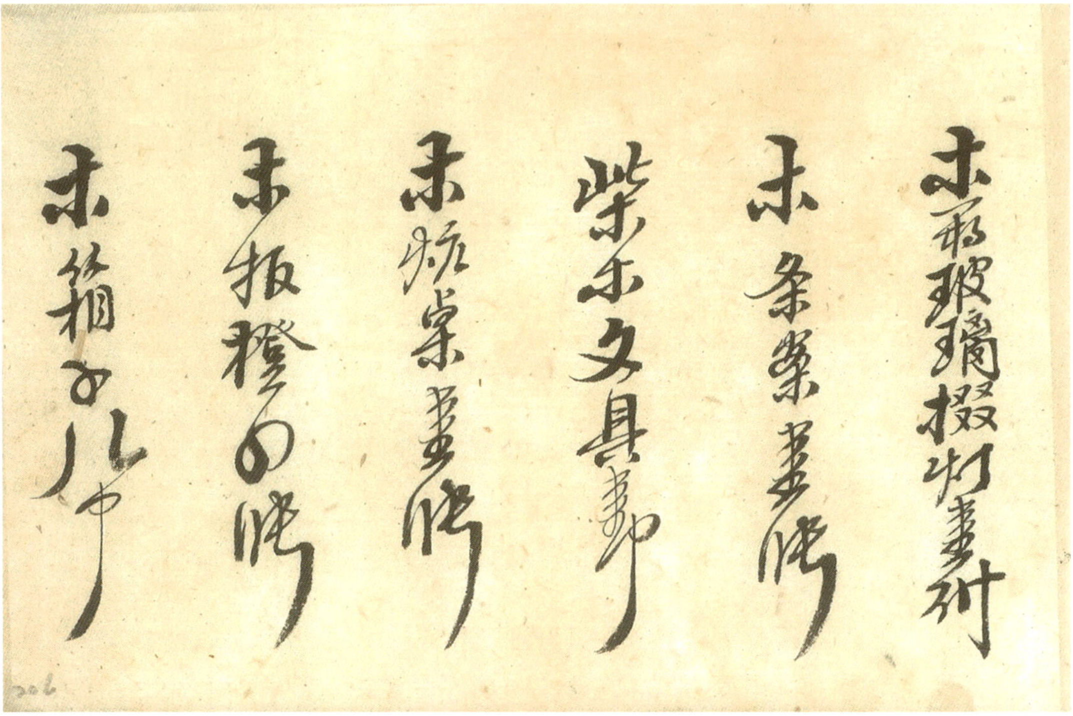

木鑲玻璃掇燈一付
木條案一張
柴木文具一個
木炕桌一張
木板凳四張
木箱子八個

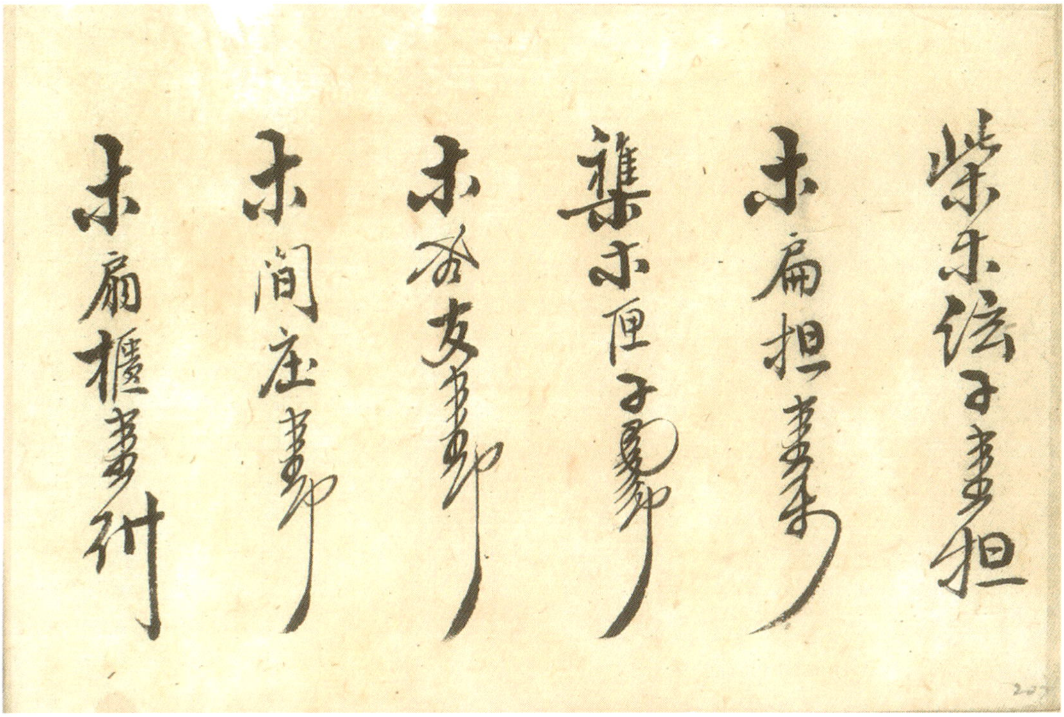

柴木弦子一擔
木扁擔一條
雜木匣子一個
木鏡支一個
木間妝一個
木扇櫃一付

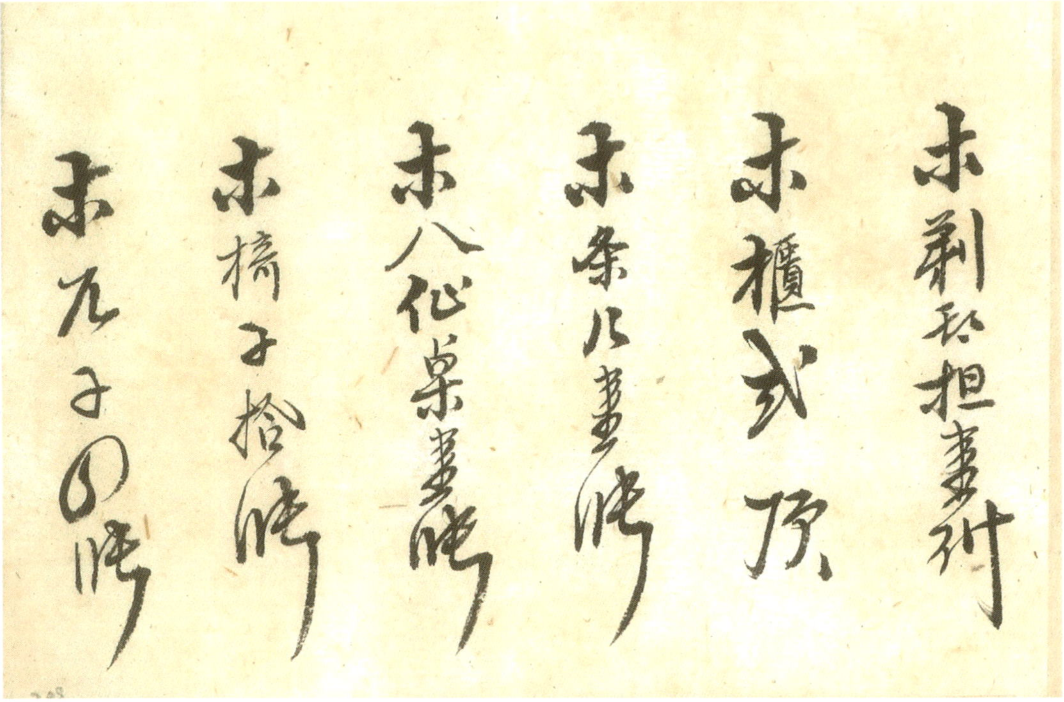

木剃頭擔一付
木櫃二頂
木條几一張
木八仙桌一張
木椅子十張
木兀子四張

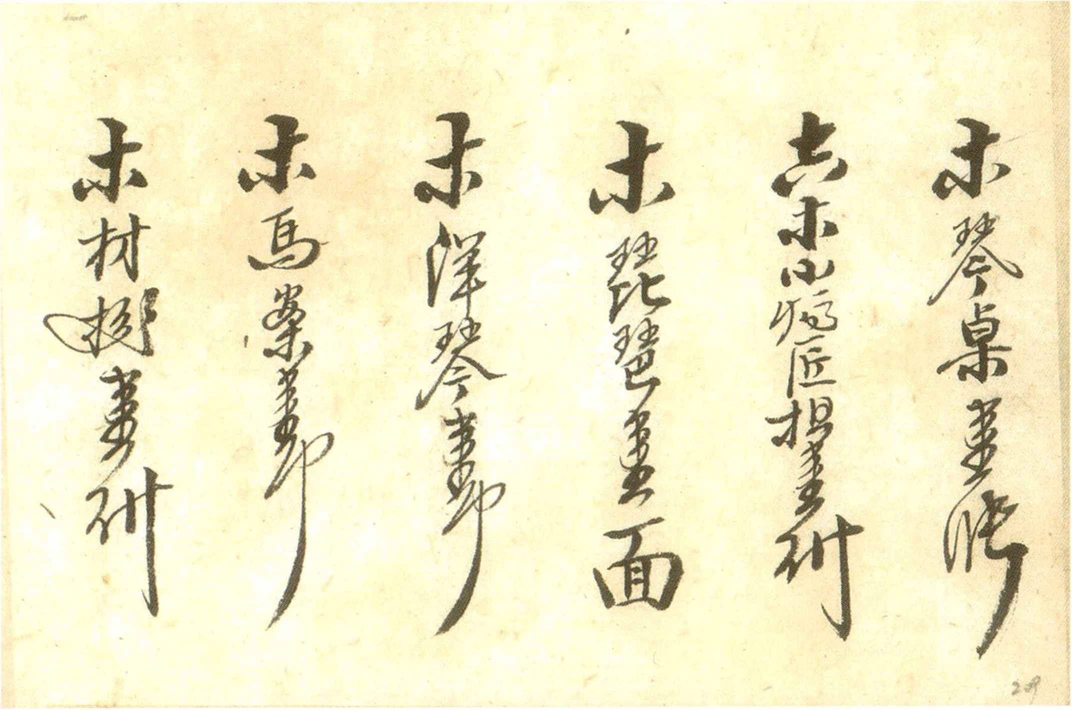

木琴桌一張
空木小爐匠擔一付
木琵琶一面
木洋琴一個
木馬案一個
木材板一付

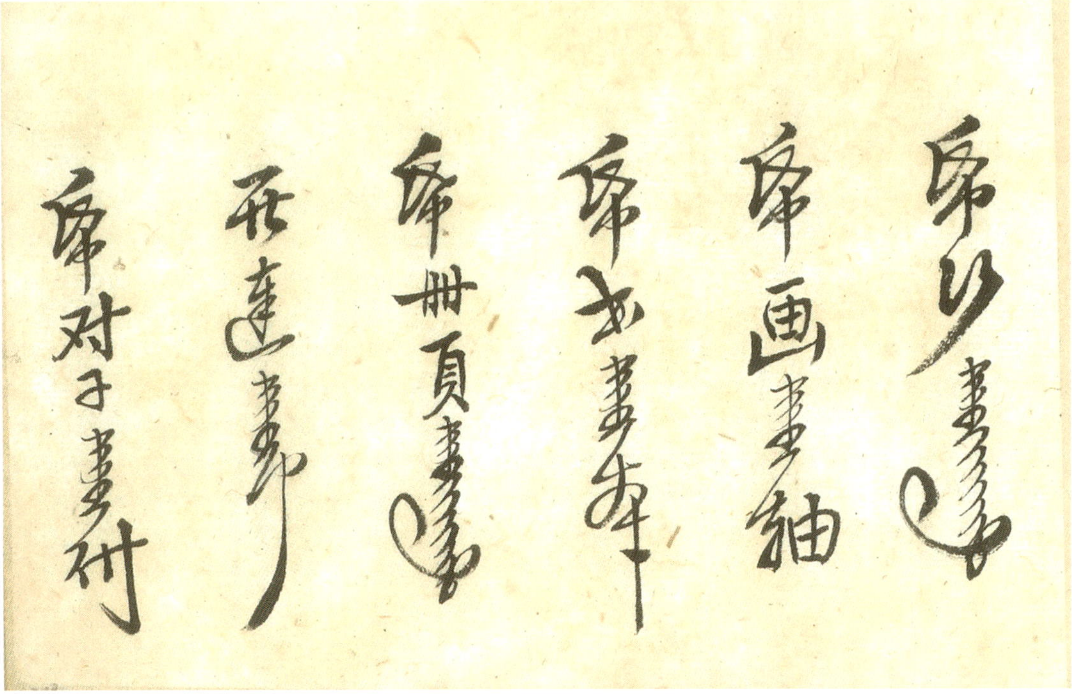

紙片一點
紙畫一軸
紙書一本
紙册頁一點
竹簾一個
紙對子一付

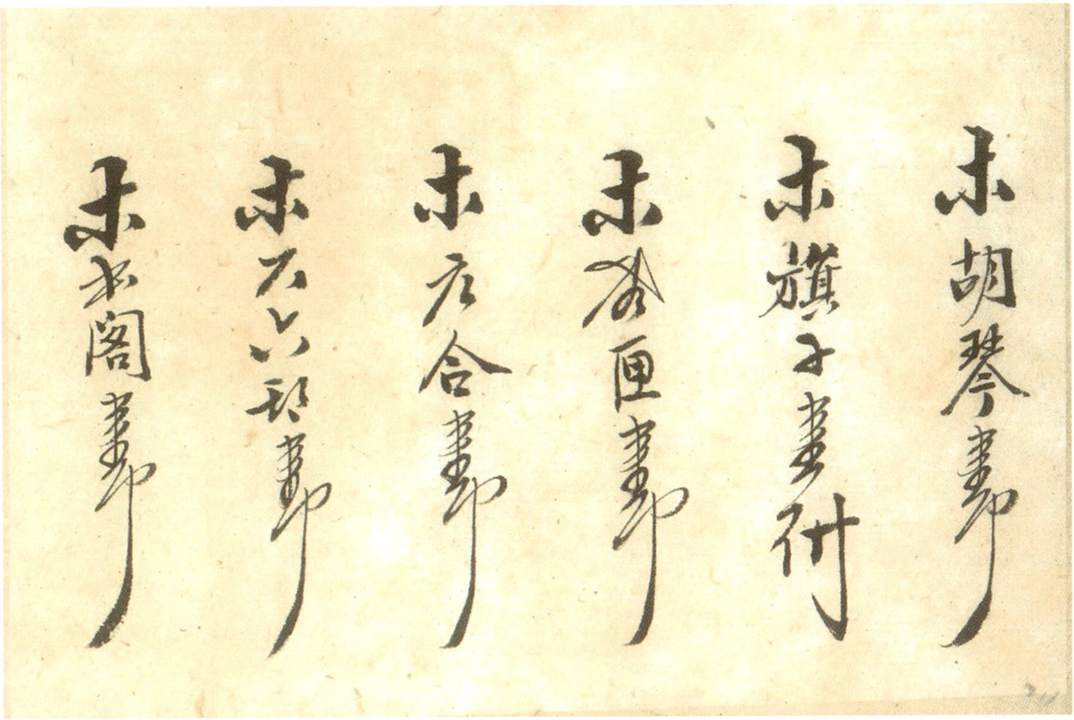

木胡琴一個
木棋子一付
木鏡匣一個
木元盒一個
木轆轆頭一個
木書閣一個

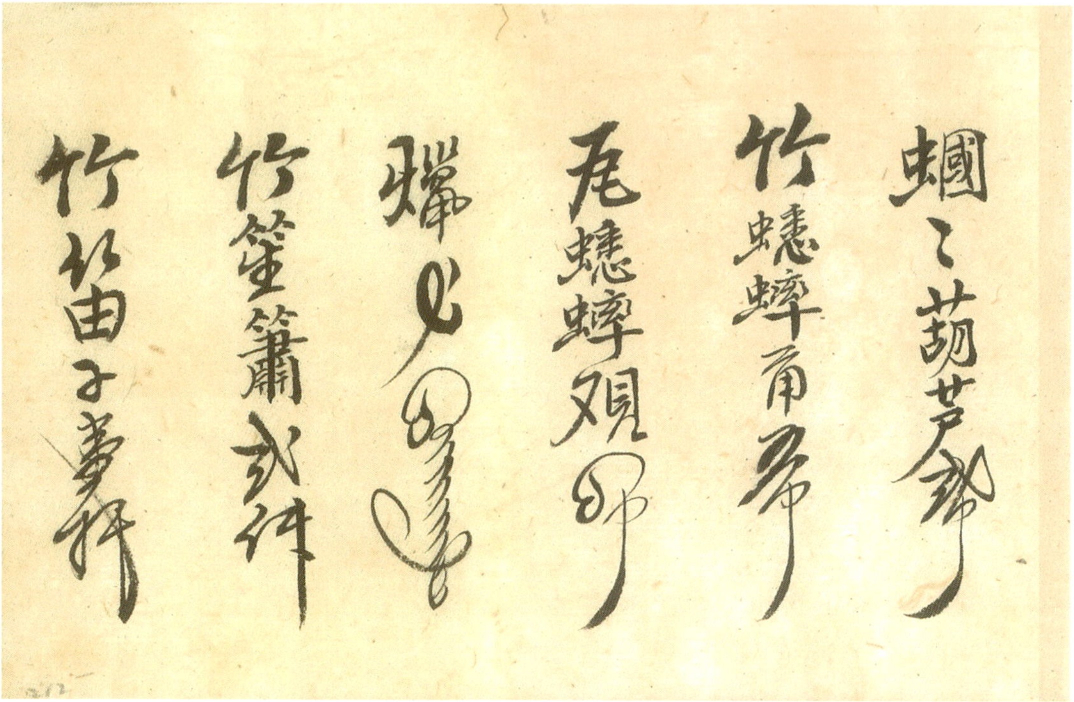

蟈蟈葫蘆二個
竹蟋蟀筒五個
瓦蟋蟀罐四個
蠟什四點
竹笙簫二件
竹笛子一杆

雜木圍屏八扇
木胡琴一個
柴木書櫃二個
雜木樂琴一面
木脚蹬二個
梨木香几一個

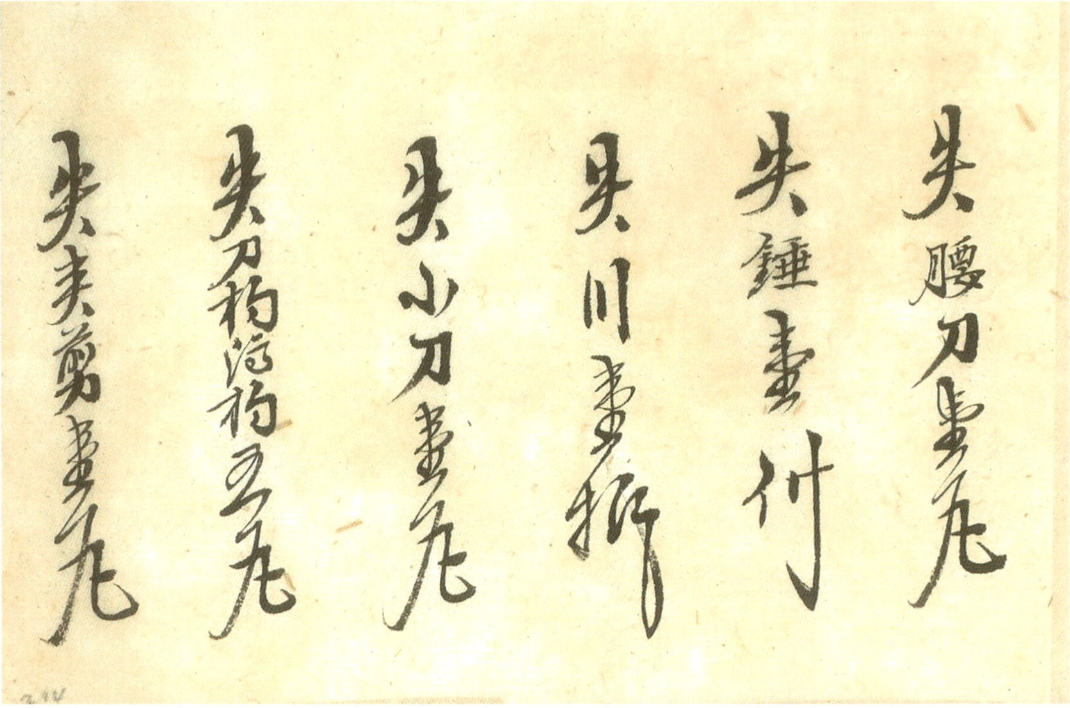

鐵腰刀一把
鐵錘一付
鐵釧一根
鐵小刀一把
鐵刀勺漏勺五把
鐵夾剪一把

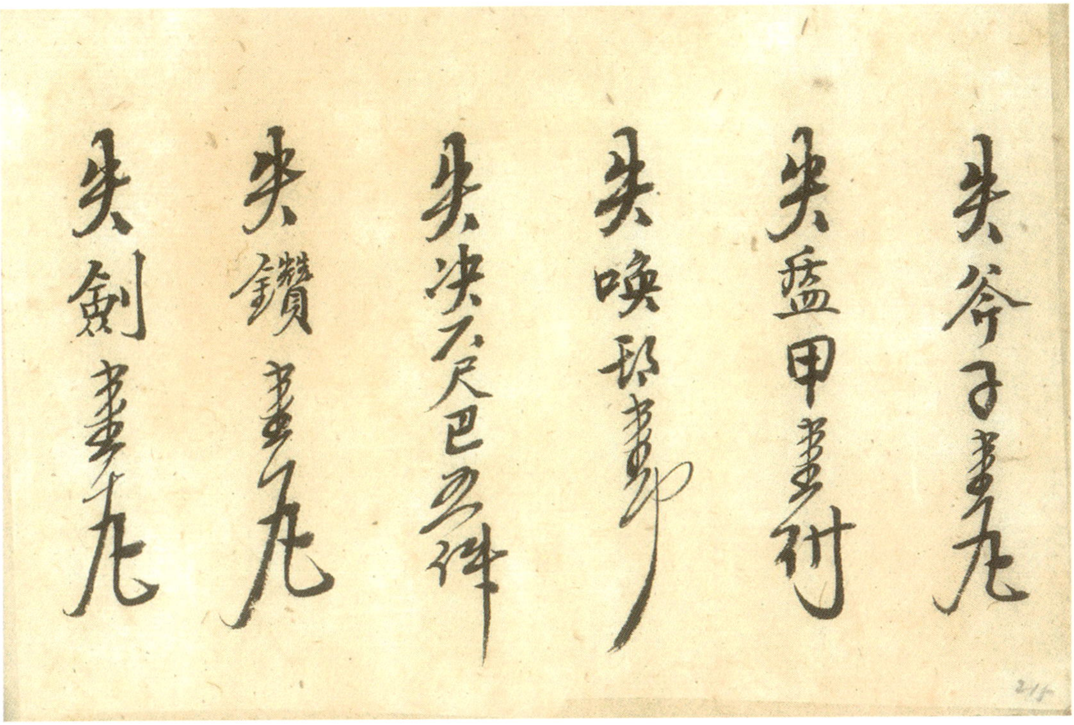

鐵斧子一把
鐵盔甲一付
鐵喚頭一個
鐵钁六尺巴五件
鐵鑽一把
鐵劍一把

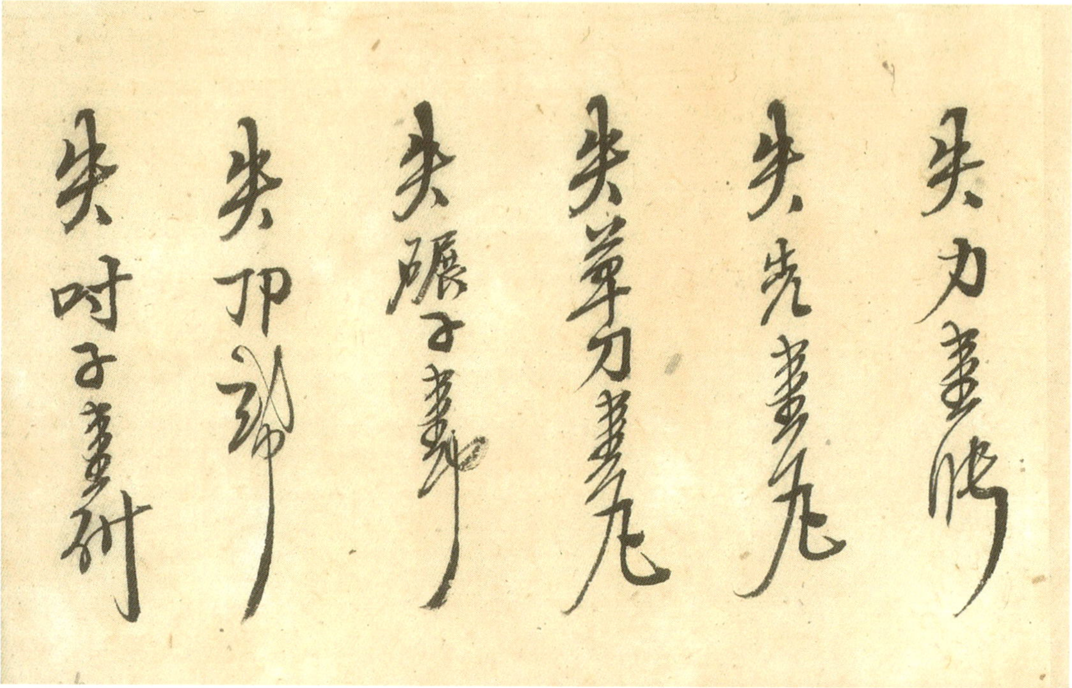

鐵犁一張
鐵鍬一把
鐵草刀一把
鐵碾子一個
鐵卯二個
鐵吋子一付

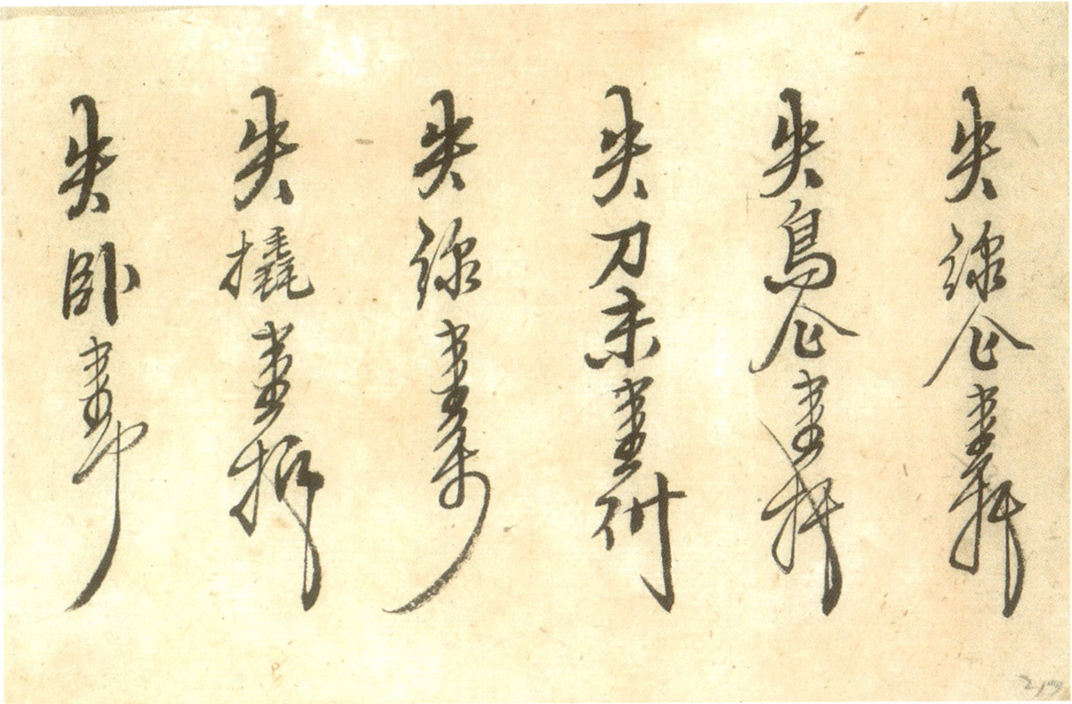

鐵綫槍一杆
鐵鳥槍一杆
鐵刀磨一付
鐵綫一條
鐵撬一根
鐵卧一個

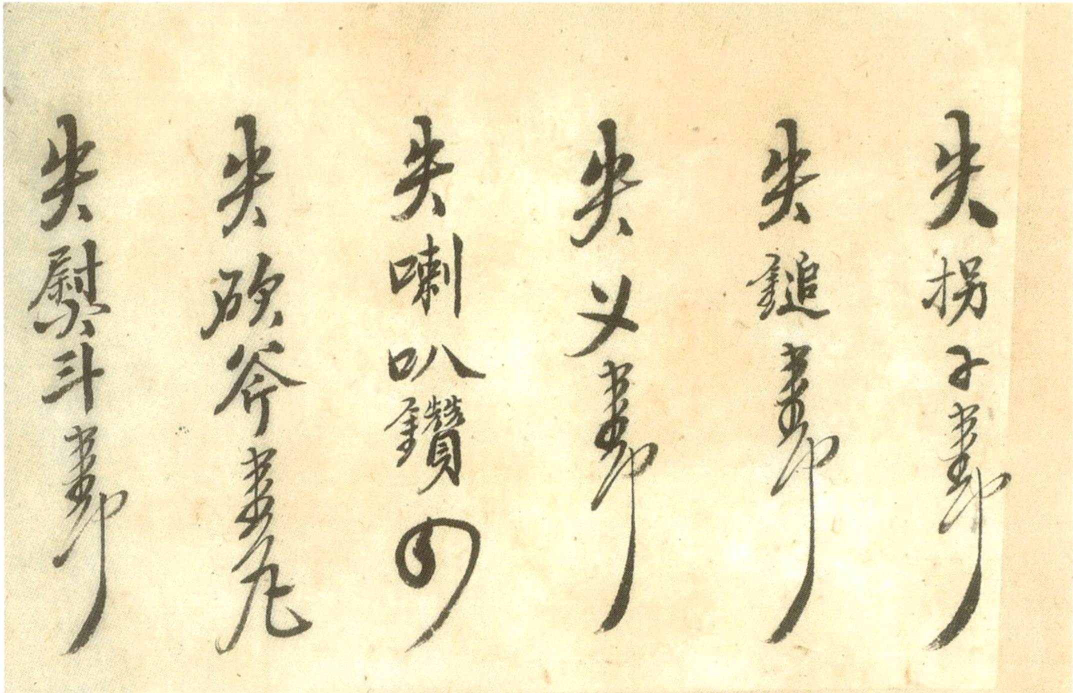

鐵拐子一個
鐵錐一個
鐵釵一個
鐵喇叭鑽四
鐵砍斧一把
鐵熨斗一個

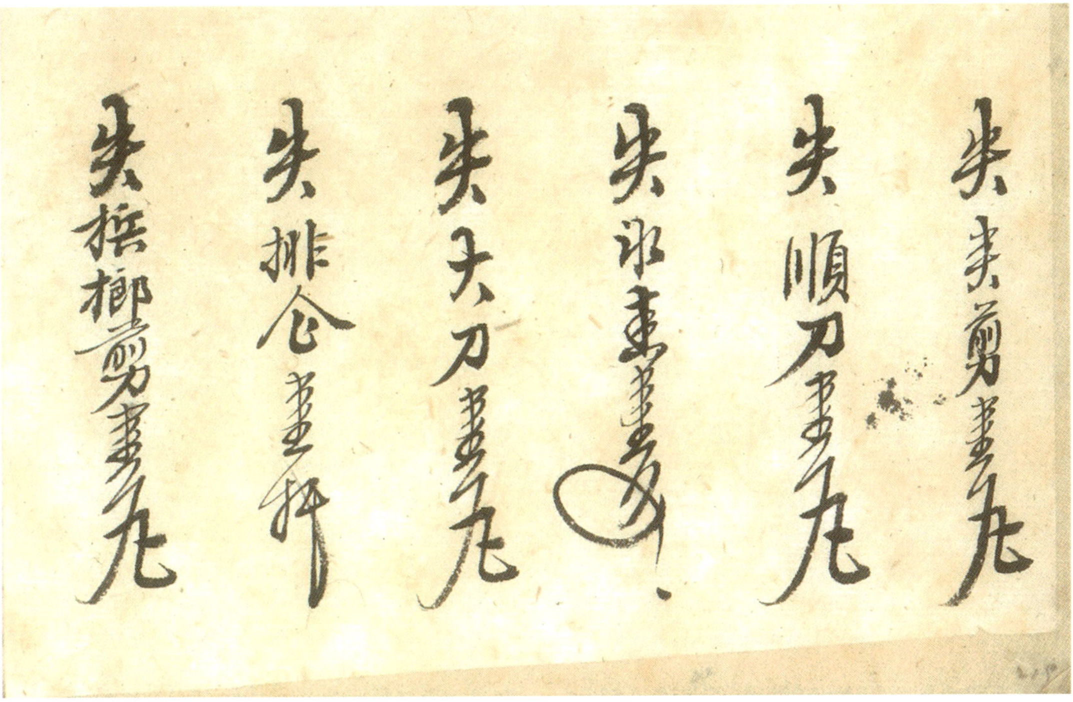

鐵夾剪一把

鐵順刀一把

鐵冰鞋一雙

鐵大刀一把

鐵排槍一杆

鐵檳榔剪一把

當字

下

李錦彰 著

中國當字研究及典當文書釋讀叢刊

廣西師范大學出版社
GUANGXI NORMAL UNIVERSITY PRESS
·桂林·

當字
DANGZI

出版統籌：湯文輝
出 品 人：喬祥飛
責任編輯：郭婷婷
責任校對：曹世超
劉一江
責任技編：王增元
書籍設計：田　潔

圖書在版編目（CIP）數據

當字 ： 上、下 / 李錦彰著. -- 桂林 ： 廣西師範大學出版社，2024.8
（中國當字研究及典當文書釋讀叢刊）. -- ISBN 978-7-5598-7108-4

Ⅰ. F832.38

中國國家版本館 CIP 數據核字第 2024G5B908 號

廣西師範大學出版社出版發行
（廣西桂林市五里店路 9 號　郵政編碼：541004
網址：http://www.bbtpress.com）
出版人：黄軒莊
全國新華書店經銷
三河弘翰印務有限公司印刷
（河北省三河市黄土莊鎮二百户村北　郵政編碼：065200）
開本：787 mm × 1 092 mm　1/16
印張：47　　　字數：300 千
2024 年 8 月第 1 版　　2024 年 8 月第 1 次印刷
定價：1980.00 元（上、下）

二　楊慎齋記：京當字

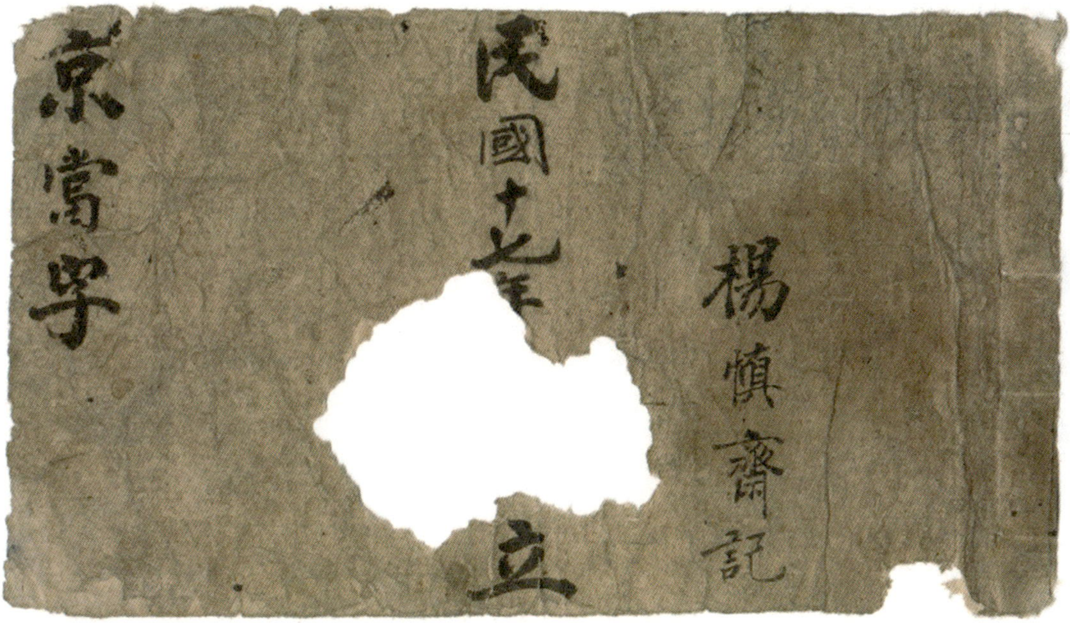

楊慎齋記
民國十七年□立
京當字

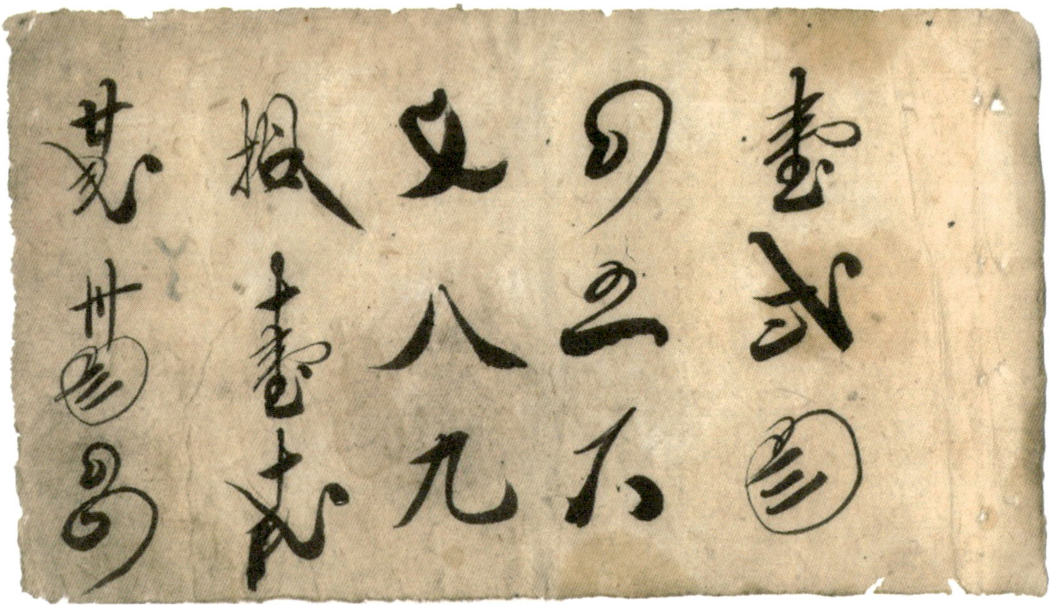

一 二 三
四 五 六
七 八 九
十 十一 十二
二十二 三十三 四十四

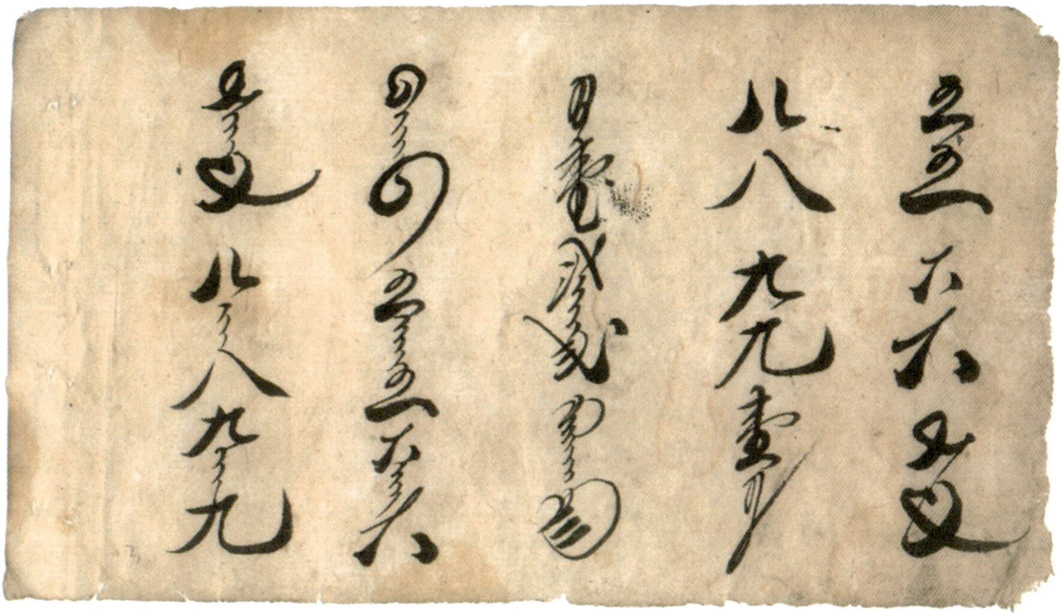

五十五 六十六 七十七
八十八 九十九 一百
一百零一 二百零二 三百零三
四百零四 五百零五 六百零六
七百零七 八百零八 九百零九

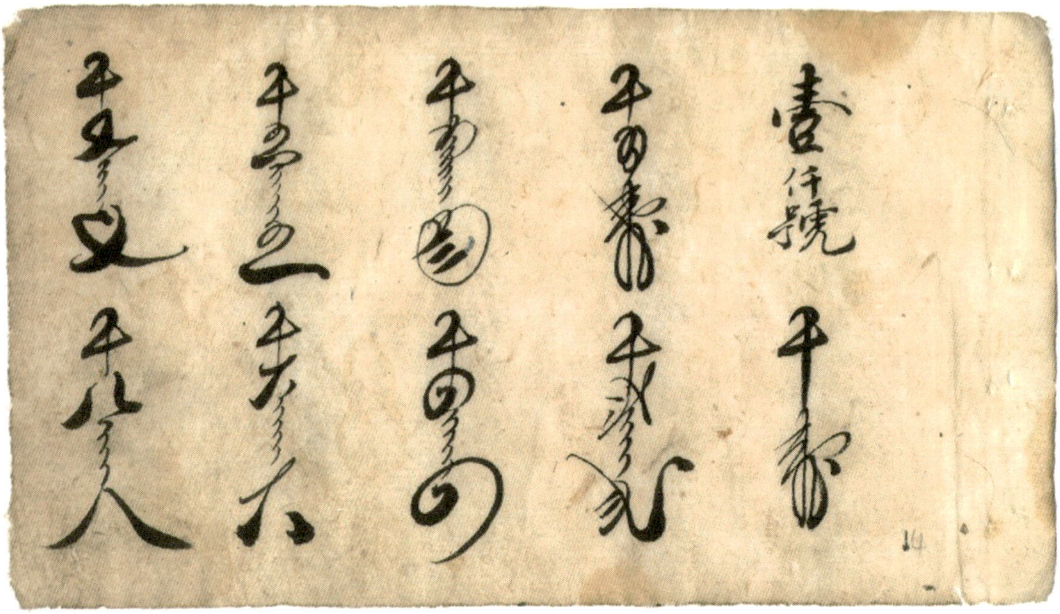

一千號
一千零一
一千一百零一
一千二百零二
一千三百零三
一千四百零四
一千五百零五
一千六百零六
一千七百零七
一千八百零八

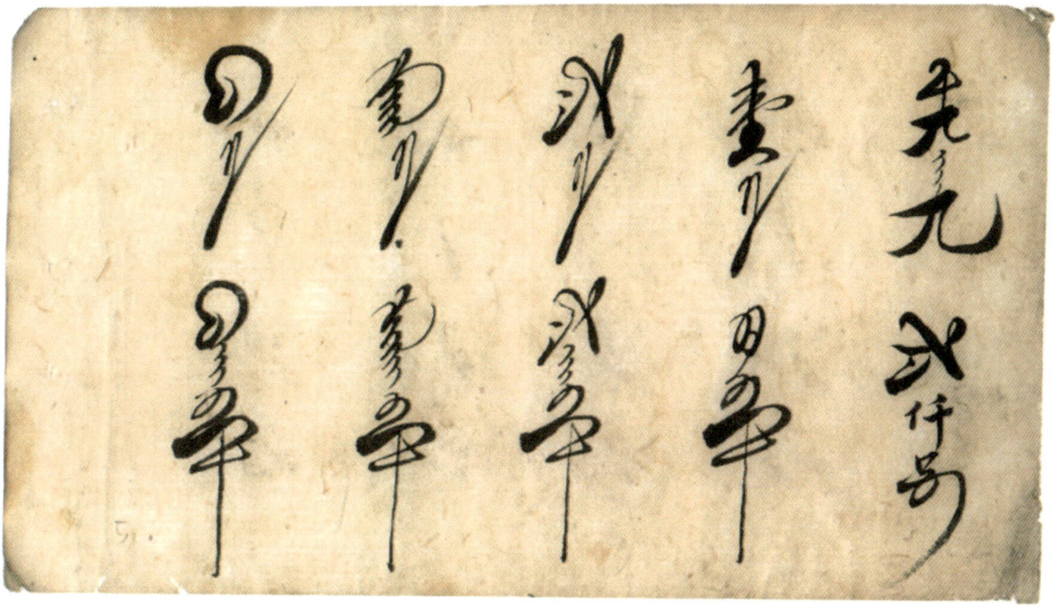

一千九百零九　二千號
一百　一百五十
二百　二百五十
三百　三百五十
四百　四百五十

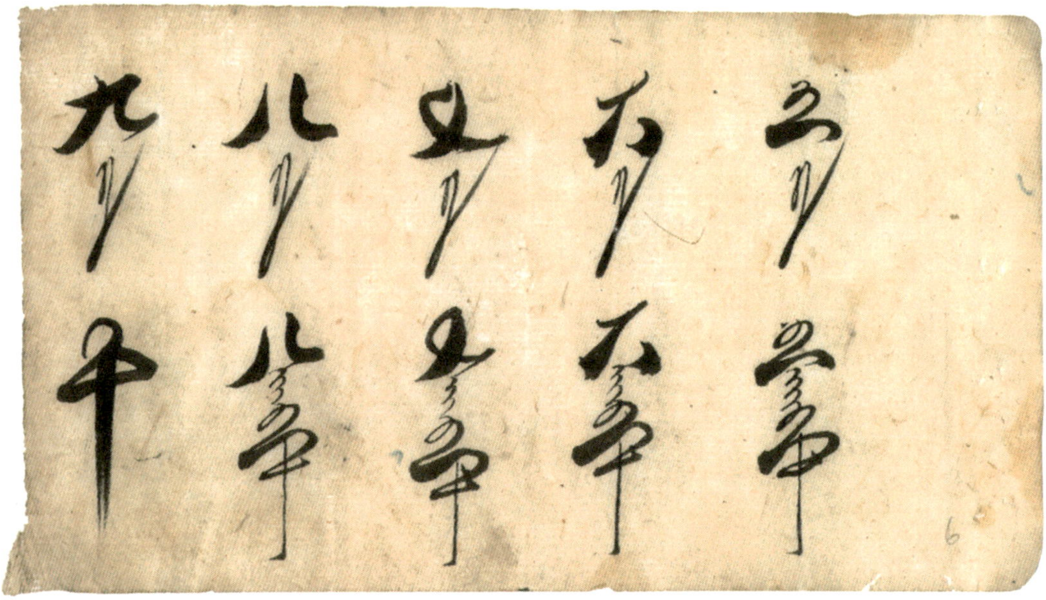

五百　五百五十
六百　六百五十
七百　七百五十
八百　八百五十
九百　一千

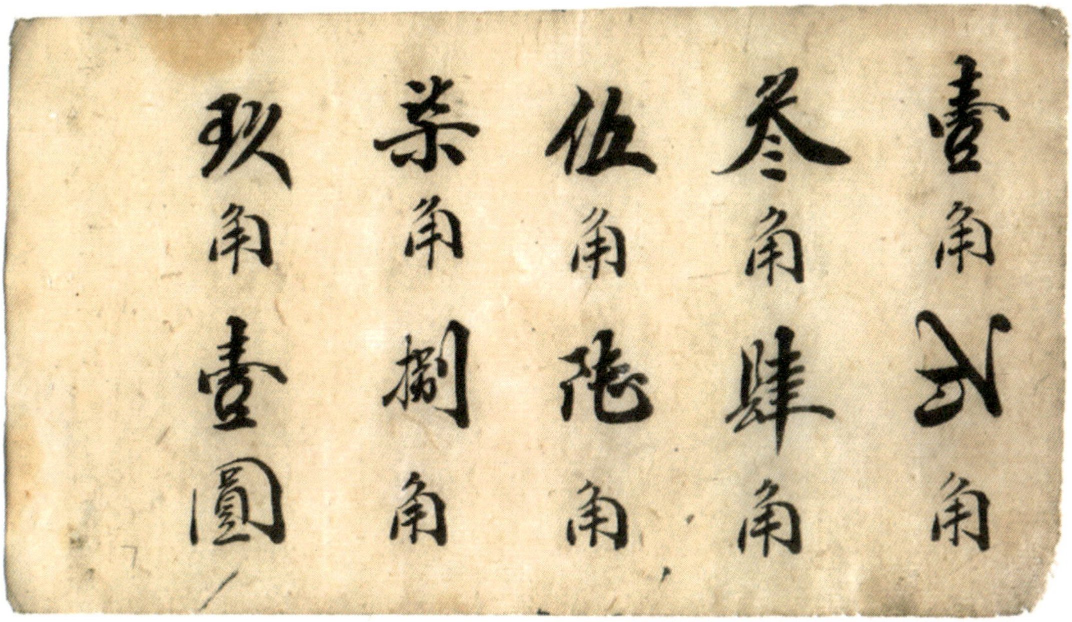

一角 二角
三角 四角
五角 六角
七角 八角
九角 一圓

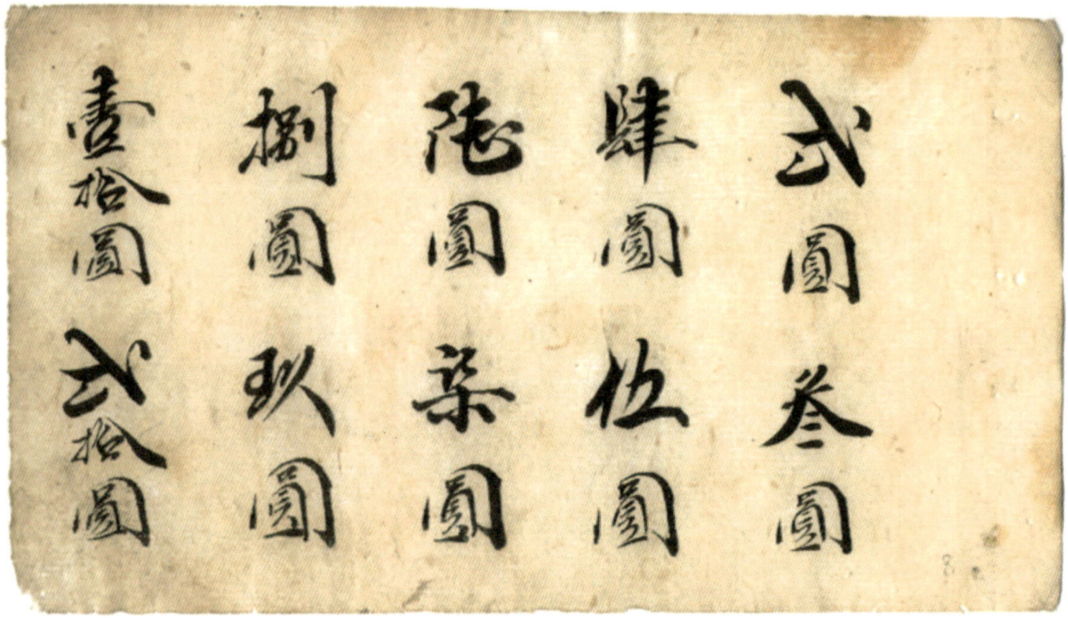

二圓　三圓
四圓　五圓
六圓　七圓
八圓　九圓
一十圓　二十圓

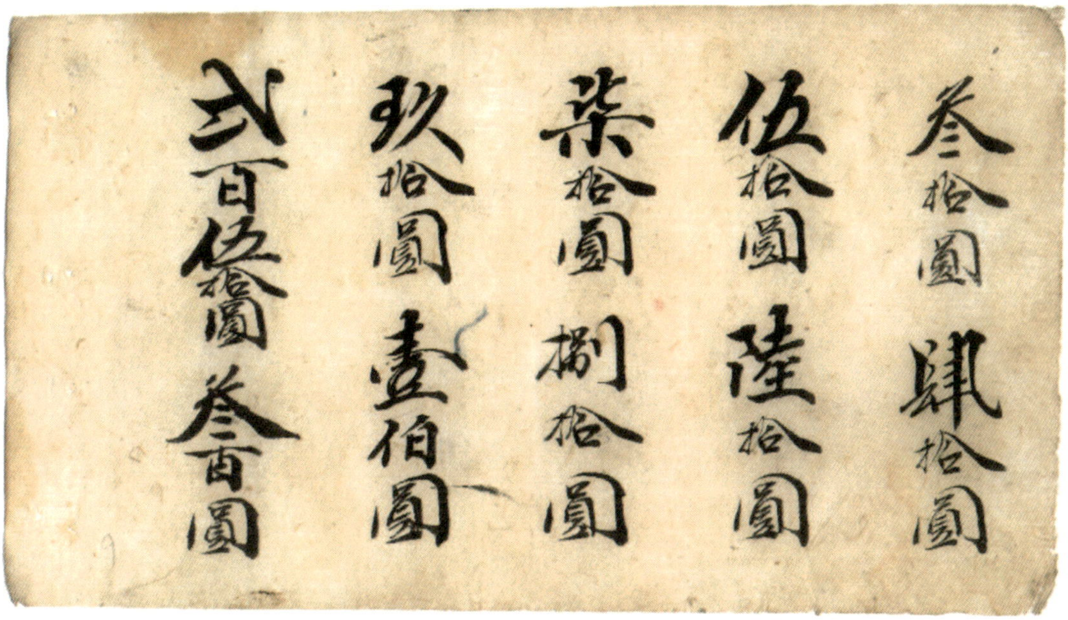

三十圓 四十圓
五十圓 六十圓
七十圓 八十圓
九十圓 一百圓
二百五十圓 三百圓

一千五百 二千

二千五百 三千

三千五百 四千

四千五百 五千

五千五百 十千

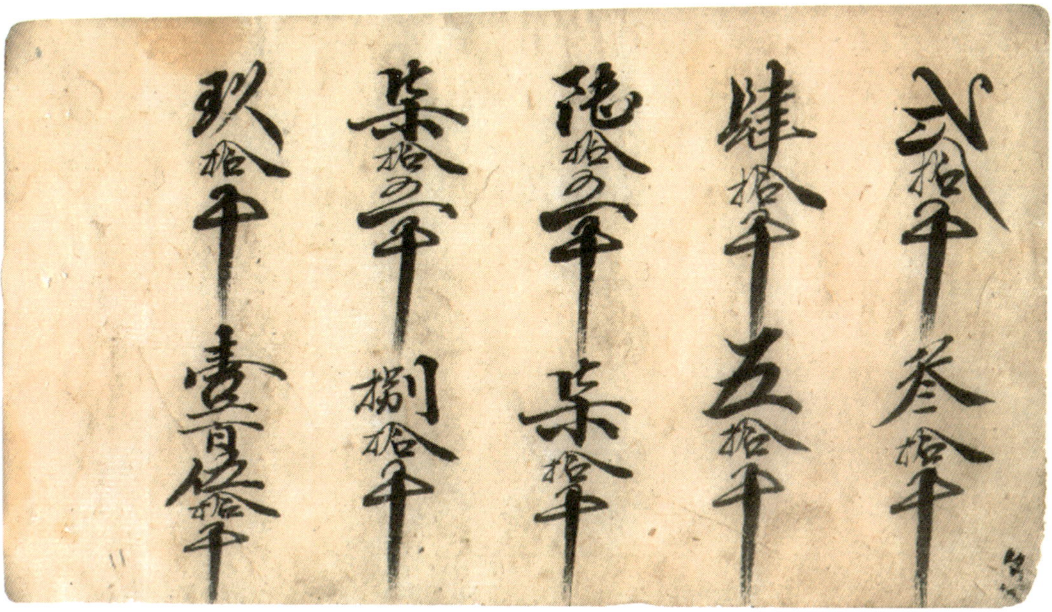

二十千　三十千
四十千　五十千
六十五千　七十千
七十五千　八十千
九十千　一百五十千

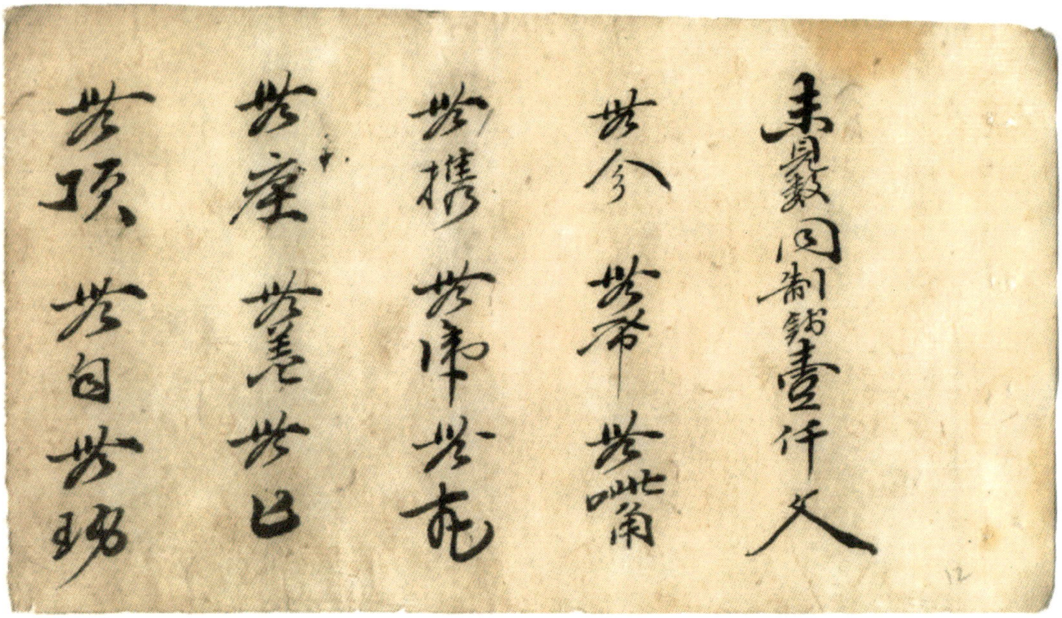

未見數銅制錢一千文
無領 無帶 無嘴
無携 無串 無把
無座 無蓋 無指
無頂 無鈎 無環

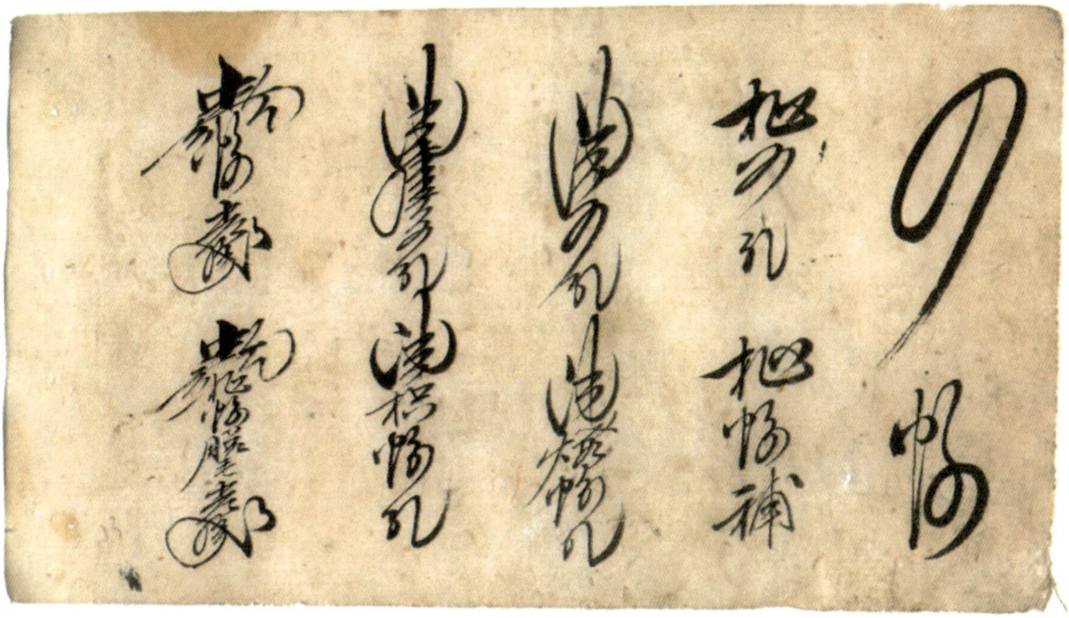

破
扯破孔
油破孔
油漬破孔
蟲吃爛光板

爛
扯爛補
油燒爛孔
油漬爛孔
蟲吃扯爛脱毛光板

蟲吃扯破吊皮光板　蟲吃糟爛光板

蟲吃爛不堪光板　蟲吃吊翠短壞不全

原仝本人面看言明舊有蟲吃扯糟磨爛脱毛絮窩漏小板光板

壞　扁壞

烈壞　劃壞

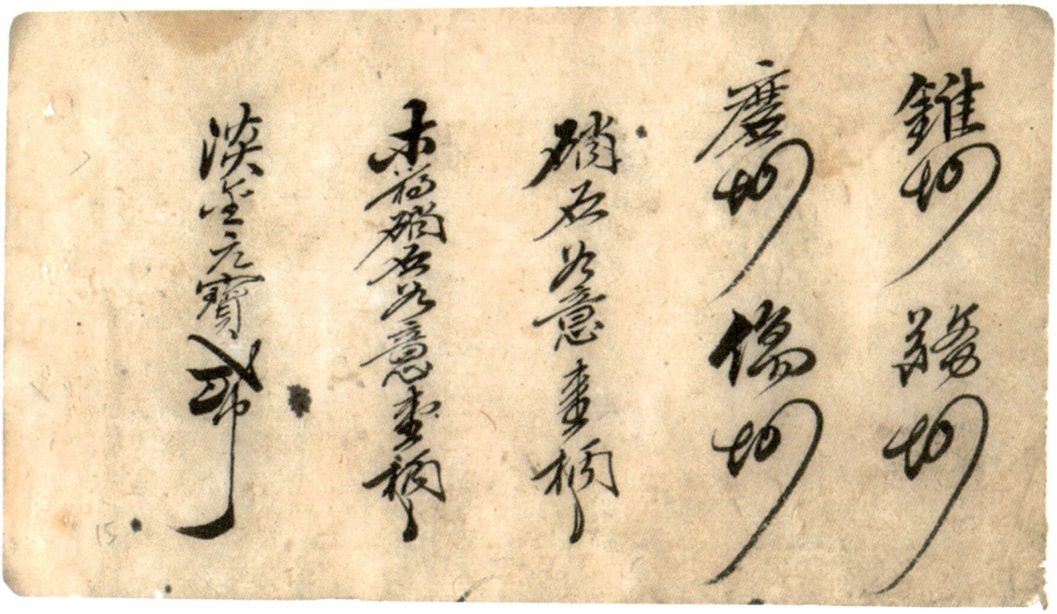

錐壞　驚壞
磨壞　傷壞
硝石如意一柄
木箱硝石如意一柄
淡金元寶二個

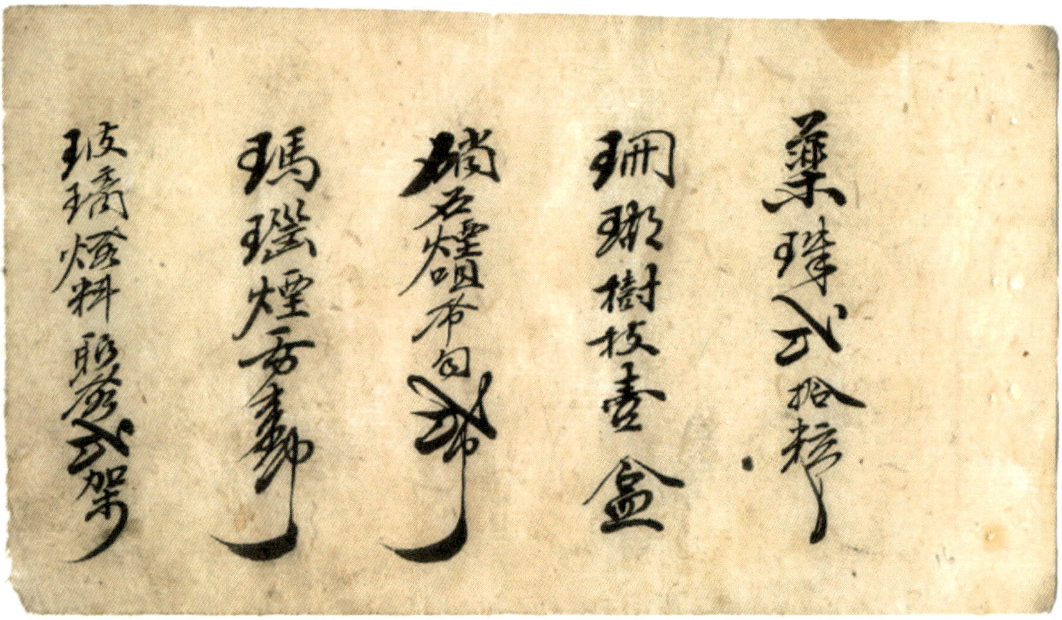

藥珠二十粒
珊瑚樹枝一盒
硝石烟咀帶鈎二個
瑪瑙烟壺一個
玻璃燒料眼鏡二架

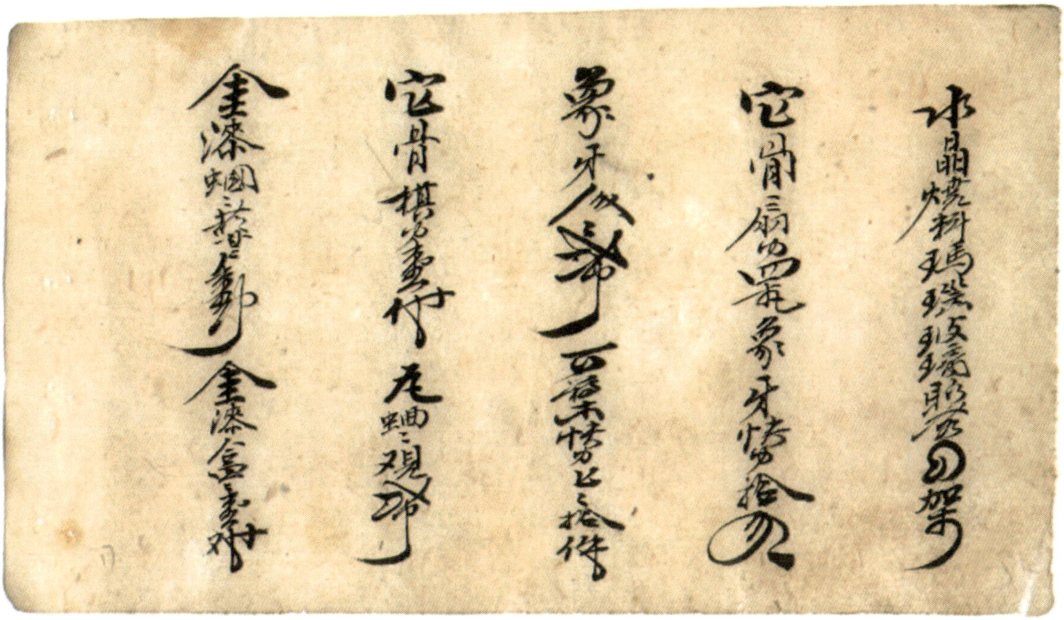

水晶燒料瑪瑙玻璃眼鏡四架
駝骨扇子四把　象牙筷子十雙
象牙人人二個　銀鑲木筷子匕匕十件
駝骨棋子一付　瓦蚰蚰罐二個
金漆蟈蟈葫蘆一個　金漆盒一對

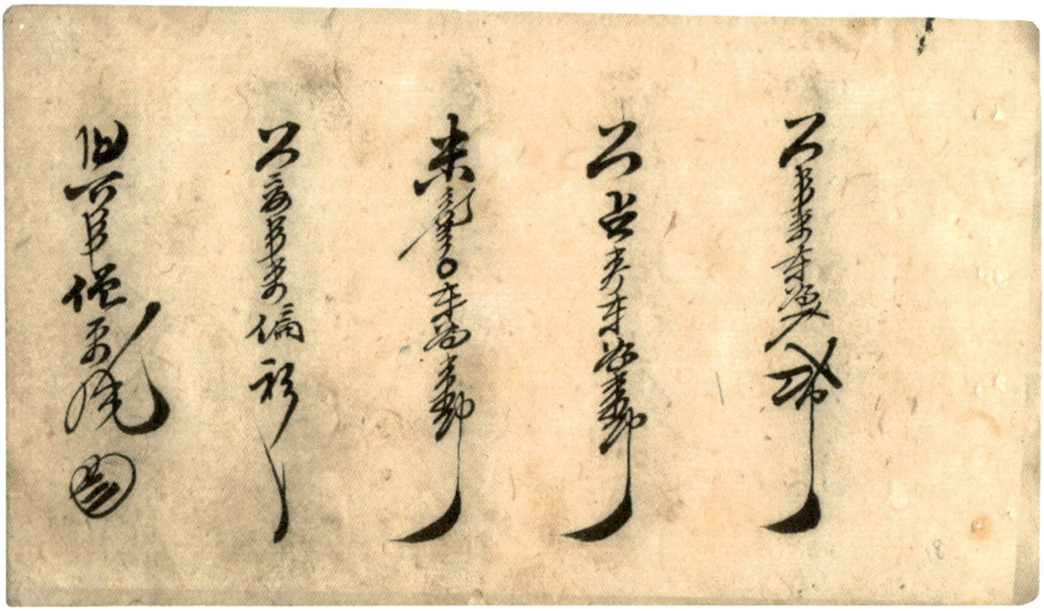

藍布單車圍□二個
藍占夾車圍一個
米縐絹棉車圍一個
藍夏布單偏衫一件
舊夏布僧單袍三件

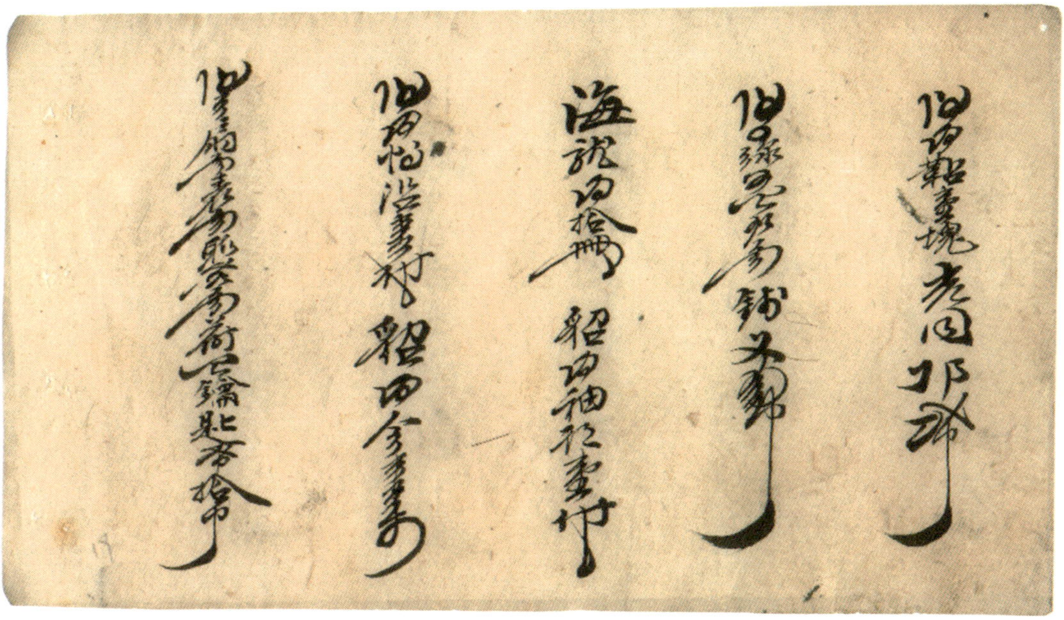

舊皮鞊一塊　光銅□二個
舊棉綫白紅套　錢義一個
海龍皮十張　貂皮袖頭一付
舊皮帽沿一付　貂皮領一條
舊絹扇套銕套眼鏡套荷包鑰匙帶十個

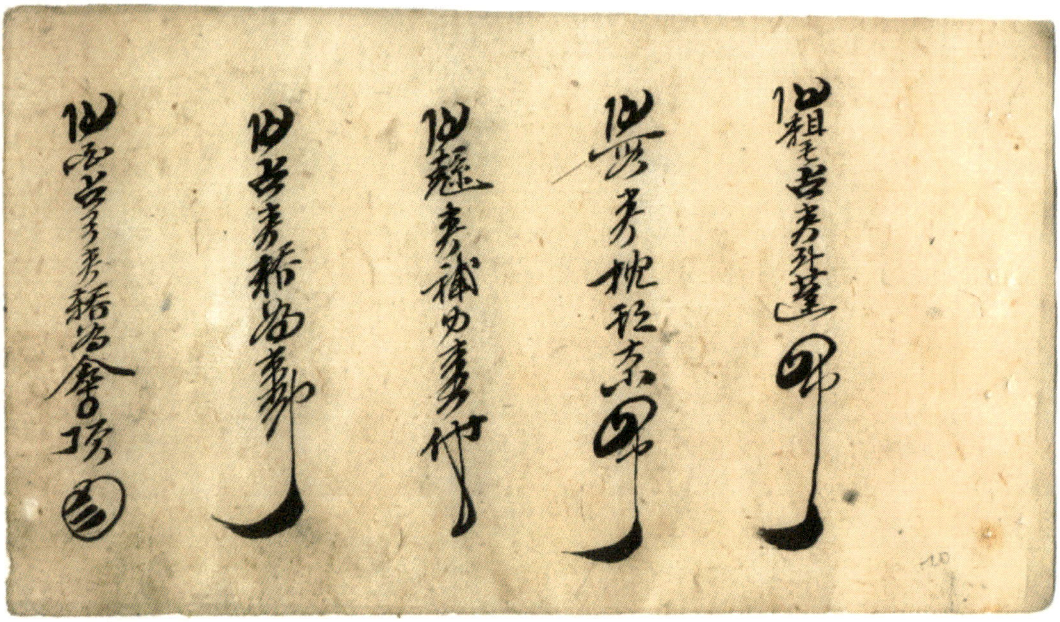

舊粗毛占夾斗蓬四個
舊緞夾枕頭大小四個
舊克絲夾補子一付
舊占夾轎圍一個
舊白占絹夾轎圍傘棉頂三個

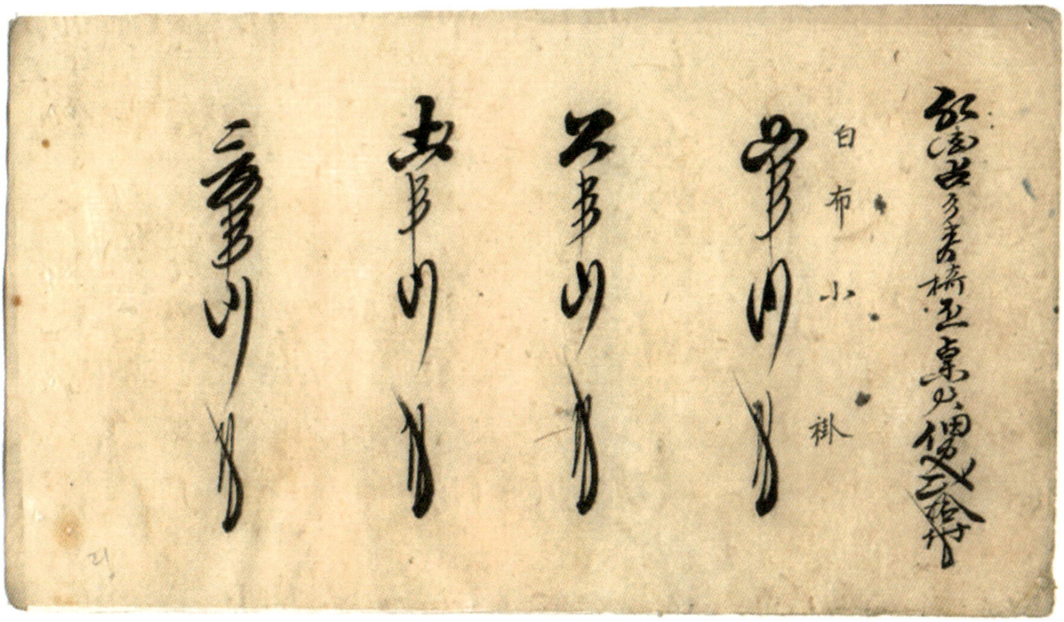

紅花占絹夾椅丕桌裙墊子二十付
白布小掛一件
藍布小掛一件
土布小掛一件
夏布小掛一件

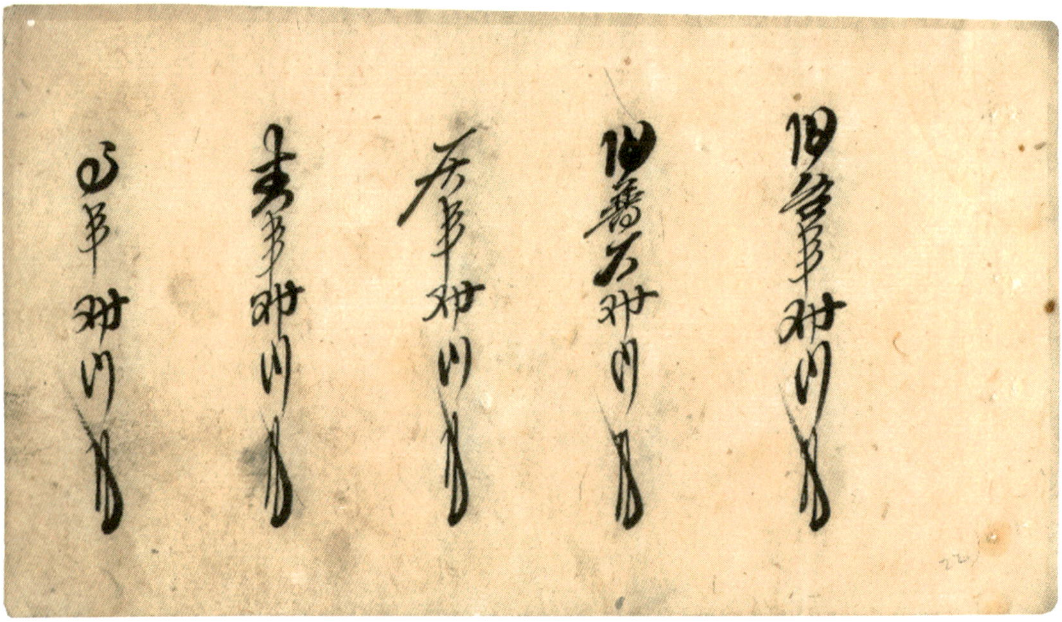

舊各布對小褂一件
舊氆氌對小褂一件
灰布對小褂一件
青布對小褂一件
月布對小褂一件

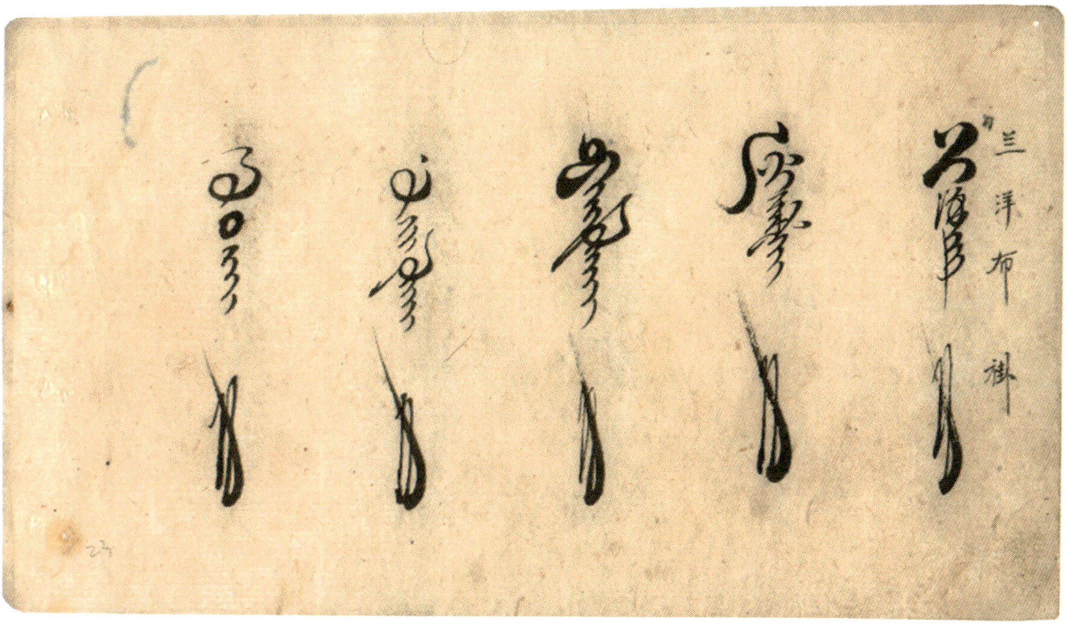

藍洋布褂一件
灰繭綢褂一件
白縐綢褂一件
月縐綢褂一件
月棉綢褂一件

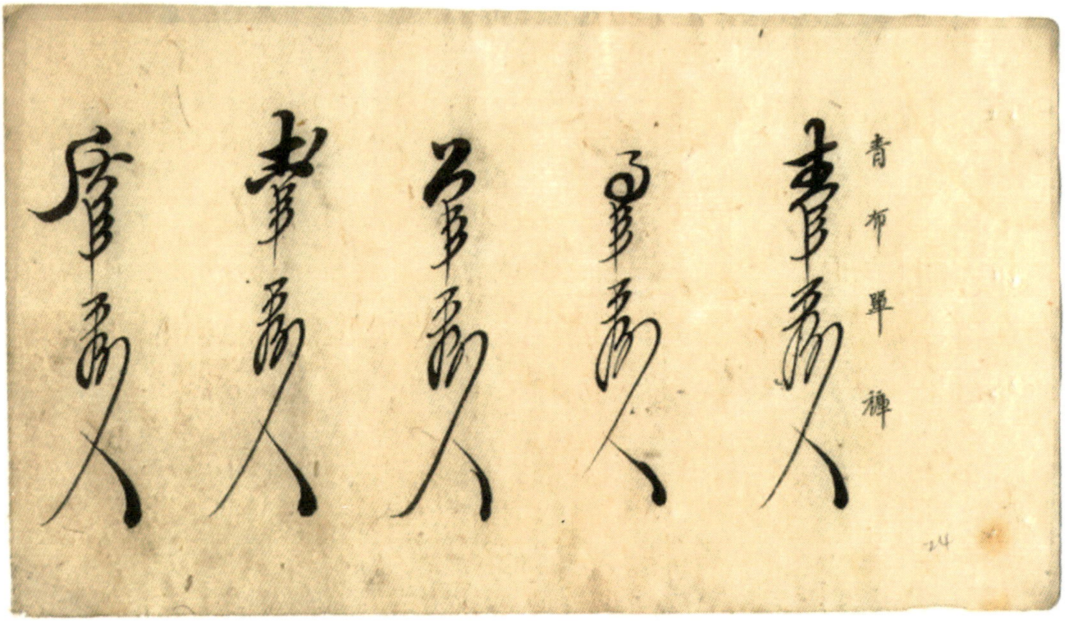

青布單褲一條
月布單褲一條
藍布單褲一條
土布單褲一條
灰布單褲一條

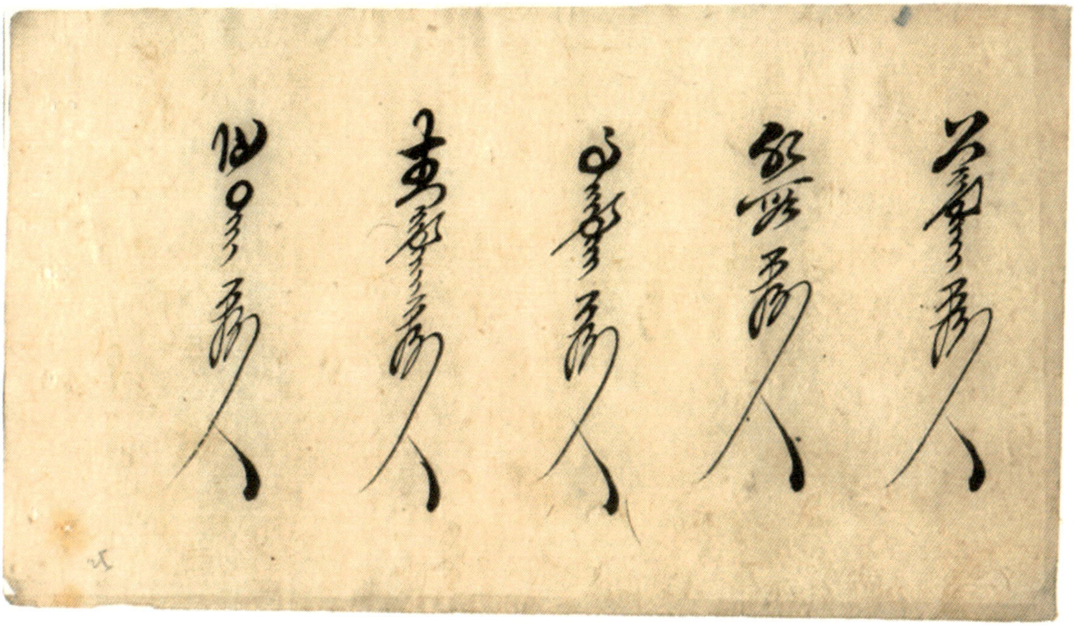

藍縐絹單褲一條
紅緞單褲一條
月縐絹單褲一條
青縐絹單褲一條
舊棉絹單褲一條

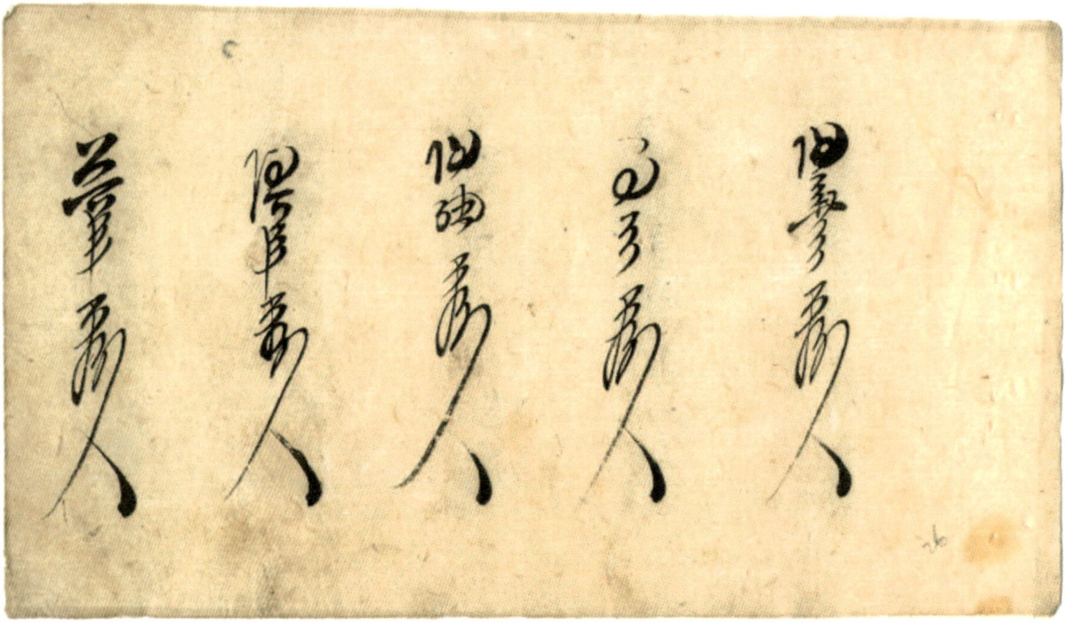

舊繭絹單褲一條
月絹單褲一條
舊綢單褲一條
舊夏布單褲一條
藍夏布單褲一條

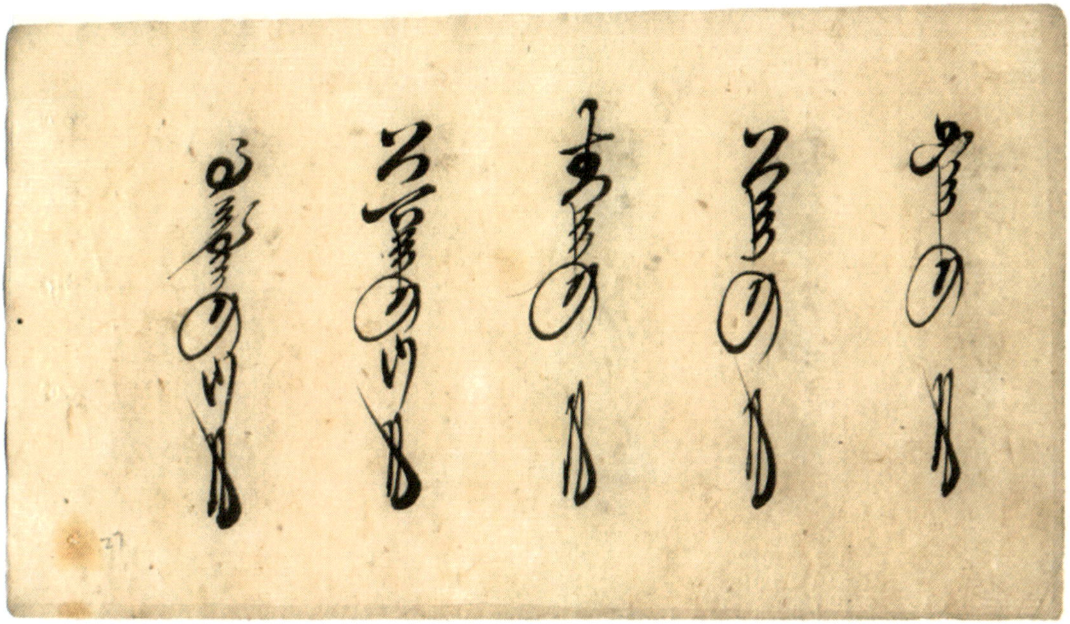

白布女褂一件
藍布女褂一件
青布女褂一件
藍夏布女小褂一件
月綯絹女小褂一件

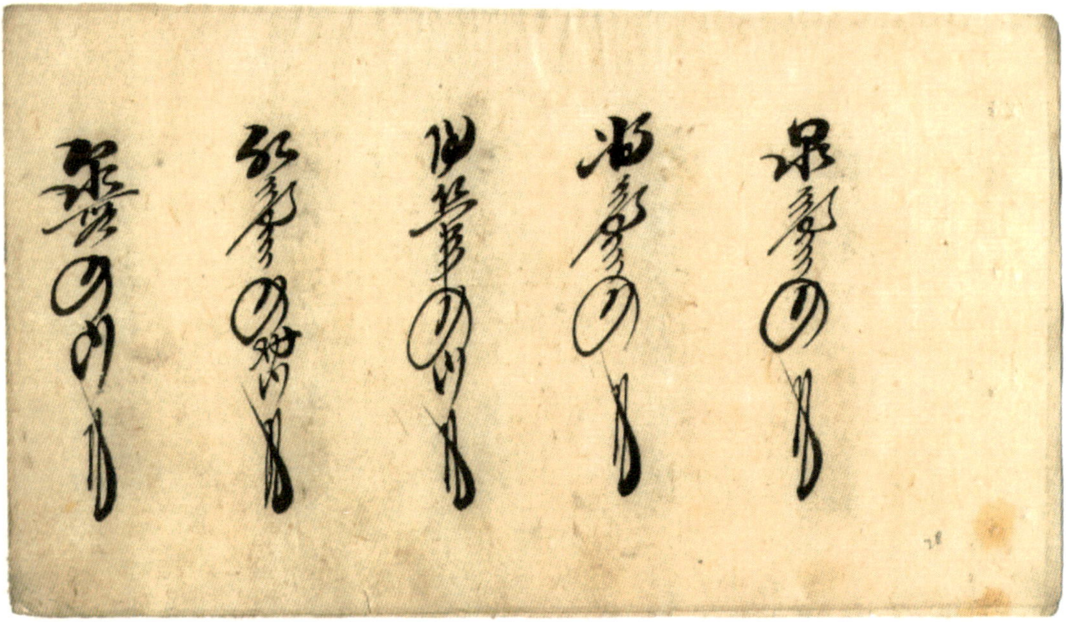

緑綢絹女褂一件
醬綢絹女褂一件
舊絲布女小褂一件
紅綢絹女對小褂一件
緑緞女小褂一件

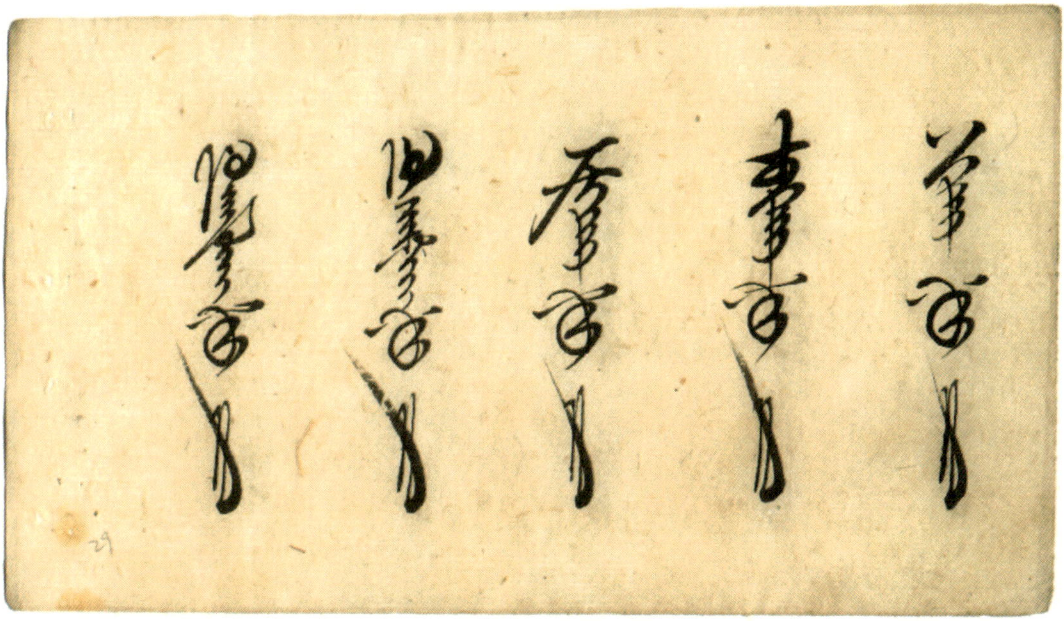

藍布半褂一件
青布半褂一件
灰布半褂一件
舊繭綢半褂一件
舊綴絹半褂一件

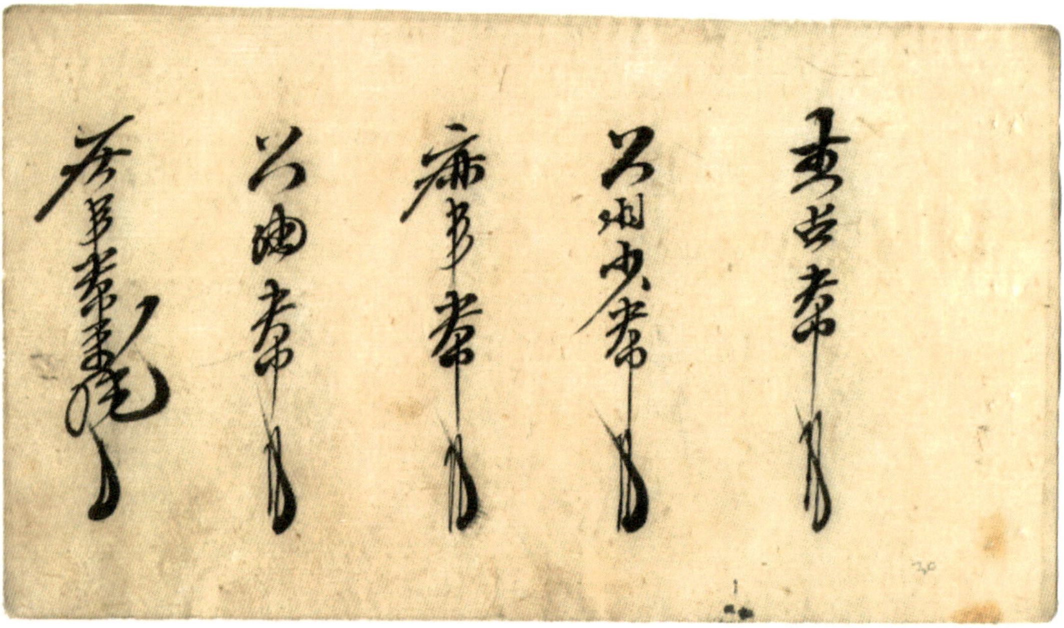

青占缺巾褂一件
藍羽紗缺巾褂一件
麻布缺巾褂一件
藍綢缺巾褂一件
灰布缺巾單袍一件

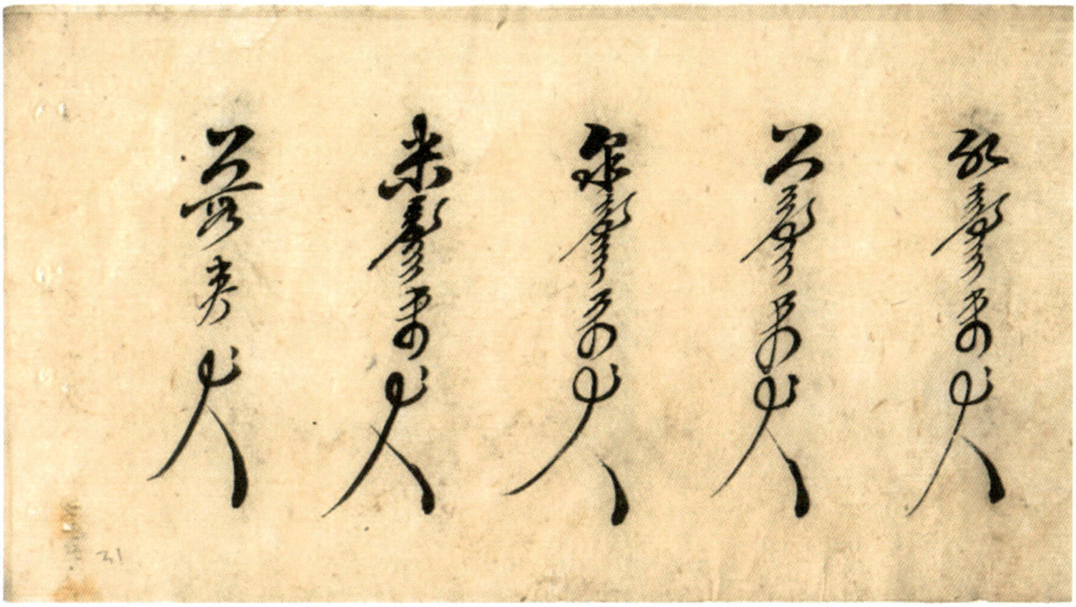

紅緺絹單裙一條
藍緺絹單裙一條
緑緺絹單裙一條
米緺絹單裙一條
藍緞夾裙一條

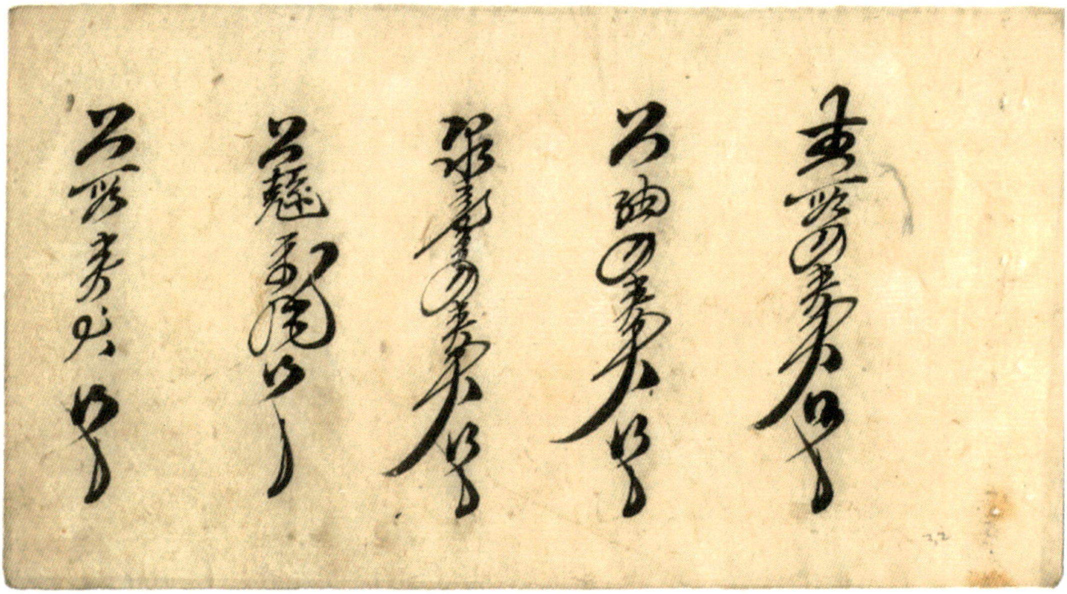

青緞女夾襖片一件
藍綢女夾襖片一件
緑縐綢女夾襖片一件
藍克絲單袍片一件
藍緞夾裙片一件

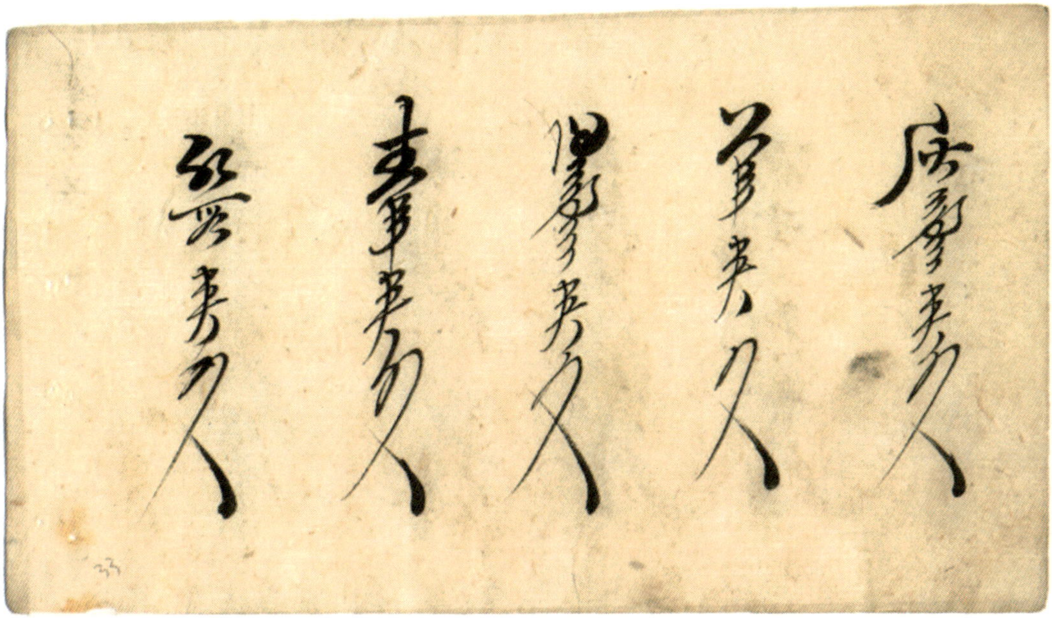

灰縐絹夾褲一條
藍布夾褲一條
舊絹絹夾褲一條
青布夾褲一條
紅緞夾褲一條

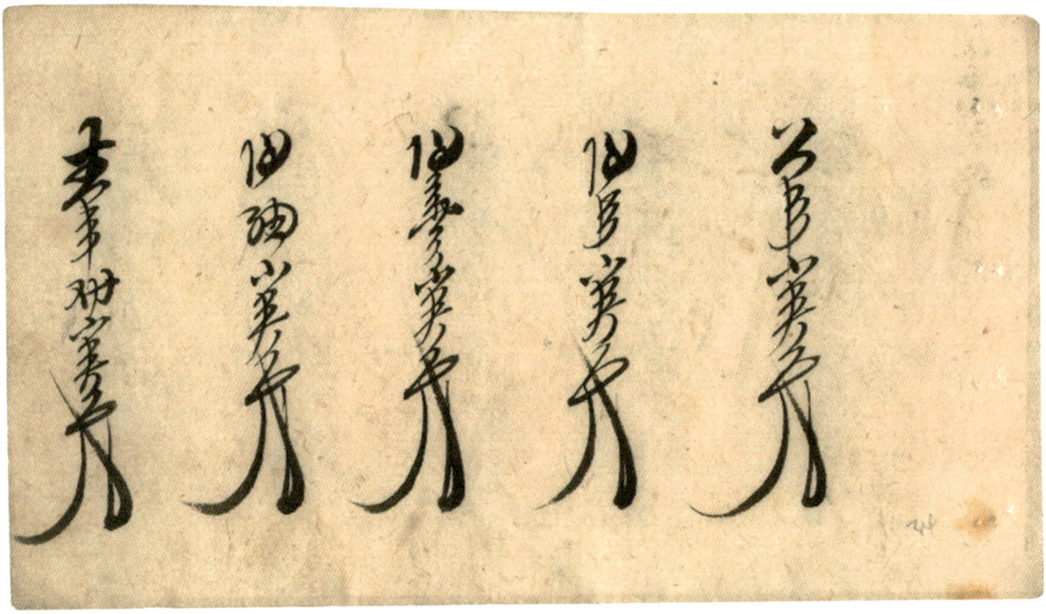

藍布小夾襖一件
舊布小夾襖一件
舊繭絹小夾襖一件
舊綢小夾襖一件
青布對小夾襖一件

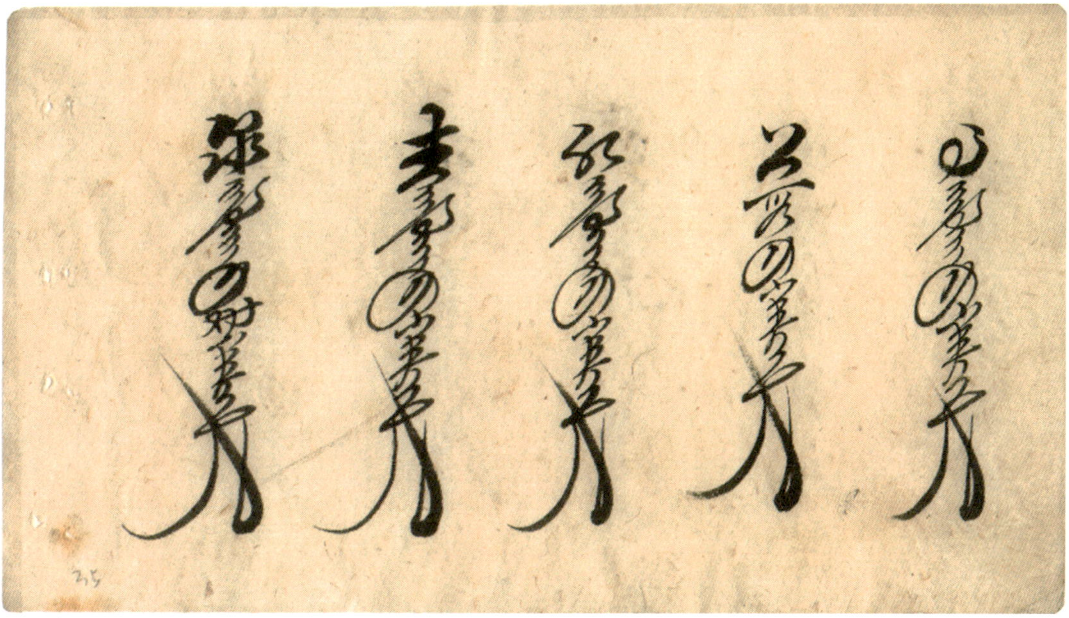

月綢絹女小夾襖一件
藍緞女小夾襖一件
紅綢絹女小夾襖一件
青綢絹女小夾襖一件
緑綢絹女對小夾襖一件

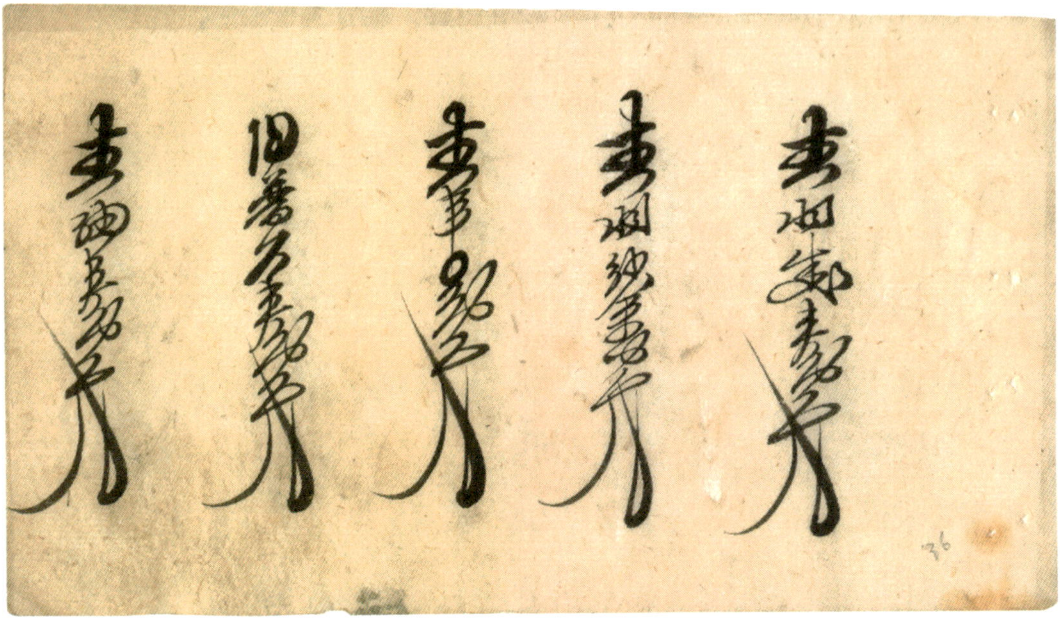

青羽綾夾馬褂一件
青羽紗單馬褂一件
青布棉馬褂一件
舊氆氌夾馬褂一件
青綢夾馬褂一件

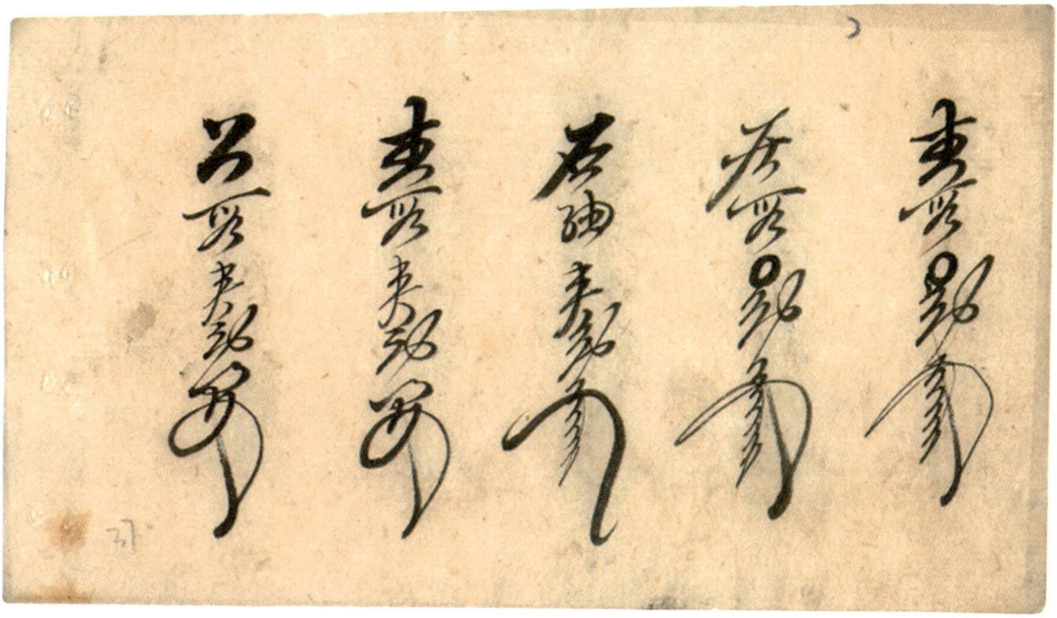

青緞棉馬套一件
灰緞棉馬套一件
石綢夾馬套一件
青緞夾馬腰一件
藍緞夾馬腰一件

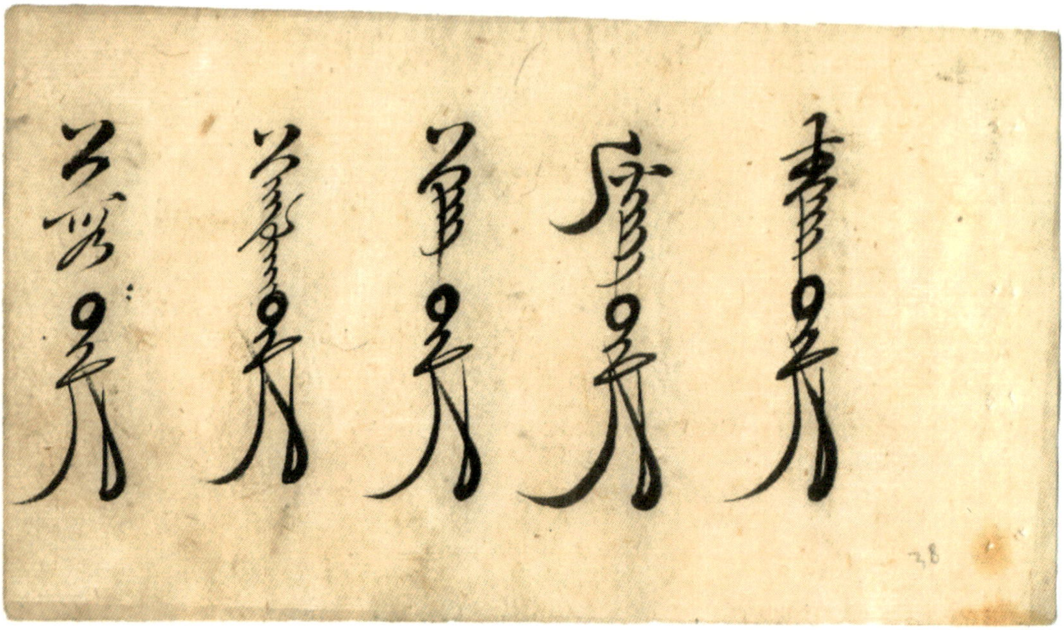

青布棉襖一件
灰布棉襖一件
藍布棉襖一件
藍⿰糹曷絹棉襖一件
藍緞棉襖一件

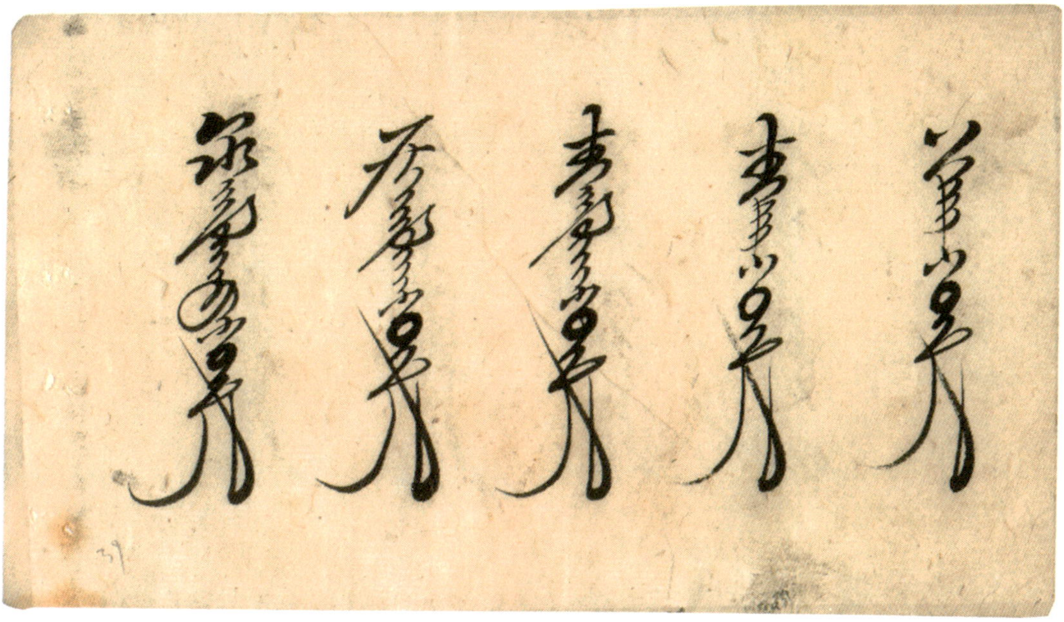

藍布小棉襖一件
青布小棉襖一件
青綢絹小棉襖一件
灰綢絹小棉襖一件
緑綢絹女小棉襖一件

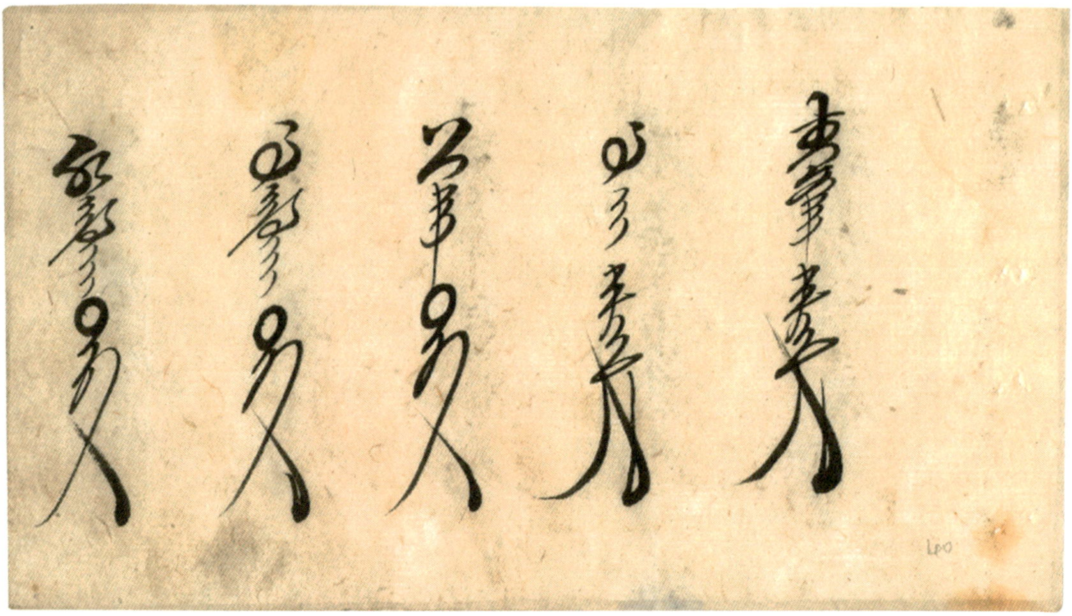

青文布夾襖一件
月絹夾襖一件
藍布棉褲一條
月縐絹棉褲一條
紅縐絹棉褲一條

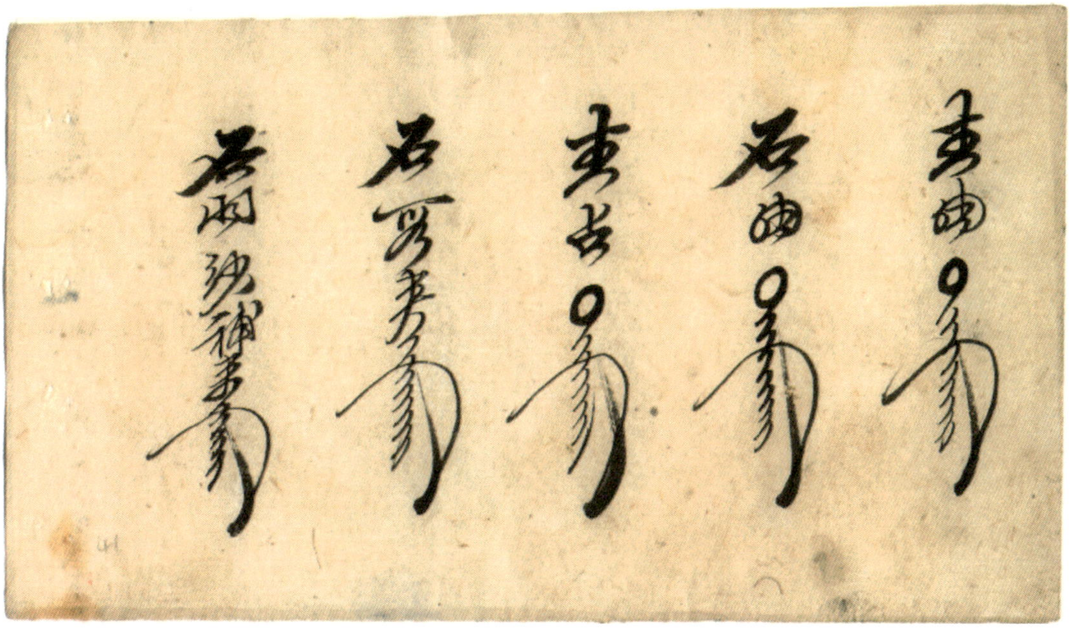

青紬棉套一件
石紬棉套一件
青占棉套一件
石緞夾套一件
石羽紗補單套一件

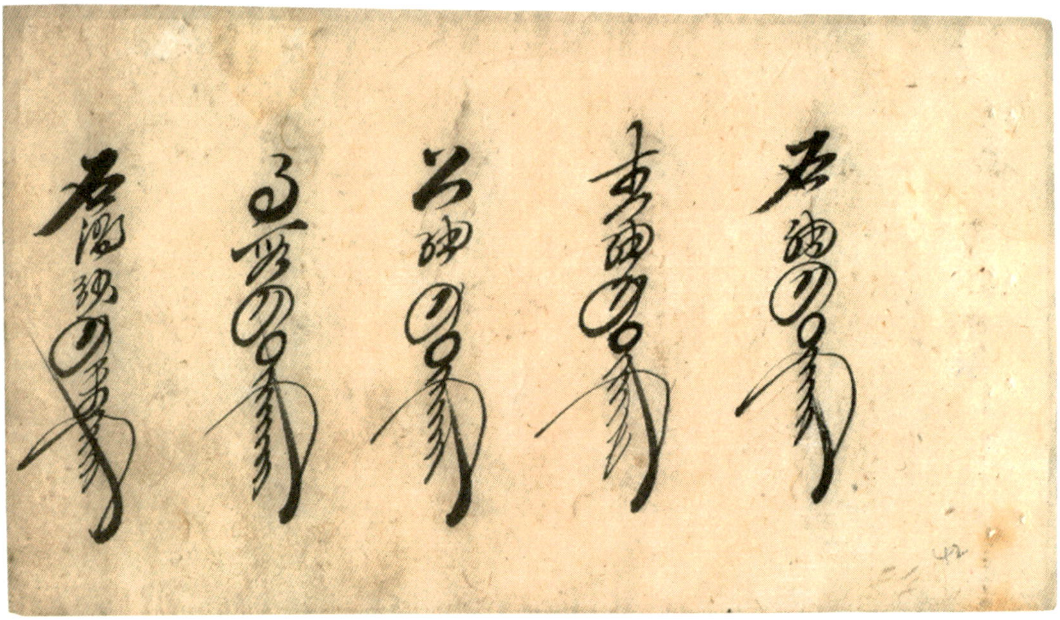

石綢女棉套一件
青綢女棉套一件
藍綢女棉套一件
月緞女棉套一件
石漏紗女單套一件

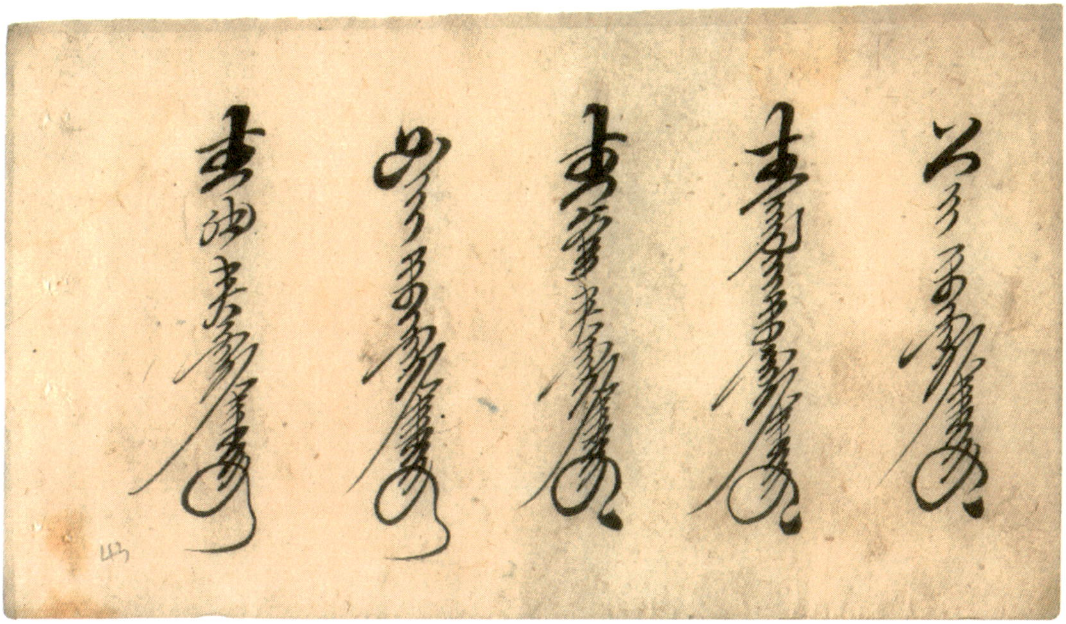

藍絹單套褲一雙
青縐絹單套褲一雙
青文布夾套褲一雙
白絹單套褲一雙
青綢夾套褲一雙

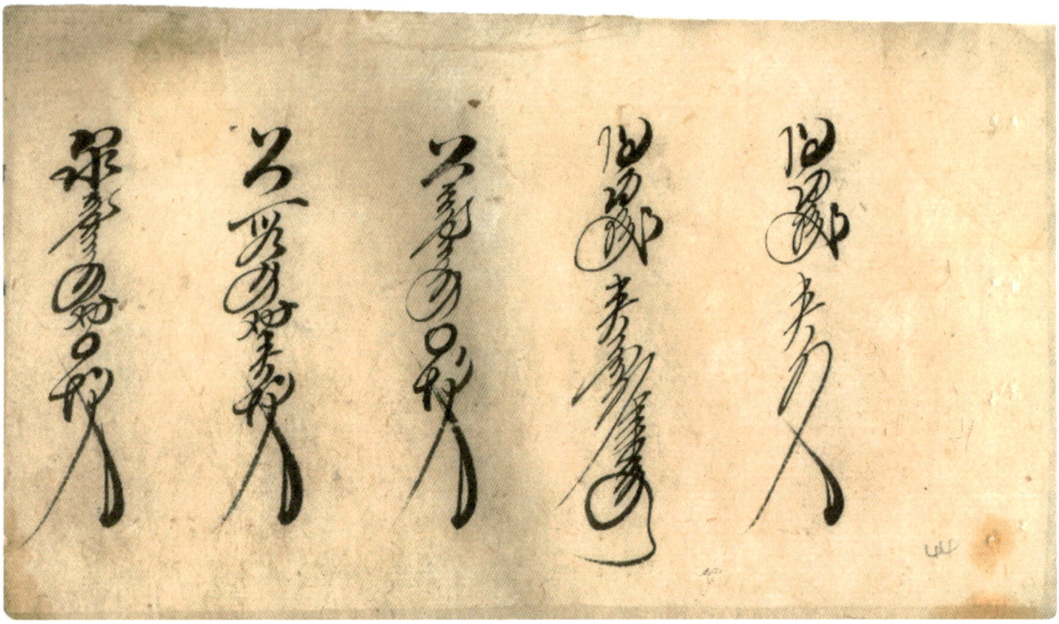

舊皮綾夾褲一條
舊皮綾夾套褲一雙
藍縐絹女棉坎一件
藍緞女對夾坎一件
緑縐絹女對棉坎一件

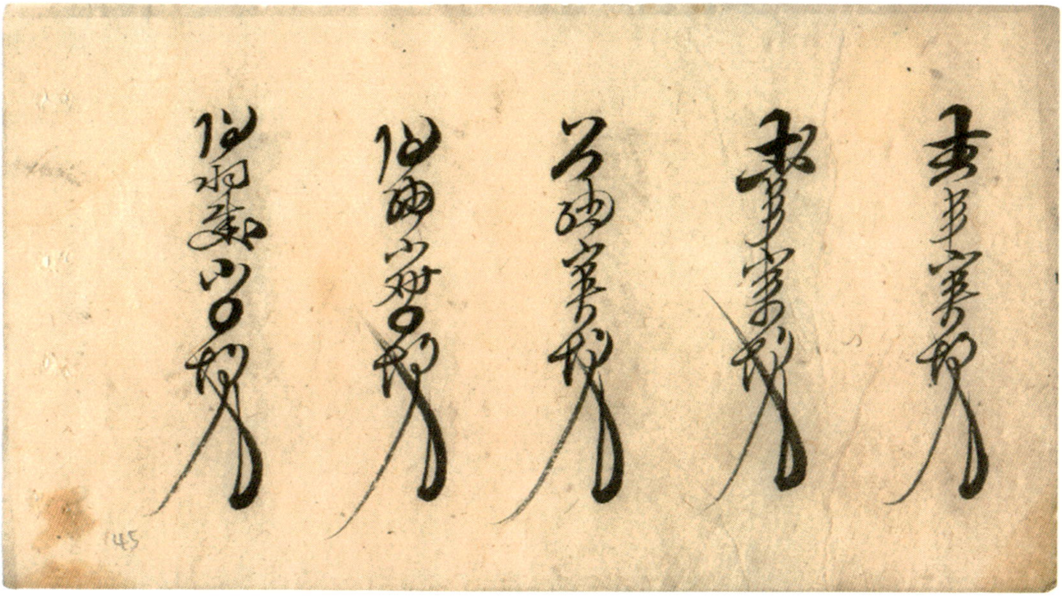

青布小夾坎一件
土布小單坎一件
藍綢小夾坎一件
舊綢小對棉坎一件
舊羽綾小棉坎一件

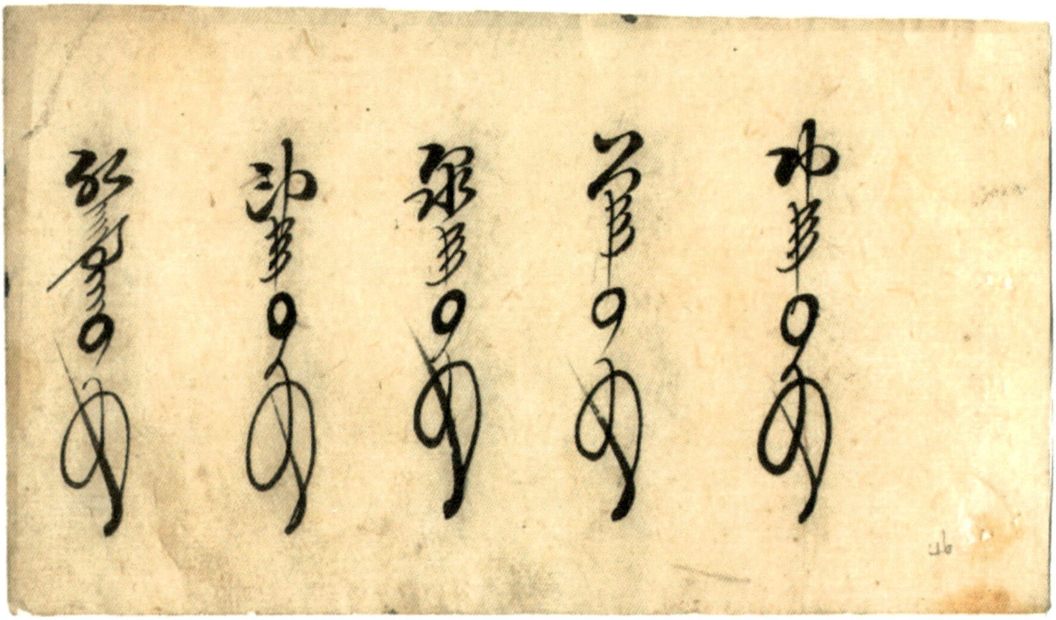

巾布棉被一條
藍布棉被一條
綠布棉被一條
印布棉被一條
紅縐絹棉被一條

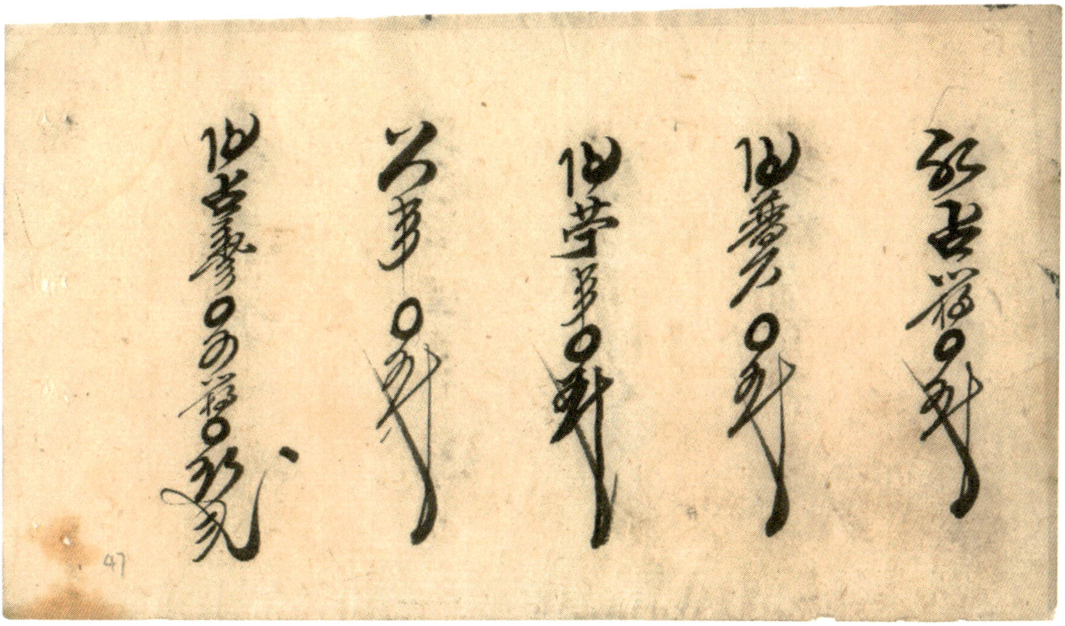

紅占鑲棉褥一張
舊氆氌棉褥一張
舊苧布棉褥一張
藍布棉褥一張
舊占繭絹棉被鑲棉絲二件

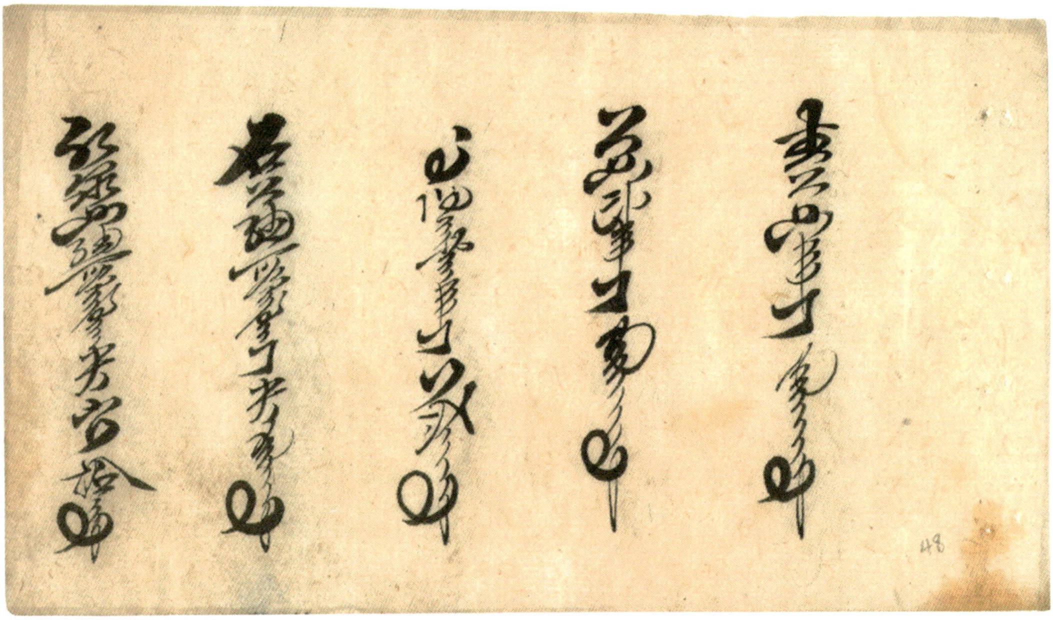

青藍白布丁三點
藍白印布丁三點
月舊藊絹布丁片二點
石藍綢緞縐絹丁尖三點
紅緑白綢緞縐絹尖小片十點

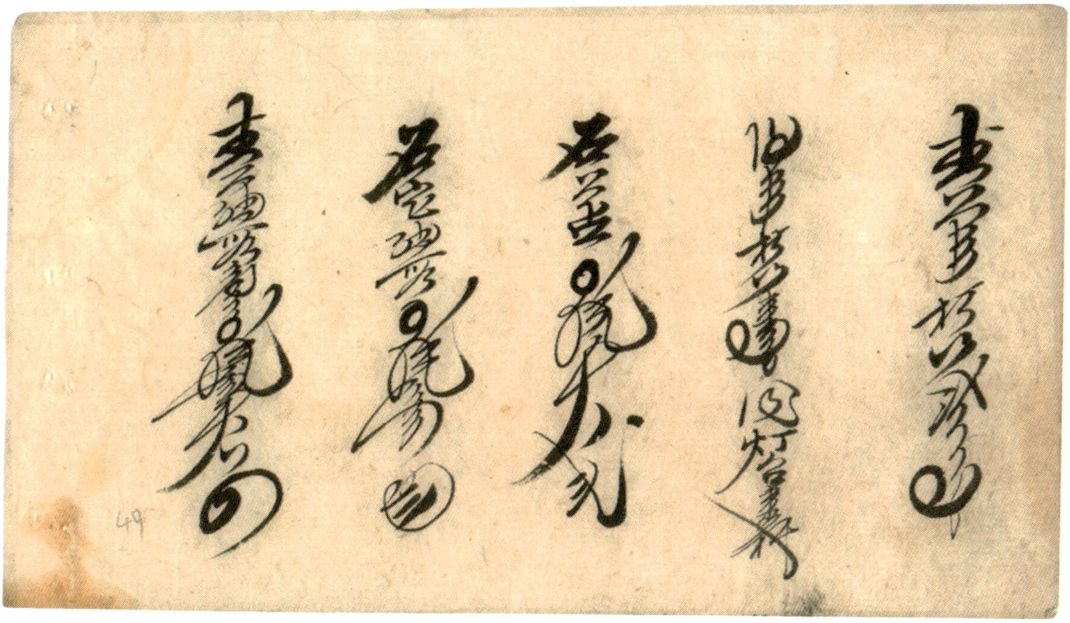

青藍布摺片二點

舊布摺片一點　銅燈臺一杆

石藍占棉袍襖二

石駝綢緞棉袍套三

青藍綢緞縐絹棉袍套襖褂四

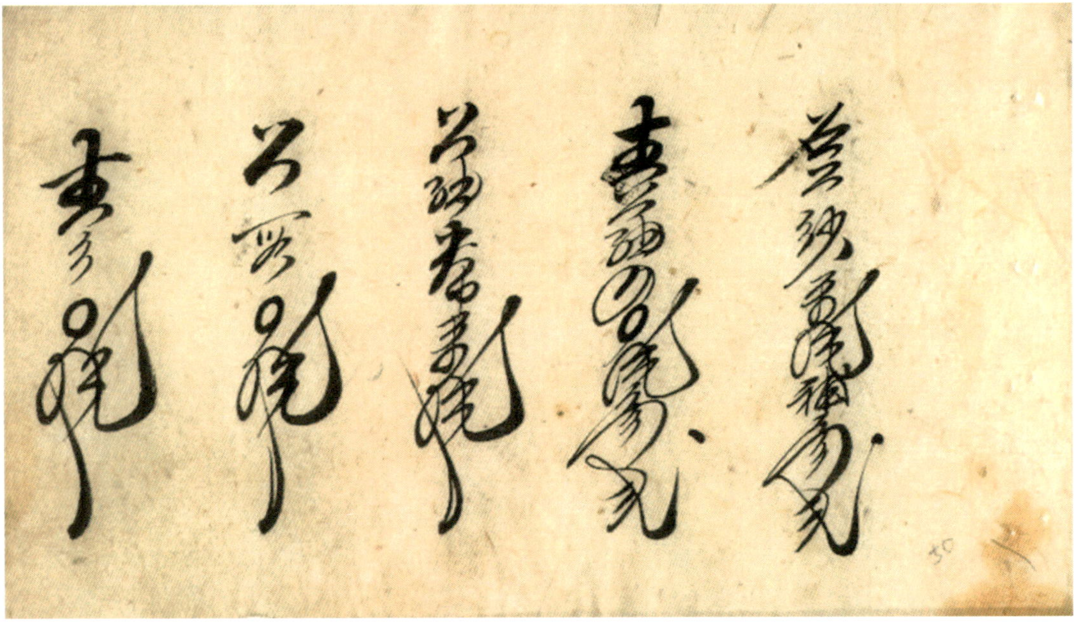

石藍紗單袍補套二
青藍綢女棉袍套二
藍綢缺巾單袍一件
藍緞棉袍一件
青絹棉袍一件

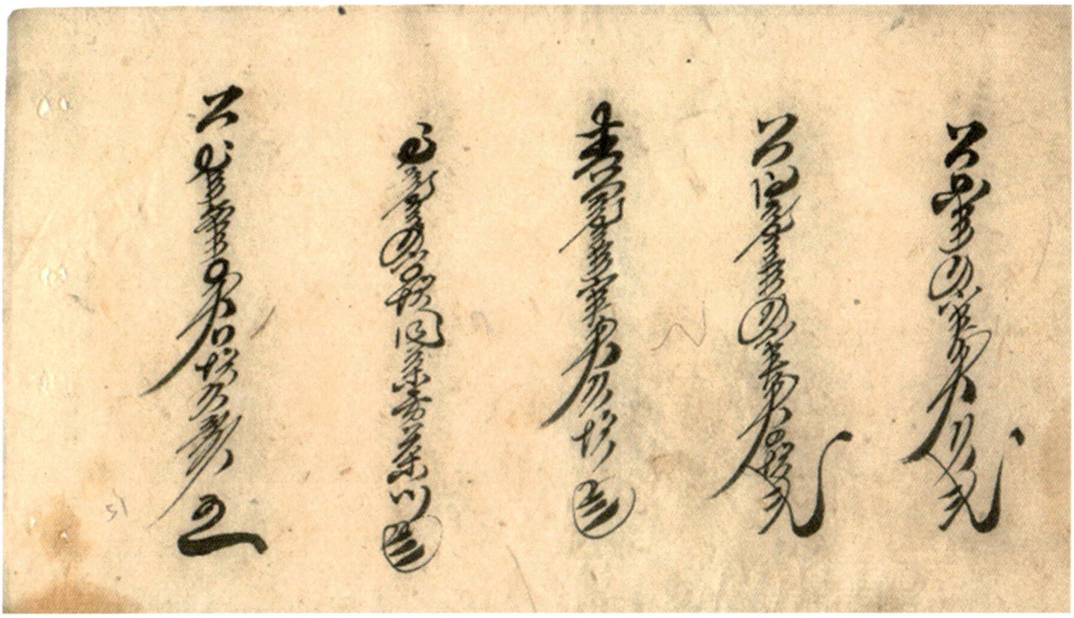

藍白布女小夾襖褲二
藍舊綌絹布女小夾襖棉坎二
青藍綌絹布小夾襖褲坎三
月綌絹女小棉坎銅茶壺茶釧三
藍月布文布棉襖褂坎褲套褲五

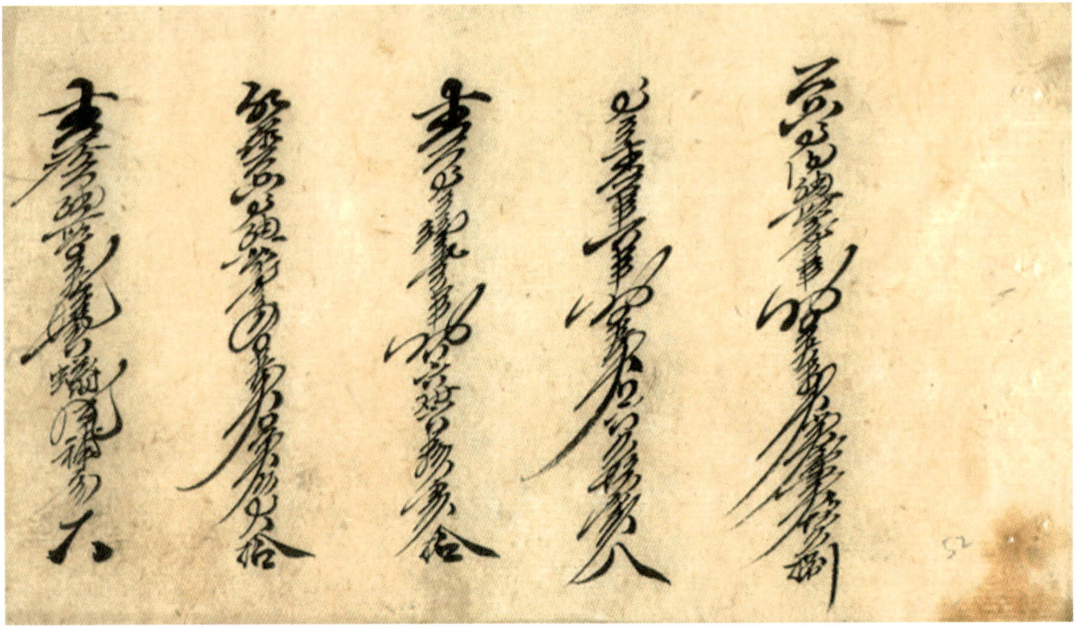

藍白月舊綢緞縐絹布男女棉夾單襖小襖馬套坎褲八
月絹青藍布夏布男女棉夾襖褂小褂褲坎套褲八
青藍月絹縐絹繭絹布男女褂小褂對小褂單褲夾褲十
紅緑藍白月綢緞縐絹女棉夾襖棉襖褲裙十
青灰藍紅緞棉夾袍套褂蟒袍補套六

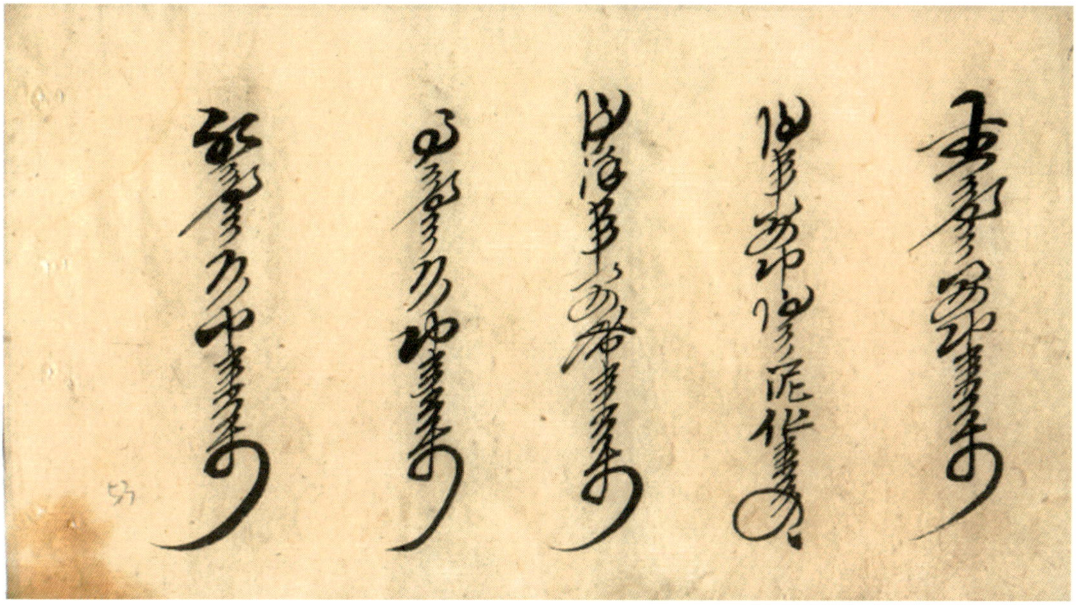

青綢絹腰巾一條
舊布腰巾舊絹泥靴一雙
舊洋布腰帶一條
月綢絹褲巾一條
紅綢絹褲巾一條

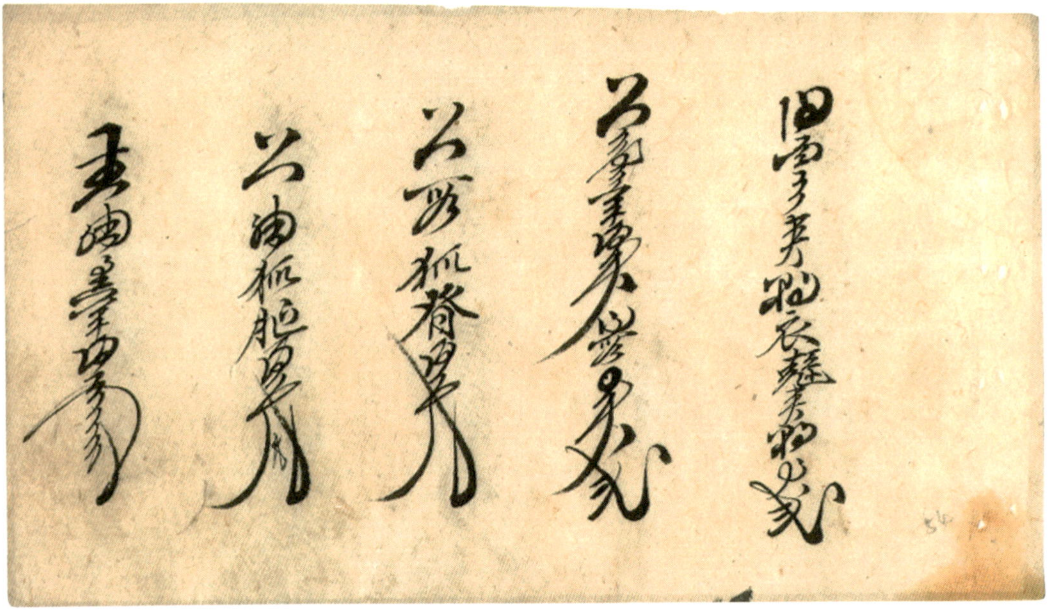

舊花絹夾朝衣克絲夾朝裙二
藍縐絹羊皮襖舊緞棉襖二
藍緞狐脊皮襖一件
藍綢狐腿皮襖一件
青綢黑羊皮套一件

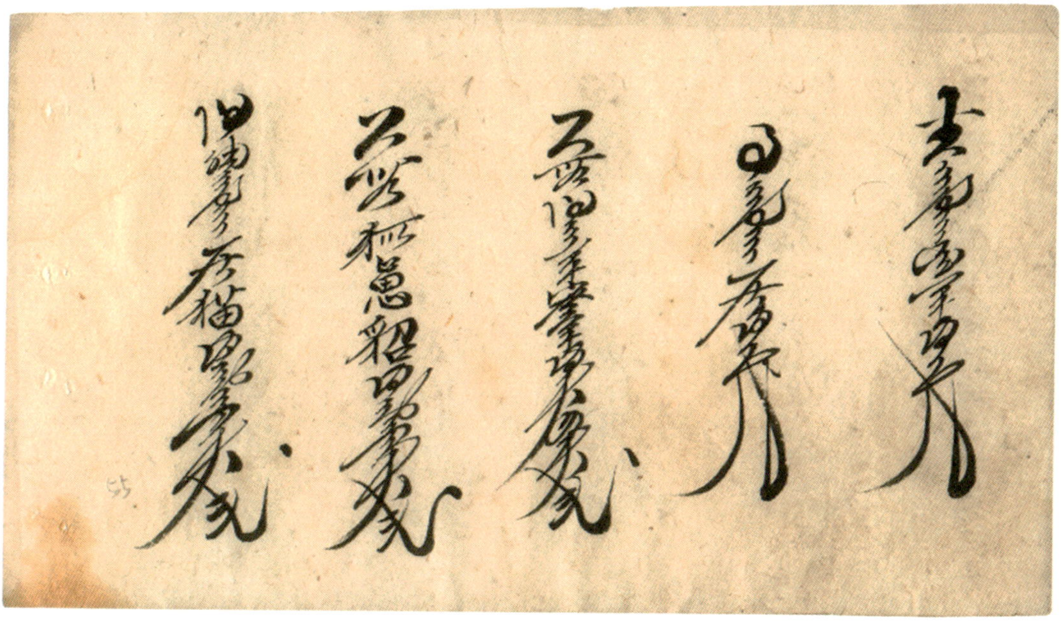

青縐絹花羊皮襖
月縐絹灰皮襖
藍緞舊絹羊寒羊皮襖女襖二
藍緞狐崽貂皮馬套襖二
舊綢縐絹灰猫皮馬套襖二

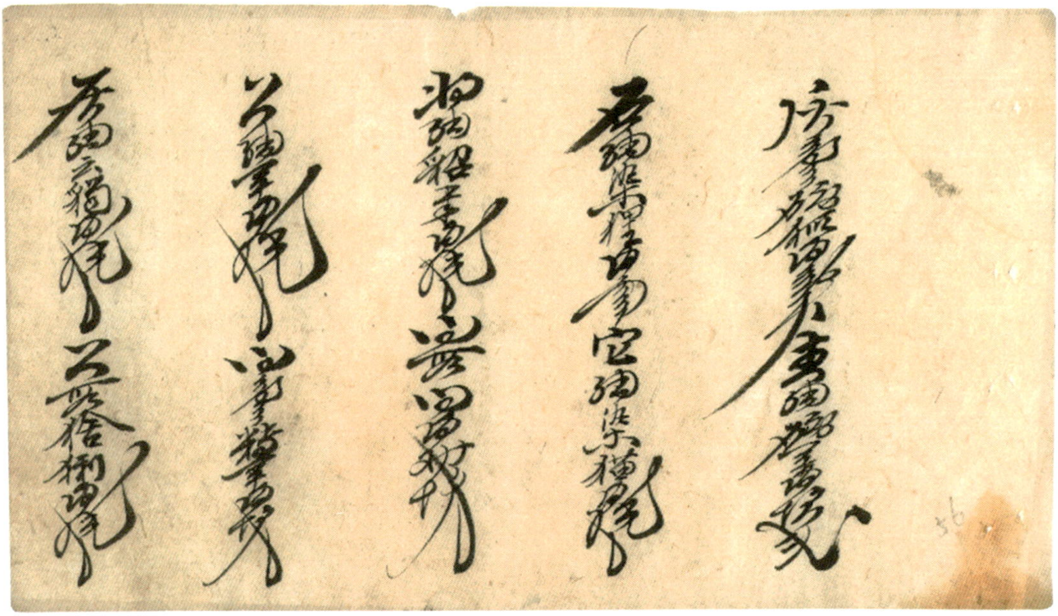

灰縐絹碎狐皮馬襖　青綢碎羊皮坎二

石綢染狸皮套　駝綢染猫皮袍

醬綢貂素皮袍　舊緞舊皮對坎

藍綢羊皮袍　舊縐絹糟羊皮坎

灰綢雲豹皮袍　藍緞猞猁皮袍

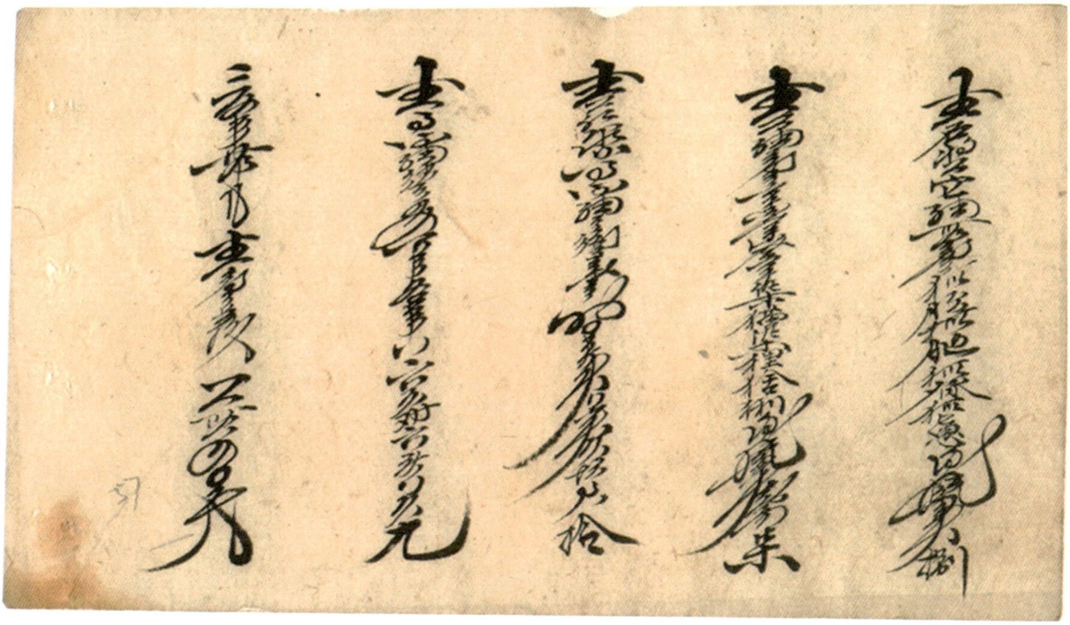

青石醬藍駝綢緞縐絹狐肷狐腿狐脊狐崽皮袍套襖八
青藍綢縐絹羊白羊寒羊染猫染狸猞猁皮袍套襖馬套七
青藍紅緑白月舊綢縐絹繭絹男女棉夾襖褂小襖褲坎裙十
青月舊綢紗絹羅夏布文布褂小褂褲對小褂孩褂褲九
夏布節褂青縐絹夾褲藍緞女棉襖

磕壞不全銅座鐘挂鐘醒鐘天文鐘四架
壞不全停擺不走銅錶大小三架
驚壞硝假石烟壺烟咀扳指翎管四個
驚磕壞有璺無座粗磁攬瓶花瓶小瓶四對
磕壞不全粗磁帽筒筆筒四個鐵什一點

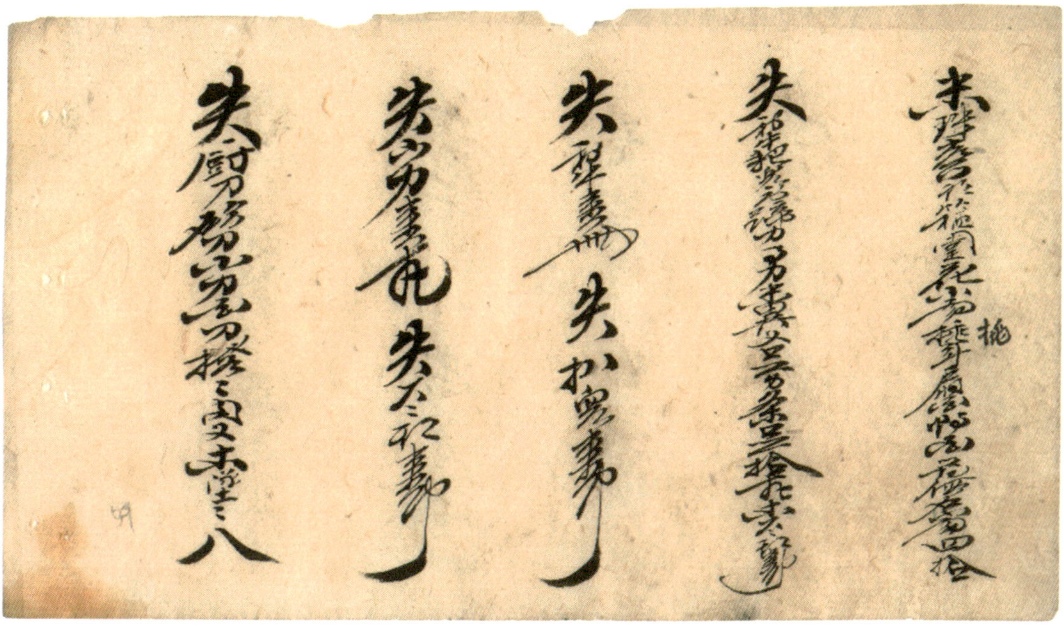

米珠光銀頭箍圍花小簪挑針扇花帽花鑲假石簪四十

鐵犁耙兒馬蹄犁月犁糞叉钁子條钁十把木轆轤頭一個

鐵犁一張　鐵扒兒一個

鐵小犁一把　鐵轆轤頭一個

鐵厨刀砍刀小刀花刀擦擦肉叉木墜墜八

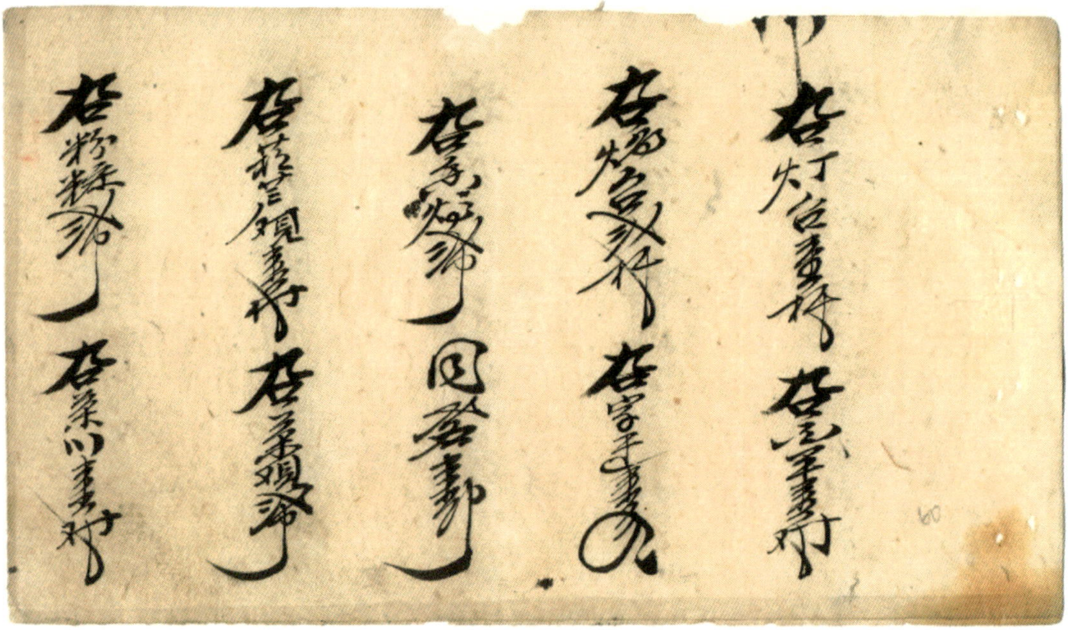

鉛燈臺一杆　鉛花瓶一對
鉛燭臺二杆　鉛字簽一雙
鉛香爐二個　銅磬一個
鉛葫蘆罐一付　鉛茶罐二個
鉛粉妝二個　鉛茶釧一對

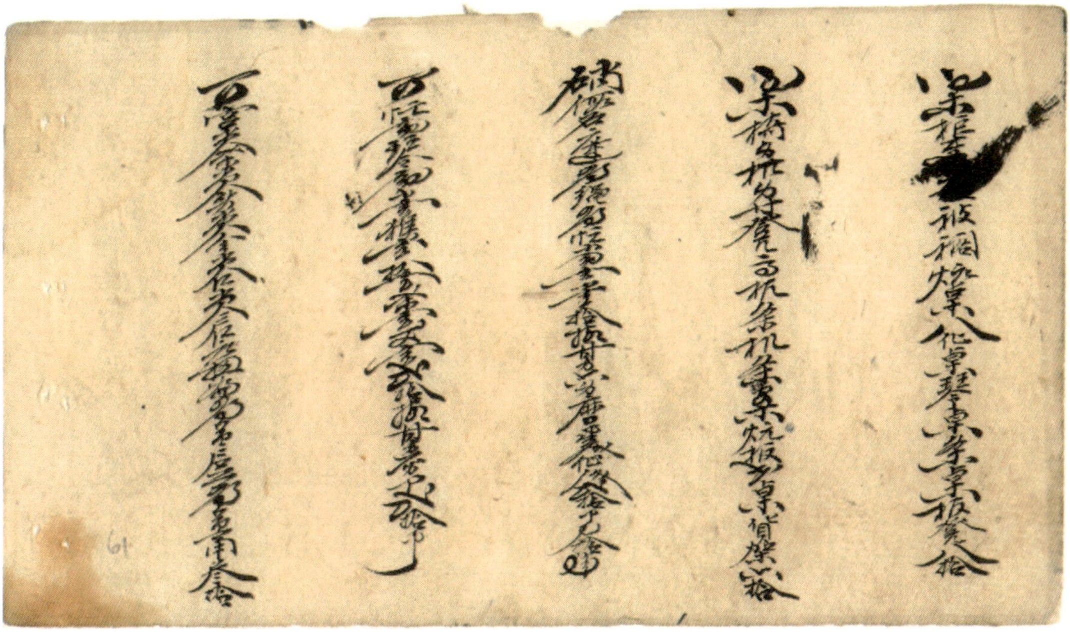

舊木櫃□□壁隔炕桌八仙桌琴桌條桌板凳八十
舊椅子杌子□凳高杌條几條案炕板書桌貨架六十
硝假石□□鐲繩鐲忙小簪挖小挖十枝鉗子六子麻圈星
人仙人二十個什十點
銀忙簪琴簪小挖猴挖扒挖葉挖丈挖二十枝鉗子六子墜
二十個
銀官鎖葉鎖頭鎖全鎖片鎖信元扭扁鐲吊□□鐲吊筒
三十

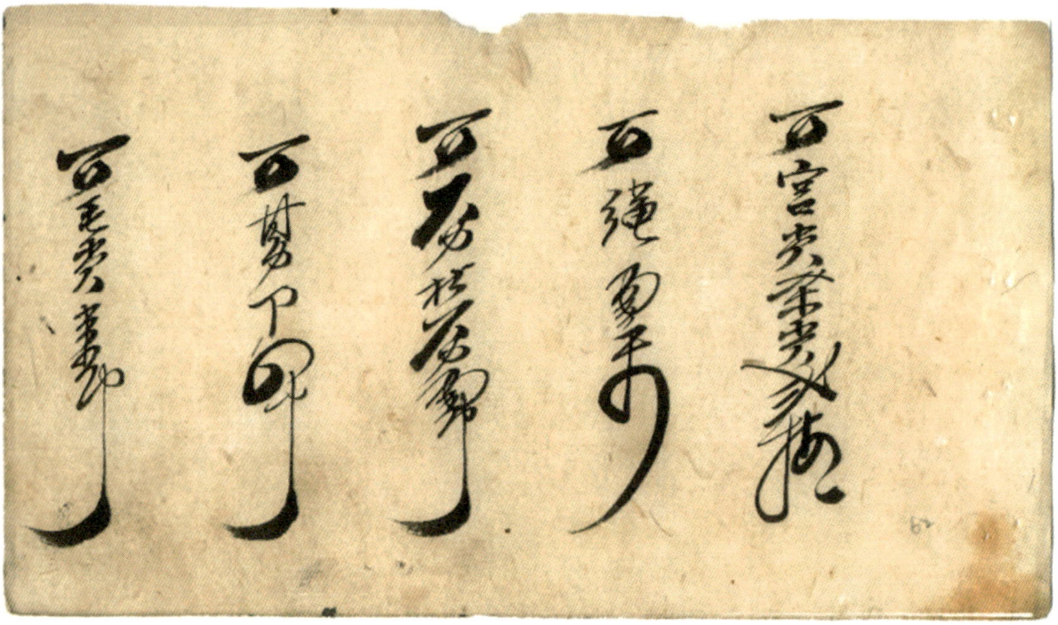

銀宫鎖葉鎖二枝
銀繩三條
銀六子□六子三個
銀鉗子墜四個
銀毛鎖一個

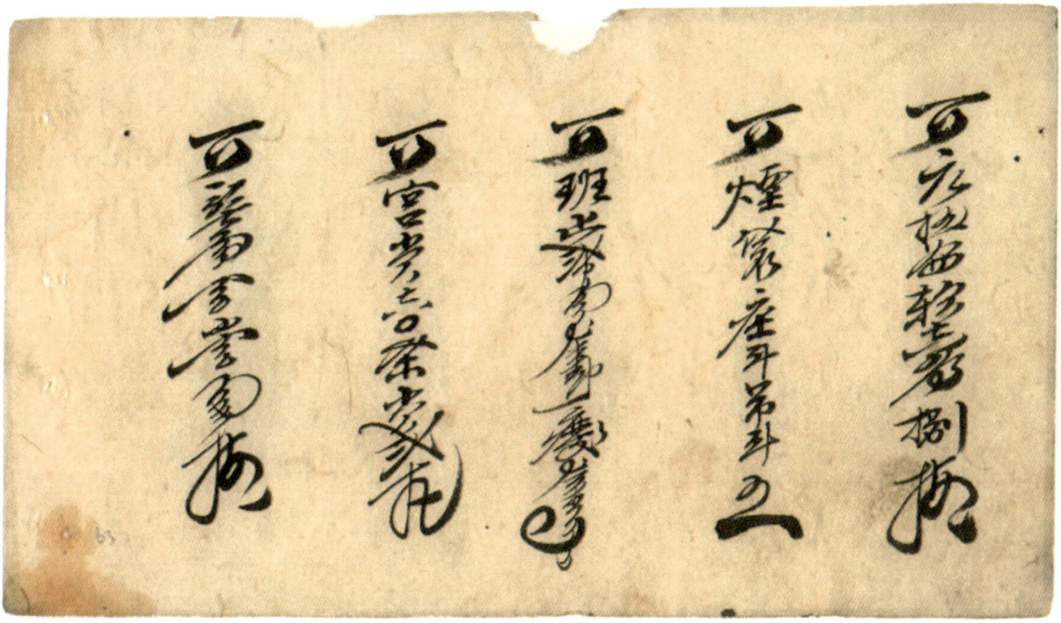

銀元扭扁軟空鐲八枝
銀烟袋座斗吊斗五
銀扳指二個三事一個廢什一點
銀宮鎖空圓葉鎖二把
銀盤簪挖小挖三枝

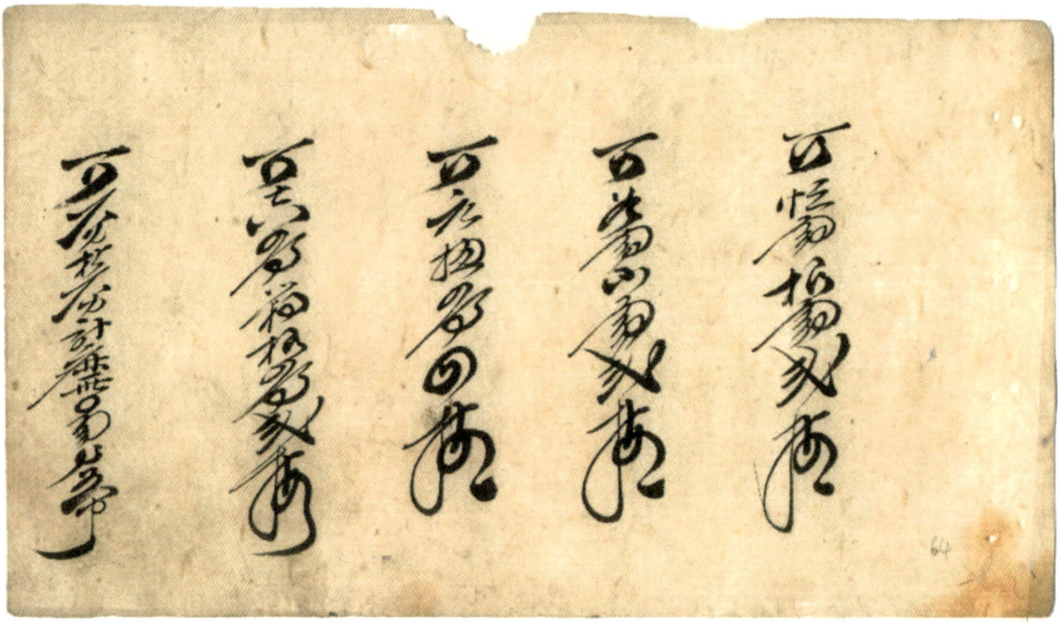

銀忙簪根簪二枝
銀如簪小簪二枝
銀元扭鐲四枝
銀空鐲鑲□鐲二枝
銀六子□六子計麻竹圈三事五個

銀星人仙人九個

銀麒麟鎖空圓葉鎖孩鎖□把

銀項圈一枝　二事五事二個

光銀鈿子帽花三個　銀指套二個

米珠光銀鈿子二個　廢什一點

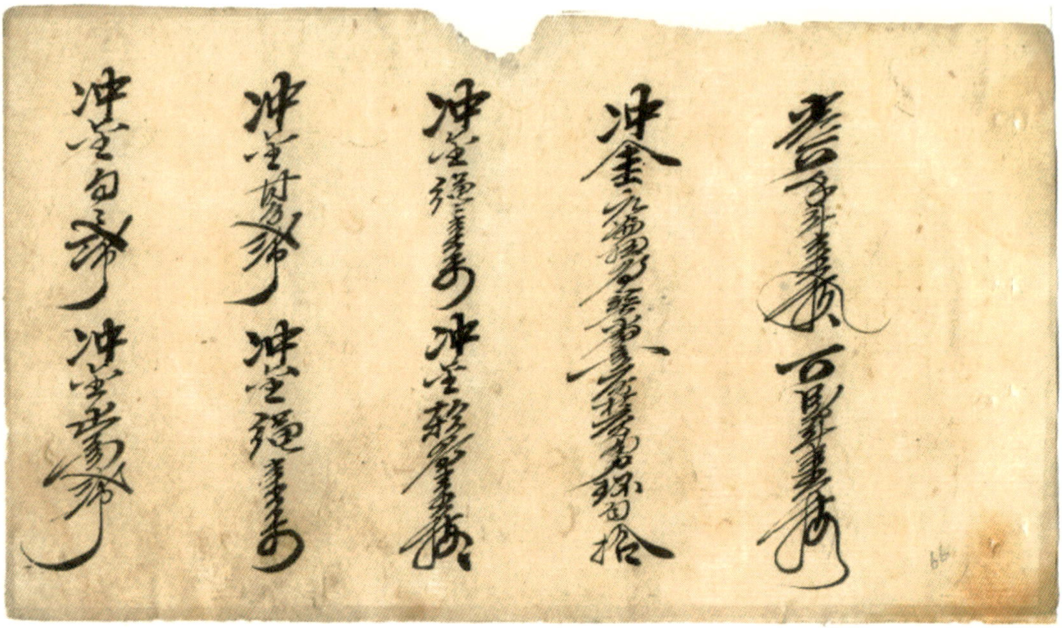

光銀書針一枝　銀別針一枝
衝金元扁扭鐲盤小簪挖六子□六子簪□環鈎十
衝金繩繩一條　衝金軟一枝
衝金鉗子二個　衝金繩一條
衝金鈎鈎二個　衝金指套二個

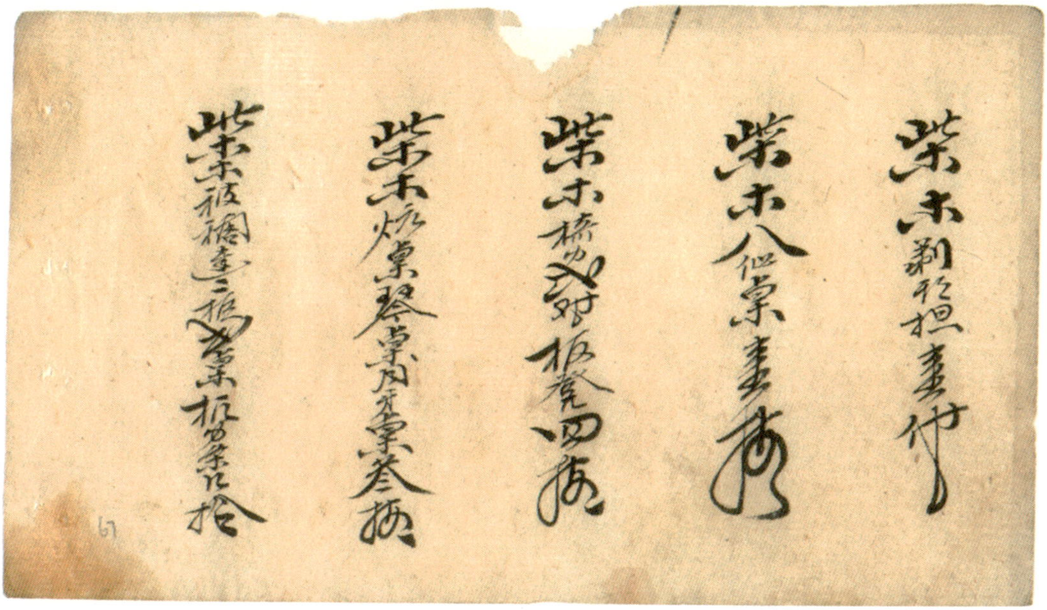

柴木剃頭擔一付
柴木八仙桌一張
柴木椅子二對　板凳四張
柴木炕桌琴桌月牙桌三張
柴木壁隔連二　櫃書桌杌子條几十

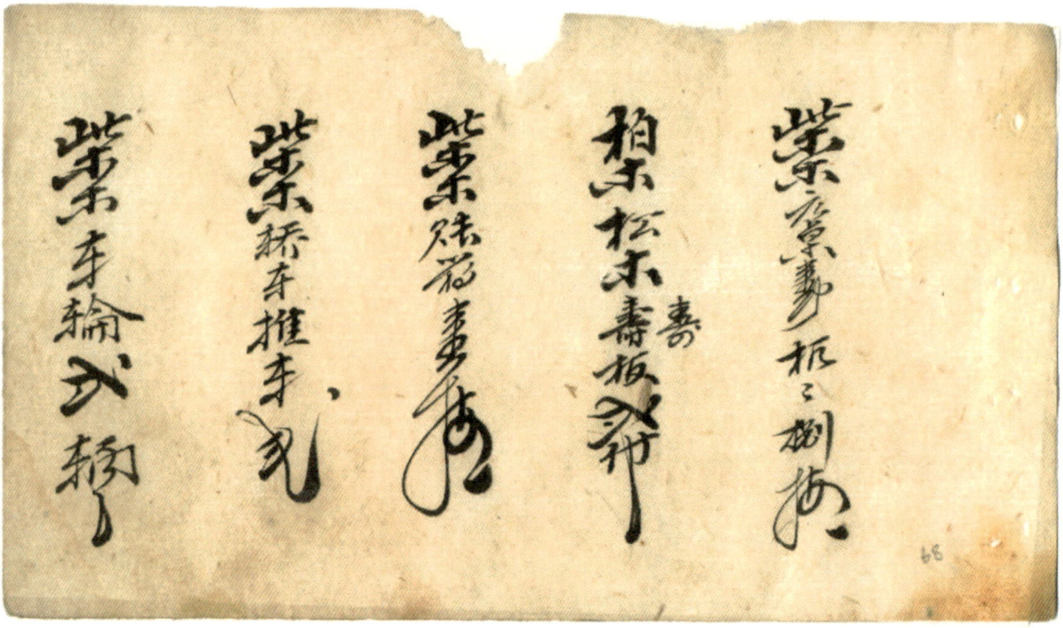

柴木元桌一個杌子八個
柏木松木壽板二付
柴木賬箱一枝
柴木轎車推車二
柴木車輪二輛

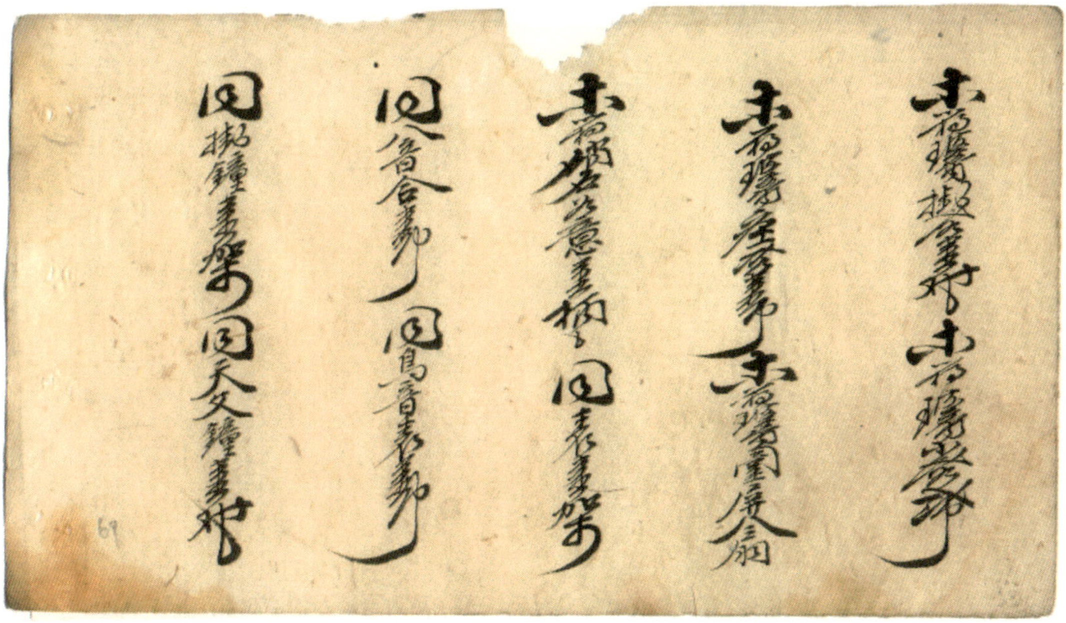

木鑲玻璃挂鏡一對　木鑲玻璃小鏡二個
木鑲玻璃座鏡一個　木鑲玻璃圍屏八扇
木鑲硝石如意一柄　銅錶一架
銅音樂盒一個　銅鳥音錶一個
銅挂鐘一架　銅天文鐘一對

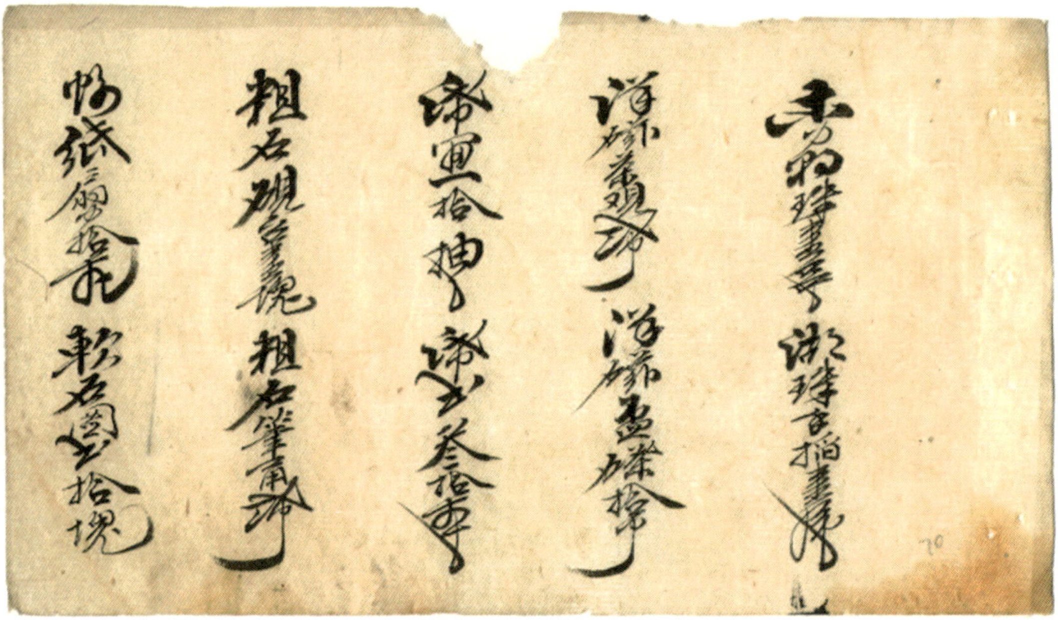

木子朝珠一串　湖珠手招一串
洋磁茶罐二個　洋磁杯碟十個
紙畫十軸　紙書三十本
粗石硯臺一塊　粗石筆筒二個
爛紙扇子十把　軟石圖書十塊

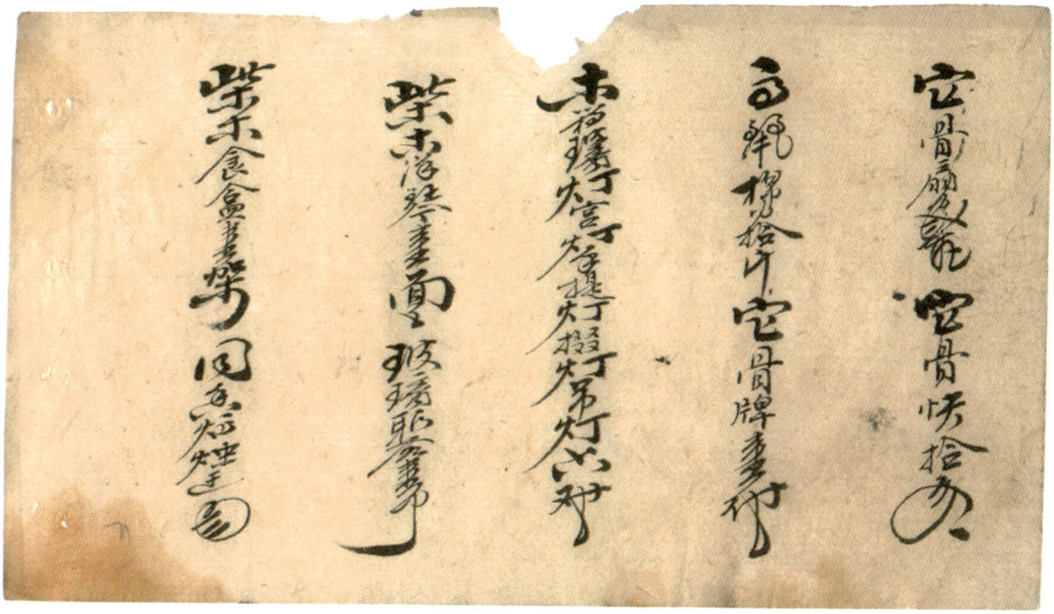

駝骨扇子二把　駝骨筷十雙
高麗棉子十斤　駝骨牌一付
木鑲玻璃燈宮燈手提燈掇燈吊燈六對
柴木洋琴一面　玻璃眼鏡一個
柴木食盒一架　銅香爐燭簽三個

銅水烟袋一杆　銅烟袋吊斗二

銅雲鑼一對　銅鑼一個

銅釵一付　銅小鑼一個

銅嗩吶二杆　銅雲鑼一個

銅瓶一個　銅茶盤一個

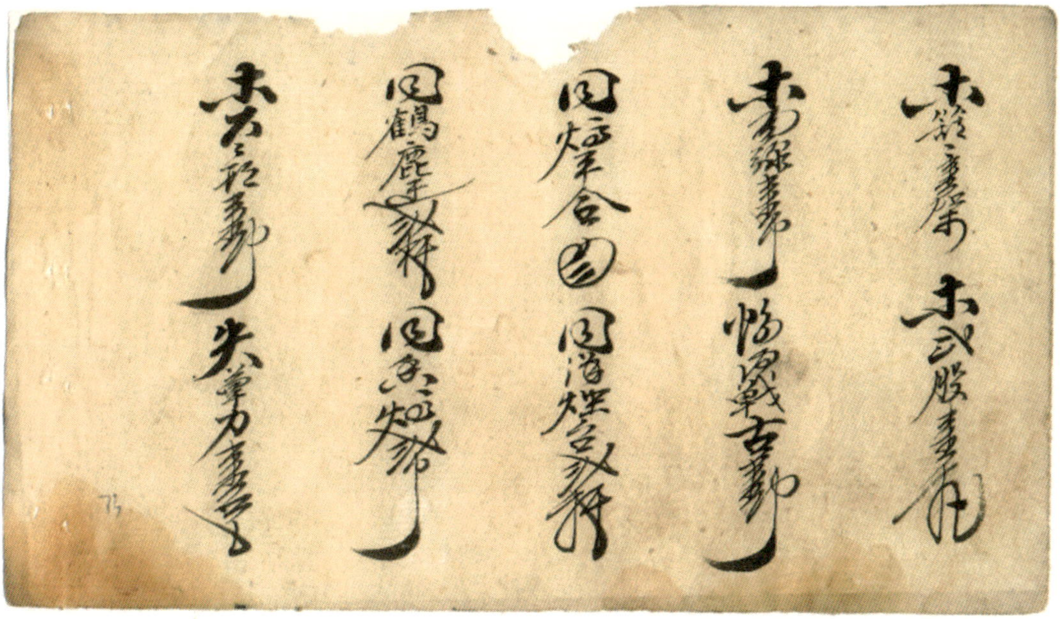

木胡胡一架　木貳股一把

木套綫一個　爛皮戰鼓一個

銅爐瓶盒三　銅洋燭臺二杆

銅鶴鹿簽二杆　銅香爐二個

木轆轤頭一個　鐵草刀一口

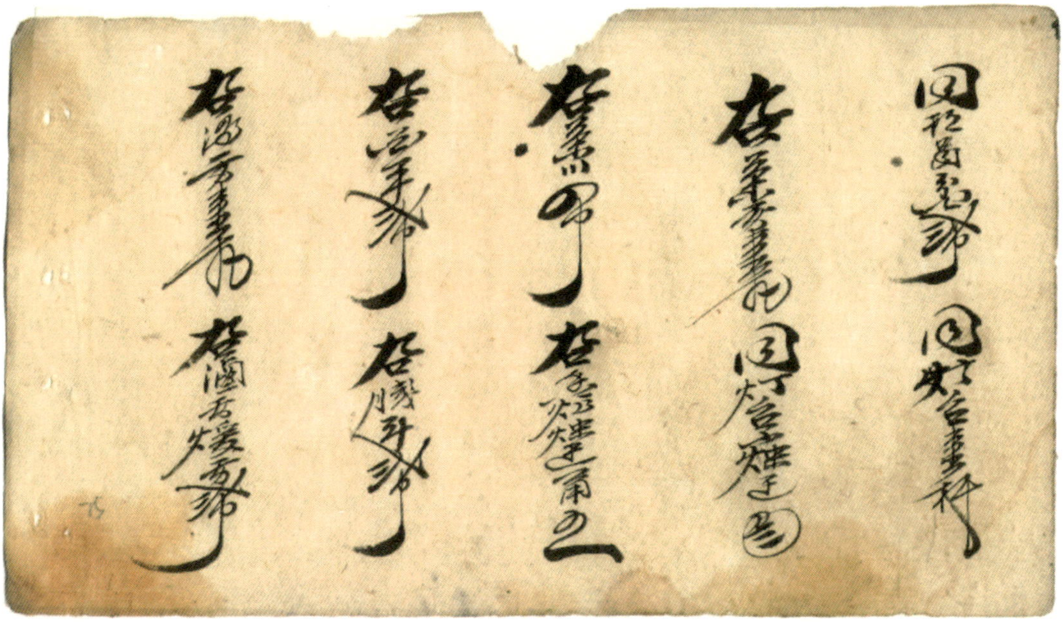

銅頭鍋盆二個　銅燈臺一杆
鉛茶壺一把　銅燈臺小燭簽三
鉛茶釧四個　鉛香爐燭簽筒五
鉛花瓶二個　鉛胰斗二個
鉛漏壺一把　鉛滷壺暖壺二個

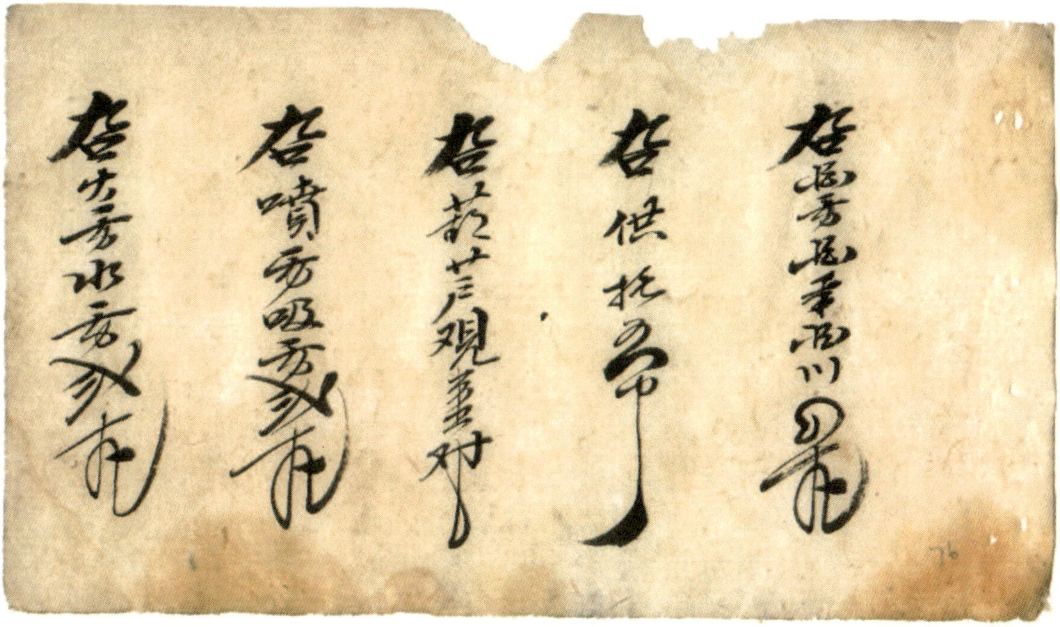

鉛酒壺酒素酒釧四把
鉛供托五個
鉛葫蘆罐一對
鉛噴壺吸壺二把
鉛大壺水壺二把

原藍綢貂腿皮袍套二　舊蟒絹夾袍丕扇肩三

舊緞靴一雙　舊布鞋一雙

舊緞夾蟒袍一件

青縐絹糟羊皮襖一件

青綢羊鑲貂腿皮套一件

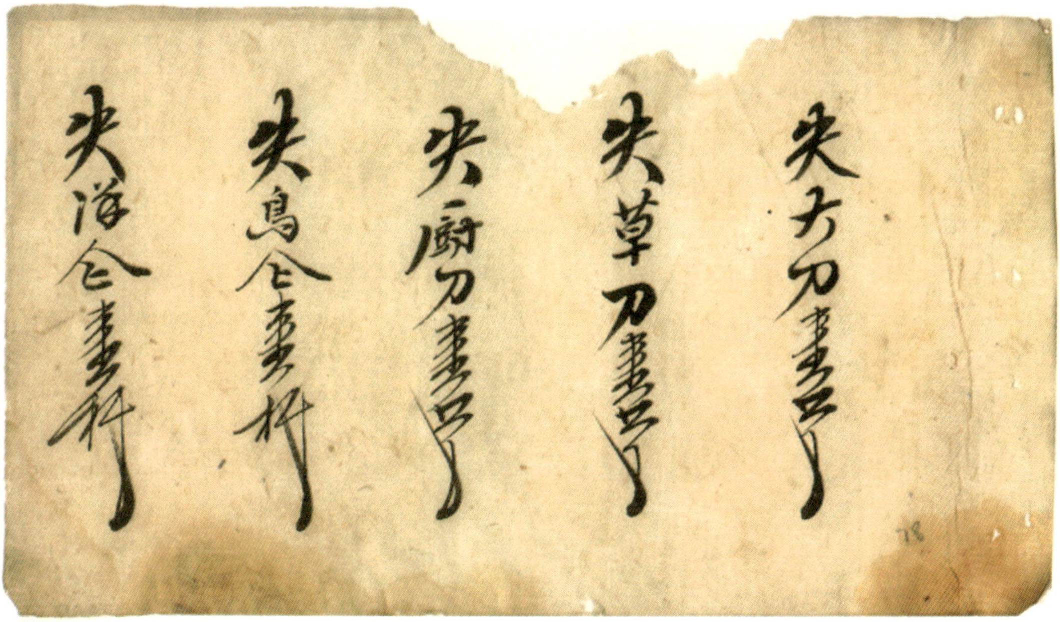

鐵大刀一口
鐵草刀一口
鐵厨刀一口
鐵鳥槍一杆
鐵洋槍一杆

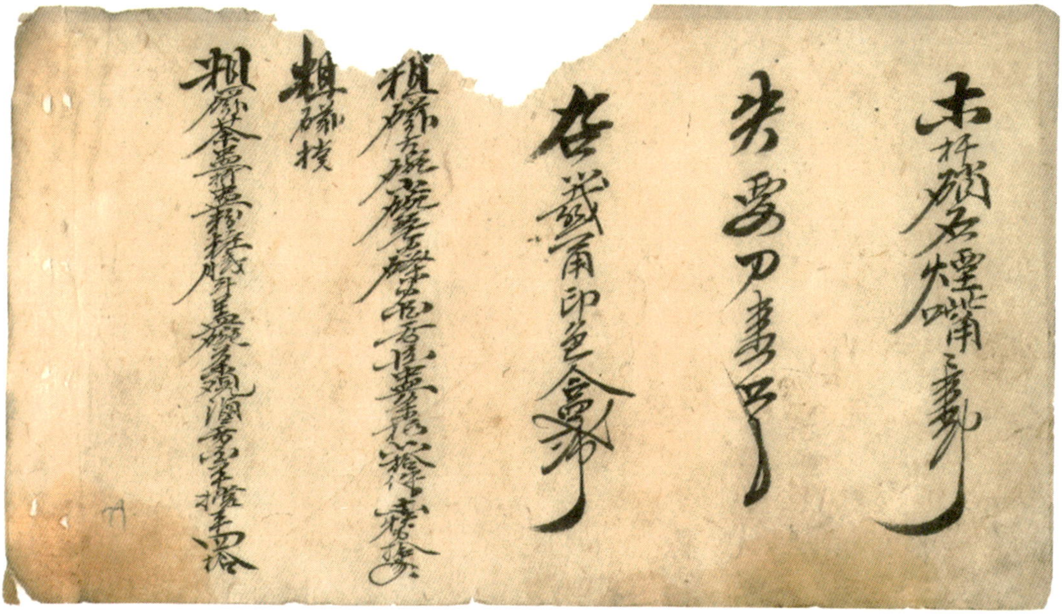

木杆硝石烟嘴嘴一個
鐵腰刀一口
鉛籤筒印色盒二個
粗磁大碗盤子碟子酒壺酒盅條几六十件木筷子十雙
粗磁茶盅粉妝胰斗蓋碗茶罐滷壺花瓶攬瓶四十

三　貳合堂：當字

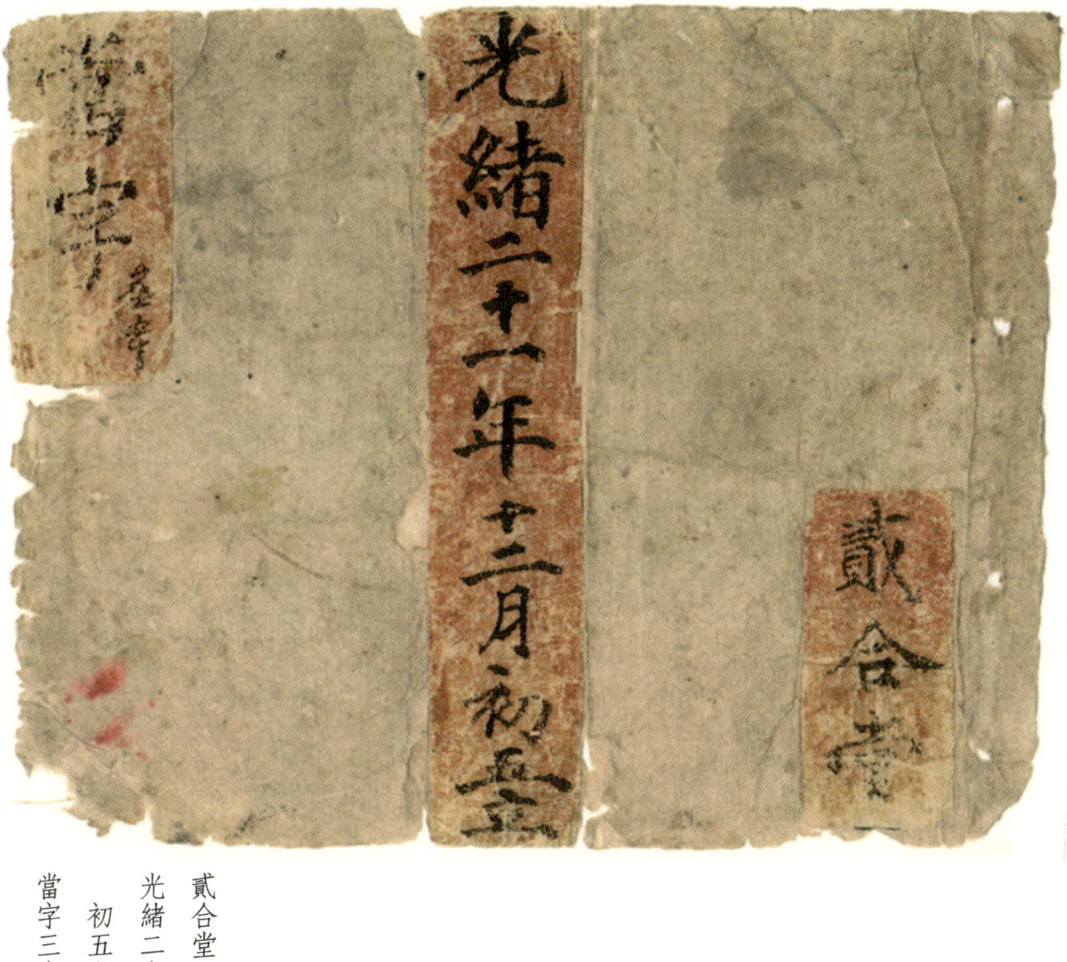

貳合堂
光緒二十一年十二月
初五立
當字三本

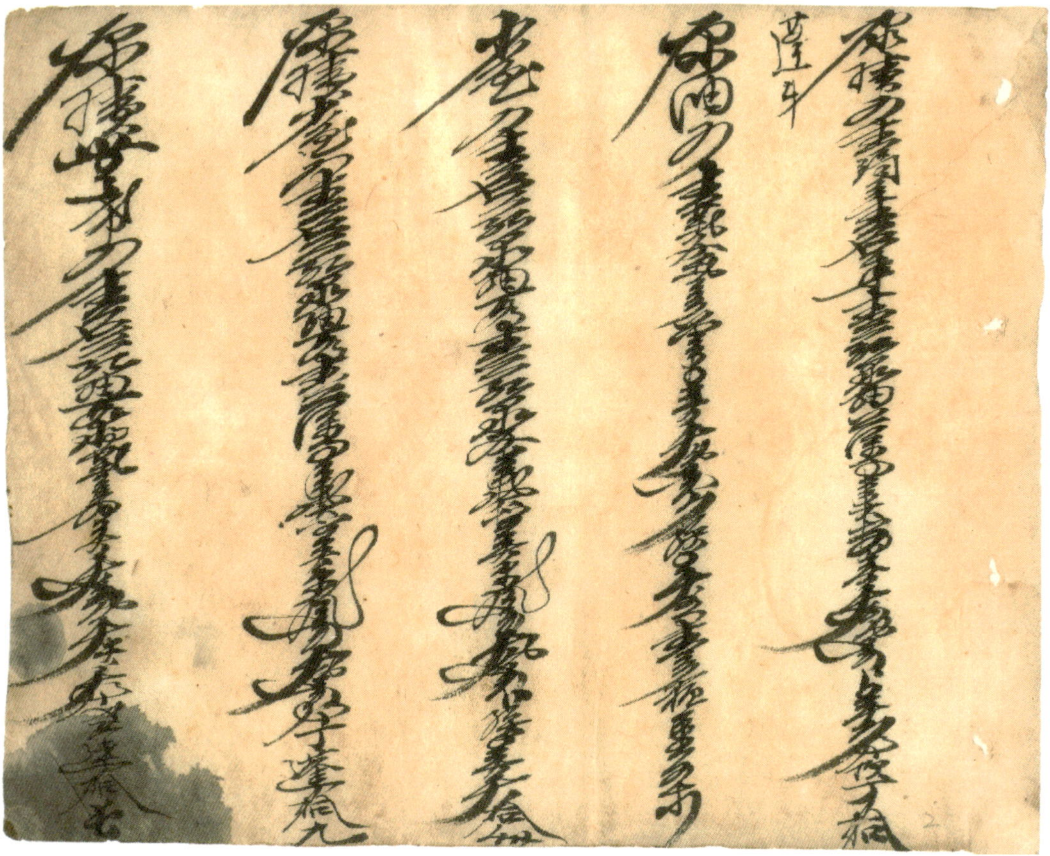

原漬破青緆絹青石素青藍紅緑綢藍深月布大
小女棉夾襖馬套掛棉夾褲裙坎丁十
原油破青繭灰土絹藍布棉夾襖馬套褲孩棉襖
五青絹箍一條
少色破青石藍紅緑綢緞青藍紅緑灰布男女大
小棉夾單袍套襖馬套掛孩棉夾襖十五
原漬少色破青石藍紅緑綢緞青藍深月布男女
大小棉夾單袍套襖馬套裙丁蓬十九
原漬無帶破青石藍紅綢緞醬繭絹女棉夾襖套
馬襖尖襖裙□連十四

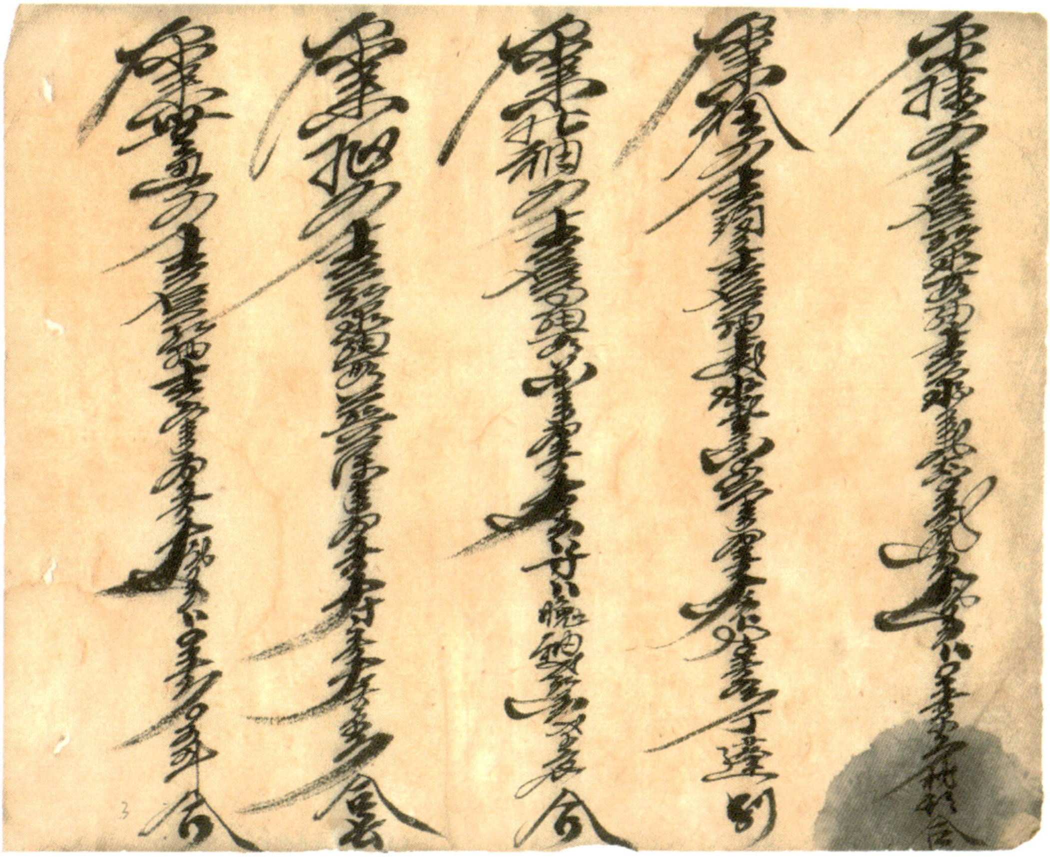

原漬破青石藍紅綠緞綢青藍醬布男女大小棉夾袍套襖馬套褂棉夾單褲枕頭十

原來不全破青縐絹青石藍綢綾醬繭絹白羅藍布男女棉夾襖套褂裙棉夾義褲丁蓬八

原來摺袖破青石月綢緞花布女棉夾襖套褂襯褂挽袖二□套孝衣十

原來扯破青石紅綠綢緞藍絲藍深布男女棉夾襖襯襖夾襖夾單褲十

原來無紐破青石藍紅綢青文布女棉夾襖馬套褂棉夾褲棉被褥十

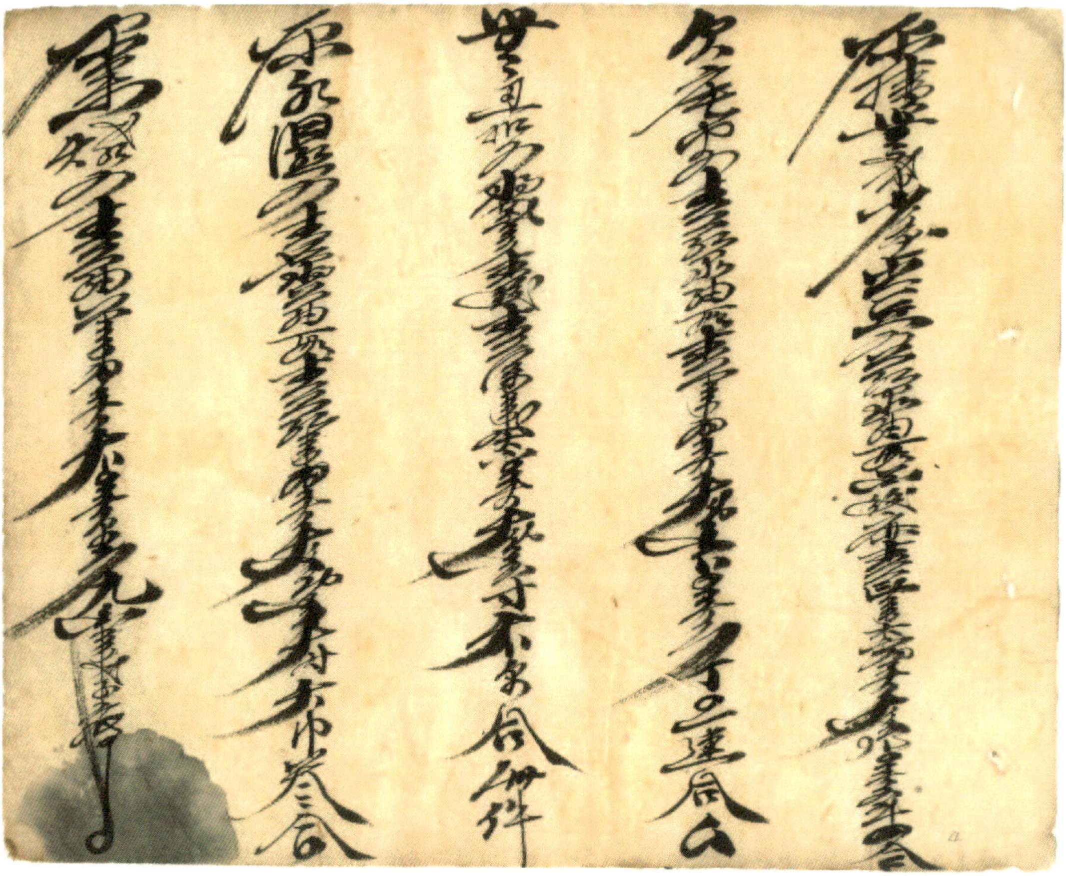

原漬無帶少色出豆破藍紅緑綢緞花綾麻青藍
印布大小男女棉夾襖套裙棉夾被褥四十
欠底巾破青藍紅緑綢緞青藍布女棉夾襖馬套
褂棉夾褲丁□連十三
無紐扣破醬藺絹青綾青藍深布男女大小棉夾
襖馬套襯襖□單十五件
原孔濕破青石醬藍綢緞青藍紅布女棉夾襖馬
套對襖巾三十
原來燒破青藍綢藍布女棉夾襖褂棉夾單褲九
白布孝衣

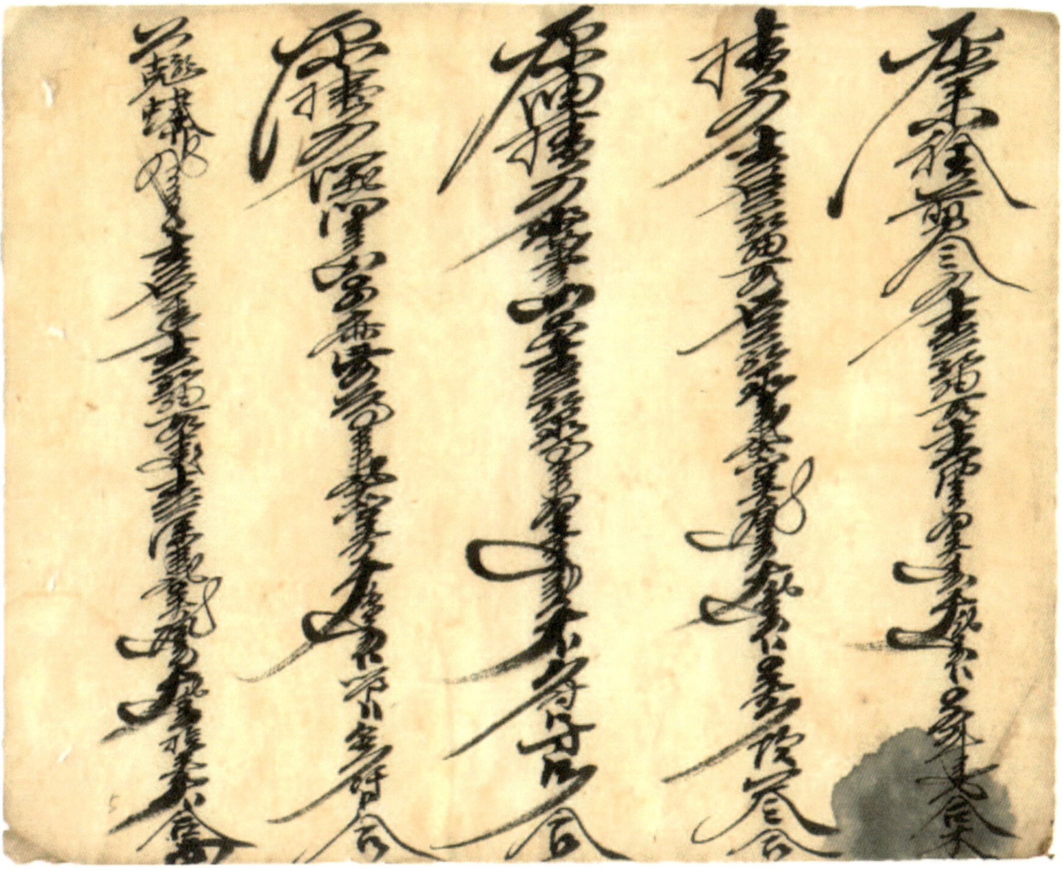

原來不全剪領破青藍紅綢緞青巾布女棉夾套
褀馬套褂棉被褥□十七
漬破青石藍紅綢緞石藍紅綠布男女大小棉夾
袍套褀馬套褂棉夾褲坎三十
原油漬破醬繭絹白羅青藍紅綠月布女棉夾套
褀褂褲對褂襯褂褲十
原漬破舊土舊絹白羅麻印文藍月布男女大小
棉夾褀單套褂接褂單褲汗褂十
藍克絲蟒袍青石素青紅綢緞綾青藍深布男女
棉夾袍套褀馬套□夾褀十四

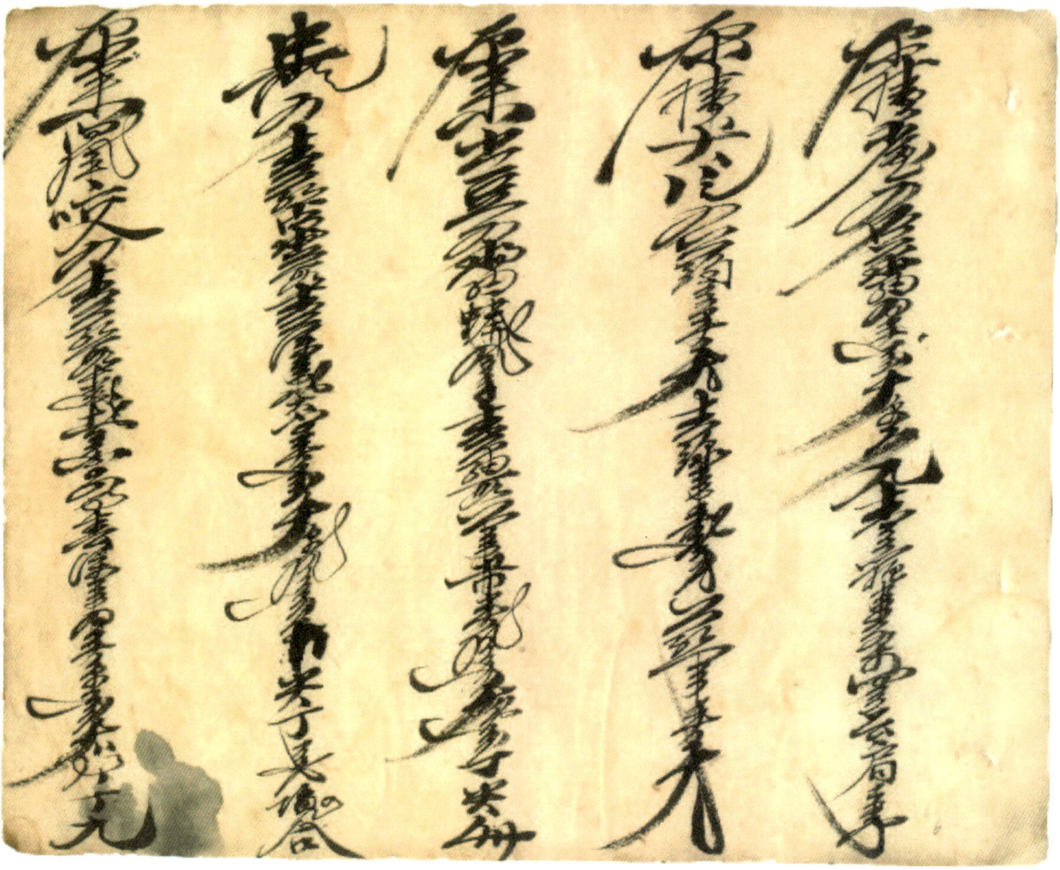

原漬少色破石藍醬綢女棉夾套襖單褲九青絹
箍一條舊絹雲肩一個
原漬大片破藍綌絹夾襖青綫布夾套藍紅布夾襖
原來出豆破醬綢蟒袍青藍綢緞藍布缺巾夾袍
套馬套丁尖五
蟲吃破青藍紅占醬藍緞青藍深布男女大小棉
夾套襖單袍套襖褂尖丁點塊十
原來舊有鼠咬破青藍紅緞綾土絹白羅月青□
深布女棉夾單套襖褂裙丁九

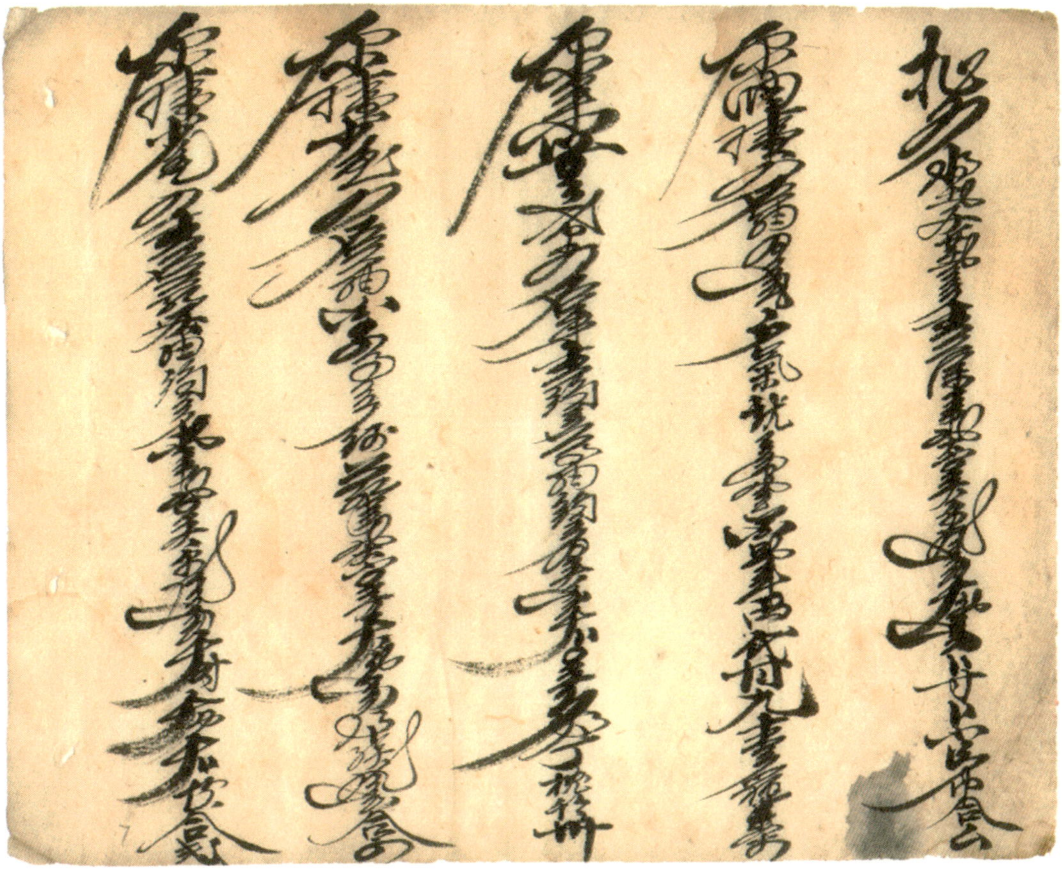

扯破醬土灰藺絹青藍深布男女大小棉夾單袍
套襖馬套褂襯褂小□巾十三
原油漬破石綢女棉套銀氣龍簪挖花別針□代
鉗九青絹箍一條
原來無帶破石素青縐絹藍月綢縐絹女棉夾套
襖棉夾褲裙丁枕頭三十
原漬少色破石藍綢白羅月絹紗藍紅布男女大
小棉夾襖馬套裙孩袍套十四
原漬少色破青石藍紅灰綢縐絹土布男女棉夾
單袍套襖對襖馬襖褂坎十二

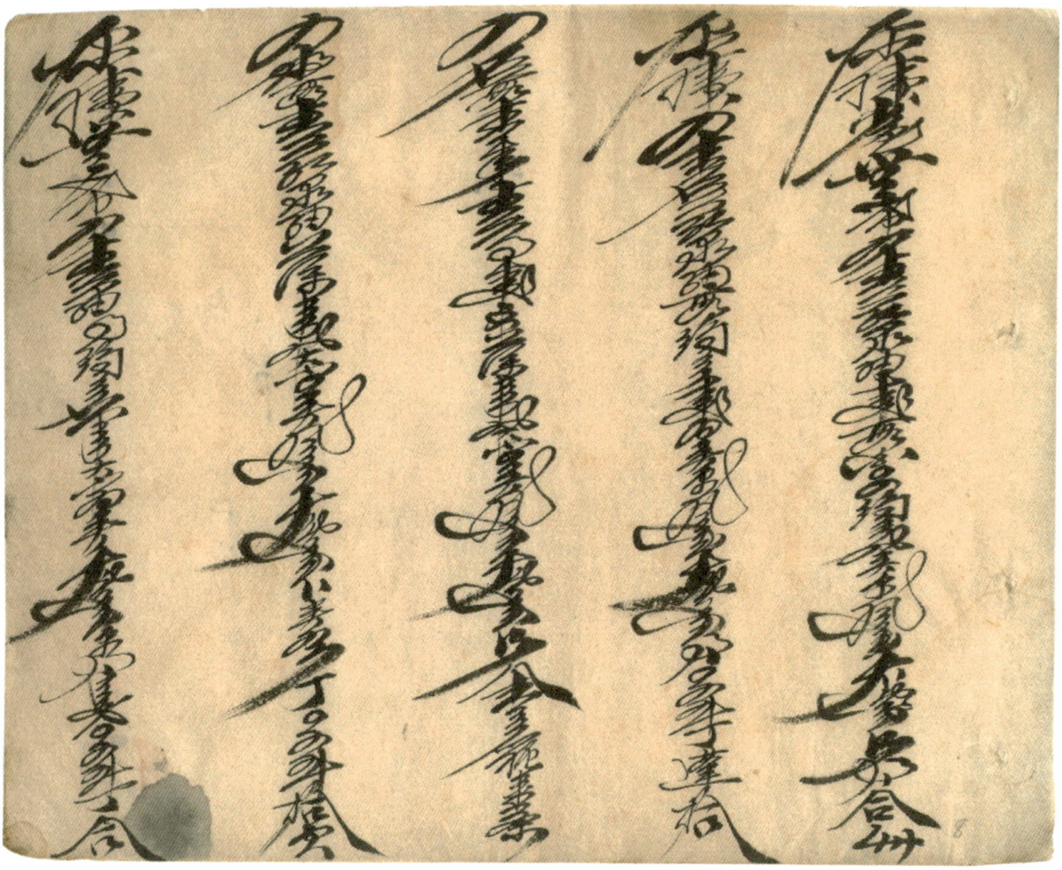

原漬少色無帶破青石紅緑綢綾緞白羅縐絹
男女夾單袍套襖馬套褂褲裙十五
原漬破青石藍紅緑綢緞縐絹綾女棉夾單袍套
襖馬套裙棉被褥丁蓬十
破石緞青素青藍月綾羅深布男女大小棉夾袍
套襖馬套褂褲八青絹箍一條
破醬緞青藍紅緑綢藍深布男女大小棉夾袍套
襖馬套褂夾義褲丁棉被褥十二
原漬無帶破青藍綢月縐絹藍布大小女棉夾襖
馬套單裙□□棉被褥丁十

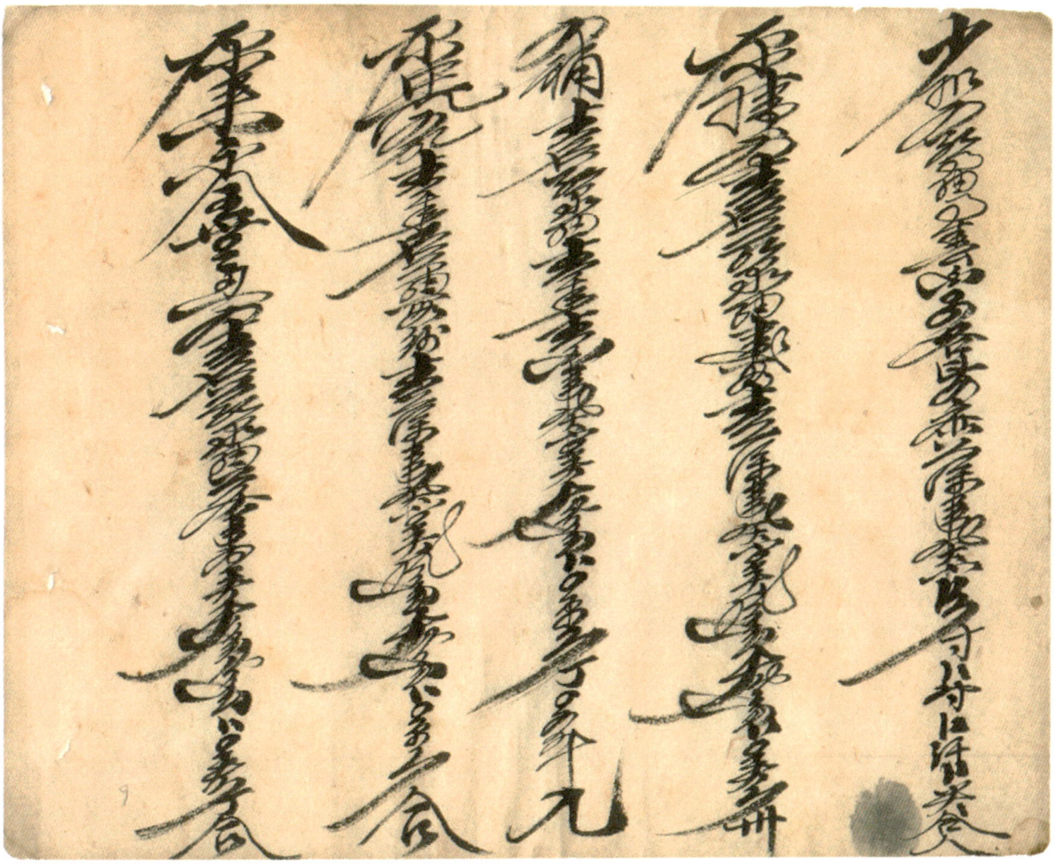

少扣破紅月綢星雲白棉羅各印文麻藍深布男
女大小褂褲襯褂對褂汗褂小大十八
原漬破青石藍紅綠綢綾緞青藍深布男女棉夾
袍套襖馬套褂棉夾褲三十
破補青石紅綠綢青素青白布男女大小棉夾襖
套褂棉單褲丁棉被褥九
原蟲吃破孔青素石藍綢緞紗青藍深布男女大
小棉夾袍套襖馬套褂棉單褲十
原來不全無紐破青石藍紅綠綢藍灰布男女棉
夾襖套褂棉夾褲丁十

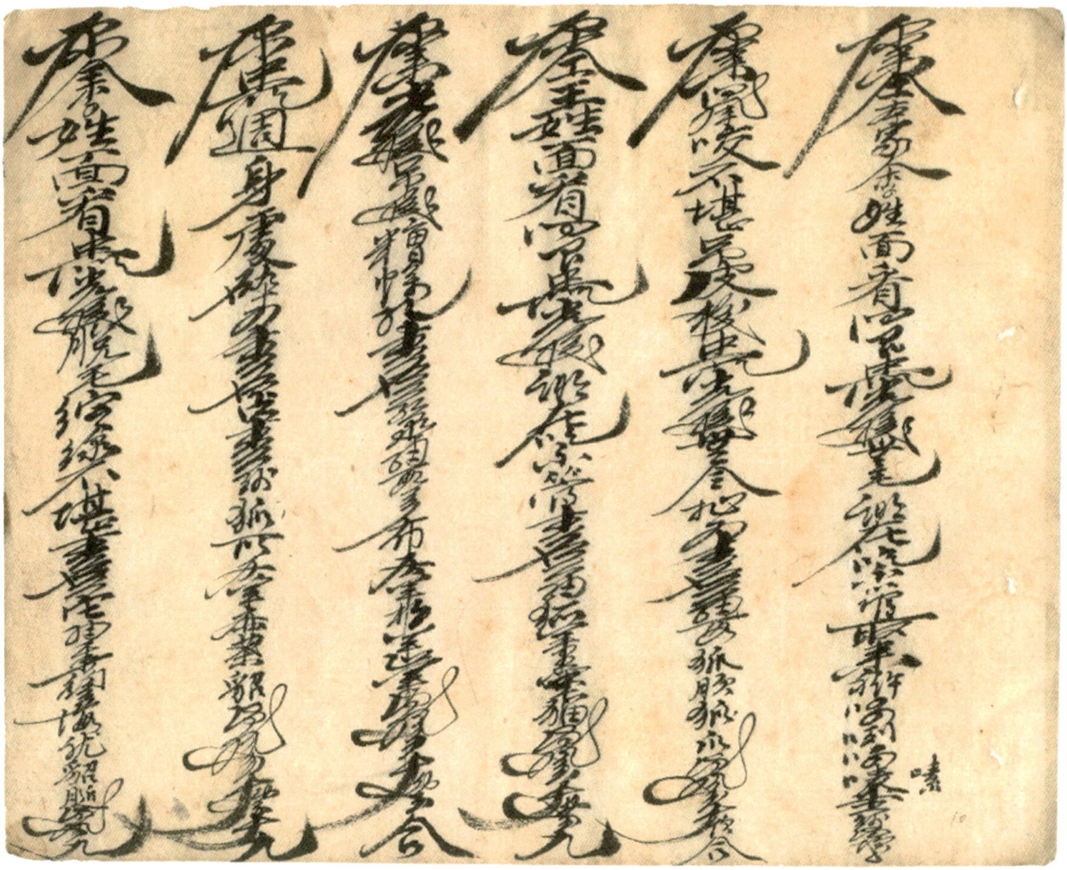

原來仝本家人李姓面看舊有蟲吃光板無毛言
　明再吃不管取來不許囉哩囉嗦青紗皮坎三

原來鼠咬不堪吊皮板蟲吃光板無領扯破青石
　藍綢緞狐肷狐爪皮袍套襖坎十

原仝王姓面看舊有蟲吃光板言明再吃不管青
　石藍綢狐羊黑羊猫皮袍套襖馬套九

原來光板吊板糟爛孔青石藍紅緑綢緞絹布灰
　羊鑲羊山羊皮袍套襖馬套十

原蟲吃周身處碎破青石占青藍紗狐爪灰羊麻
　葉貂皮袍套襖馬襖九

原仝李姓面看蟲吃光板脱毛綻綫不堪青石藍
　駝綢素縐絹海龍貂腿皮袍套九

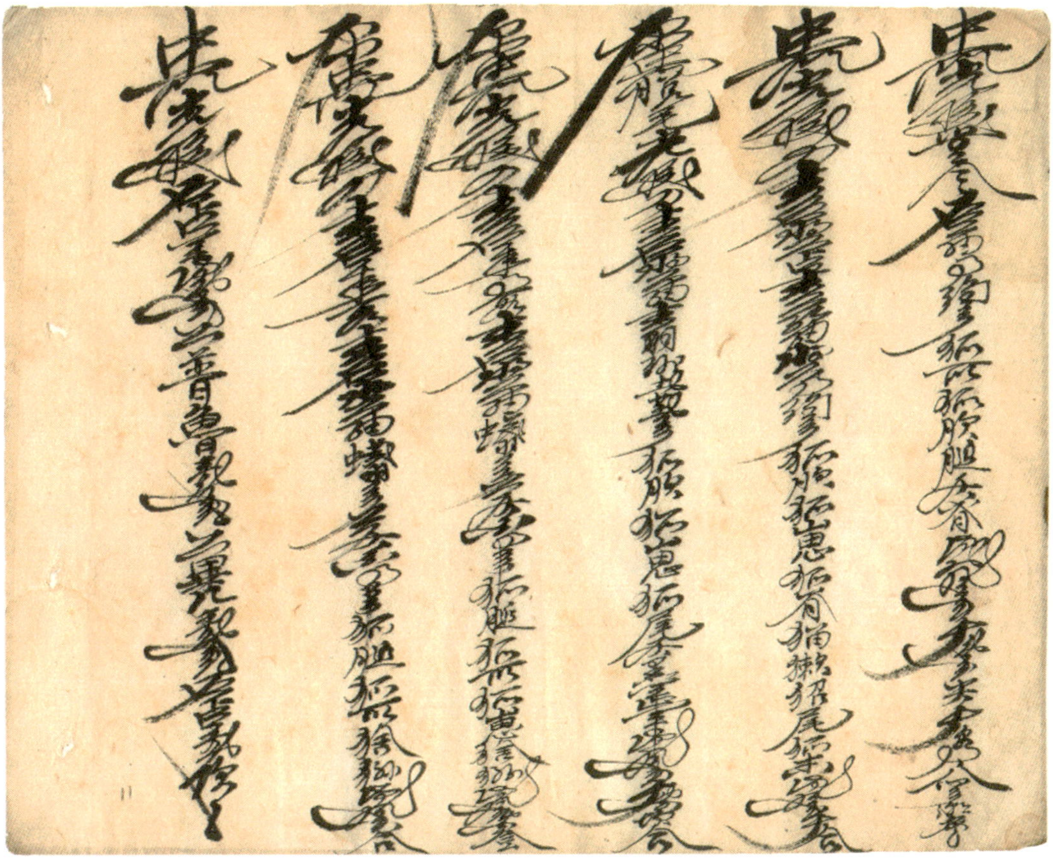

蟲吃光板無領石藍綢月縐絹狐爪狐肷腿灰脊
皮袍套襖馬套小大襖單裙八舊絹朝衣
蟲吃光板破青石醬藍占青藍紅綢醬藍月縐絹
狐肷狐崽狐脊猫獺貂尾狐口皮袍套襖十
原蟲吃脱毛光板破青石醬藍綢青羽紗土繭絹
狐肷狐崽狐尾灰黑羊山羊皮袍套襖馬套坎十
原蟲吃光板破青石素月緞青石醬藍綢蟒絹藍
灰白月布狐腿狐爪狐崽猞猻皮袍套馬套十三
原蟲吃光板破青石素緞青石醬藍綢蟒絹藍灰
白月布狐腿狐爪猞猻皮袍套十
蟲吃光板石占羊皮馬套藍氊氌夾套藍嗶嘰夾
套石占夾馬坎三

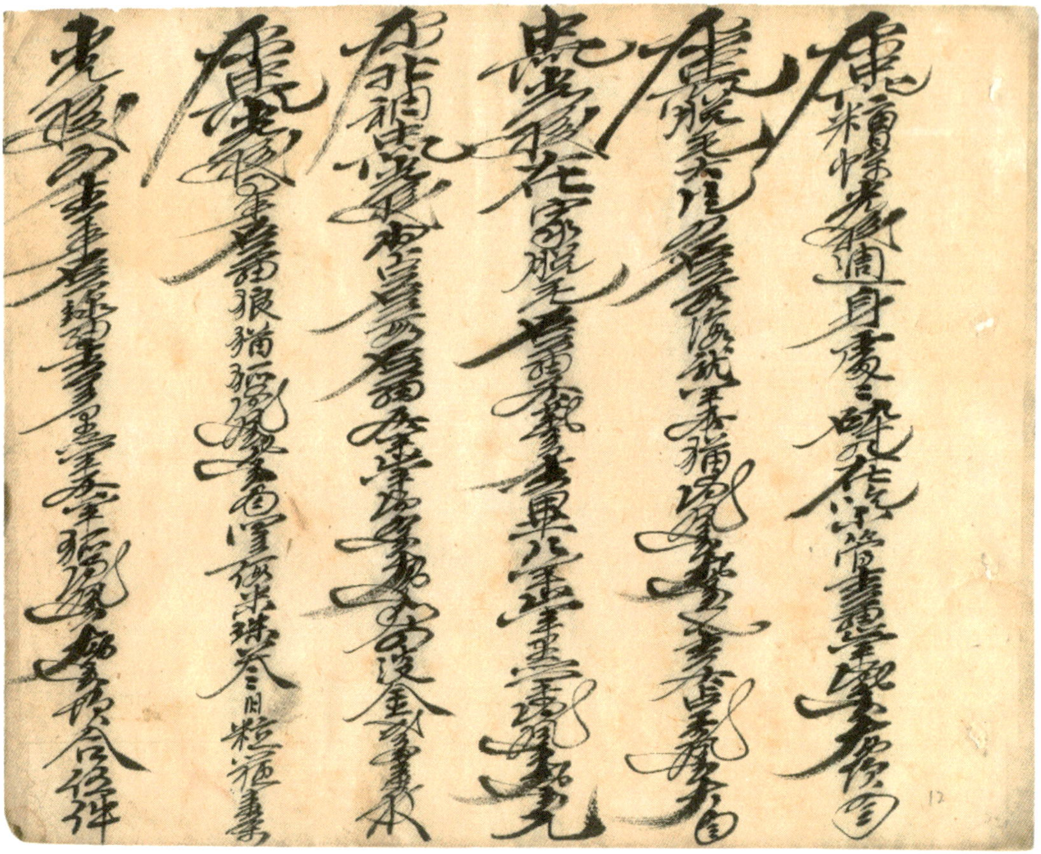

原蟲吃糟爛光板周身處處碎孔再吃不管青藍
綢山羊皮馬套襖馬坎三
原蟲吃脱毛大片破石藍緞海龍羊灰猫皮袍套
襖馬套七青灰占夾袍套襖三
蟲吃光板在家脱毛石藍綢灰繭絹青嗶嘰羊山
羊黑羊皮袍套馬套九
原折袖蟲吃光板占石藍緞石藍綢灰羊山羊皮
女套襖馬套裙四淡金書簪一枝
原蟲吃光板月素石藍綢狼猫狐皮袍套馬套三
舊絹緞米珠三百粒箍一條
光板破青素石藍綫綢青絹黑羊皮灰羊狐皮袍
套襖馬套坎十五件

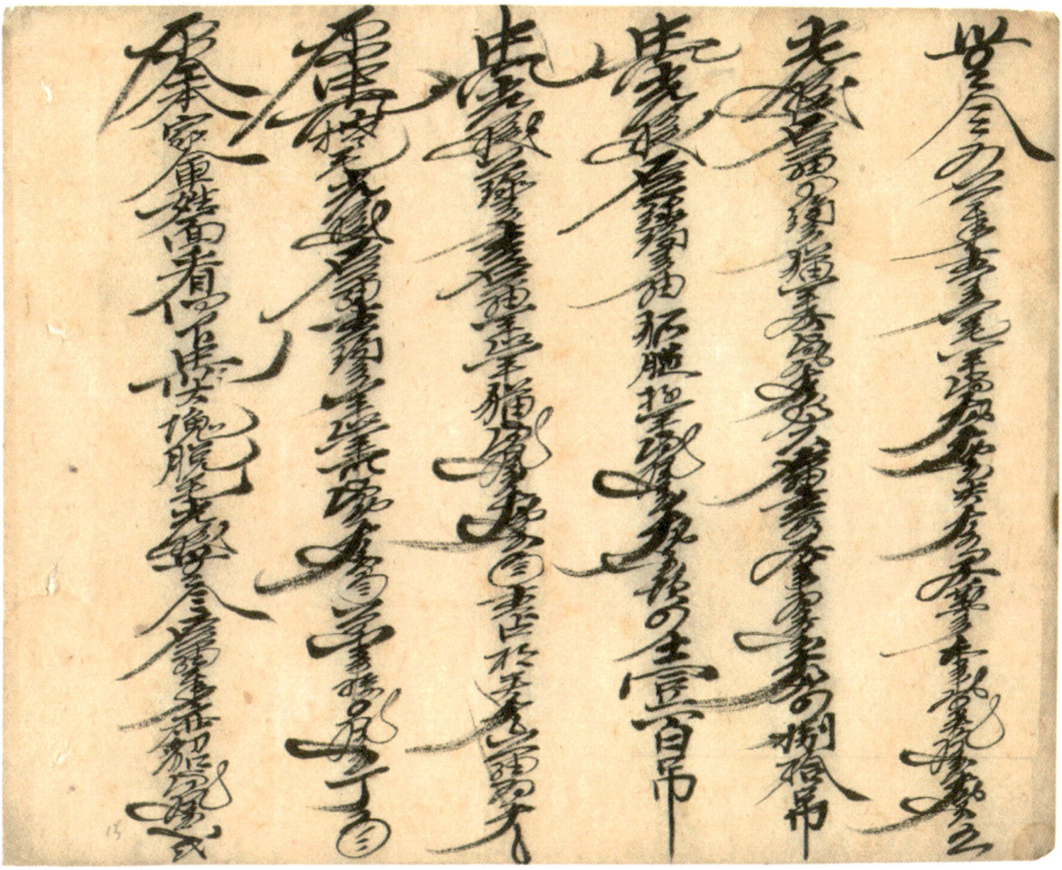

無領破藍素青羔毛羊皮襖馬襖馬套尖襖五灰
　繭絹皂布男女棉夾袍套襖馬套五
光板石藍綢月緺絹猫羊灰皮男女襖套裙六石
　綢青緞灰布女棉夾套襖裙四　八十吊
蟲吃光板石藍緑緺絹綢狐腿鑲羊皮袍套襖馬
　套坎四　一百吊
蟲吃光板藍綫絹青石綢羊山羊猫皮袍套襖馬
　套三青占鑲夾襖藍綢女棉襖
原蟲吃擦毛光板石藍綢青緺絹羊山羊爪皮馬
　襖套三藍白布孩棉袍套丁三
原仝本家人車姓面看舊有蟲吃大塊脱毛光板
　無領石藍綢素麻貂皮袍套二

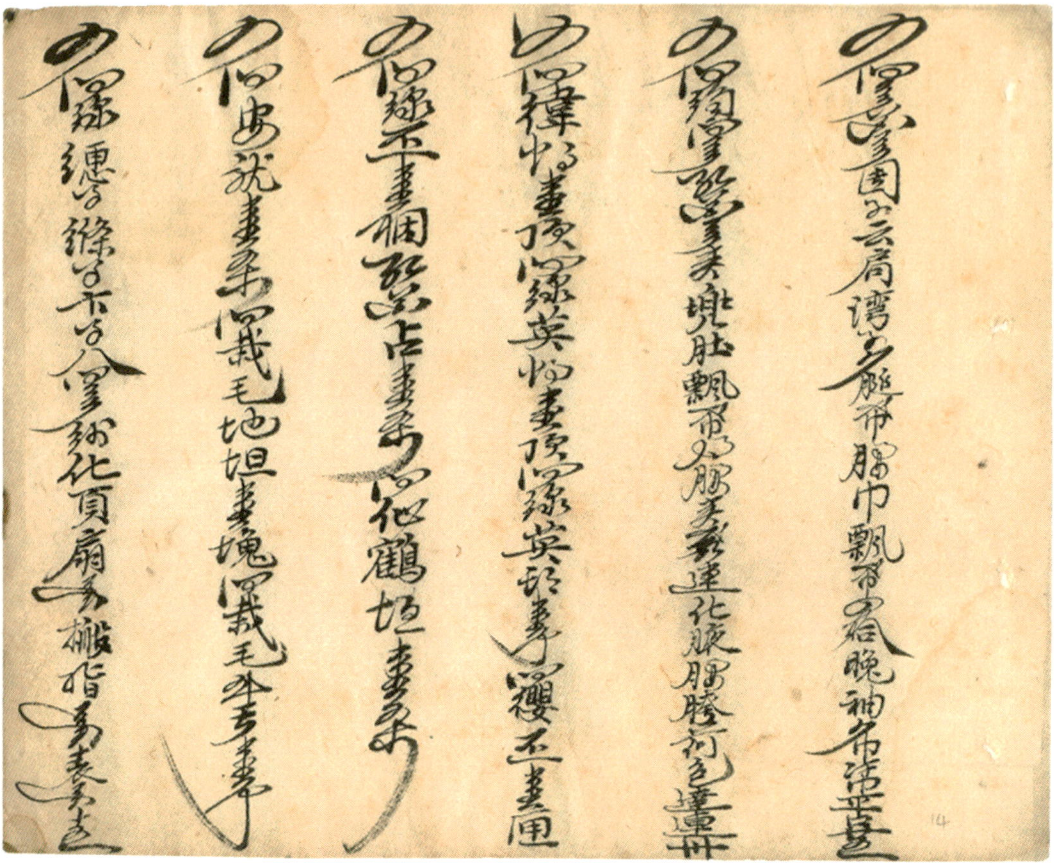

破舊絹花絹團圍雲肩灣子褲腿帶腰巾飄帶四十挽袖夕巾汗巾平口二十五

破舊綢絹舊絹紅花絹夾兜肚飄帶裙腰夾鏡連靴腋腰胯荷包□連三十

破舊偉帽一頂舊綫英帽一頂舊綫英頭一個舊纓丕一匣

破舊綫丕一捆紅花占一條舊仙鶴垣一條

破舊安龍一條舊栽毛地毯一塊舊栽毛褥面一個

破舊綫穗子絛子卞子八舊絹紗靴頁扇套扳指套錶套十五

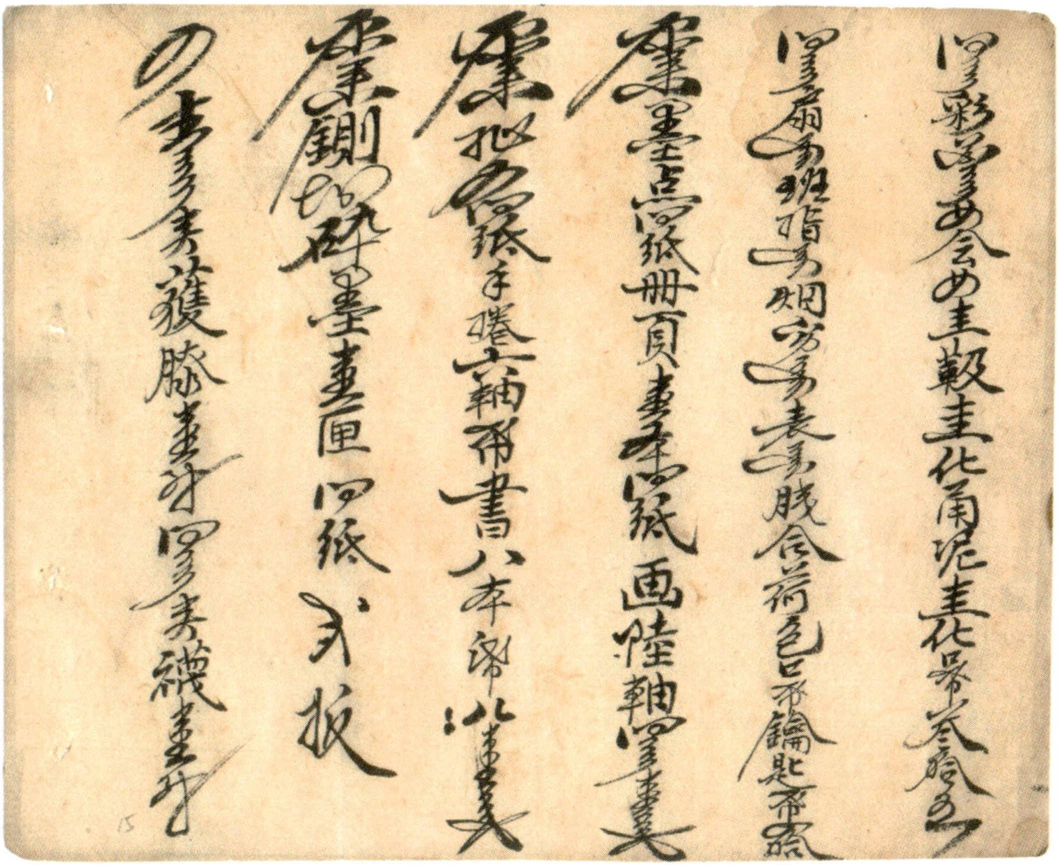

舊絹彩花絹女會女鞋鞁鞋靴筒泥鞋靴口袋
三十五
舊絹扇套扳指套烟壺套錶套胰盒荷包口袋鑰
匙帶四十
原來墨點舊紙冊頁一本舊紙畫六軸舊絹一點
原來扯破舊紙手捲六軸紙書八本紙□一點
原來鍘壞碎墨一匣舊紙二板
破青絹夾護膝一對舊絹夾襪一對

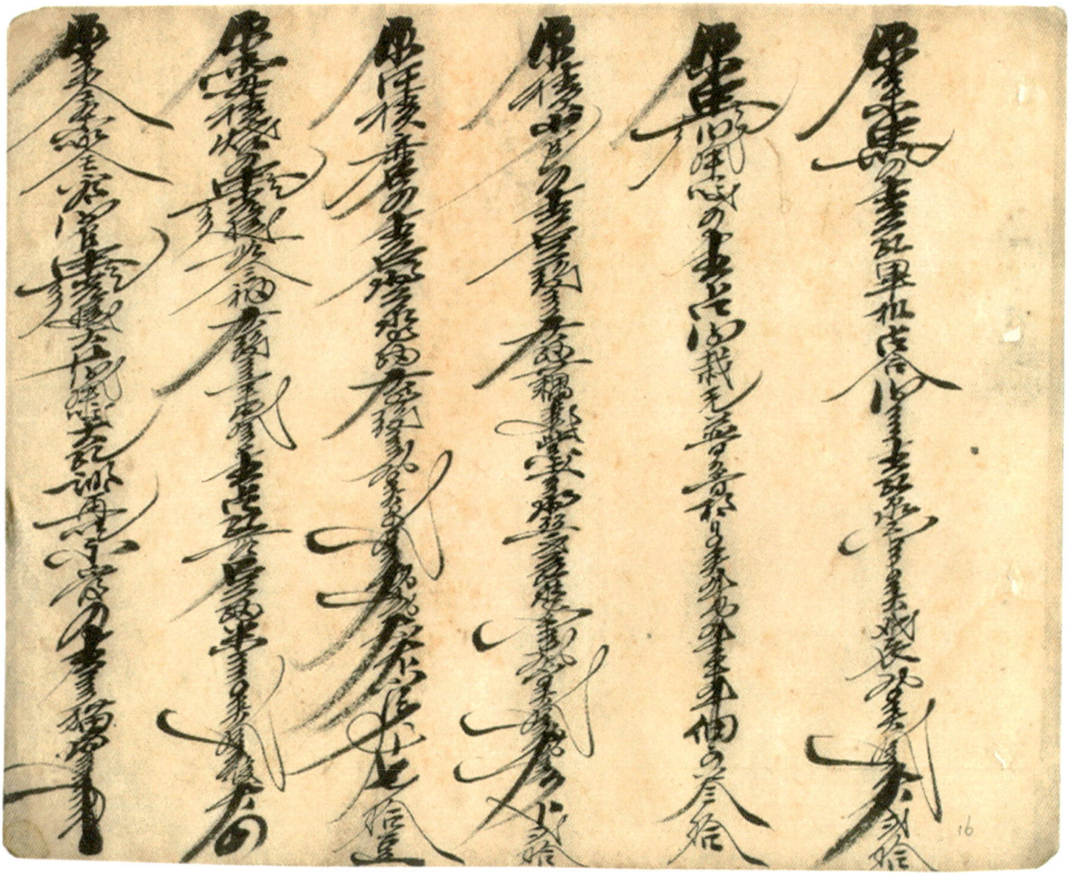

原來蟲吃破青藍紅嗶嘰占合舊布青紅緑白布
棉夾戲衣男女夾袍襖二十
原蟲吃鼠咬破青占舊栽毛氊氌鑲褂棉夾褥馬
褥車褥墊子三十
原漬少色破青石藍縐絹灰綢藕綾紫白土絹醬
絲黄紅緑月白布男女大小棉夾袍套襖馬套
褲褂二十
原汗漬磨破青石醬藍緑月綢灰月縐絹男女棉
夾單袍套襖馬套馬襖小襖小褂褲裙七十一
原黴漬燒破蟲吃光板無領袖灰縐絹羊皮袍青
占紅緞石藍綢米絹棉夾袍套梭襖四
原來仝本家人王看舊有蟲吃光板大片鼠咬大
孔言明再吃不管破青絹猫皮套

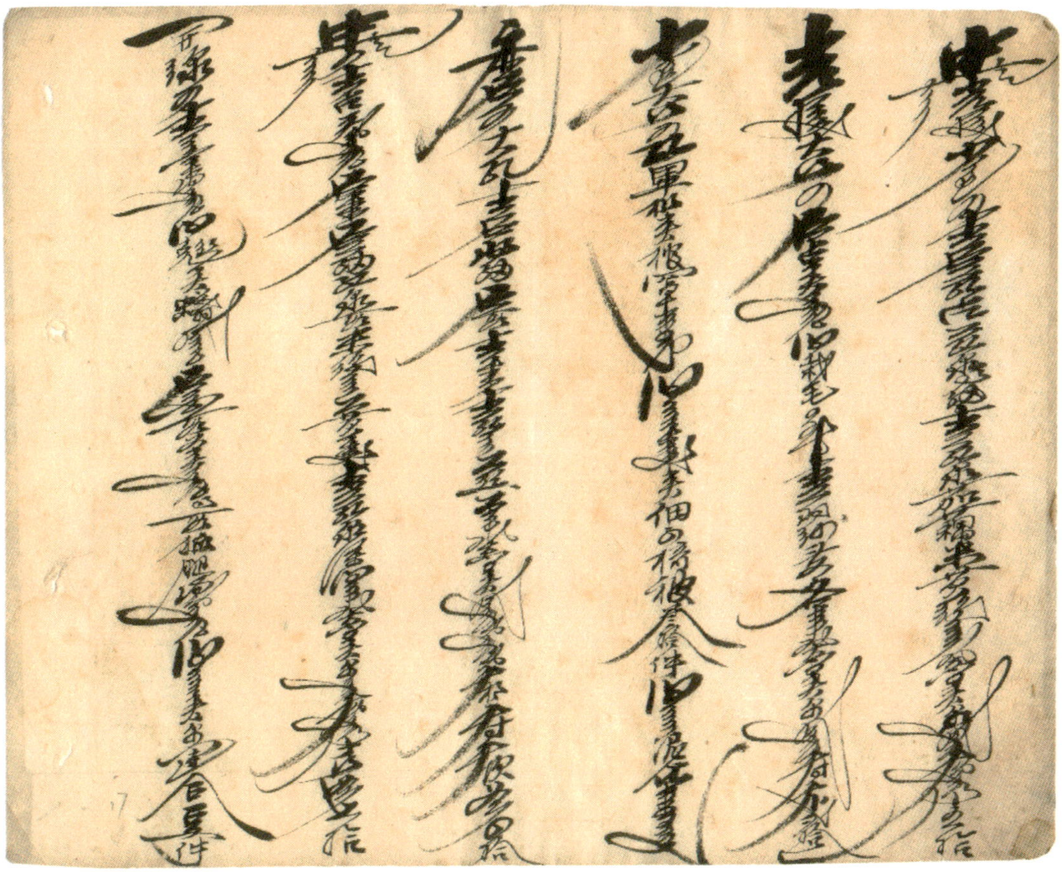

蟲吃光板少色破青石藍紅占藍紅綠月綢青藍
紅綠茄藕米黃綹絹男女大小棉夾單袍套襖
馬套裙五十
光板大片破石占夾套舊栽毛棉褥青藍羽紗夏
各布男女大小棉夾單袍套襖對襖褂二十
少色大片破紅嗶嘰夾被罩一個舊絹綾夾墊子
椅被三十件舊絹泥靴一雙
磨破大孔青石醬綢石緞青素大紅絹藍絲藍布
男女大小棉夾袍套馬套馬襖鑲對襖坎義褲
四十
蟲吃破青占夾馬套石素石藍綢紅綠緞米綹絹
藍黃綾青藍紅綠深舊布男女大小棉夾單套
襖馬套裙丁片女褲七十
開綫破青絹羊皮套舊克絲夾蟒袍石藍白緞女
夾套月緞狐腿皮馬套舊絹夾單門簾十一件

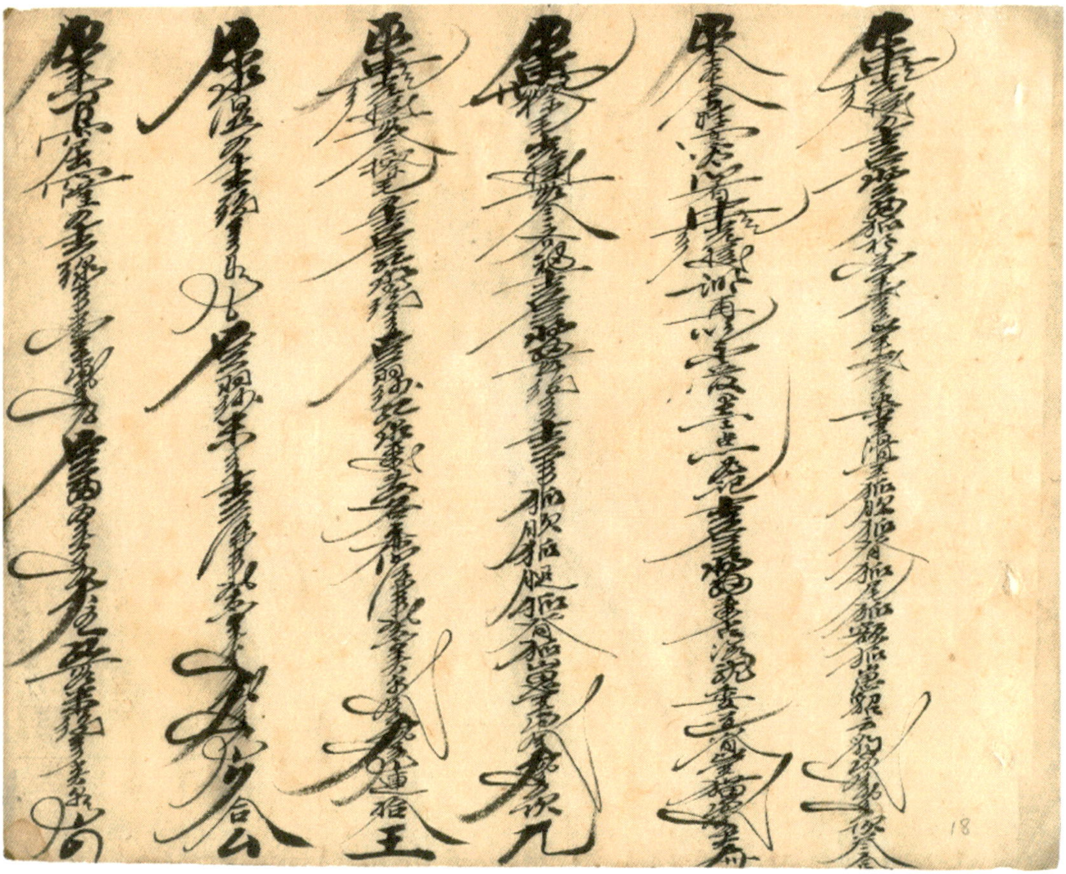

原蟲吃光板破青石醬藍綢狐鑲花羊老羊山羊
寒羊染羊滑羊狐肷狐脊狐尾狐額狐崽貂雲
豹皮袍套襖馬套坎三十
原仝本人李姓面看舊有蟲吃光板言明再吃不
管墨點爲記青石藍醬綢素占海龍倭道脊山
羊猫皮袍套尖襖三十
原蟲吃擦毛光板無領齊福青石藍醬綢緞縐絹
青藍布狐肷狐腿狐脊狐崽羊皮袍襖馬套坎九
原蟲吃光板無領擦毛破青石藍紅緑月縐絹石
藍羽紗紅緑綾夏各麻舊深布男女大小棉夾
單袍套襖馬套裙連十九
原水濕破青縐絹單裙石藍羽紗米絹青藍深布
男女大小棉夾套襖馬套裙褲十三
原來有窟窿破青綫布花羊皮馬套石藍綢女棉
夾套襖五紅緞米縐絹夾單裙四

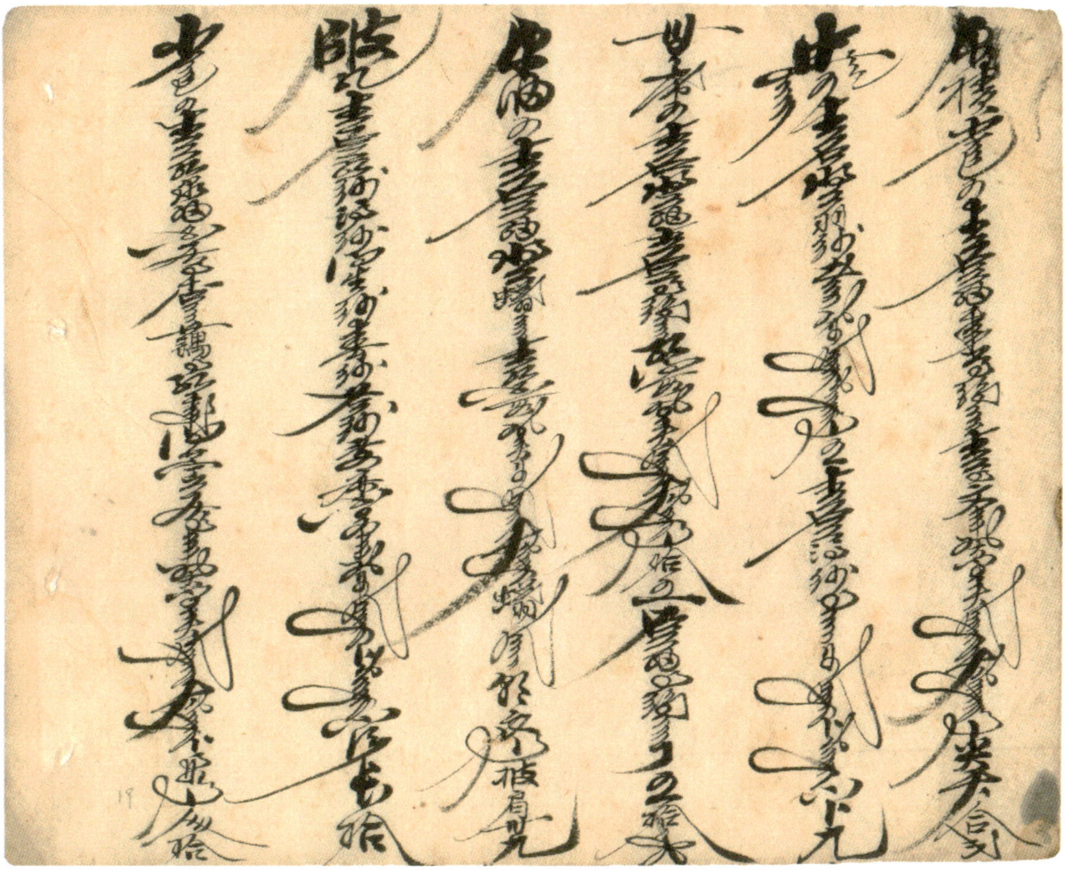

原漬少色破青石藍綢素藍月綌絹青藍月文布男女大小棉夾袍套襖馬套裙小大襖十二

蟲吃破青石醬藍羽紗土絹男女單袍套馬套裙五青石漏紗月絹單袍套褂馬套小褂九

無帶破青石醬藍綢土石藍月綌絹紅白緞男女棉夾袍套襖馬套裙十五石藍綢月綌絹丁五十點

原墊破青石綢醬藍蟒絹青紅白緞男女棉夾單袍套襖馬套蟒袍朝衣裙披肩三十九

破孔青石藍紅紗漏紗舊生紗青紗各紗夏麻白羅布男女單袍套褂馬套小褂褲四十

少色破青藍紅綠綢白灰月杏絹藕月紅綾舊苧藍灰月布男女大小棉夾袍套襖馬套褂腰裙五十

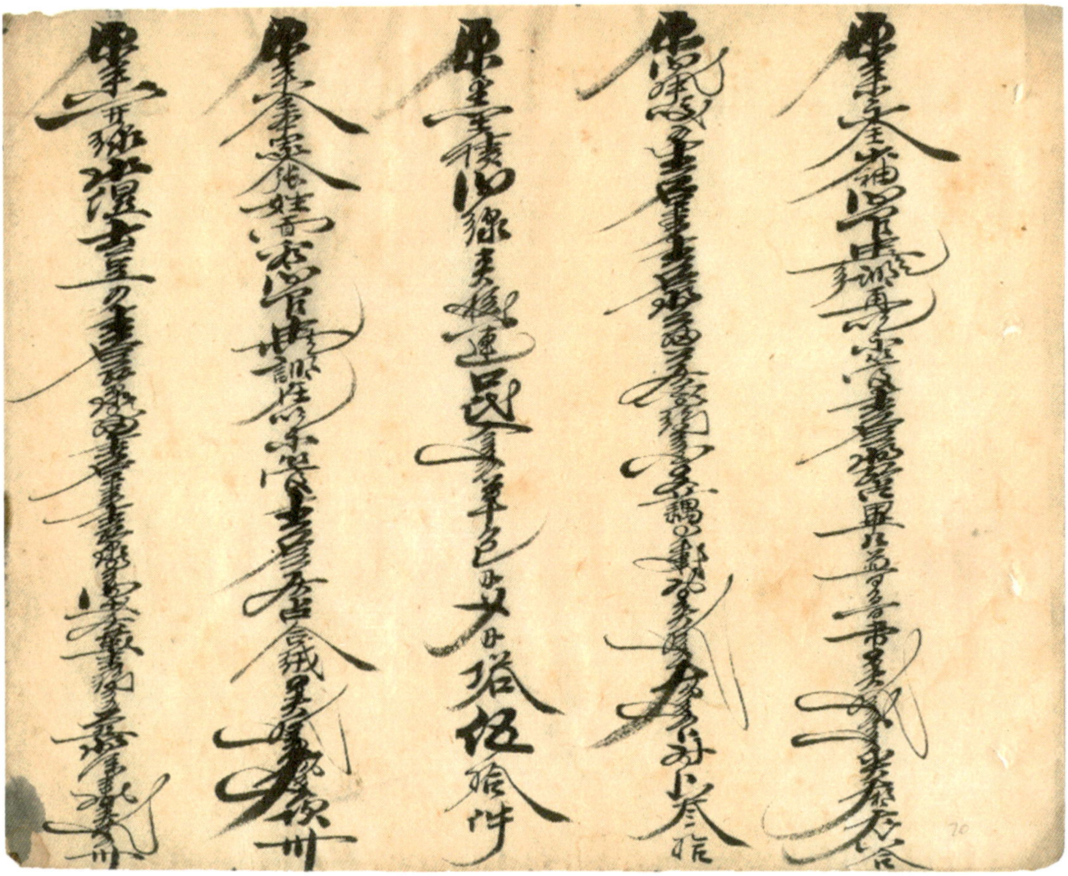

原來不全少袖舊有蟲吃言明再吃不管青石藍
醬紅占嗶嘰氆氌缺巾棉夾袍套馬套小大襖
鑲襖六十
原舊鼠咬破青石素青石醬藍綢藍灰白月縐絹
白羅藕月綾男女棉夾袍套襖馬套褂對褂三十
原墨漬舊綫夾板門簾口袋褥套單包錢義錢塔
五十件
原來仝本家張姓面看舊有蟲吃言明再吃不管
青石藍灰占合絨棉夾袍套襖馬套坎三十
原來開綫水濕出豆破青石藍紅綠月綢青石布
素青紅綠月絹舊土灰繭青縐絹藍絲醬深布
男女棉夾袍三十

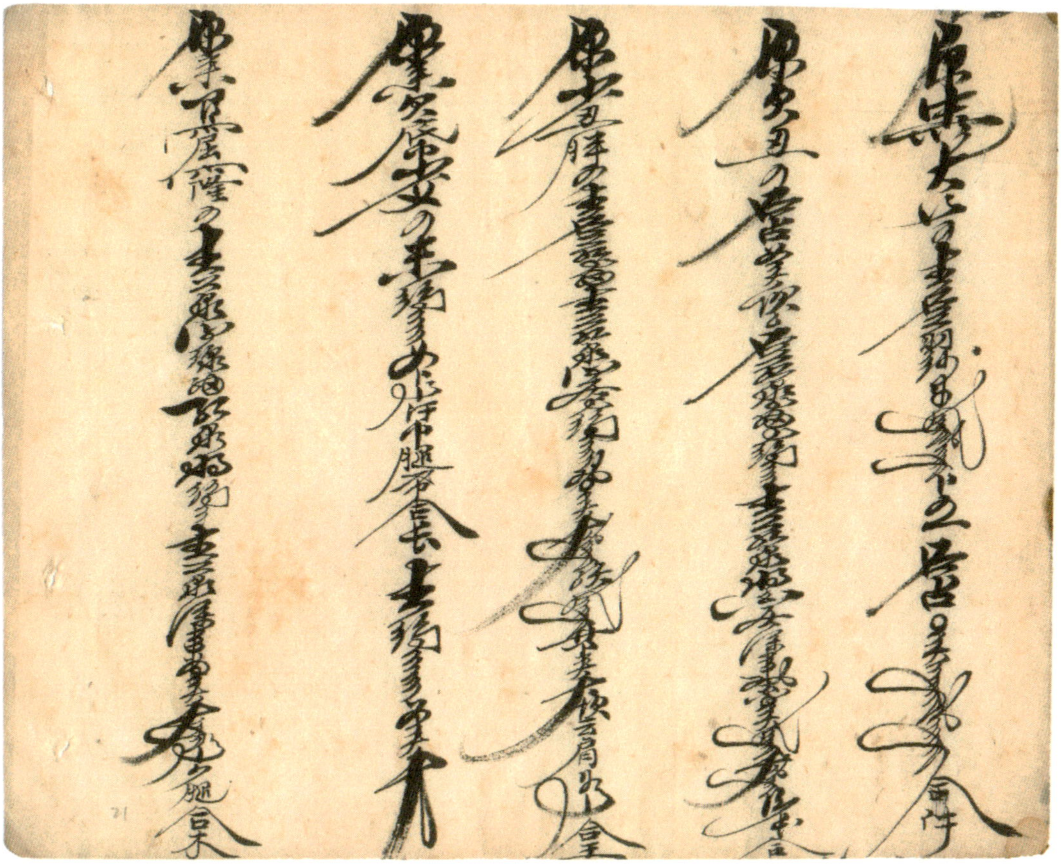

原蟲吃大片破青石藍羽紗單袍套馬套褂五石
占棉夾套馬套十件
原欠紐破石占女夾坎石藍紅緑月綢月緺絹青
藍紅緑醬白灰洋布男女大小棉夾袍套襖馬
套褂褲四十
原少紐胖破占石藍紅月綢青藍紅緑白灰月緺
絹男女棉夾襖馬套孩袍套接夾襖坎雲肩單
裙十九
原來欠底巾少義破米緺絹女裙汗巾腿帶十四
青緺絹女棉夾襖
原來有窟窿破青藍緑舊綫綢醬緺絹青藍緑深
布女棉夾襖套裙褲腿十七

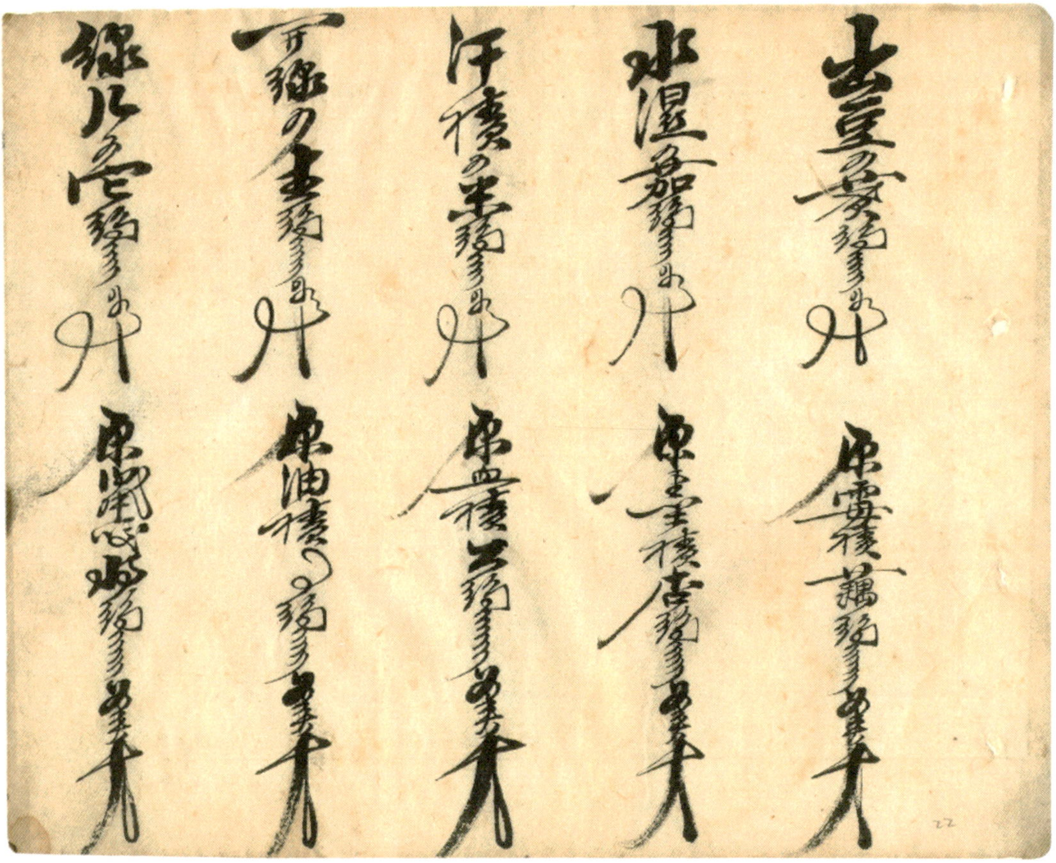

出豆破黃縐絹單裙一條　原黴漬藕縐絹女夾襖一件

水濕破茄縐絹單裙一條　原墨漬杏縐絹女夾襖一件

汗漬破米縐絹單裙一條　原血漬藍縐絹女夾襖一件

開綫破青縐絹單裙一條　原油漬月縐絹女夾襖一件

綫扒破駝縐絹單裙一條　原鼠咬醬縐絹女夾襖一件

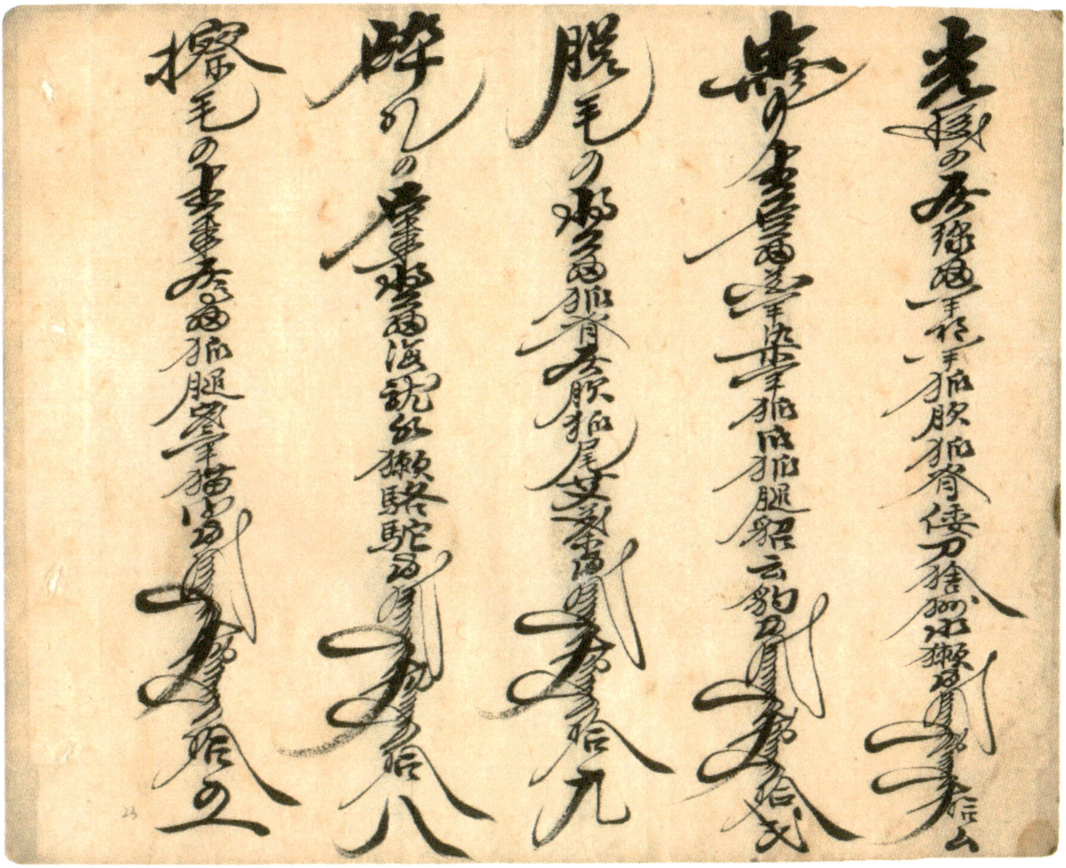

光板破灰綫綢羊鑲羊狐肷狐脊倭刀猞猻水獺皮袍套馬套褉十三

蟲吃破青石藍綢花羊染羊狐爪狐腿貂雲豹皮袍套褉馬套十二

脱毛破醬藍綢狐脊灰肷狐尾艾葉皮袍套褉馬套十九

碎孔破石素醬藍綢海龍皮獺駱駝皮袍套褉馬套十八

擦毛破青素灰月綢狐腿寒羊猫舊皮袍套褉馬套十五

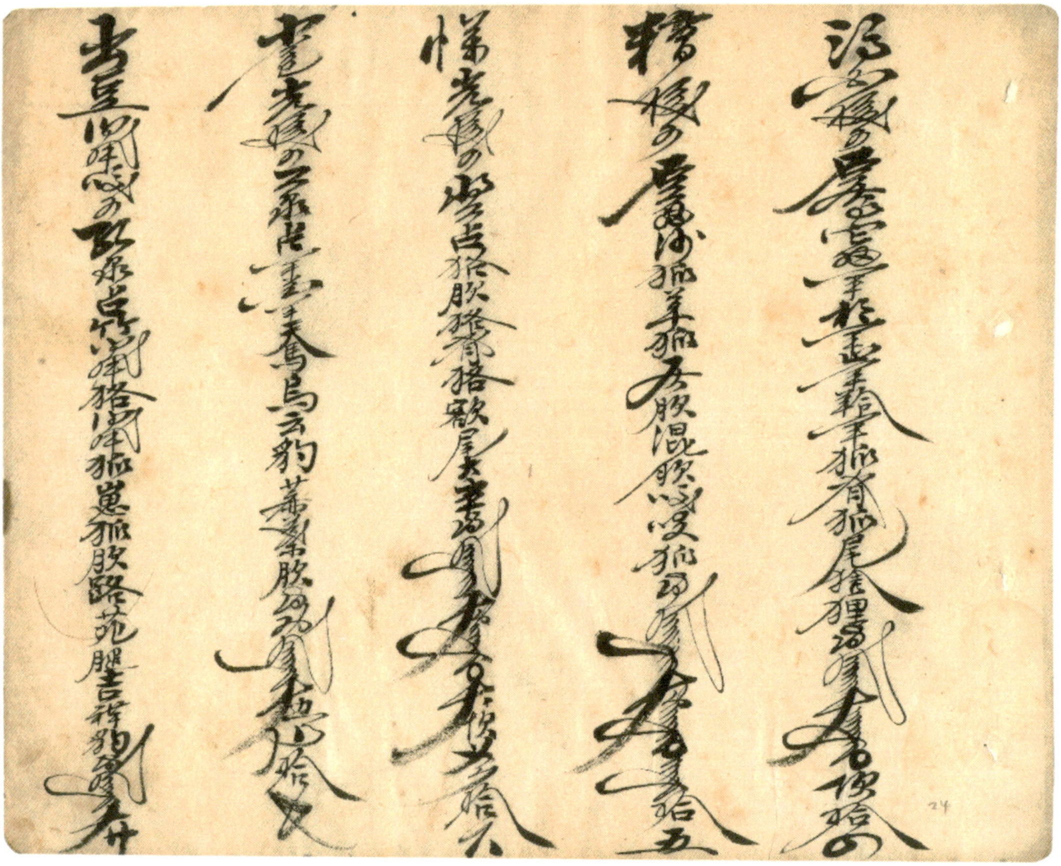

漏白板破石灰月駝綢羊鑲羊山羊羚羊狐脊狐
尾猞狸皮袍襖套棉坎十四
糟板破石藍綢紗狐羊狐灰肷混肷咬棉咬狐皮
袍套襖馬套棉套十五
爛光板破醬藍占駱肷駱脊駱額尾大小羊皮袍
套襖馬套棉襖坎義褲十六
少毛光板破藍綠占羊花羊天馬烏雲豹麻葉肷
皮男女袍套襖邊裙十七
出豆鼠咬破紅綠占竹鼠駱鼠狐崽狐肷路苑腿
吉祥豹皮袍套襖二十

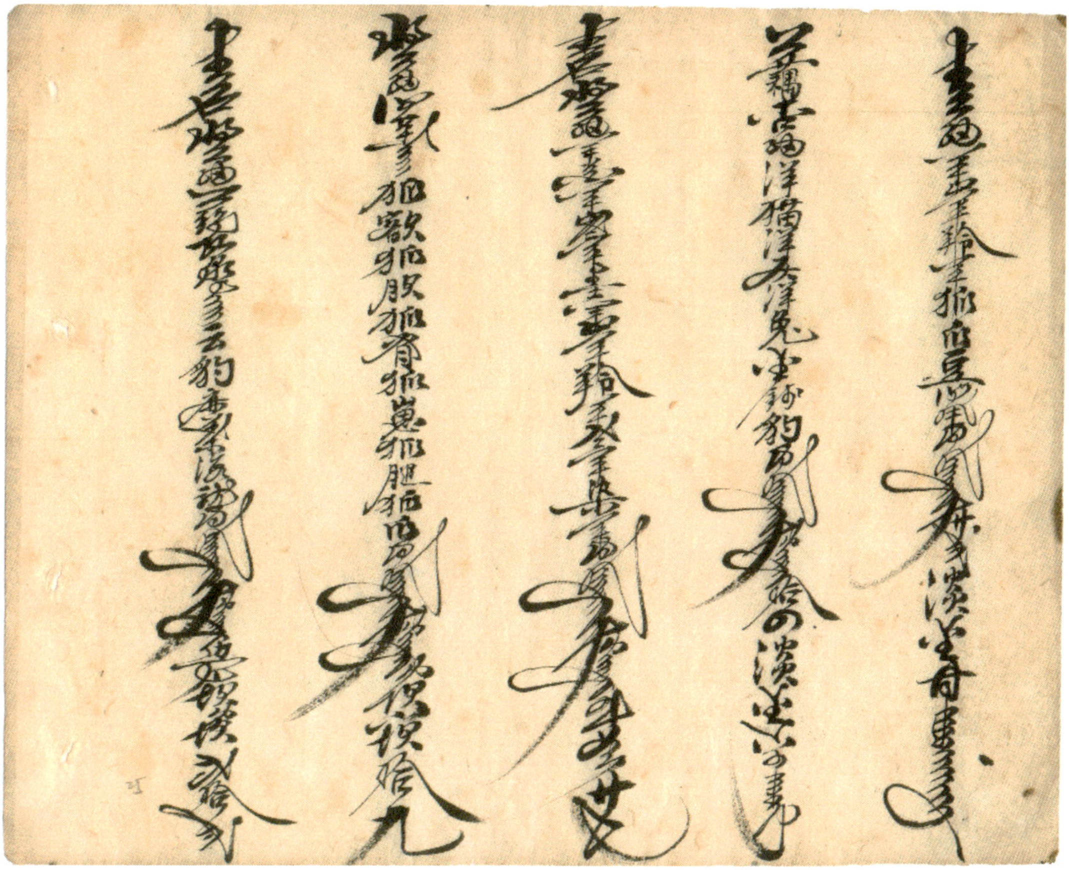

青綢羊山羊羚羊狐爪豆鼠皮袍套襖二十二淡
金鉗一雙
藍藕杏綢洋猫洋灰洋兔金錢豹皮袍套襖馬套
十四淡金六子一個
青石醬藍綢羊花羊寒羊黑羊山羊羚羊老羊染
羊皮袍套襖馬套褲女褲二十七
醬藍綢舊繭絹狐額狐肷狐脊狐崽狐腿狐爪皮
袍套馬套馬坎小坎十九
青石醬藍綢藍縐紅緑月絹雲豹麻葉海龍皮袍
套馬套邊裙坎馬坎二十二

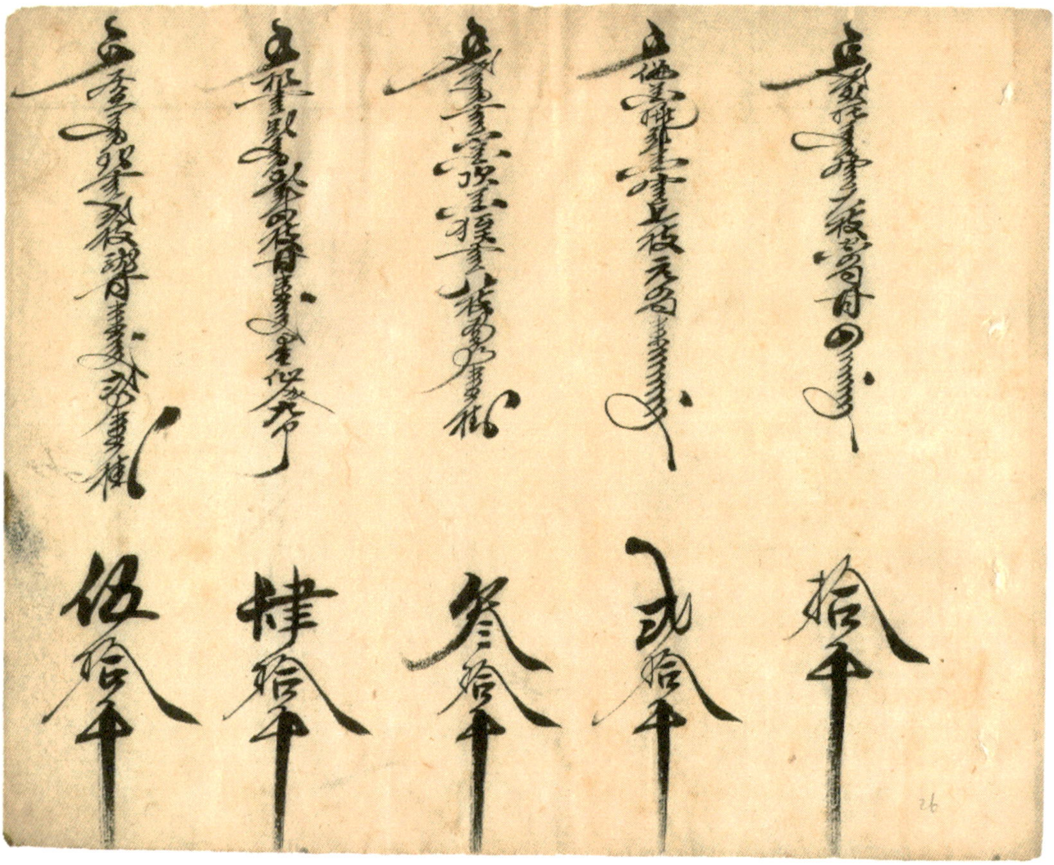

銀書玉托簪挖六枝空鐲鉗四雙　十千文
銀偏花挑針花挖七枝元鐲一雙　二十千文
銀書簪挖小花頂花猴挖八枝三事一挂　三十千文
銀扒挖別簪玉針四枝鉗一雙星仙人九個　四十千文
銀灰□簪環挖二枝龍鉗一雙二事一挂　五十千文

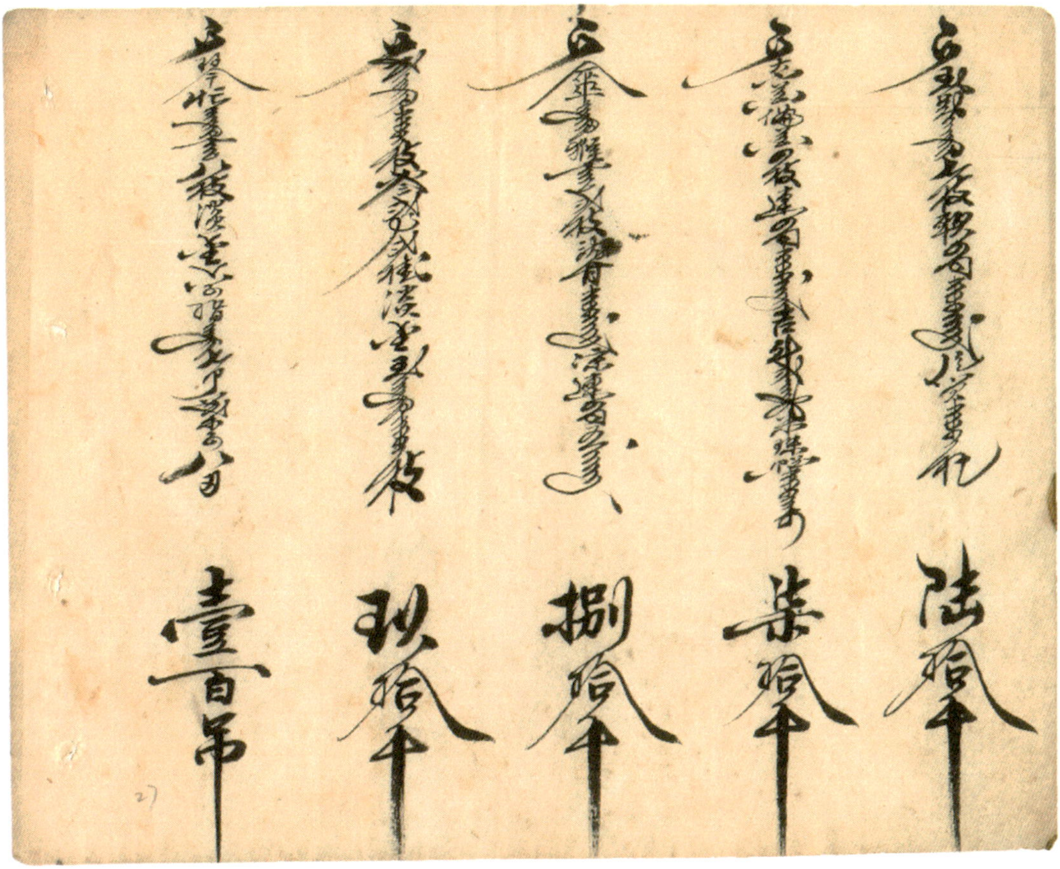

銀玉別簪七枝軟鐲一雙片鎖一把　六十千文

銀大小花偏花四枝連鐲一雙吉什二點米珠帕一條　七十千文

銀傘簪猴挖二枝龍鉗一雙凉連鐲五雙　八十千文

銀書簪一枝三二事二挂淡金玉簪一枝　九十千文

銀琴忙簪挖八枝淡金六子指套七個葉子八兩一百吊

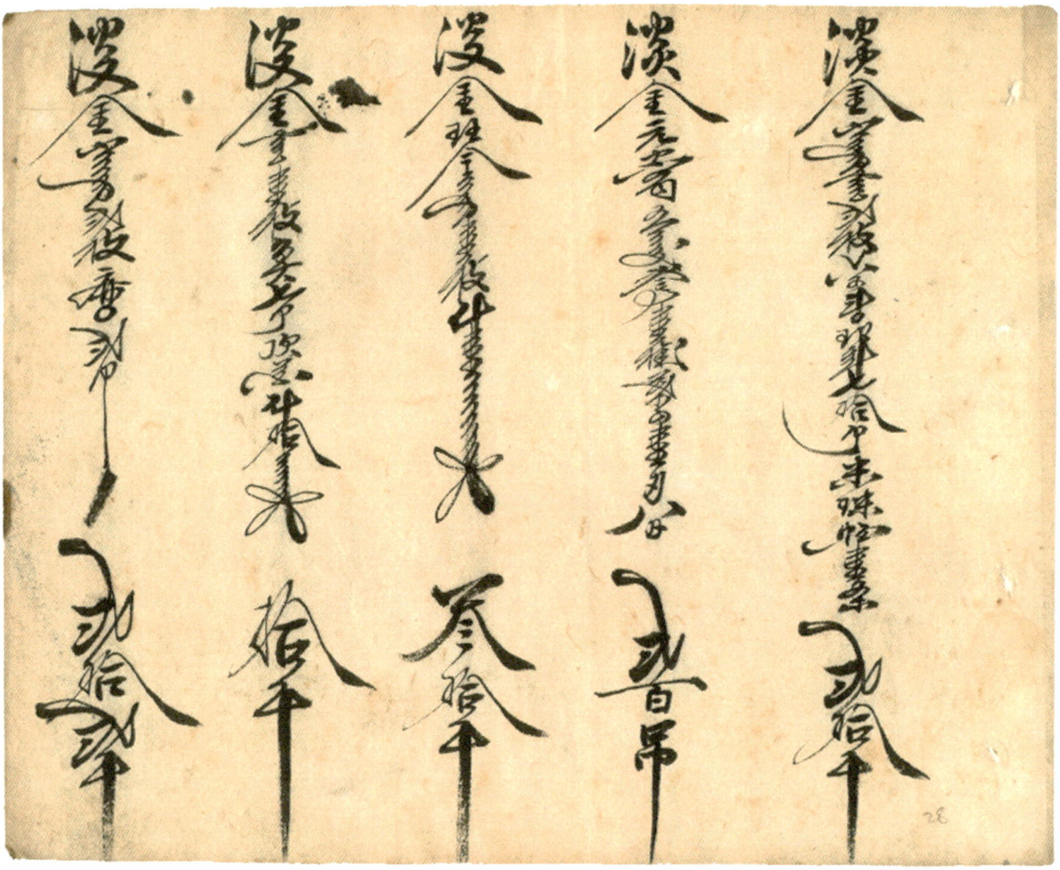

淡金小簪挖二枝六子斗圈環針七十個米珠帕
一條　二十千文
淡金元空鐲五雙三事一挂葉子一兩八錢　二
百吊
淡金琴簪一枝什一點　三十千文
淡金挖一枝魚七個頂花什十點　十千文
淡金小簪二枝麻圈二個　二十二千文

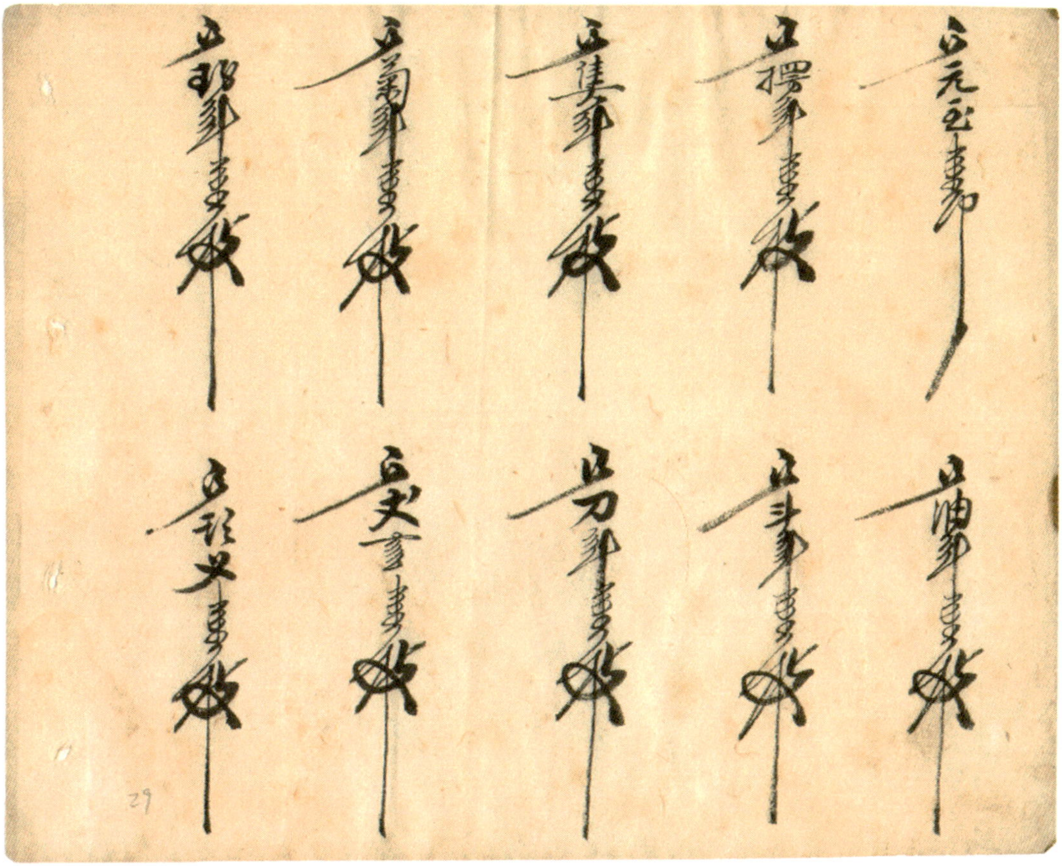

銀元寶一個
銀楞針一枝
銀焦針一枝
銀菊針一枝
銀環針一枝

銀油針一枝
銀斗針一枝
銀刀針一枝
銀丈挖一枝
銀頭義一枝

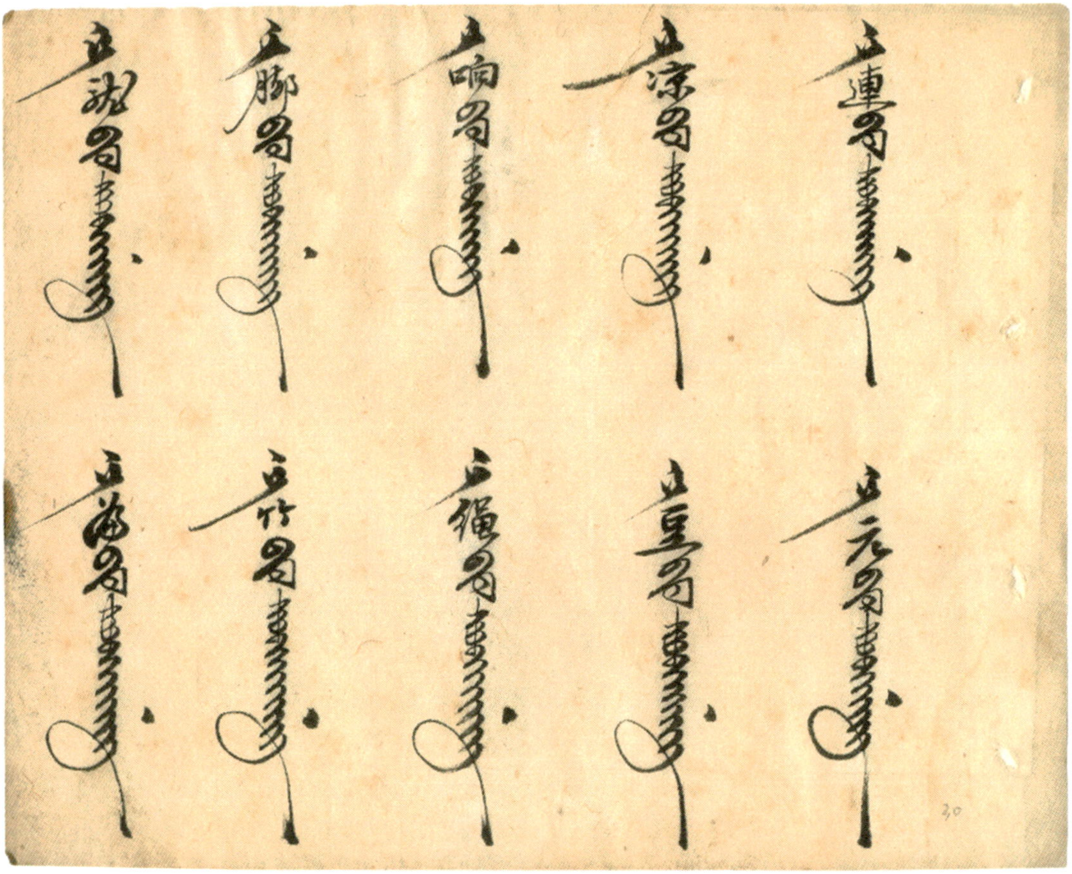

銀連鐲一雙
銀涼鐲一雙
銀響鐲一雙
銀脚鐲一雙
銀龍鐲一雙

銀元鐲一雙
銀豆鐲一雙
銀繩鐲一雙
銀竹鐲一雙
銀扁鐲一雙

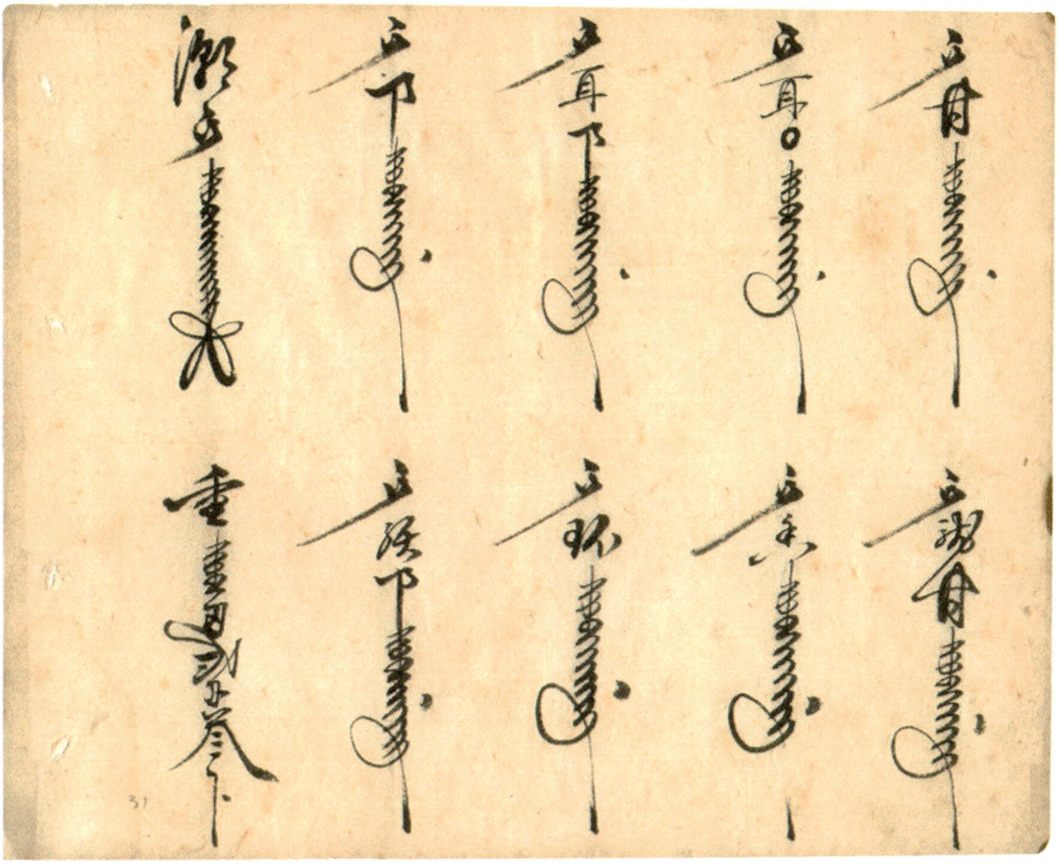

銀鉗一雙
銀耳環一雙
銀耳墜一雙
銀墜一雙
潮銀一點

銀龍鉗一雙
銀香一雙
銀環一雙
銀孩墜一雙
重一兩二錢三分

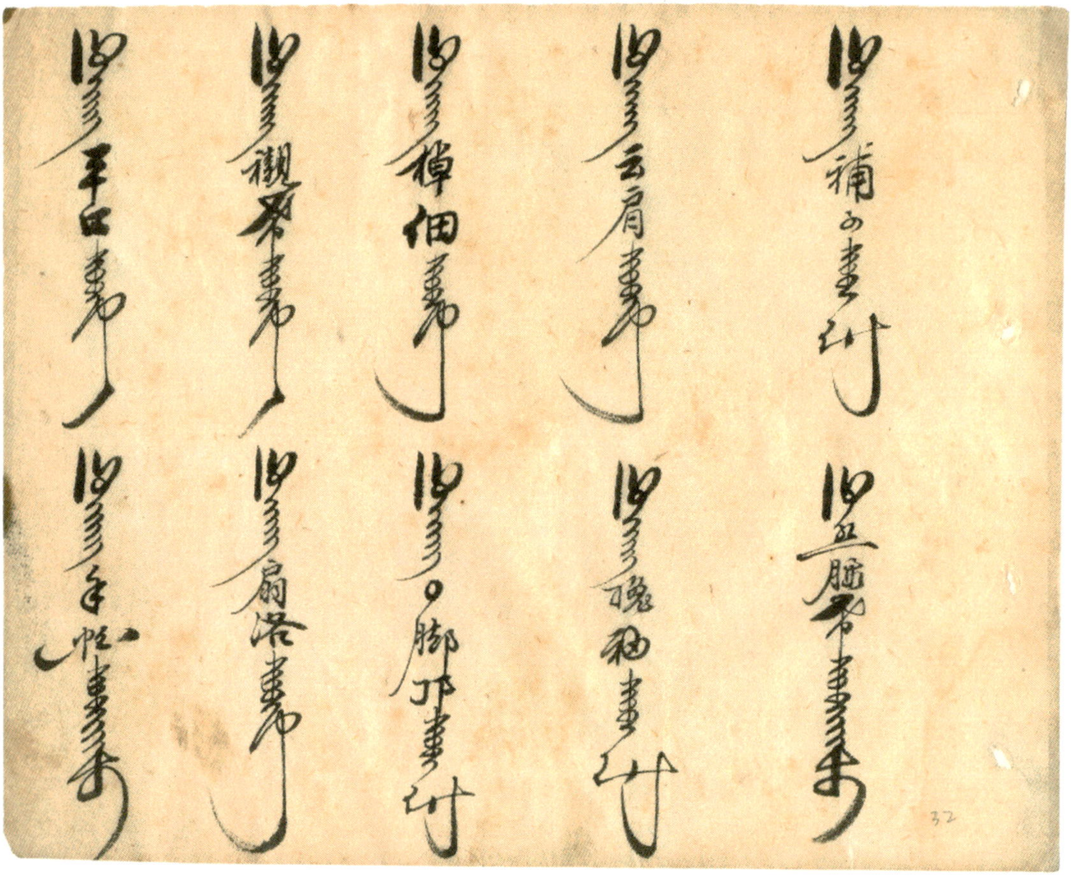

舊絹補子一付　舊絲腰帶一條

舊絹雲肩一個　舊絹挽袖一付

舊絹棹墊一個　舊絹棉脚卯一付

舊絹襯帶一個　舊絹扇洛一個

舊絹瓶口一個　舊絹手帕一條

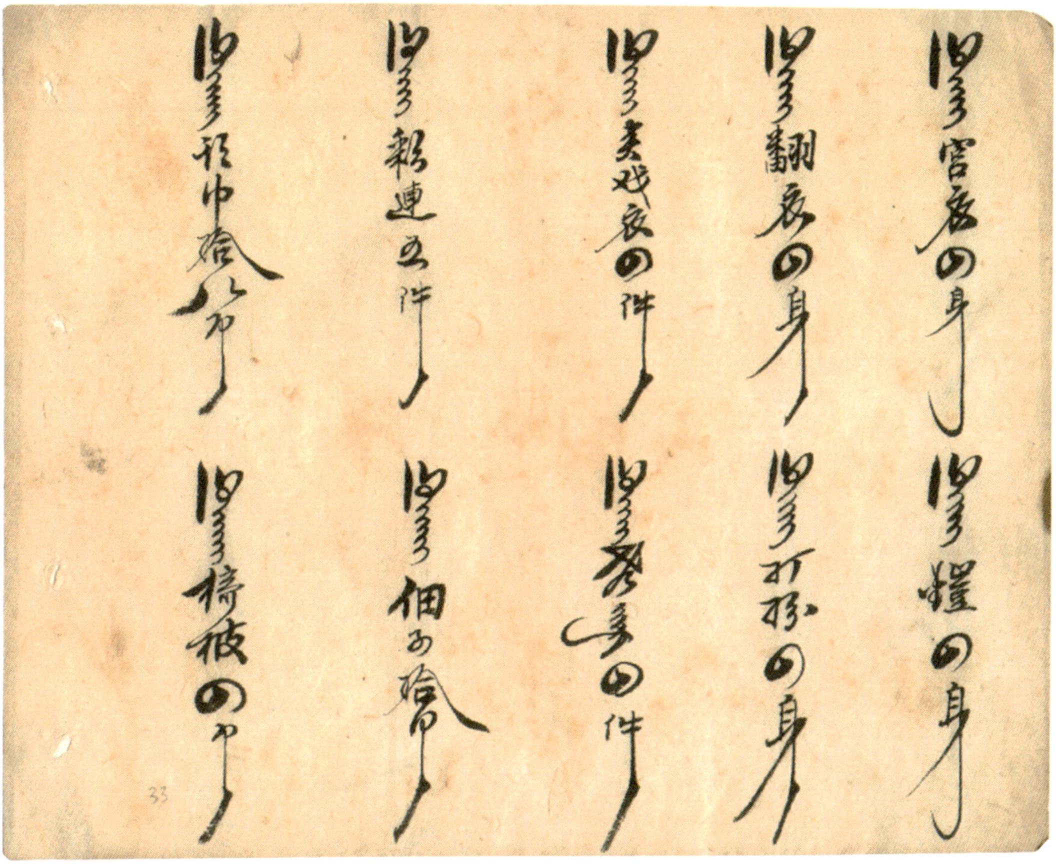

舊絹宮衣四身　舊絹鎧四身

舊絹翻衣四身　舊絹打扮四身

舊絹夾戲衣四件　舊絹鏡簪四件

舊絹彩連五件　舊絹墊子四十個

舊絹頭巾十八個　舊絹椅披四個

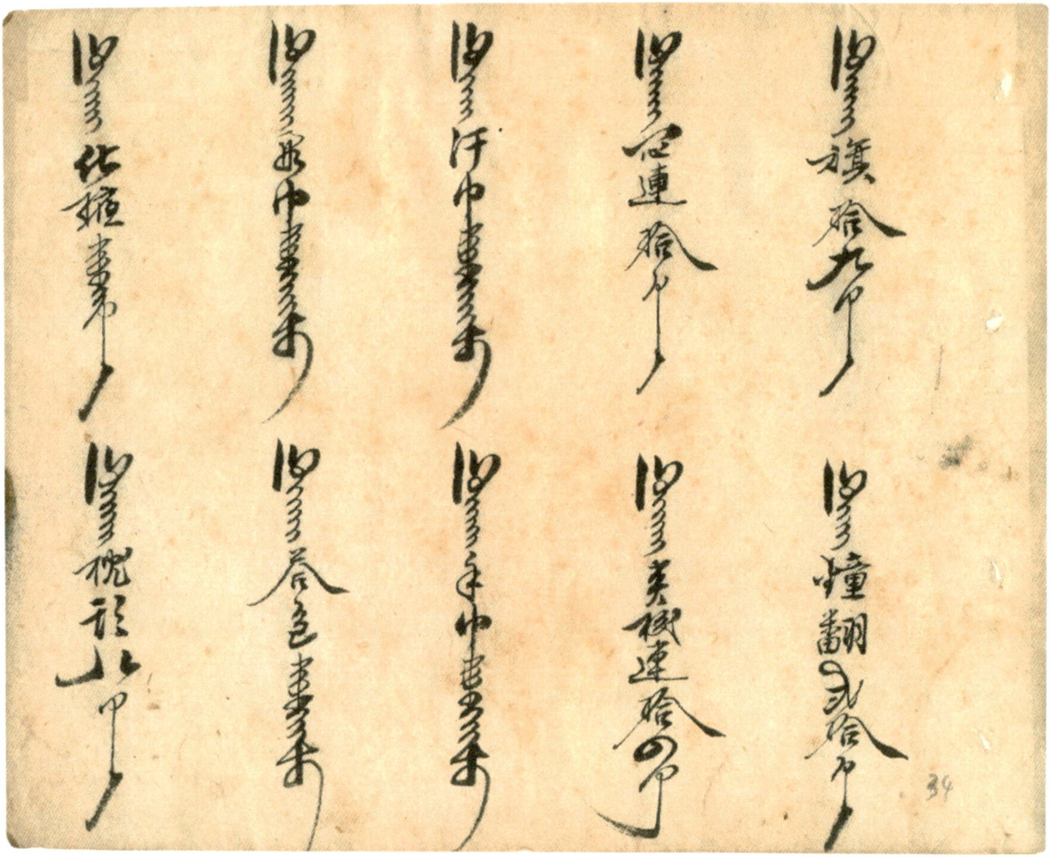

舊絹旗十九個　舊絹鐘翻二十個
舊絹門簾十個　舊絹夾棱連十四個
舊絹汗巾一條　舊絹手巾一條
舊絹腰巾一條　舊絹荅包一條
舊絹靴□一個　舊絹枕頭八個

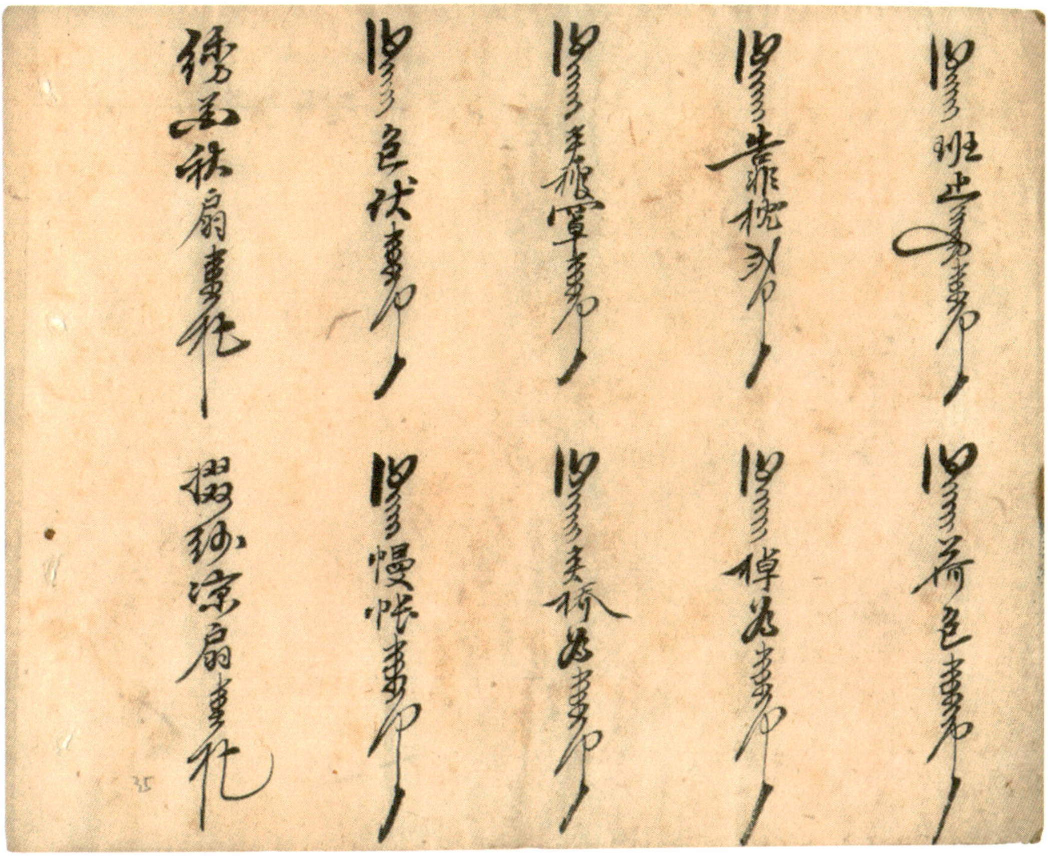

舊絹扳指套一個

舊絹靠枕二個

舊絹夾被罩一個

舊絹包袱一個

繡花秋扇一把

舊絹荷包一個

舊絹棹圍一個

舊絹夾轎圍一個

舊絹幔帳一個

摋紗涼扇一把

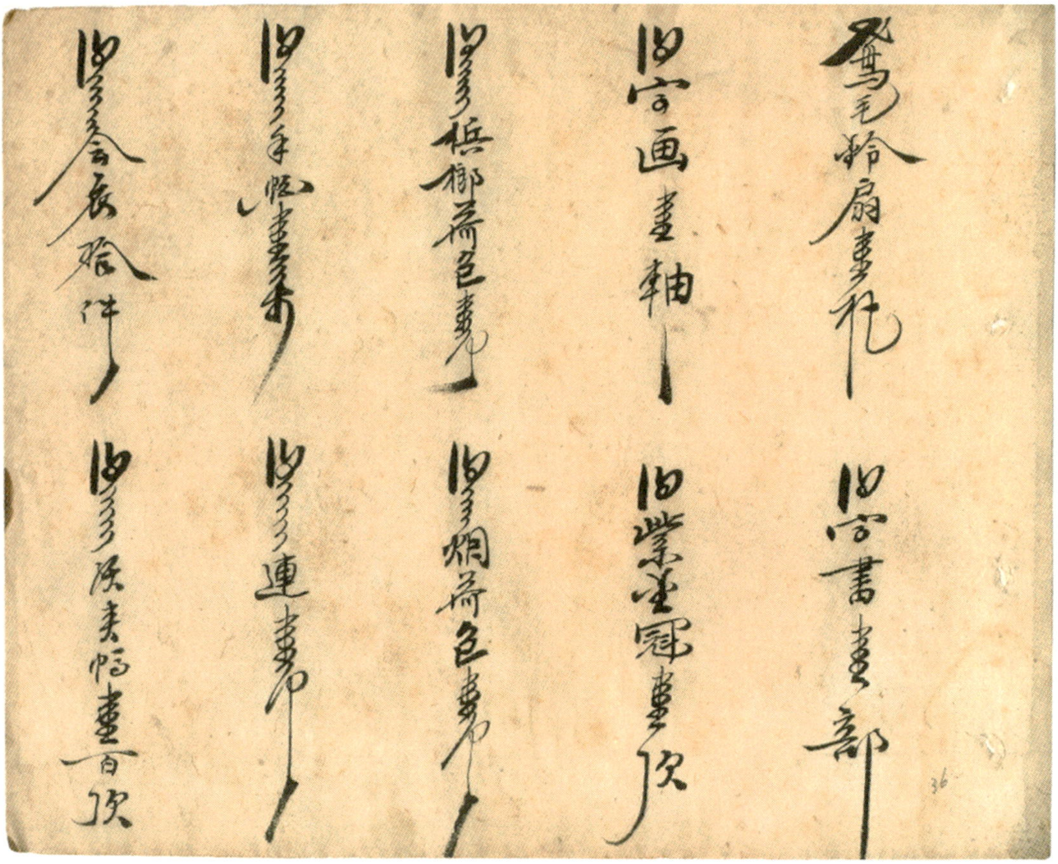

鵝毛鈴扇一把　舊字書一部
舊字畫一軸　舊紫金冠一頂
舊絹檳榔荷包一個　舊絹烟荷包一個
舊絹手帕一條　舊絹簾一個
舊絹會衣十件　舊絹孩夾帽一百頂

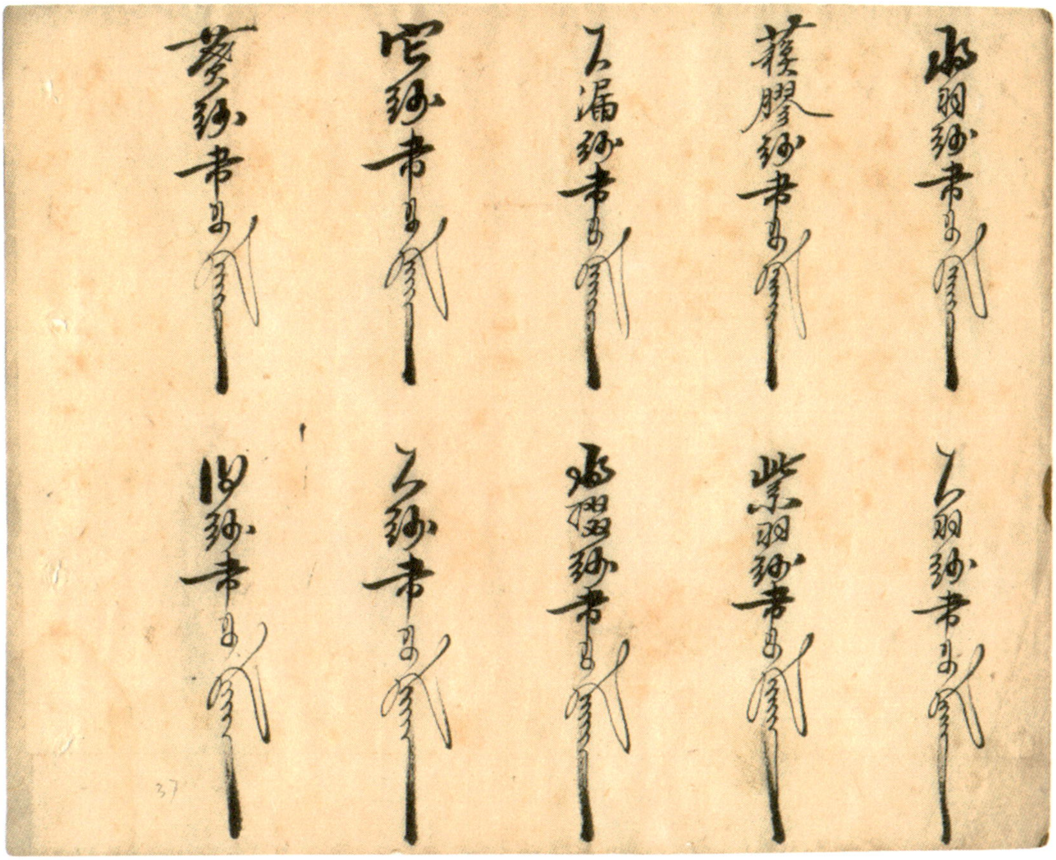

醬羽紗缺襟單袍一件
蘇膠紗缺襟單袍一件
藍漏紗缺襟單袍一件
駝紗缺襟單袍一件
黃紗缺襟單袍一件

藍羽紗缺襟單袍一件
紫羽紗缺襟單袍一件
醬掇紗缺襟單袍一件
藍紗缺襟單袍一件
舊紗缺襟單袍一件

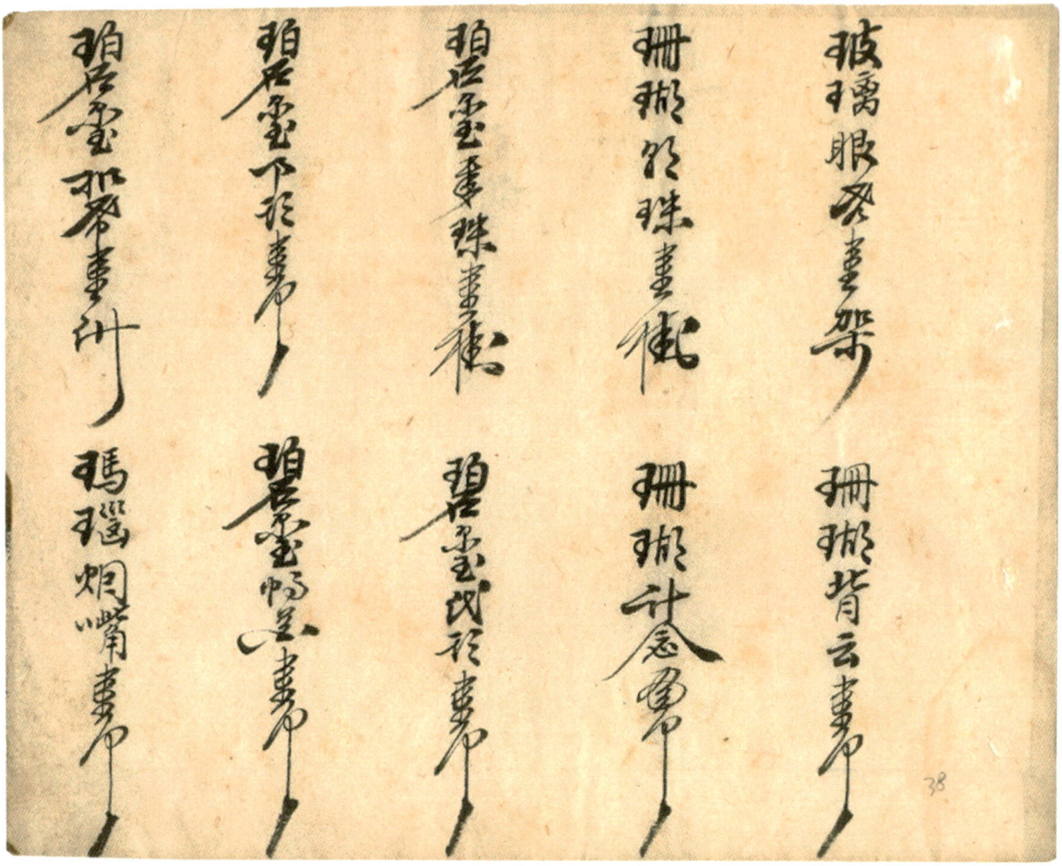

玻璃眼鏡一架　珊瑚背雲一個
珊瑚朝珠一挂　珊瑚計念三個
碧璽素珠一挂　碧璽代頭一個
碧璽墜頭一個　碧璽帽花一個
碧璽扣帶一付　瑪瑙烟嘴一個

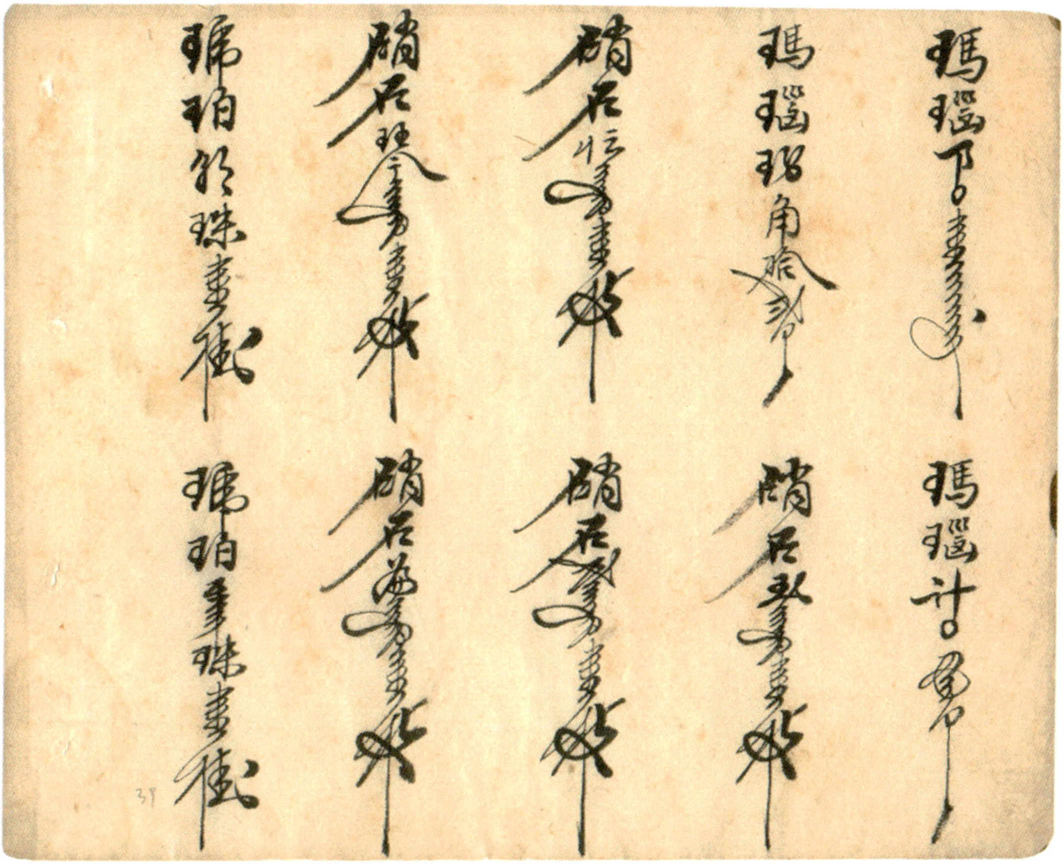

瑪瑙墜環一雙
瑪瑙環角十二個
硝石忙簪一枝
硝石琴簪一枝
琥珀朝珠一挂

瑪瑙計圈三個
硝石玉簪一枝
硝石書簪一枝
硝石扁簪一枝
琥珀素珠一挂

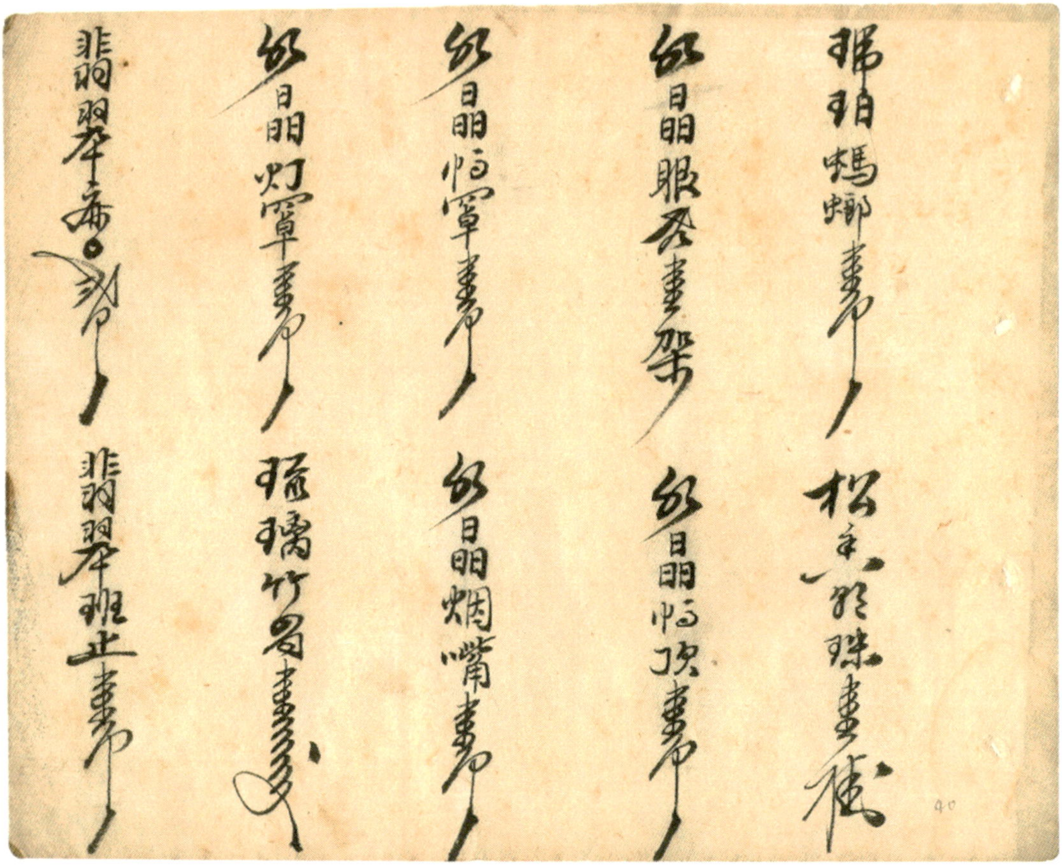

琥珀螞螂一個　松香朝珠一挂
紅晶眼鏡一架　紅晶帽頂一個
紅晶帽罩一個　紅晶烟嘴一個
紅晶燈罩一個　琉璃竹鐲一雙
翡翠麻圈二個　翡翠扳指一個

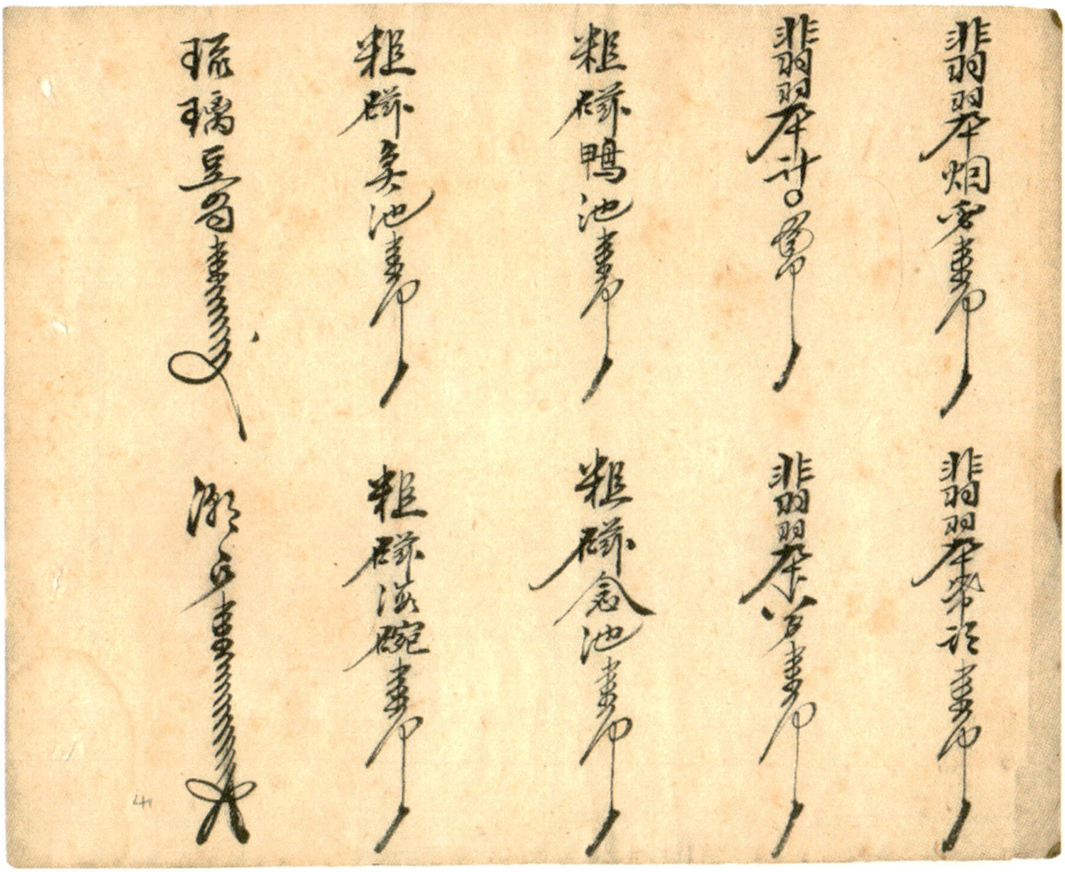

翡翠烟壺一個　翡翠帶頭一個
翡翠計圈三個　翡翠六子一個
粗磁鴨池一個　粗磁念池一個
粗磁魚池一個　粗磁海碗一個
琉璃豆鐲一雙　潮銀一點

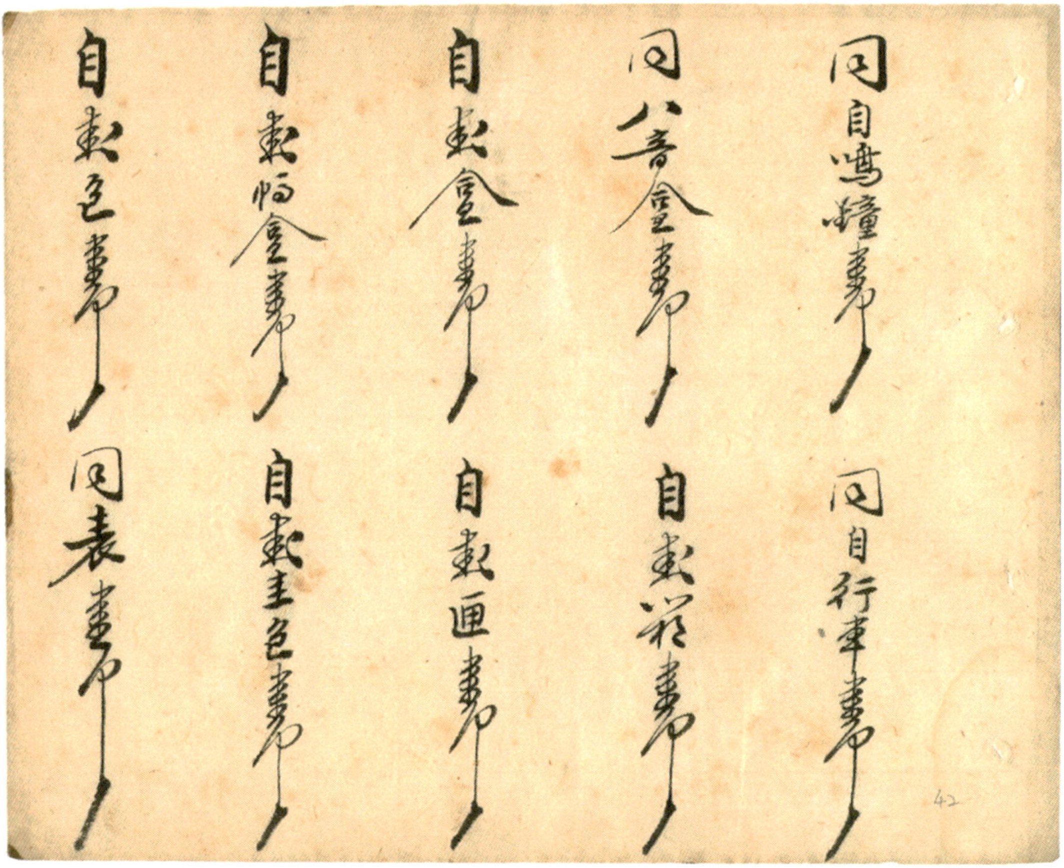

銅自鳴鐘一個
銅八音盒一個
自封盒一個
自封帽盒一個
自封包一個

銅自行車一個
自封箱一個
自封匣一個
自封鞋包一個
銅錶一個

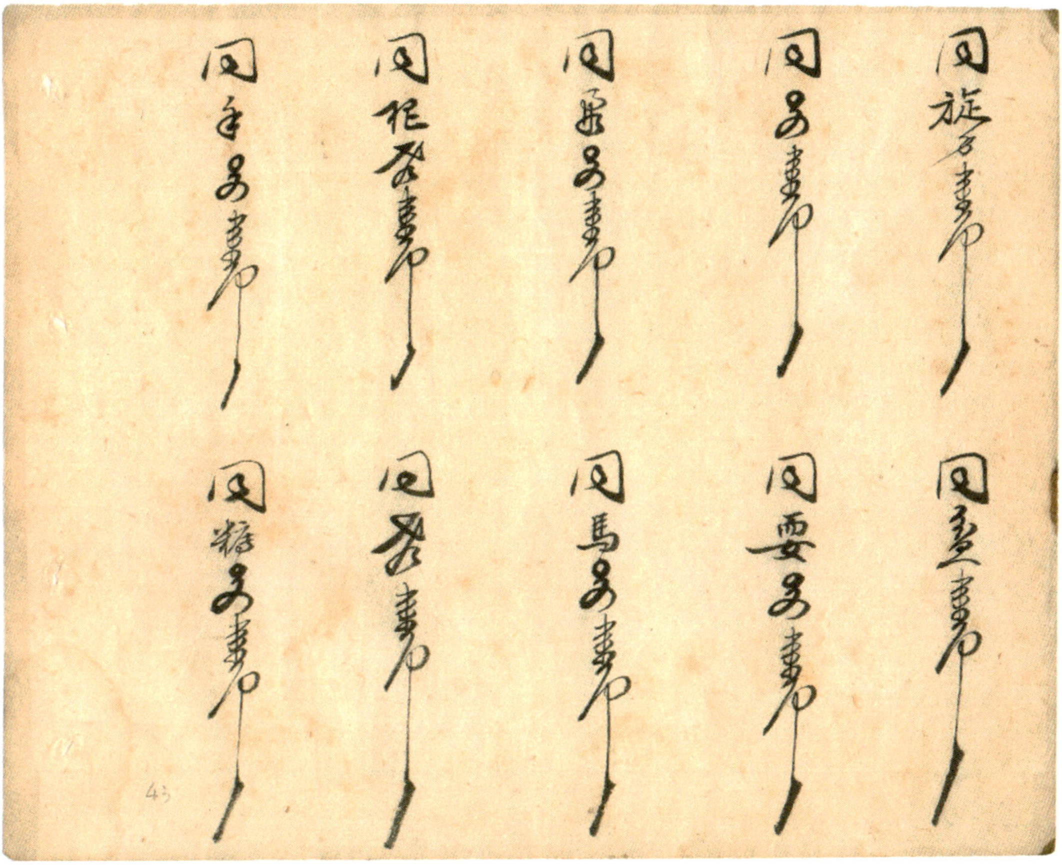

銅鏇子一個
銅鑼一個
銅腰鑼一個
銅櫃鏡一個
銅手鑼一個

銅盆一個
銅耍鑼一個
銅馬鑼一個
銅鏡一個
銅糖鑼一個

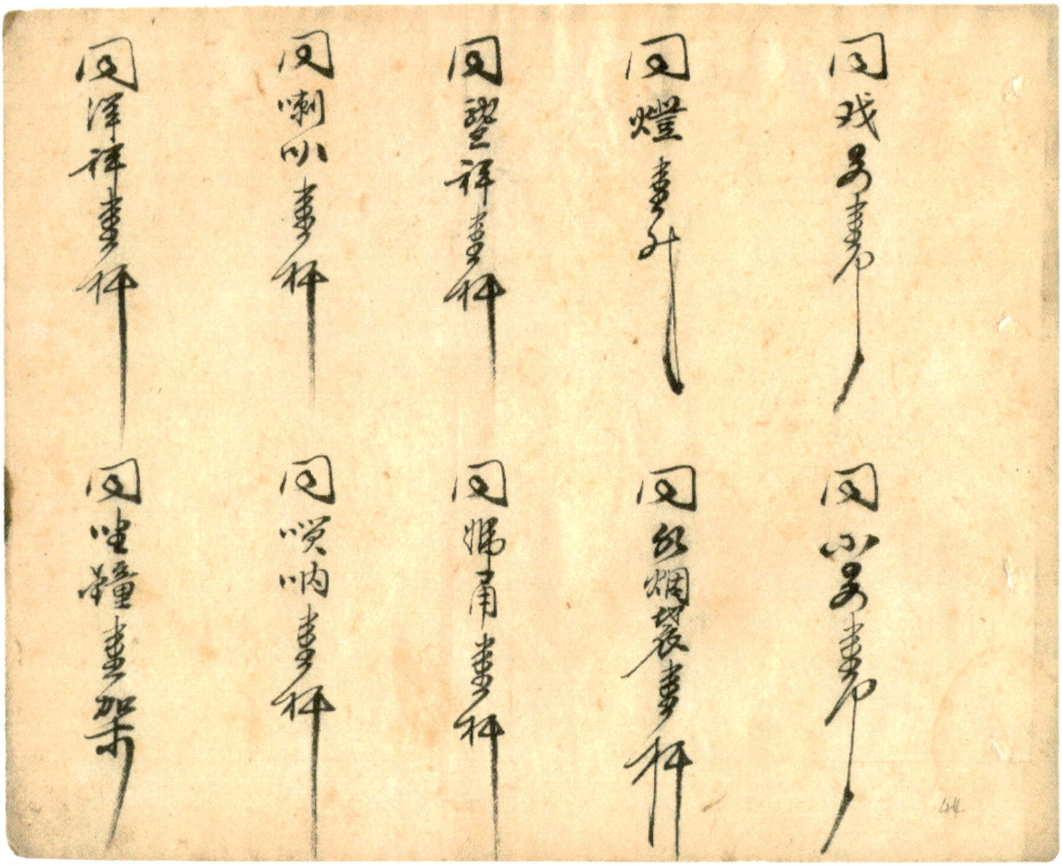

銅戲鑼一個
銅燈一對
銅盤秤一杆
銅喇叭一杆
銅洋秤一杆

銅小鑼一個
銅水烟袋一杆
銅號筒一杆
銅嗩吶一杆
銅座鐘一架

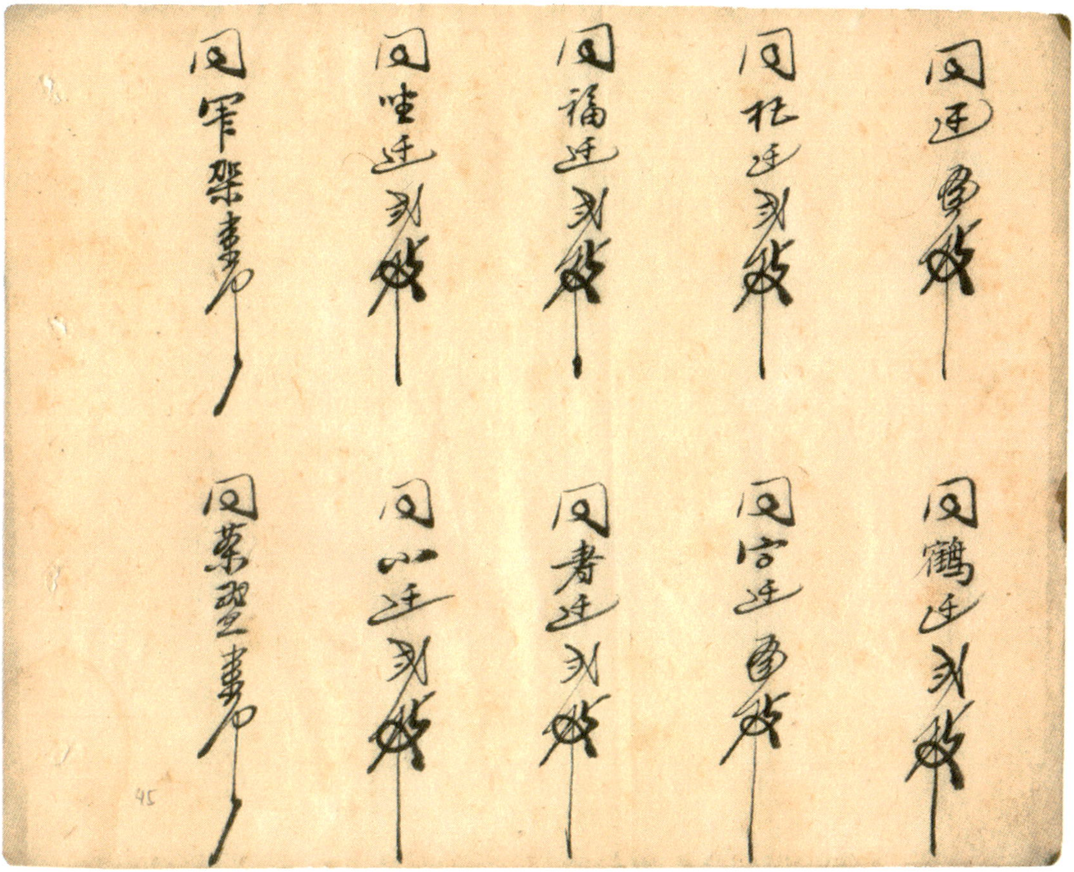

銅簽三枝
銅托簽二枝
銅福簽二支
銅坐簽二枝
銅挂架一個

銅鶴簽二枝
銅字簽三枝
銅壽簽二枝
銅小簽二枝
銅茶盤一個

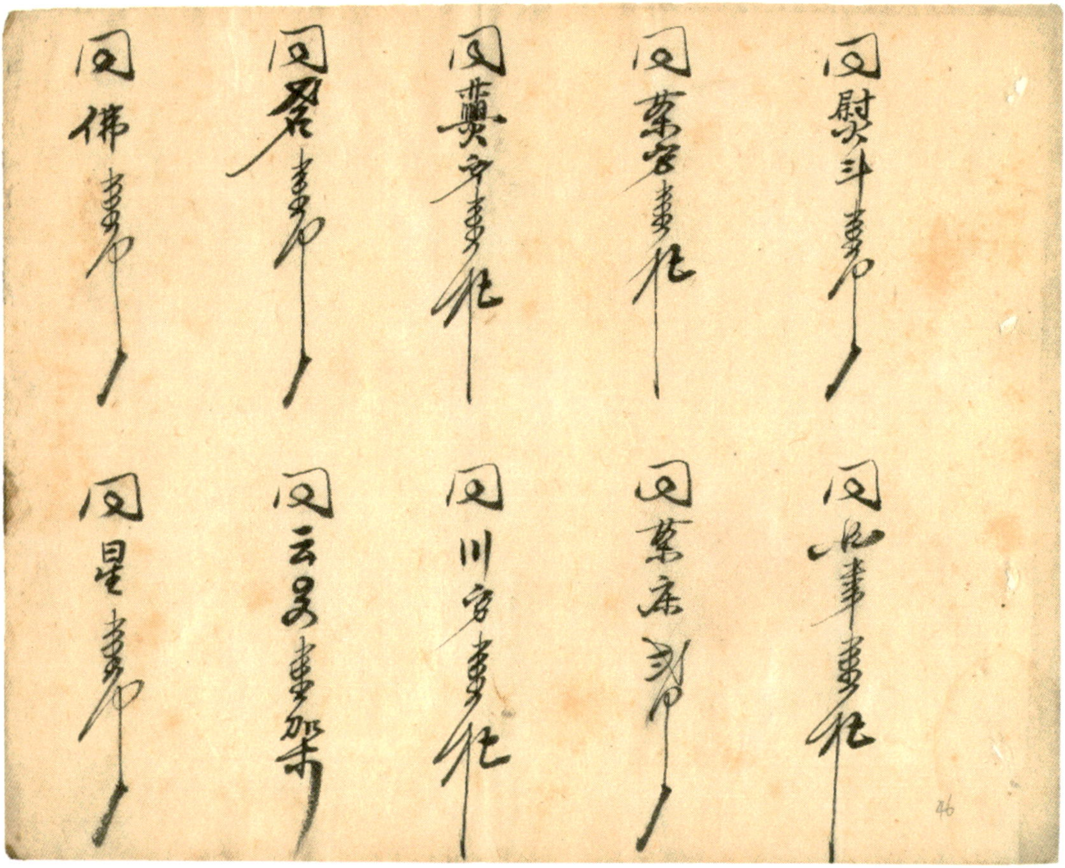

銅熨斗一個　銅酒素一把
銅茶壺一把　銅茶床二個
銅□壺一把　銅釧壺一把
銅磬一個　銅雲鑼一架
銅佛一個　銅星一個

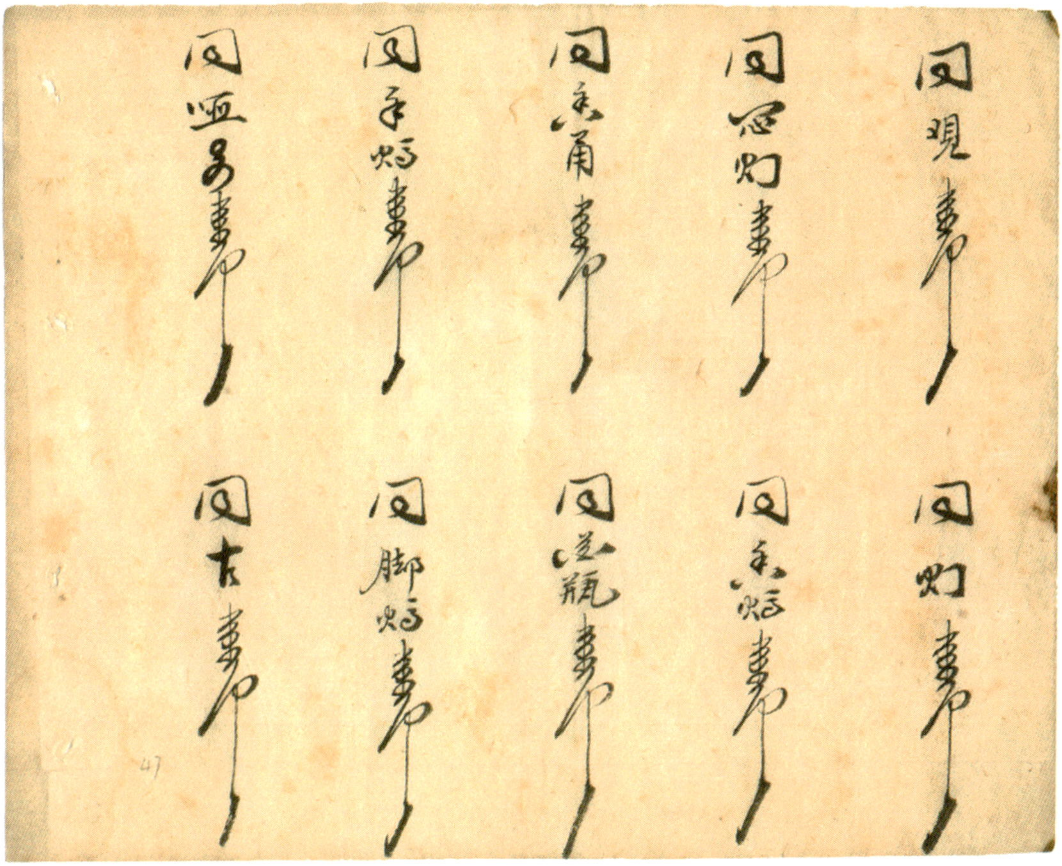

銅罐一個
銅悶燈一個
銅香筒一個
銅手爐一個
銅啞鑼一個

銅燈一個
銅香爐一個
銅花瓶一個
銅脚爐一個
銅鼓一個

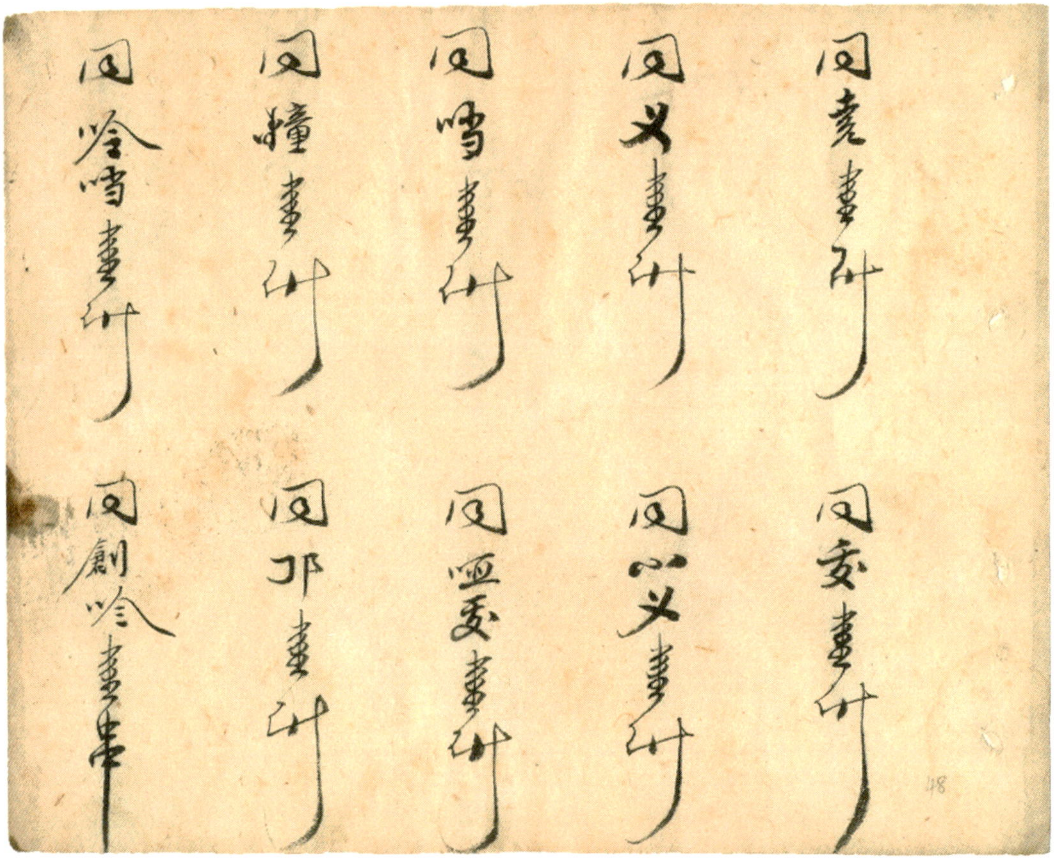

銅鐃一付
銅釵一付
銅鐺一付
銅鐘一付
銅鈴鐺一付

銅鈸一付
銅小釵一付
銅啞鈸一付
銅卯一付
銅創鈴一串

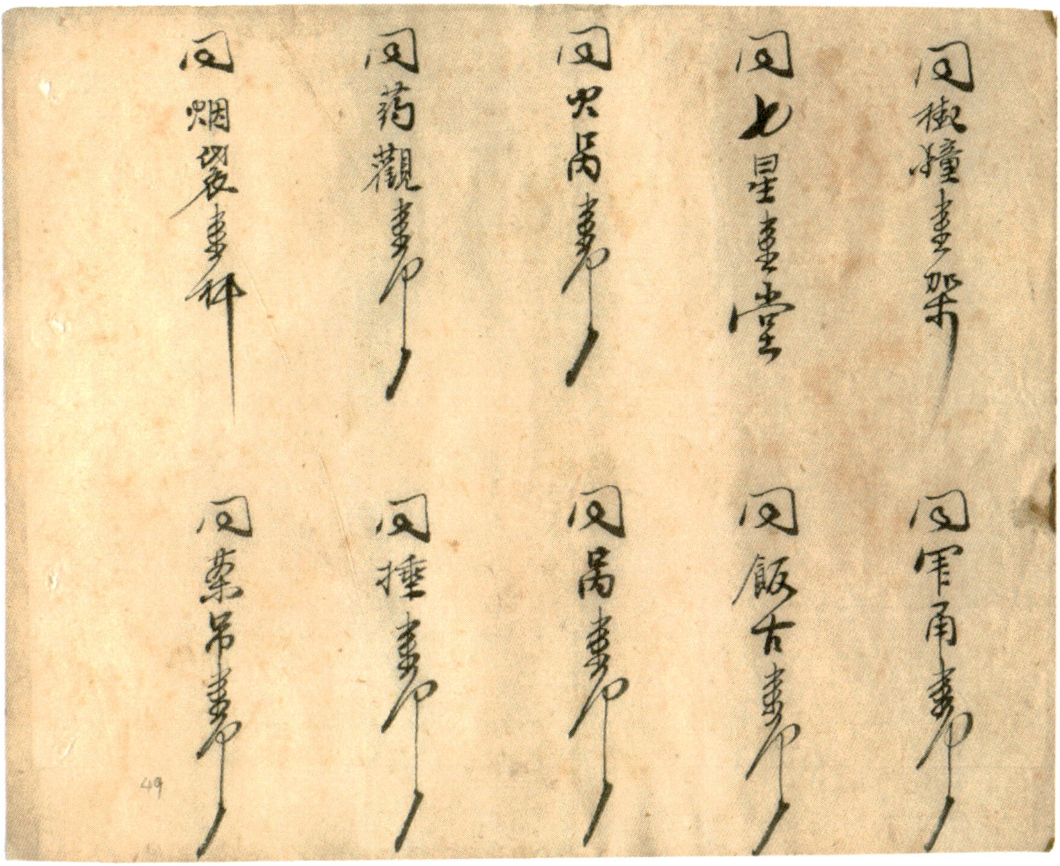

銅挂鐘一架
銅七星一堂
銅火鍋一個
銅藥罐一個
銅烟袋一杆

銅挂筒一個
銅飯鼓一個
銅鍋一個
銅錘一個
銅茶吊一個

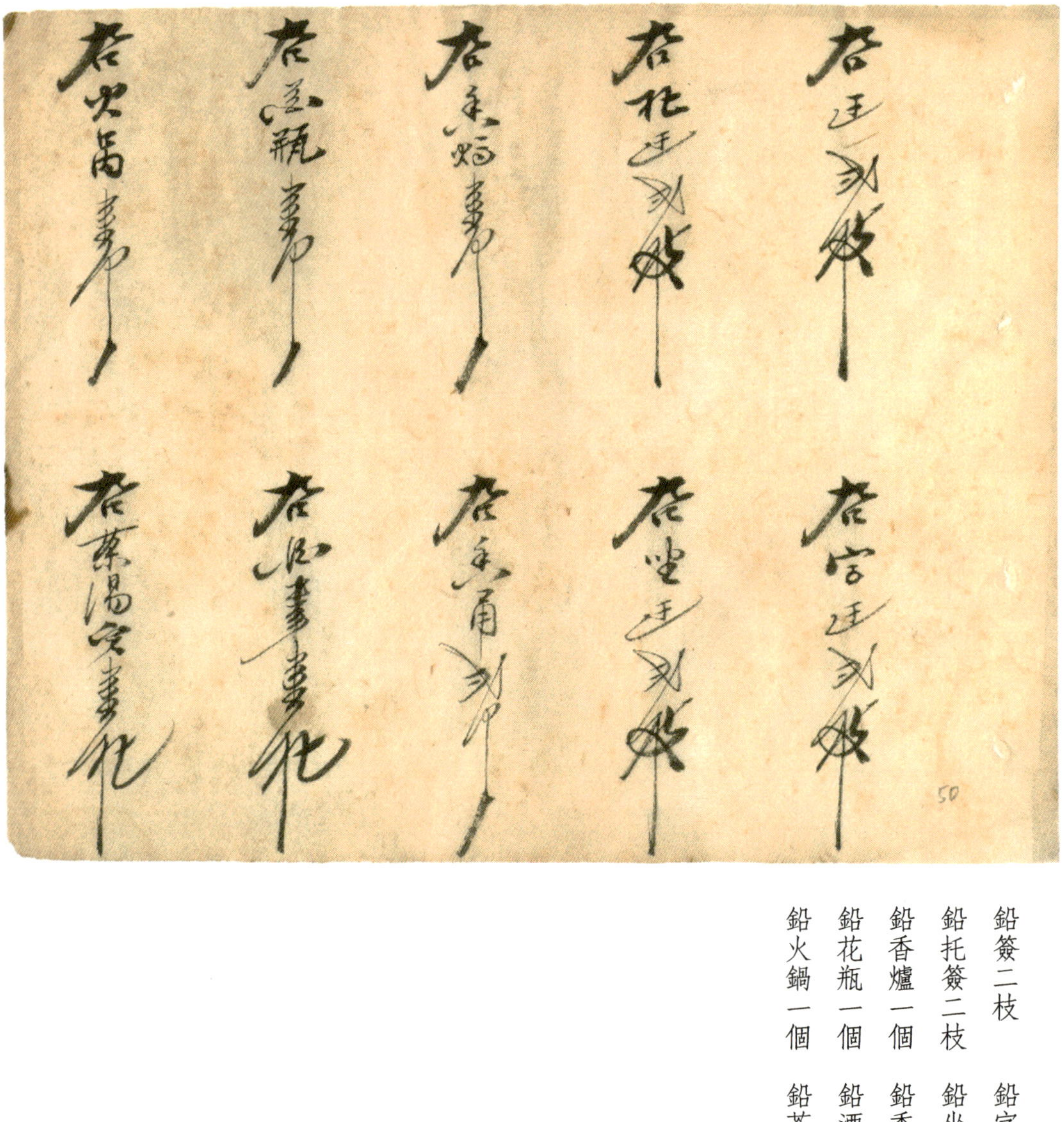

鉛簽二枝　鉛字簽二枝
鉛托簽二枝　鉛坐簽二枝
鉛香爐一個　鉛香筒二個
鉛花瓶一個　鉛酒素一把
鉛火鍋一個　鉛茶湯壺一把

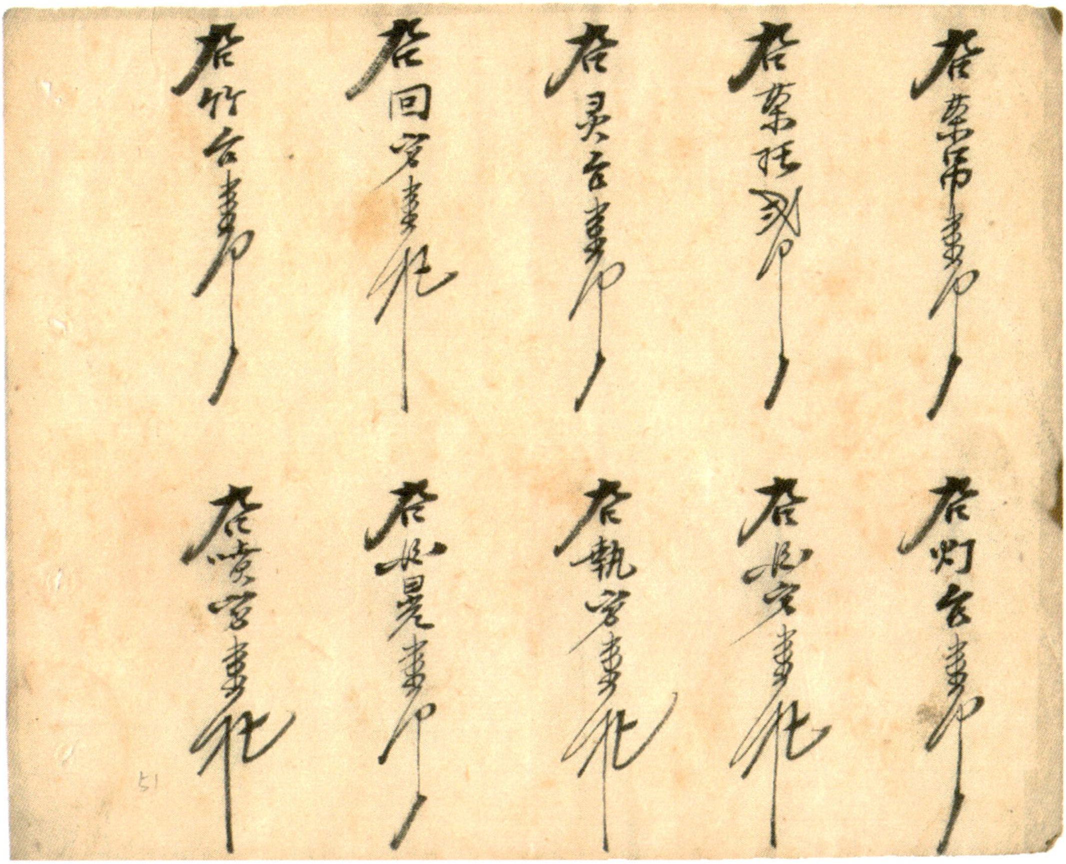

鉛茶吊一個
鉛茶托二個
鉛靈臺一個
鉛回壺一把
鉛竹臺一個

鉛燈臺一個
鉛酒壺一把
鉛執壺一把
鉛酒幌一個
鉛噴壺一個

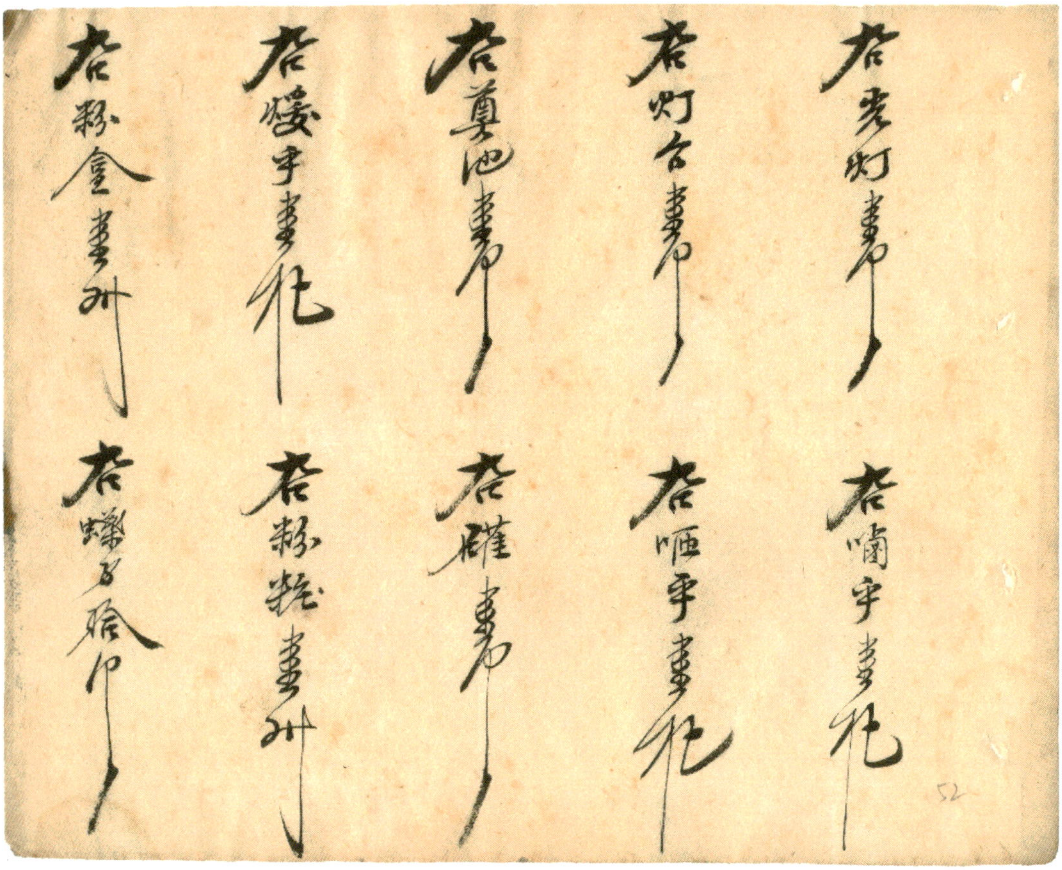

鉛光燈一個　鉛鹵壺一把
鉛燈臺一個　鉛咂壺一把
鉛莫池一個　鉛罐一個
鉛暖壺一把　鉛粉妝一對
鉛粉盒一對　鉛碟子十個

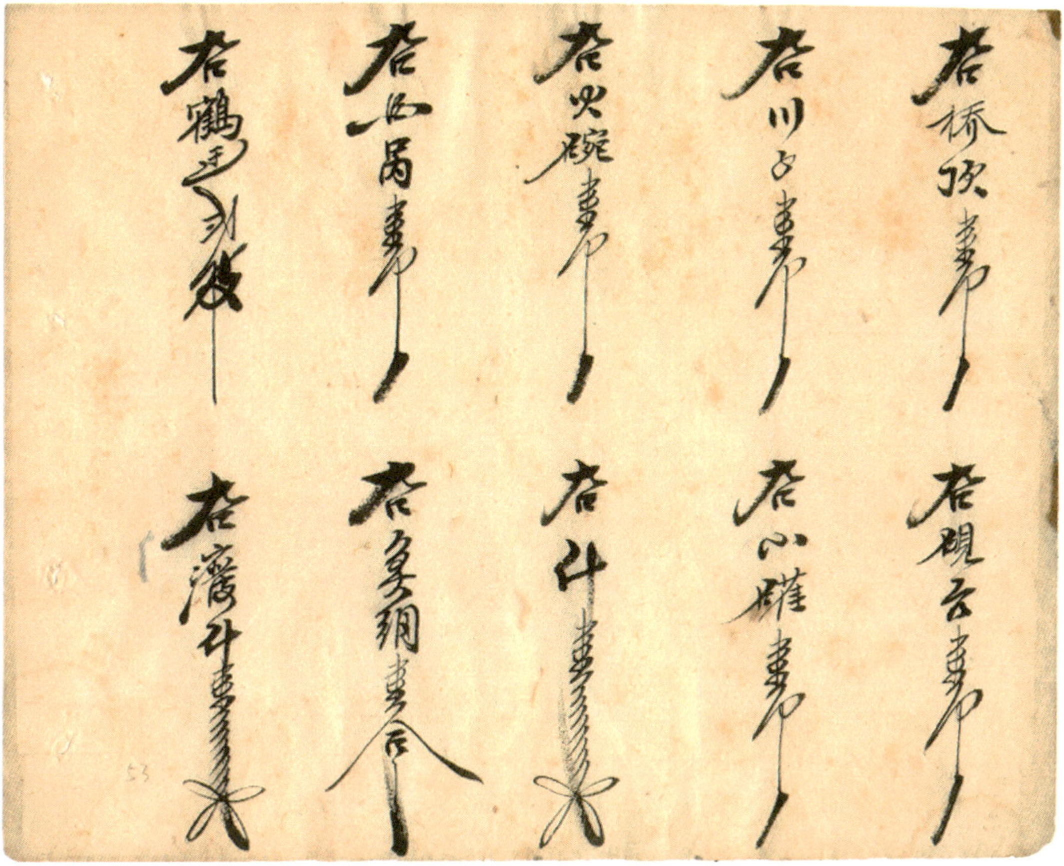

鉛轎頂一個
鉛釧子一個
鉛火碗一個
鉛酒鍋一個
鉛鶴簽二枝

鉛硯臺一個
鉛小罐一個
鉛什一點
鉛魚網一盒
鉛廢什一點

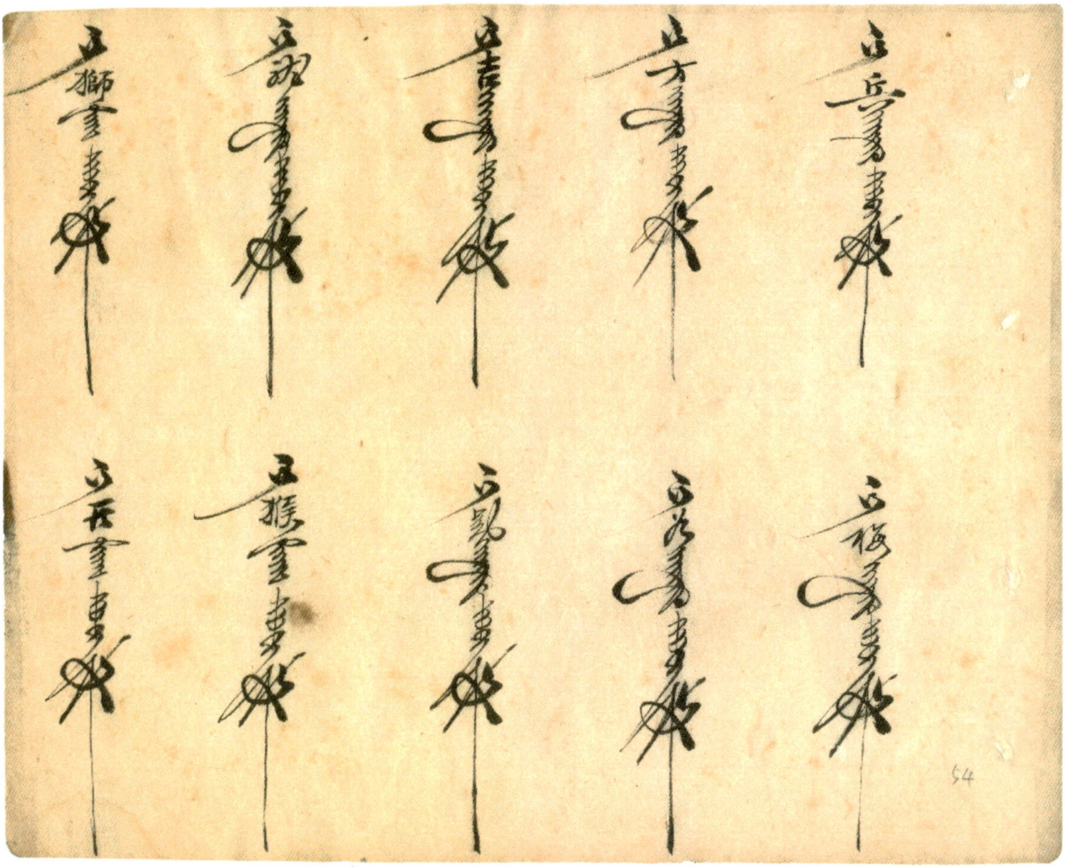

銀兵簪一枝
銀方簪一枝
銀吉簪一枝
銀龍簪一枝
銀獅挖一枝

銀梅簪一枝
銀如簪一枝
銀別簪一枝
銀猴挖一枝
銀竹挖一枝

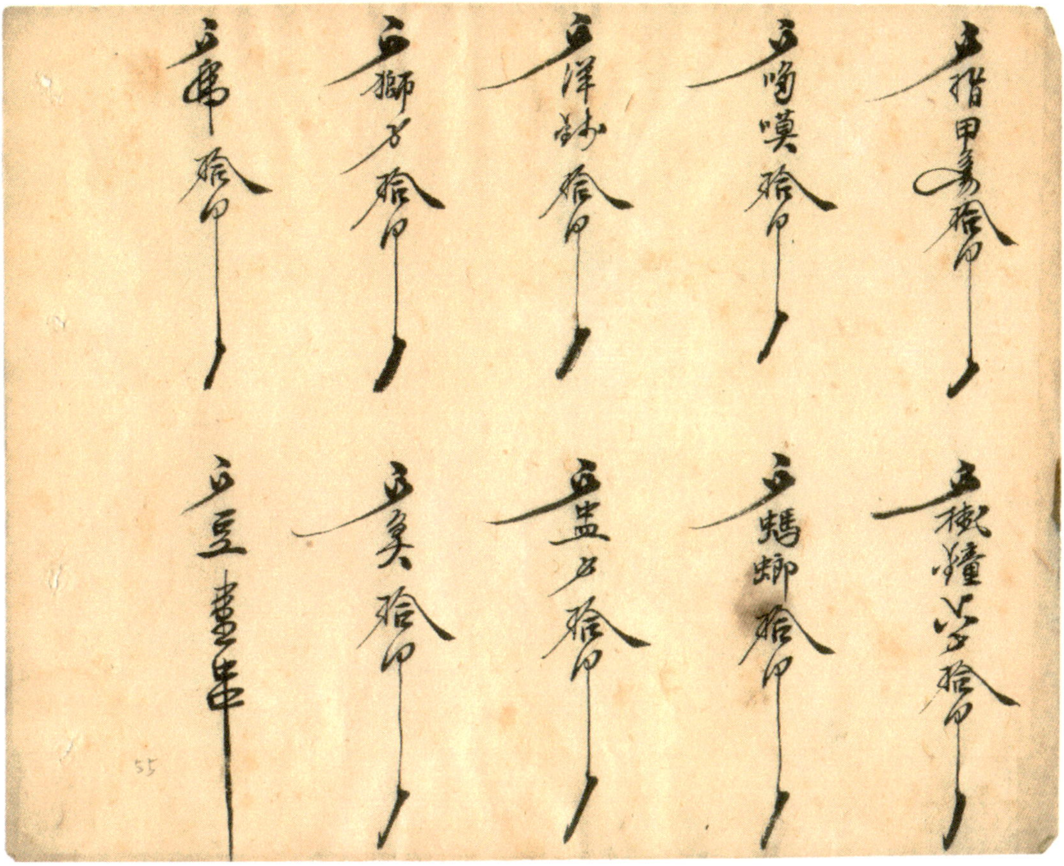

銀指甲套十個
銀哆嘆十個
銀洋錢十個
銀獅子十個
銀虎十個

銀挂鐘六子十個
銀螞螂十個
銀盅子十個
銀魚十個
銀豆一串

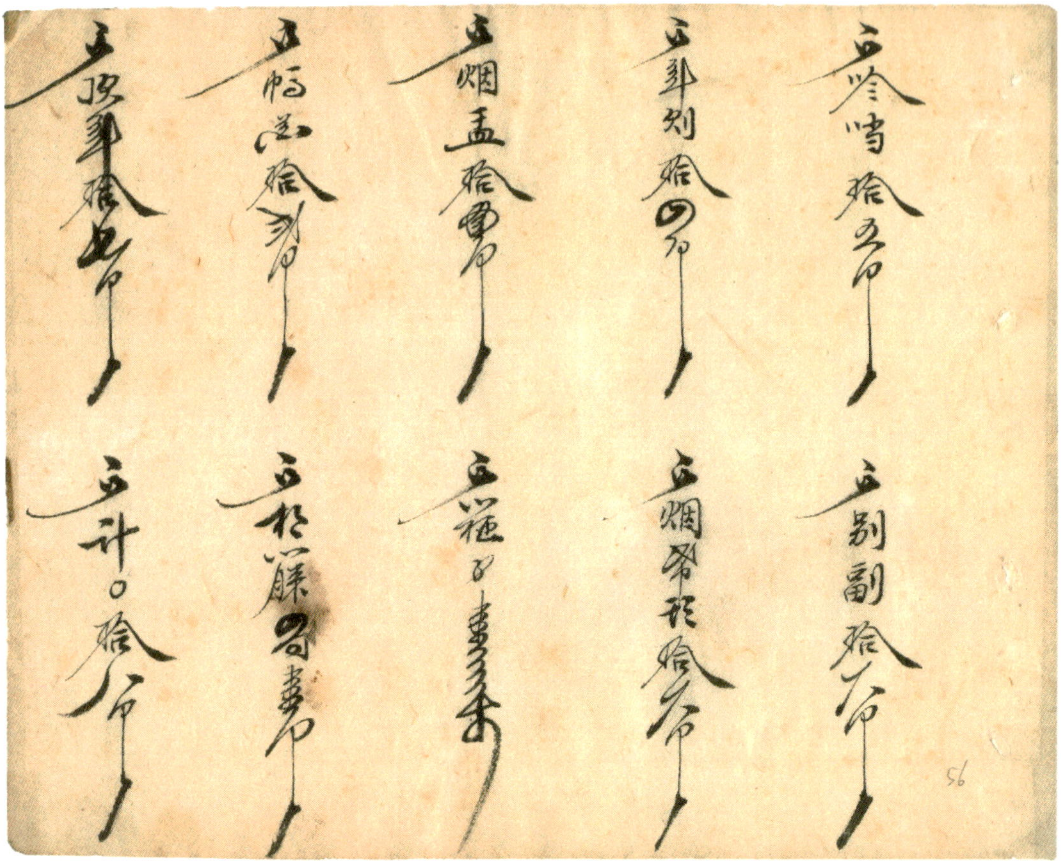

銀鈴鐺十五個　銀別副十六個
銀針則十四個　銀烟帶頭十六個
銀烟盂十個　銀箍子一條
銀帽花十二個　銀鑲藤鐲一個
銀頂針十七個　銀計圈十八個

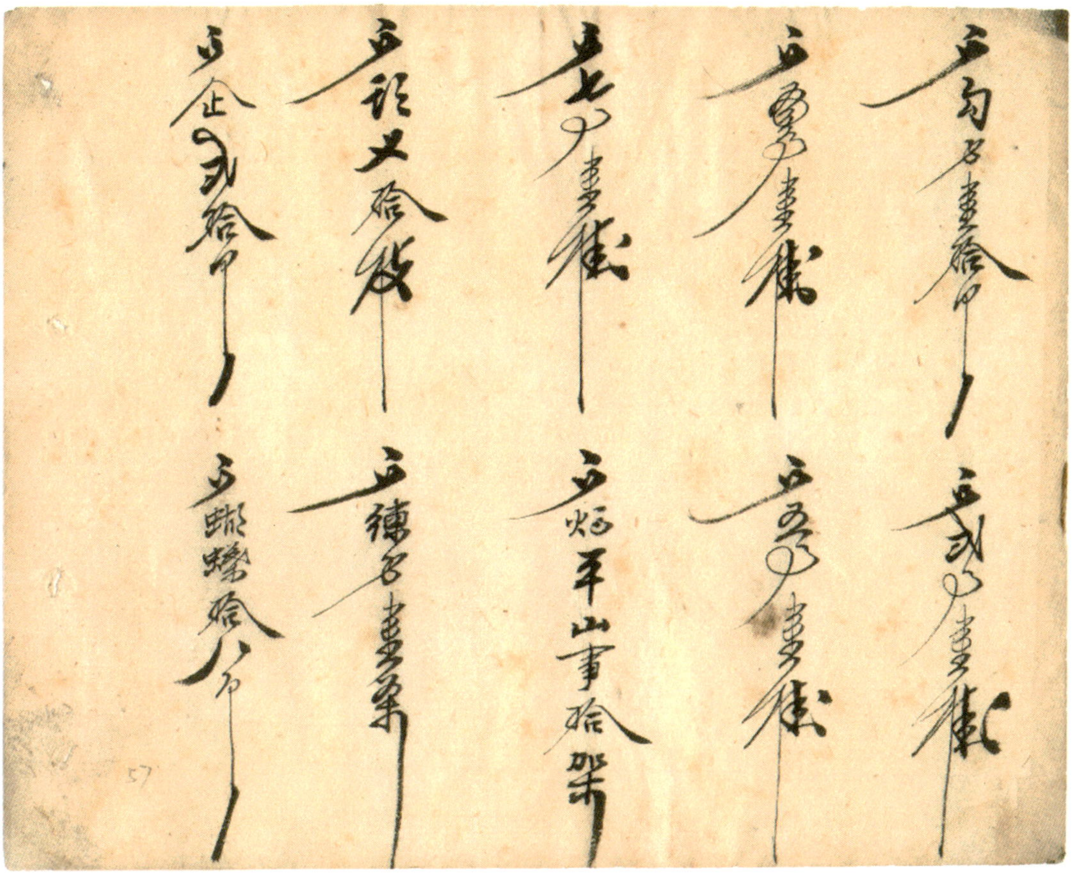

銀鈎子一十個　銀二事一挂

銀三事一挂　銀五事一挂

銀七事一挂　銀爐瓶山事十架

銀頭釵十枝　銀鏈子一條

銀人指二十個　銀蝴蝶十八個

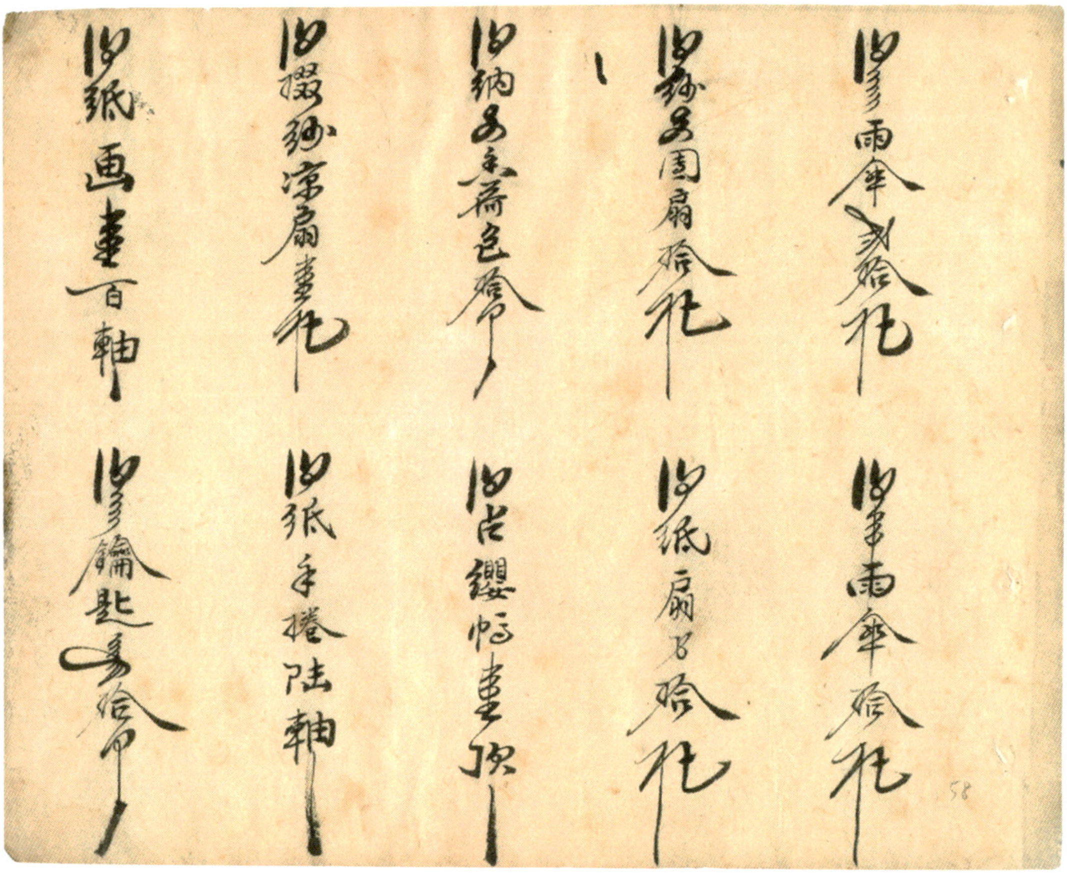

舊絹雨傘二十把　舊布雨傘十把
舊紗羅團扇十把　舊紙扇子十把
舊納羅香荷包十個　舊占纓帽一頂
舊掇紗凉扇一把　舊紙手捲六軸
舊紙畫一百軸　舊絹鑰匙套十個

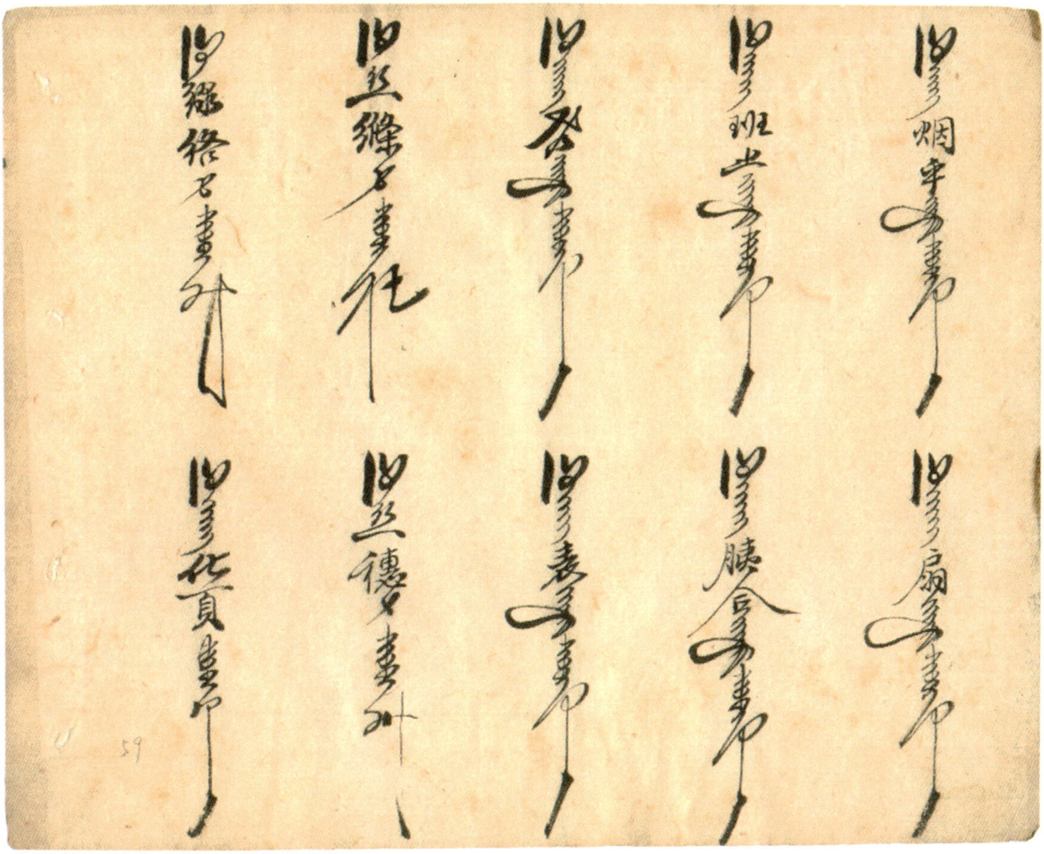

舊絹烟壺套一個　舊絹扇套一個

舊絹扳指套一個　舊絹胰盒套一個

舊絹鏡套一個　舊絹錶套一個

舊絲絛子一把　舊絲穗穗一對

舊綫絡子一對　舊絹鞋頁一個

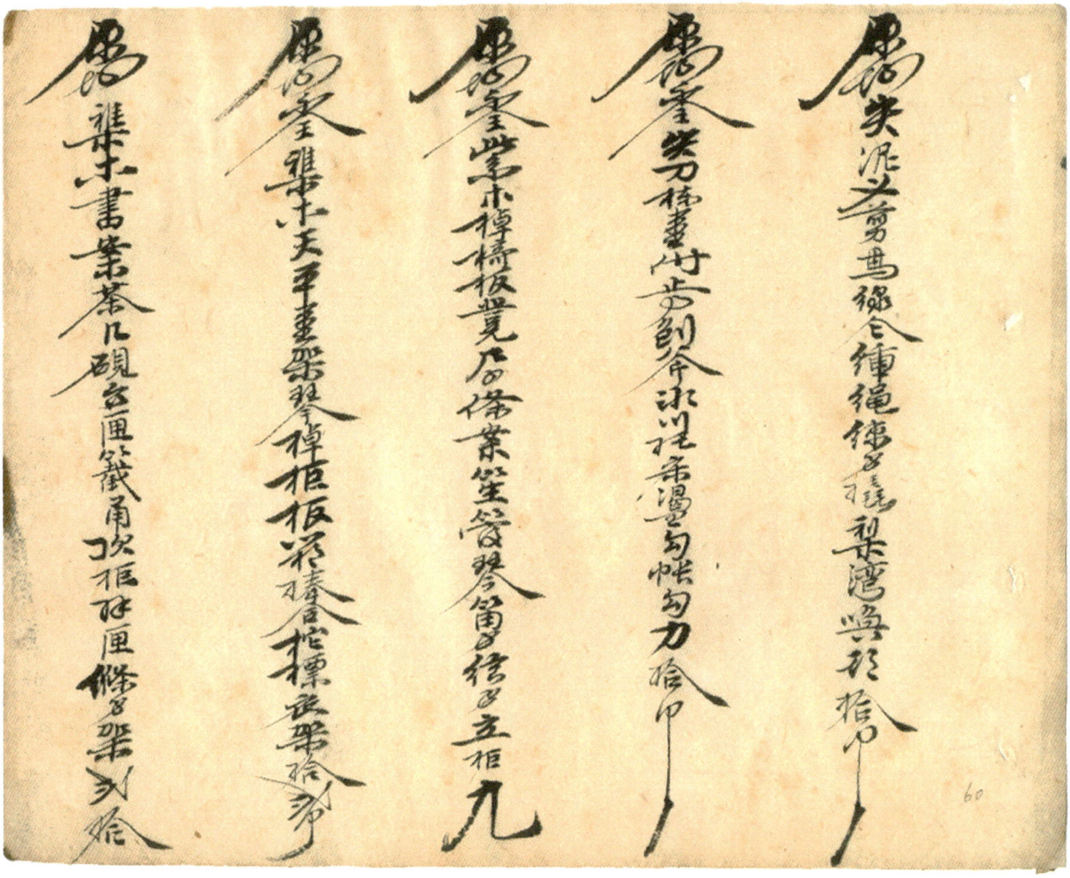

原壞鐵泥義剪□綫槍□繩鏈子撬梨灣喚頭十個

原壞不全鐵刀墩一付□□刨斧冰釧托床□□鈎帳鈎犁十個

原壞不全紫木棹椅板凳几子條案笙管琴笛子弦子立櫃九

原壞不全雜木天平一架琴棹櫃板箱棒盒柁標衣架十二個

原壞雜木書案茶几硯臺匣籤桶頂櫃□匣條子架二十

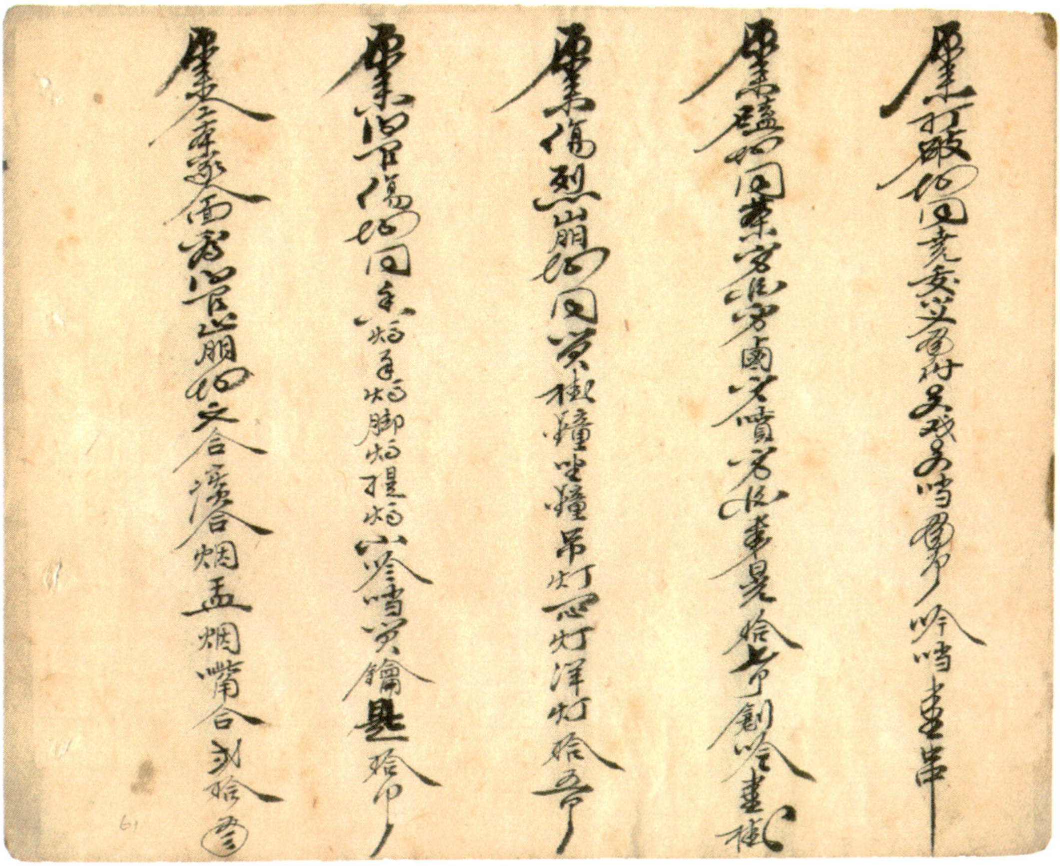

原來打破壞銅鐃鈸小義三付鑼戲鑼鐺三個鈴鐺一串

原來磕壞銅茶壺酒壺鹵壺噴壺酒素晃十七個□鈴一挂

原來傷烈崩壞銅鎖挂鐘座鐘吊燈悶燈洋燈十五個

原來舊有傷壞銅香爐手爐脚爐提爐小鈴鐺鎖鑰匙十個

原來不全仝本家人面看舊有崩壞胰盒痰盒烟盂烟嘴盒二十三

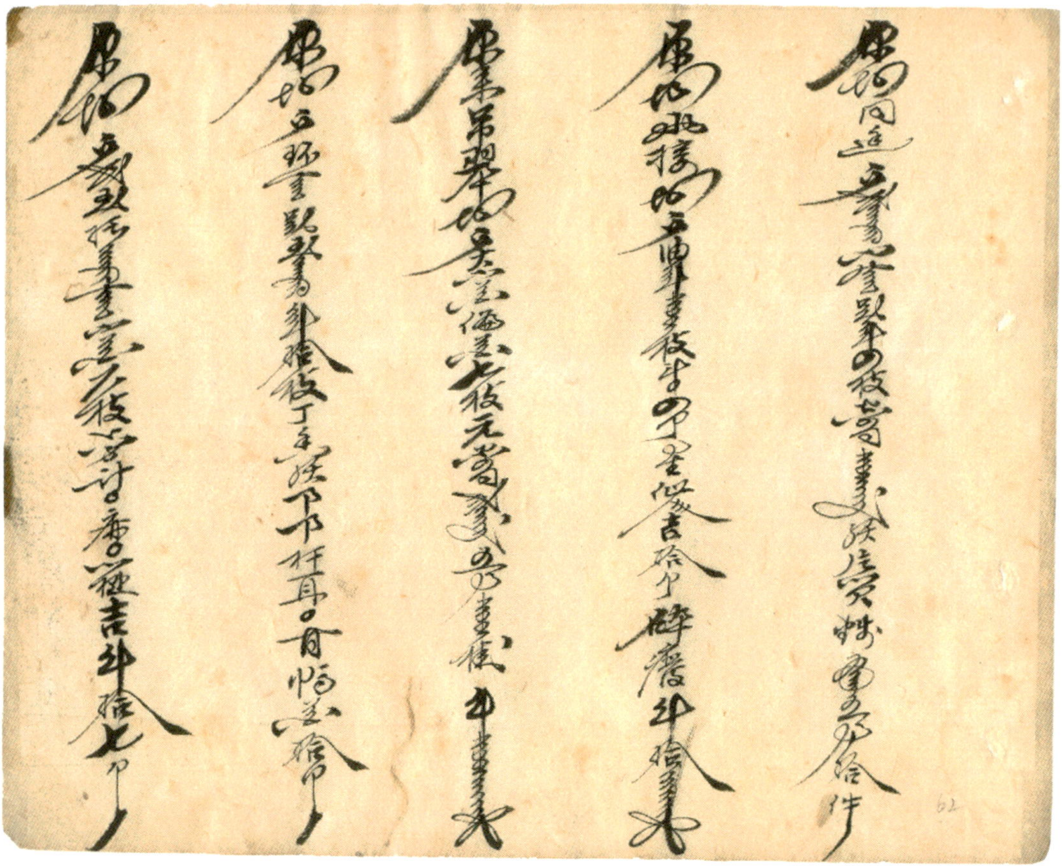

原壞銅簽銀書簪小挖別針四枝空鐲一雙孩片
鎖錢三五事十件
原壞兩接壞銀油針一枝斗圈四個星仙人吉十
個碎廢什十點
原來吊翠壞銀大小花偏花七枝元空鐲二雙五
事一挂什一點
原壞銀挖別玉簪針拾枝丁香孩墜墜杆耳環鉗
帽花十個
原壞銀書玉托簪挖小花六枝六子計圈麻圈箍
吉什十七個

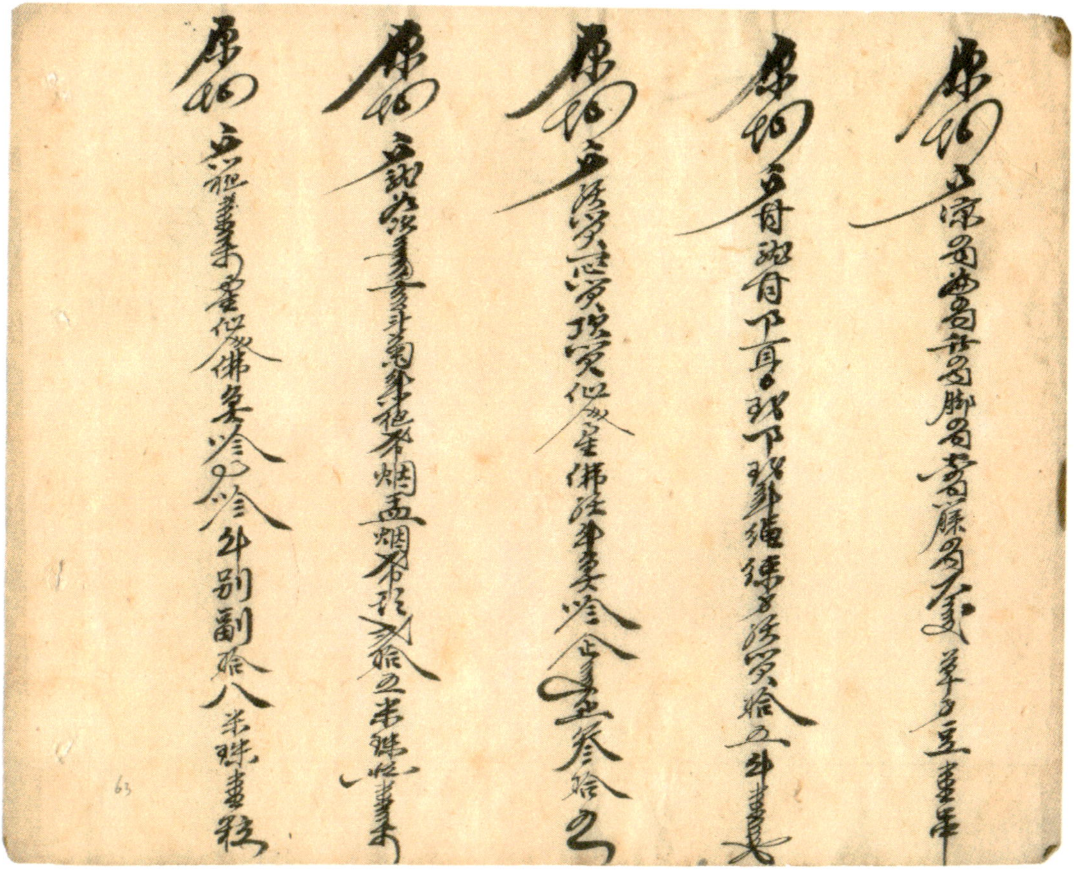

原壞銀凉鐲扁鐲竹鐲脚鐲空鐲藤鐲六雙草子豆一串
原壞銀鉗龍鉗墜耳環墜環針繩鏈子孩鎖十五什一點
原壞銀孩鎖悶鎖項鎖仙人星佛孩什魚鈴人指套指三十五
原壞銀龍如次簪挖斗菊針箍帶烟盂烟帶頭二十五米珠帕一條
原壞銀箍一條星仙人佛魚鈴事鈴斗別副十八米珠一粒

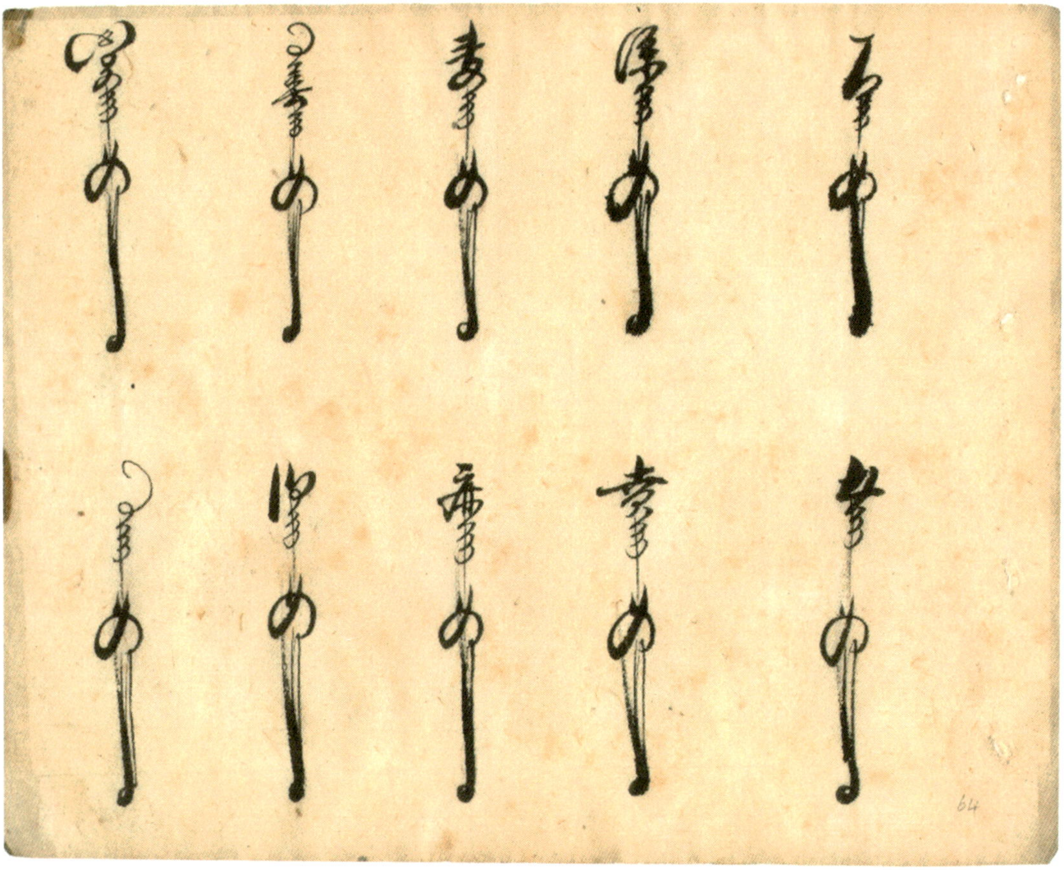

藍布女褂一件
土布女褂一件
深布女褂一件
黃布女褂一件
夏布女褂一件
麻布女褂一件
月春布女褂一件
舊布女褂一件
白羅布女褂一件
月布女褂一件

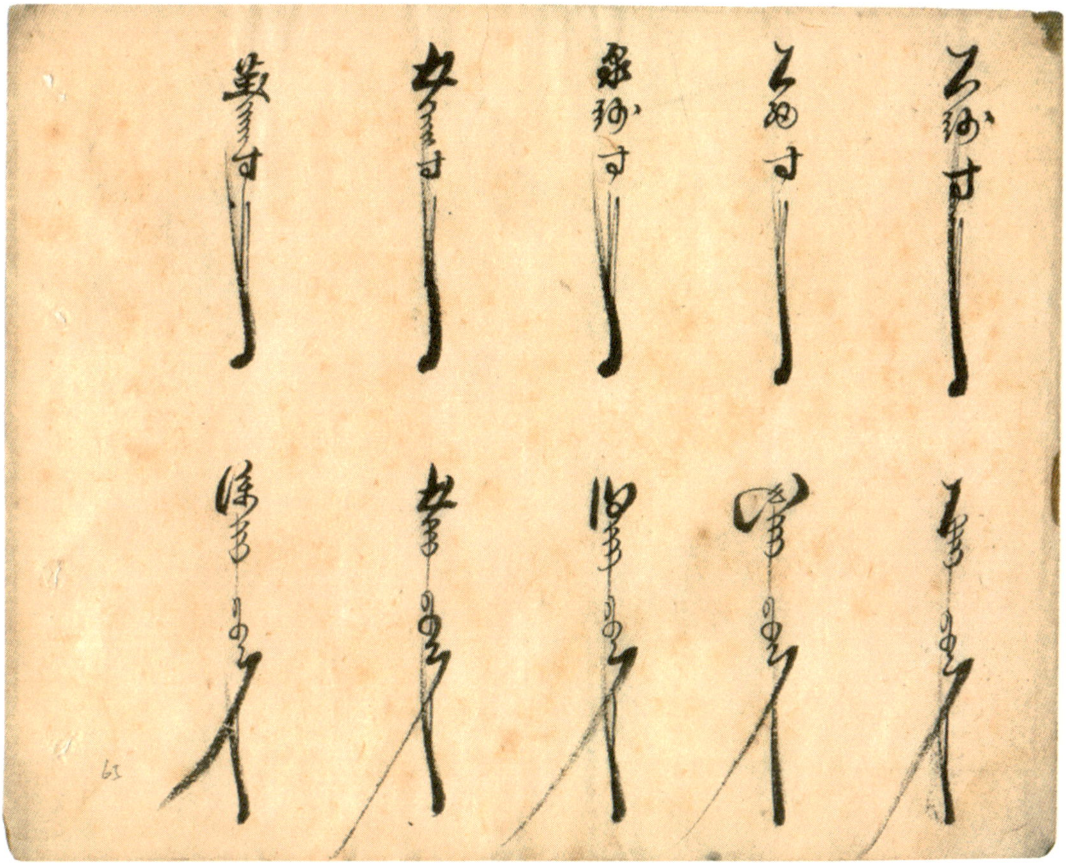

藍紗襯褂一件
藍綢襯褂一件
緑紗襯褂一件
土絹襯褂一件
繭絹襯褂一件

藍布單褲一條
白布單褲一條
舊布單褲一條
土布單褲一條
深布單褲一條

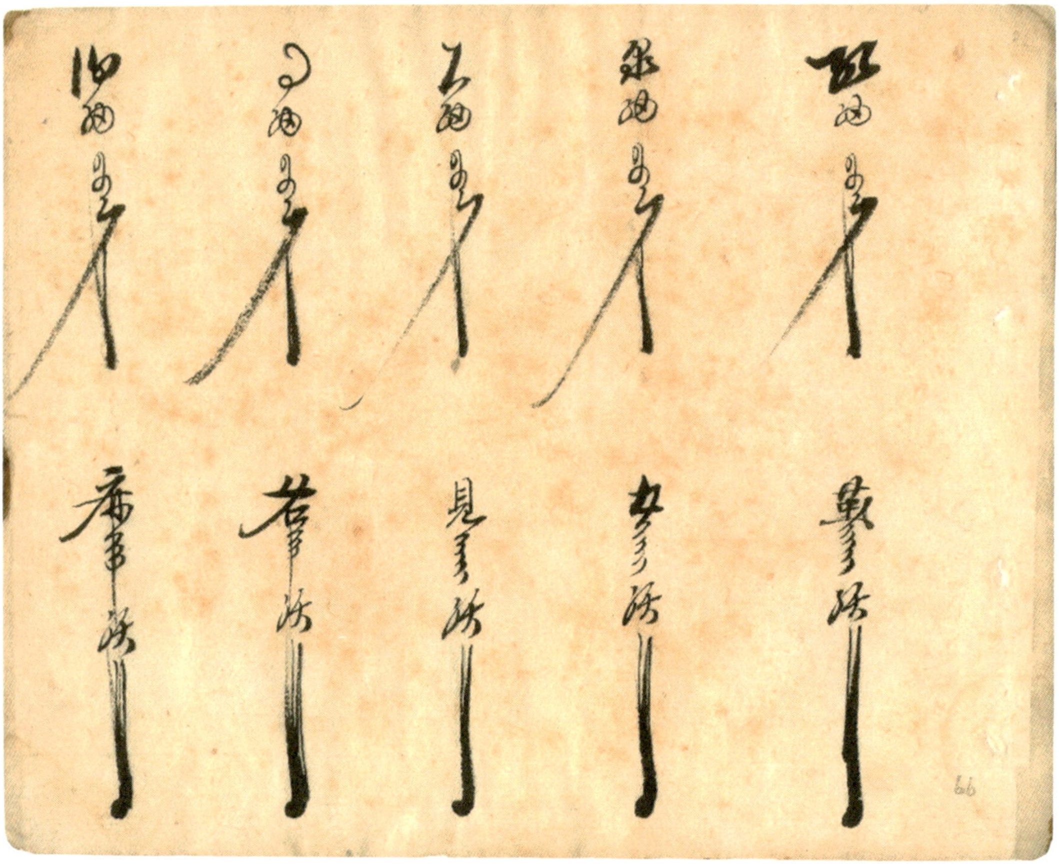

紅綢單褲一條　繭絹孩褂一件
緑綢單褲一條　土絹孩褂一件
藍綢單褲一條　見絹孩褂一件
月綢單褲一條　各布孩褂一件
舊綢單褲一條　麻布孩褂一件

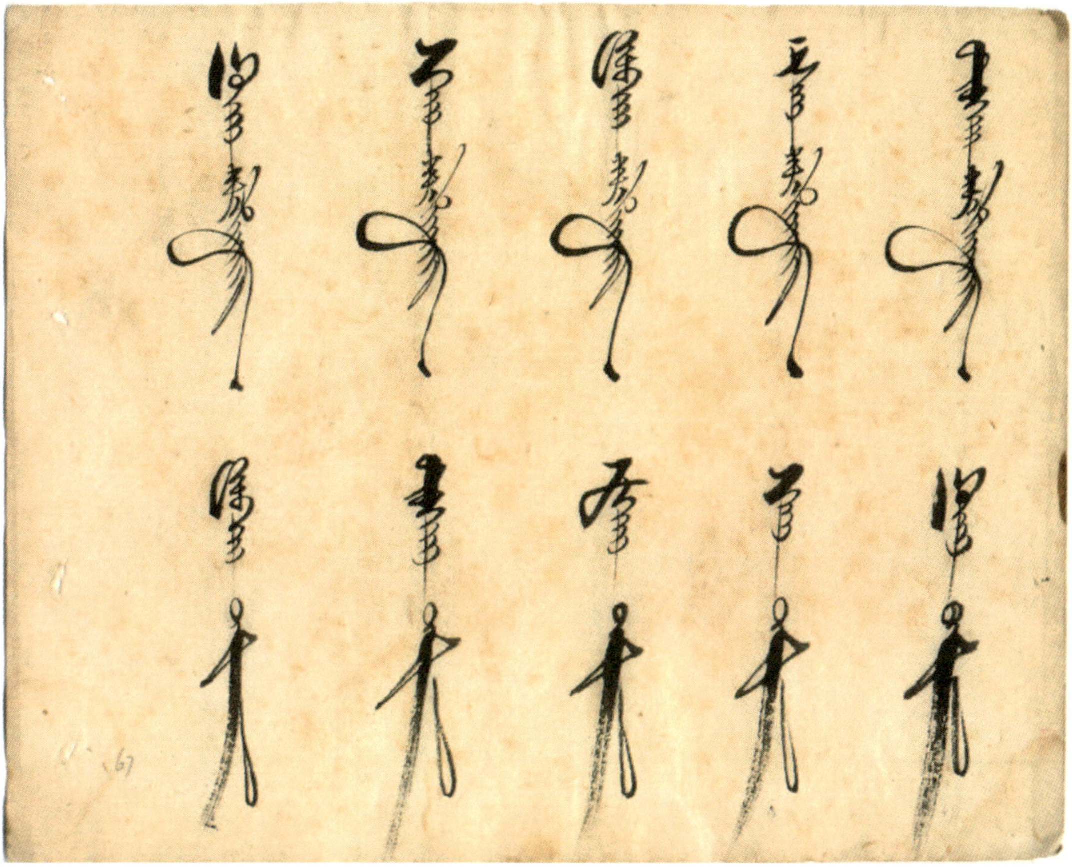

青布夾馬套一件
屯布夾馬套一件
深布夾馬套一件
藍布夾馬套一件
舊布夾馬套一件

舊布棉襖一件
藍布棉襖一件
灰布棉襖一件
青布棉襖一件
深布棉襖一件

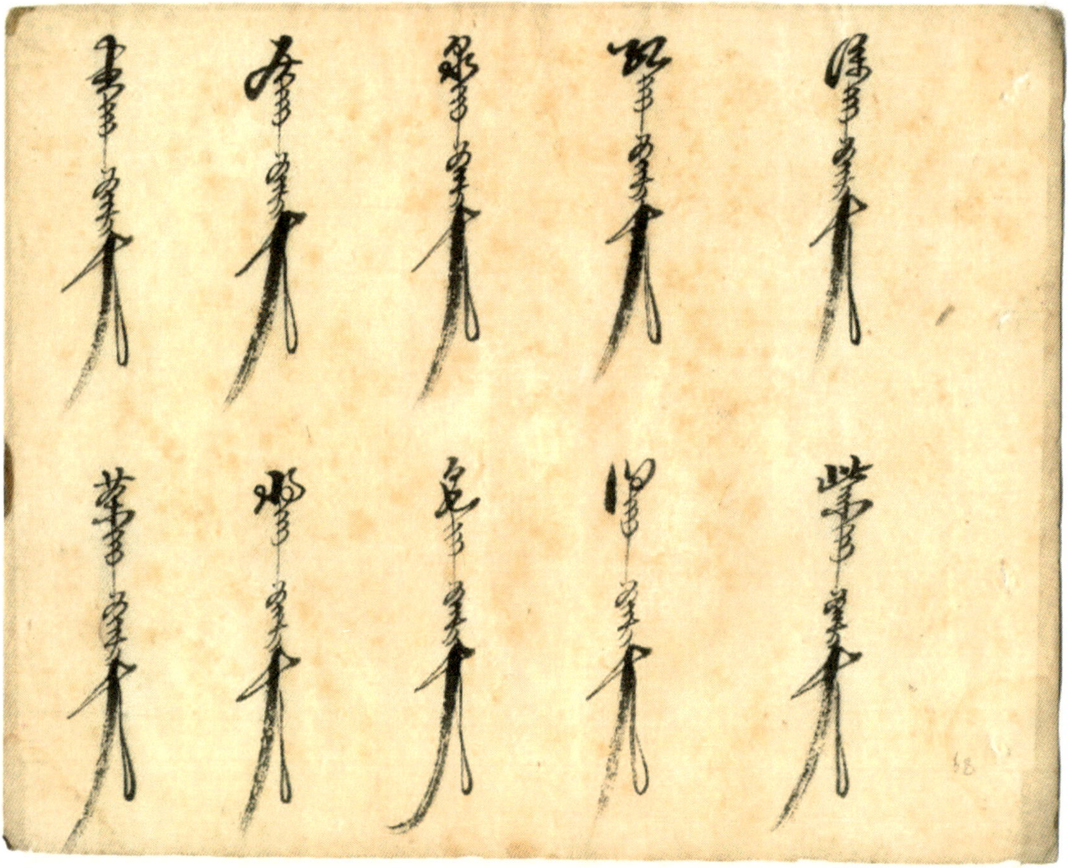

深布女夾襖一件 紫布女夾襖一件
紅布女夾襖一件 舊布女夾襖一件
綠布女夾襖一件 皂布女夾襖一件
灰布女夾襖一件 醬布女夾襖一件
青布女夾襖一件 茶布女夾襖一件

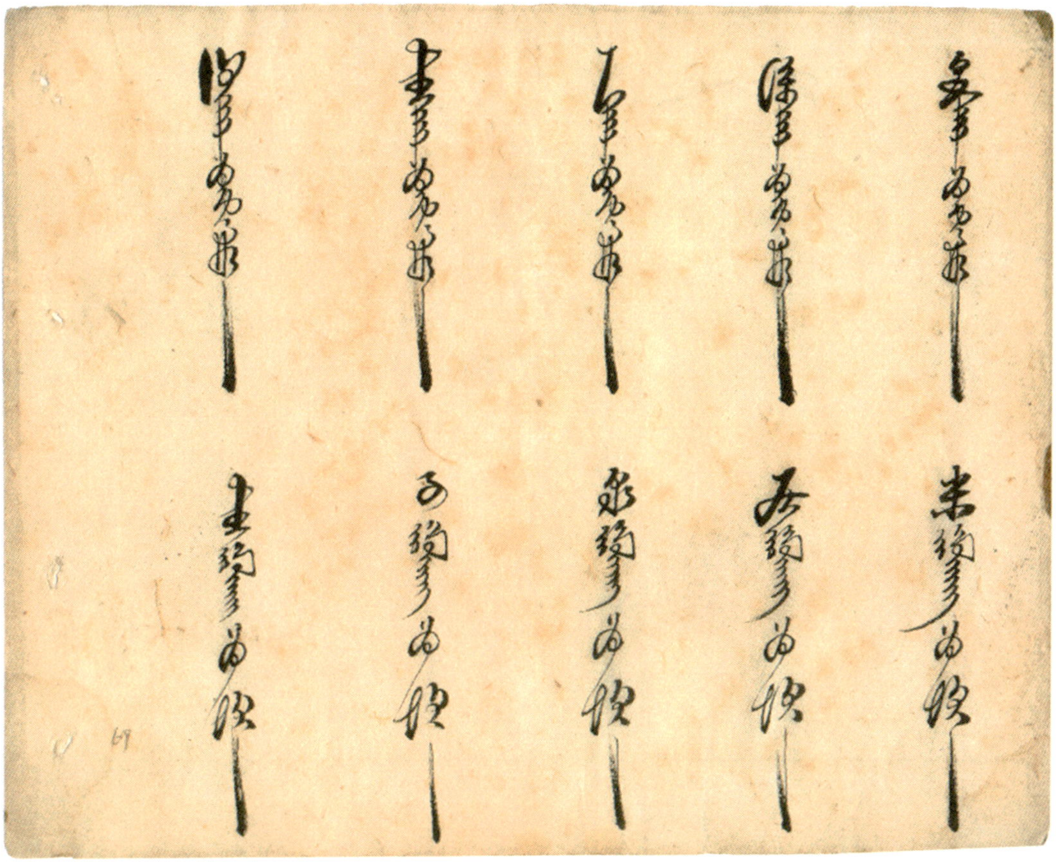

皂布女棉馬腰一件
米縐絹女棉坎一件
深布女棉馬腰一件
灰縐絹女棉坎一件
藍布女棉馬腰一件
綠縐絹女棉坎一件
青布女棉馬腰一件
紫縐絹女棉坎一件
舊布女棉馬腰一件
青縐絹女棉坎一件

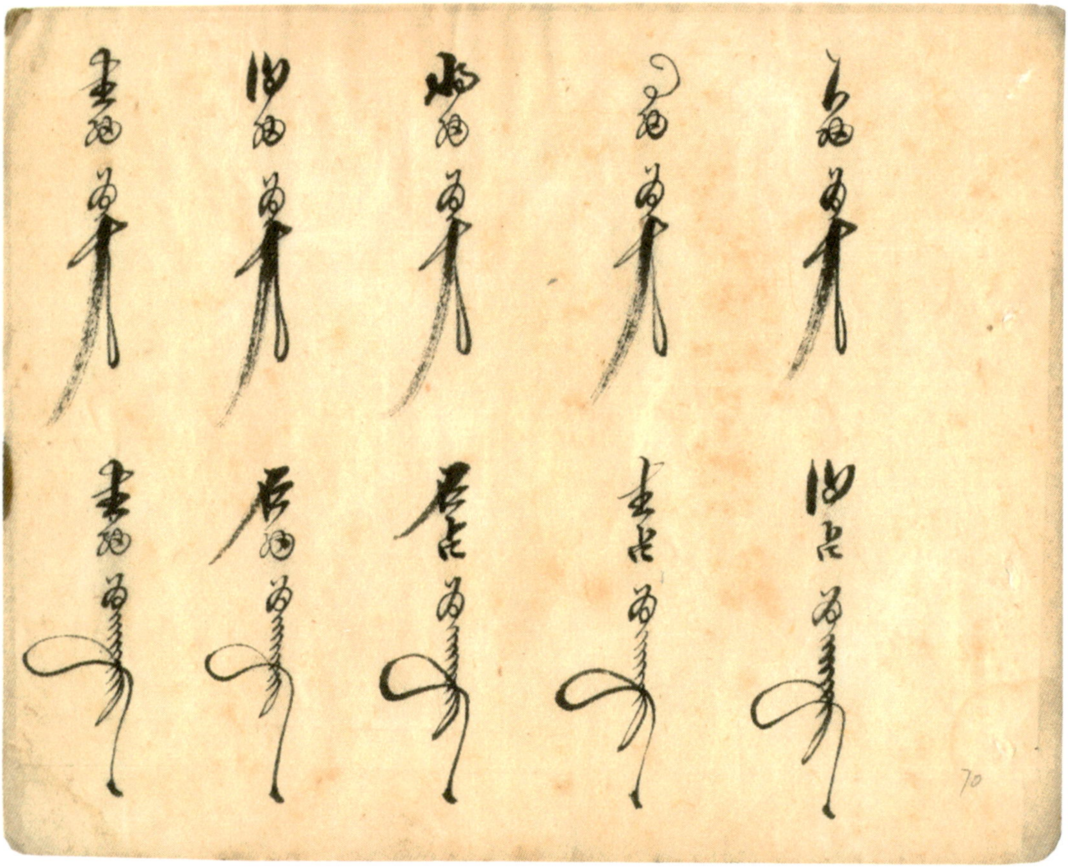

藍綢女棉襖一件　舊占女棉套一件

月綢女棉襖一件　青占女棉套一件

醬綢女棉襖一件　石占女棉套一件

舊綢女棉襖一件　石綢女棉套一件

青綢女棉襖一件　青綢女棉套一件

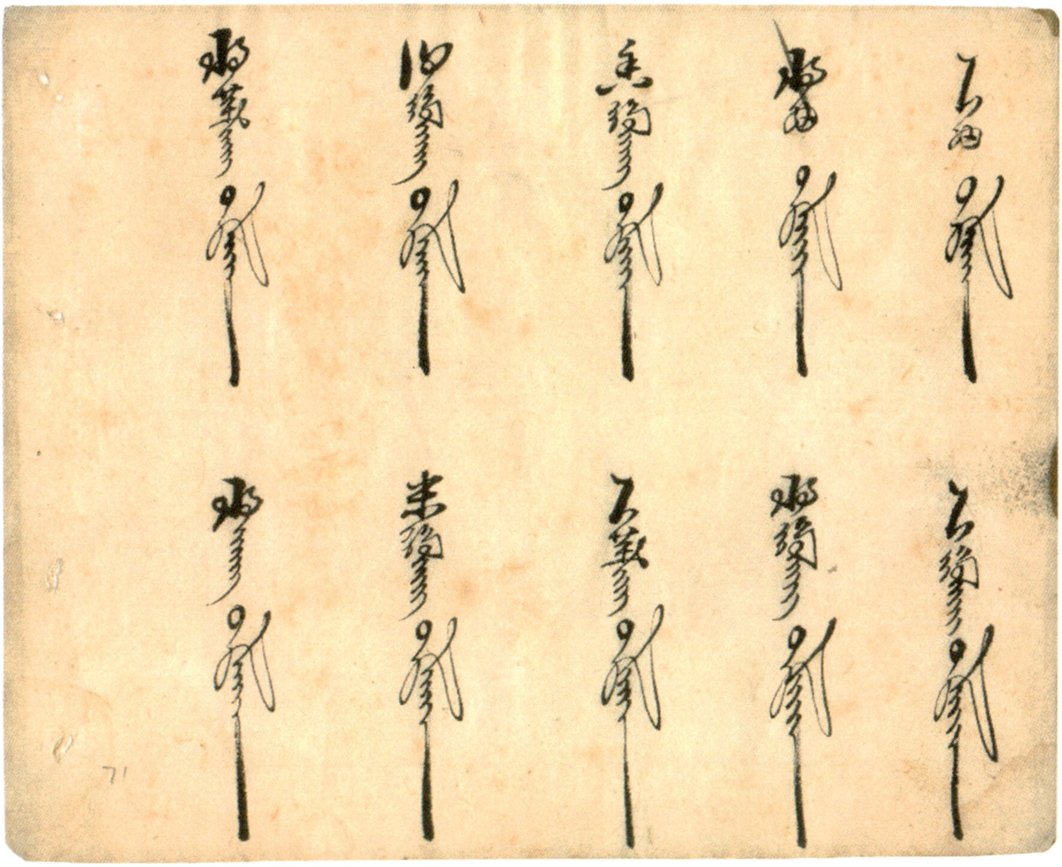

藍綢棉袍一件
醬綢棉袍一件
香縐絹棉袍一件
舊縐絹棉袍一件
醬繭絹棉袍一件

藍縐絹棉袍一件
醬縐絹棉袍一件
藍繭絹棉袍一件
米縐絹棉袍一件
醬絹棉袍一件

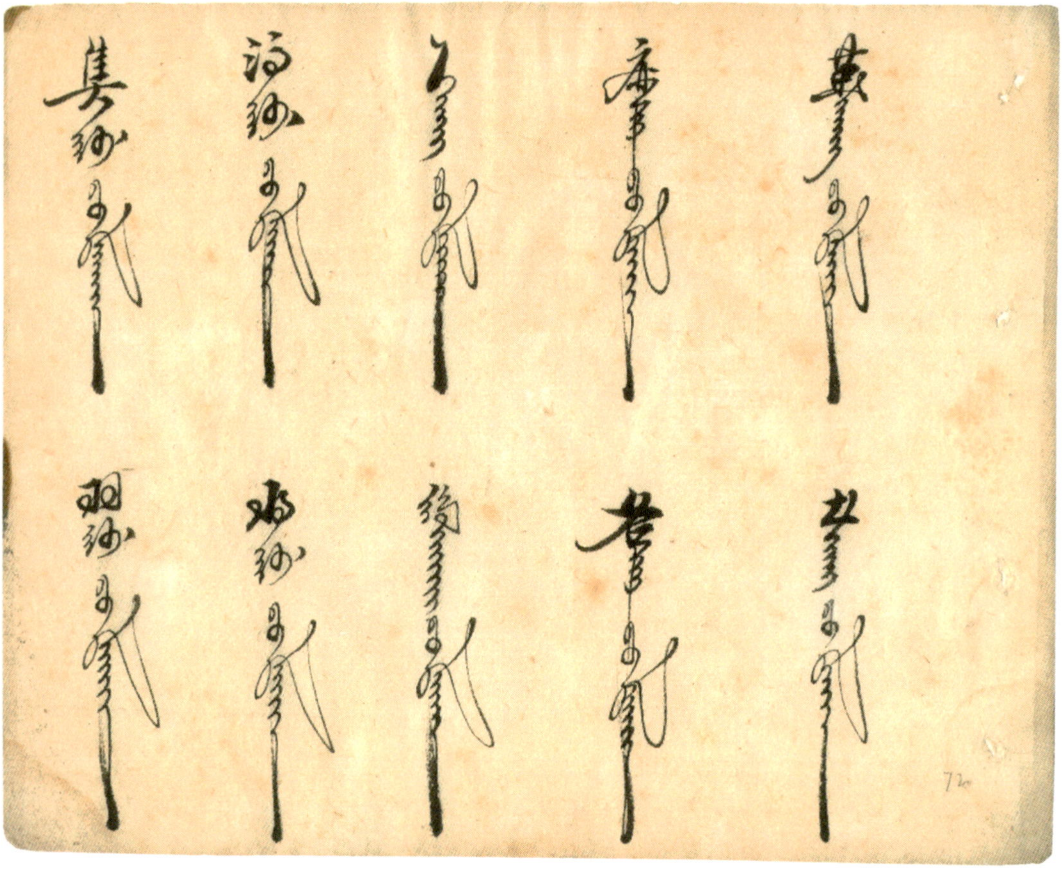

繭絹單袍一件　土絹單袍一件

麻布單袍一件　各布單袍一件

藍絹單袍一件　縐絹單袍一件

漏紗單袍一件　醬紗單袍一件

焦紗單袍一件　羽紗單袍一件

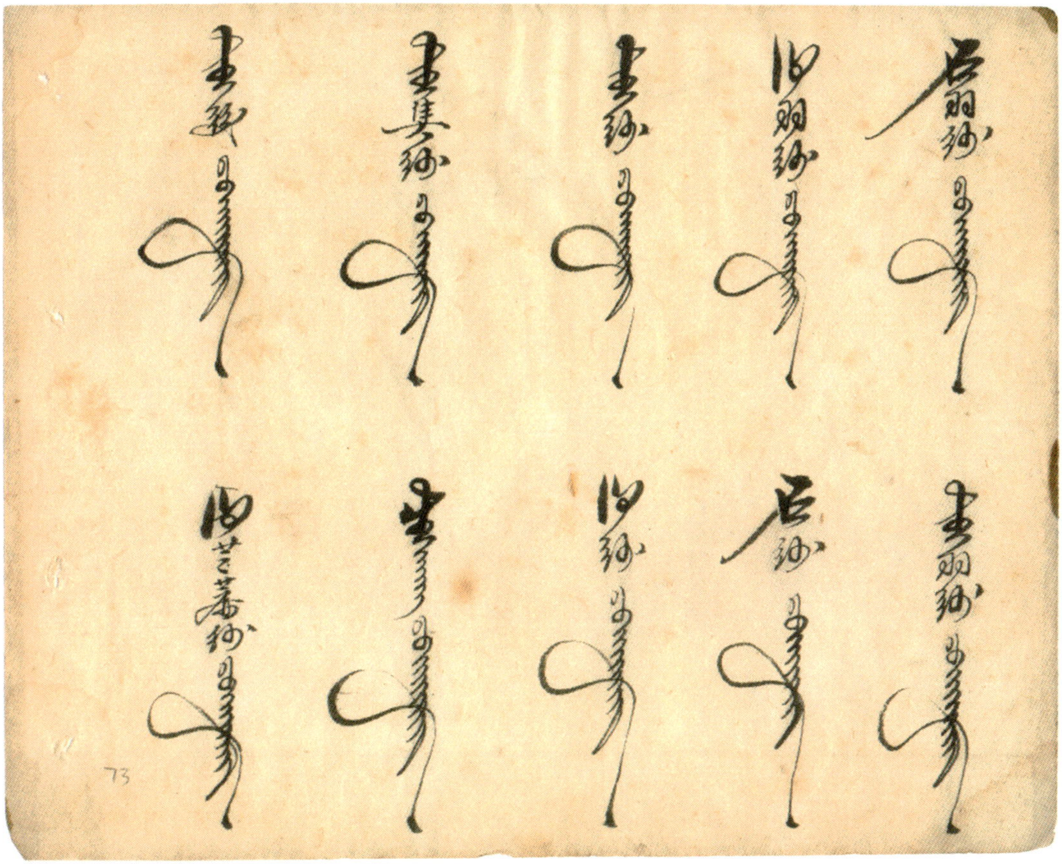

石羽紗單套一件　青羽紗單套一件
舊羽紗單套一件　石紗單套一件
青紗單套一件　舊紗單套一件
青焦紗單套一件　生絹單套一件
青絲單套一件　舊苧麻紗單套一件

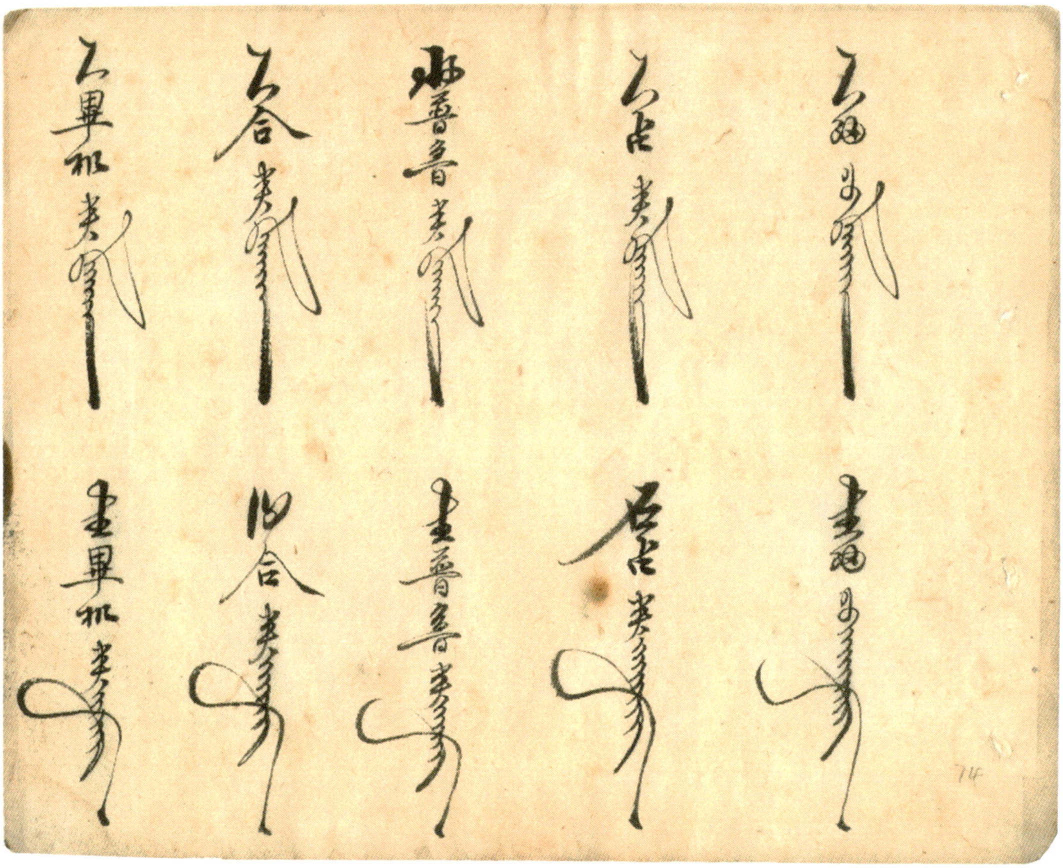

藍綢單袍一件
藍占夾袍一件
醬普氊氌夾袍一件
藍合夾袍一件
藍嗶嘰夾袍一件

青綢單套一件
石占夾套一件
青氊氌夾套一件
舊合夾套一件
青嗶嘰夾套一件

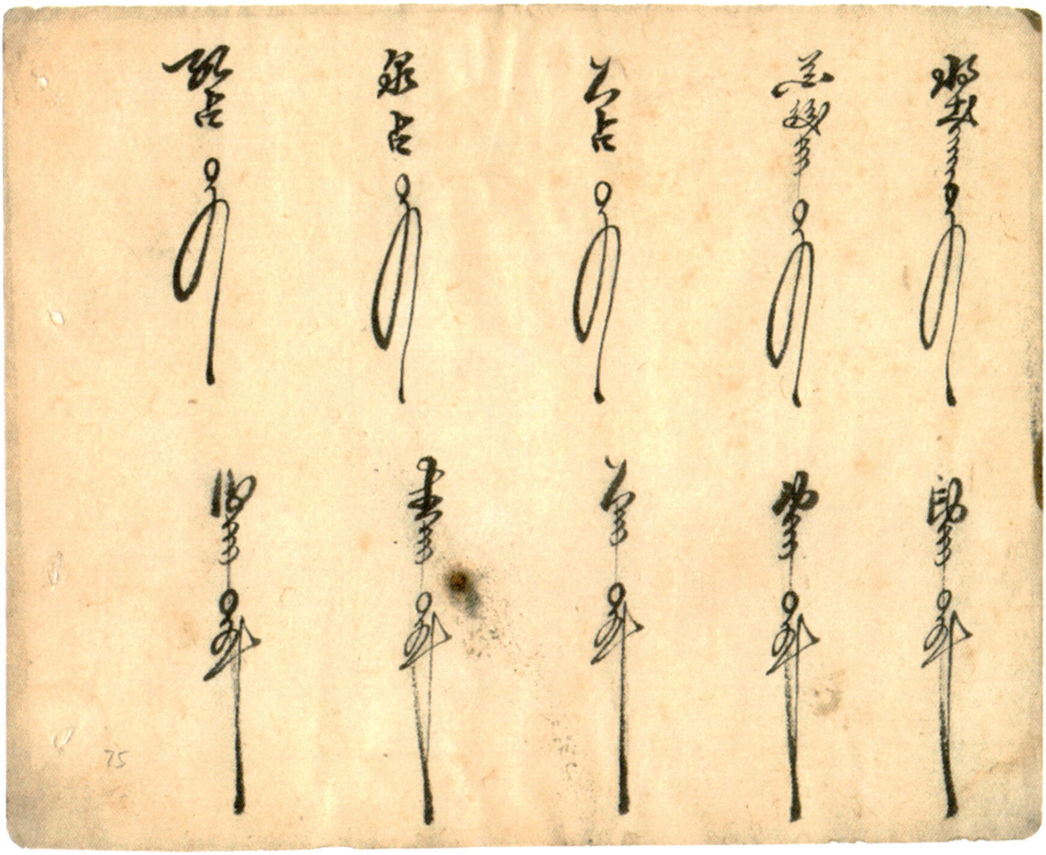

醬土絹棉被一張　印布棉褥一條

花絲布棉被一張　巾布棉褥一條

藍占棉被一張　藍布棉褥一條

緑占棉被一張　青布棉褥一條

紅占棉被一張　舊布棉褥一條

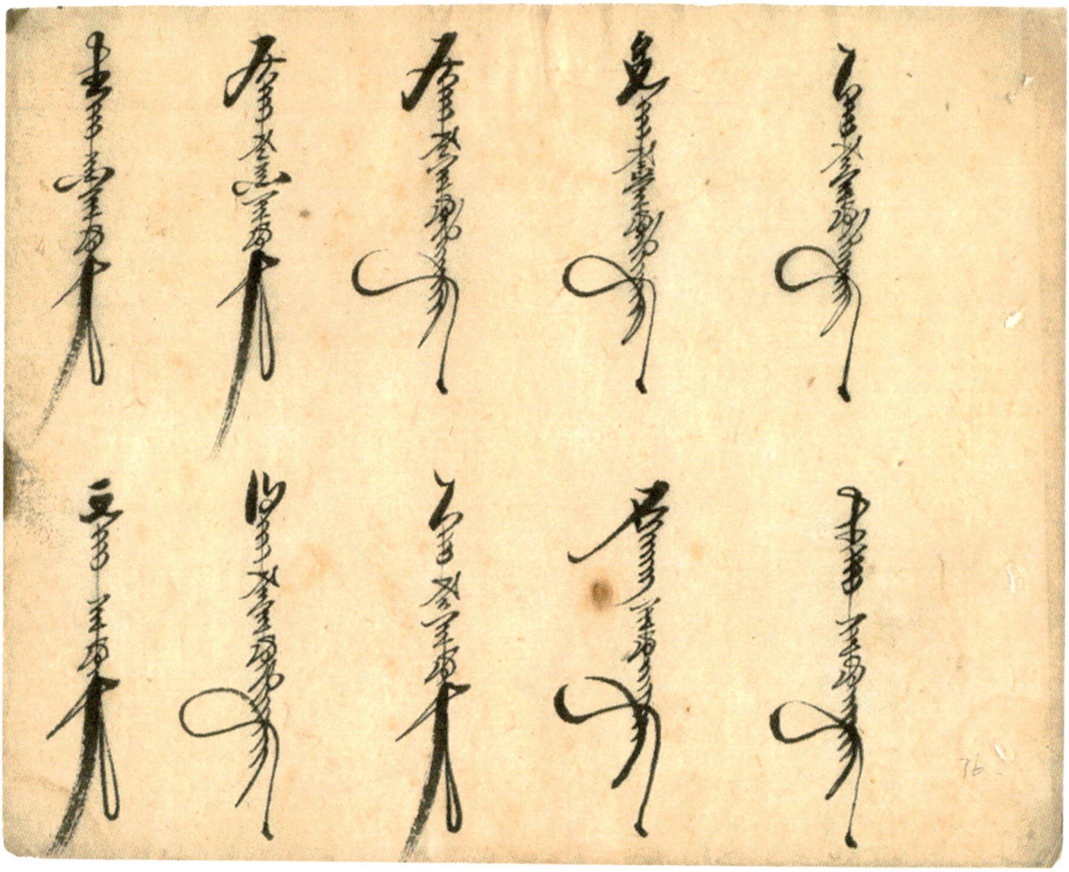

藍布老羊皮馬套一件　青布羊皮套一件

皂布老羊皮馬套一件　石絹羊皮套一件

灰布老羊皮馬套一件　藍布老羊皮襖一件

灰布老花羊皮襖一件　舊布老羊皮馬套一件

青布白羊皮襖一件　屯布羊皮襖一件

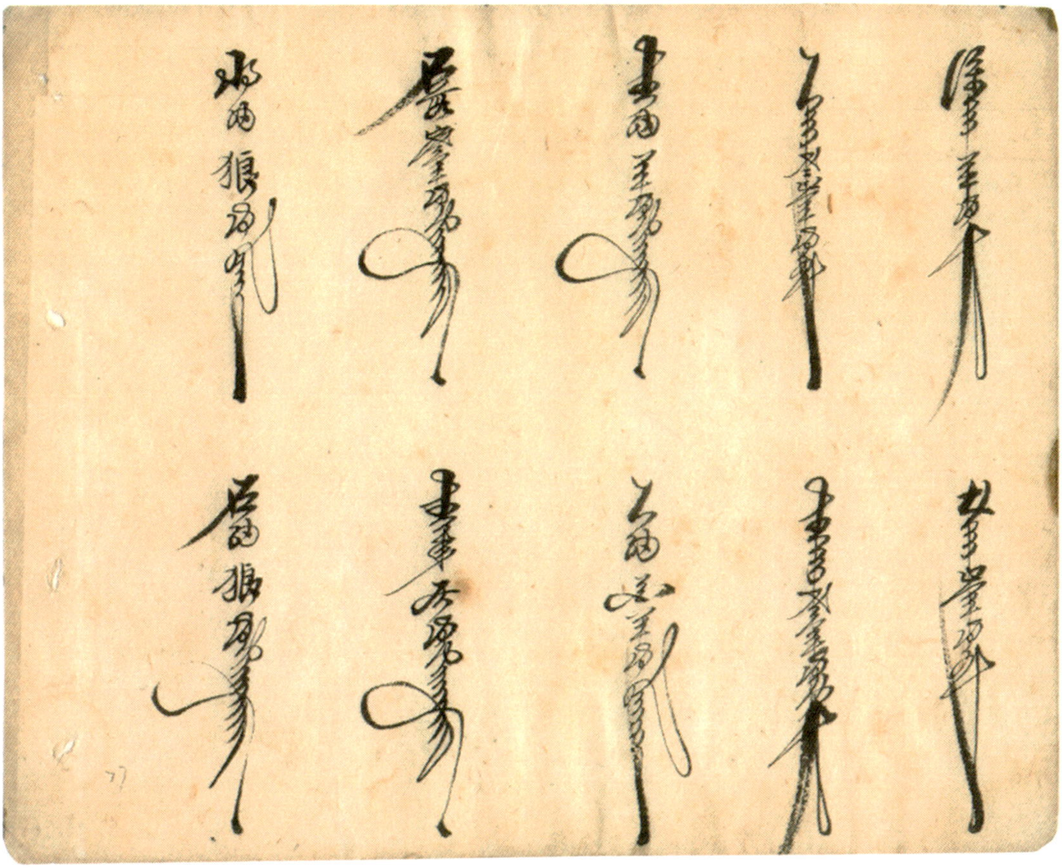

深布羊皮襖一件
藍布老山羊皮褥一條
青綢羊皮馬套一件
石緞寒羊皮馬套一件
醬綢狼皮袍一件

土布山羊皮褥一條
青布老羊皮馬襖一件
藍綢花羊皮袍一件
青素灰皮馬套一件
石綢狼皮馬套一件

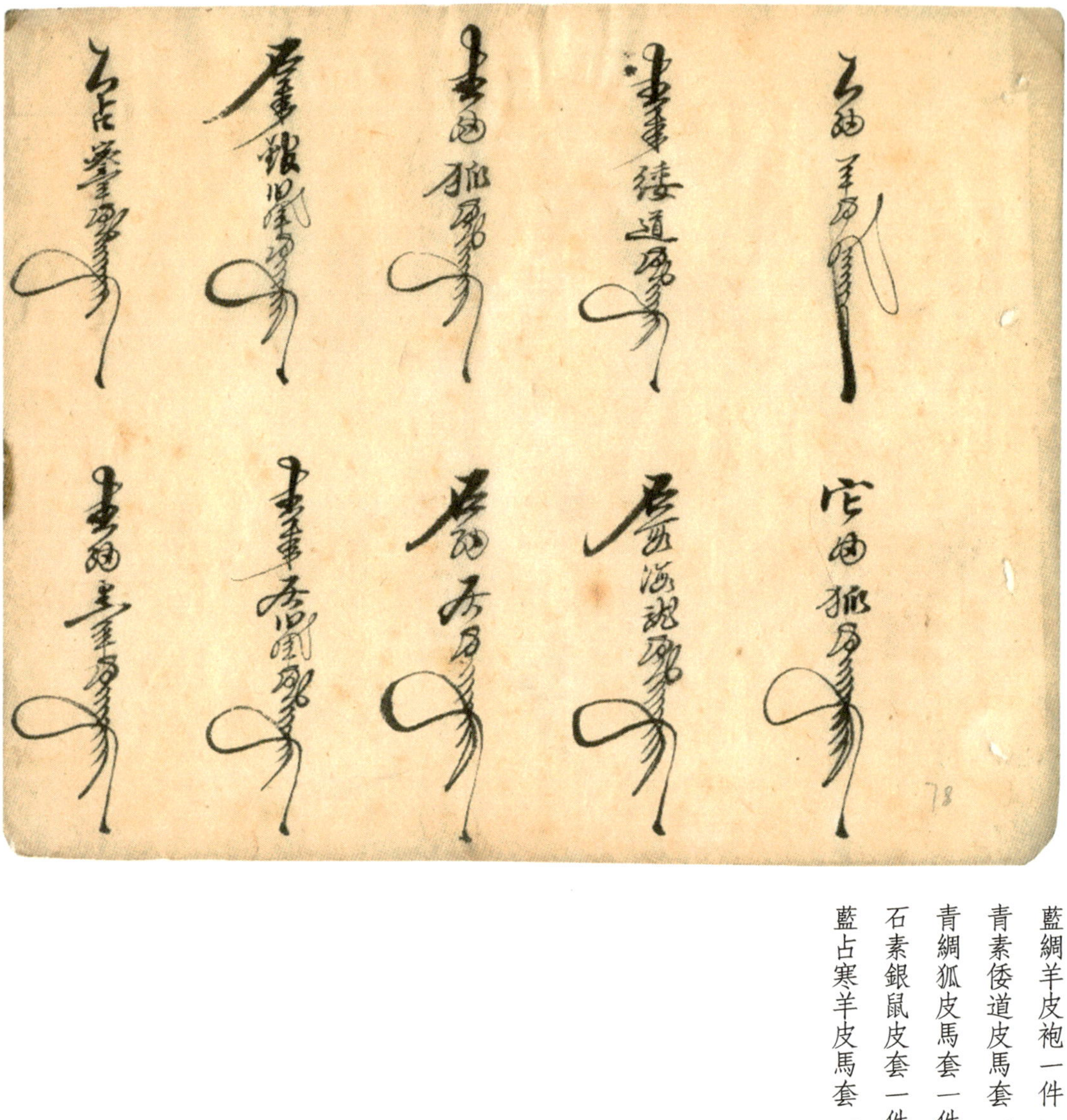

藍綢羊皮袍一件　駝綢狐皮套一件

青素倭道皮馬套一件　石緞海龍皮馬套一件

青綢狐皮馬套一件　石綢灰皮套一件

石素銀鼠皮套一件　青素灰鼠皮馬套一件

藍占寒羊皮馬套一件　青綢黑羊皮套一件

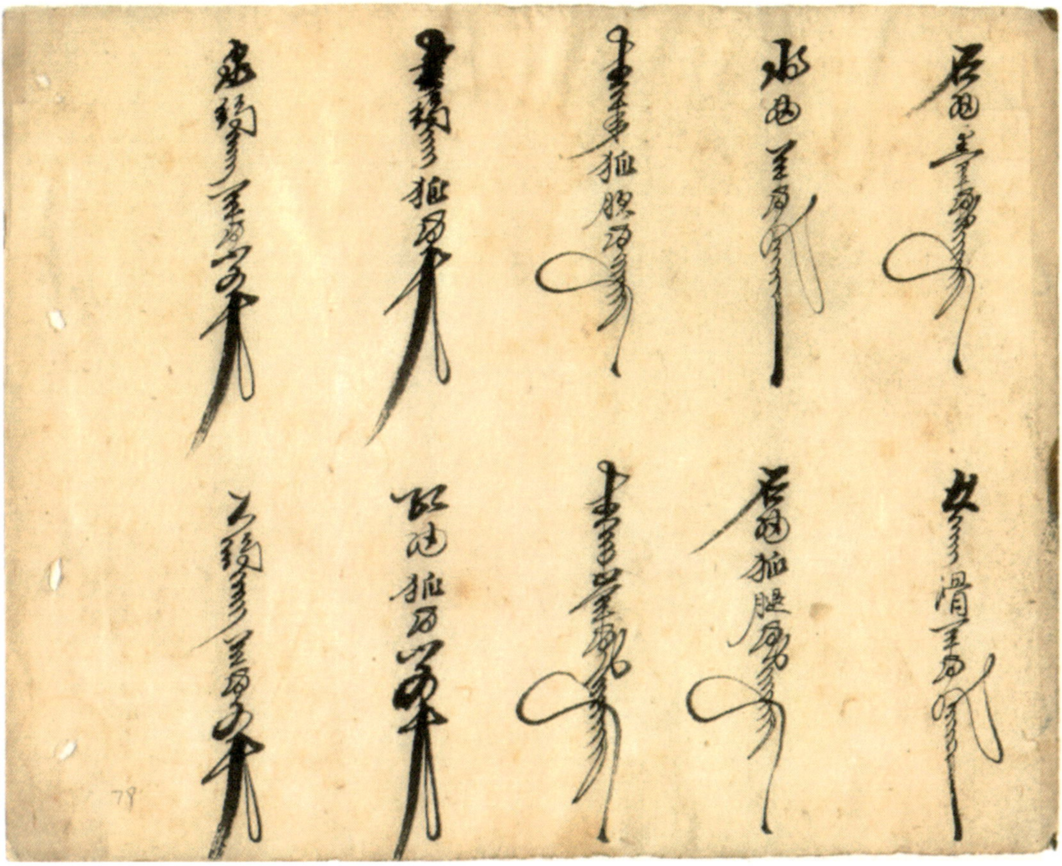

石綢黑羊皮馬套一件
醬綢羊皮袍一件
青素狐肷皮套一件
青縐絹狐皮襖一件
緑縐絹羊皮小女襖一件

土絹滑羊皮袍一件
石綢狐腿皮馬套一件
青布山羊皮馬套一件
紅綢狐皮小女襖一件
藍縐絹羊皮女襖一件

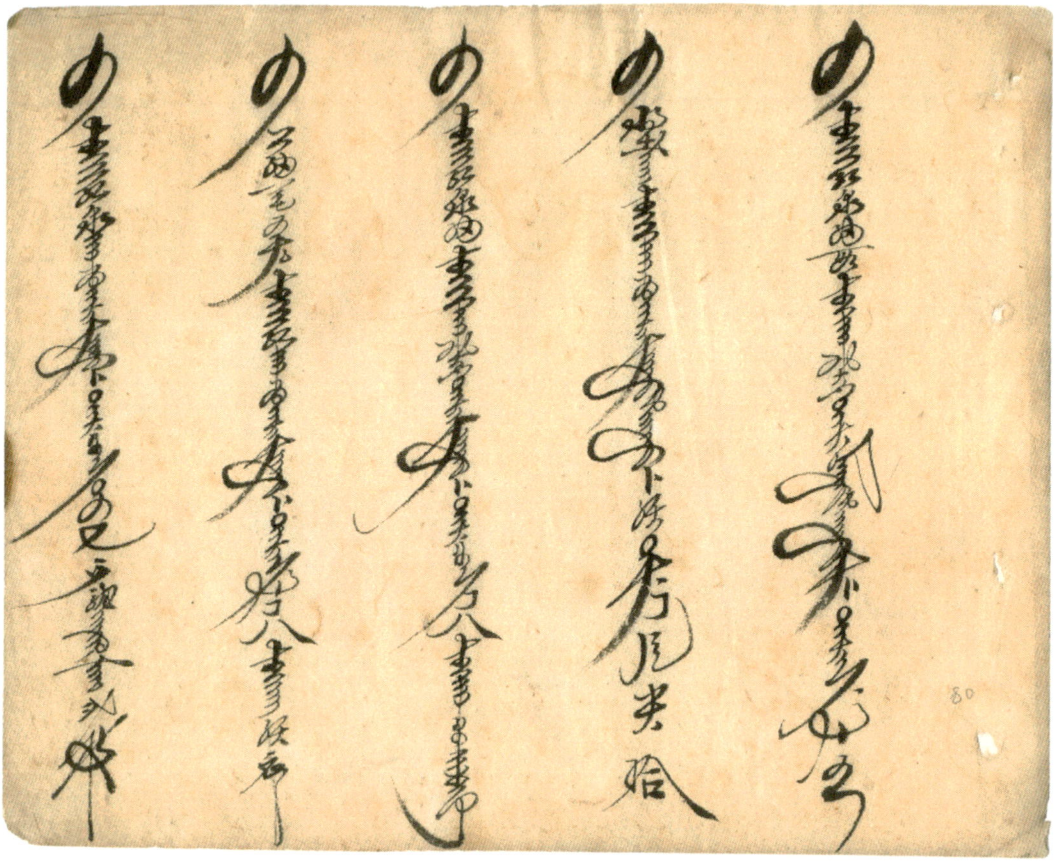

破青藍紅緑綢緞青布男女大小棉夾袍套馬套掛棉夾褲裙五

破醬土絹青藍布女棉夾襖套馬套掛孩棉襖丁片尖十

破青藍紅緑綢青藍布男女大小棉夾襖套掛棉夾單褲八青布單一個

破藍綢毛女襖青藍紅布女棉夾襖套掛棉夾褲裙丁八青絹孩衣一件

破青藍紅緑布女棉夾襖套掛夾單褲棉被七銀龍簪挖二枝

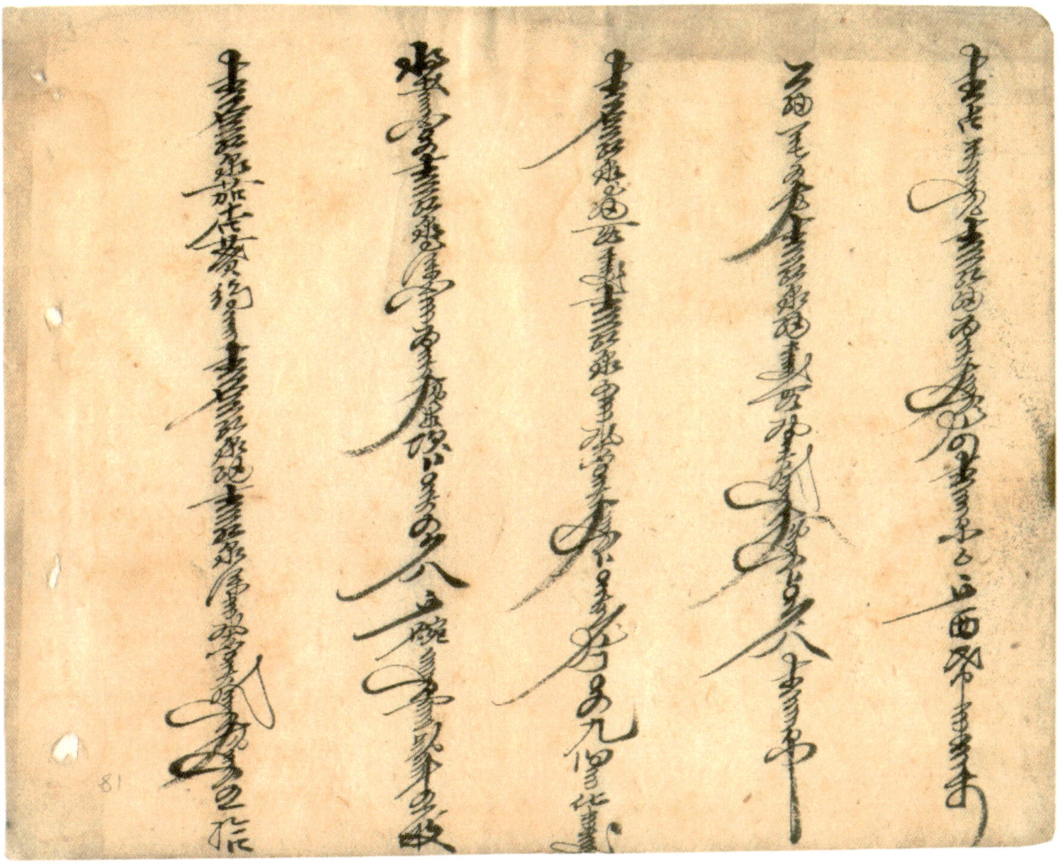

青占夾套青藍紅綢女棉夾襖套裙四青絹□銀
西帶一條
藍綢毛女襖青藍紅綠綢綾緞男女棉夾袍套馬
套褂棉褲八青絹單一條
青石藍紅綠月綢緞綾青藍紅綠紫布男女大小
棉夾襖套褂棉夾褲裙丁棉被九舊絹靴一雙
醬土絹白羅青紅綠月深白布女棉夾襖馬腰坎
褂棉夾女褲八銀碗簪挖別針五枝
青石藍紅綠茄杏黃縐絹青石藍紅綠綢青藍紅
綠深布男女大小棉夾袍套馬套五十

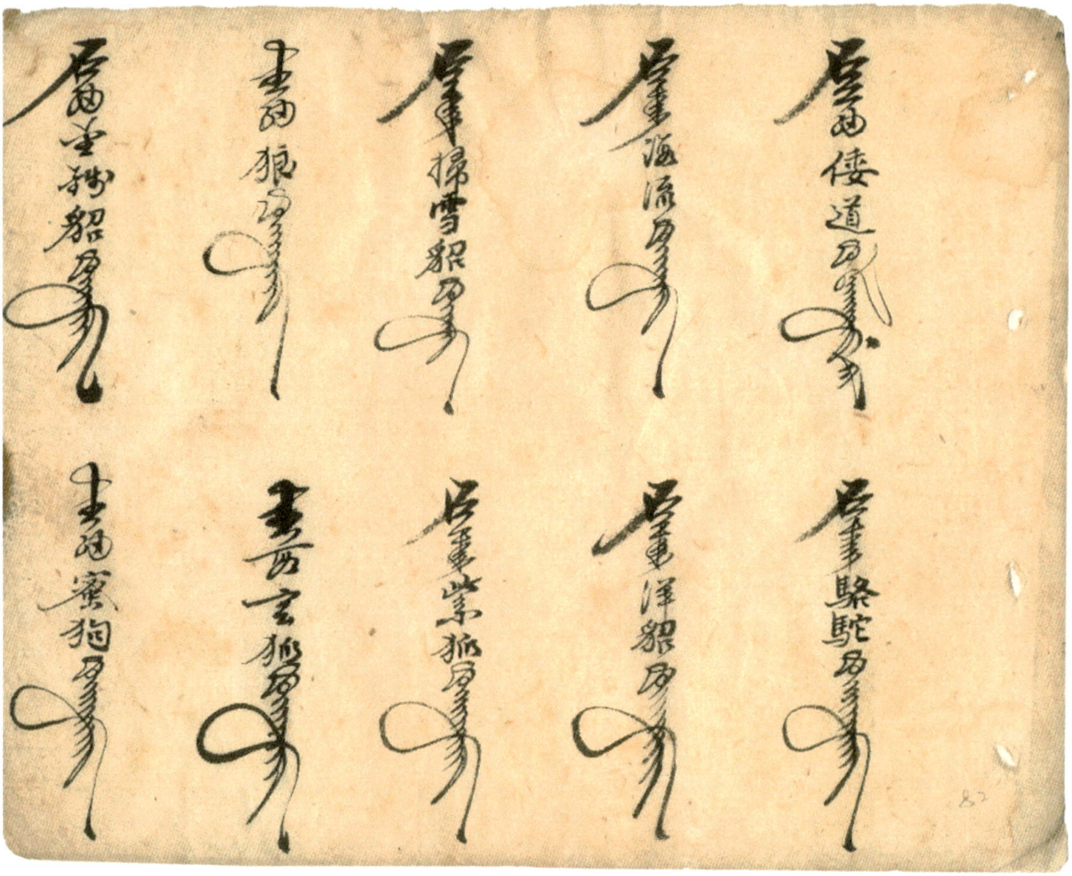

石藍綢倭道皮袍套二

石素海流皮套一件

石素掃雪貂皮套一件

青綢狼皮套一件

石綢金錢貂皮套一件

石素駱駝皮套一件

石素洋貂皮套一件

石素紫狐皮套一件

青緞花狐皮套一件

青綢蜜狗皮套一件

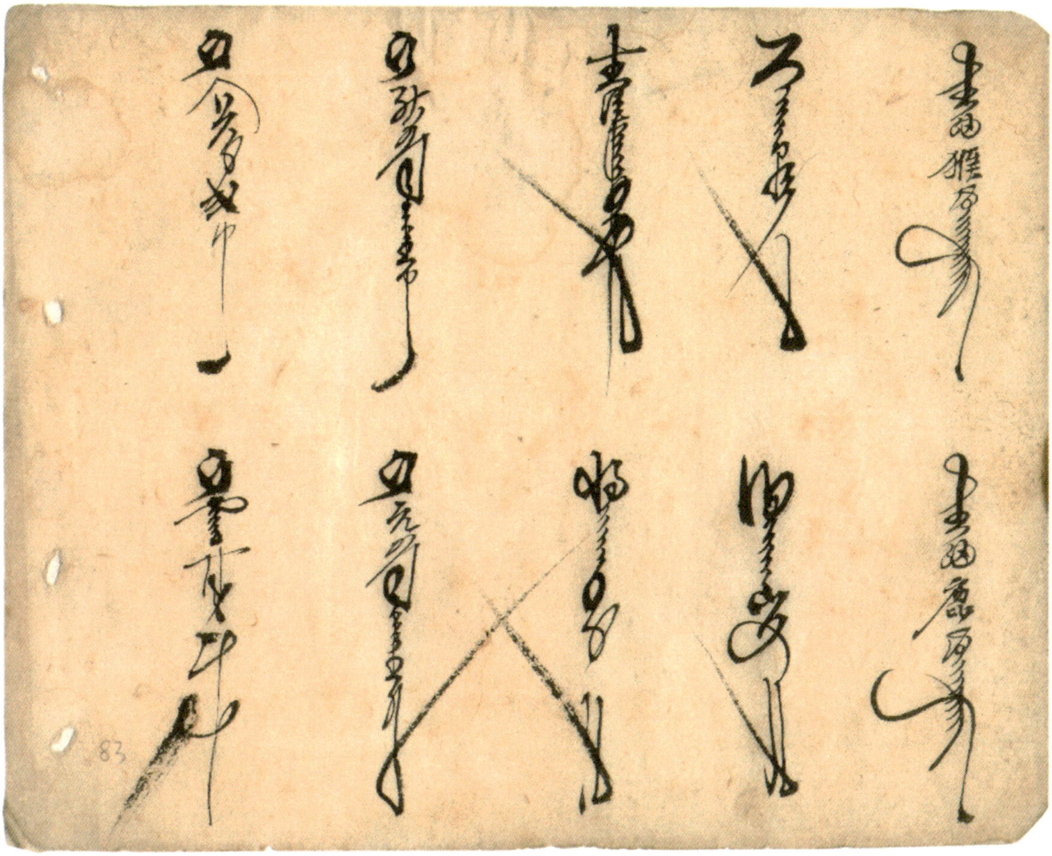

青綢猴皮套一件　青綢鹿皮套
藍絹單褲一條　舊絹歲褂一件
青洋布棉襖一件　醬絹棉馬褂一件
銀龍鐲一個　銀元鐲一隻
銀戒六子二個　銀挖鉗什一點

四 左逸堂：當字譜

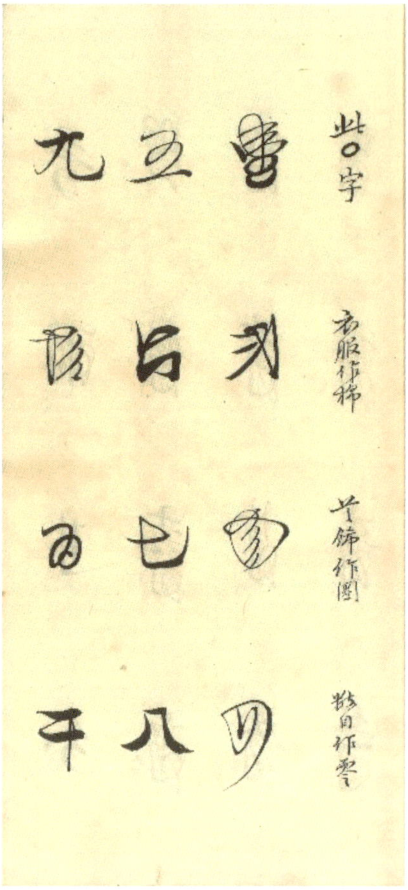

此〇字 衣服作棉 首飾作圈 數目作零
一 二 三 四
五 六 七 八
九 十 百 千

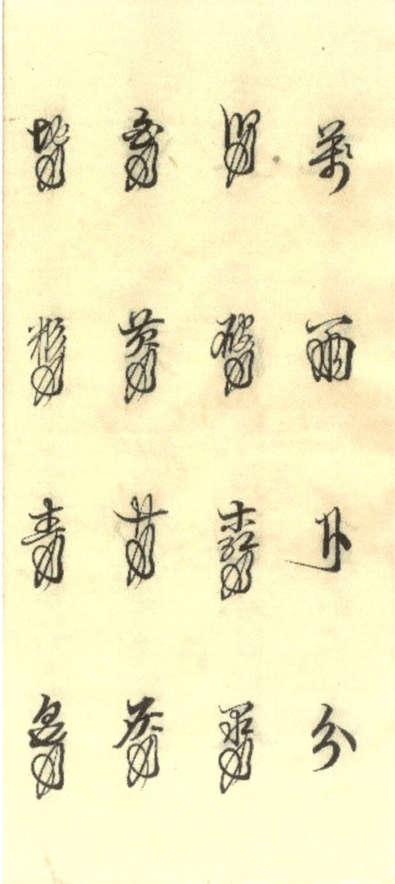

萬 兩 錢 分
舊布 破布 棗紅布 綠布
白布 黃布 苧布 灰布
□布 粗布 青布 皂布

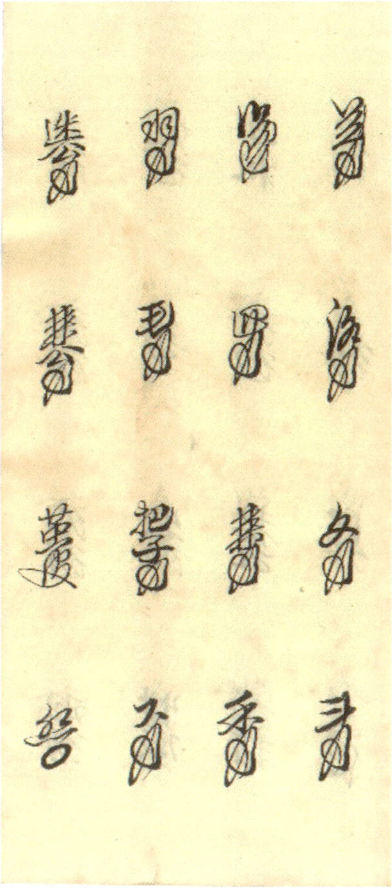

藍布 洛布 文布 夏布
舊絹布 署布 廢布 香布
羽布 毛布 把仔布 □布
迷公布 廢公布 繭被 絲棉

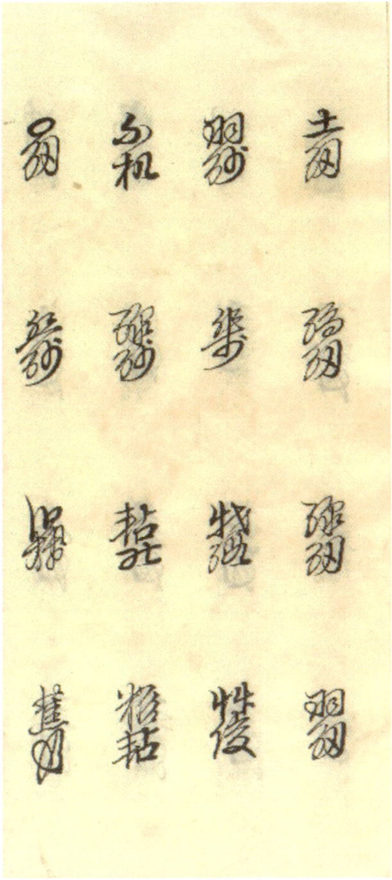

土綢 縐綢 綫綢 羽綢
羽紗 絲紗 織緞 竹綾
嗶嘰 綫紗 氈片 粗氈
棉綢 絲紗 舊爛 蕉布

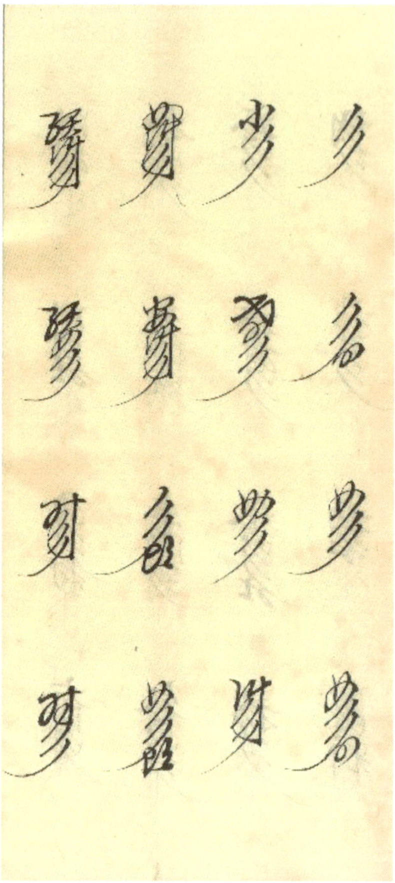

衫 衫仔 女衫 女衫仔
小衫 孝衫 男女衫 汗衫
女汗衫 小女汗衫 衫頭 女衫頭
孩汗衫 孩女衫 對衫 對衫

汗對 汗衫片 女衫料 大小汗衫
大小女衫 未成汗衫 未成女衫 欠領女衫
大領衫 大領汗衫 不全女衫折 孝衫
□衫 背開衫 □衣 汗衫料

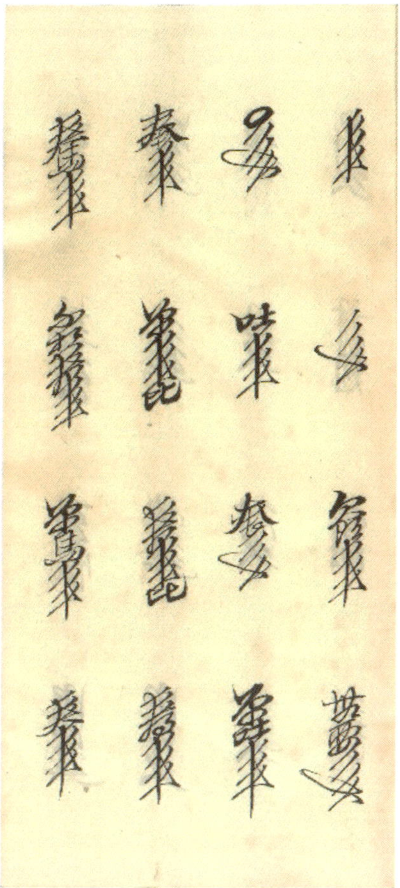

褲　褲　欠□褲　無腰褲

棉褲　套褲　大長褲　單套褲

夾長褲　單褲比　夾褲比　夾馬褲

夾馬褲　不□夾褲　單馬褲　夾褲

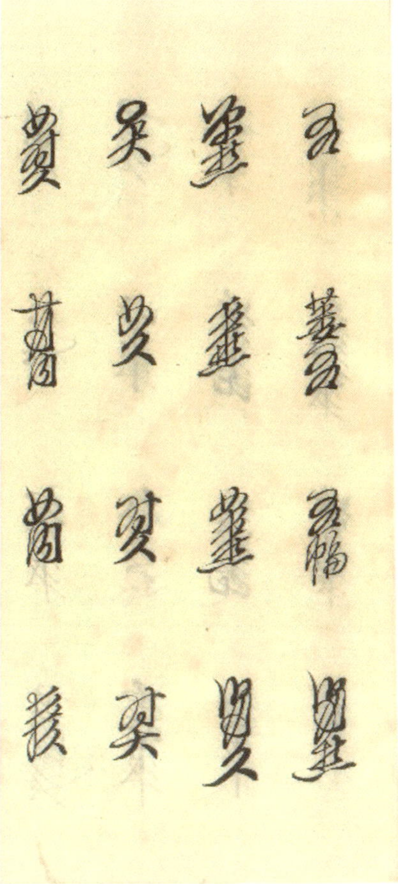

裙　萎裙　裙幅　舊布背心

單背心　褲背心　女褲背心　舊布腰

棉襖　女腰　對腰　對襖

女對腰　苧布衲　女衲　褲腰

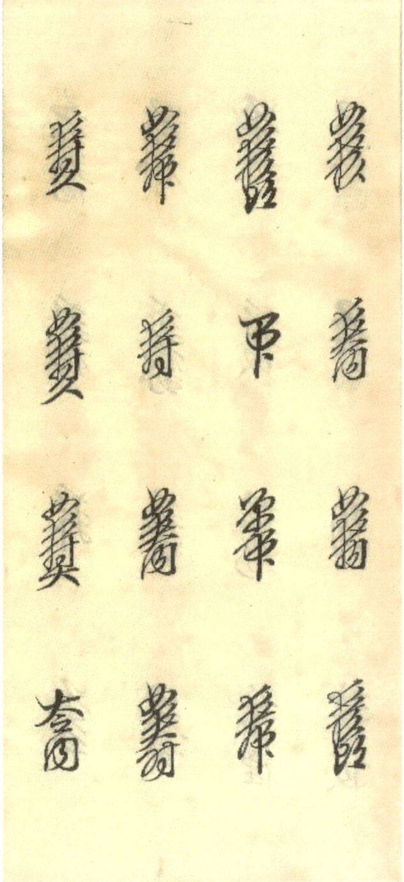

女夾腰　夾衲　女夾衲　夾腰頭

女夾腰頭　馬褂　單馬褂　夾馬褂

女夾馬褂　夾對　女夾衲　女夾對

夾對腰　女夾對腰　女夾對襖　大領衲

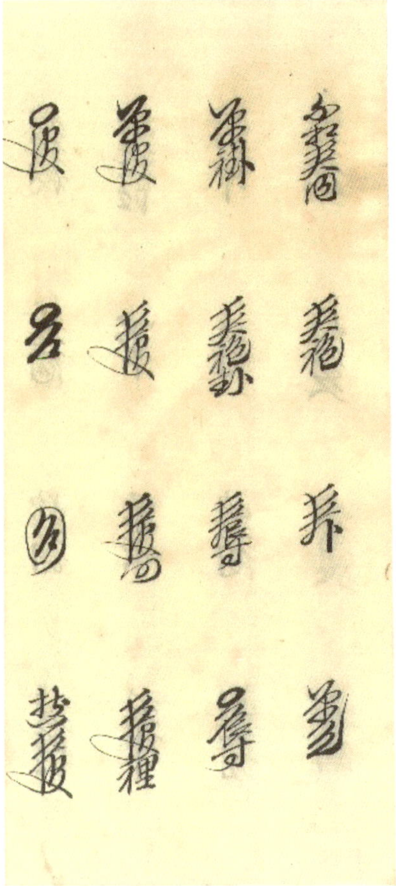

不□夾衲　夾袍　夾褂　單□

單褂　夾袍褂　夾褥　棉褥

單被　夾被　夾被仔　夾被裏

棉被　棉胎　□胎　背心夾被

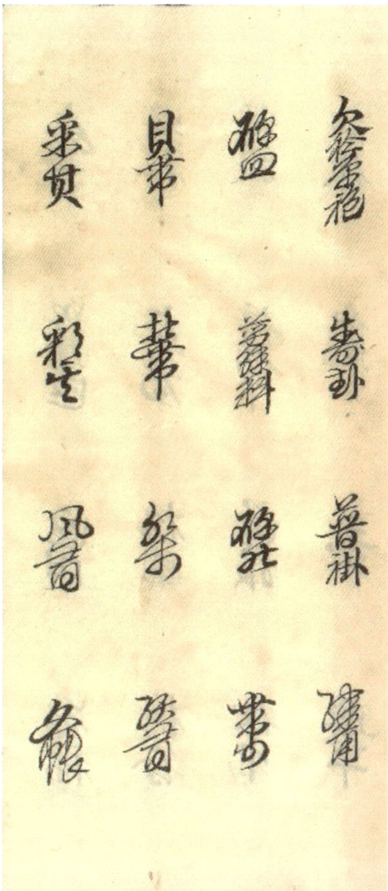

欠襟單袍 壽褂 普褂 碎角
碎皿 剪碎料 碎片 帶子
背帶 背帶 紅木 孩帽
彩旗 彩旗 風帽 蚊帳

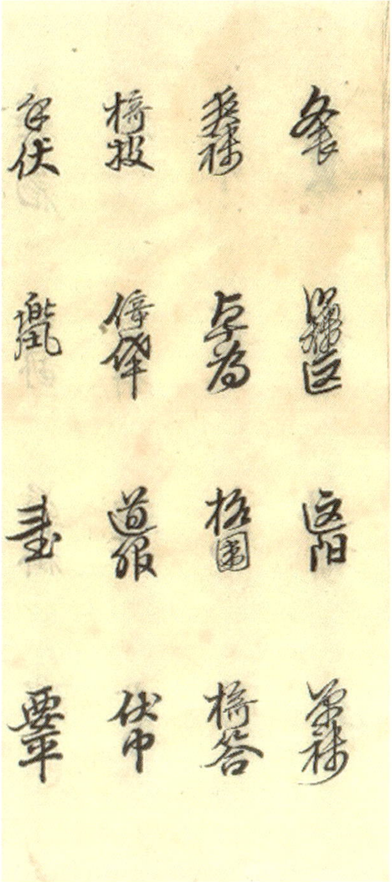

蚊帳 舊爛遮 遮陽 單襪
夾襪 桌圍 檯圍 椅搭
椅披 □帶 道服 伏巾
手伏 兜風 斗□ 藥瓶

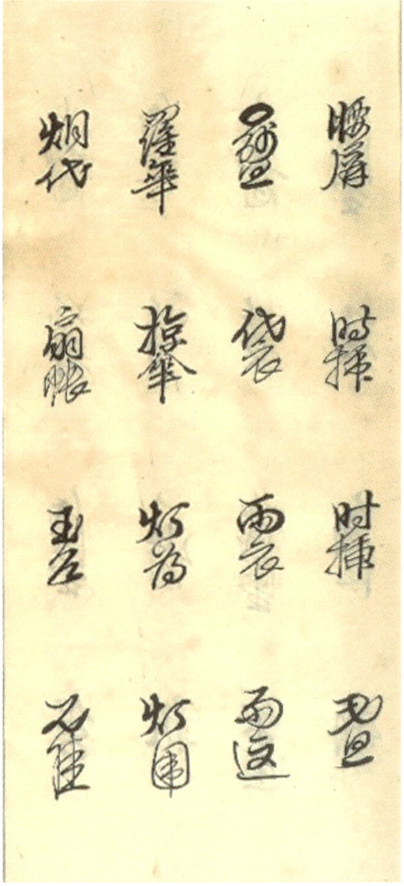

腰屏 時插 時插 毛撣
珠被 袋 雨衣 雨遮
羅傘 凉傘 燈圍 燈圍
烟袋 扇帳 玉胎 □鞋

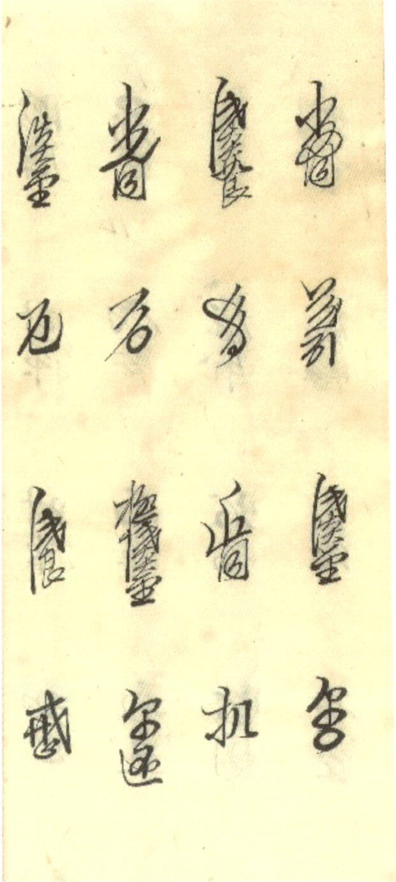

光銅 □引 低淡金 耳圈
低淡銀 簪 近銅 扣
光銅 耳圈 極低淡金 耳環
淡金 鈪 低銀 戒指

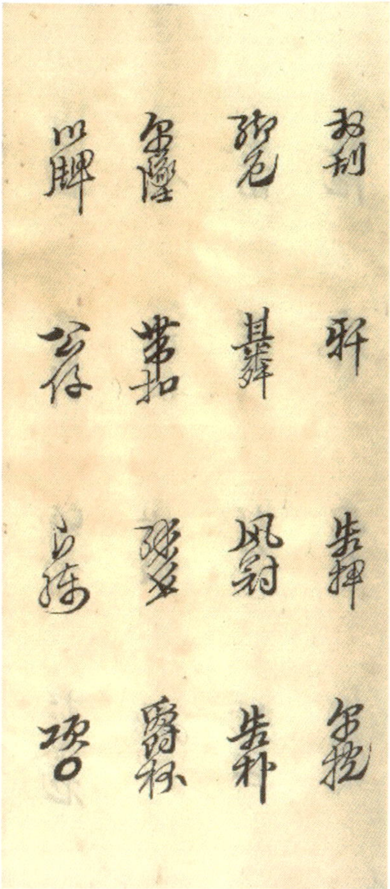

舌刮 牙簽 告押 耳挖
脚鈪 麒麟 鳳冠 告樸
耳墜 帶扣 碎飭 爵杯
耳牌 公仔 銀鏈 項圈

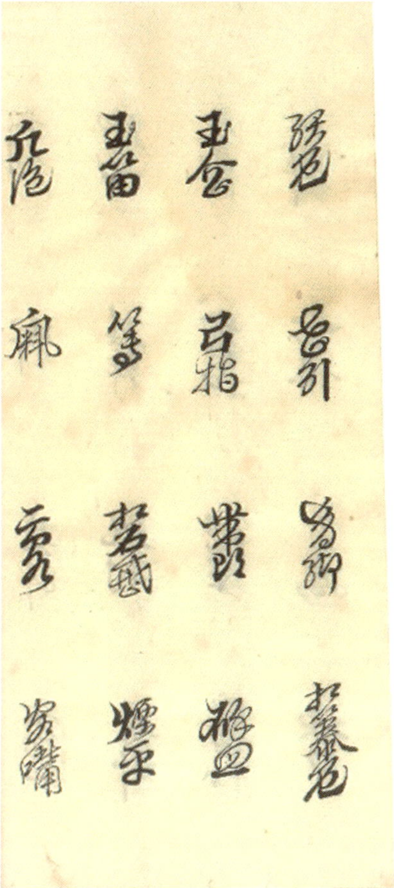

孩鈪 老引 簪脚 鑲藤鈪
玉戒指 □指 帶頭 碎皿
玉笛 簪 鑲石戒指 烟壺
凡泡 凡料 雲臺 客嘴

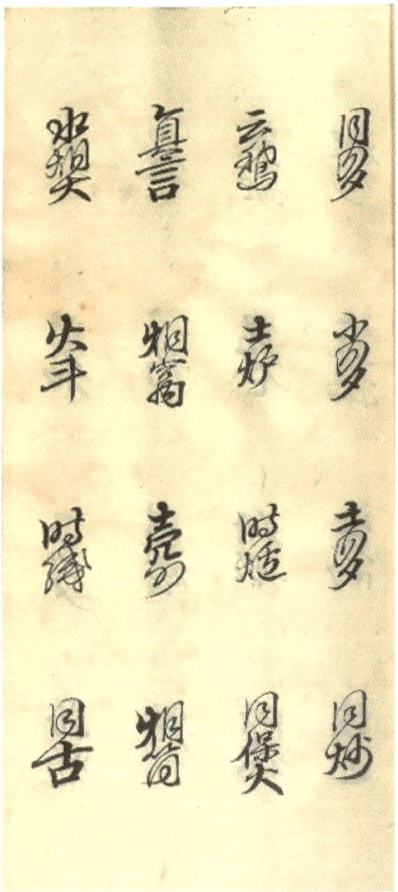

銅鑼　小鑼　土鑼　銅炒
雲鵝　土爐　時燧　銅煲
真言　烟窩　殻子　烟筒
水烟袋　火斗　時錢　銅鼓

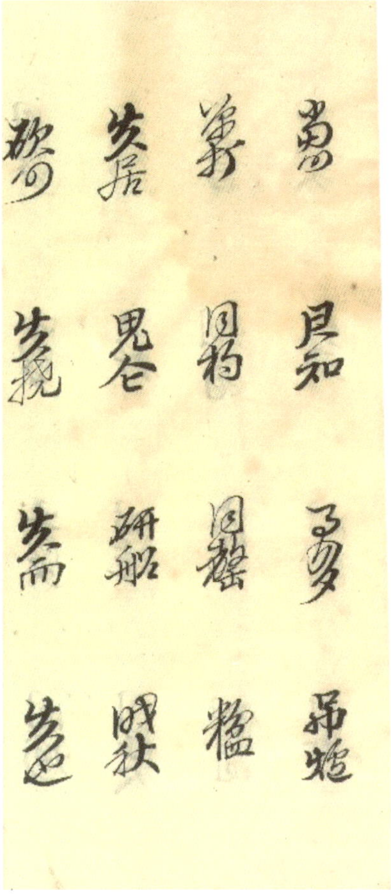

當子　君知　事鑼　吊燧
單打　銅杓　銅磬　粉盒
鐵居　鬼槍　研船　□□
砍子　鐵撓　鐵而　鐵也

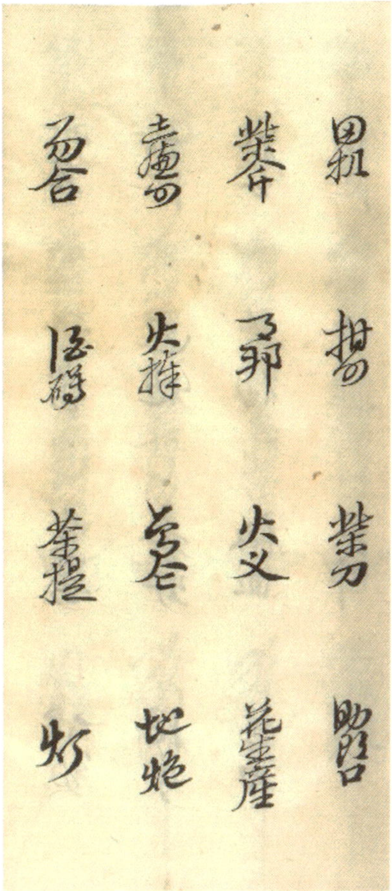

細扒　鉗子　柴刀　鋤頭口
柴斧　事邦　火義　花生鏟
土□子　火棒　□槍　地炮
昜合　酒□　茶提　燈

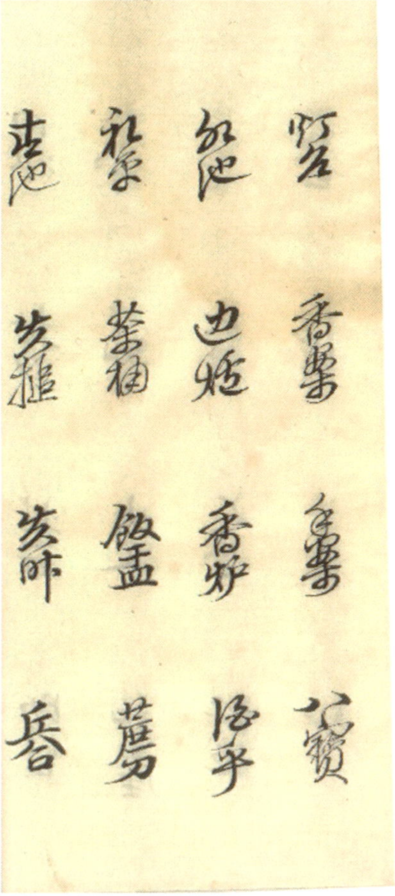

燈臺　香案　香案　八寶
水池　邊燧　香爐　酒壺
禮壺　茶筒　飯盂　蔗刀
古池　鐵錐　鐵□　兵盒

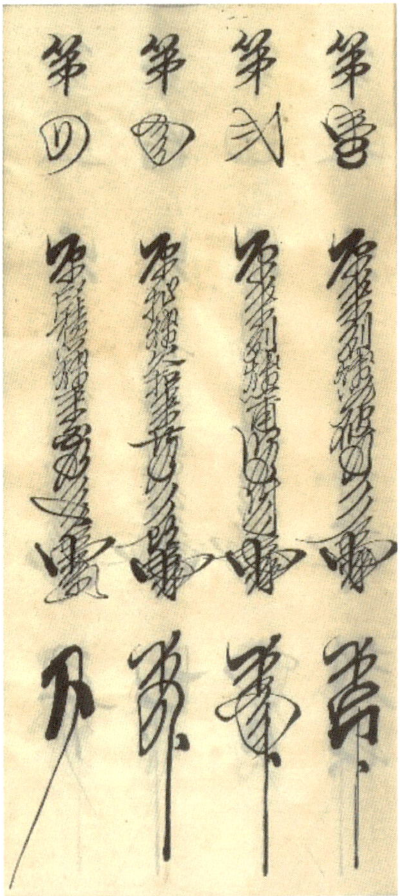

第一 原來裂爛穿孔破布衫一件 一錢六分
第二 原來裂爛穿補舊布汗衫一件 一錢三分
第三 原扯爛欠扣來節布衫頭一件 一錢四分
第四 原印漬穿爛來白布套一件 一錢

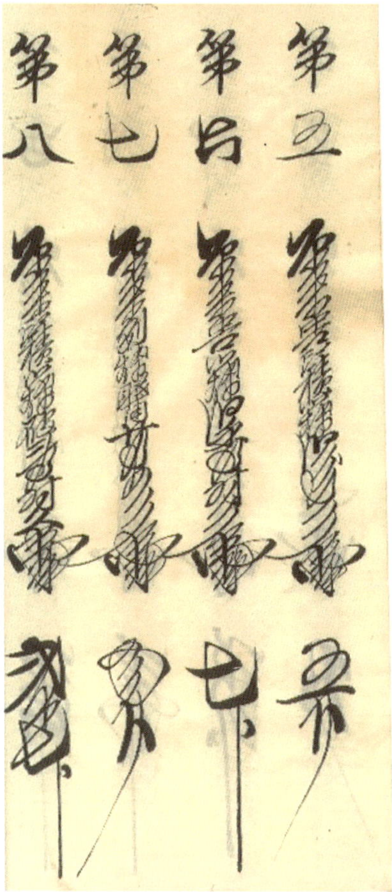

第五 原來蟲吃印漬穿爛舊絹布衫一件 五錢
第六 原來蟲吃穿爛舊禾布對衫一件 七分
第七 原來裂爛織補苧布女衫一件 三錢
第八 原來印漬穿爛破夏布對腰一件 二錢七分

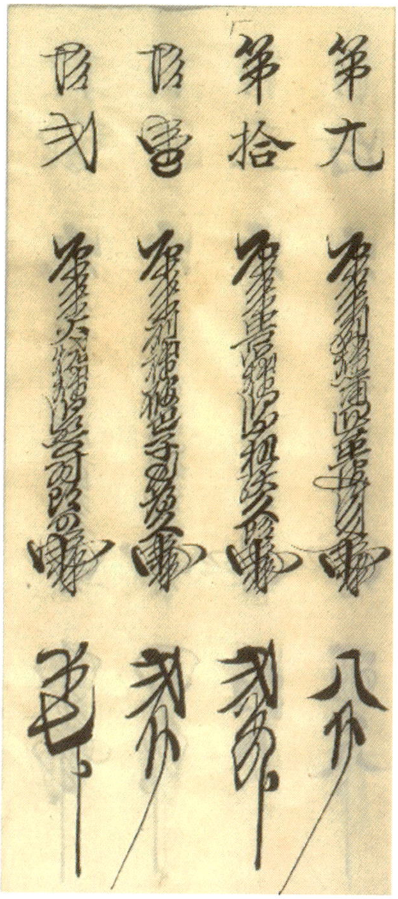

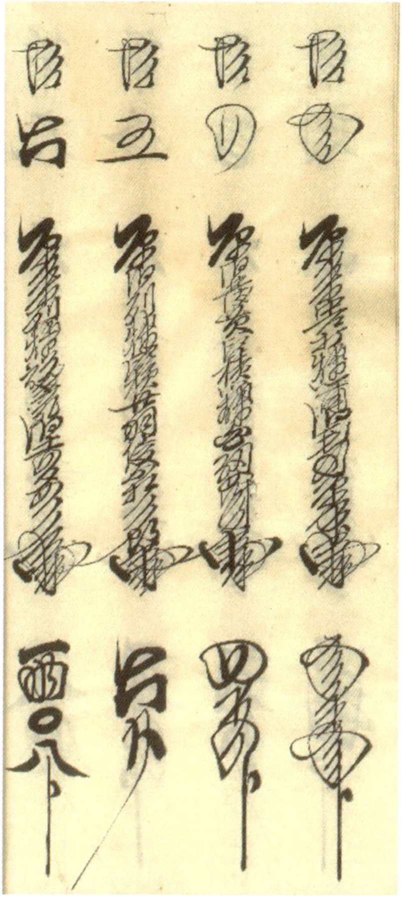

第九　原來裂爛穿補薯莨被汗衫一件　八錢

第十　原來蟲吃穿爛舊嗶嘰孩腰頭一件
二錢四分

十一　原來裂爛破把仔布圍腰一件　二錢

十二　原來火燒爛舊絲棉對頭仔一件　一錢
七分

十三　原來蟲吃打爛穿補舊毛布單裙一件
三錢三分

十四　原舊發黃印漬穿爛白綢女汗衫一件
四錢四分

十五　原舊裂爛印漬竹羽綾不扣衫頭一件
六錢

十六　原來裂爛脱毛穿孔舊土羅女衫一件
一兩零八分

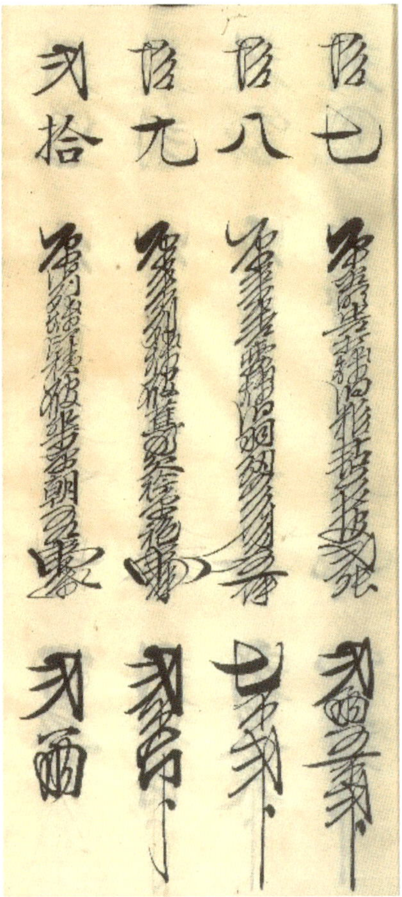

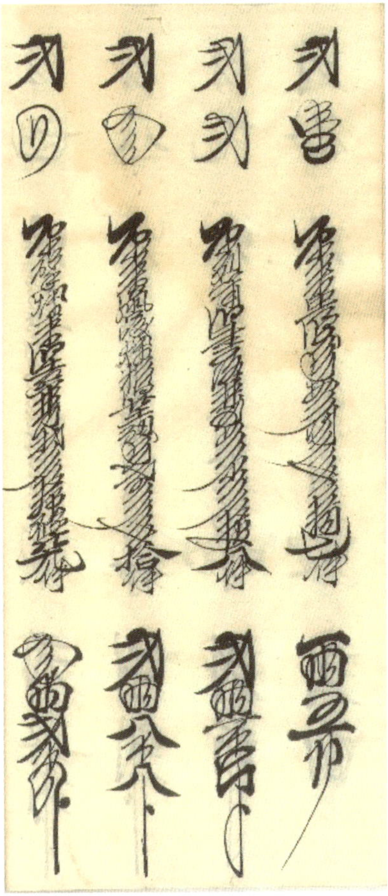

十七 原看明蟲吃打爛舊粗氈棉夾被二張
二兩五錢二分

十八 原來蟲吃黴爛舊羽綢女衫汗衫五件
七錢二分

十九 原來裂爛破蕉布欠襟單袍一件
二錢六分

二十 原舊裂爛印漬破絲紗單朝裙一條
二兩

二十一 原來蟲吃舊棉布女衫汗衫套褲夾衲七件
一兩五錢

二十二 原裂穿補舊素棉洛廢布女衫小衫夾被八件
二兩一錢六分

二十三 原來鼠吃咬爛粗苧土綢布孝衫褲十件
二兩八錢八分

二十四 原擊爛來舊土絲廢布□衫夾馬褂碎片九件
三兩二錢四分

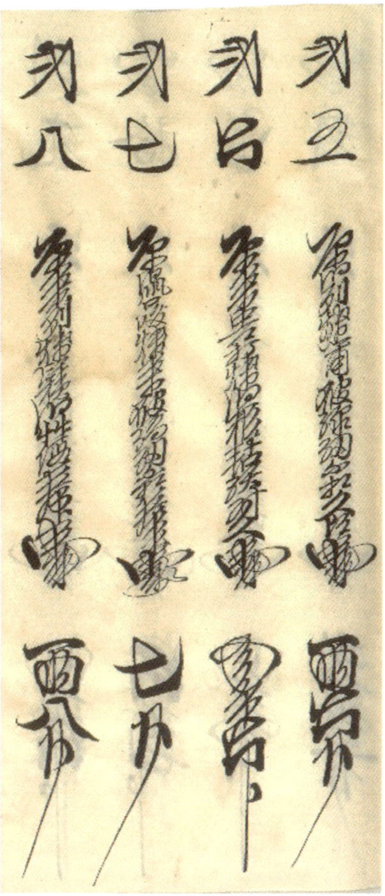

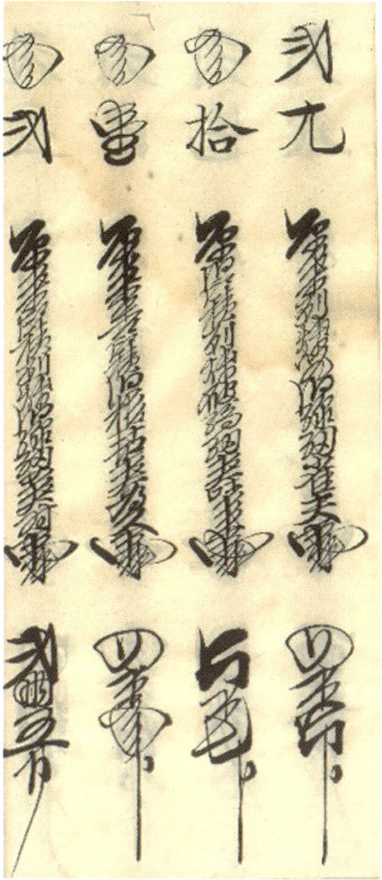

二十五 原舊裂爛穿補破綫綢不扣腰頭一件
一兩六錢

二十六 原來蟲吃打爛舊粗氈孩對腰一件
三錢六分

二十七 原來鼠吃咬爛來破縐綢不扣夾褲一件
七錢

二十八 原來裂爛印漬舊苧緞夾馬褂一件
一兩八錢

二十九 原來裂爛穿孔舊綫綢雀□一件
四錢六分

三十 原舊印漬裂爛破縐綢夾套褲一件
六錢七分

三十一 原來蟲吃印漬舊粗氈夾圍腰一件
四錢三分

三十二 原來印漬裂爛舊綫綢女夾對一件
二兩五錢

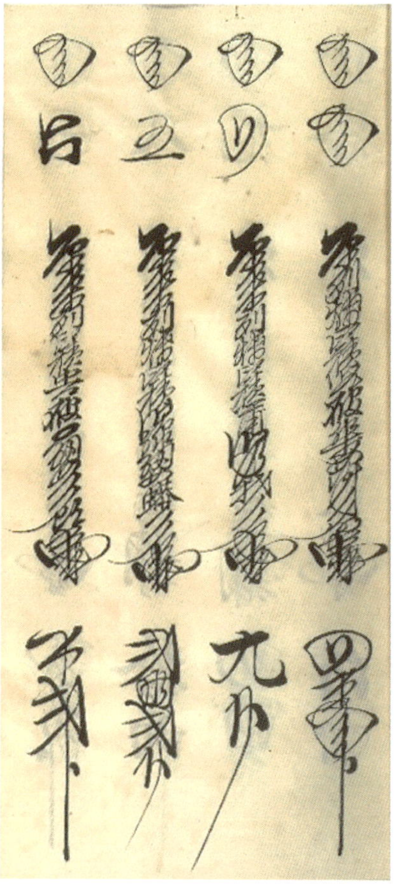

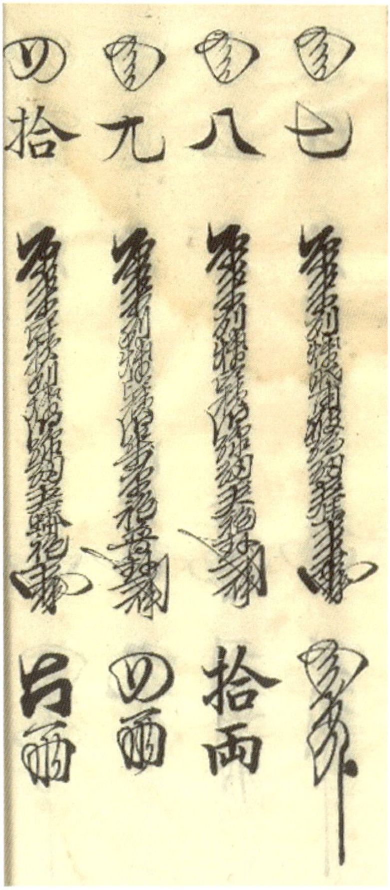

三十三 原裂爛印漬穿孔破絲紗男女汗衫仔一件

四錢三分

三十四 原來裂爛印漬穿補舊布□衫一件 九錢

三十五 原來裂爛印漬舊綫綢女蟒衫一件

二兩二分

三十六 原來裂印漬蟲吃破棉綢女衫頭一件

一錢二分

三十七 原來裂爛織補破縐綢夾馬褲一件

三錢四分

三十八 原來裂爛印漬舊綫綢夾袍褂二件 十兩

三十九 原來裂爛印漬舊絲紗單袍普褂二件

四兩

四十 原來印漬裂爛舊綫綢夾蟒袍一件 六兩

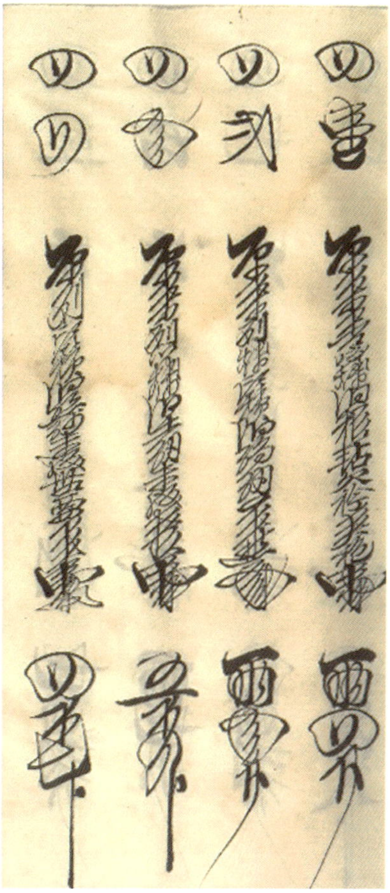

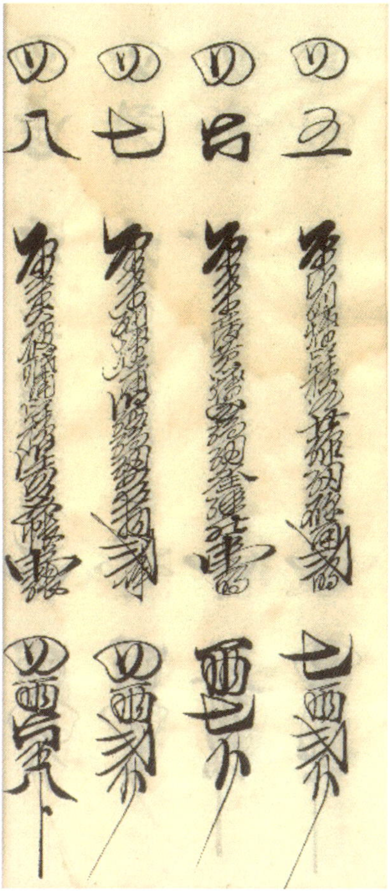

四十一 原來蟲吃咬爛舊粗氈欠襟夾袍一件
一兩四錢

四十二 原來裂爛印漬綹綢棉褲背心三件
一兩三錢

四十三 原來裂□爛舊土綢未成夾腰一件
五錢四分

四十四 原裂印漬舊絲紗未成無腰褲一條
四錢七分

四十五 原舊裂爛印漬穿孔□綫綢碎角二的
七兩二錢

四十六 原來發黃穿爛白綹綢不全碎片一的
一兩七錢

四十七 原來裂爛穿補舊緞綹綢女夾衲二件
四兩二錢

四十八 原來欠破織補印漬舊土羅蚊帳一張
四兩六錢八分

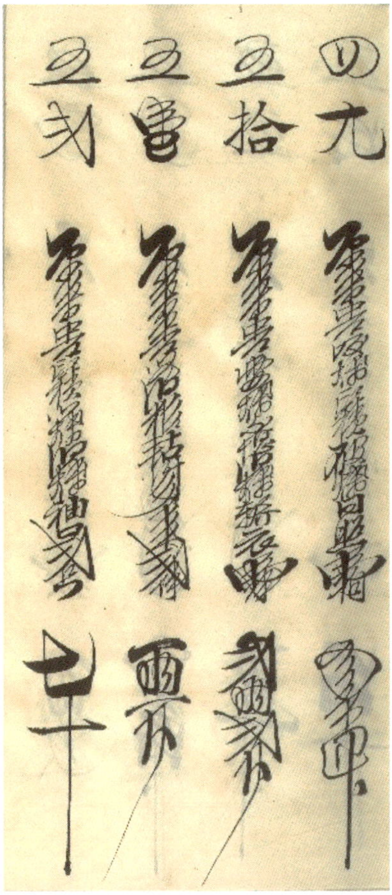

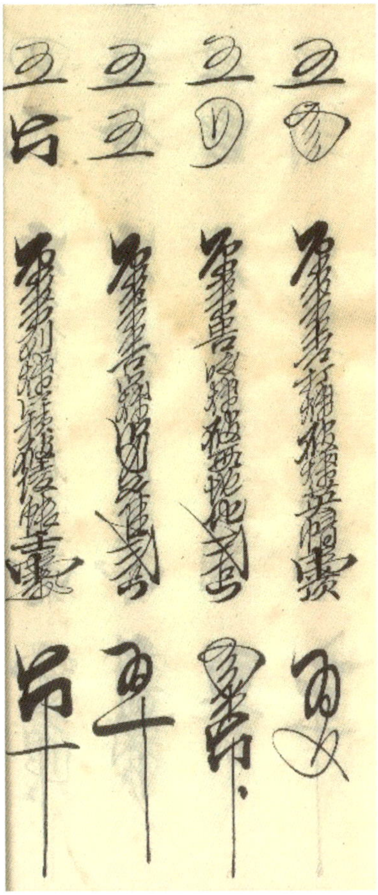

四十九　原來蟲吃咬爛印漬破爛日照一個　三錢四分

五十　原來蟲吃黴爛不堪舊爛轎衣一件　二兩二錢

五十一　原來蟲吃穿孔舊粗氈汗衫褲二件　一兩一錢

五十二　原來蟲吃印漬穿爛舊爛袖口二隻　七十（文）

五十三　原來蟲吃打爛破爛英帽一頂　一百文

五十四　原來蟲吃咬爛破緞底靴二隻　三錢六分

五十五　原來蟲吃穿爛舊布□鞋二隻　一百一十（文）

五十六　原來裂爛印漬破綾賬一條　六十（文）

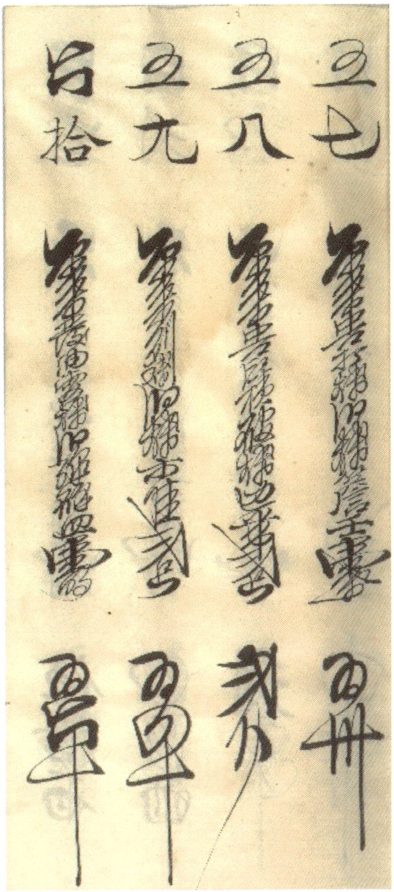

五十七　原來蟲吃打爛舊爛□壬一條
一百三十（文）
五十八　原來蟲吃印漬破爛邊帶二隻　二錢
五十九　原來裂爛舊爛木鞋二隻
一百四十（文）
六十　原來發油黴爛舊綫碎皿一的
一百六十（文）

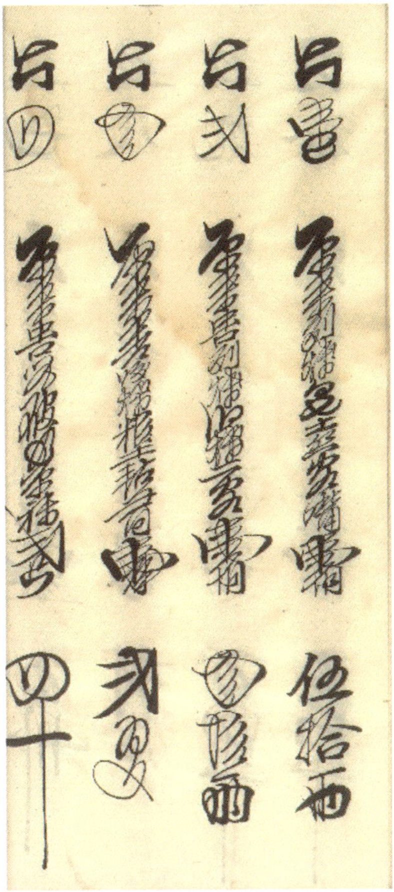

六十一　原來裂爛皂土絲□□嘴一個　五十兩
六十二　原來蟲吃裂爛舊爛□□一個　三十兩
六十三　原來蟲吃咬爛粗土氈帽一件　二百文
六十四　原來蟲吃穿孔破布單襪二隻　四十文

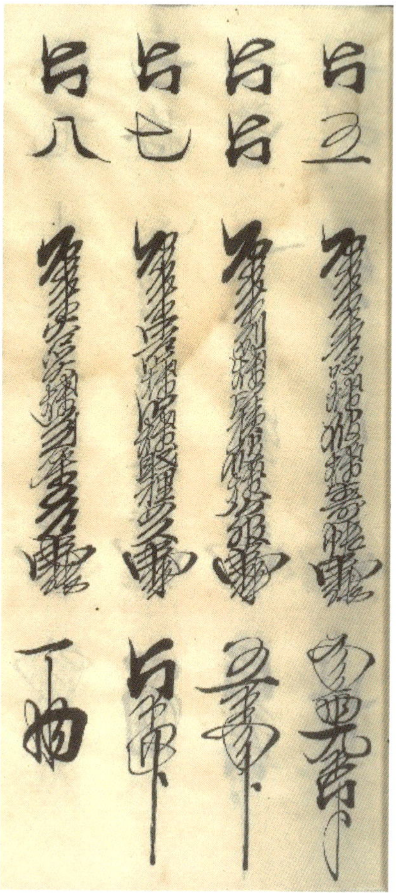

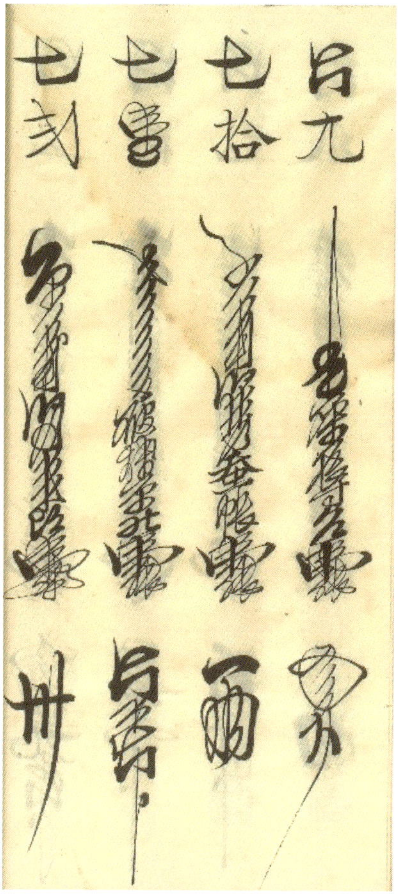

六十五　原來蟲吃咬爛破爛壽帳一張
三兩九錢六分
六十六　原來裂爛印漬破爛公服一件　五錢三分
六十七　原來蟲吃穿爛舊織裏女腰一件
六錢四分
六十八　原來□□穿大爛□□棉胎一張　一兩
六十九　□絲紗褥胎一張　三錢
七十　□補舊廢布蚊帳一張　一兩
七十一　□□破爛單片一張　六錢六分
七十二　原補舊布褲頭一條　三十文

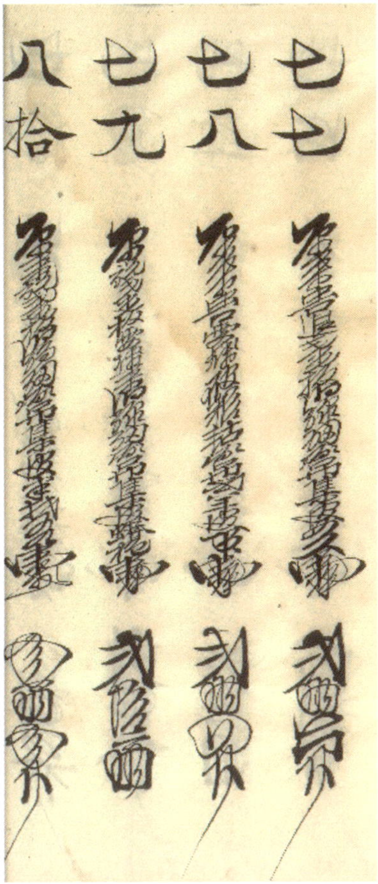

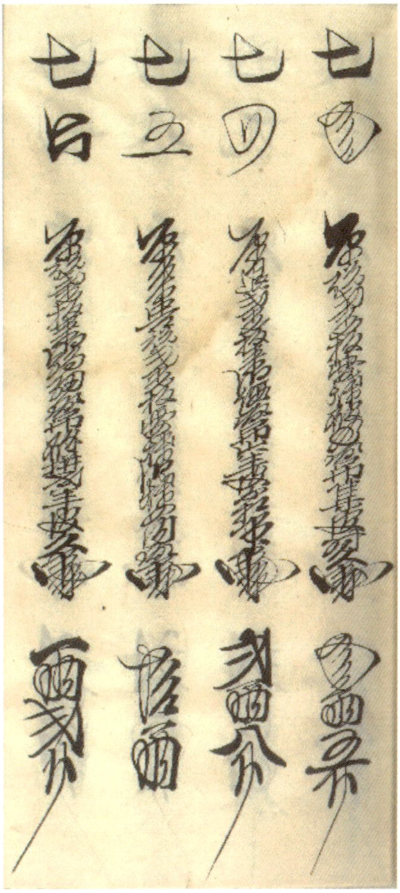

七十三　原脱毛光板黴爛破布面吊集皮對腰一件　三兩五錢

七十四　原退毛光板來舊緞面吊山羊皮不扣馬褂一件　二兩八錢

七十五　原來蟲吃脱毛光板黴爛舊爛女衲面一件　十兩

七十六　原脱毛光板來舊綌綢面吊碎拼老羊皮腰一件　一兩二錢

七十七　原來蟲吃退毛光板舊綫綢面吊集皮女腰一件　二兩六錢

七十八　原來蟲吃黴爛破粗氈面吊老羊馬褂一件　二兩四錢

七十九　原脱毛光板黴爛來舊綫綢面吊集皮蟒袍一件　二十兩

八十　原有來脱毛光板舊綌綢面吊集皮半□裙一條　三兩三錢

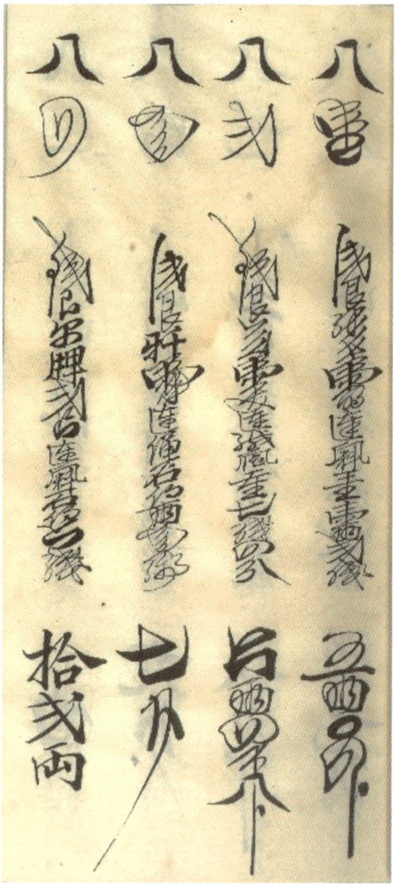

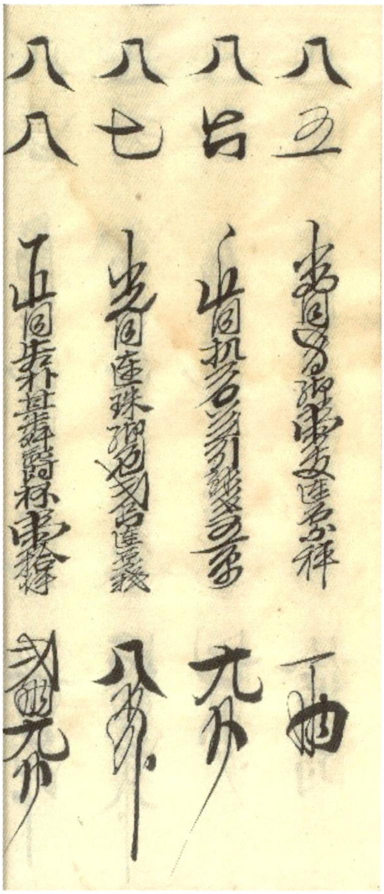

八十一　低銀碎飭一的連凡料一（的）一兩二錢
五兩零四分

八十二　低銀□一枝連綫凡□重七錢四分　六兩
四錢八分

八十三　低銀牙鐵一件連繩石約一兩三錢　七錢

八十四　低銀耳牌二隻連凡料石約六錢　十二兩

八十五　光銅簪脚一枝連石不秤　一兩

八十六　近銅扒耳圈□引碎飭五單　九錢

八十七　光銅連珠脚鈪二隻連石不□　八錢四分

八十八　近銅告樸麒麟爵杯一十件　二兩九錢

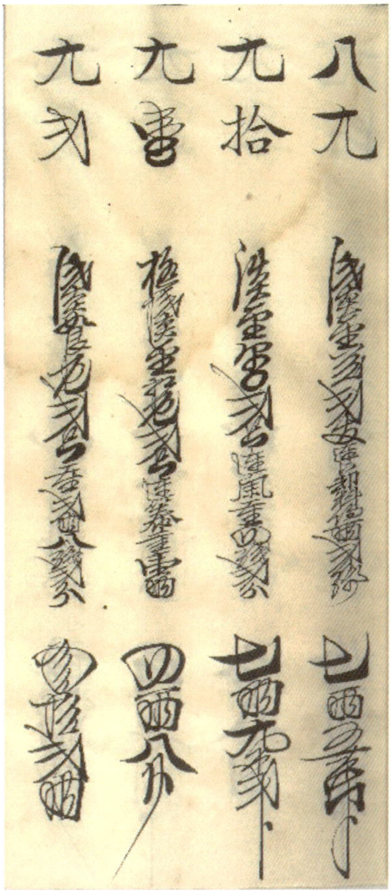

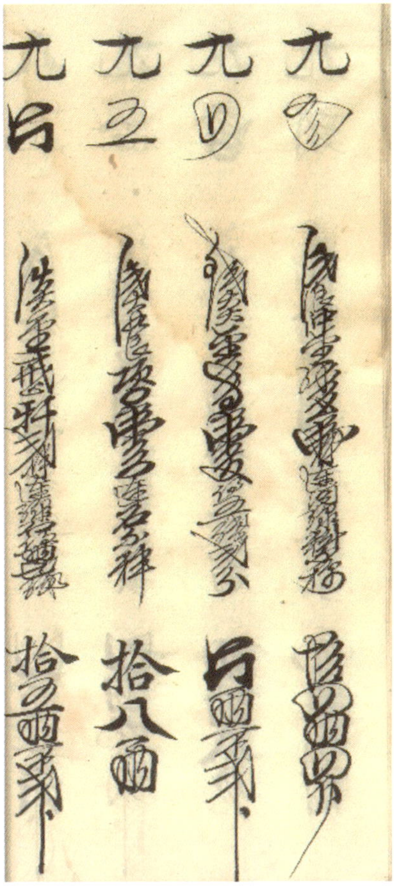

八十九　低淡金□□二枝連銀脚料約兩二錢　七兩五錢六分

九十　淡金耳圈二隻連凡料重四錢二分　七兩九錢二分

九十一　極低淡金鑲鈪二隻連藤重一兩　四兩八錢

九十二　低淡如銀鈪二隻重二兩八錢二分　三十二兩

九十三　淺銀銜金碎飭一件連同綫料不稱　十四兩四錢

九十四　低淡金簪一枝約五錢二分　六兩一錢二分

九十五　淺淡如銀項圈一隻連石不秤　十八兩

九十六　淡金戒指牙簽二件連綫石約兩七錢　十五兩一錢二分

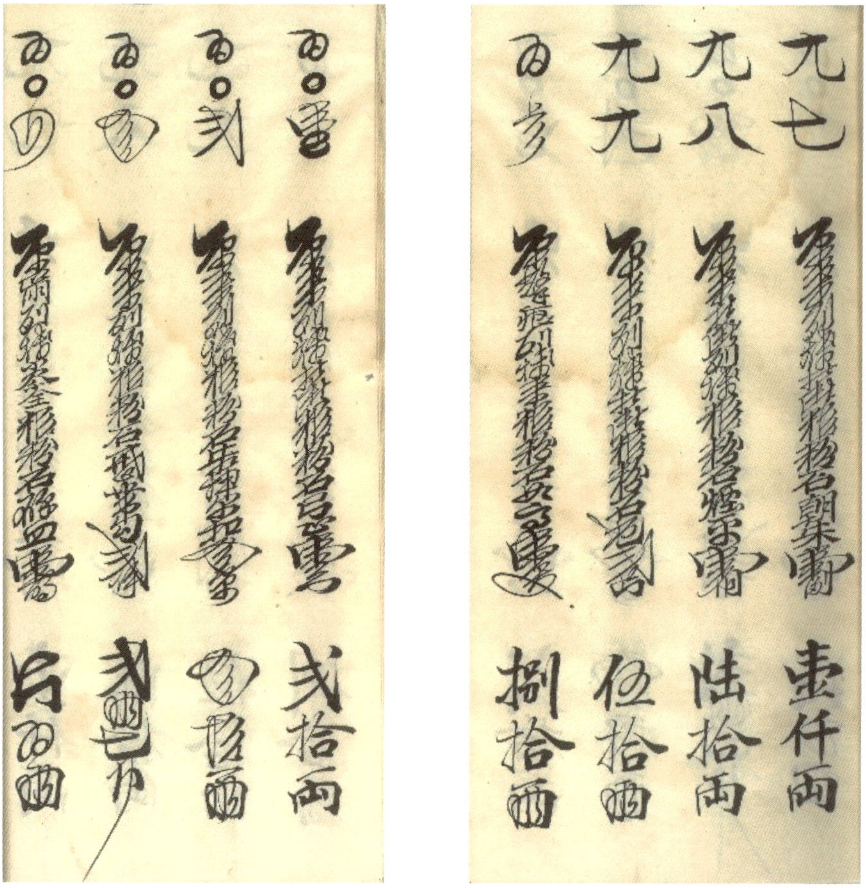

九十七　原來裂爛折斷粗粉石朝珠一副　一千兩

九十八　原來折斷裂爛粗粉石烟壺一個　六十兩

九十九　原來裂爛折斷粗粉石鈪二隻　五十兩

一百號　原擊痕裂爛來粗粉石如意一枝　八十兩

一百零一　原來裂爛折斷粗粉石□指一隻
二十兩

一百零二　原來裂爛粗粉石告押耳扣三單
三十兩

一百零三　原來裂爛粗粉石戒指帶鈎二件
二兩七錢

一百零四　原崩裂爛小欠不全粗粉石碎皿一的
六百兩

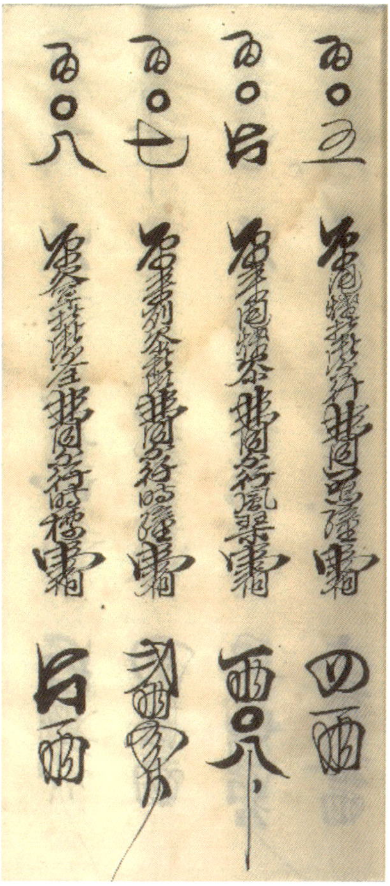

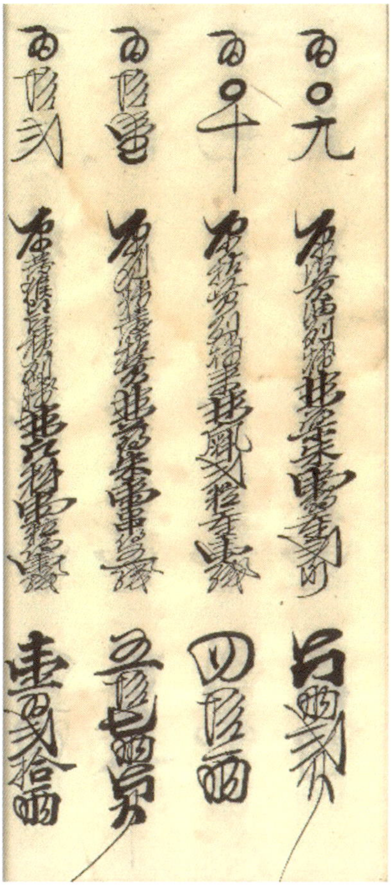

一百零五　原甩爛折斷不行廢銅一鳴鐘一個
四兩

一百零六　原來甩爛欠小廢銅不行風琴一個
一兩零八分

一百零七　原來裂欠小折斷廢銅不行時鐘一個
二兩三錢

一百零八　原欠罩折斷不全廢銅不行時表一個
六兩

一百零九　原舊黃油裂爛廢藥珠一的重二兩
六兩二錢

一百一十　原枯黃裂爛來廢凡料二粒重一錢
四十兩

一百一十一　原裂爛發枯黃廢藥珠一串約五錢
五十七兩六錢

一百一十二　原發猴頭印漬裂爛廢凡料一粒約
一錢　一百二十兩

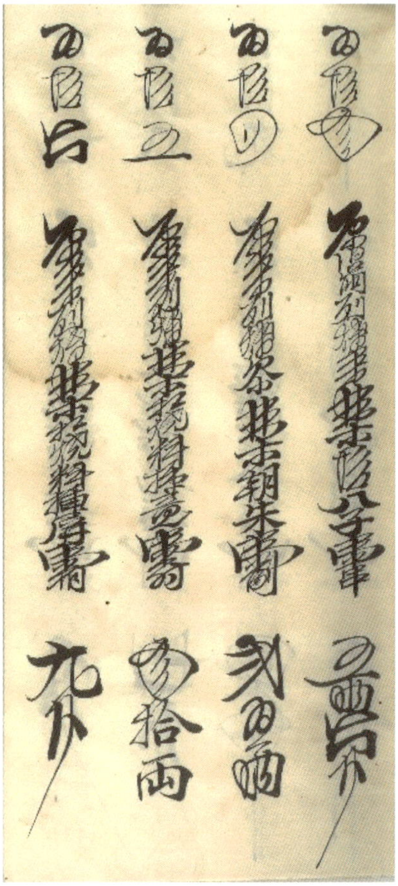

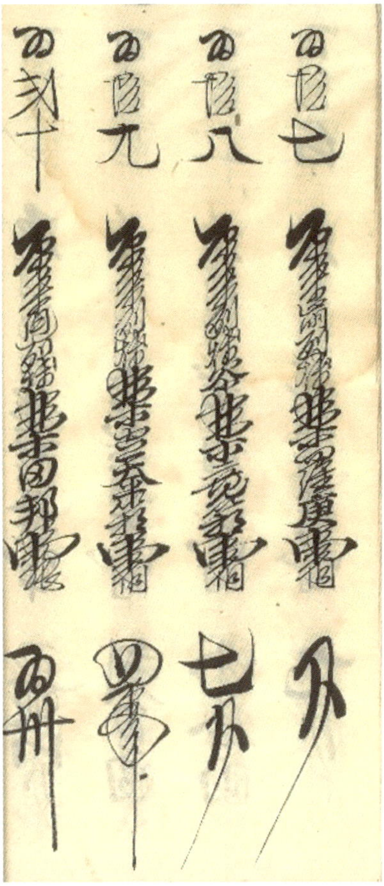

一百一十三 原舊崩裂爛來廢木十八子一串
五兩六錢

一百一十四 原來裂爛欠小廢木朝珠一副
二百兩

一百一十五 原來裂爛廢木鑲燒料插鏡一對
三十兩

一百一十六 原來裂爛廢木鑲燒料插屏一個
九錢

一百一十七 原來崩裂爛廢小鑼庚一個 一錢

一百一十八 原來裂爛欠小廢木鏡箱一個
七錢

一百一十九 原來裂爛廢木空天平箱一個
四錢三分

一百二十 原來甩裂爛廢木細邦一張
一百三十文

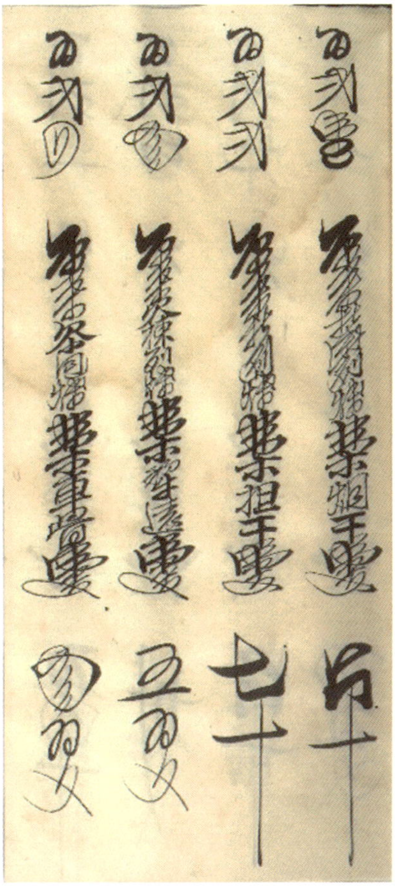

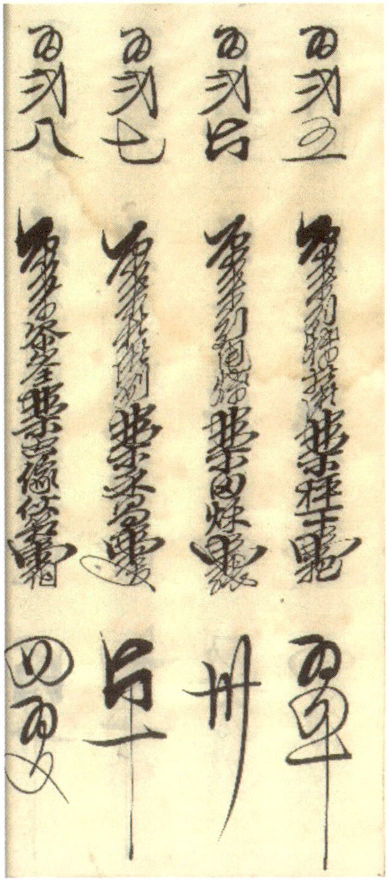

一百二十一　原來折斷裂爛廢木烟杆一支　六十文

一百二十二　原來折裂爛廢木擔杆一支　七十文

一百二十三　原來欠楝裂爛廢木犁轅一支　五百文

一百二十四　原來欠小甩爛廢木車骨一支　三百文

一百二十五　原來裂爛折斷廢木秤杆一把　一百四十文

一百二十六　原來裂甩爛廢木細爍一張　三十文

一百二十七　原來折斷裂廢木□鍋一支　六十文

一百二十八　原來欠小不全廢木空傢伙箱一個　四百文

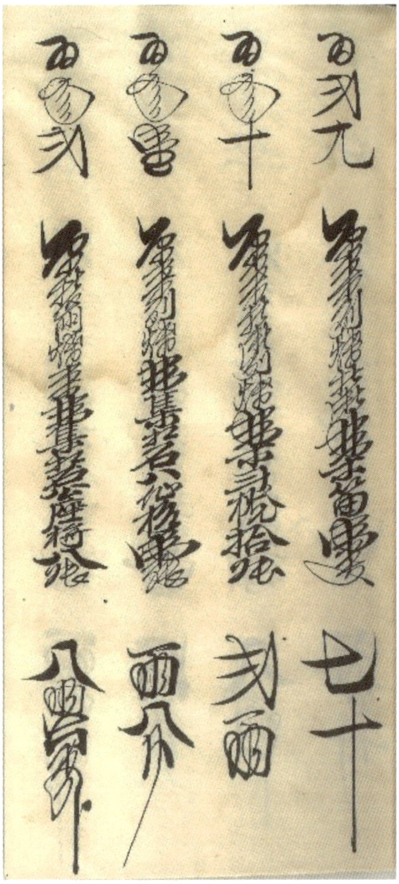

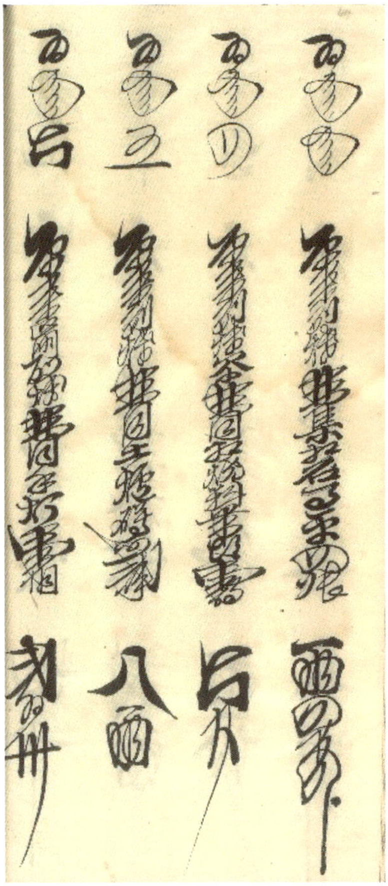

一百二十九　原來裂爛折斷廢木笛一支　七十文

一百三十　原來折斷裂爛廢木斗凳十張　二兩

一百三十一　原來裂爛廢集鑲石八仙檯一張
　　一兩八錢

一百三十二　原折崩爛來廢集鑲石公座椅八張
　　八兩六錢四分

一百三十三　原來裂爛廢集鑲石□壺四張　一兩
　　四錢四分

一百三十四　原來裂爛欠小廢銅鑲燒料帶頭一
　　的六錢

一百三十五　原來裂爛廢銅土燧□子二件　八兩

一百三十六　原來崩裂爛廢銅手燈一個
　　二百三十文

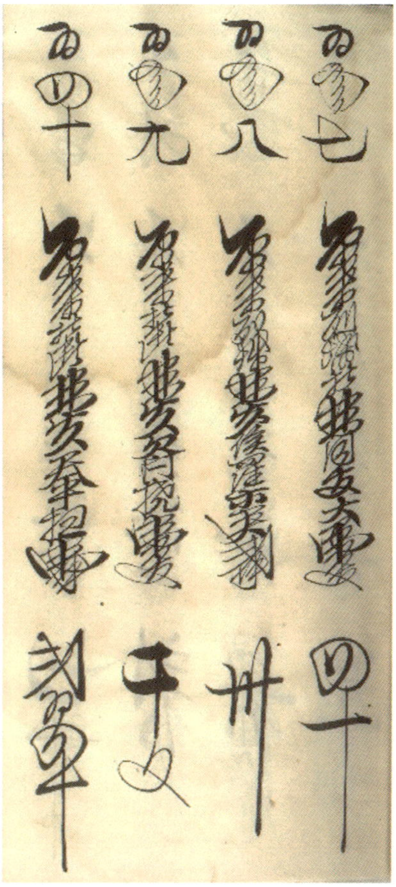

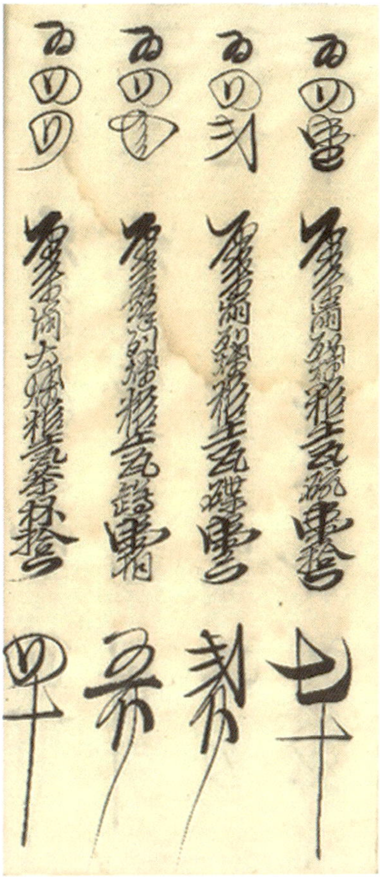

一百三十七　原來裂爛折廢銅支大一支　四十文

一百三十八　原來裂爛廢鐵猴鑼木夾二件　三十文

一百三十九　原來折斷廢鐵欠門撓一支　一千文

一百四十　原來折斷廢鐵天平擔一件　二百四十文

一百四十一　原來崩裂爛粗土瓦碗一十隻　七十文

一百四十二　原來崩裂爛粗土瓦碟一隻　二錢

一百四十三　原來擊裂爛粗土瓦罐一個　五錢

一百四十四　原來崩大爛粗土瓦茶杯十隻　四十文

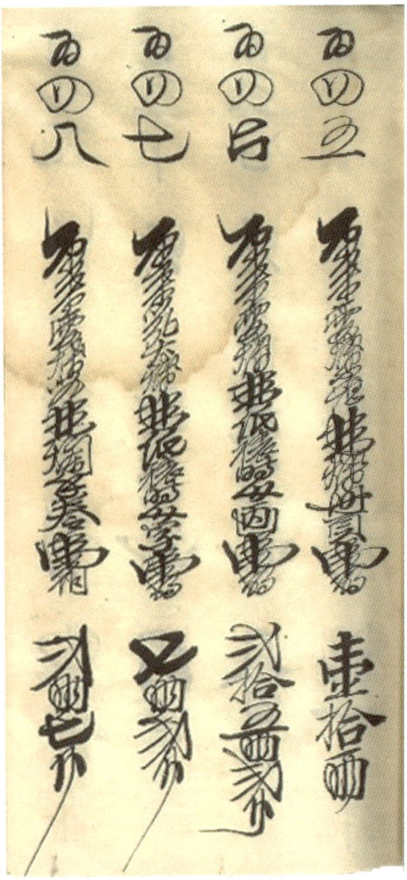

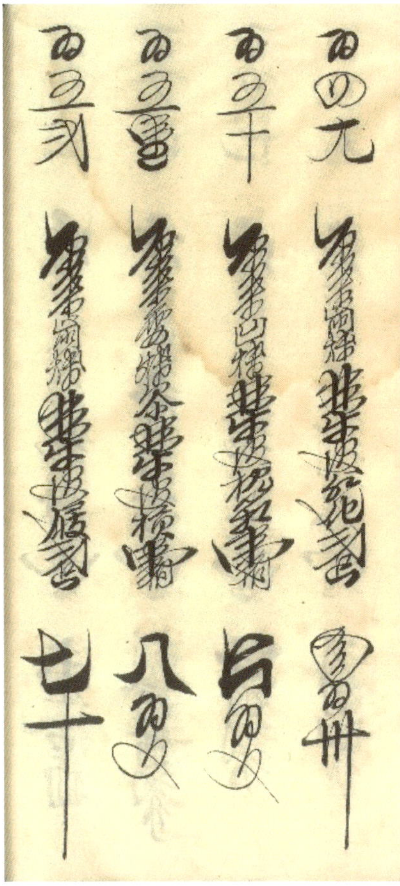

一百四十五　原來徽爛不堪廢爛冊頁一的　一十兩

一百四十六　原來徽爛廢紙裱時人畫一的　二十五兩二錢

一百四十七　原來□孔大爛廢紙裱時人字一的　七兩二錢

一百四十八　原來徽爛□廢爛手捲一個　二兩七錢

一百四十九　原來崩爛廢牛皮水靴二隻　三百三十文

一百五十　原來凹爛廢牛皮枕箱一個　六百文

一百五十一　原來徽爛欠小廢牛皮展一個　八百文

一百五十二　原來崩爛廢牛皮展二隻　七十文

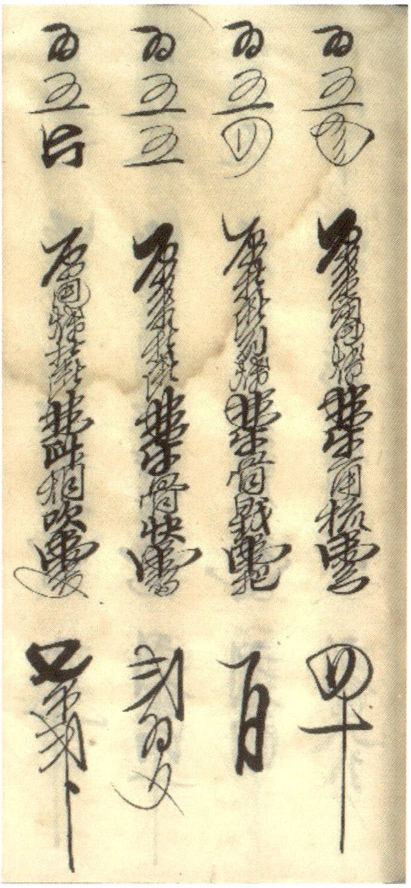

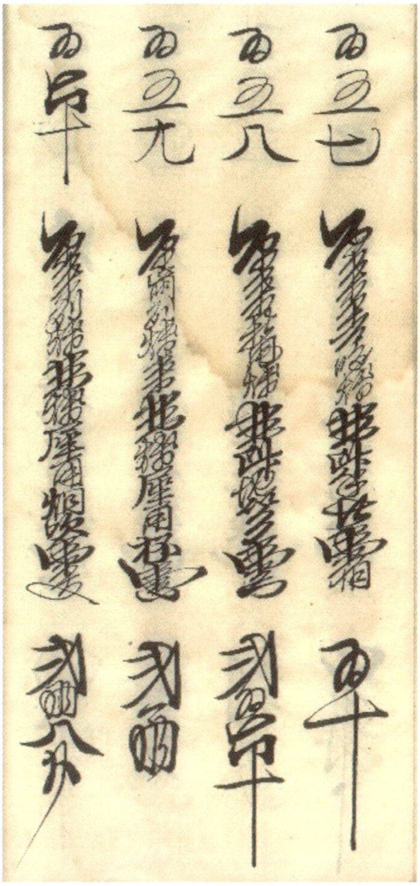

一百五十三　原來崩甩爛廢牛角梳一隻　四十文

一百五十四　原來折斷裂爛廢牛骨戥一把
一百文

一百五十五　原來折斷廢牛骨筷一的　二百文

一百五十六　原甩爛折斷廢竹烟吹一支
七錢二分

一百五十七　原來蟲吃咬爛竹竿□一個
一百一十文

一百五十八　原來折甩爛廢竹□□一隻
二百六十文

一百五十九　原來崩裂爛來廢爛犀角杯一隻
二兩

一百六十　原來裂爛廢爛犀角烟吹一支
二兩八錢

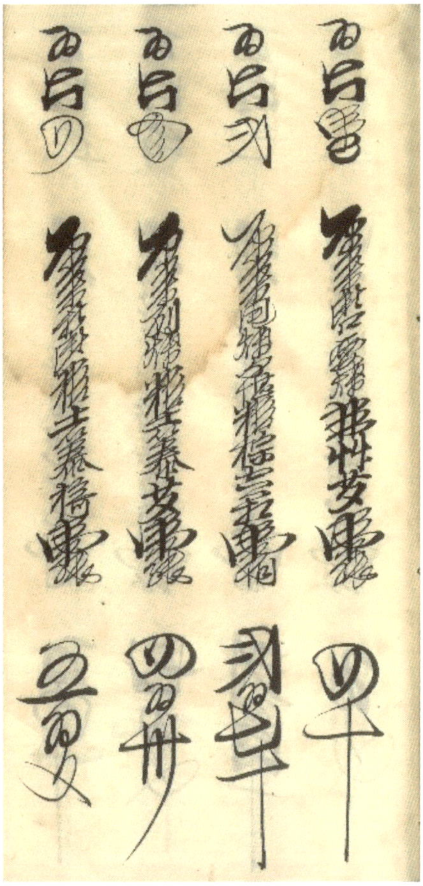

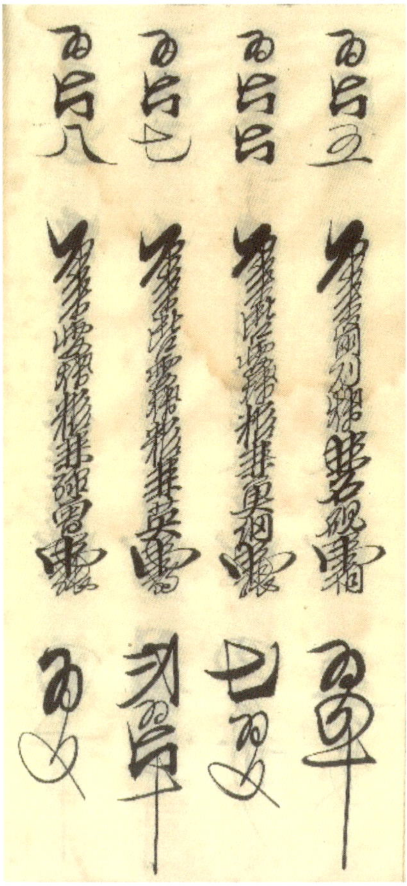

一百六十一 原來斷口黴爛廢竹席一張 四十文

一百六十二 原來甩爛不堪粗棕空箱一個 二百七十文

一百六十三 原來裂爛粗土藤席一張 四百三十文

一百六十四 原來折斷粗土藤椅一張 五百文

一百六十五 原來崩裂爛廢石硯一個 一百四十文

一百六十六 原來斷口黴爛粗廢魚網一張 七百文

一百六十七 原來斷口黴爛粗廢英一的 二百六十文

一百六十八 原來黴爛粗廢綫繒一張 一百文

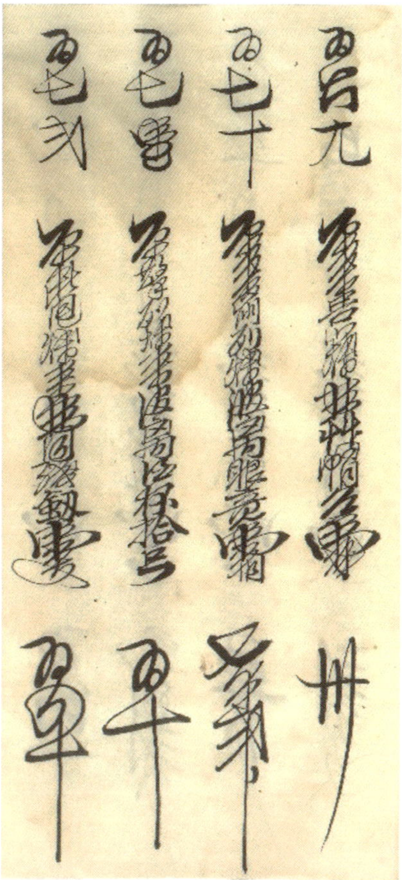

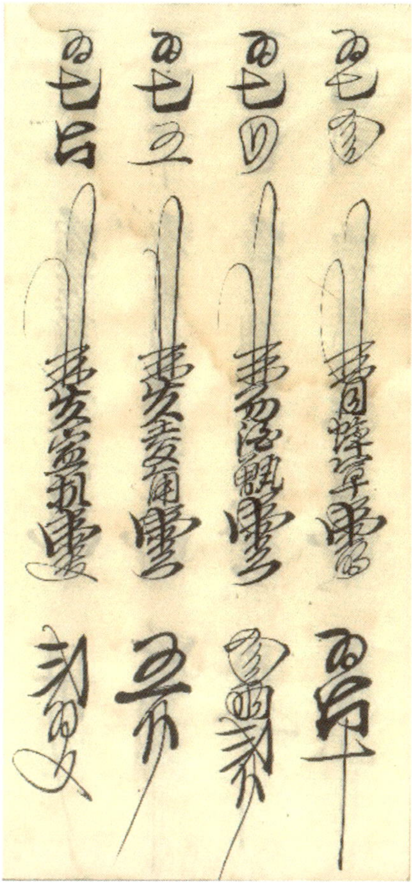

一百六十九 原來蟲吃黴爛廢竹帽□一件

三十文

一百七十 原來崩裂爛玻璃眼鏡一個

七錢二分

一百七十一 原來擘裂爛來玻璃酒杯十隻

一百一十文

一百七十二 原斷甩爛來廢銅殘劍一支

一百四十文

一百七十三 廢銅蟀罩一的 一百六十文

一百七十四 廢湯酒甑一隻 三兩二錢

一百七十五 廢鐵棱角一隻 五錢

一百七十六 廢鐵寧扒一支 二百文

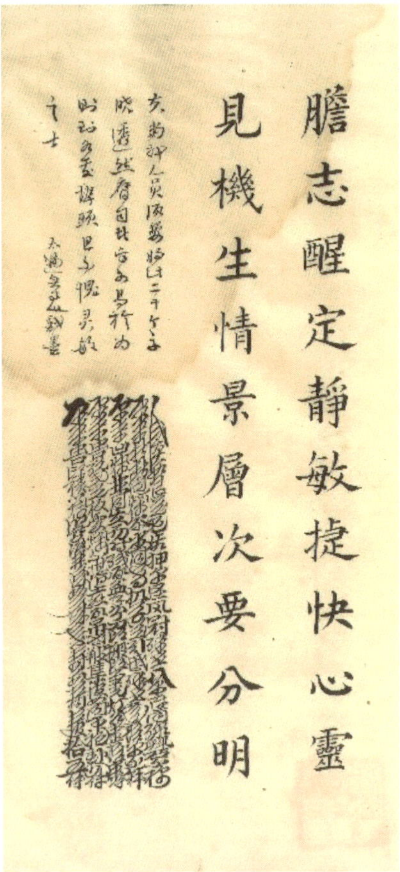

膽志醒定静　敏捷快心靈
見機生情景　層次要分明
夫當押人員須要將此二十個字曉透，然膺同者，方可易於爲。則到各處埠頭，且不愧靈敏之士。　太過無事人戲墨

淺淡如銀□□鈪告押耳環鳳冠碎飭八單連同綫凡料石不稱
原來折斷甩爛欠小光銅簪扒耳圈□□引戒指碎飭三十單不秤
原來凹爛廢銅鐵□時錢兜盆手□刀頭搬頭擋光燈臺一十一件
原來蟲吃脱毛光板黴爛不堪舊土絲兜吊老羊皮集皮女衲馬褂袍褂四件
原來蟲吃印漬穿爛舊□棉洛廢布絹布汗衫褲夾對腰女夾衲夾被十五件

第七章　典當文書釋讀

傳統商業文書是中國億萬民衆長時間從事商品生産交换的最爲真實的歷史記録，是歷史研究中田野調查的重要内容。由於受中國歷史的特殊性影響，官方文檔及其他典籍文獻中，『除了關於地丁、錢糧等財政收支方面的數據相對比較系統外，其他社會經濟方面的記載則多爲一般的定性描述，精確的數量記録極爲稀缺，而且作爲當時官方實際使用的文書，其數據本身的準確性與可靠性尚需要謹慎對待。』〔一〕與其他國家相比，中國民間商業文書具有非常獨特的價值和意義。然而，儘管近幾十年來學術界、收藏界從不同角度對其作了艱苦的努力，對這方面史料的整理與研究奠定了一定的基礎，但總體而言，還極不充分，亟待深入。改革開放以來，史學界僅有少量利用商業賬本進行研究的專著和論文發表，專門整理出版的商業賬簿史料極爲少見。近幾年，雖稍有改觀，但總體情况依然不容樂觀。造成這一問題的關鍵有兩條：一是原始資料分散，又多藏於個人或博物館，極少出版，館藏品由於易損的特殊性，不能作爲公共資源爲研究充分利用，更難以形成集群、連鎖效應。二是釋讀較難，尚未形成一套系統高效的釋讀方法。隨着筆與紙的書寫形式的遠去，人們對過往民間商業文書的歷史，會越來越感到陌生，甚至神秘。然而歷史又要求我們必須能够對各類歷史文書，特别是民間商業文書，進行準確地識讀，以瞭解歷史的真相。這方面的『需求與供給』存在極大的差距。這兩方面的問題不解决，研究中國經濟史，要做到『論從史出』，可能是件困難的事情。比如近代以來的白銀流動問題、民間貨幣問題、市場利率及其變動問題等，對此，許多學者提出了自己的估值，而那些估值又與實際相差甚遠，原因就在於史料的缺乏和釋讀的困難。

〔一〕袁爲鵬：《商業賬簿史料對社會經濟史研究的意義》，《中國社會科學報》2015年1月28日。

對傳統商業文書的識讀或釋讀，包括三個層次：

第一層，將書寫符號系統轉化爲可讀的當代文字符號系統。主要工作重點在兩個方面：

文字和數字。傳統商業文書用字，常用字多，冷僻字少。如果説難，難在俗字、异體字、通假字和減省筆畫字。商業文書的數字書寫，大致有三類情形：一是蘇碼，在以晋商爲代表的北方地區，使用廣泛，書寫嫻熟，運用靈活。二是漢字中的數字，以徽商爲代表的江南地區，連筆竪寫，省筆情形較多，運用靈動。特别是有時蘇碼與漢字混書，不同貨幣單位交雜。三是數字秘語，過去人們總結説商業有七十二行，行行有專用的數字表示方法。有一本《生意精通言詞》小册子，在民間流傳，其中講道：『精通言詞做生意，一旦貫通免受欺。』

第二層，將詞組中的專業術語釋讀爲普通用語。讀商業文書，如果説識字難，那麽理解字、詞的語意更難。在歷史上，每個行業有每個行業的專業用語，也叫行話。如錢市有銀盤、錢盤、泡、開市、落盤、卯期、滿加利、掉頭利、克兑等，當鋪有架本、信當、土賬、貫利、打利、頂當、絶當、死當、倒當、轉當、照當等，票號有拉期、路期、空期、兑期、墊期、各種標期、標銀、遲、疲、快、活。這些專業用語，都經歷了悠久的歷史演進過程，不要説現代人不好理解，即便當時的外行人，也並不容易搞得清楚。在各類詞彙中，貨幣類的名詞，是最爲複雜的。白銀類的，有寶銀、紋銀、寶紋銀、鏡寶銀、化寶銀、元銀、碎銀、點個銀、回鶻銀、番銀，如果把反映成色和量具因素納入考察，情况就更爲複雜。制錢，有大錢、清錢、滿錢、高錢、東錢……還有大量銅鐵搭配的九八錢、八三錢等。錢帖類的又分爲府帖、鄉帖、村帖、轉帖、兑帖、憑帖、票帖。釋讀，首先要把這些名詞概念搞清楚，纔能明白商業文書中記録的真實内容。

第三層，從當時的語境過渡到我們當代學術語境。明白了原來文本内容，並不等於釋讀即告完成。我們從事研究，進行比較分析，要在同一的語境下對話。當下，我們的經濟環境，從理論到實踐，從概念到實操，可以説基本上已經國際化，現代經濟語境與傳統商業語境是割裂的，不同頻的。從這個意義上説，解讀商業文書，要跨越兩種語境。

中國傳統商業文書最難釋讀者，非典當文書莫屬。而典當文書最難之處在於『當字』，這也正是本書研究的宗旨所在。現在我們就運用前面幾章的分析研究成果，圍繞書寫符號系統轉化爲可讀的當代文字符號系統的這個首要問題，分别就當商文書中最難識讀的賬簿及當票，以實例形式，嘗試釋讀。

一 當賬釋讀

當賬，又稱門賬、典賬、當簿、字號簿，也有人稱爲大賬或櫃檯老賬。〔一〕當賬是當鋪最基礎、最主要的賬簿，同時也是使用『當字』最多、最爲普遍的賬簿。

傳統當賬通常分爲五個欄目，分别爲編號，經辦人代號，當物名稱、數量，回贖或出當時間，發放當本貨幣數量。〔二〕典當行的每筆業務編號，當賬與當票必須一致，按千字文的順序，每月取一字排列。遇有個别字作當頭不妥時，則選其他字代替。

在當物名稱欄中，通常先寫當物殘點字，也稱票頭字，即用來描述當物破舊損壞的專用詞語，作當物的形容詞。這些形容詞也有一定寫法。不同當物通常對應不同的殘點字。如當物爲金銀飾品，則金不稱『赤』，而是稱之爲『淡』『銜銅』『低淡銀』，銀不稱爲『紋』或『足』，而是稱爲『黑』或『毛』『光銅』。玉石稱爲硝石，銅錫器皿則常冠以『廢』字，書之爲『壞鉛』。如爲綢緞綾羅縐絹類的衣物，則以『蟲破』『破窟』『油漕』之類的詞冠之。如屬皮製衣物，則多用『蟲吃』『鼠咬』『光板』『脱毛』等形容。對衣物也常用『缺領』『短袖』等形容。皮鞋寫成『泥底』。瓷器類的則前邊加『原壞』『粗磁』作爲定語。對於首飾、供器或其他器具類物品，還常用『短件』『不全』等形容。對於較貴重的物品或當物主人比較較真者，先冠以『言明』一詞，表示在辦理典當時，當物主人已認同當鋪對物品的定義。

當物種類很多，一般以衣服、首飾、錫銅皿器、古董及生産器具雜項等爲主，尤以布衣爲多。當鋪的記賬夥友，不僅要有書寫『天書』的技能，還要有高超的文字提煉表達能力。面對當户的當物，他們要在很短的時間内用簡短而準確的文字記

〔一〕宓公幹：《典當論》，商務印書館，民國二十五年（1936），第118頁。但在晋商的典當業中，大賬是另一個概念。
〔二〕民國時期有些典當鋪當賬還設有當户名稱及住址等欄目。

録在賬上，對外不讓客户找到把柄，對内要把所有的信息記録完整。比如衣物類當品，每件物品的青、藍、白、紅、黄、緑等顔色，綢、緞、絹、絲、紗、縐、布、皮等材質，如皮質還要進一步細分爲羊皮、鼠皮、狐皮、狼皮等，布則要細分爲洋布、土布，巾布、文布、夏布等，衣物類型要分清是褲、襖、袍、褂、衫、裙、馬甲、馬褂等，是男子的還是女子的，是大號還是小號，是大人的還是小孩的，如此等等，都要在格式化的較小的欄目中描寫清楚。一筆典當業務中包含的物品有多有少，當物有時屬不同種類，有時一次幾十件，都要在方寸間寫清記明。

當品有時是以對或雙計量的，有時是以隻、個計量的，都要分别寫清注明。如一當户有多種當物，既有衣物，也有金銀首飾，要在賬裏標明，放在一起，注一『内』字。對金銀首飾要稱重，將其重量分别以蘇碼注明，如首飾裏除金銀還有其他材料，如玉、石等，標注重量前要加一毛字，表明是毛重。當物入櫃還要分類，進行分别保管，因此要在賬上注明是哪類的物品，如鞋號、玉石號、首飾號、皮號等，是用什麼包裹，包袱的顔色是白、藍、黄、紅、青、紫、緑等，材質是印布、巾布還是土布，要選用字注明。

關於當物描寫的語序問題，本書在前面作了分析，此處不再贅述。

在中間一欄目的左下方，書寫贖回時間，書寫或加蓋『票取』『取』，或衹寫某年某月某日，如當年取則略去年份記録，如當月則衹寫某日，如當天贖回，則衹寫『當日』。如上利展期，則在此處注明上利時間。如出當，則書寫或加蓋『出』字，或衹寫出當時間並加一『抄』字等，形式不一。

以下選取不同時代不同地區的13家典當（質）鋪的具有代表性的當賬賬頁進行釋讀。

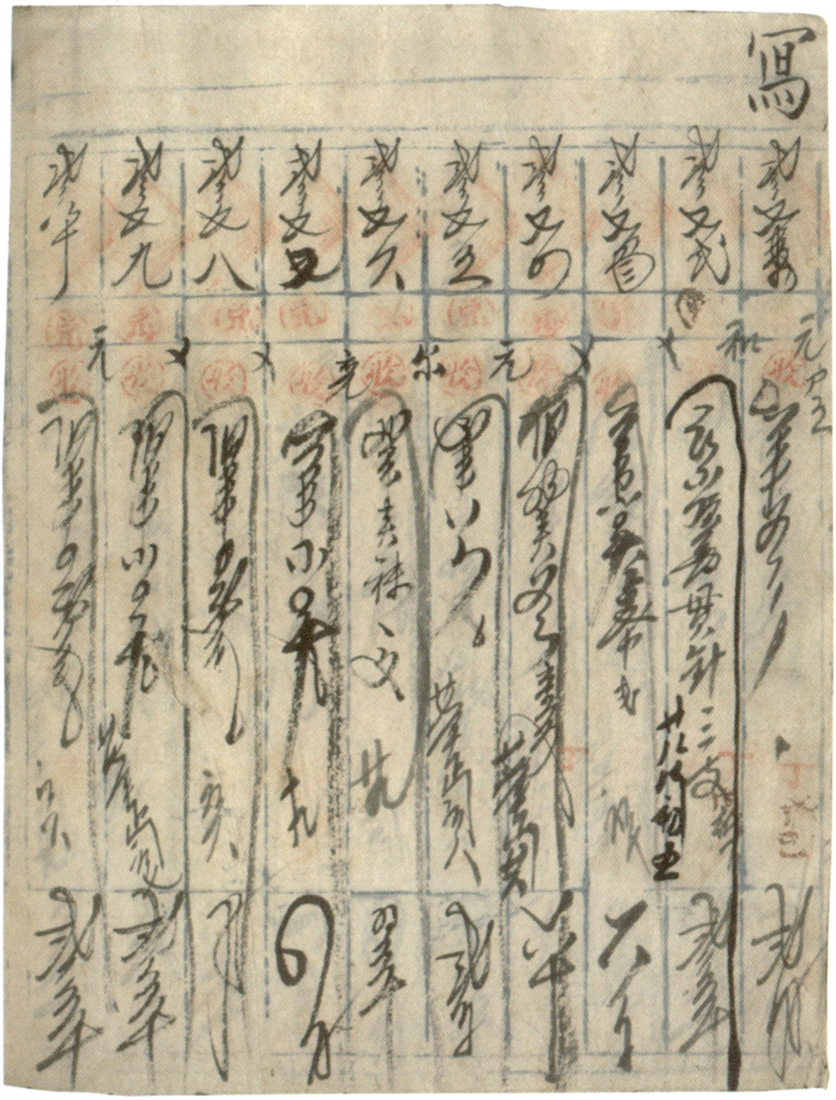

圖7–1　道光二十六年（1846）十一月新慶當寫字號當賬賬頁〔一〕

〔一〕此賬第一個字爲『寫』字，表示該筆業務發生的月份。通常衹在每頁的起頁書一『寫』字，其餘省略。在本月内每日開辦時，在賬頁的起首處，書寫某某日，以後則在前一日業務結尾的空白處或縫隙間書寫日期。其他當賬也有類似情形，不再另作説明。

圖7-1釋文：

寫　初五

二百七十一　元　藍布女衫一件　二百文

己　永（己酉年出）

二百七十二　和　銀小、頂簪、貫針三支　紙下　二百五十文

二十八年八月初五日（贖）

二百七十三　又　藍布小棉襖、占帶二件　六百文

初十日（贖）

二百七十四　又　舊綢夾義褲一雙　六十文

二十七年正月二十八日（贖）

二百七十五　元　白布單褲一條　二百文

二十七年正月初八日（贖）

二百七十六　爾　白布夾襪一雙　一百五十文

二十九日（贖）

二百七十七　亮　藍布小棉襖一件　四百文

十九日（贖）

二百七十八　又　舊布棉馬套一件　一百文

初六日（贖）

二百七十九　又　舊布小棉襖一件　二百五十文

二十七年正月初七日（贖）

二百八十　元　舊布棉馬套一件　二百五十文

初六日（贖）

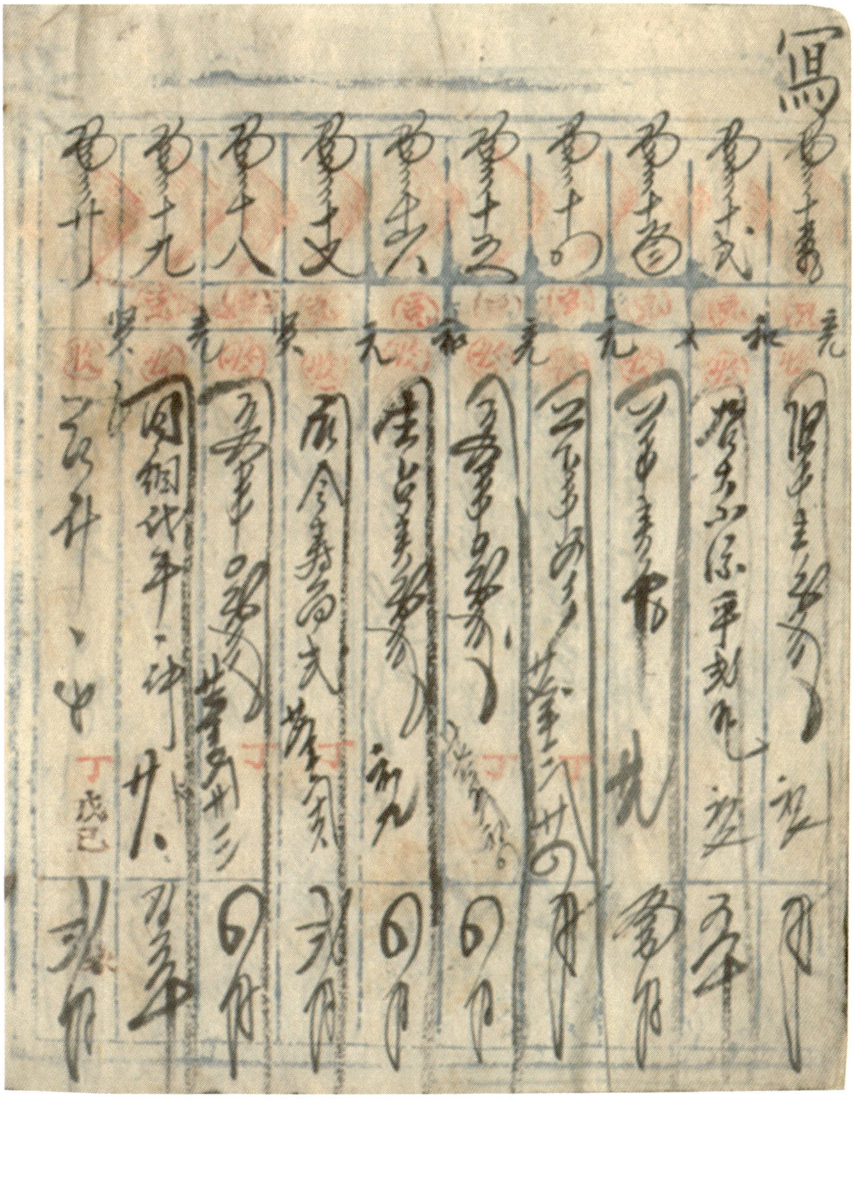

圖7-2 道光二十六年（1846）十一月新慶當寫字號當賬賬頁

圖 7-2 釋文：

寫

三百一十一　亮　舊布夾馬套一件　一百文
初七日（贖）

三百一十二　和　鉛大、小酒壺二把　五十文
初七日（贖）

三百一十三　又　藍布夾襖一件　三百文
二十九日（贖）

三百一十四　元　藍夏布女衫一件　一百文
二十七年三月二十四日（贖）

三百一十五　亮　皂布棉馬套一件　四百文
二十七年五月初四日（贖）

三百一十六　和　青占夾馬套一件　四百文
初九日（贖）

三百一十七　元　銀會、壽面二件　二百文
二十七年二月十六日（贖）

三百一十八　賢　皂布棉馬套一件　四百文
二十七年七月二十三日（贖）

三百一十九　亮　銅烟袋斗一件　一百五十文
二十八日（贖）

三百二十　賢　銀什一點　二百文
己　永（己酉年出）

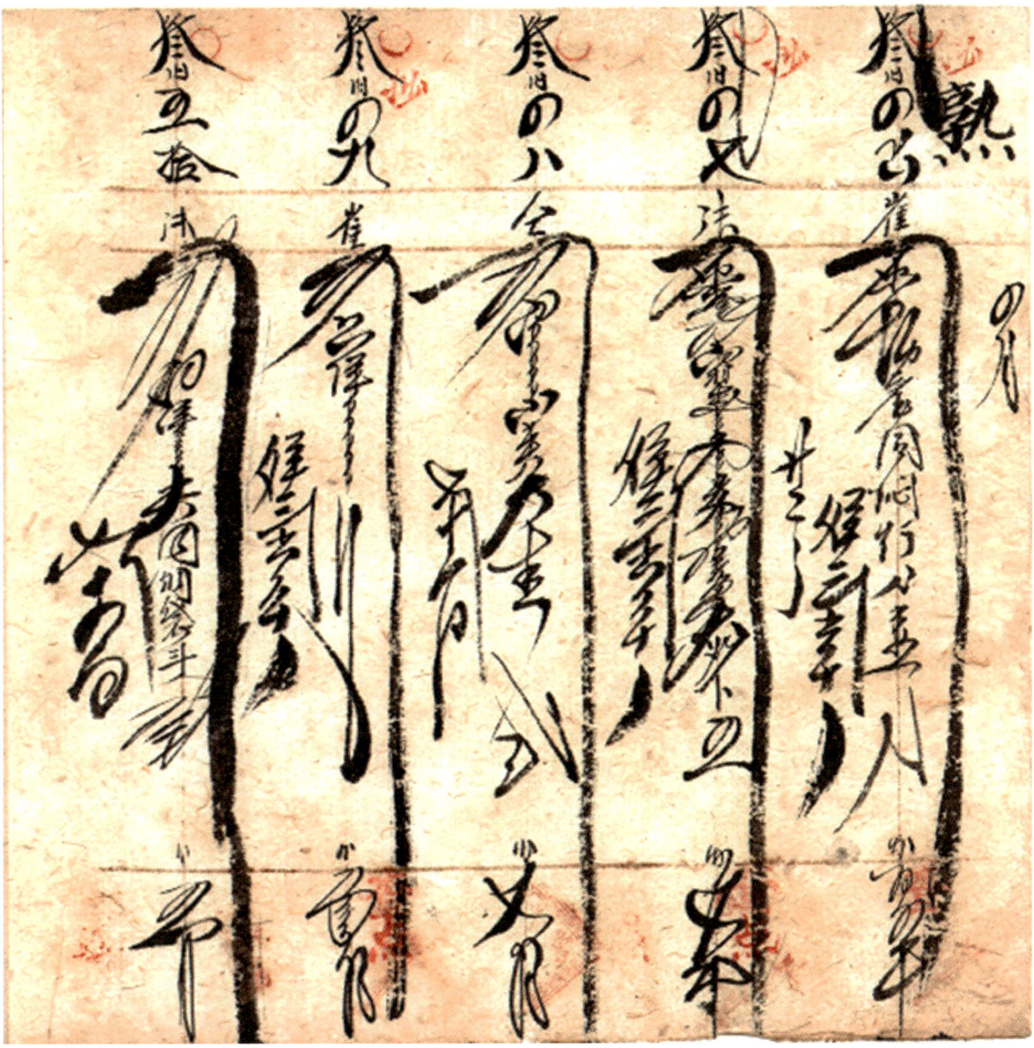

圖7-3　光緒七年（1881）四月裕隆當熟字號當賬賬頁

圖 7-3 釋文：

熟 四月

三百四十六 崔 原壞不全銅悶燈什一點 錢一百五十文

九年三月出號 二十二日

三百四十七 張 原蟲吃破藍羽綾布文布夾夏布男女棉夾單褲套褲褂五件 錢七千文

九年三月出號

三百四十八 仝 破舊布小夾襖鞋二件 錢七百文

七月十一日回

三百四十九 崔 破藍洋布褂一件 錢三百文

九年三月出號

三百五十 張 破舊洋布尖銅烟袋斗三件 錢五百文

七月十四日回

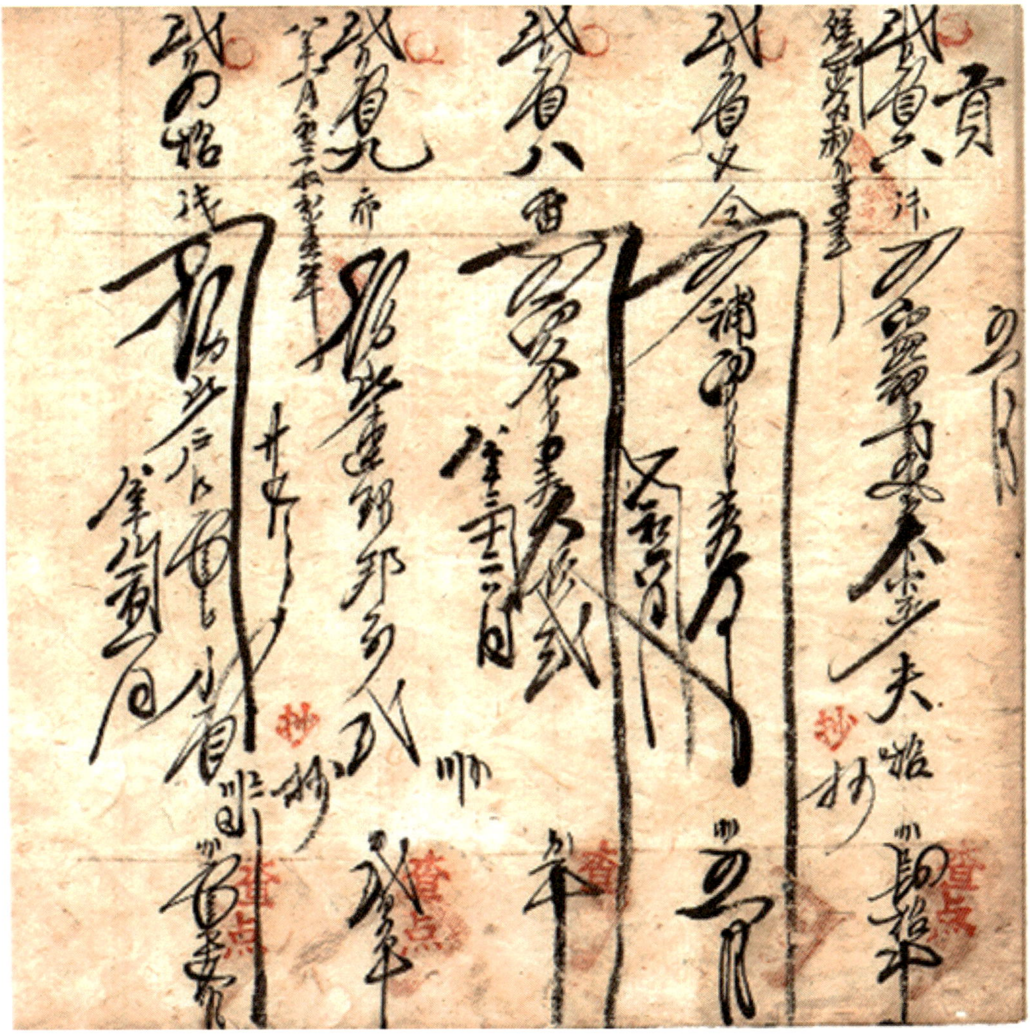

圖7-4　光緒七年（1881）四月裕隆當貢字號當賬賬頁

圖 7-4 釋文：

貢　五月

二百三十六　張　破舊緞綢縐絹羅男女棉襖褂小褂單褲尖十件　錢四十千文

九年二月二十七日收利錢一年　抄

二百三十七　仝　破補舊布夾襖一件　錢五百文

七月初六日回

二百三十八　雷　破舊文布棉夾襖坎二件　錢一千文

八年三月十二日回

二百三十九　喬　壞銀連環邦子二件　0.3兩　錢二百五十文

八年八月初三日收利錢一年　抄

二百四十　張　壞銀驢片三事什三件　3.7兩　錢三千七百文

八年八月初一日回

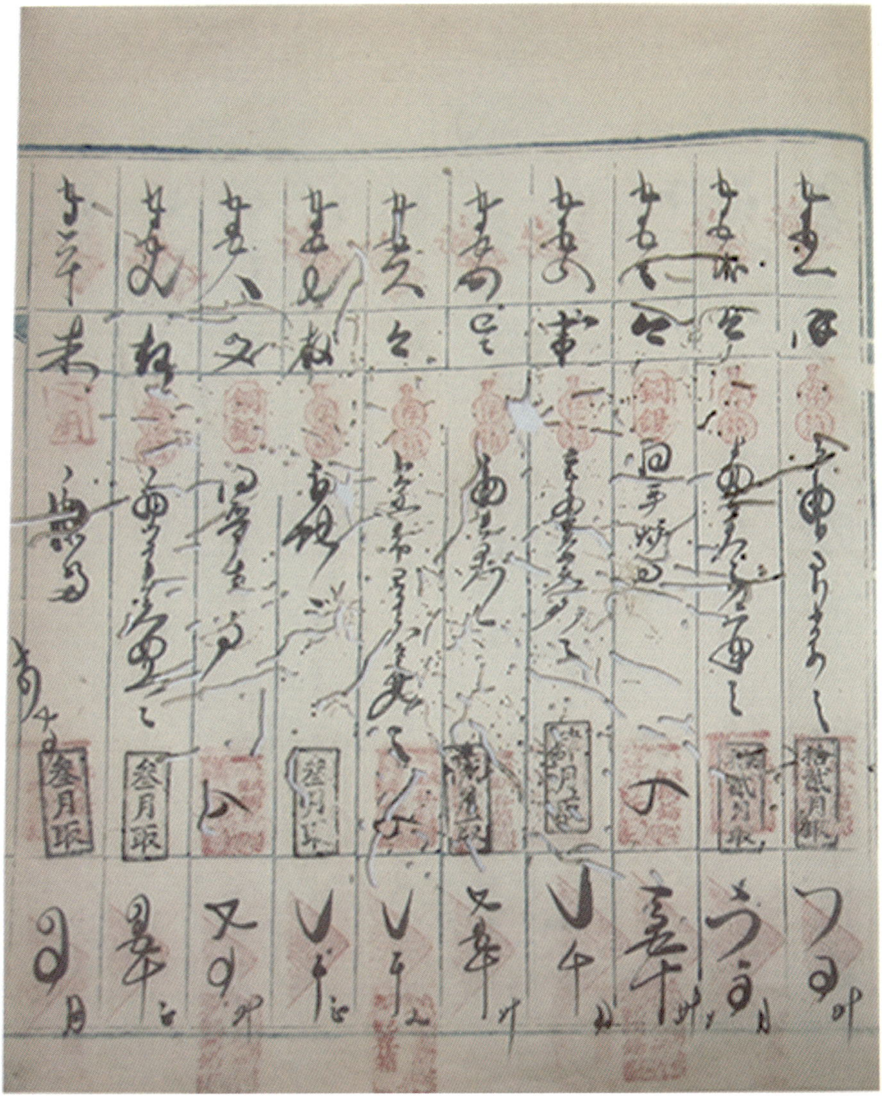

圖7-5 光緒十四年（1888）三月□□典上字號當賬賬頁〔二〕

〔二〕該賬頁爲上海圖書館藏，賬頁中經辦人的信息未作釋文。

圖7-5釋文：

（上）〔一〕

五百五十一　棉綢褂、馬褂、小女衫三件　一千一百文　十二月取

五百五十二　棉綢褂、夾褲、布角三件　二千二百文　十二月取

五百五十三　銅手爐一事　三百五十文　入〔二〕

五百五十四　棉土綢小夾女襖、裙二件　一千文　四月取

五百五十五　棉綢夾馬褂一件　七百五十文　庚寅□月取

五百五十六　欠紐布單馬褲、襖、布褡　一千文　入

五百五十七　□帳一件　一千文　三月取

五百五十八　銅歌鼓一事　七百文　入

五百五十九　棉綢小女夾襖棉綢襖二件　四百五十文　三月取

五百六十　棉綢□一件　四百文　三月取

〔一〕根據前頁所記，續作『上』字，此類情況不再一一注明。

〔二〕入，表示當物未在限期内贖回，轉入估衣首飾賬。

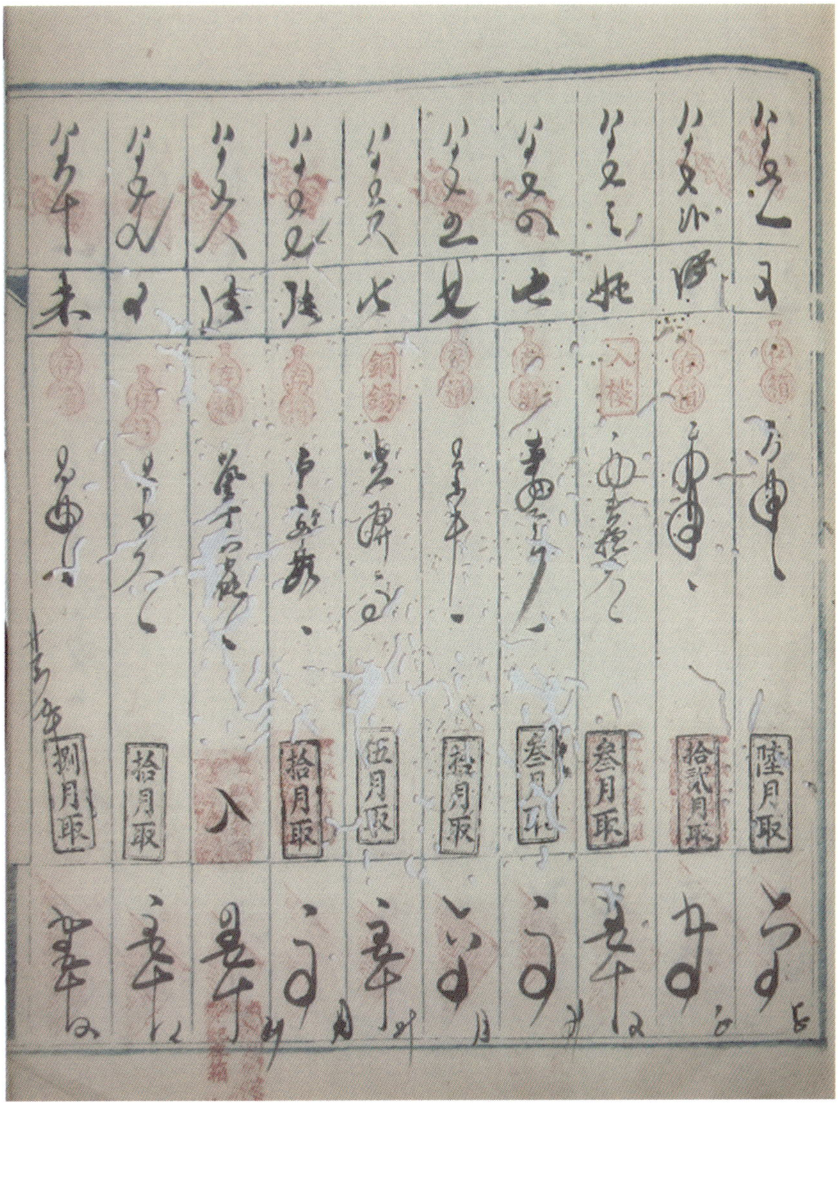

圖7-6　光緒十四年（1888）三月□□典上字號當賬賬頁

圖 7-6 釋文：

（上）

八百七十一　布角一件　存箱　六百文

六月取

八百七十二　棉綢角一件　存箱　五百文

十二月取

八百七十三　棉綢夾袍襖一件　入樓　五千文

三月取

八百七十四　土綢單褲一件　存箱　二百文

三月取

八百七十五　棉絮中一件　存箱　六百文

十月取

八百七十六　光扁二事　銅錫　二百五十文

五月取

八百七十七　布單女褡一件　存箱　二百文

十月取

八百七十八　鼠□□□帳　存箱　四百五十文

入

八百七十九　布單小襖一件　存箱　二百五十文

十月取

八百八十　布角一件　存箱　五百五十文

八月取

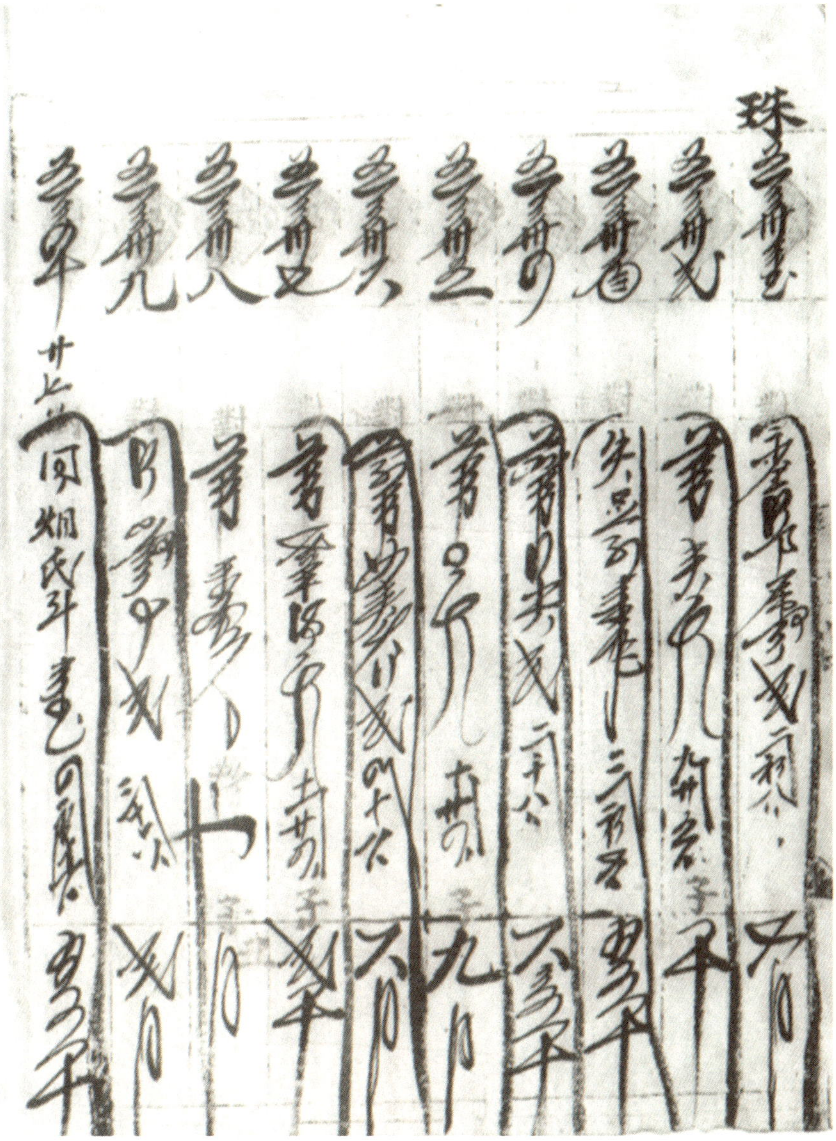

圖7-7　清代興隆昌當珠字號櫃檯老賬賬頁〔一〕

〔一〕劉建民主編：《晉商史料集成》第38冊。

圖7-7釋文：

珠

五百三十一　不全銀墜虎簪二件　七百文
二月初八日抄

五百三十二　藍布夾襖一件　一千文
九月二十五日（贖）

五百三十三　鐵鐝子一把　一百五十文
三月初七日（贖）

五百三十四　藍白布褂尖二件　六百五十文
二月十八日（贖）

五百三十五　藍布棉襖一件　九百文
十月二十四日（贖）

五百三十六　藍紅布女夾襖褂二件　六百文
四月十八日（贖）

五百三十七　藍布老羊皮襖一件　二千文
十一月二十四日（贖）

五百三十八　藍布單套褲一件　一百文
十日（贖）

五百三十九　銀簪什二件　二百文
三月十六日（贖）
二十七日

五百四十　銅烟袋斗一口　一百五十文
四月初十（一）日（贖）

圖7–8　清代興隆昌當稱字號櫃檯老賬賬頁〔一〕

〔一〕劉建民主編：《晉商史料集成》第38冊。

圖7-8釋文：

稱

一百七十一 藍布小褂二件 四百文 四月初六日（贖）

一百七十二 青布夾襖一件 三百文 十六日（贖）

一百七十三 青布棉坎一件 一百五十文 八月十五日（贖）

一百七十四 白布單褲一條 二百文 三月初六日（贖）

一百七十五 青占夾套一件 一千五百文 六月二十四日（贖）

一百七十六 藍布小棉襖一件 六百文 九月初六日（贖）

一百七十七 青布左夾襖一件 三百五十文 抄

一百七十八 銀小帶扣一雙 一百五十文 初十日（贖）

一百七十九 藍布女棉襖一件 五百文 抄

一百八十 舊綢單褲一條 一百五十文 三月二十八日（贖）

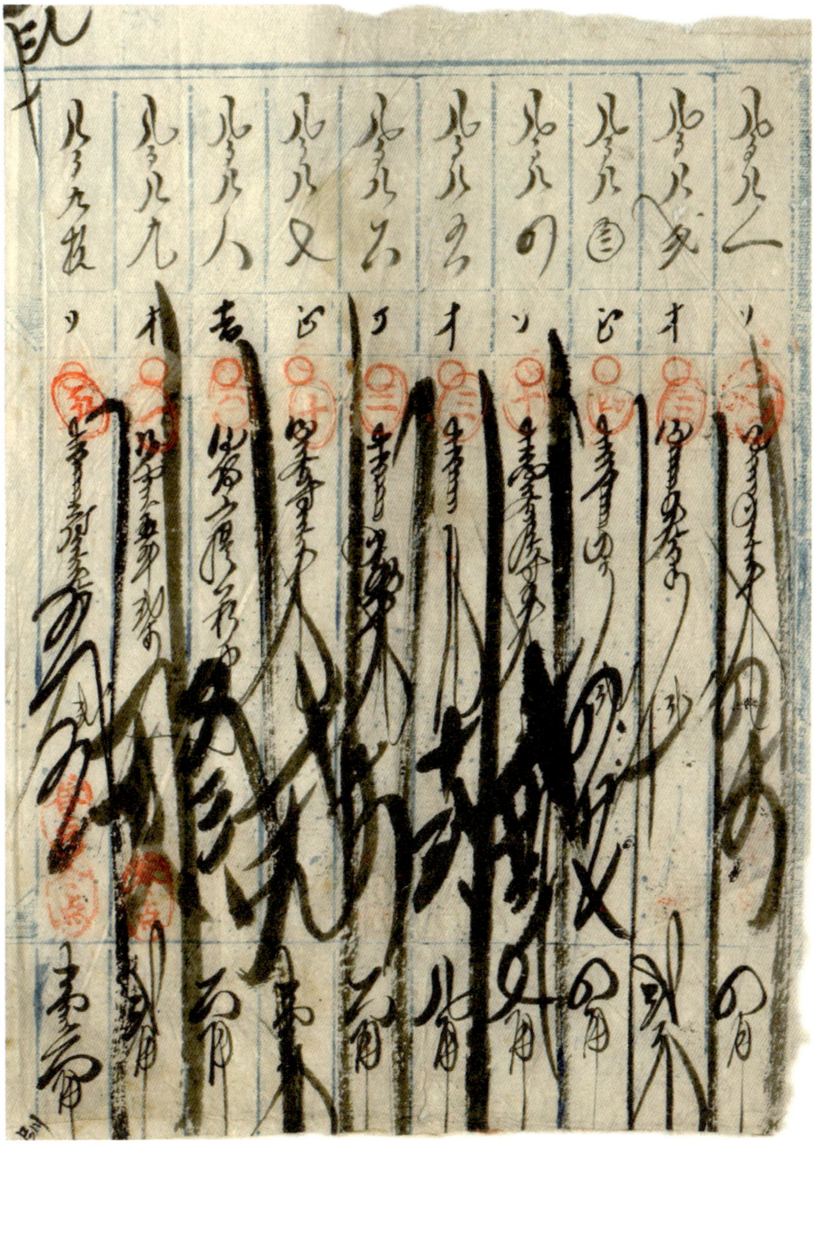

圖7–9　民國時期□□當當賬賬頁

圖 7–9 釋文：

八百八十一 □ 舊布女夾襖一件 四角
四月十四日（贖）

八百八十二 才 舊布女夾襖、單褲二件 二元
十日（贖）

八百八十三 正 青、藍布女褲二件 四角
四月二十七日（贖）

八百八十四 又 青舊文布孩對棉襖一件 七角
十月二十三日（贖）

八百八十五 才 青布褂一件 八角
十二日（贖）

八百八十六 又 青布女棉馬襖一件 六角
十四日（贖）

八百八十七 正 舊文布女對夾襖一件 一元
十月十九日（贖）

八百八十八 吉 舊皮小提箱一個 六角
七月三日（贖）

八百八十九 才 銀挖、玉針二件 二角
一月十日（贖）

八百九十 又 青布小對夾襖、褲二件 一元六角
五月五日（贖）

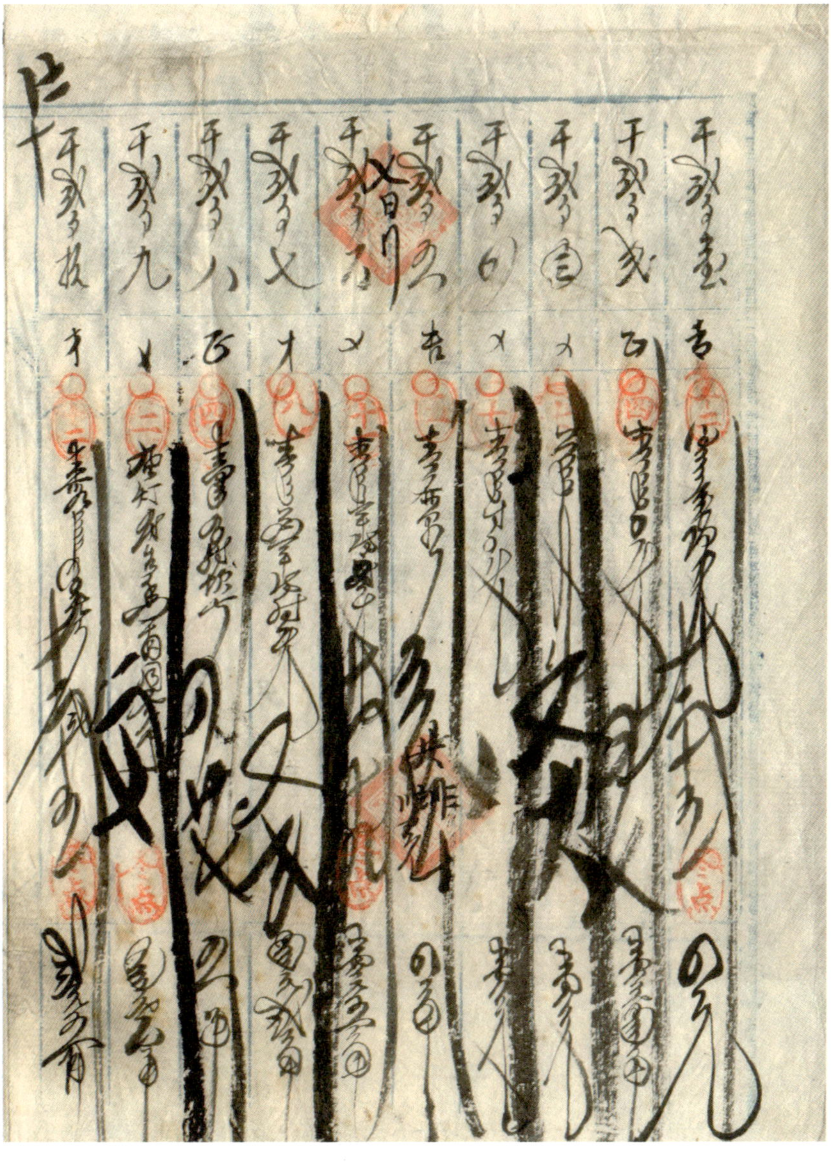

圖7–10　民國時期□□當當賬賬頁

圖 7-10 釋文：

一千二百零一　青　舊絹夾皮襖一件　四元

十二月十五日（贖）

一千二百零二　正　青布棉襖一件　一元三角

四月七日（贖）

一千二百零三　又　藍布褂一件　一元

七月十日（贖）

一千二百零四　又　青布對棉襖一件　一元

又七月十日（贖）

一千二百零五　吉　青麻單褲一件　四角

五月二十六日（贖）

七日□　共38.33元

一千二百零六　又　青布羊皮女襖一件　一元五角

十一月十九日（贖）

一千二百零七　才　青布白羊皮對襖一件　三元二角

八月二日（贖）

一千二百零八　正　青舊布女棉對坎□　五角

四月二十七日（贖）

一千二百零九　又　鉛燈蠟臺香插銅磬□　三元六角

二月十日（贖）

一千二百一十　才　青緞布女棉襖褲二件　二元五角

十二月十五日（贖）

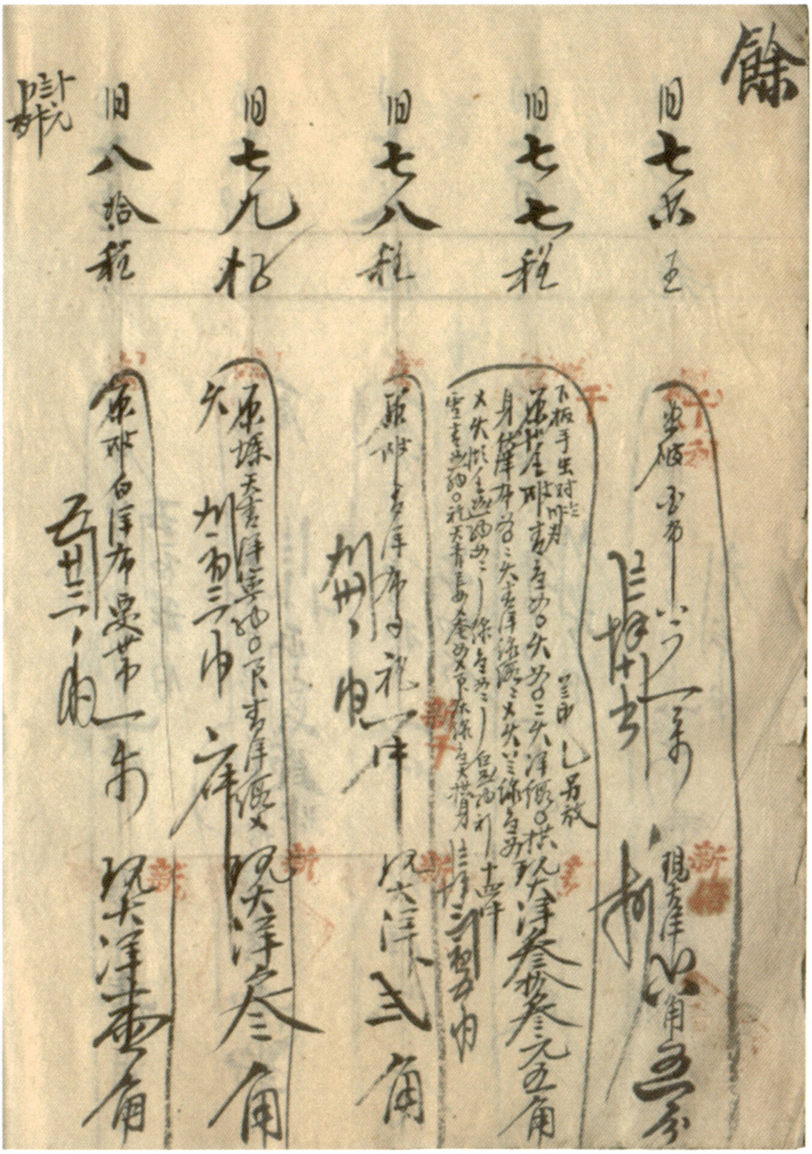

圖7-11　民國十六年（1927）二月晉新源當餘字號當賬賬頁

圖 7-11 釋文：

餘

一百七十六　王　原破白布單褲一條　現大洋六角五分

十八年十月出　抄

一百七十七　程　原壞不全破青縐女棉襖、女棉二襖、洋緞棉拱身、伏洋布女棉二襖、青洋
綫緞二夾襖、藍綫縐女夾襖、湖色繭綢女褲、綫縐女褲、白繭綢衫、
雪青繭綢棉袍、天青緞女夾套、女夾裙、灰綫縐大拱身、銀板手鐲
對十四件　3.28兩　藍印包　另放　現大洋三十三元五角

十八年三月初五日取

一百七十八　程　原破青洋棉袍一件　現大洋二角

九月三十日取

一百七十九　李　原爛天青洋寧綢棉裙、青洋緞夾襖二件　現大洋三角

九月初三日取

一百八十　程　原破白洋布腰帶一條　現大洋一角

五月二十三日取

108.11元

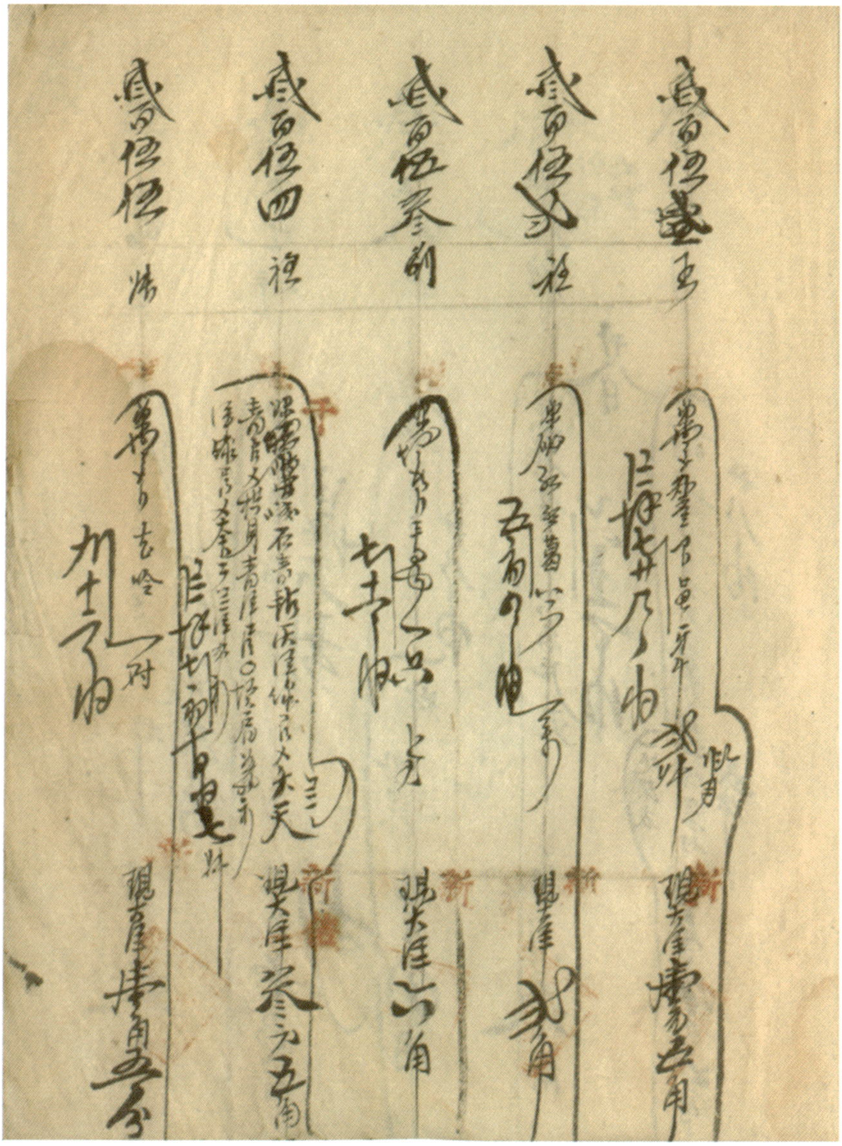

圖7-12　民國十六年（1927）二月晉新源當成字號當賬賬頁

圖 7–12 釋文：

（戌）

三百五十一　王　原壞色短不全銀繩、牙簽二件　2.36兩　現大洋一元五角

十七年七月二十八日取

三百五十二　程　原破紅絲葛單褲一條　現大洋二角

五月初四日取

三百五十三　劉　原壞色銀手鐲一隻　1.1兩　現大洋六角

七月十一日取

三百五十四　程　原照破蟲咬廠青氈、灰洋綫緞夾襖、天青緞夾拱身、青洋緞棉坎肩、繭綢衫、洋綫緞夾套褲、藍洋布衫七件　藍包　現大洋三元五角

十八年十月初十日取

三百五十五　張　在壞色銀花鈴一對　現大洋一角五分

九月十二日取

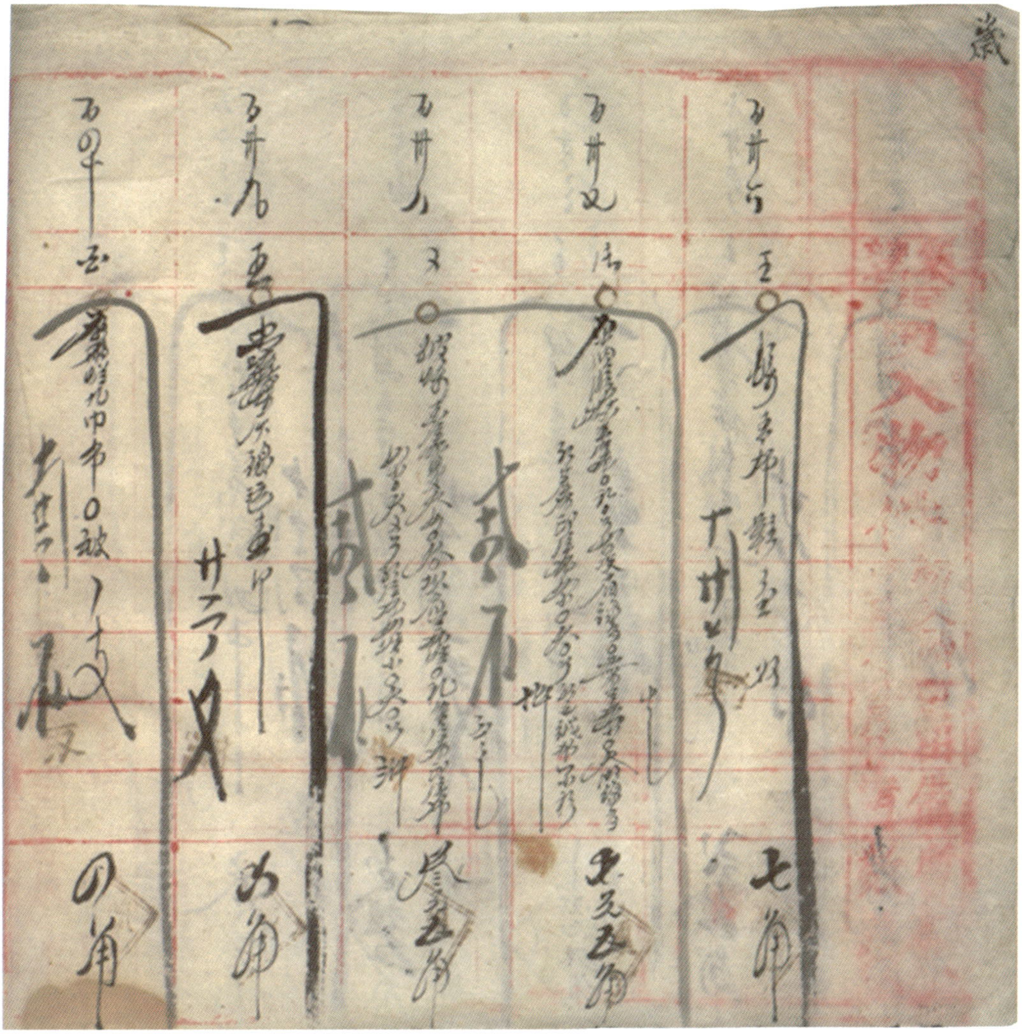

圖7-13 民國十九年（1930）萬盛質店歲字號當賬賬頁

圖 7-13 釋文：

歲

一百三十六　王　爛青布鞋一雙　七角

十月二十號取

一百三十七　張　原油朕破青洋布棉袍、棉褲、女棉披肩、綫綌棉林帶、藍布單、小棉襖、湖綫綌紅麻布印洋布女小棉襖、棉褲、紅毛絨布單、小衫十件　巾包

七元五角

十月十四號取

一百三十八　王　破爛青洋布男夾襖、女棉襖、棉坎肩、藍布娃棉袍、條洋布印洋布女小棉襖、夾褲、紅洋布女娃小棉襖、棉褲八件　白包　三元五角

十月十四號取

一百三十九　王　蟲吃破爛灰綫氈一個　六角

二十二號取

一百四十　白　原破爛孔巾布棉被一支　四角

十一月二十二號取

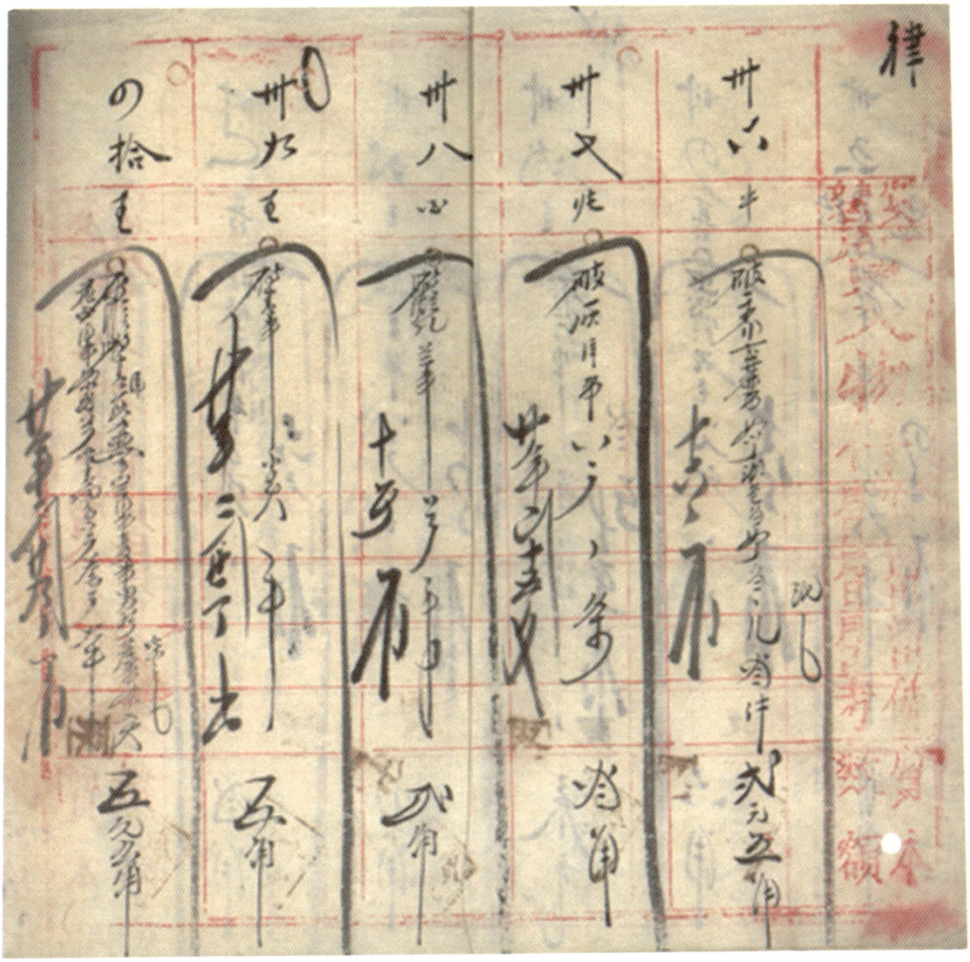

圖7–14　民國十九年（1930）萬盛質店律字號當賬賬頁

圖7-14釋文：

律

三十六 牛 破不齊花麻布女小衫、湖色綢女衫、綢片三件 紙包 二元五角
十六號取

三十七 張 破灰洋布單褌一條 三角
二十年二月十五號取

三十八 白 破爛孔藍布單褌一條 二角
十號取

三十九 王 破青布小棉襖一件 五角
二十年三月二十二號出

四十 王 原朕破青洋緞夾林帶藍洋布夏布男衫、麻布女小夾襖、花白洋布女小衫、單褌、雪青綢綢單褌、單套褌九件 紙包 五元五角
二十年二月二十九號取

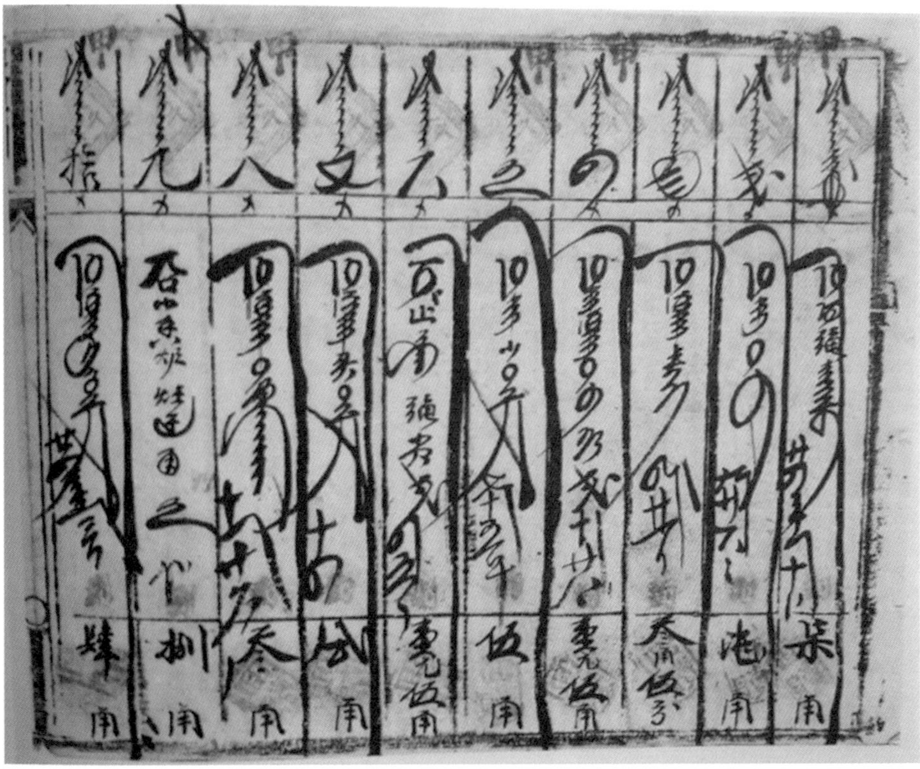

圖7–15 民國二十三年（1934）道生久記櫃檯老賬賬頁[1]

[1] 劉建民主編：《晉商史料集成》第39冊。

圖 7–15 釋文：

二百零一　舊皮繩一條　七角

二十四年一月十八日（贖）

二百零二　舊布棉被一張　六角

九月二十六日（贖）

二百零三　舊洋布夾褲一條　三角五分

四月二十一日（贖）

二百零四　舊布洋布棉被　單褲二件　一元五角

十月二十八日（贖）

二百零五　舊布小棉襖一件　五角

七月十五日（贖）

二百零六　銀指套繩鎖二件　一元伍角

四月五日（贖）

二百零七　舊洋布孩棉襖一件　二角

十四日（贖）

二百零八　舊洋布棉馬套一件　三角

十一月二十六日（贖）

二百零九　鉛小香爐燭簽筒五件　八角

抄

二百一十　舊洋布女小棉襖一件　四角

二十四年一月三日（贖）

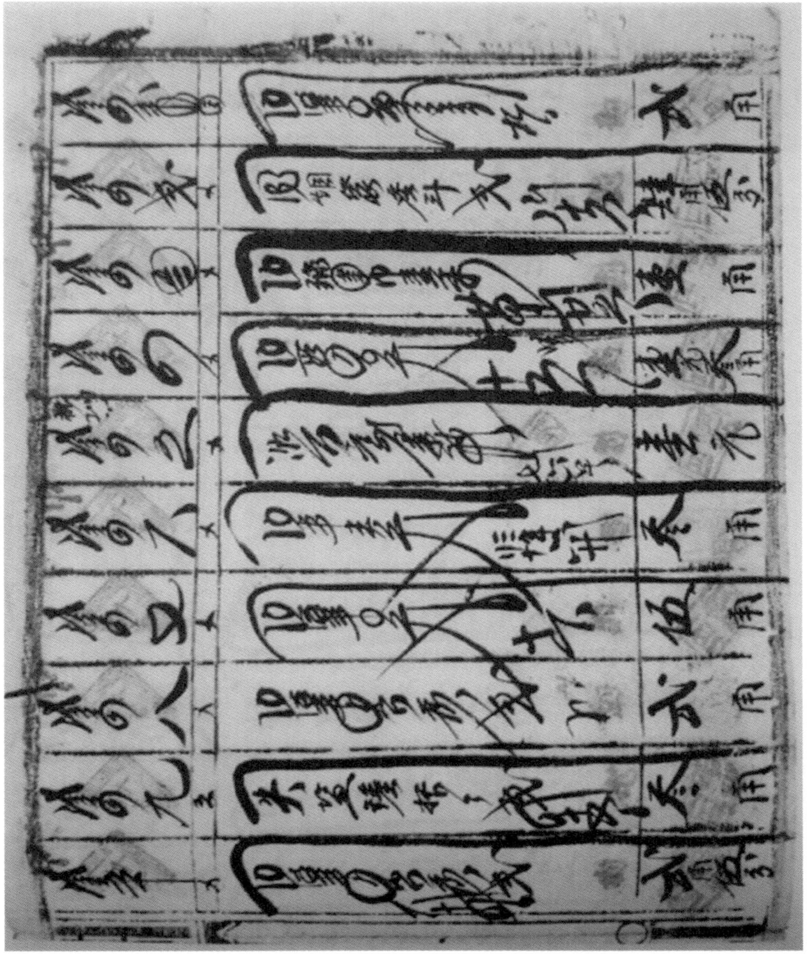

圖7-16　民國二十三年（1934）道生久記櫃檯老賬賬頁〔一〕

〔一〕劉建民主編：《晉商史料集成》第39冊。

圖 7-16 釋文：

二百四十一　舊洋布棉馬套一件　二角

九日（贖）

二百四十二　銅烟袋、不全什二件　四角五分

八月十六日（贖）

二百四十三　舊綫圍巾一條　一角

二十四年一月二十五日（贖）

二百四十四　舊緞女棉襖一件　一元三角

十五日（贖）

二百四十五　潮銀元鐲一枝　一元

七月六號（贖）

二百四十六　舊布夾襖一件　三角

二十三年六月二十日（贖）

二百四十七　舊洋布棉襖一件　五角

十六日（贖）

二百四十八　舊洋布女小褂單褲二件　二角

抄

二百四十九　鐵鹽鏟括括二件　三角

四月十七日（贖）

二百五十　舊洋布女小褂單褲二件　二角五分

六月十四日（贖）

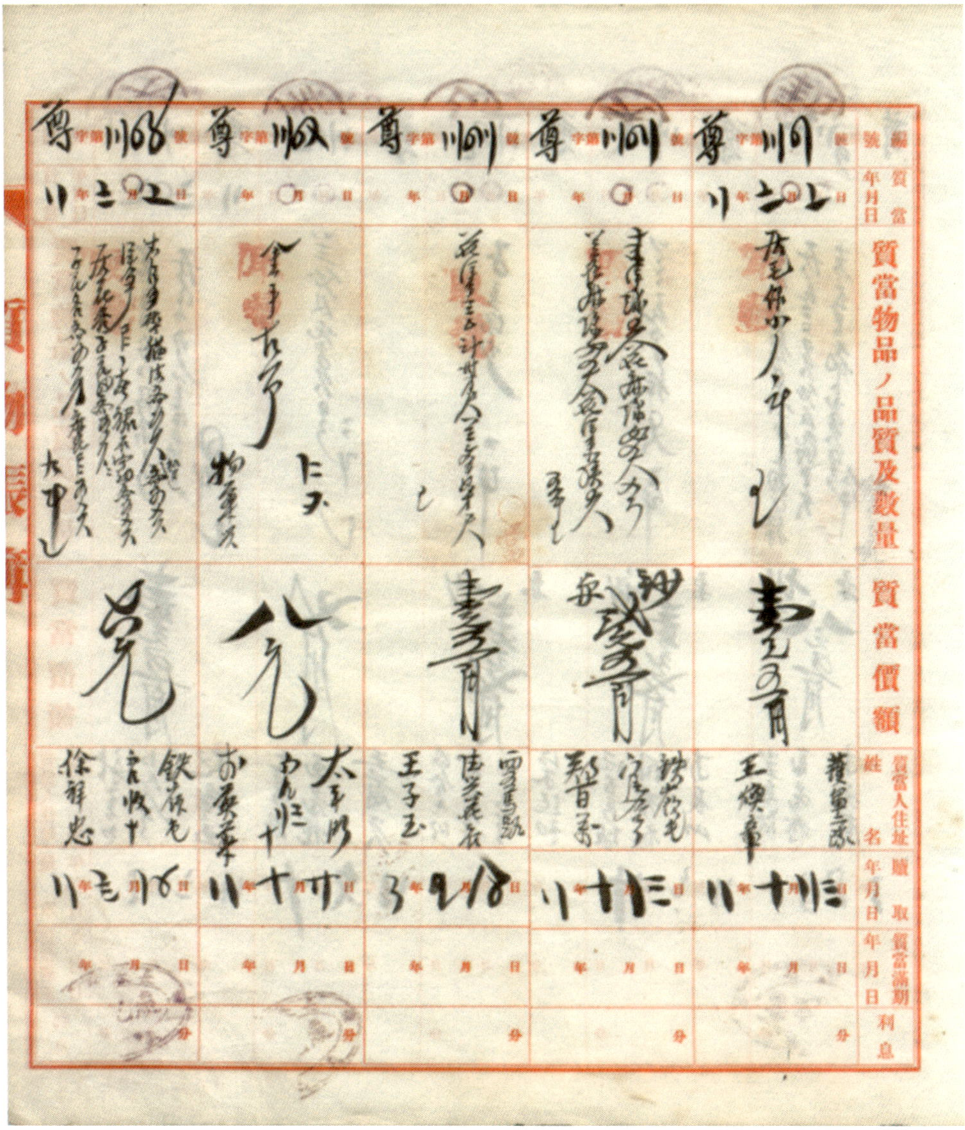

圖7-17　1935年慶記當尊字號當賬賬頁

圖7-17 釋文：

尊 二年〔一〕七月六日

三百零一 灰毛綫小衫一件 王 一元四角

護軍二隊 王焕章

二年十月二十三日（贖）

三百零二 青洋綫棉襖、花麻綫女夾襖、夾褲、藍花麻綫女夾襖、花洋布小孩棉襖五件

王 鈔票二元五角

鐵嶺屯門牌九號 鄭百萬

二年十月十三日（贖）

三百零三 花洋布三尖計三十方尺、藍文布六方尺 王 一元五角

西五馬路德花店 王子玉

三年二月十八日（贖）

三百零四 金手箍一個 0.12兩 物華興 八元

太平街門牌二十三號 李英華

二年十月二十日（贖）

三百零五 青洋綢碎猫皮齊女襖、機緞齊女夾襖、洋綢衫、緞單套裙、石寧綢齊女夾襖、灰花格、紫花綢齊女棉襖、紫花格齊女夾襖、麻花緞女夾襖九件 六元

鐵嶺屯門牌二十九號 徐祥忠

二年八月十五日（贖）

〔一〕此處『二年』指僞滿洲國康德二年，即1935年，以下數筆賬爲同一日發放，故質當年月日省略不記。

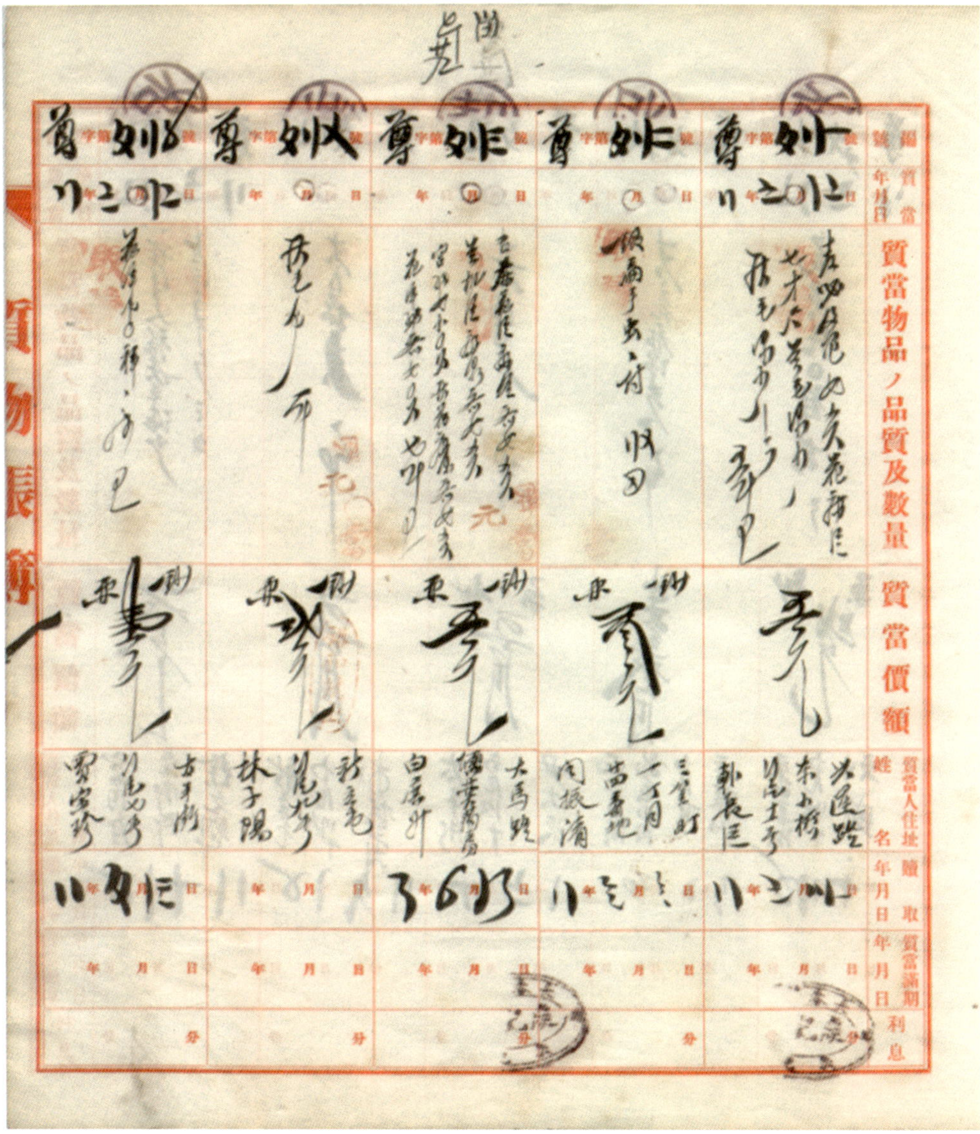

圖7-18 1935年慶記當尊字號當賬賬頁

圖 7-18 釋文：

尊　二年七月十六日

九百二十一　青嗶嘰呢女夾襖、花麻緞七方尺、黄毛綫小衫、灰毛綫小衫、單褲五件

王　五元

興運路東小橋門牌十一號　韓長巨

二年七月三十一日（贖）

九百二十二　銀扁手鐲一付　2.4兩　鈔票三元

三笠町一丁目二十四番地　閆振清

二年八月八日（贖）

九百二十三　吉麻花緞、麻齊女夾襖、藍機緞、麻綫齊女夾襖、官綢女小棉襖、灰花麻綫齊

女夾襖、花洋帶齊女棉襖七件　王　鈔票五元

六馬路儒奕藥房　白殿升

三年六月十三日（贖）

（上注：六月二十九日留）

九百二十四　灰毛布衫一件　鈔票二元

新立屯門牌九號　林子陽

裕和茂出

九百二十五　花洋布棉被一床　王　鈔票一元

太平街門牌七號　賈寶珍

二年九月十三日（贖）

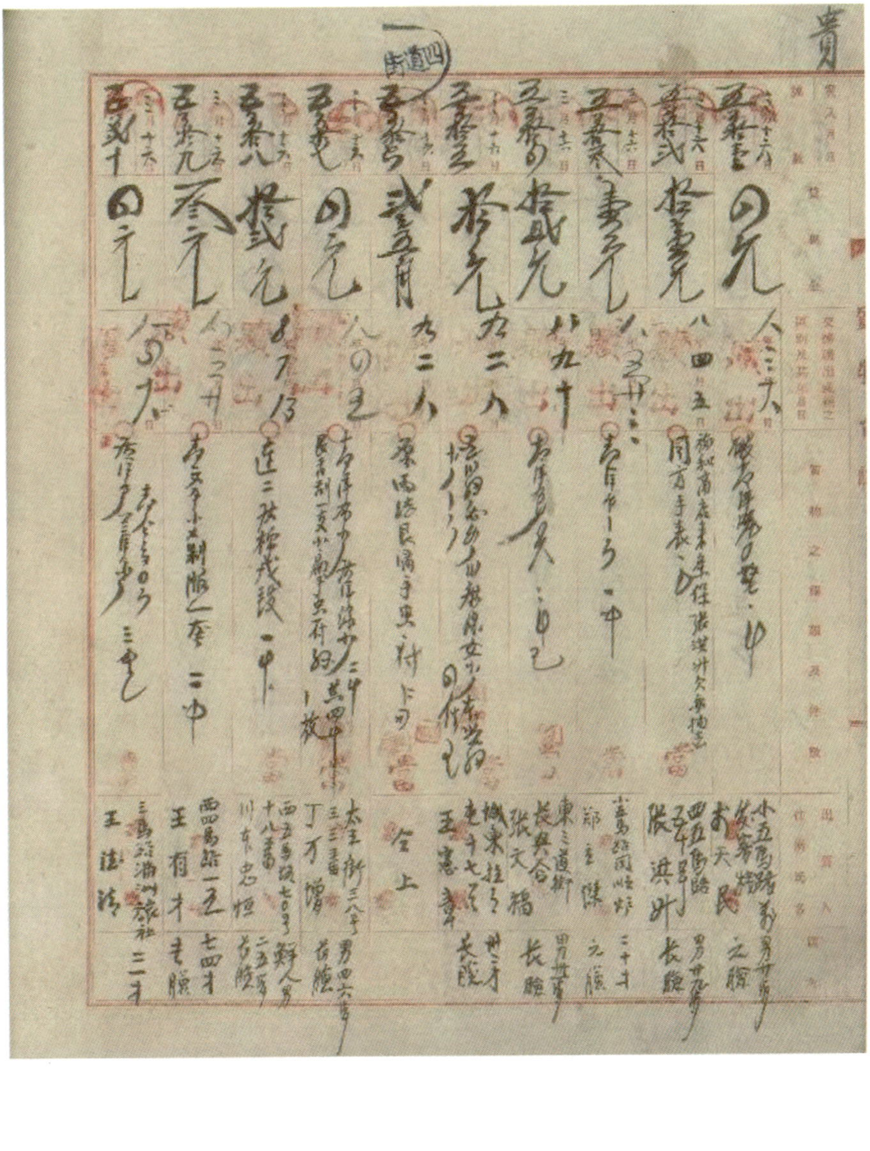

圖7–19　1941年3月慶記當貴字號當賬賬頁〔一〕

〔一〕該賬頁記録日期均爲僞滿洲國康德八年（1941）三月十六日，字軌均爲貴字號，故釋文均將其省略。當户住址，均爲普通行體書寫，此處亦省略不録。

圖 7–19 釋文：

貴

五百一十一　四元　八年三月六日贖出　破青洋呢棉氅一件

五百一十二　十一元　八年四月五日贖出　銅方手錶一隻　福和商店來條保張洪升欠票抽去

五百一十三　一元　八年五月二十三日贖出　青洋布單褲一件

五百一十四　十二元　八年九月十日贖出　青洋布衫、棉襖二件　王

五百一十五　十元　九年二月八日贖出　白舊綢齊女衫、舊麻綫女小衫、本光綢單衫、單褲四件　王

五百一十六　二元五角　九年二月八日贖出　原兩截銀扁手鐲一付　1.2兩

五百一十七　四元　八年四月五日贖出　青洋布小衫、灰洋綫小衫二件，銀舌刮一支，扁手鐲一付　孫　共四件　一放

五百一十八　十二元　八年七月十三日贖出　連二灰棉絨毯一件

五百一十九　三元　八年三月二十日贖出　青文布小夾制服一套　二件

五百二十　四元　八年四月十八日贖出　灰洋布衫、藍洋布小衫、青口縐棉褲三件　王

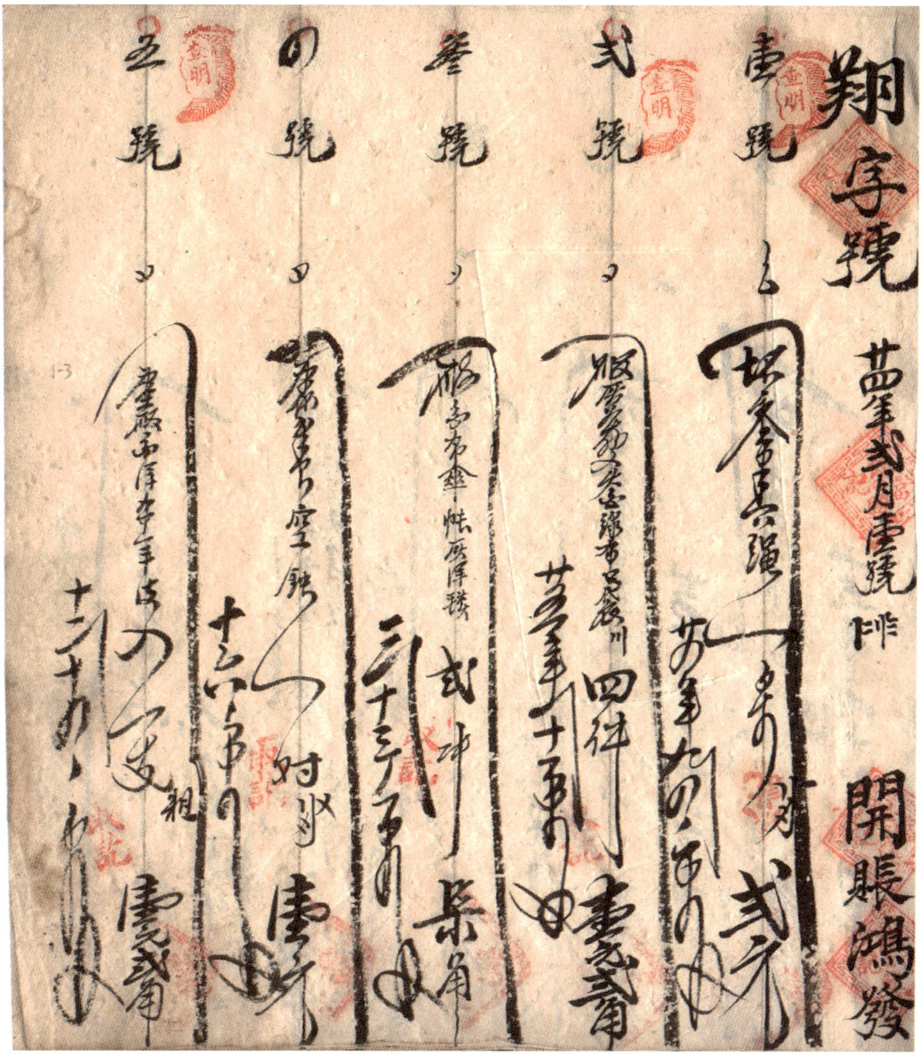

圖7–20　民國二十四年（1935）二月德興當翔字號當賬賬頁

圖 7-20 釋文：

翔字號 二十四年二月一號1228 開賬鴻發

一號 王 壞不全黑銀繩一條 2.1兩 二元

二十四年九月四號票取

二號 又 破灰藺綢夾襖，白綫布口袋三 四件 一元二角

二十五年一月十號票取

三號 又 破花布傘帳、灰洋毯二件 七角

三月十三號票取

四號 又 原壞黑銀空鐲一對 2.4兩 一元

十六號票取

五號 又 原蟲破白洋布羊皮褥一支 粗 一元二角

十二月十四號票取

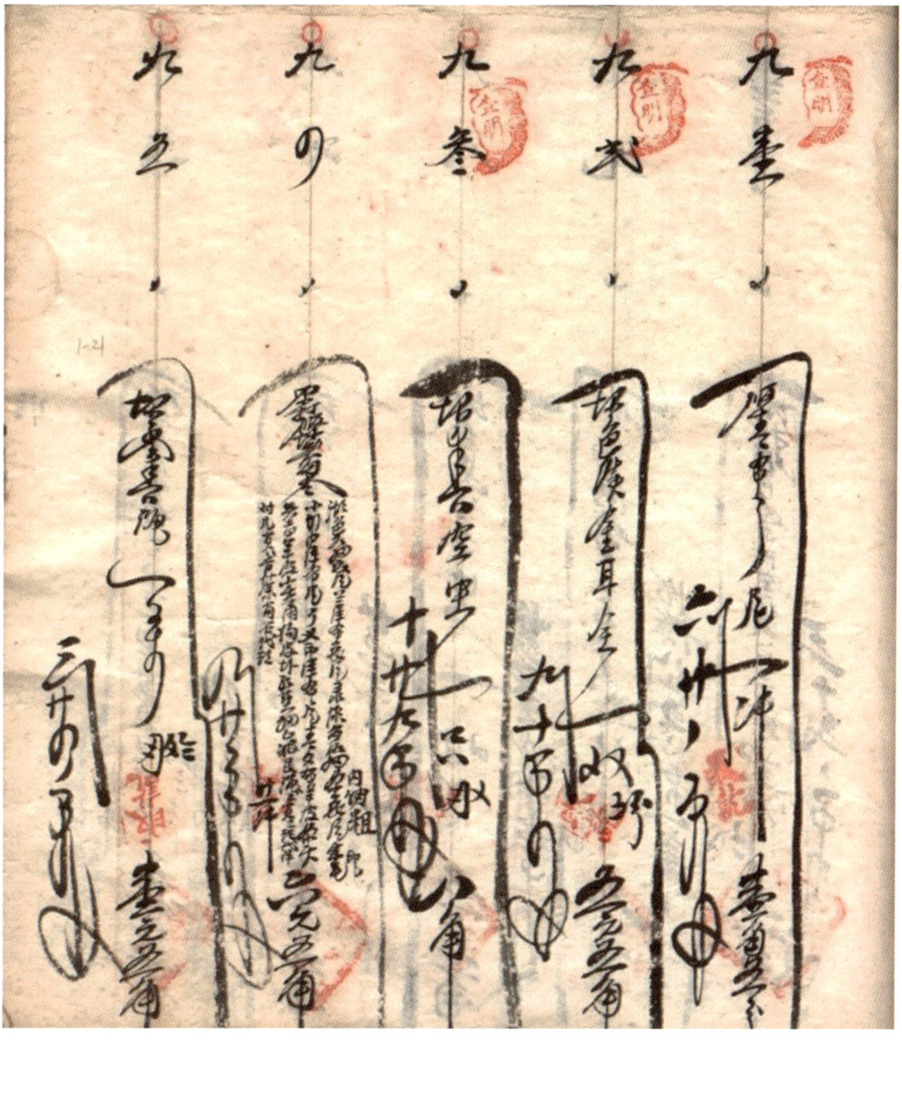

圖7–21　民國二十四年（1935）二月德興當翔字號當賬賬頁

圖 7-21 釋文：

（翔）

九十一　破青布褲片一件　一角五分

六月二十日票取

九十二　壞色淡金耳全一雙　0.07兩　五元五角

九月十日票取

九十三　壞黑銀空鐲一隻　1.4兩　八角

十月二十九日票取

九十四　原打破壞無鈎不全湖色繭綢衣片，藍洋布衣片，綠綫綯、繭綢小衣片，棕色小衫，巾洋布片、褲義，女印洋布片，青文布羊皮女小襖，無面羊皮小襖筒，狗皮塊，紅繭綢棉被，銀繩二，繩鎖，鎖頭，代件對，片鎖二，首飾宗，硝石代頭二十一件　內5兩　粗　印包　六元五角

九月二十日票取

九十五　壞不全黑銀繩一條　1.98兩　一元五角

三月二十四日票取

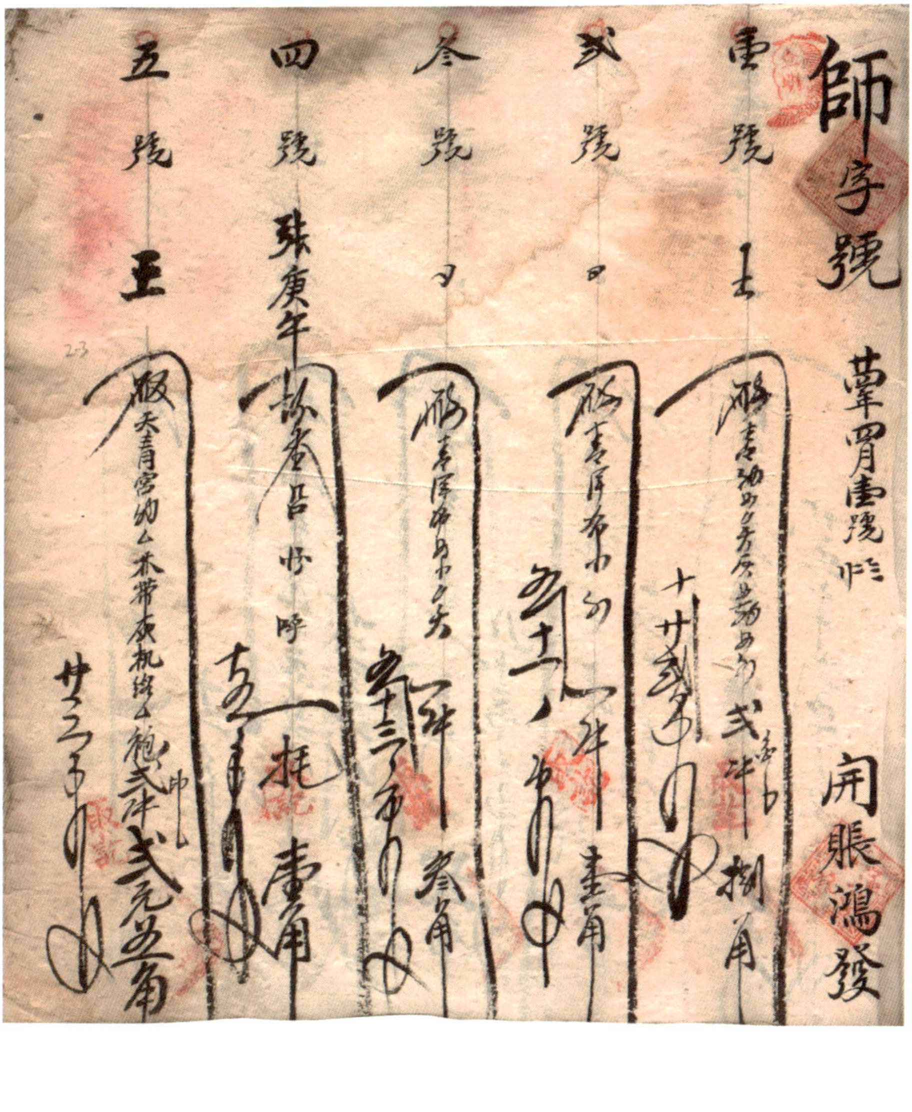

圖7-22　民國二十四年（1935）四月德興當師字號當賬賬頁

圖 7–22 釋文：

師字號 二十四年四月一號 228 開賬鴻發

一號 王 破青綢女棉襖、灰繭綢女衫二件 白包 八角

十月二十二號票取

二號 又 破青洋布小衫一件 一角

五月十一號票取

三號 又 破青洋布女小棉襖一件 三角

五月十三號票取

四號 張庚午 壞不全鉛酒壺一把 一角

十五號票取

五號 王 破天青宮綢棉林帶、灰機緞棉袍二件 印包 二元五角

二十三號票取

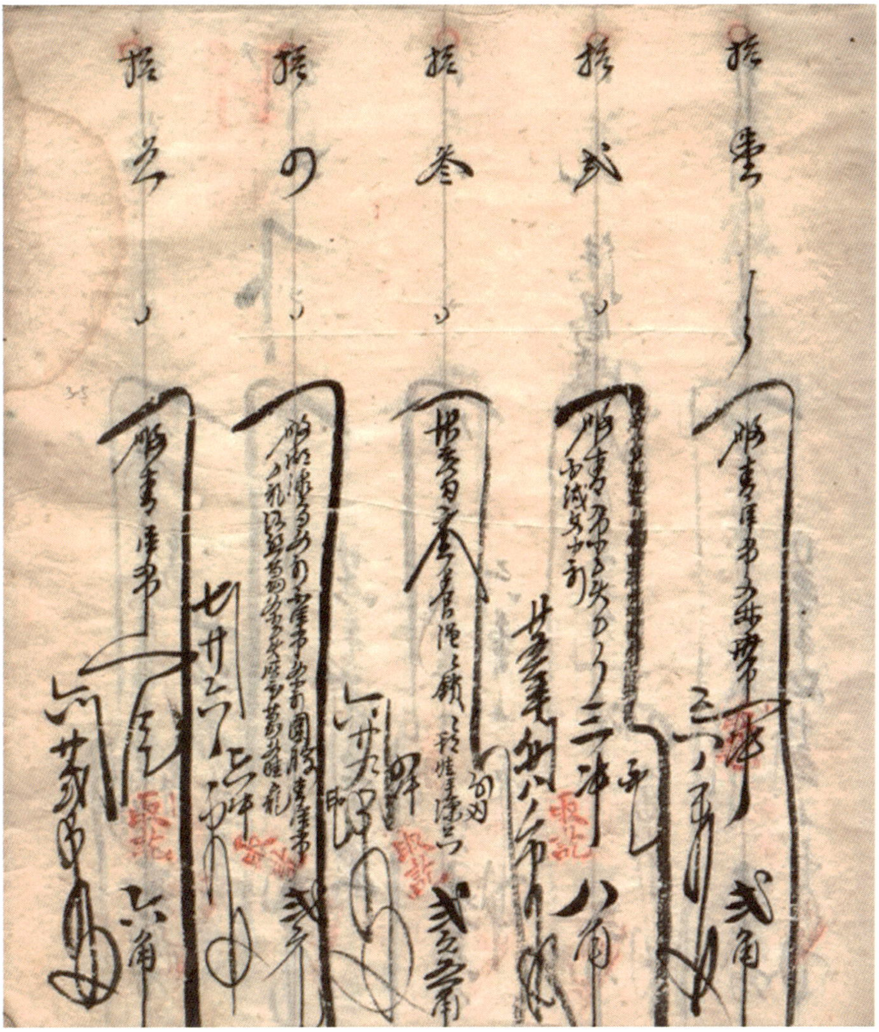

圖7–23　民國二十四年（1935）五月德興當吉字號當賬賬頁

圖 7–23 釋文：

（吉）

十一　王　破青洋布夾林帶一件　二角

　　　　六號票取

十二　又　破青布小棉襖、棉褲、白絨文小衫三件　白包　八角

　　　　二十五年八月二十八號票取

十三　又　壞無鈎不全黑銀繩、繩鎖、鎖頭、娃手鏈隻四件　5.1兩　二元五角

　　　　六月二十九號票取

十四　又　破湖綫縐女衫、白洋布女小衫、圍脖、青洋布袍、紅絲葛女小棉襖、灰花葛

　　　　女娃棉袍六件　印包　二元

　　　　七月二十六號票取

十五　又　破青洋布一片　六角

　　　　六月二十二號票取

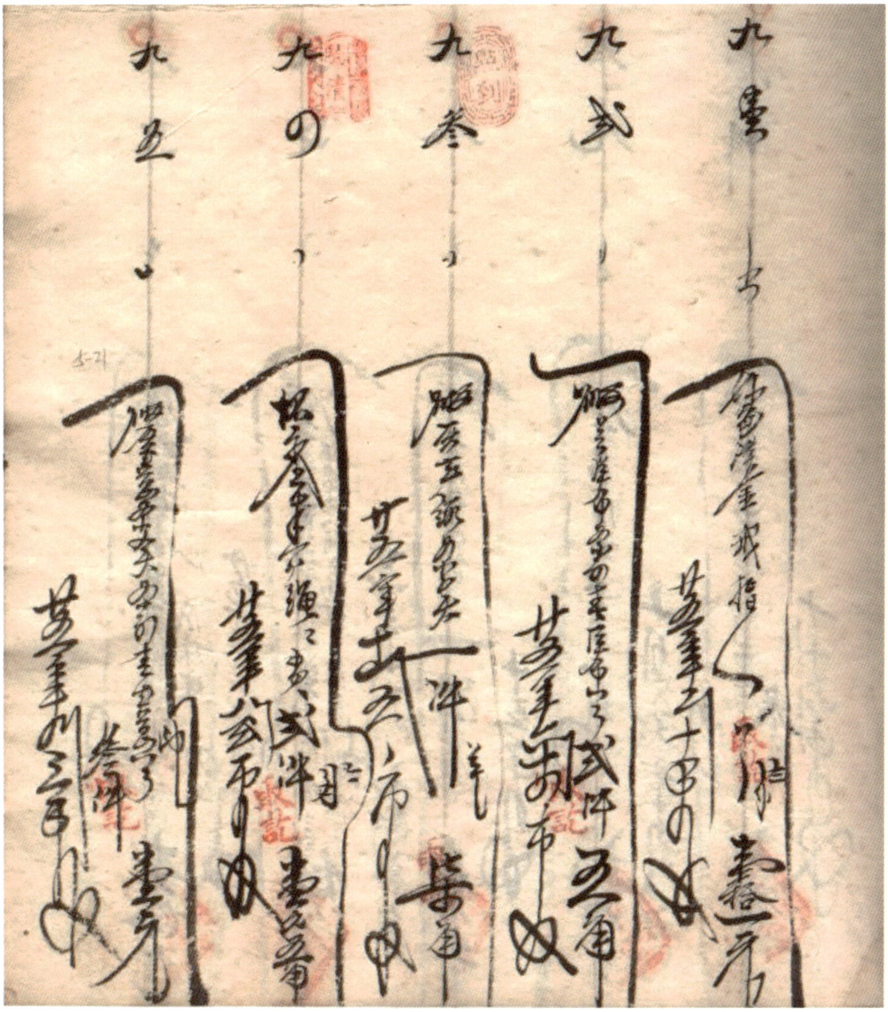

圖7–24　民國二十四年（1935）九月德興當人字號當賬賬頁

圖 7–24 釋文：

（人）

九十一　王　壞色淡金戒指一個　0.18兩　一十一元
二十五年二月十號票取

九十二　又　破藍洋布女小衫、青洋布單褲二件　五角
二十五年六月十四號票取

九十三　又　破灰花緞女小棉襖一件　藍包　七角
二十五年十一月五號票取

九十四　又　壞不全黑銀繩、繩鎖二件　2.7兩　一元五角
二十五年八月二號票取

九十五　又　破灰花葛女小夾襖、女小衫、青花葛單褲三件　印包　一元
二十五年四月三號票取

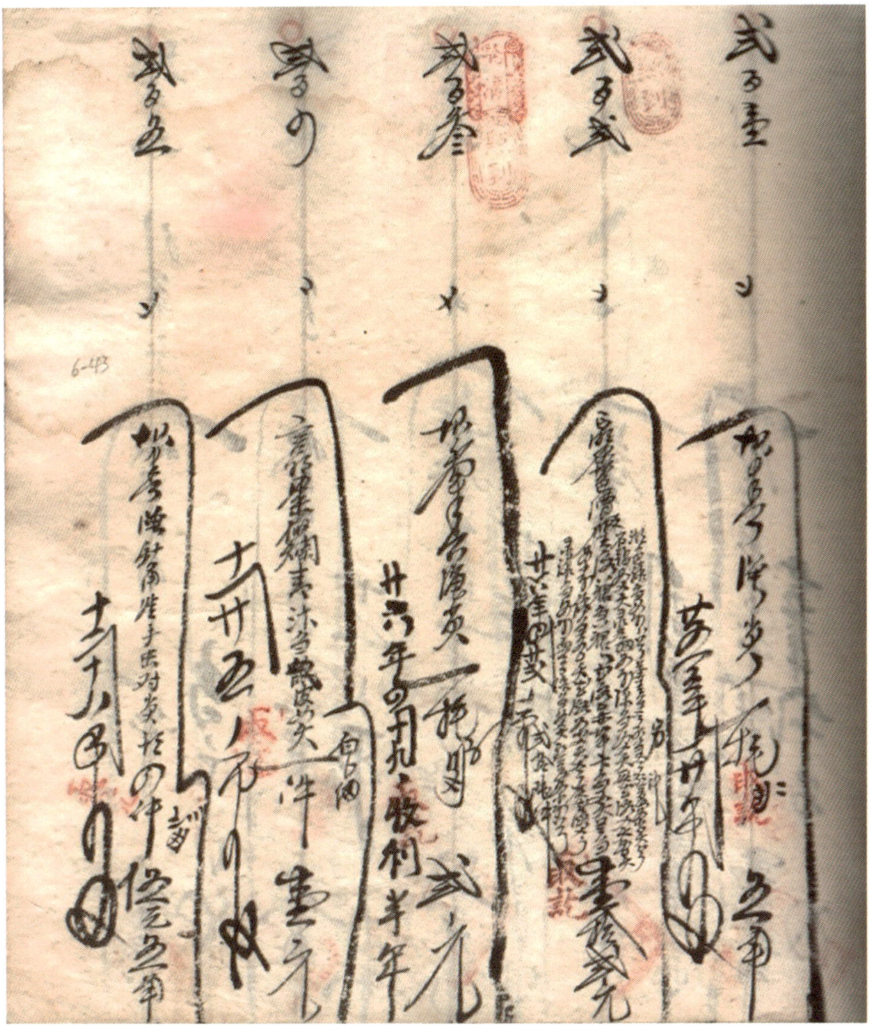

圖7–25 民國二十四年（1935）十一月德興當始字號當賬賬頁

圖7–25釋文：

（始）

二百零一　壞黑銀繩鎖一把　1.2兩　五角
二十五年一月二十日票取

二百零二　言明原壞色漕破青緞單裙，縐單裙二，花緞棉林帶，汴縐夾襖，藍縐女小衫，綫縐女棉襖，花緞女小夾襖、夾褲，灰花緞夾褲，綠綫縐女衫，血青綫縐女夾襖，絲葛女小衫、單褲，石氈女夾襖，綠繭綢女衫，綫縐女夾襖，灰花緞夾襖、女棉襖，湖色綫縐女衫二、單褲，茶青縐夾褲，紅縐夾褲，絲葛女小棉襖、棉褲二十六件　另印包　一十二元
二十六年四月二十二日票取

二百零三　壞不全黑銀繩鎖一把　3.5兩　二元
二十六年四月十九日收利半年

二百零四　言明原蟲破爛青汴縐鼠皮女襖一件　白包　細　一元
十一月二十五日票取

二百零五　壞黑銀繩、針筒、娃手鐲對、鎖頭四件　7.3兩　五元五角
十二月十八日票取

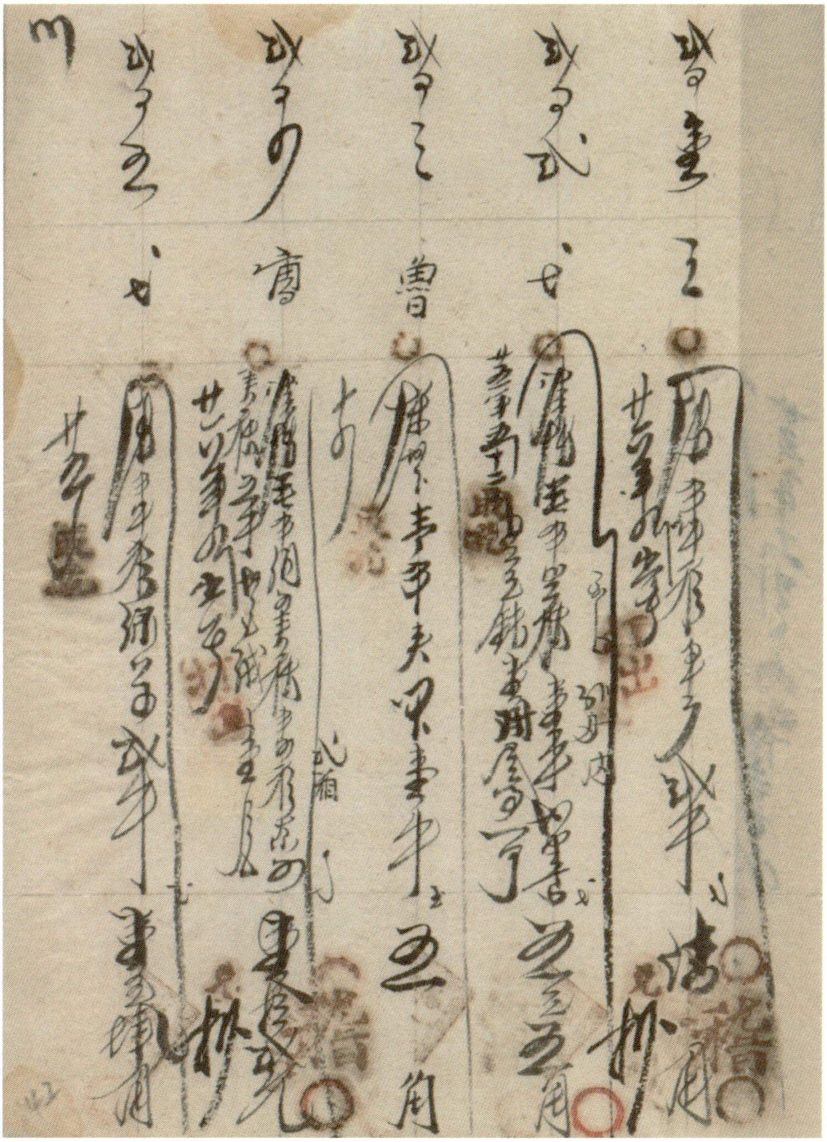

圖7-26　民國二十四年（1935）濟人當闕字號當賬賬頁

圖 7-26 釋文：

（闕）

二百零一　王　爛布汗衫、單褲二件　弋　六角
二十六年四月出號，打出　抄

二百零二　弋　原爛毛布公襖一件　壞黑銀空元鐲一對、三事一個　白包
5.3兩　內　弋　五元五角
二十五年五月十二號取訖

二百零三　魯　爛壞破青布夾裙一件　五月　玉　五角
十四號取訖

二百零四　寧　原爛毛布，絹女夾襖，布女衫，大、小女夾襖五件，壞破絨一片
二箱　弋　一十二元
二十六年四月出號，打出　抄

二百零五　弋　爛布汗衫、綫單二件　玉　一元四角
二十五號取訖

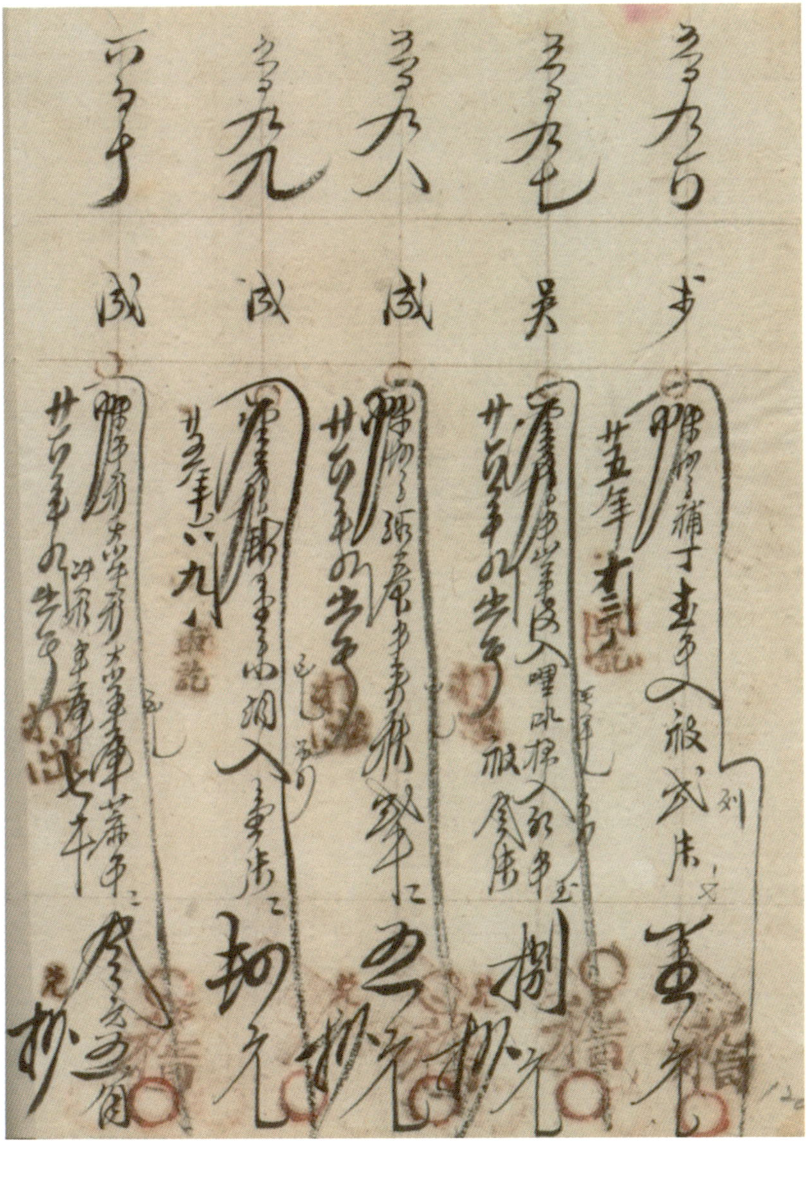

圖7-27 民國二十四年（1935）濟人當闕字號當賬賬頁

圖 7–27 釋文：

（闕）

五百九十六　李　爛壞破補丁花布褥、被二張　列　弋　一元
二十五年十月三號取訖

五百九十七　吴　原爛布山羊皮褥、嗶嘰棉褥、紅布被三張　毛□　另四　玉　八元
二十六年四月出號，打出　抄

五百九十八　成　爛壞破緞夾裙、布夾襖二件　五元
二十六年四月出號，打出　抄

五百九十九　成　原爛氈一條，絹褥一張　白包　另四　四元
二十五年六月九號取訖

六百　成　爛布衫，大、小汗衫，單褲，麻布汗衫，單褲七件　白包　三元五角
二十六年四月出號，打出　抄

圖7-28　（民國）辛巳年（1941）六月萬興隆典鋪仇字號當賬賬頁〔一〕

〔一〕字軌號碼：仇字，以下省略，衹記號碼。押物人姓、現住地址省略。

圖7-28釋文：

（仇）

八百六十一	□褲一件	四毛〔一〕	十九日即贖〔二〕
八百六十二	金耳環二件	0.17兩　十八元	七月二十日贖
八百六十三	□想衫一件	五元	十月十五日贖
八百六十四	銜金□□二件	0.52兩　二十二元	十二月十五日贖
八百六十五	銅錶一隻	二元	十九日即贖
八百六十六	布衫一件	三毛	七月二十五日贖
八百六十七	凡殼一單〔三〕	0.03兩　中〔四〕	八月初十日贖
八百六十八	布衣女衫褲五件	二元半〔五〕	九月二十日贖
八百六十九	□衫一件	一元二毛	十月初十日贖
八百七十	□布衫褲二件	一元	十二月廿七日贖

〔一〕毛，即角，貨幣單位，10角等於1元。

〔二〕即贖，即六月十九日當日贖回。

〔三〕凡殼，即珍珠，「單」爲該類當物計量單位，或稱「的」。

〔四〕「中」，即五毛或五角。

〔五〕二元半，即二元五角。

二 上利賬釋讀

上利賬是當票到期時，當户以向當鋪支付當期利息爲條件，予以展期的業務記録。典當信息從當賬抄來，並將支付利息記入本賬户名下。其格式與當賬相同，由上至下，分爲四欄，分别爲編號、經手人、當物、當本。在其左側記録利息收入時間及其金額，左下方則記録贖取或出號時間。

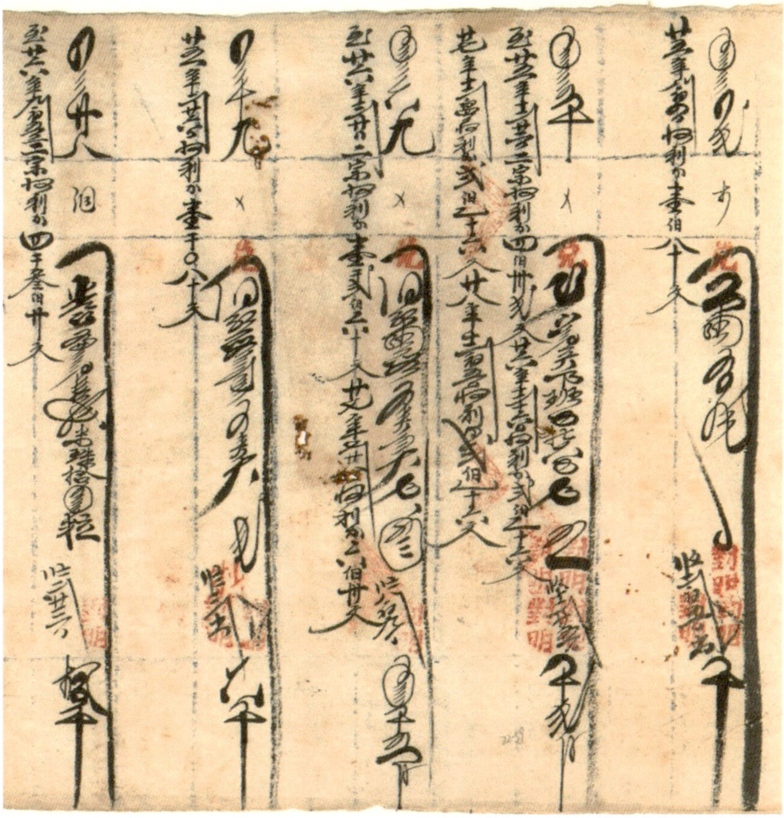

圖7-29 光緒二十四年（1898）源源當容字號上利賬賬頁

圖 7-29 釋文：

（容）

三百四十二　李　藍綢女棉袍一件　一千文

二十五年八月初四日收利錢一百八十文

二十九年二月初五日出

三百五十　又　銀小簪、孩耳墜、扳指、指六子、鏈五件　一千二百文

至二十五年十二月二十二日二宗收利錢四百三十二文　二十六年十二月十六日收利錢二百一十六文　二十七年十二月二十二日收利錢二百一十六文

二十八年十二月初五日收利錢二百一十六文

二十九年二月雅致五日（贖）

三百六十九　又　舊紅綢緞女夾套襖練三件　三千五百文

至二十六年三月二十日二宗收利錢一千二百六十文　二十七年七月二十八日收利錢六百三十文

二十七年八月初九日（贖）

四百一十九　又　舊紅緞縐絹女夾襖二件　六千文

二十五年二月二十六日收利錢一千零八十文

二十八年三月出

四百二十八　□　光銀扁簪一枝　米珠十三粒　十千文

至二十六年九月初五日二宗收利錢四千三百二十文

二十七年二月二十三日（贖）

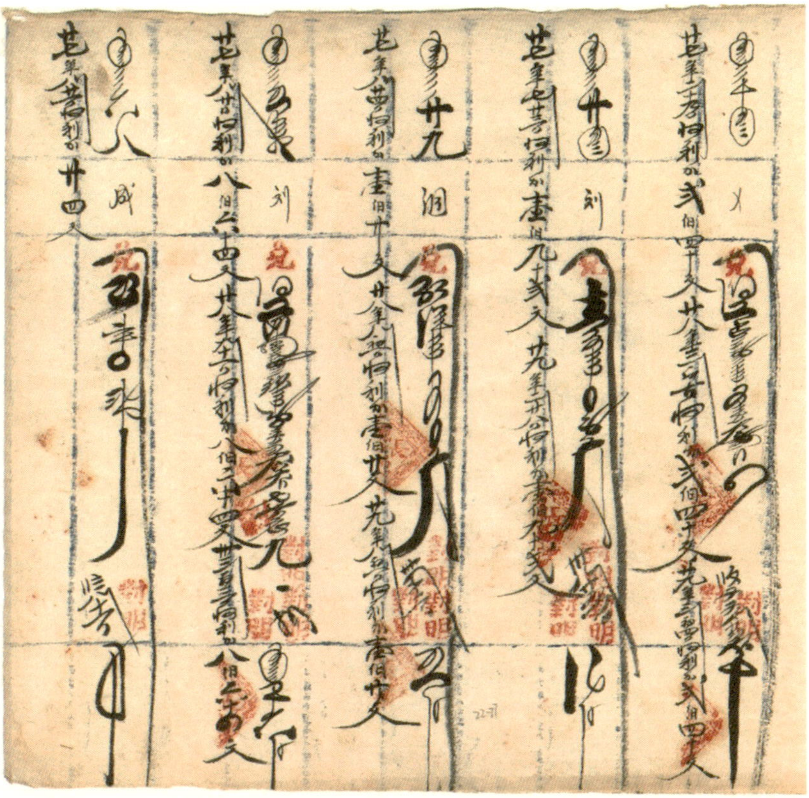

圖7-30 光緒二十四年（1898）源源當從字號上利賬賬頁

圖 7-30 釋文：

（從）

三百一十三 □ 舊藍占繭絹布女夾襖馬套褂 四件 一千文

二十七年二月十九日收利錢二百四十文 二十八年三月初十日收利錢二百四十文 二十九年三月初四日收利錢二百四十文

二十九年五月二十五日（贖）

三百二十三 劉 青文布棉馬襖 一件 八百文

二十七年七月二十三日收利錢一百九十二文 二十九年二月二十八日收利錢一百九十二文

三十年八月二十五日（贖）

三百二十九 洞 紅洋布女棉襖一件 五百文

二十七年八月二十四日收利錢一百二十文 二十八年八月初一日收利錢一百二十文 二十九年八月初一日收利錢一百二十文

三十年四月十二日（贖）

三百五十一 劉 舊藍白綢繭絹紗布男女棉夾套襖小襖褂孝衣九件 三千六百文 抄

二十七年八月二十日收利錢八百六十四文 二十八年九月十一日收利錢八百六十四文 三十年三月初三日收利錢八百六十四文

三百六十八 成 銀針筒二個 一百文

二十七年八月二十一日收利錢二十四文

二十八年八月十一日（贖）

三 回贖賬釋讀

回贖賬是記録當户贖取當物並支付相應利息的賬簿。其格式爲竪式，由上至下分爲三欄，分别記録當物對應的當票編號、當本及當利。在右側，每日開始時，記録回贖時間。

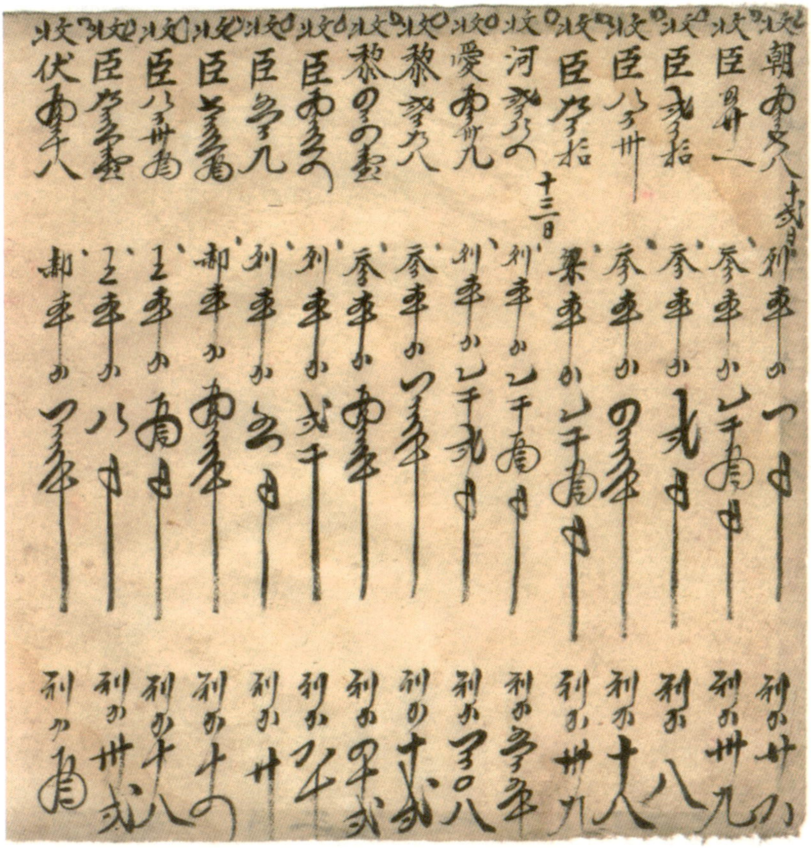

圖7-31 光緒十八年（1892）天興當回贖賬賬頁

圖 7-31 釋文：

十二日
收　朝　三百七十八　列本錢一百文　利錢二十六文
收　臣　一百二十一　參本錢一千三百文　利錢三十九文
收　臣　二百一十　參本錢二百文　利錢八文
收　臣　八百三十　參本錢四百五十文　利錢十八文
收　臣　九百一十　粱本錢一千三百文　利錢三十九文
十三日
收　河　二百八十四　列本錢一千三百文　利錢五百五十文
收　愛　三百三十九　列本錢一千二百文　利錢一百零八文
收　黎　二百九十八　參本錢一百五十文　利錢十二文
收　黎　四百四十一　參本錢三百五十文　利錢四十二文
收　臣　三百五十四　列本錢二千文　利錢六十文
收　臣　五百零九　列本錢五百文　利錢二十文
收　臣　七百五十三　郝本錢三百五十文　利錢十四文
收　臣　八百三十三　王本錢三百文　利錢十八文
收　臣　九百五十一　王本錢八百文　利錢三十二文
收　伏　三百一十八　郝本錢一百五十文　利錢三文

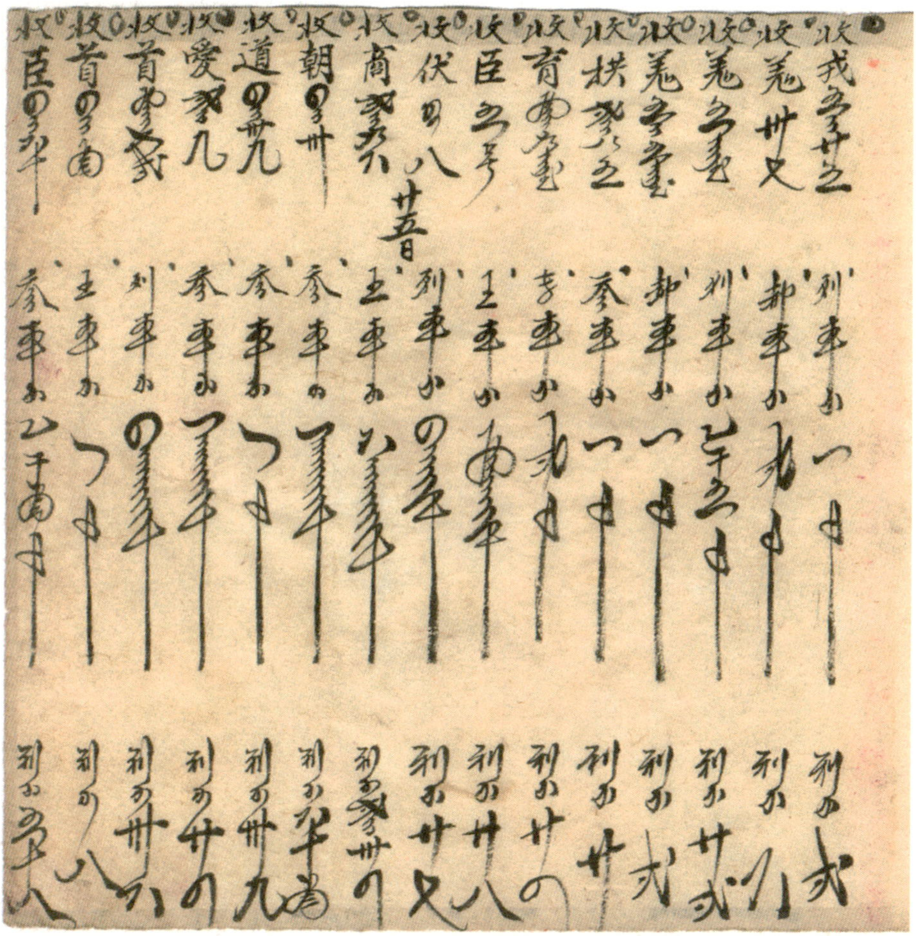

圖7-32　光緒十八年（1892）天興當回贖賬賬頁

圖 7-32 釋文：

收　戎　五百二十五　列本錢一百文　利錢二文
收　羌　三十七　郝本錢二百文　利錢六文
收　羌　五十一　列本錢一千五百文　利錢二十二文
收　羌　五百五十一　郝本錢一百文　利錢二文
收　拱　二百八十五　參本錢一百文　利錢二十文
收　育　三百九十一　李本錢二百文　利錢二十四文
收　臣　五號　王本錢三百五十文　利錢二十八文
收　伏　一百零八　列本錢四百五十文　利錢二十七文
二十五日
收　商　二百九十六　王本錢六百五十文　利錢二百三十四文
收　朝　四百三十　參本錢一百五十文　利錢六十三文
收　道　四百三十九　參本錢一百文　利錢三十九文
收　愛　二百零九　參本錢一百五十文　利錢二十四文
收　首　三百七十二　列本錢四百五十文　利錢三十六文
收　首　四百零三　王本錢一百文　利錢八文
收　臣　四百六十　參本錢一千三百文　利錢五十八文

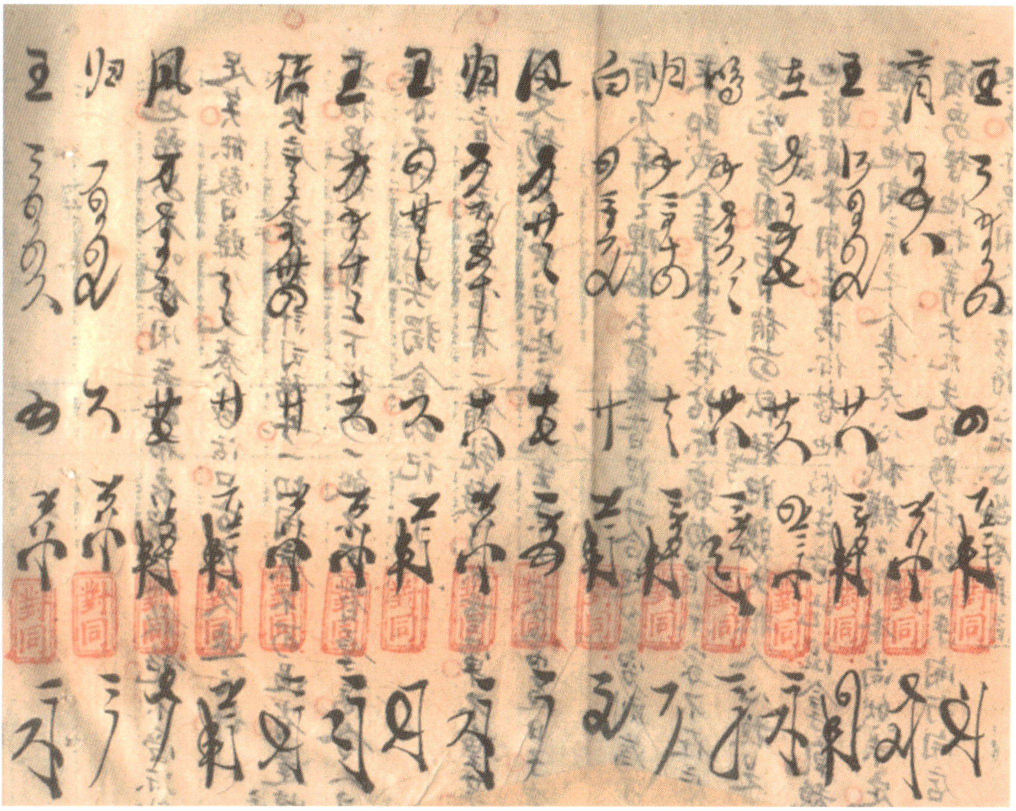

圖7-33 清代某典鋪回贖賬賬頁〔一〕

〔一〕筆者收藏，該賬頁被作爲廢紙，在背面書寫當商規程類内容。

圖7-33釋文：

王	二千五百零四	四（日）	0.635兩	0.087兩
育	一百五十八	一（日）	0.188兩	0.079兩
王	八千四百四十九	二十八（日）	0.275兩	0.045兩
在	七千一百五十七	二十六（日）	0.438兩	0.026兩
鳴	五千七百六十二	二十八（日）	0.313兩	0.031兩
歸	五千三百一十四	十三（日）	0.375兩	0.060兩
白	四千三百六十七	二十（日）	0.135兩	0.029兩
及	七千零二十二	十七（日）	0.150兩	0.020兩
歸	七千六百五十	十八（日）	0.188兩	0.026兩
王	四千零二十三	六（日）	0.135兩	0.017兩
王	九千五百一十二	十六（日）	0.188兩	0.022兩
臣	三千一百三十四	二十（日）	0.188兩	0.037兩
臣	三	二十（日）	0.635兩	0.135兩
鳳	一萬零七百零二	六（日）	0.855兩	0.070兩
歸	一千四百四千九	六（日）	0.188兩	0.030兩
王	三千四百四十六	五（日）	0.188兩	0.026兩

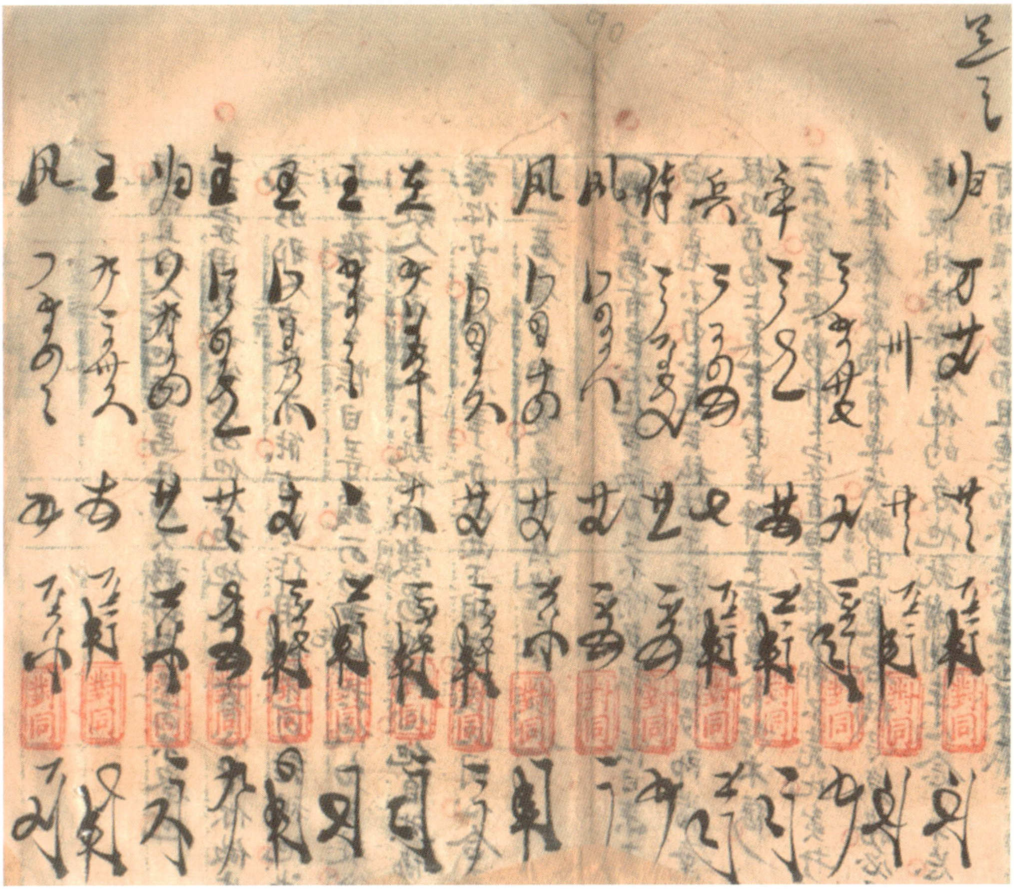

圖7-34 清代某典鋪回贖賬賬頁

圖7-34 釋文：

歸	一萬零二十七	二十三（日）	0.635兩	0.087兩
歸	三十	二十二（日）	0.635兩	0.087兩
歸	三千五百二十七	九（日）	0.323兩	0.050兩
率	三千零七十一	二十五（日）	0.125兩	0.022兩
兵	二千一百四十五	七（日）	0.635兩	0.112兩
體	三千六百七十九	二十一（日）	0.250兩	0.050兩
鳳	八百四十八	二十九（日）	0.250兩	0.020兩
鳳	八百四十四	二十九（日）	0.188兩	0.015兩
鳳	八百四十六	二十九（日）	0.375兩	0.030兩
在	五千八百七十	十八（日）	0.375兩	0.022兩
王	五百零三	一（日）	0.135兩	0.017兩
王	八千八百九十八	十九（日）	0.375兩	0.045兩
王	八千四百七十一	二十二（日）	0.750兩	0.090兩
歸	八千九百零四	二十一（日）	0.188兩	0.026兩
王	九千二百三十六	十九（日）	0.635兩	0.075兩
鳳	一千五百四十二	五（日）	0.668兩	0.069兩

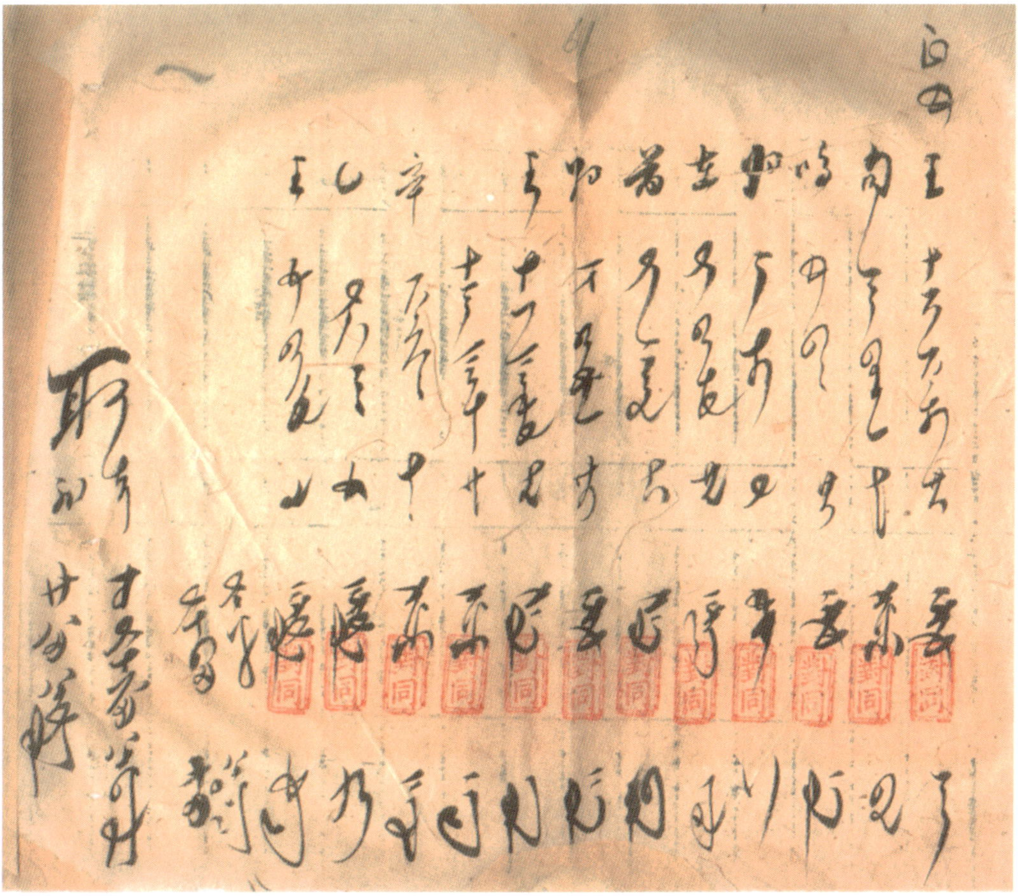

圖7-35 清代某典鋪回贖賬賬頁

圖 7-35 釋文：

王	一萬六千六百一十四	三十（日）	0.250兩	0.030兩
駒	三千四百零一	十（日）	0.168兩	0.049兩
鳴	五千四百	二十一（日）	0.250兩	0.025兩
歸	二千零一十四	七（日）	0.510兩	0.080兩
在	七千四百一十七	二十一（日）	0.313兩	0.017兩
首	七千二百零七	十八（日）	0.125兩	0.045兩
歸	一萬零九百七十一	十四（日）	0.250兩	0.035兩
王	一萬零三百五十七	十九（日）	0.125兩	0.015兩
王	一萬三千三百一十	二十（日）	0.188兩	0.022兩
率	六千六百	十（日）	0.880兩	0.390兩
率	七百八十三	五（日）	0.375兩	0.090兩
王	五千四百八十九	九（日）	0.375兩	0.052兩

（十日本小結）74.781兩

（十日本小結）10.882兩

（本月總）取本　176.847兩

利　28.875兩

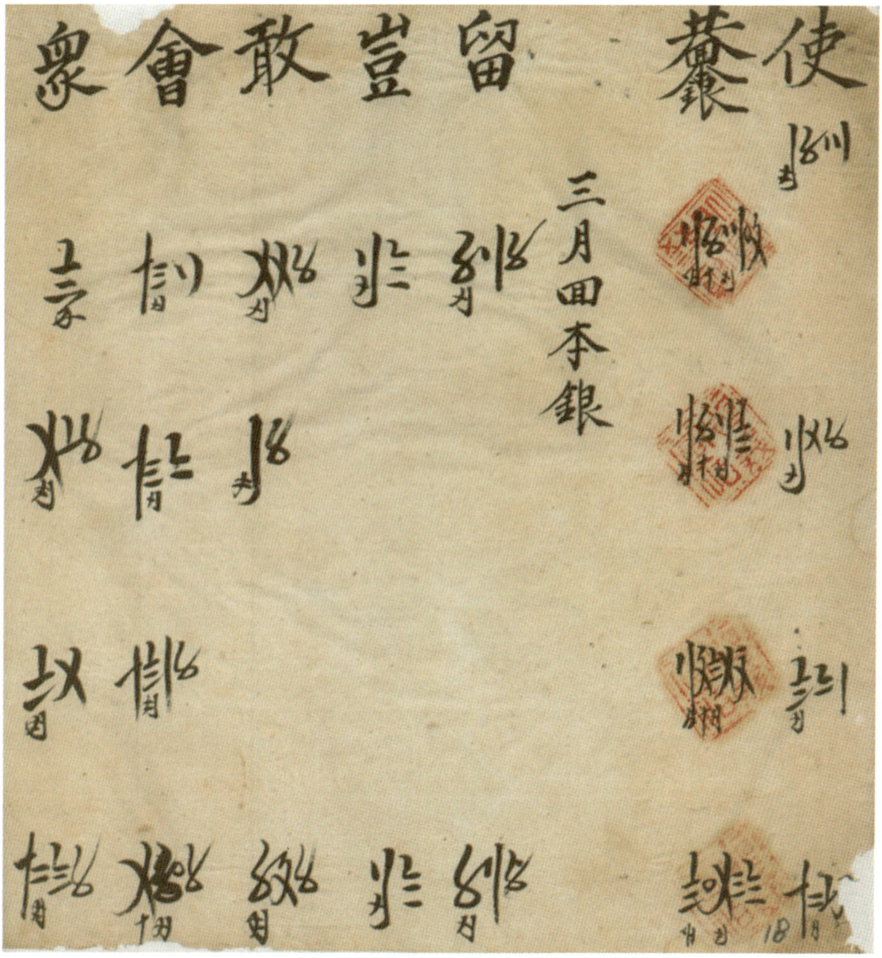

圖7–36 光緒十六年（1890）恒義當回贖賬賬頁〔二〕

〔二〕該回贖賬與前面兩册回贖賬的形式、功能有所差别。其功能主要是用作彙總回收當本。每旬結束後，按回贖的各月當票進行統計，賬首書寫的字爲不同月的千字文編號，即每個字代表不同的月份，上旬十日彙總數記入第一行，中旬十日彙總記入第二行，下旬十日或九日彙總記入第三行，第四行則爲當月各回贖的當票本金的合計數。每月終了則分别以上、中、下三旬將各月當票回贖數彙總，最後，再將三旬數彙總，則得出本月共回贖當本數。

圖 7-36 釋文：

使	1.53兩	2.45兩	8.71兩	12.69兩
共回本銀	253.09兩	252.70兩	298.49兩	804.38兩
	三月回本銀			
留	5.25兩	5.25兩		
豈	2.80兩	2.80兩		
敢	4.45兩	1.50兩	5.95兩	
會	13.20兩	13.70兩	18.15兩	45.05兩
衆	0.80兩	4.65兩	7.40兩	12.85兩

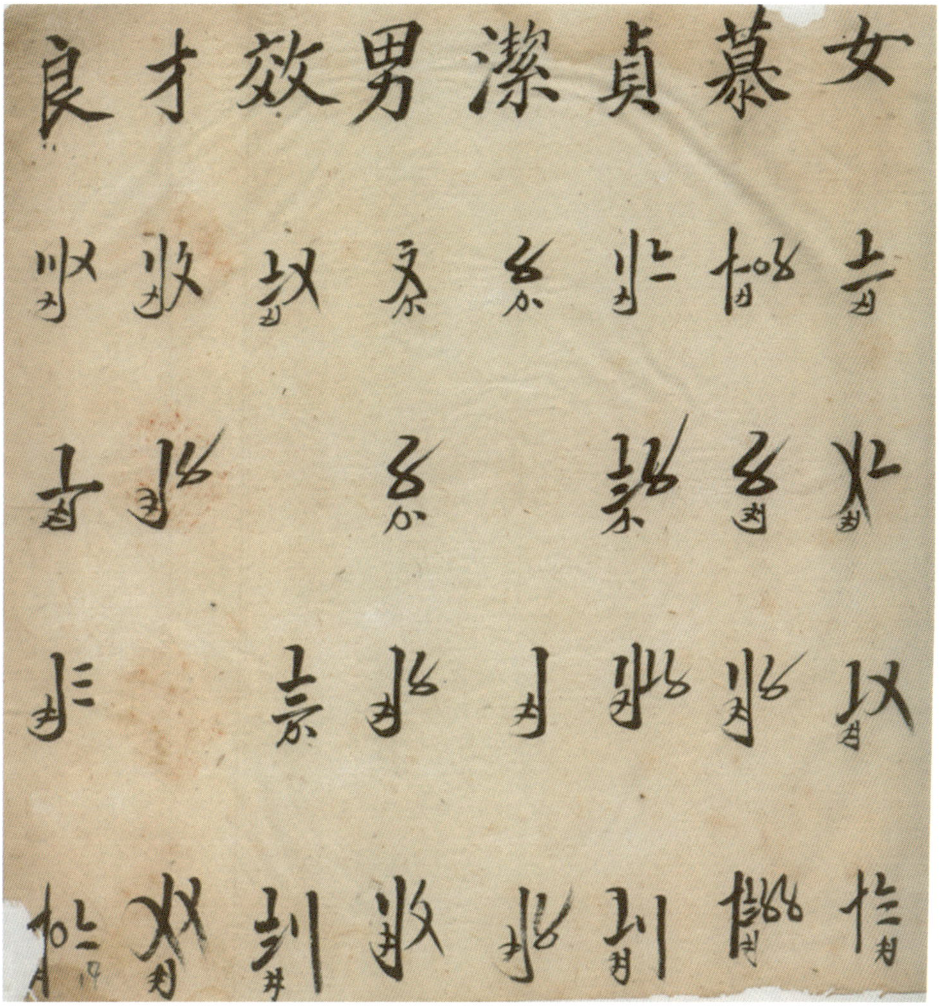
女慕貞潔男效才良

圖7-37　光緒十六年（1890）恒義當回贖賬賬頁

圖 7–37 釋文：

女	7.00兩	4.60兩	6.40兩	13.00兩
慕	11.05兩	5.00兩	2.50兩	18.55兩
貞	2.70兩	0.85兩	2.65兩	6.20兩
潔	0.50兩	1.00兩	1.50兩	
男	0.90兩	0.50兩	1.50兩	2.90兩
效	7.40兩	0.80兩	8.20兩	
才	2.90兩	1.50兩	4.40兩	
良	3.40兩	6.00兩	1.30兩	10.70兩

四 估衣首飾賬釋讀

估衣首飾賬的格式比較簡單，先記録編號。因一月中同時產生多筆此類業務，故祇在開始記編號字，此後則祇記字下的編號；接着記當物材料及當物名稱；最後記録當本（銀兩或銀元、制錢等貨幣）數量。由於該賬祇供内部使用，所以書寫更爲潦草。

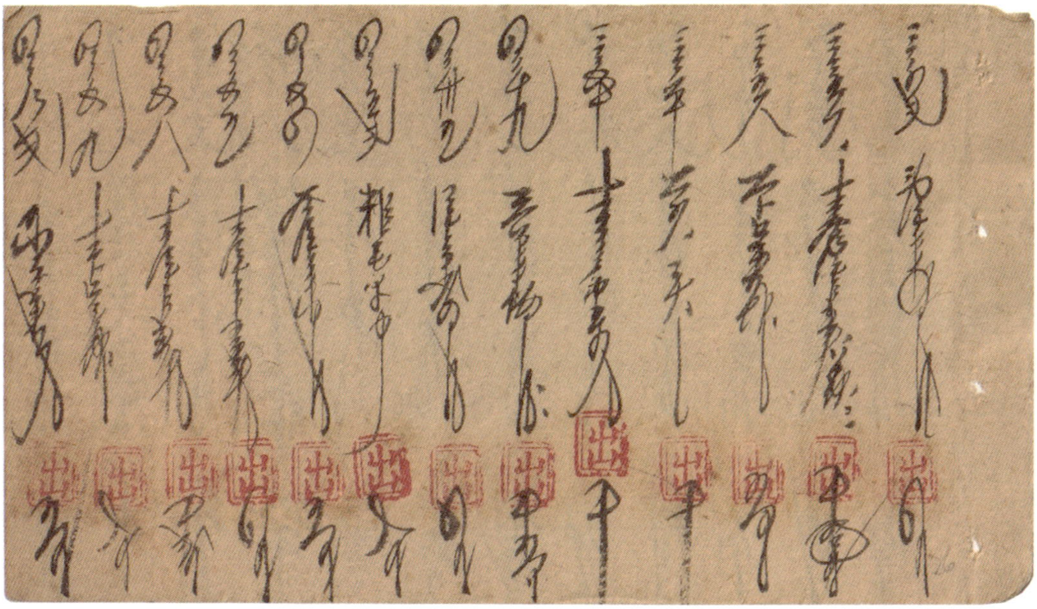

圖7-38 光緒二十四年（1898）文盛星當估衣賬賬頁

圖 7-38 釋文：

（律）

三百四十二　夏洋布女褂一件　四百文
三百五十六　青灰月洋布夾襖褂坎三件　一千三百文
三百五十八　藍占夾坎一件　五百文
三百六十　藍褲尖一件　一千文
三百七十　青絹印□□　一千文
四百一十九　藍布□褂二件　一千五百文
四百三十五　洋布孝褂一件　四百文
四百五十二　粗毛單一個　七百文
四百七十四　灰洋布小褂一件　五百文
四百七十五　青洋布女夾襖一件　四百文
四百七十八　青洋布夾襖一件　一千二百文
四百七十九　青占布坎一件　二百文
四百八十二　緑夾褲一條　五百文

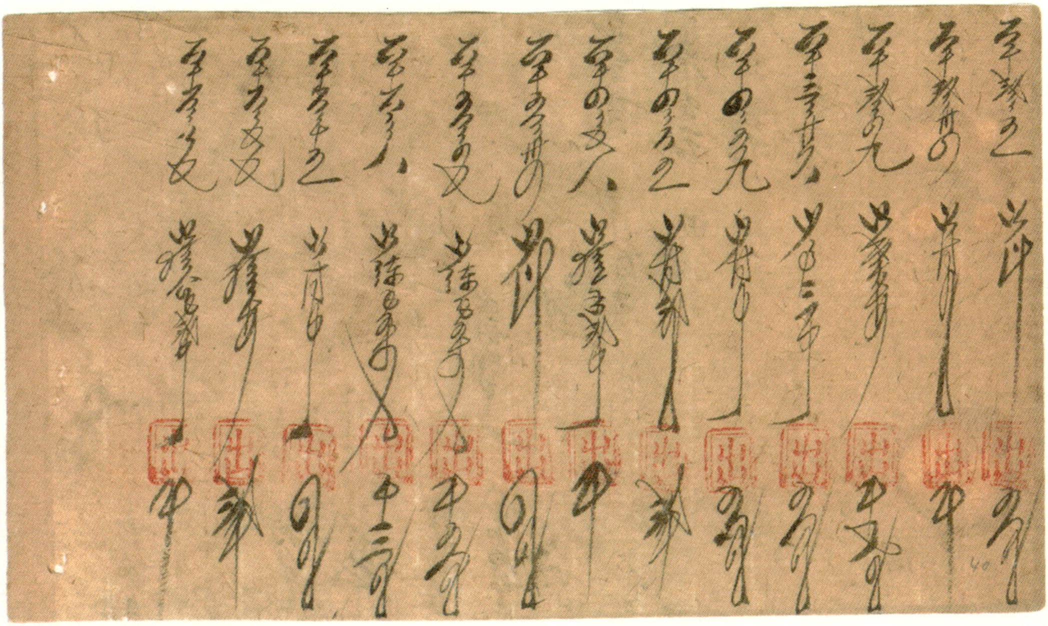

圖7-39　光緒二十三年（1897）文盛星當首飾後遂銅錫賬賬頁

圖 7–39 釋文：

（月）

六千二百零五　銀斗一件　五百文

六千二百三十四　銀鉗一雙　一千文

六千二百四十九　銀□□□□　一千七百文

六千三百二十六　銀耳墜三個　五百文

六千四百五十九　銀鉗一個　五百文

六千四百六十五　銀鉗二雙　二千文

六千四百七十八　銀孩手二個　一千文

六千五百三十四　銀斗一件　四百文

六千五百四十七　銀鏈子一條　一千五百文

六千六百零八　銀鏈子一條　一千三百文

六千六百一十五　銀鉗一個　四百文

六千六百七十七　銀孩□□　二千文

六千六百八十七　銀孩戒指二個　一千文

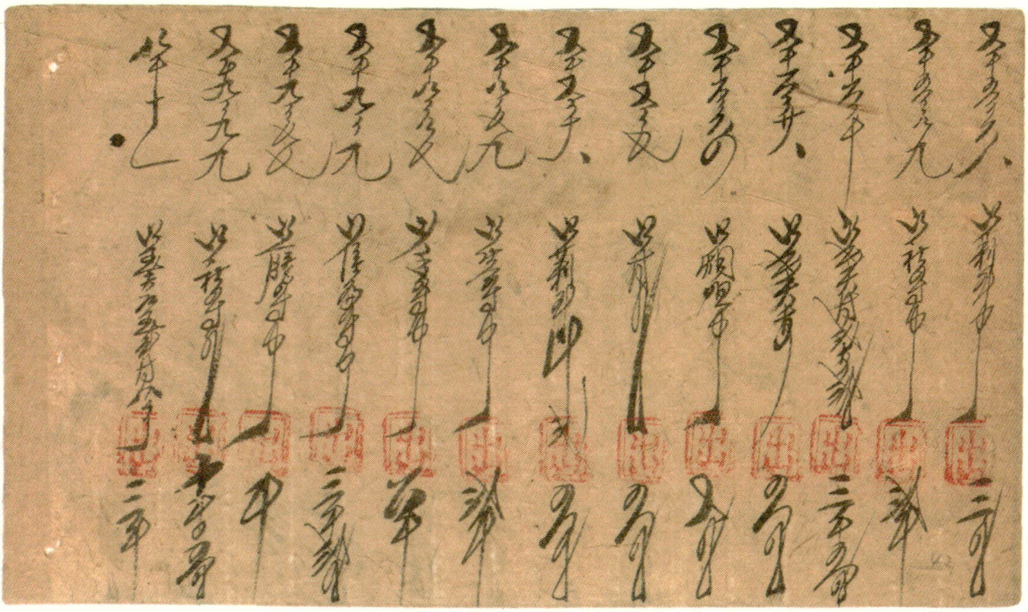

圖7-40 光緒二十三年（1897）文盛星當首飾後遂銅錫賬賬頁

圖 7-40 釋文：

（月）

七千五百六十八　銀莉針一個　三百文
七千五百八十九　銀秋鐲一個　二千文
七千六百一十　銀玉夫鉗二枝二雙　三千五百文
七千六百二十　銀玉夫一枝　五百文
七千六百六十四　銀烟咀一件　七百文
七千七百零七　銀鉗一雙　五百文
七千七百一十八　銀莉斗二件　五百文
七千八百七十九　銀絲鐲一個　二千文
七千八百八十七　銀手鐲一個　六千文
七千九百零九　銀孩扁鐲一個　三千二百文
七千九百七十七　銀藤鐲一個　一千文
七千九百九十九　銀秋鐲一雙　十千零五百文
八千零一十一　銀玉夫如玉針鉗八個　三千文

五 清架本賬釋讀

清架本賬是當鋪及時掌握本鋪典當放出當本餘額的賬簿。當鋪業務非常繁多複雜，如果一家當鋪按照規定期限爲二年，那麼僅當賬就要有二十四本（按照每月一字號一本賬計算），此外，還有上利賬的餘額也要結出。在如此條件下，要做到結出每日或每五日當本餘額，且要分清每個字號（月）的餘額，就要及時將回贖的當票號和對應當本銷號減除。清架本賬就是承擔此項任務的記録。

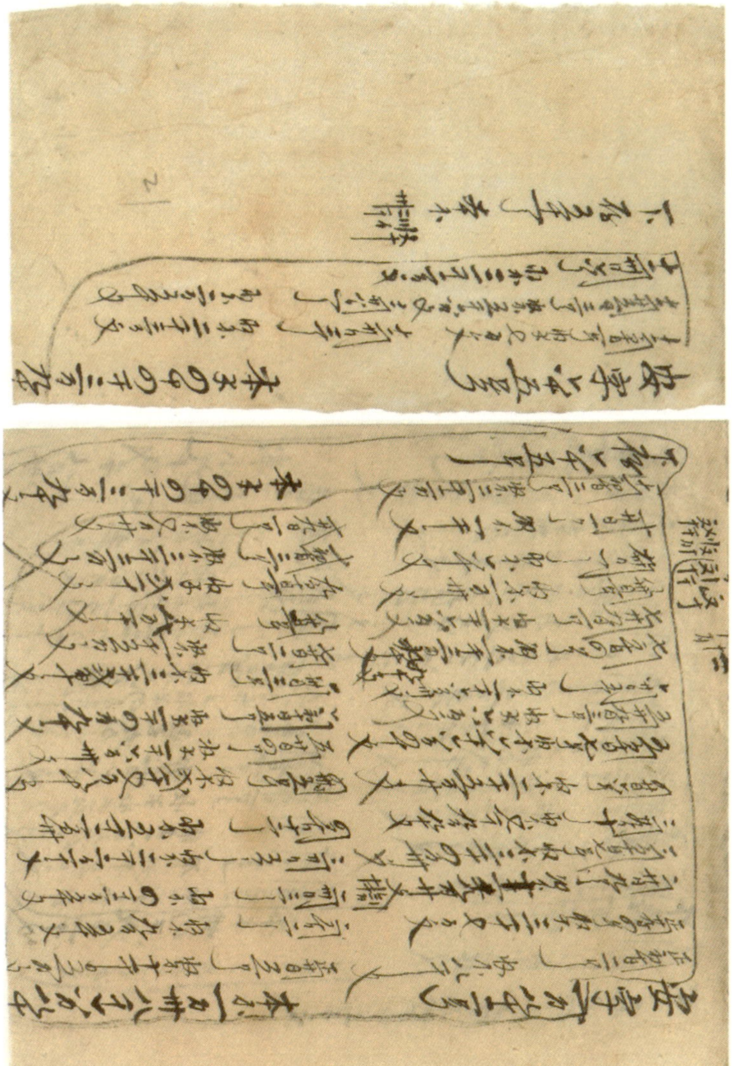

圖7-41 道光八年（1828）天合當清架本賬賬頁

圖7-41釋文：

安字　一百八十二號　本錢一百三十八千六百八十文

正月初十日　二號　收錢八千文　　正月二十日　五號　收錢十千零五百文

正月二十九日　四號　收錢三千七百文　　二月初十日　二號　收錢九百五十文

二月二十日　九號　收錢十一千八百二十文　　二月三十日　三號　收錢四千二百五十文

三月初十日　七號　收錢三千四百三十文　　三月二十日　五號　收錢二千二百一十文

三月二十九日　十號　收錢七千九百九十文　　四月初十日　十二號　收錢五千二百三十文

四月二十日　六號　收錢二千五百二十文　　四月三十日　五號　收錢二千七百八十文

五月初十日　七號　收錢六千六百四十文　　五月二十日　四號　收錢一千六百三十文

五月二十九日　三號　收錢六百文　　六月初十日　五號　收錢一千四百九十文

六月二十日　五號　收錢一千六百三十文　　六月三十日　三號　收錢三千二百一十文

七月初十日　四號　收錢一千三百文　　七月二十日　二號　收錢一千五百文

七月二十九日　一號　收錢一千六百文　　八月二十日　一號　收錢八百一十文

八月三十日　一號　收錢一百三十文　　九月初十日　一號　收錢二千文

九月三十日　一號　收錢六文　　十月初十日　三號　收錢三千三百文

十月二十日　一號　收錢一千文　　十月二十九日　一號　收錢七百二十文

十一月初十日　三號　收錢三千二百文　　（共收錢117號　94.29千文）

下存六十　五號　本錢四十四千三百九十文

十二月初十日　一號　收錢七百文　　十二月二十日　三號　收錢二千三百文

十二月二十五日　三號　收錢五千六百文　　十二月二十八日　一號　收錢二百五十文

十二月三十日　六號　收錢三千二百文　（共收14號　本錢12.05千文）

下存五十一號　本錢三十二千三百四十文

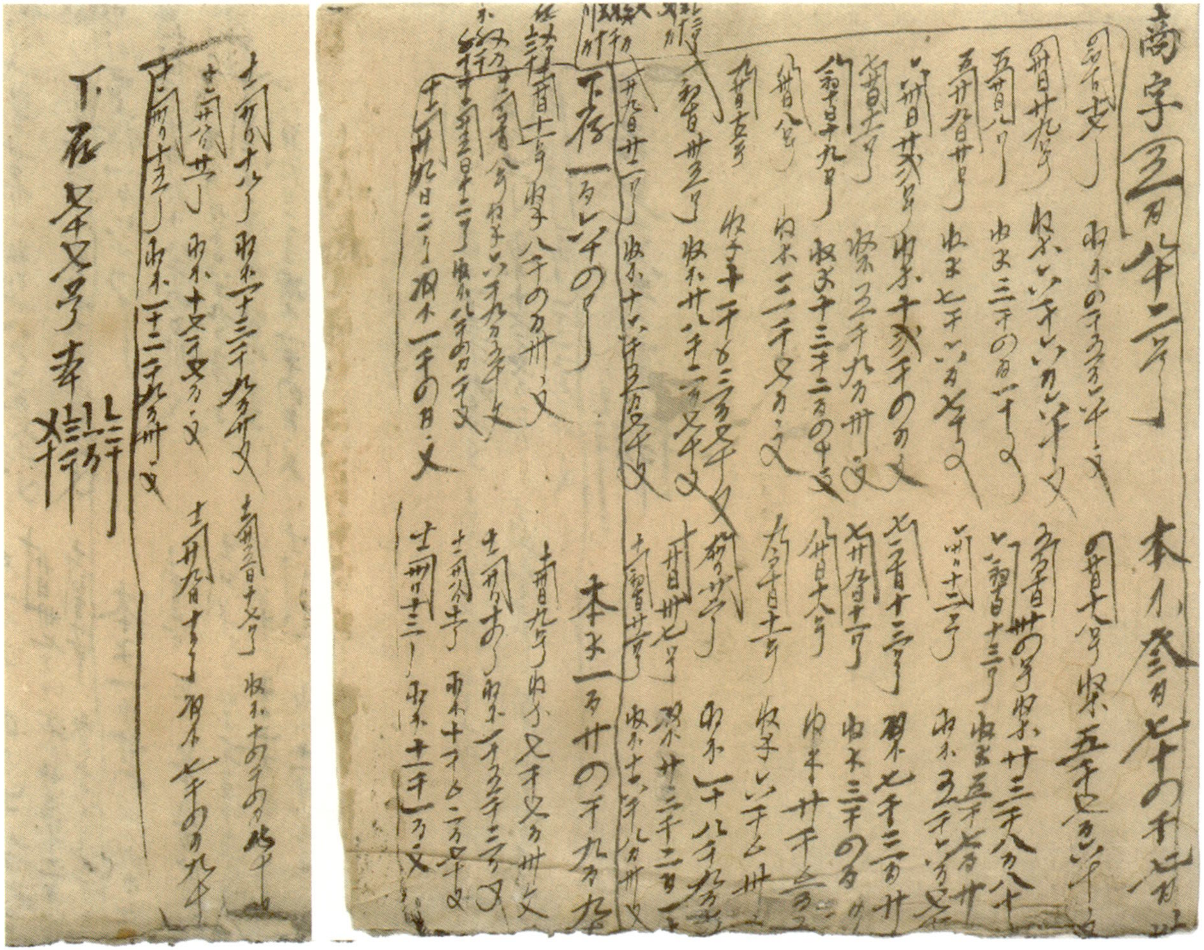

圖7-42　道光八年（1828）天合當清架本賬賬頁

圖 7-42 釋文：

商字	三百八十二號	本錢三百七十四千七百三十文			
四月初十日	十七號	收錢四千五百六十文	四月二十日	七號	收錢五千七百六十文
四月三十日	九號	收錢六千六百六十文	五月初十日	三十四號	收錢二十三千八百八十文
五月二十日	八號	收錢三千四百一十文	六月初十日	十三號	收錢五千七百二十文
六月二十日	十二號	收錢五千六百七十文			
六月三十日	二十二號	收錢十二千四百文	七月初十日	十三號	收錢七千三百二十文
七月二十日	十一號	收錢五千九百三十文	七月二十九日	十一號	收錢三千四百二十文
八月初十日	十九號	收錢十三千二百四十文	八月二十日	十八號	收錢二十千五百文
八月三十日	八號	收錢三千七百文	九月初十日	十一號	收錢六千零三十文
九月二十日	十七號	收錢十千零三百七十文	九月三十日	二十二號	收錢一十八千九百口文
十月初十日	三十五號	收錢二十八千二百七十文	十月二十日	三十七號	收錢二十三千二百一十文
十月二十九日	二十二號	收錢十六千五百七十文	十一月初十日	二十一號	收錢十六千八百三十文
十二月二十日	十八號	收錢一十三千九百二十文	十二月二十五日	十七號	收錢十四千四百八十文
十二月三十日	十五號	收錢一十二千九百三十文			

下存　七十七號　本錢四十八千六百八十文　（此期間共收回305號　本錢26.05千文）

六　錢帖釋讀

典當鋪常用發行錢帖或銀票的形式，在取得當户認可的條件下作爲其資金來源之一，代替當本經營。錢帖中的有些用字也常有當字的踪迹或影子。

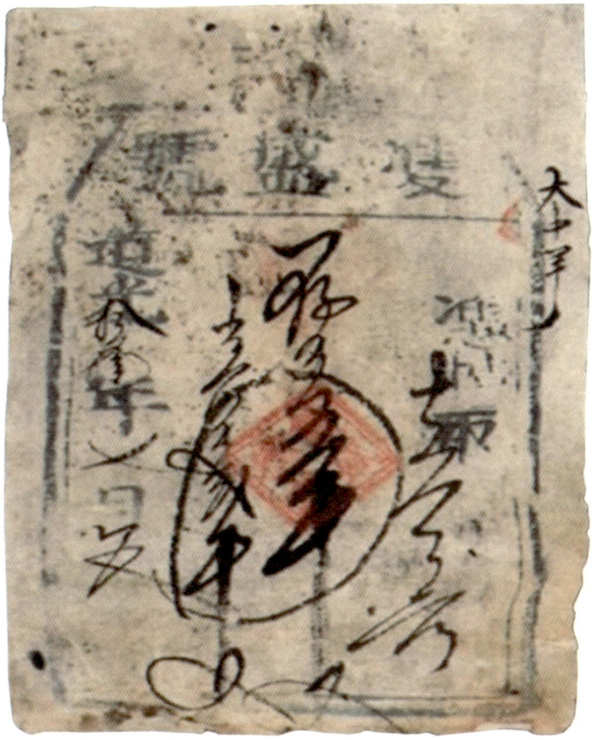

圖7-43　道光十三年（1833）七月五日雙盛號錢帖〔一〕

圖7-43釋文：

雙盛號

五百二九（號）

憑帖取□□□

取錢五千文

當利錢二千文

道光十三年七月初五日

〔一〕該錢帖用當字專用數字符號，『大』表示5，『中』（有時用『申』字）表示2，『羊』表示9。

七　當票釋讀

當票在古代稱爲質券，即典押借貸的契券。最早出現當票一説的是明代，據説鄺露曾著有《前當票序》和《後當票序》，但均已失傳，不得其詳。『今所能見到的當票實物，多清代以來的遺存。』[一]現在我們見到年代最早的當票是清乾隆十五年（1750）全盛典的當票（殘），共有三張，時間分别爲正月十四日、二月初八日及二月十六日。中國第一歷史檔案館藏有乾隆五十九年（1794）永善當和廣裕當的兩張當票。

當票本質上是當鋪與當户締結的契約，看上去皺皺巴巴，書寫隨意潦草，但是要素齊全，信息豐富。其核心内容有以下幾個方面：

當鋪，是借貸行爲的授信方，當鋪的所在區域和當鋪名稱，由右至左横書於票首；

當票，以千字文爲序，用一漢字和數字組合作爲編號，與當賬上編號一致；

當户，是借貸行爲的受信方，通常衹記當户的姓，甚至省略不記。民國時期，也有當鋪詳細記録當户信息；

當物，當票的核心内容之一，按其習慣語序描述當物特徵及其數量；

當本，發放給當户的貨幣，包括貨幣名稱和數量。在貨幣變革時期，貨幣的規定性記録的非常詳細；

當期，通常政府有統一的規定，一年，或一年半，或二年，或二年半，期至『若干月爲滿』；

當利，政府有統一要求，不同時期不同地區，具體規定略有差异。二分，或二分五厘，或三分，記以『按月』若干『行息』或『行利』。

同時，還有四個方面的約定：一是過期不贖，任由當鋪變賣（拆賣、拍賣、售賣）；二是質押期間發生蟲咬鼠傷、上漏下濕、來路不明等情況，則各由天命，與鋪無干；三是利息計算『論月不論日』，實際操作中通常『過五不過六』，即35天以内

〔一〕曲彦斌：《中國典當史》，九州出版社，2022年，第196頁。

算爲一個月，超過35天算爲兩個月，即便實際當期不足兩月；四是『認票不認人』，『失票找保』。

最後是簽發當票的時間，在民國年間，常常同時標明陽曆和陰曆。

當票采用雕版印刷，有統一的格式，衹有當户姓名、當票編號、當物記録、發放當本及簽發時間等，由當鋪依據具體情形填寫。所填寫内容中，用到當字的主要是編號、當物及當本，特别是在記録當物時，當字使用最複雜，也最難辨識。

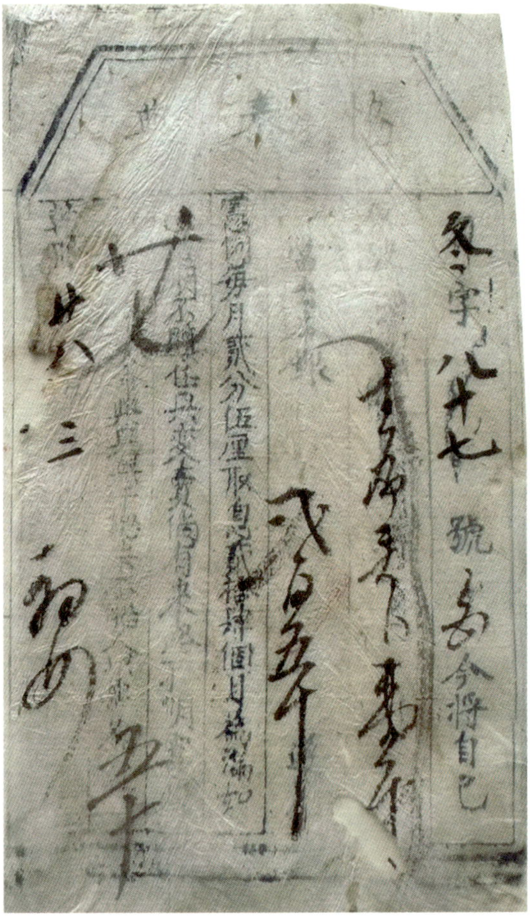

圖7-44　乾隆二十八年（1763）三月四日協泰典當票〔一〕

圖7-44釋文：

協泰典

冬字八十七號　白　今將自己

原破青布夾褂一件

當去本銀二百五十（文）　遵照

憲例每月二分五厘取息二十四個月爲滿如

若過期不贖任典變賣倘有來路不明黴爛

鼠傷各由天命與典無干認票不認人照票爲證

乾隆二十八年三月初四

〔一〕該票票面左上批注『廿七』，左下批注『五十』。

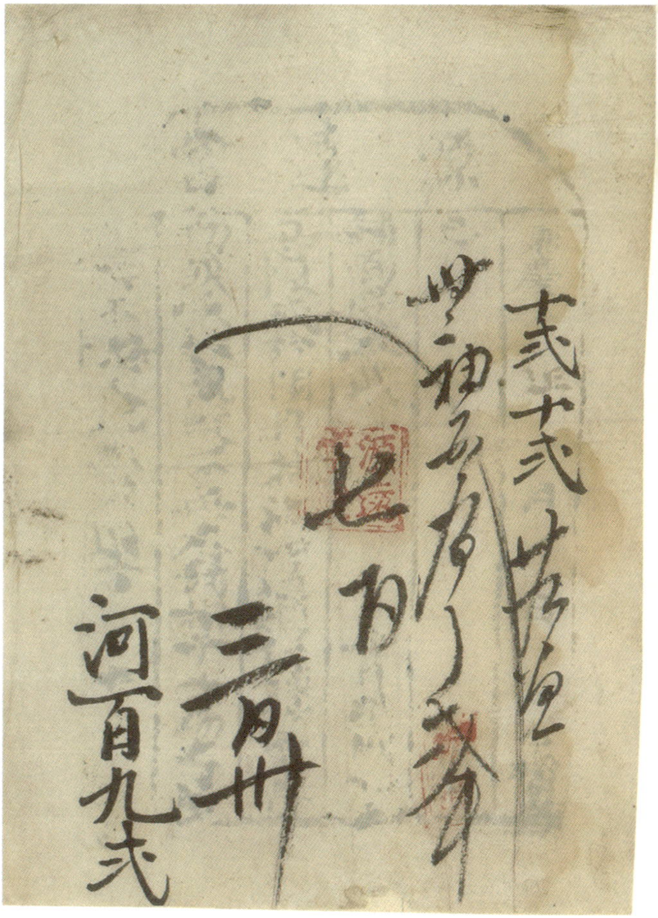

圖7-45　嘉慶十二年（1807）十二月二十九日源遠當當票〔一〕

圖 7-45 釋文：

源遠當

嘉慶十二年十二月二十九日　曾　今將自

己無袖白布衫二件

鋪面當本錢七百（文）每月照例加

息限二十四個月爲滿如過期任鋪變賣其

物或蟲蛀鼠咬不與本鋪相干當物之後　三百三十

認票不認人□□□　河（字）一百九十二（號）

〔一〕當票中的格式化印文內容，筆者根據所藏當票核對考訂，下同，不一一注明。

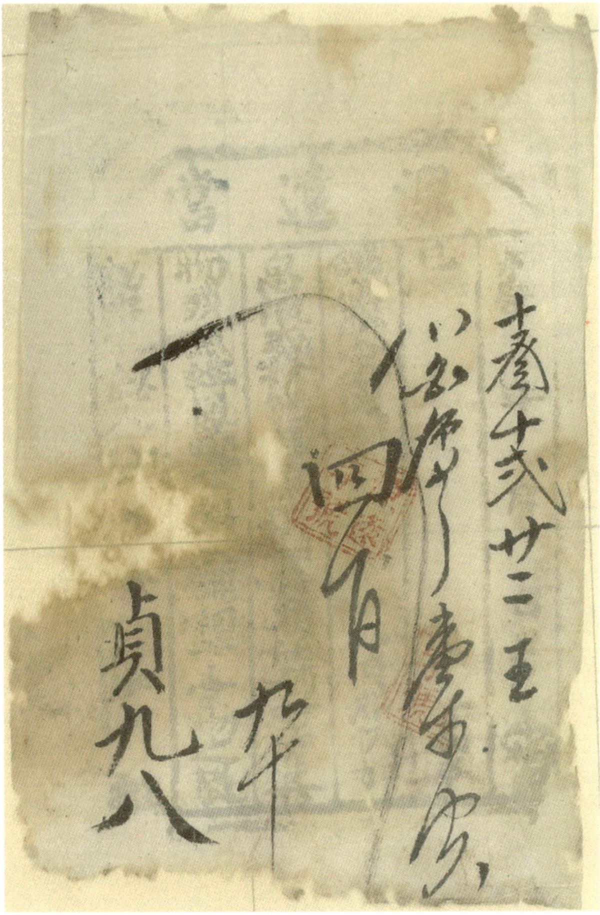

圖7-46　嘉慶十三年（1808）十二月二十二日源遠當當票

圖 7-46 釋文：

源遠當

嘉慶十三年十二月二十二日　王　今將自
己小白布衫一件　□
鋪面當本錢四百（文）每月照例加
息限二十四個月爲滿如過期任鋪變賣其
物或蟲蛀鼠咬不與本鋪相干當物之後　九十
認票不認人□□□　貞（字）九十八（號）

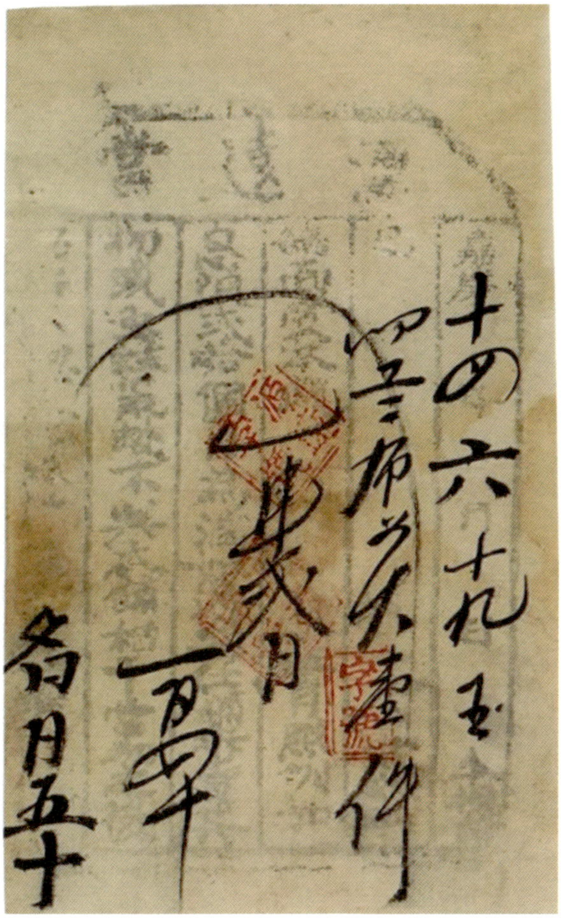

圖7-47　嘉慶十四年（1809）六月十九日源遠當當票

圖7-47釋文：

源遠當

嘉慶十四年六月十九日　王　今將自
己舊藍布女襖一件
鋪面當本錢一串二百（文）每月照例加
息限二十四個月爲滿如過期任鋪變賣其
物或蟲蛀鼠咬不與本鋪相干當物之後　一百四十
認票不認人□□□名（字）一百五十（號）

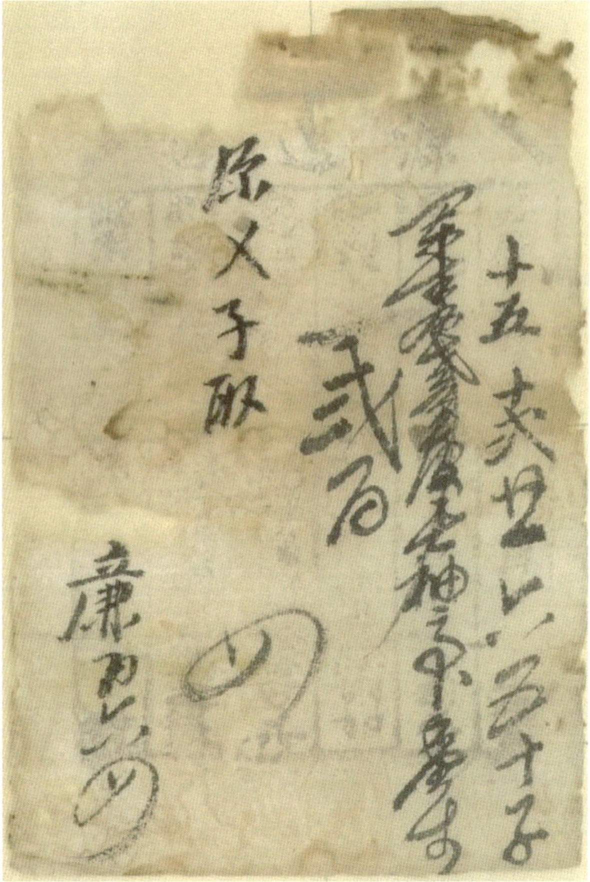

圖7-48　嘉慶十五年（1810）十二月二十一日源遠當當票〔一〕

圖7-48釋文：

源遠當

嘉慶十五年十二月二十一日　六五十　子　今將自
己爛青布老羊皮無袖馬褂一條
鋪面當本錢二百（文）每月照例加
息限二十四個月爲滿如過期任鋪變賣其
物或蟲蛀鼠咬不與本鋪相干當物之後　四
認票不認人□□□　廉（字）一百六十四（號）

〔一〕筆者共收藏該當鋪自嘉慶十二年（1807）至嘉慶十五年（1810）當票59張，該當鋪的當票編號起首用字方法非常特殊。通常當票編號，每月取千字文的其中一字，依次排列。而源遠當當票編號起首用字雖然也是取自千字文，但不是每月取一字。嘉慶十五年十二月編號起首用字有四個字，分別是：節、義、廉、退。十一日前用『節』，十一日到十八日用『義』，十八日到二十二日用『廉』，二十二日至月底用『退』。且十八日一天内前用『義』後用『廉』，二十二日前用『廉』後用『退』，同一日用兩字作爲編號起首。嘉慶十二年十二月二十、二十九和三十日這三天，當票編號用字竟有六個，分別有『菜』『河』『鱗』『潛』『翔』『龍』，其中後四個字均爲三十日這一天所用。出於什麽原因，采用此類編號法，有待進一步探討。

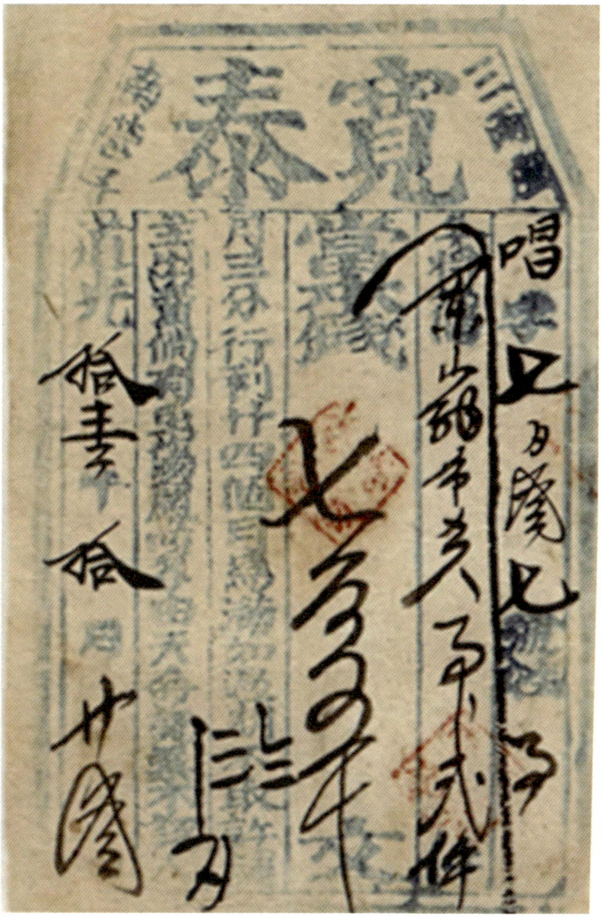

圖7-49　道光十一年（1831）十月二十三日寬泰當當票

圖7-49釋文：

三兩莊南營子　寬泰

唱字七百三十七號　事

今將舊爛川綢布夾襖裙二件

當本錢七百五十文

月三分行利二十四個月爲滿如過期不取許鋪

主出賣倘有蟲傷鼠咬各由天命認票不認人

道光十一年十月二十三日

圖7-50　道光二十四年（1844）正月二十六日慶成當當票

圖 7-50 釋文：

慶成　韓村

白字三千四百八十四號

破無面老羊皮小襖一件

（當本錢）三千文

（格式化印文，字迹不清）八百二十

道光二十四年正月二十六日

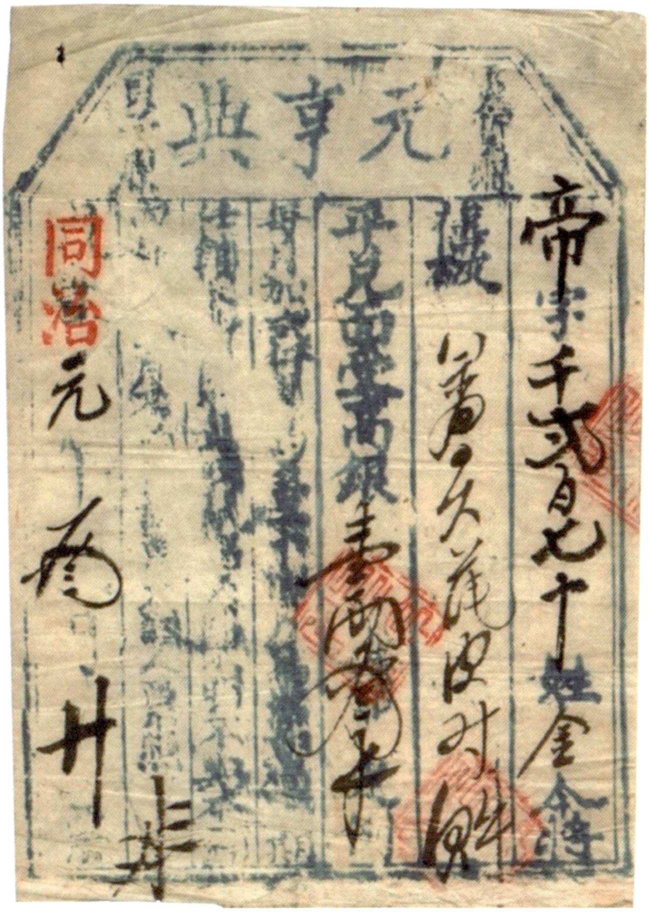

圖7–51　同治元年（1862）三月二十日元亨典當票

圖 7–51 釋文：

靈寶縣貝子原　元亨典

帝字一千二百七十號　姓金　今將

舊破□不全棉襖鼠皮對（襖）二件

平兑面受高銀一兩三錢　定例

每月加二分（格式化印文，字迹不清）

1.3兩

同治元年三月二十日　票

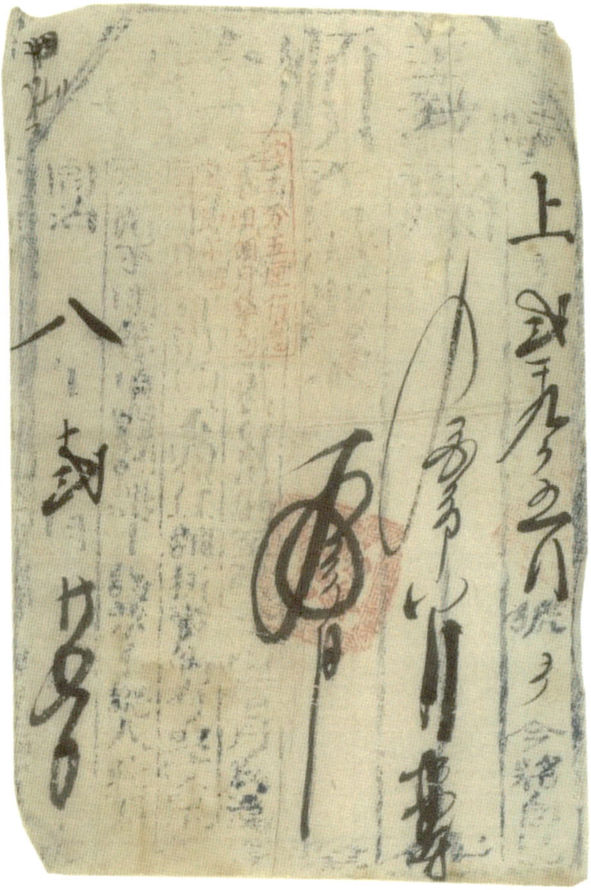

圖7-52　同治八年（1869）十二月二十七日義順當當票〔一〕

圖7-52釋文：

義順當

上字二千九百五十八號　張　今將自己

破白布小褂一件

當出錢本三百文

（格式化印文，字迹不清）

同治八年十二月二十七日

〔一〕該票票面鈐有『按二分五厘行息二十四個月準□□期不賠』。

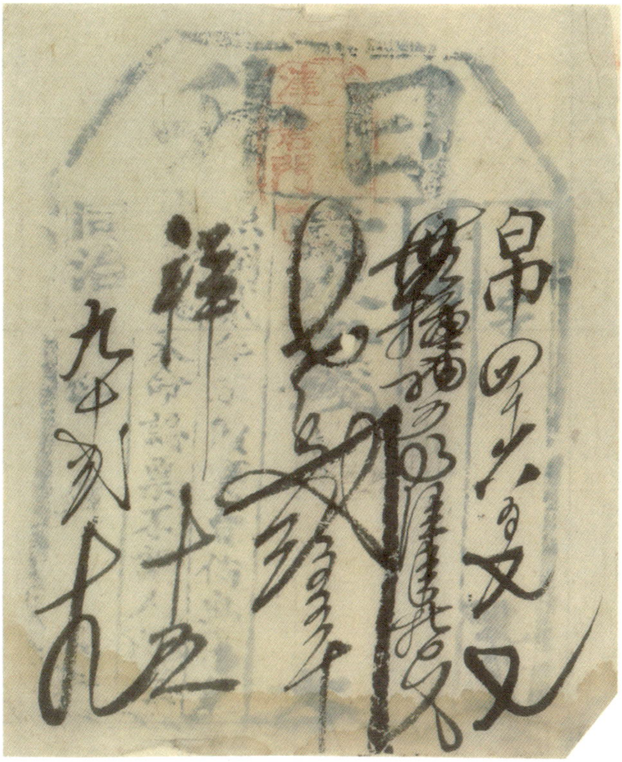

圖7–53　同治九年（1870）十二月十九日日升當當票

圖7–53釋文：

天津鼓樓道倉門口　日升

帛字四千六百七十七號

無插袖破月洋布□棉褲一條

當本老錢二百五十文

照例兩年不贖變賣作本倘蟲咬鼠

傷各由天命認票不認人此照　拜　十五

同治九年十二月十九日

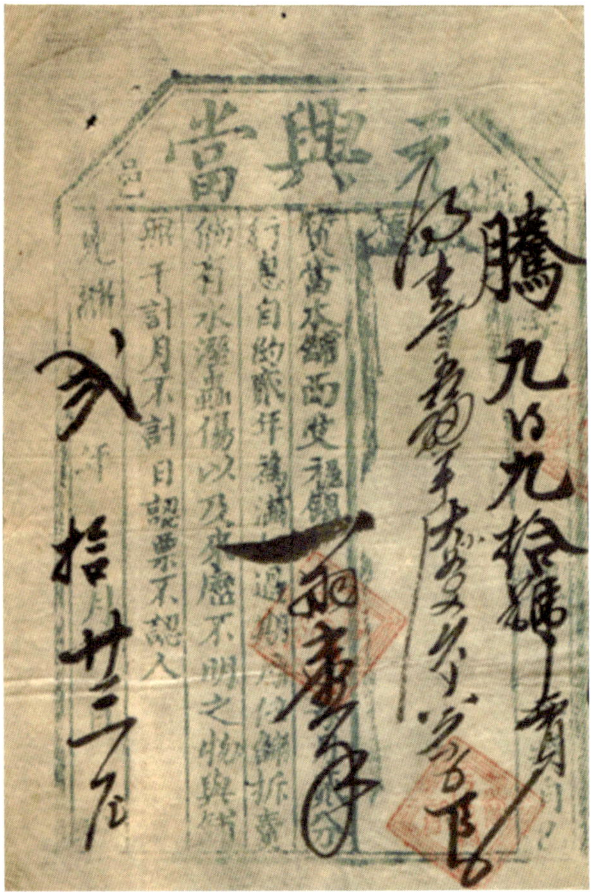

圖7–54　光緒二年（1876）十月二十三日元興當當票

圖 7–54 釋文：

鄉邑　元興當

騰字九百九十號　賈　將自己
舊物舊青藍吾綢藍布大小女棉夾襖夾單褲單子六件
質當本鋪面兑□銀一兩一錢　每月二分
行息自約二年爲滿如過期月任鋪拆賣
倘有水濕蟲傷以及來歷不明之物與鋪
無干計月不計日認票不認人
光緒二年十月二十三日簽

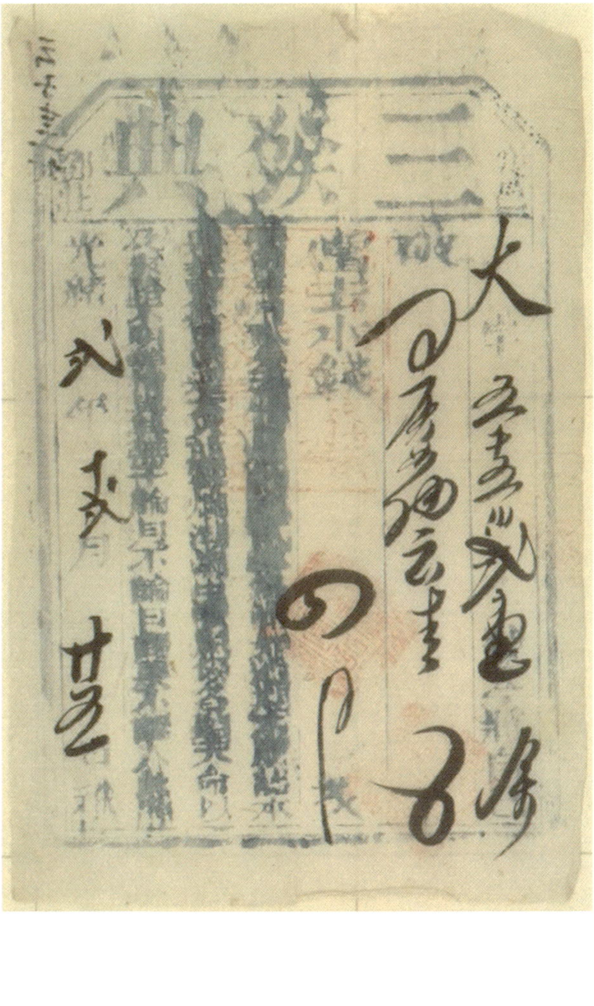

圖7–55　光緒二年（1876）十二月二十五日三發典當票

圖 7–55 釋文：

三發典

大字五千五百二十一號　余　今將自己

舊物破灰茁綢雲鞋一雙

當去本錢四百文

（格式化印文，字迹不清）

光緒二年十二月二十五日　袱

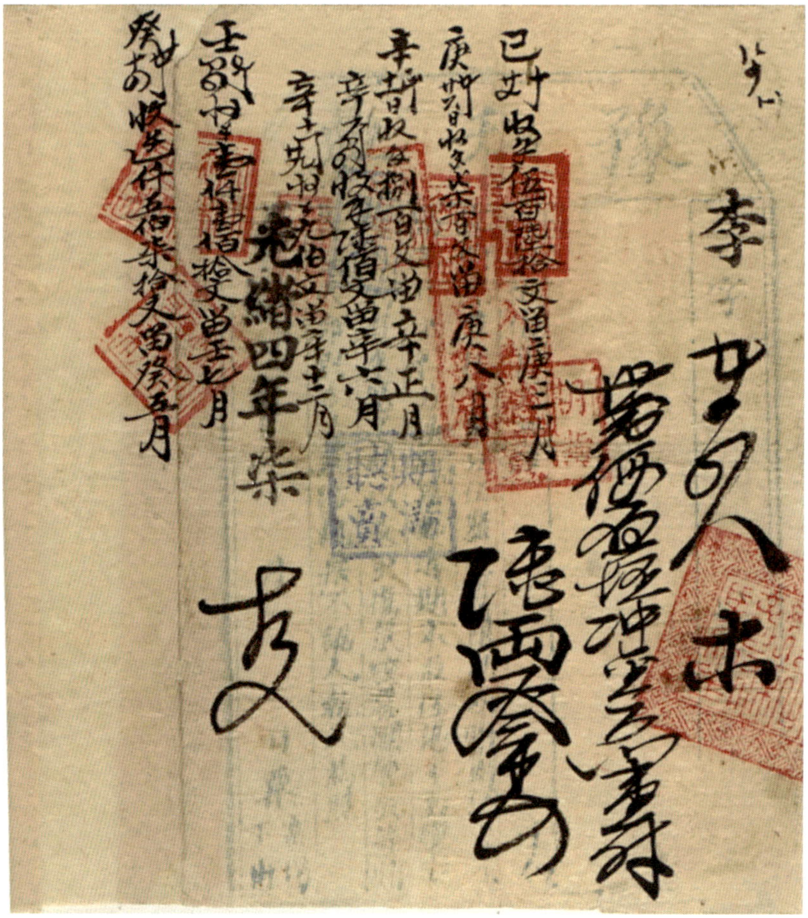

圖7–56　光緒四年（1878）七月十九日豫和典當票

圖 7–56 釋文：

豫和典

李字五百四八號　木

帶假□坯銜金耳釧一對

（當本銀）　六兩三錢五分

（格式化印文，字迹不清）

光緒四年七月十九日　票　富□下街

已十月二十七日收錢五百六十文留庚三月

庚五月二十六日收錢七百文留庚八月

辛正月十一日收錢八百文留辛正月

辛六月初四收錢六百文留辛六月

辛十一月二十九日收錢九百文留辛十二月

壬七月初四日收錢一千一百一十文留壬七月

癸正月十四日收錢一千五百七十文癸五月

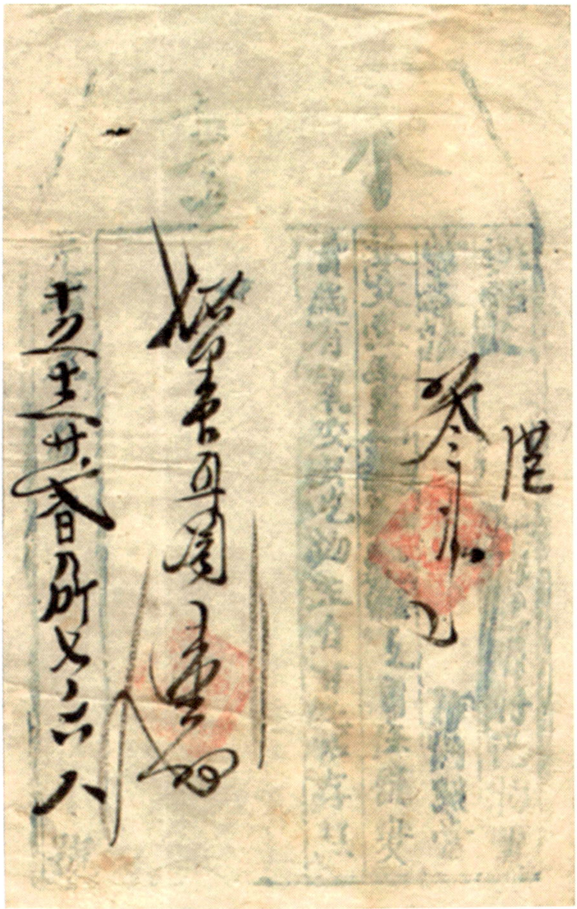

圖7–57 光緒十五年（1889）十二月二十二日永亨當當票

圖 7–57 釋文：

永亨

執票人 叢 將己物票

當☐☐三兩 約照常

（格式化印文，字迹不清）

壞黑銀耳圈一雙

光緒十五年十二月二十二日 所字七百六十八號

圖7-58　光緒二十年（1894）四月三日益和當當票

圖 7-58 釋文：

北門内大儀門西　益和
姜字一千四百一十九號
破孔青布棉襖一件
當本當一銅錢五百文
言定二年過期來贖鼠咬蟲傷各聽天命
光緒二十年四月初三日

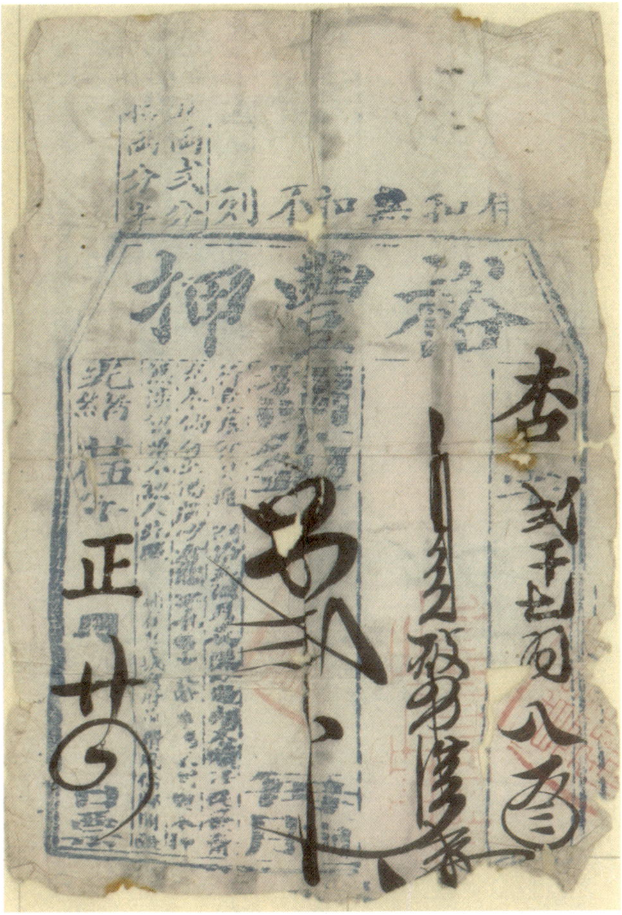

圖7–59　光緒二十五年（1899）正月二十四日裕豐押當票

圖 7–59 釋文：

有扣無扣不列　□兩二分　十兩分半

裕豐押

杏字二千七百八十三號

□破布汗衫一件

按出本銀六錢二分　每兩月

行息三分□期十二個月（格式化印文，字迹不清）

光緒二十五年正月二十四日　票

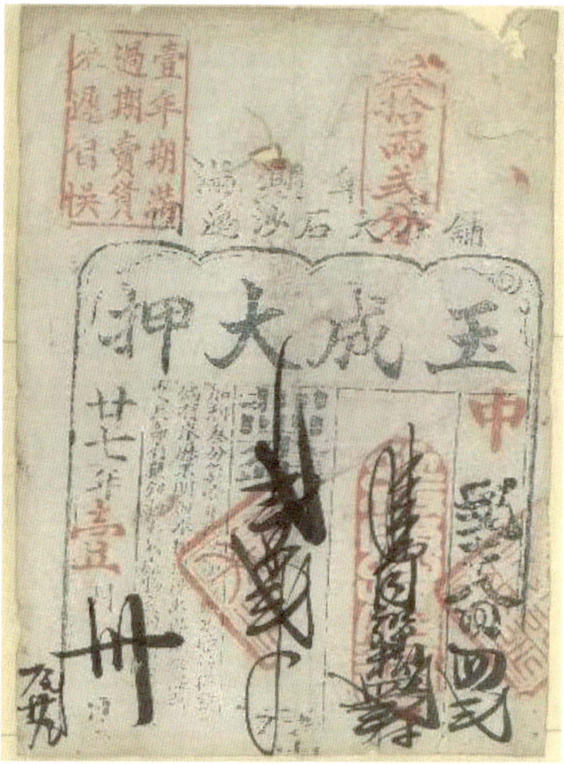

圖7–60　光緒二十七年（1901）一月三十日玉成大押當票〔一〕

圖 7–60 釋文：

鋪□大石沙邊□
玉成大押
中字二千八百四十二號
廢銅碎□皿二件
押出本銀二錢二分　每兩月
加利三分算一年爲滿如過期不贖任□□□
倘有來歷不明與本押無涉蟲傷鼠咬潮濕（各）
安天命有無紐扣不列原物交回□□□□
（光緒）二十七年一月三十日

〔一〕該票票首鈐有『叁拾兩貳分』『壹年期滿，過期賣貨，來遲自誤』。

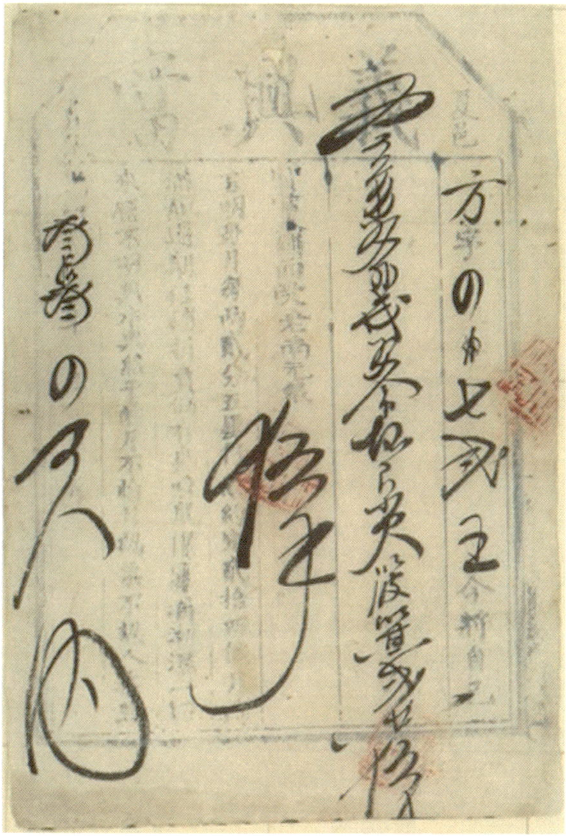

圖7–61 光緒三十三年（1907）四月八日義興當當票

圖 7–61 釋文：

夏邑□□ 義興當

方字四百七十二號 王 今將自己

破藍布男女馬褂絨女夾□壞銀鎖簸箕二共五件

質當本鋪面受老南元銀五錢

言明每兩每月二分五厘行息約定二十四個月爲

滿如過期任鋪折賣倘有蟲咬鼠傷屋漏潮濕一切

來路不明與本典無干論月不論日認票不認人此照

光緒三十三年四月初八日 內

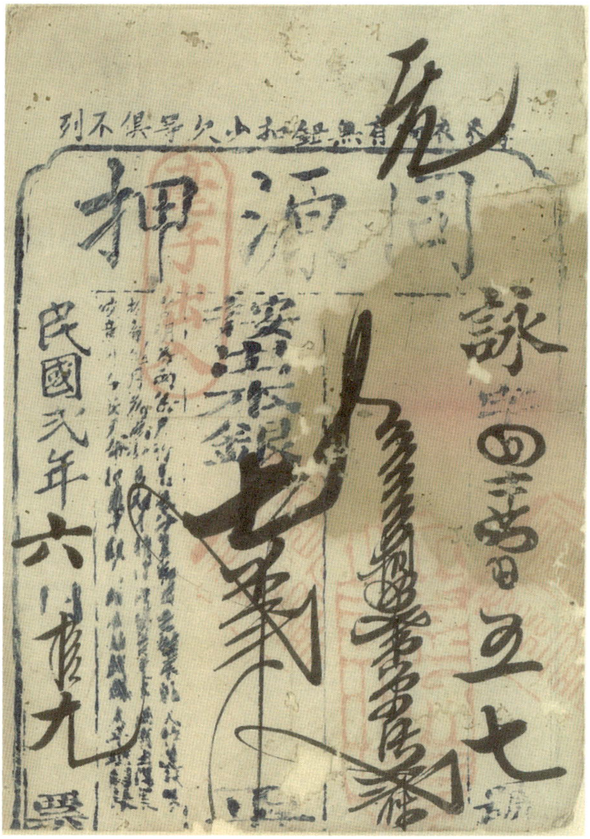

圖7-62　民國二年（1913）六月十九日同源押當票〔一〕

圖 7-62 釋文：

當來衣物有無鈕扣少欠等俱不列

同源押

詠字四千六百五十七號

□爛布帶單□二件

言明每兩每月行息三分（格式化印文，字迹不清）

民國二年六月十九日　票

〔一〕該票票面鈐有『毫子出入』。

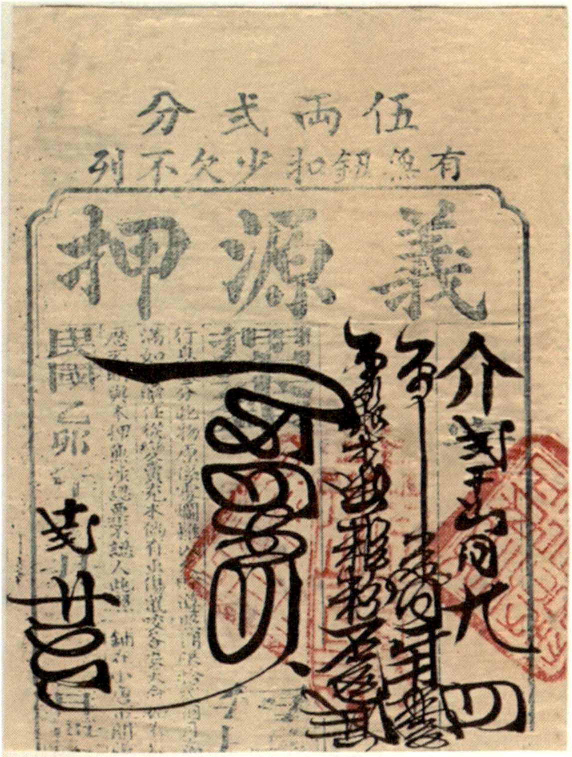
伍兩弍分
有無鈕扣少欠不列
義源押

圖7-63　民國四年（1915）十二月二十六日義源押當票

圖 7-63 釋文：

五兩二分

有無鈕扣少欠不列

義源押

介字二千一百九十四號

原光銅牙簽一的

原列爛折斷粗粉石鈲二隻

押出本銀一兩四錢四分　每兩

行息三分此物原係黴爛難以久貯遵照期限十二個月爲

滿如不贖任從變賣充本倘有蟲傷鼠咬各由天命如有來

歷不明與本押無涉認票不認人此照　鋪在小唐市開張

民國乙卯年十二月二十六日　票

圖7–64　民國六年（1917）七月六日晉裕當當票

圖 7–64 釋文：

襄陵城内　晉裕當

元字五百五十一號

蟲吃破孔青布皮老羊皮馬套一件

當本國幣洋九角

（格式化印文，字迹不清）

民國六年七月初六日

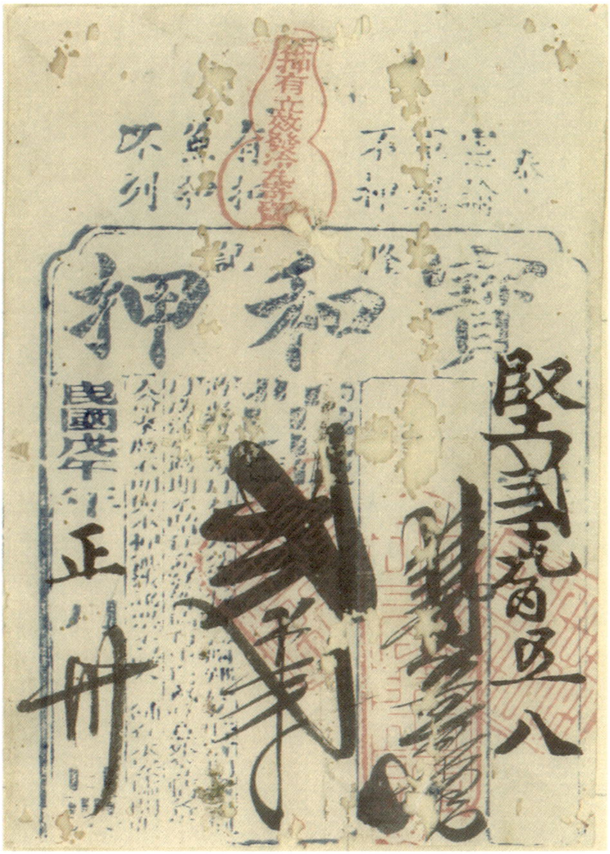

圖7–65　民國七年（1918）正月三十日隆記寶和押當票〔一〕

圖 7–65 釋文：

奉憲諭軍器不押　有扣無扣不列

隆記寶和押

堅字二千九百五十八號

廢銅絲☐一件

押出本銀二錢二分

（格式化印文，字迹不清）

民國戊午年正月三十日　票

〔一〕該票票面上方鈐有『本押有立效發冷丸寄賣』。

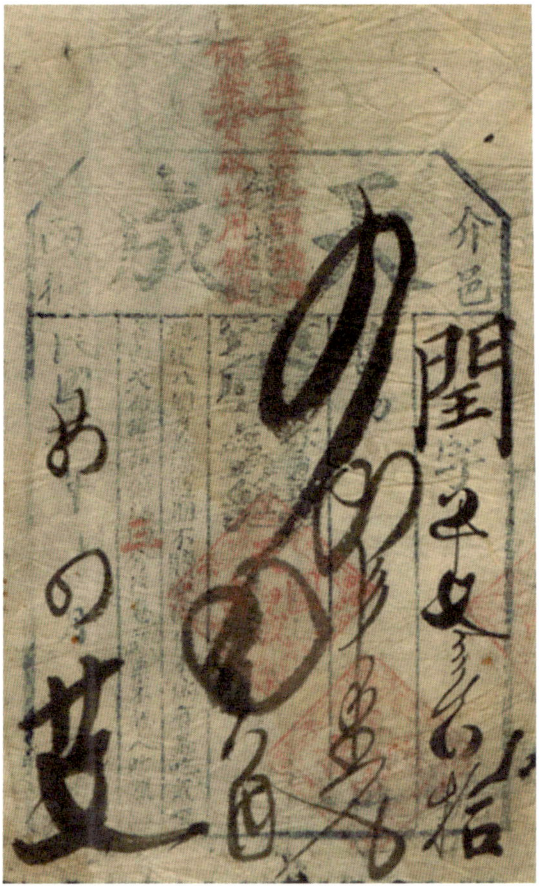

圖7–66 民國十四年（1925）十二月六日福合當當票

圖 7–66 釋文：

福合當

龍字六十一號 原今將自己

原壞斷不全色銀首飾一件 質洋一元

每圓二分五厘行息按月計算其物如過

二年任鋪變賣鼠咬蟲喂物主自甘預白

民國十四年十二月初六日 當

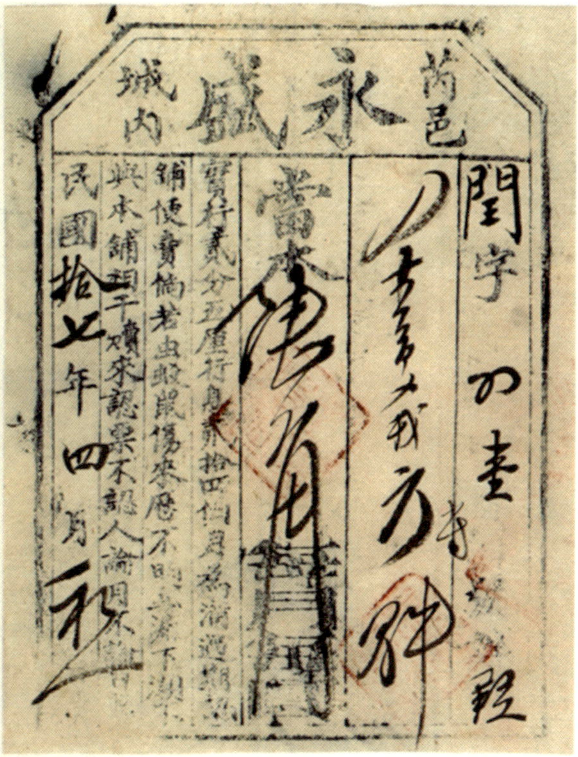

圖7-67 民國十七年（1928）四月一日永盛當當票

圖 7-67 釋文：

芮邑城內 永盛

閏字四十一號 姓段

破青布夾絨襖小襯二件

當本六角 每月每圓

實行二分五厘行息二十四個月爲滿過期認

鋪便賣倘若蟲蛟鼠傷來歷不明屋漏下潮不

與本鋪相干贖來認票不認認人論月不論日照

民國十七年四月初一日

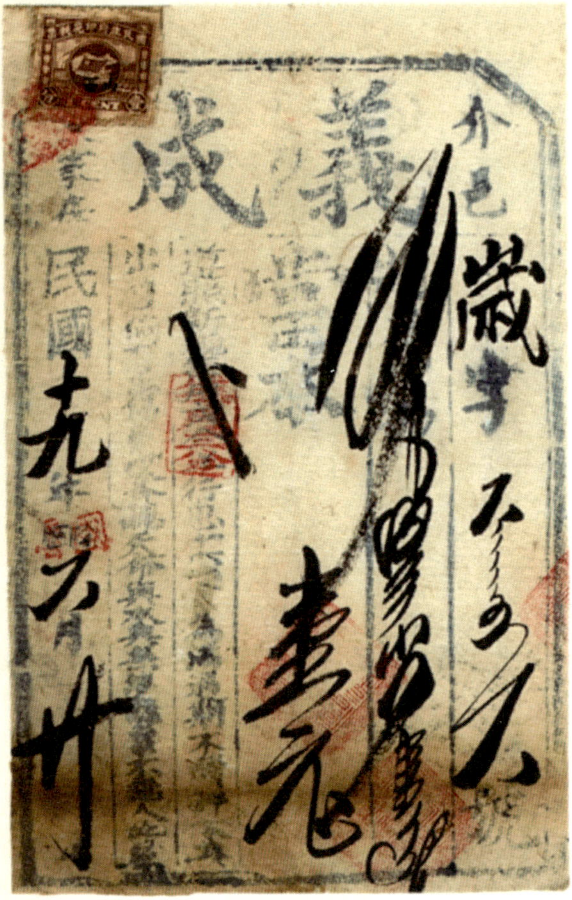

圖7–68　民國十九年（1930）六月二十日義成當當票

圖 7–68 釋文：

介邑□家樓　義成

歲字六百五十六號

自己舊物破舊絹小丁一點

當本一元

遵照新規每月三分行息十六個月爲滿過期不贖許本典

出售倘有蟲吃鼠咬各聽天命與本典無涉認票不認人此照

民國十九年國曆六月二十日

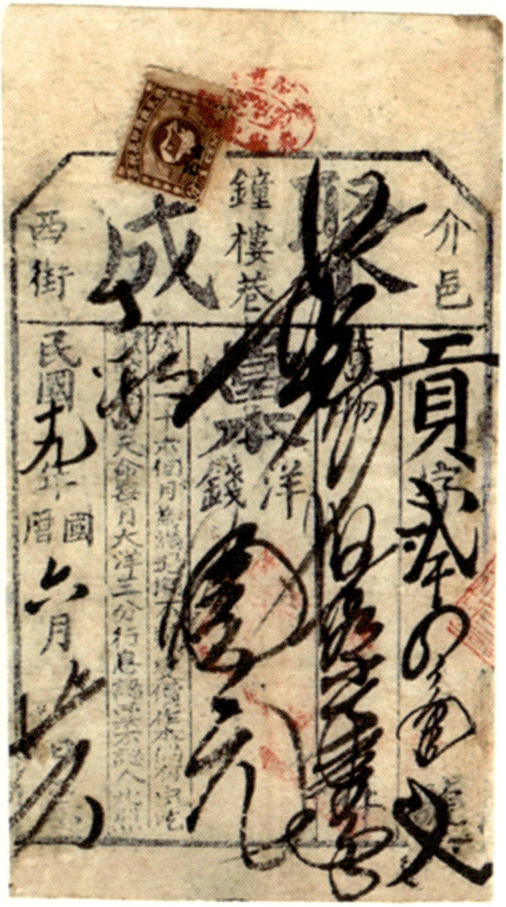

圖7–69　民國十九年（1930）六月二十日聚成當當票

圖 7–69 釋文：

介邑西街鐘樓巷　聚成

貢字二千四百三十七號

舊物剪破舊緞小丁一點

當本洋錢三元

規定一十六個月爲滿過期不贖變賣作本倘有蟲吃

鼠咬各由天命每月大洋三分行息認票不認人此照

民國十九年國曆六月二十六日　票

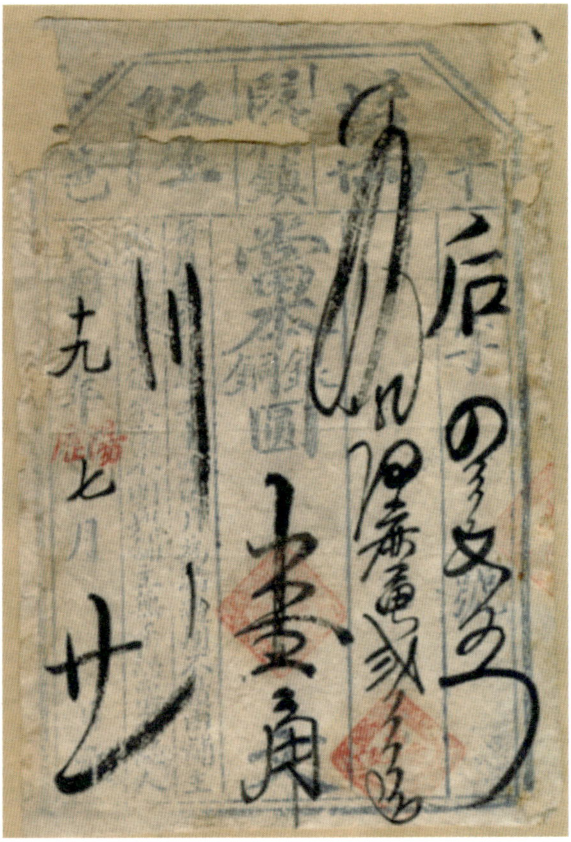

圖7–70 民國十九年（1930）七月二十一日萬隆當當票

圖7–70釋文：

平邑 段村鎮 萬隆

後字四百七十五號

破孔舊麻繩二點

當本銀圓一角

銅

每月三分行息二十四個月爲滿過期不贖由鋪主

出售鼠咬蟲傷來路不明與鋪主無干認票不認人

民國十九年陽曆七月二十一日立

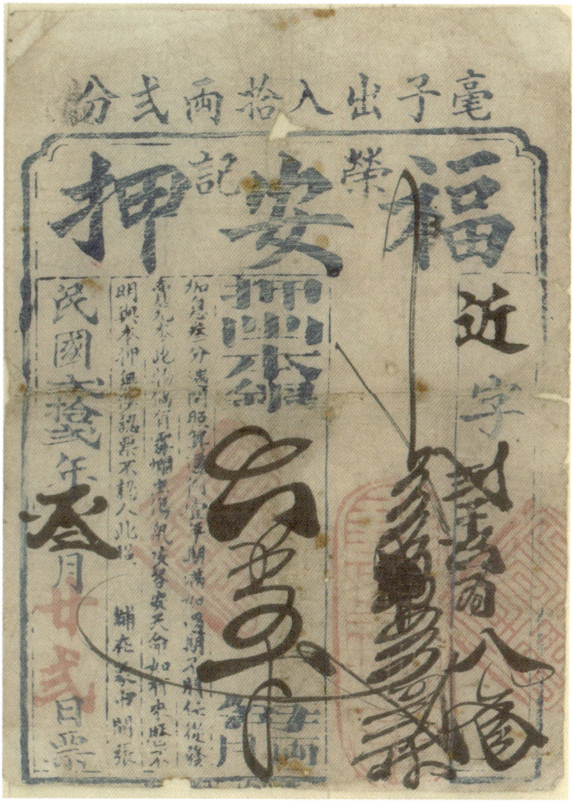

圖7–71　民國二十二年（1933）三月二十三日榮記福安押當票

圖 7–71 釋文：

毫子出入　十兩二分

榮記福安押

近字二千六百八十三號

□女裙仔二件

押出本銀六錢五分　每兩月

加息三分遇閏照算遵例一年期滿如過期不贖任從發

賣充本此物倘有黴爛蟲傷鼠咬各安天命如有來歷不

明與本押無涉認票不認人此照　鋪在象市開張

民國二十二年三月二十三日　票

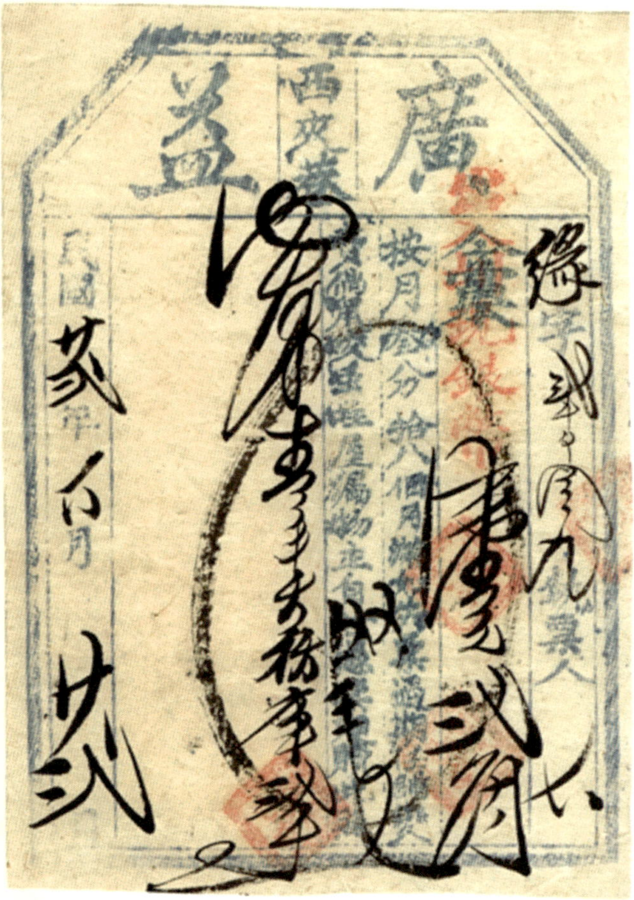

圖7–72　民國二十二年（1933）六月二十二日廣益當當票

圖 7–72 釋文：

西夾巷　廣益

緣字二千一百三九號　執票人　七

今當本出入二七現銀幣一元二角

按月三分十八個月滿如失票過期任鋪變

賣倘鼠咬蟲蛀屋漏物主自甘憑票取贖此照　一毛四

破爛青布腰褲褲二件

民國二十二年六月二十二日

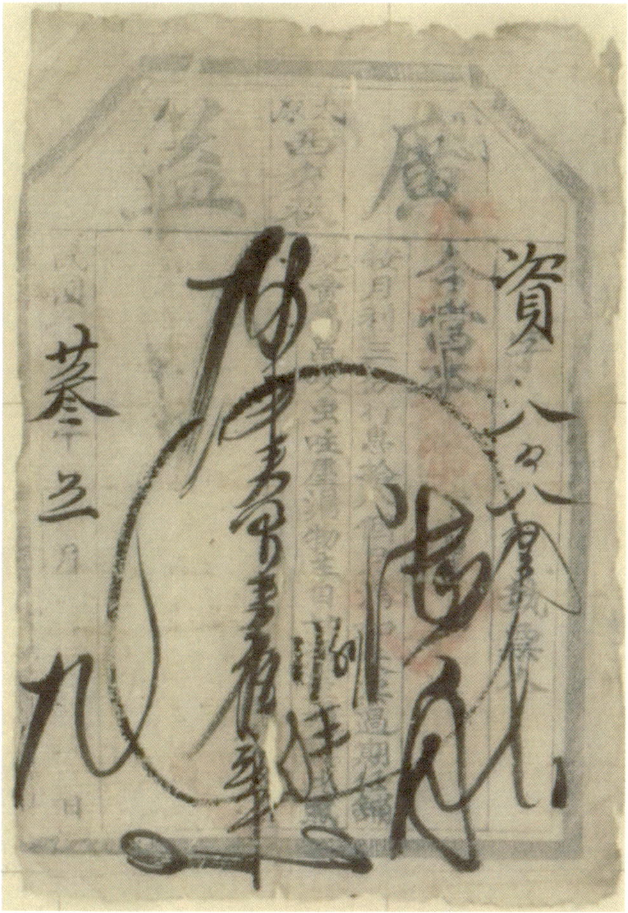

圖7–73　民國二十三年（1934）五月九日廣益當當票

圖 7–73 釋文：

太原西夾巷　廣益

資字八百八十三號　執票人　弋

今當本出入二七現銀幣六角

按月三分十八個月滿如失票過期任鋪變

賣倘鼠咬蟲蛀屋漏物主自甘憑票取贖此照　二毛五二

爛布夾裙夾襖二件

民國二十三年五月九日

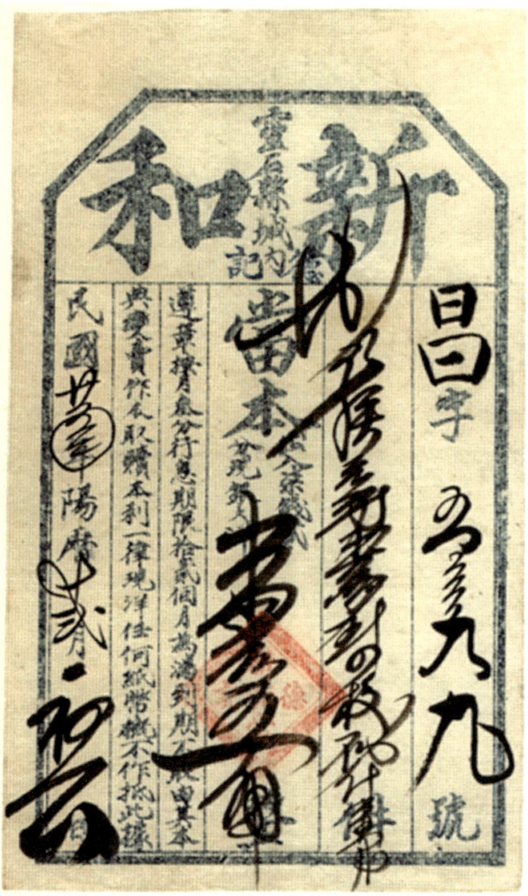

圖7–74 民國二十三年（1934）十二月六日新和當當票

圖7–74釋文：

靈石縣城内德記 新和

昌字五百九十九號

壞銀孩元鐲玉簪針四枝碎什一點

當本出入七錢二分現銀大洋一元五角

遵章按月三分行息期限十二個月爲滿到期不取由其本

典變賣作本取贖本利一律現洋任何紙幣概不作抵此據

民國二十三年陽曆十二月初六日

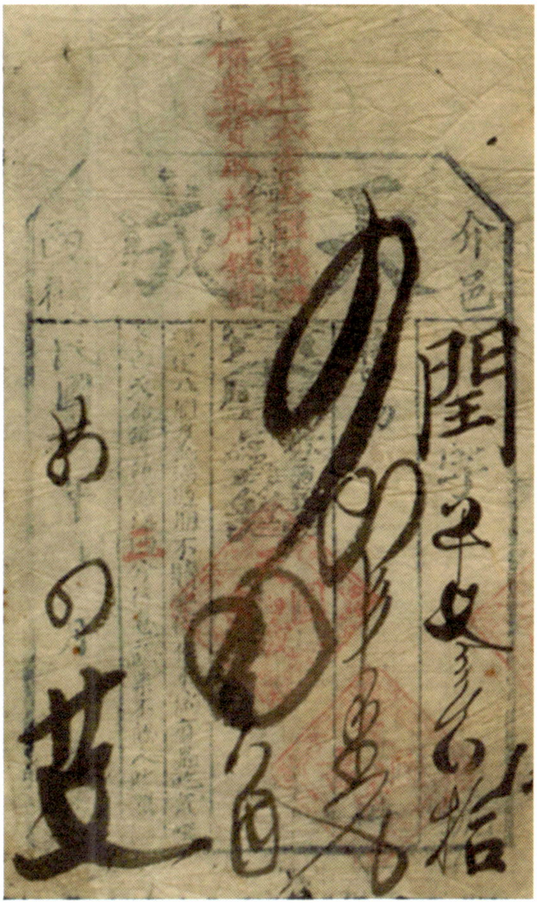

圖7–75　民國二十四年（1935）四月二十七日天成當當票

圖 7–75 釋文：

介邑西街鐘樓巷　天成

呈準備案　本當全體確决質取均用銀圓

閏字一千七百六十號

舊物破舊布單褲一條

當本質七錢二分現銀洋三角

規定八個月爲滿過期不贖變賣作本倘有蟲吃鼠咬

各由天命每月按銀洋四分行息認票不認人此照

民國二十四年四月二十七日

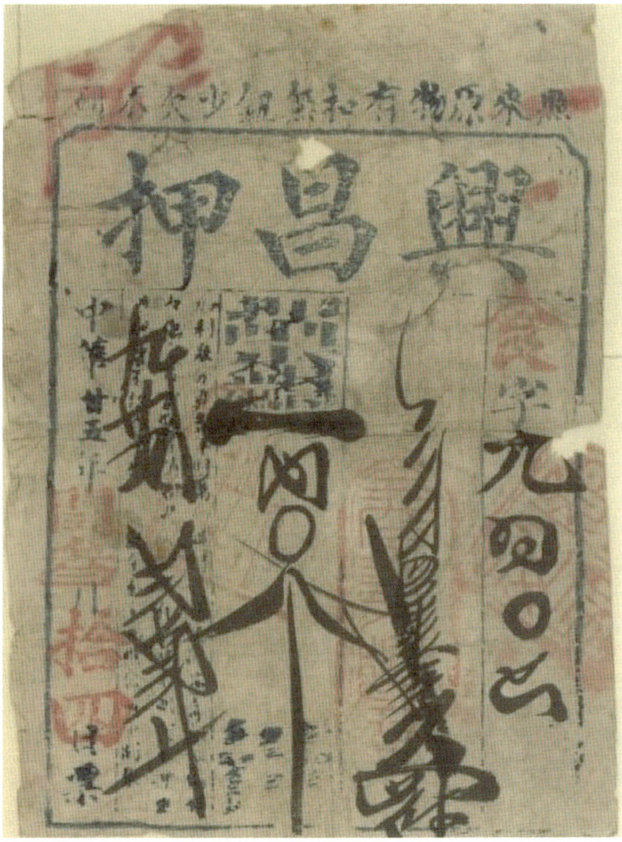

圖7-76　民國二十五年（1936）閏三月十四日興昌押當票

圖7-76釋文：

照來原物有扣無鈕少欠不列

興昌押

食字九百零六號

□女衫褲□腰四件

按出本銀一兩零八分　每兩月

加利三分算一年期滿（格式化印文，字迹不清）　二錢二分六

中華二十五年閏三月十四日　票

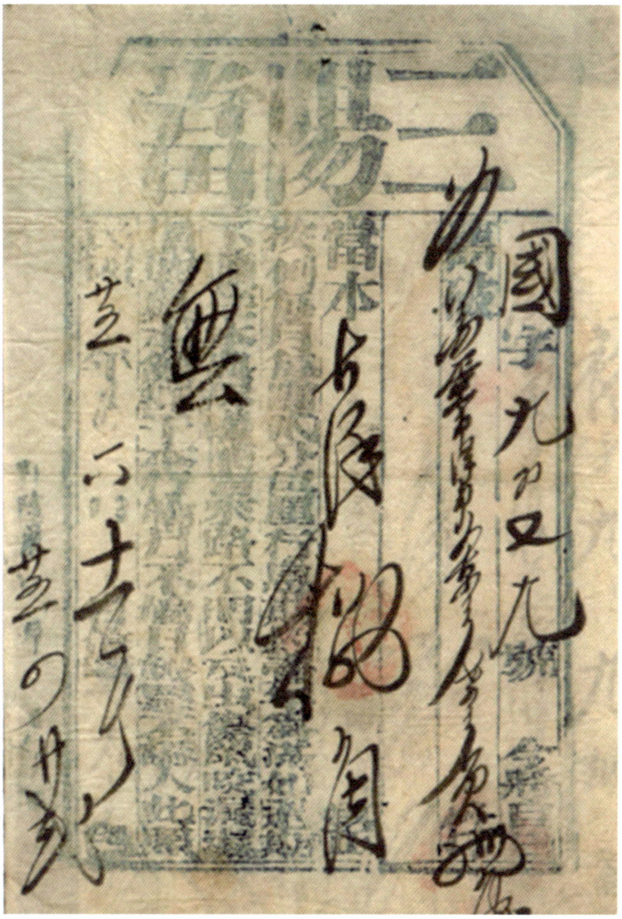

圖7-77　民國二十五年（1936）六月十一日三陽當當票

圖7-77釋文：

三陽當

國字九百七十九號　今將自己

舊物破藍白蛋市洋布女大小衫孝衫單裙五件

當本大洋八角

按例每月每圓二分五厘行息二十四個月爲滿如越期

不贖任本鋪拆賣倘有來路不明以及蟲傷鼠咬漏濕

□□與本鋪無干本行論月不論日認票不認人此照

民國二十五年六月十一號陰曆二十五年四月二十二日　包

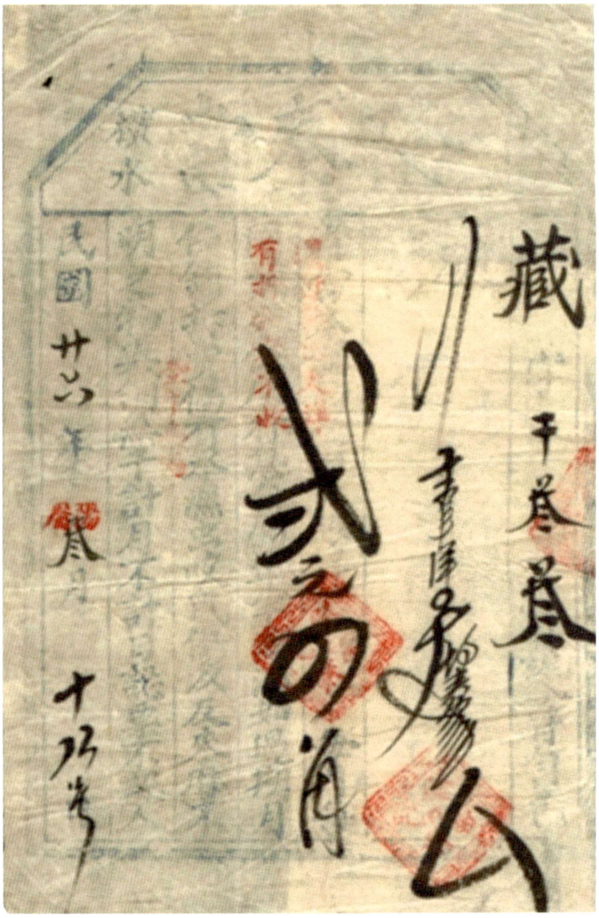

圖7-78 民國二十六年（1937）三月十八日隆泰當當票

圖 7-78 釋文：

□□横水 隆泰當

藏字一千零三十三號 今將自己

破青布洋棉襖坎夾馬套三件

二元四角

（格式化印文，字迹不清）

民國二十六年陽曆三月十八號

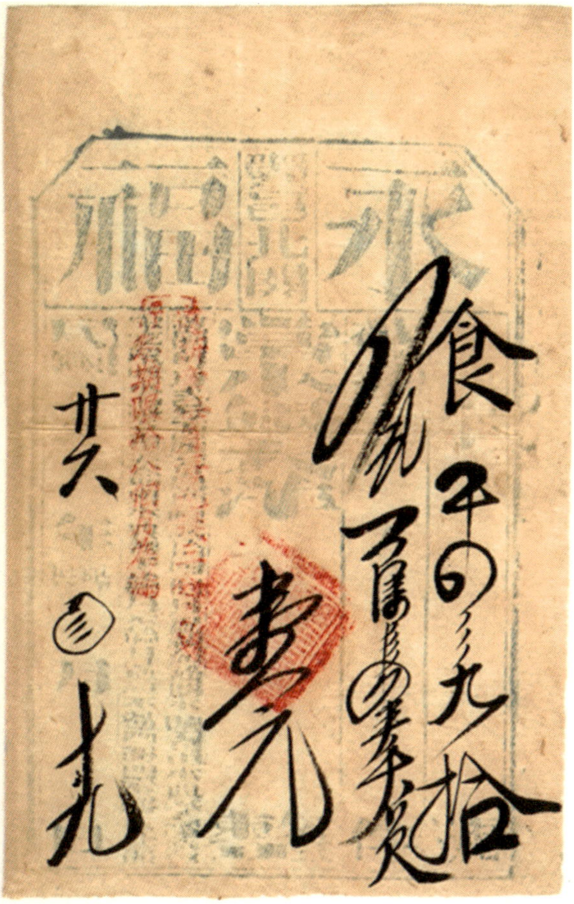

圖7–79　民國二十六年（1937）三月十九日永福當當票

圖 7–79 釋文：

翼邑北關　永福

食字千四百九十號

破孔藍洋布女夾襖褂二件

當本銀本洋 一元

遵新章每月每元按三分

行息期限十八個月爲滿

民國二十六年三月十九日

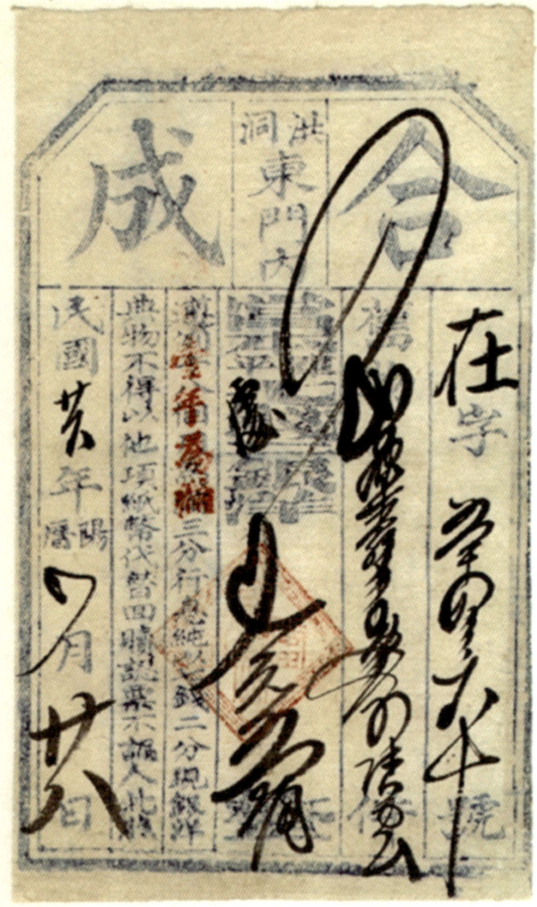

圖7–80　民國二十六年（1937）四月二十八日合成當當票

圖7–80釋文：

洪洞東門內　合成

在字五千四百六十號

舊物破舊爛青紅布棉套被□襖三件

當本庫平七錢二銀洋七元五角整

遵例一年爲滿三分行息純以七錢二分現銀洋

典物不得以他項紙幣代替回贖認票不認人此照

民國二十六年陽曆四月二十八日

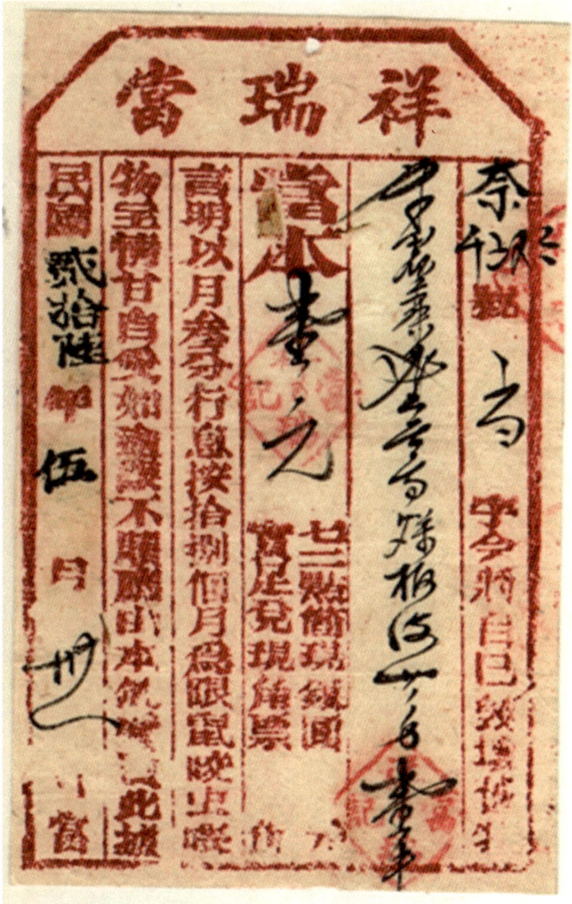

圖7-81　民國二十六年（1937）五月三十一日祥瑞當當票

圖7-81釋文：

祥瑞當

奈一千七百四十七號　當字今將自己毀壞舊物

破不全壞爛□無面爛板皮女襖一件

當本一元　七二點個現銀圓零　元

實足兑現角票　角

言明以月三分行息按十八個月爲限鼠咬蟲喂

物主情甘自受如逾限不贖應由本鋪變賣此據

民國二十六年五月三十一日　當

圖7-82　民國二十六年（1937）八月二十八日大益押當票

圖 7-82 釋文：

一年期滿
五十兩二分一百兩分半
廣州西關榮貴馬路
大益押
　疲字二千二百二十五號
衝銅飭碎一的
押中本銀十兩零八分
加息三分算遵例一年（格式化印文，字迹不清）
民國二十六年八月二十八日　票

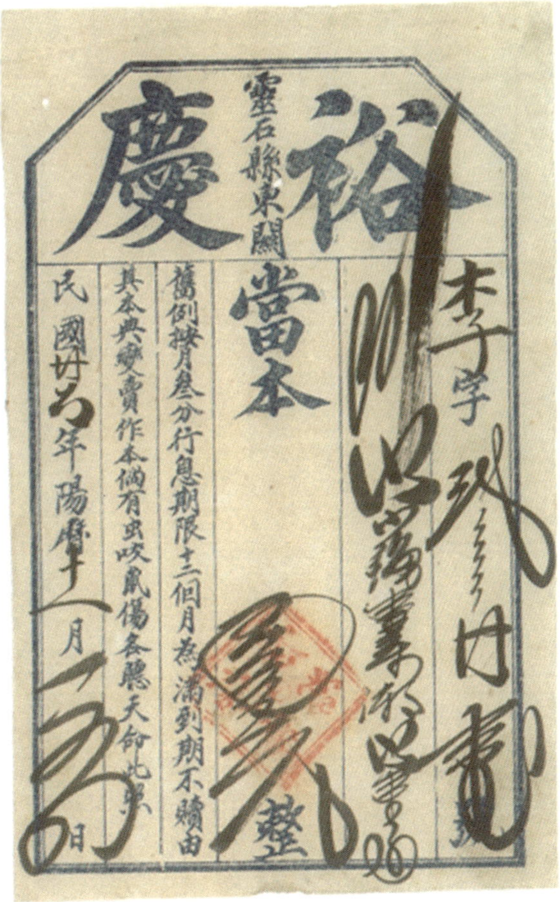

圖7–83　民國二十六年（1937）十一月五日裕慶當當票

圖 7–83 釋文：

靈石縣東關　裕慶

李字二百二十一號

壞銀小繩一條潮銀一點

當本三元整

舊例按月三分行息期限十二個月爲滿到期不贖由

其本典變賣作本倘有蟲咬鼠傷各聽天命此照

民國二十六年陽曆十一月初五日

慶和押當質票
字第 號
押質物品名稱件數
食米量額
押贖中熟
計雙市
協議申明事項
中華民國三十八年農曆伍月 日

圖7-84 民國三十八年（1949）五月二十六日慶和押當質票

圖 7-84 釋文：

慶和押當質票

珍字第六千六百二十號

押質物品名稱件數　藍綫坎巾一條

押質中熟食米量額　計雙市斗二升五合整

協議申明事項

（1）本當案經商會轉呈市省政府咨報内政部經濟部核准頒給執照營業。

（2）本當爲適應目前物價狂漲市息激增交困局勢遵據奉頒内政部修正管理規則第十三條前段指示復經會員大會決議呈報主管鑒核在案。

（3）滿質期限定爲一個月屆滿限時不取而又不來銷利轉票者即將所質物品變賣抵償本息。

（4）利率按照憑物押質中熟食米量每雙市斗月息一雙市升。

（5）押贖物品雙方均以本市工商導報當日登載南市中熟米價折合通用幣券交付如遇報遲到則依據昨日報價交付倘□休刊或米成無市狀態時得依照當日實況由同業議定公平價格。

（6）至於米價漲跌不能預料但贖物時雙方均以贖物米價折合交付。

（7）失票登記手續遵照補充辦法第十三條規定辦理質物設遇天災人禍蟲咬鼠傷及人力不能防禦等損失不予賠償。

注意　營業時間　每日午前七時起午後二時止自受質件起三日轉送典當

受質日期　中華民國三十八年農曆五月二十六日　營業地點　新開寺街火巷子　號

後記

有人説，歷史研究要尋求突破，有兩條途徑：一是重新發掘史料隱藏的信息和價值，發現新意；二是拓展視野獲取新史料，以新證據修訂歷史，並在此框架内推動歷史研究邁上新的臺階。在金融史、商業史、會計史乃至社會經濟變遷中，典當文書的發現、整理和釋讀對服務以上兩個方面的需求，兼而有之。然而，在所有傳統商業文書中，學界公認典當業文書最難以釋讀，其中一個重要原因是典當文書使用一種專用文字——當字。

人生就是一條沿着想到和想不到的標志行走的路，總有些意料之外的東西，讓人覺得不可思議。我與『當字』結緣，可能就屬於此類情形：本人從事金融工作四十年，經歷不同崗位，即使收藏、整理民間商業文書，興趣也在梳理有關金融史等的蛛絲馬迹，想不到有天某種文字會成爲我關注的對象；在信息發達，民智大開，從事歷史研究非常廣泛和深入的當下，怎麽也想不到，竟然還有稱之爲『當字』的文字處女地，等人去開拓；更出人意料的是，當我研究它時，會得到那麽多朋友支持，有大量的文本涌入我的懷中，在我需要時得到無私的幫助。機緣巧合，跌跌撞撞，跑進了這片神秘的處女地，幾年間，一路走來，竟也集成一個厚厚的本子，以『中國當字研究及典當文書釋讀叢刊』的形式呈現出來，讓我感到由衷的欣慰。

2019年秋天，我與廣東一家出版社商談有關晉商史料整理出版事宜，時任副總編輯的鍾菱女士，坦誠地提出一個問題，出版民間史料的目的在『用』，而用的前提是要『識』，像當商文書這樣的文獻，連專業人士都看不懂寫的什麽，那普通的讀者又如何利用呢？其實，她提出了一個帶有普遍性的現實問題。於是我嘗試將自己收藏的文書邊整理，邊識讀，邊撰寫導讀（這些成果在曹樹基與我合作主編的《晉商珍稀文書整理與研究叢刊》中得以體現），在此過程中的心得，便成爲我寫作此書的基礎。

『當字』研究屬於跨學科課題，絶不僅僅限於文字學，同時涉及金融史學、會計史學、社會學、民俗學等諸多學科，這樣一項課題，與我的能力並不匹配。好在我不是一名嚴格意義上的學者，無知者無畏，因此也就少了許多約束。在我看來，研究當字的目的重點是服務於民間商業文書的釋讀。因此，本書在内容結構的編排和體例的選擇等方面，都有别於一般文字學研究的範式。

多年來，我廣泛搜集當商文書，盡最大努力增大樣本體量，並不斷總結探索研究路徑和方法。首先，熟悉典當經營方式和管理模式，掌握其簿記體系和記賬規則，掌握傳統典當業相關賬簿及當票等的格式、功能和記賬方法，瞭解賬與賬、賬與票間的相互關繫。其次，以《當字譜》爲基礎，初步辨識其主要的單字和詞組，瞭解其書寫特徵。再次，從當賬開始，然後逐漸向當票及其他賬簿等延伸，將搜集到的賬簿和當票全部進行了釋讀和轉録（因篇幅限制，有部分未選入本書）。釋讀轉録的過程，也是探索研究的過程。難點和重點是個别字、詞的辨識，要通過分析比較的方法，逐字逐詞地攻克。最後，將個别當鋪文書的釋讀結果，經過歸納總結，發現『當字』生成的共性特徵、規律和演化的内在邏輯，進而用此理論去在更多的典當文書中演繹，循環往復，對『當字』及中國傳統典當業的認識不斷深化。

《中國當字研究及典當文書釋讀叢刊》，預計由《當字》《當票》和《當賬》三部分構成，先後刊出。三部分既是一個有機整體，同時，又各自獨立。圍繞傳統典當業，從不同側面對其展開分析研究，試圖實現這樣一個目的：既是研究性的論著，同時也是新近發現珍稀典當史料的再一次展現；既是一部以當字爲重點的研究成果，也是作者多年來研究中國傳統典當史的一次全面系統總結。

《當字》與《當賬》由我獨立完成，《當票》由我與趙振洲先生合作完成。趙君收藏當票及錢票已久，藏品頗豐，我們發揮各自的優勢，嘗試共同完成這一任務。

研究『當字』，在學界來説還是一塊處女地，没有確切的路標可依憑，加之筆者水平所限，缺憾之處必定不少。比如，『當字』樣本的選取，主要以晋商活動區域——長江以北爲多，而對以徽商爲中心的長江三角洲及珠江三角洲區域的當字樣本收録略少；由於典當行業的當物極爲繁雜，涉及幾百年間遼闊區域裏人們的生活、生産方式，雖然對當物的書寫儘可能通過録文作出釋讀，但不等於我們對這些當物能够確切地瞭解；本書構建的『當字庫』中的當字或詞彙，某個字和詞的釋讀極可能有誤，或不十分準確。好在都有原始文本掃描件，可以對照糾偏，不致謬誤。

對我來説，作爲史學『門外漢』，學界『圈外人』，要從事一項『當字』研究的『冷門營生』，極具挑戰性。如同物理學上作用力與反作用力的一體兩面，在帶來挑戰的同時，也激發另一種力量，以同等的力度與之抵抗。因此，一切給予支持的力量便尤顯珍貴。當我面臨困難之際，許多温暖、强大的力量給我以鼓勵和支持，最終使本書得以完成。我要向在此過程中給予我支持和幫助的所有人表達最誠摯的謝意。中國經濟史學會會長魏明孔教授，對我這樣一個商業史學業餘愛好者，毫不嫌弃，百忙之中爲本書作序，給予熱情的鼓勵和支持。上海交通大學的袁爲朋教授，不厭其煩地幫助我克服釋讀研究中的許多困難並作序予以支持。中國會計博物館館長宋小明教授幫助查找資料，辨識文書文字。山西省財政税務專科學校趙麗生教授對我研究簿記，特別是對『龍門賬』的研究給予熱情支持和鼓勵。安徽師範大學徐嵩松博士、孫麗博士，中國長城資産管理公司方凌先生通過多方途徑幫助我查找參考資料。安徽省圖書館在史料方面提供了支持。上海交通大學曹樹基教授，山西大學郝平副校長、孟偉教授、周亞教授，山西財經大學張文龍教授，山西省晉商文化基金會李茂盛會長，河北大學劉秋根教授，江蘇省社會科學院王裕明教授等，都以不同方式給予我多方面的支持。感謝廣西師範大學出版社的喬祥飛總經理，他是本書出版强有力的策劃組織者，感謝編輯郭婷婷精心編校。感謝排版老師趙艷霞，處理了許多具體的技術性問題。

特別感謝汪興益、趙建貞等我在職期間的各位領導和摯友，他們長期以來給予我多方面的關心和支持，讓我有勇氣和信心，把這件事完成。這也算是對他們的一種報答。

最後要感謝我的父母及所有家人，他們是我堅定的支持者。我的愛人和孩子，精心照料我日常生活的點點滴滴，讓我得以將全部精力投入到當字研究中，以取得少許進展。

李錦彰

2024年4月15日